Domine JavaScript

3ª Edición

Domine JavaScript
3ª Edición

José López Quijado

Ra-Ma®

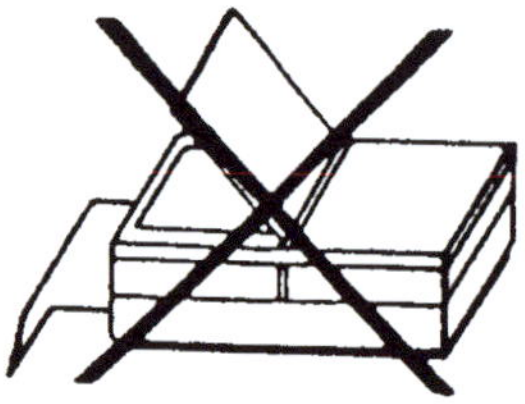

La ley prohíbe
fotocopiar este libro

Editado por:
RA-MA Editorial
Calle Jarama, 3A, Polígono Industrial Igarsa
28860 PARACUELLOS DE JARAMA, Madrid
Teléfono: 91 658 42 80
Fax: 91 662 81 39
Correo electrónico: editorial@ra-ma.com
Internet: www.ra-ma.es y www.ra-ma.com
ISBN: 978-84-9964-019-8
Depósito Legal: M-36736-2010
Autoedición: Autores
Diseño Portada: Antonio García Tomé
Impresión: Service Point
Impreso en España en agosto de 2010

Quiero dedicar esta obra a una mujer realmente única, realmente especial.
Oana, cariño: eres lo mejor que me ha pasado.

Dedicado con especial afecto a tod@s l@s lector@s que me han hecho posible llegar hasta aquí, y seguir intentando dar lo mejor de mí mismo.

ÍNDICE

INTRODUCCIÓN

Aquí estamos, en el que, quizás, es el punto más delicado a la hora de escribir un libro: el comienzo. Con este libro continúo la labor desarrollada hasta el momento en el terreno del aprendizaje auto-didacta de la programación para Internet. Si ya conoce lo básico de la presentación de datos en el lado del cliente sabrá que son muchas las cosas que se pueden hacer sólo con HTML y DHTML, pero son muchas más las que no se pueden hacer. Para eso nacieron los llamados lenguajes de guiones, más conocidos por el término anglosajón de lenguajes de Script. De todos ellos, el más popular es, sin ninguna duda, JavaScript. Antes de entrar en materia debo aclarar que JavaScript no es Java. Antes de que siga adelante, debo hacerle una recomendación: para comprender y aprovechar los conocimientos y las técnicas que expongo en este libro, debe tener un conocimiento profundo (e, incluso, alguna experiencia personal) de HTML y DHTML pues, en caso contrario, no le sacará a este texto todo su jugo. De hecho, para poder seguir este libro y aprender JavaScript, usted deberá contar con unos conocimientos previos y debe estar familiarizado con:

- El entorno de trabajo de Microsoft Windows 95, 98, Me o XP (creación de archivos, carpetas, uso de menús, etc.).
- El uso de un editor de texto plano. Por ejemplo, el bloc de notas de Windows.
- El uso de un navegador de Internet. Preferiblemente debe conocer Microsoft Internet Explorer y/o Mozilla Firefox (yo soy más partidario de este último, por razones de compatibilidad y seguridad, principalmente). Este libro se ha escrito trabajando sobre las últimas versiones disponibles en la actualidad, de dichos navegadores. Para Microsoft Internet Explorer es la versión 8 y para Firefox es la versión 3.6. Sin embargo, si usted dispone de

navegadores de la versión 6 de Explorer, o la 1.5 de Firefox, podrá seguir el texto y los ejercicios del libro. Las versiones anteriores están muy limitadas y, dado que ambos navegadores están disponibles de modo gratuito, le recomiendo vivamente su actualización inmediata. La mayoría de los ejercicios de este libro los ejecutaremos sobre Firefox (se puede descargar libremente desde la web http://www.mozilla-europe.org/es/firefox/).

- Desde luego, debe tener un buen conocimiento de HTML, DHTML y CSS.

Este libro está, conceptualmente, dividido en tres grandes bloques, aunque los Capítulos se presentan uno a continuación del otro, sin solución de continuidad, para recordarle que TODO es el mismo temario. En el primer bloque se empezará con una toma de contacto con JavaScript y con conceptos fundamentales de la programación actual. Estos conceptos constituyen la base del uso de este lenguaje (y, por extrapolación y salvando las diferencias, la base de la programación en la mayoría de los lenguajes). Después se continuará con toda la teoría necesaria para dominarlo. Mi objetivo primordial es que aprenda bien este lenguaje; que aprenda a crear sus propios scripts y a manejar los objetos que el DOM pone a su disposición (ya veremos, a lo largo del texto, qué es eso de los objetos y eso del DOM). En este primer bloque se continúa con conceptos avanzados y se finaliza con un Capítulo de prácticas que incluye un interesante programa: el AAScripter.

El segundo bloque, completamente nuevo en esta edición, lo constituye una introducción a una técnica de trabajo avanzada de JavaScript, llamada AJAX.

Por último, en los Apéndices, encontrará usted una recopilación de información muy útil para su trabajo con JavaScript.

Como decía hace un momento, JavaScript no es Java. A pesar de que por el nombre pudiera parecer que son lenguajes afines, son muchas más las diferencias que las similitudes. Para seguir una tónica que adoptan muchos textos y que me parece correcta, le enumero las principales diferencias entre ambos lenguajes:

Éste es un lenguaje orientado, como todos los lenguajes de Script, a la mejora de la funcionalidad de sitios web. Java, por el contrario, permite realizar aplicaciones concretas para Internet (applets y servlets) pero también permite crear aplicaciones independientes de Internet, para ejecutar en modo de escritorio.

Java es un lenguaje que tiene una sintaxis y unas funcionalidades mucho más amplias que JavaScript, pero, por esta razón, su aprendizaje es también mucho más laborioso.

JavaScript es, al igual que HTML, un lenguaje interpretado; una vez incluido en nuestra página un código en JavaScript, el navegador se encarga de leer cada línea, interpretarla sobre la marcha y ejecutarla. Java, por el contrario es un lenguaje compilado (en realidad, semi-compilado, pero no vamos a entrar en esos detalles aquí); el código entero se traduce de golpe y (mediante un pequeño recurso extra) es ejecutada la traducción. En la práctica esto significa que, si hace algún cambio en su código JavaScript, puede probar el nuevo funcionamiento inmediatamente. Cuando hace un cambio en un programa en Java, antes de probarlo tiene que volver a compilarlo. Aquí no vamos a entrar en detalles acerca de en qué consiste o cómo se desarrolla un proceso de compilación (ni la particular semi-compilación de Java), dado que para aprender JavaScript no nos hace falta conocer ese aspecto de la programación y este libro es eminentemente práctico.

Java es un lenguaje fuertemente tipado, mientras que JavaScript prácticamente no lo está. Esto quiere decir que las variables de JavaScript pueden almacenar cualquier tipo de datos, al contrario que las de Java, que sólo pueden almacenar aquellos datos para los que se crearon. Explicaremos detalladamente lo que es una variable y cómo funciona en el primer bloque del libro.

Con esto hemos dejado claro que no debe confundir los términos Java y JavaScript. Echémosle un breve vistazo a los orígenes de JavaScript. Este lenguaje fue creado por la empresa Netscape para su navegador. Inicialmente se llamaba LiveScript. De JavaScript han ido saliendo distintas versiones y hoy en día es soportado por la mayoría de los navegadores gráficos. Sólo los navegadores de texto que utilizan algunos usuarios de Linux no soportan adecuadamente JavaScript. Internet Explorer y Firefox (que suponen más del 97% de los navegadores que hay hoy en día a nivel mundial) soportan JavaScript. La última versión de JavaScript se ciñe perfectamente al estándar mundial. En este libro se habla sobre la última versión de JavaScript, soportada por los principales navegadores. Todos los ejercicios del libro han sido desarrollados sobre una plataforma Windows. La razón de esto es la gran cantidad de usuarios de este sistema, en sus versiones XP, Vista y 7, que existen en la actualidad. Y, desde luego, si usted posee una instalación de Windows ME tampoco tendrá ningún problema con los ejercicios del CD adjunto. Han sido probados también con este sistema y funcionan perfectamente.

Por último, permítame decirle que en este libro se ha mantenido el espíritu de mi anterior trabajo:

- Crear un texto comprensible para todo el mundo, introduciendo los conceptos paulatinamente, desde lo más elemental a lo más avanzado.

- Escribir un texto íntegramente desarrollado en español desde el principio. No quería caer en el error de limitarme a traducir textos procedentes del mundo anglosajón.
- He pretendido que el libro sea de uso eminentemente práctico, por lo que está saturado de ejemplos de cada nuevo concepto especialmente diseñados para este fin. En el texto encontrará los fragmentos clave de cada uno de los ejemplos, necesarios para la comprensión de cada aspecto del lenguaje. Los códigos completos se encuentran en la web de la editorial (http:www.ra-ma.es), en las carpetas de cada Capítulo. Como excepción, en el Capítulo 1 se han reproducido los listados completos, a fin de familiarizar al lector con la estructura de las páginas con scripts. Además, aquellos listados de otros Capítulos que, por su naturaleza, no conviene abreviar, se han reproducido íntegramente en el texto.
- He aplicado, a la hora de escribir este libro, toda mi experiencia en la enseñanza de JavaScript a grupos de personas de lo más heterogéneo, por lo que estoy convencido de que esta obra ayudará a cualquiera que esté interesado en este lenguaje.

Y creo que no me dejo nada en el tintero, así que, sin más preámbulos, entremos en materia. Que disfrute.

Capítulo 1

COLOCANDO CÓDIGO JAVASCRIPT

JavaScript se emplea en una página web para dotarla de unas funcionalidades que el HTML no puede proporcionar por sí mismo. Por lo tanto, el código JavaScript debe poder integrarse en un documento HTML. Esto se logra mediante el tag **<script>**, colocando el código entre **<script>** y **</script>**.

El tag <script> recibe, obligatoriamente, el atributo ***language***, que permite determinar el lenguaje de script que vamos a emplear. Como además de JavaScript existe una versión recortada de Visual Basic que se llama VBScript y, para el lado del servidor, existen otros lenguajes de script, es necesario especificarle al navegador el lenguaje de script que vamos a emplear. En principio VBScript sólo es soportado por el navegador de Microsoft, pero existe un plug-in para Netscape Navigator que permite ejecutar VBScript en este último. Es, por lo tanto, imprescindible aclararle al navegador que lo que vamos a usar es JavaScript, y no otro lenguaje de guiones.

Además, es imprescindible asegurarse de tener el navegador correctamente configurado para que pueda funcionar con JavaScript. Consulte el Apéndice A para saber cómo hacer esto.

La sintaxis correcta para incluir código JavaScript en nuestras páginas queda reflejada en el archivo **plantilla.htm**, cuyo listado ve a continuación:

```
<html>
   <head>
      <title>
         P&aacute;gina con JavaScript.
```

```
            </title>
            <script language="javascript">
                <!--

                //-->
            </script>
        </head>
        <body>
        </body>
    </html>
```

Como ve en la parte resaltada del código, el tag <script> incluye, como decía antes, el atributo language, que recibe el valor ***"javascript"***. Al tratarse de una línea de código HTML, es indistinto que aparezca en mayúsculas o en minúsculas.

Dentro del script tenemos las líneas <!-- y //-->, que corresponden a los indicadores de comentarios en HTML. Se emplean para indicar que, si el navegador no soporta JavaScript, se ignoren las líneas de código en este lenguaje y no se produzca un error. Hoy día no existe prácticamente ningún navegador que no soporte JavaScript (si queda alguno, estará en un museo) pero, por si acaso, ponemos estas líneas siempre. No olvide que siempre queda algún usuario que emplea navegadores digamos "exóticos" (el poder del eufemismo), y algunos de ellos podrían no soportar JavaScript.

Fíjese en que la línea de cierre del comentario HTML va precedida por dos barras inclinadas. Estas barras son necesarias para hacer que esta línea sea invisible para JavaScript, puesto que se trata de una marca de comentario HTML, y evitar así un error de sintaxis (hablaremos de comentarios en JavaScript más adelante). Este código que acaba de ver no produce ningún efecto, no hace nada ni muestra nada en la pantalla del navegador, ya que, como ve, no hay ninguna sentencia JavaScript ni tampoco hay nada en la sección <body> de la página. Este código nos vendrá muy bien como plantilla para crear nuestras páginas con JavaScript y, de hecho, encontrará una copia del mismo en cada carpeta del CD adjunto a este libro.

Existe otro tag que podemos incorporar a nuestras páginas: se trata de **<noscript>** y **</noscript>**, que permite encerrar un código alternativo para el caso de que el navegador no soporte JavaScript. Ya hemos visto que podemos hacer que se ignoren las líneas de código JavaScript incluyendo los tags de comentario de HTML. Pero estaría bien que pudiéramos dar un aviso al usuario de que su navegador no soporta lenguajes de script y que, por lo tanto, la página no funcionará correctamente. Vamos a ver cómo hacerlo a través del siguiente código, llamado **noscript.htm**.

```
<html>
   <head>
      <title>
         P&aacute;gina con JavaScript.
      </title>
      <script language="javascript">
         <!--
         //-->
      </script>

      <noscript>
         Mala pata, amigo. Su navegador no soporta
scripts.
         <br>
         Consiga uno nuevo o ret&iacute;rese de este
negocio.
      </noscript>

   </head>
   <body>
   </body>
</html>
```

Como ve en la parte resaltada del código, entre los tags <noscript> y </noscript> hemos incluido un mensaje para avisar al usuario de que debe cambiar de navegador. Si su navegador soporta scripts el mensaje no le aparecerá en pantalla. Como supongo que tiene alguna de las últimas versiones de Explorer o Netscape, ejecute la página y verá cómo queda totalmente en blanco.

Como ve, he colocado el script dentro de la sección <head> de la página. Esto no tiene por qué ser así. De hecho el script puede ir colocado, indistintamente, en la sección <head> o en la sección <body> de la página, e incluso puede haber varios scripts en una misma página y podemos colocar algunos en la sección <head> y otros en la sección <body>. A lo largo de este libro veremos algunos casos así. Sin embargo, yo prefiero colocar mi código JavaScript en la sección <head>, dado que, de este modo, cuando se empieza a ejecutar la página en sí (la sección <body>), el código JavaScript ya se encuentra en la memoria del cliente.

1.1 NUESTRO PRIMER SCRIPT

Ya sabemos cómo incluir código JavaScript en una página. Pero todavía no hemos hecho nada con él, y ya va siendo hora. Vamos a ver un script que nos muestre que realmente está ahí y funciona. El nombre de la página es **saludo.htm** y su código es el siguiente:

```
<html>
   <head>
      <title>
         P&aacute;gina con JavaScript.
      </title>
      <script language="javascript">
         <!–
            alert ("Hola desde JavaScript");
         //-->
      </script>
   </head>
   <body>
      Esto es el body de la p&aacute;gina.
   </body>
</html>
```

Si ejecuta esta página desde Mozilla Firefox, lo primero que verá será el cuadro de aviso de la figura 1.1.

Figura 1.1

Como ve, cuando sale este cuadro de aviso, se detiene la carga y ejecución de la página hasta que se pulsa el botón **[ACEPTAR]**. En ese momento, desaparece el cuadro de aviso, se continúa con la carga de la página y se ejecuta el código HTML que hay en la sección <body>, con lo que su navegador mostrará el aspecto de la figura 1.2.

Figura 1.2

Si ejecuta la página con Netscape, el cuadro de aviso anterior tendrá el aspecto que ve en la figura 1.3.

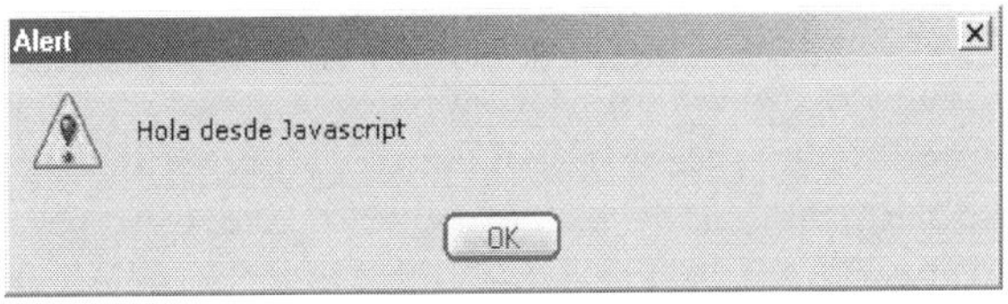

Figura 1.3

Por lo demás, el funcionamiento es idéntico. La carga de la página permanece bloqueada hasta que se pulsa el botón [OK], momento en que se continúa la carga de la página y se ejecuta el contenido de la sección <body>.

Como ve, la única diferencia está en el aspecto del cuadro de aviso. Las últimas versiones de Netscape tienen tendencia a este aspecto tan "cool". En lo sucesivo, cuando el funcionamiento del código JavaScript que estudiemos se comporte de forma idéntica en ambos navegadores, mostraremos su aspecto sólo en Firefox o en Internet Explorer, por ser los más habituales. Sólo hablaremos del funcionamiento en Netscape cuando existan diferencias de comportamiento o de programación que usted necesite conocer.

Nuestro primer script incluye, únicamente, una línea. La palabra reservada ***alert()*** es una función de JavaScript que genera el cuadro de aviso que ha visto y detiene la carga de la página hasta que el usuario pulsa el botón que se incluye en dicho cuadro de aviso. Se emplea cuando queremos mostrarle al usuario un mensaje determinado y queremos asegurarnos de que lo ve; otra cosa es que lo lea o no lo lea, pero eso ya es problema del usuario.

En realidad, alert() es una ***función*** de JavaScript. Una función se compone de una palabra reservada (el nombre de la función) y unos paréntesis argumentales, entre los que se coloca uno o más argumentos que la función emplea para su propia operativa. No todas las funciones requieren argumentos. Algunas llevan los paréntesis vacíos, pero, en cualquier caso, éstos deben aparecer a continuación del nombre de la función.

A diferencia de HTML, JavaScript es un lenguaje de los llamados **case sensitive**, es decir, sensibles al hecho de que escribamos con mayúsculas o minúsculas. Las palabras reservadas del lenguaje debe escribirlas, exactamente, como aparecen en los listados y en el texto del libro, ya que en caso contrario se producirá un error y el código no funcionará. Suponga que en el ejemplo anterior hubiera puesto la línea de código de JavaScript así:

```
Alert ("Hola desde JavaScript");
```

No llegará a ver el cuadro de aviso que esperaba. Pruébelo y verá que se muestra directamente el contenido de la sección <body>. Si usa Explorer, en la parte inferior izquierda de la ventana del navegador aparece un triángulo amarillo como este para avisarle de que se ha producido un error durante la ejecución del código JavaScript de la página. Si usa Firefox (como estamos haciendo en este caso), no verá mensaje de error, pero el código JavaScript no funcionará. En esa circunstancia, haga clic en el menú **[HERRAMIENTAS]** y seleccione la opción **[CONSOLA DE ERROR]**. Entonces verá una ventana como la de la figura 1.4.

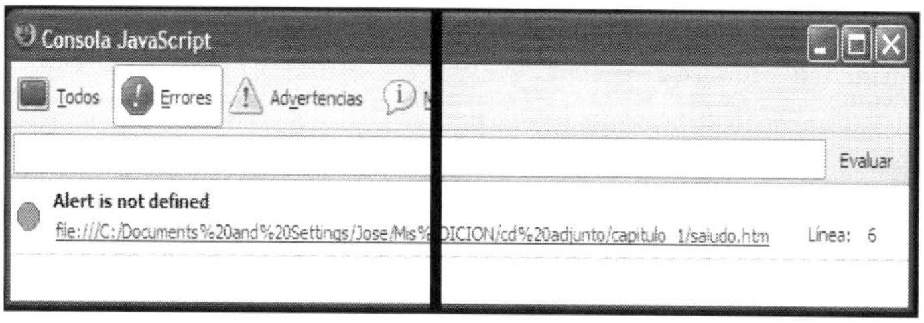

Figura 1.4

En esta ventana, que en la imagen aparece parcialmente recortada, por cuestiones de espacio físico, se da un informe de la línea que ha producido el error, así como del tipo de error que se ha producido. Después de tomar nota de estos datos cierre la ventana y abra el código fuente para depurarlo. Cuando esté ejecutando una página web en su navegador (tanto si ésta incluye código JavaScript como si no) puede acceder directamente al código fuente mediante lo siguiente:

Si está empleando Microsoft Internet Explorer pulse el menú **[VER]** en la barra de menús, en la parte superior de la ventana. En el menú que se abre, elija la opción **[CÓDIGO FUENTE]**. Con esto se abrirá una ventana con el editor por defecto (normalmente el bloc de notas de Windows) en la que aparecerá, directamente, el código fuente de la página. Usted puede modificar el código directamente y guardarlo, siempre, por supuesto, que se trate de una página que usted está editando en modo local. Evidentemente, no puede usted modificar una página que se halle colocada en un servidor, por razones obvias.

Si está usted empleando Firefox, el proceso es algo más complejo. En primer lugar, con la página cargada, deberá pulsar sobre el menú **[VER]**, de la barra de menús. Deberá seleccionar la opción **[CÓDIGO FUENTE DE LA PÁGINA]**. Con esto accederá a una ventana como la que aparece en la figura 1.5. Sin embargo, desde aquí no puede modificar el código fuente de la página, debiendo abrirlo en un editor externo, como pueda ser el bloc de notas de Windows.

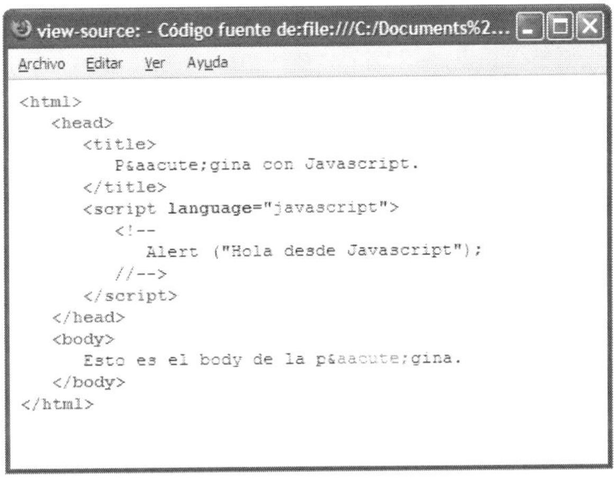

Figura 1.5

Ésta es una vista bastante más interesante que la del bloc de notas de Windows, por cuanto que el código aparece coloreado: los tags de HTML, en color violeta; los valores de los atributos, en azul, etc. En Netscape la ventana es similar a la de Firefox, pero sí permite editar el listado. Para ello, deberemos ir a la barra de menús de esta ventana y pulsar en **[ARCHIVO]**, donde elegiremos la opción **[EDITAR PÁGINA]**. Con esto se abre una herramienta de Netscape conocida como ***Composer***. Se trata de un editor visual muy rudimentario de páginas web. Una vez abierto el composer, tendremos una ventana en la que veremos el aspecto final de la página. Para ver y editar el código fuente, nos colocaremos sobre la barra de menús de esta ventana y pulsaremos **[VER]**. En el menú que se abre, elegiremos la opción **[CÓDIGO ORIGEN DE HTML]**. Ahora, sí se muestra en la ventana de composer el código fuente para ser editado. Sin embargo, en este caso, el código aparece, todo él, en negro.

No sólo la función alert(), si no que absolutamente todas las palabras reservadas de JavaScript deben ceñirse a un estricto patrón de mayúsculas y minúsculas. Más adelante, cuando conozcamos otras cosas que necesitamos, aprenderemos más sobre este patrón. Por ahora, limitémonos a escribir el código, exactamente, como aparece en los listados.

En este código, la función alert() recibe como argumento la cadena **"Hola desde JavaScript"** y la muestra tal cual (sin las comillas) en el cuadro de aviso.

Como argumento de la función alert() siempre se coloca aquello que queremos que el usuario vea en el cuadro de aviso. Puede ser una cadena de texto literal, como en este caso, un número o una expresión formada por una o más variables (hablaremos de variables en el próximo Capítulo). En el caso de incluir una cadena literal, funcionará igual si la cadena tiene letras mayúsculas, minúsculas o ambas. Dentro de una cadena literal, se puede poner cualquier carácter y saldrá en el cuadro de aviso tal como lo hayamos escrito.

En el siguiente ejemplo se muestra un código que saca un cuadro de aviso con un número. Se llama **aviso.htm**.

```
<html>
   <head>
      <title>
         P&aacute;gina con JavaScript.
      </title>
      <script language="javascript">
         <!--
            alert (4056);
         //-->
      </script>
   </head>
   <body>
      Esto es el body de la p&aacute;gina.
   </body>
</html>
```

El cuadro de aviso que obtenemos es el de la figura 1.6.

Figura 1.6

Como ve, el número que hemos incluido como argumento de la función alert() se reproduce tal como es en el cuadro de aviso. Para este ejemplo en concreto, nos hubiera valido lo mismo poner el número como una cadena de texto, encerrado entre comillas, así:

```
alert ("4056");
```

El resultado habría sido idéntico ya que el cuadro de aviso se limita a mostrar el argumento de la función alert(), sin realizar ningún proceso con él.

Observe que, en cualquier caso, la línea de código termina con un punto y coma (;). La mayor parte de las instrucciones JavaScript deben terminar siempre de esta manera; es el modo de indicarle al navegador el final de dicha instrucción. Más adelante aprenderemos qué instrucciones no acaban con este guarismo y por qué. Es importante que tenga usted presente que una instrucción no termina hasta que se encuentra el punto y coma final (salvo las excepciones de las que ya hablaremos en su momento). Cada instrucción de JavaScript debe ir en una sola línea física, sin pulsar la tecla **[ENTER]** hasta que acabe de teclear la instrucción. Por ejemplo, la siguiente línea, dividida en tres mediante la susodicha tecla **[ENTER]**, producirá un error:

```
alert ("Esto es una línea de instrucción
dividida en varias líneas físicas.
La página no puede ejecutarse");
```

A lo largo de este libro, usted verá instrucciones que parecen divididas en varias líneas físicas, pero en realidad no es así. Es una limitación impuesta por el ancho de la página. Cuando tenga dudas, compare el listado impreso de los códigos, con los correspondientes ejercicios grabados en el CD. A este efecto, es importante que configure su editor de texto de la manera adecuada. Por ejemplo, voy a suponer que emplea el bloc de notas de Windows: deberá hacer clic en el menú **[EDICIÓN]** (menú **[FORMATO]**, si emplea Windows XP) y mirar la opción **[AJUSTE DE LÍNEA]**. Si está activada le aparecerá con una marca de verificación a la izquierda; pulse sobre ella para desactivarla. Si ya está desactivada, pulse sobre la zona de escritura para cerrar el menú.

1.2 COMENTARIOS EN JAVASCRIPT

En JavaScript, al igual que en cualquier lenguaje de programación moderno, se pueden incluir comentarios para documentar el código. Suponga que tiene un código JavaScript con 200 líneas que hace varias cosas y se interrelaciona con los distintos elementos HTML de la página en la que está. Si al cabo de tres meses tiene que hacer cualquier modificación u operación de mantenimiento de ese código, lo normal es que no sea capaz de entender lo que usted mismo escribió. El tiempo empleado en descifrarlo hace que, a menudo, resulte más viable tirar abajo todo el código y escribirlo de nuevo. La alternativa es que el código esté profusamente documentado, a fin de que usted sepa lo que hace en cada parte, y tenga una referencia para trabajar con él. Y no digamos si el mantenimiento de su código lo tiene que realizar otro programador, dado que, en esta profesión, es muy habitual el trabajo en equipo. El pobre que examine su código sin documentar puede acabar sus días con una camisa de fuerza y contando elefantes voladores.

Con los comentarios hay algo que tiene que tener en cuenta. Si bien es cierto que el navegador los ignora y no se ejecutan, también lo es que deben descargarse con el resto del código de la página, por lo que, si tiene muchos, podría tener una página que tarda más en cargarse en el ordenador del cliente de lo que sería deseable. Una solución a este problema es que, cuando escriba una página, tenga dos versiones: una con todos los comentarios necesarios en su disco duro para su uso y para mantenimiento y otra, en la que haya quitado los comentarios, para subirla al servidor.

En JavaScript existen dos maneras de incluir comentarios en el código. La primera es mediante una doble barra (//). En ese caso el navegador entenderá que todo lo que hay en esa línea física de código, desde la doble barra hasta el final de línea, es un comentario y lo ignorará.

La segunda manera consiste en abrir el comentario con una barra y un asterisco (/*) y cerrarlo con un asterisco y una barra (*/). Todo lo que haya entre ambas parejas de guarismos será tenido por un comentario y el navegador no tratará de ejecutarlo, tanto si es una sola línea física como si son varias.

En el siguiente código, llamado **comentarios.htm**, he incluido un ejemplo de ambos modos de comentar el código, para que lo vea. Si ejecuta el código verá que funciona exactamente igual que lo hacía **saludo.htm**.

```
<html>
   <head>

      <title>
        P&aacute;gina con JavaScript.
      </title>

      <script language="javascript">
         <!—
            /* Aquí empieza un comentario
            de varias líneas. Todas ellas
            son ignoradas por el navegador.*/
            alert ("Hola desde JavaScript"); //Otro
comentario.
         //-->
      </script>
   </head>
   <body>
      Esto es el body de la p&aacute;gina.
   </body>
</html>
```

Los comentarios en JavaScript sirven, además, como ayuda para la depuración de errores. Si usted tiene un código que no le funciona como esperaba y sospecha en qué líneas puede estar el fallo, precédalas con una doble barra, con lo que el navegador las ignorará y usted podrá comprobar cómo se comporta su página sin esas líneas. Sin embargo, tenga cuidado cuando emplee esta técnica, ya que el anular algunas líneas de código puede causar comportamientos imprevistos.

1.3 OTRA MANERA DE INTRODUCIR JAVASCRIPT

Hemos visto cómo introducir código JavaScript en una página web. El código que hemos introducido no es ninguna maravilla, pero nos ha servido para ilustrar algunos conceptos básicos. Sin embargo, ahora plantéese el siguiente escenario: usted tiene un código JavaScript muy largo (de, digamos, 500 líneas) y tiene que incluirlo en diez páginas de su sitio. Si lo teclea tal como lo hemos hecho hasta ahora, tendremos un sitio con diez páginas HTML, más las correspondientes imágenes, sonidos, etc., más 5.000 líneas de código JavaScript. Dado que, en el escenario propuesto, el código es el mismo, parece evidente la necesidad de poder tenerlo en un fichero externo y llamarlo desde cada página, tal como hacemos en HTML con las imágenes y otros archivos. De este modo, nos ahorraremos 4.500 líneas de código. No olvide que existen dos razones fundamentales para estimular este ahorro: por una parte, el espacio del que usted dispondrá en el servidor no es ilimitado y puede necesitarlo para otras cosas. Por otra parte, es mejor reducir el tamaño total de código que tiene que bajar del servidor al cliente, a fin de no colapsar las líneas de teléfono.

Ahora que ya sabemos que podemos (y, en muchos casos, deberemos) tener el código JavaScript como un fichero aparte de nuestros documentos HTML, vamos a ver cómo podemos hacerlo. En primer lugar, el código JavaScript deberá estar almacenado en un fichero con la extensión **.js**. Esto es importante, a fin de que el navegador reconozca qué tipo de fichero es el que vamos a usar. Además, al igual que organizamos un sitio con una estructura de carpetas para almacenar las imágenes, los sonidos, las animaciones, etc., debemos incluir una carpeta para nuestros scripts.

Para insertar código JavaScript desde un fichero externo, le añadiremos al tag <script> el atributo ***src***, que recibirá el nombre (y la ruta) del script. Así mismo, le añadiremos el atributo ***type***, que recibirá el valor ***"text/javascript"***. Con esto le indicamos al navegador que el script está escrito en texto plano (como debe ser).

Esto lo hemos ilustrado en **codigo_externo.htm**, listado a continuación. Observe, especialmente, la parte sombreada.

```
<html>
   <head>
      <title>
         P&aacute;gina con JavaScript.
      </title>
      <script src="scripts/saludo.js"
language="javascript" type="text/javascript">
      </script>
   </head>
   <body>
      Esto es el cuerpo de la p&aacute;gina.
   </body>
</html>
```

Fíjese en las partes resaltadas de nuestro ejemplo. Por supuesto, tenemos la carpeta **scripts**, con el archivo **saludo.js**, en el que sólo hemos puesto la línea que aparece a continuación:

```
alert ("Hola desde JavaScript.");
```

Si lo prueba, verá que funciona exactamente igual que **saludo.htm**. Además, este modo de incluir scripts en nuestras páginas funciona tanto desde Explorer como desde Firefox o Netscape y tiene una ventaja adicional. Suponga, como decíamos hace unos momentos, que tiene un mismo script para varias páginas de un sitio y que tiene que modificarlo. Con hacer una sola modificación en el fichero que contiene el script, habrá actualizado todo su sitio. En cambio, si el script estuviera grabado en todas las páginas, tendría que modificarlas una a una.

Capítulo 2

VARIABLES Y TIPOS DE DATOS

En este Capítulo vamos a hablar sobre los distintos tipos de datos que se pueden manejar desde JavaScript y cómo manejarlos. Existe un concepto con el que, sin duda, estará usted familiarizado si ya conoce, aunque sea someramente, algún lenguaje de programación: se trata de las ***variables***. Una variable es una zona de la memoria del ordenador donde se guarda un dato y que se identifica con un nombre, por lo que también se llaman, en algunos textos, como ***pares nombre-valor***. El dato que se almacena bajo ese nombre puede cambiar durante la ejecución del código: por eso se llaman variables.

Para ponérselo fácil, podemos imaginar una variable como si fuera una cajita en la que guardamos un contenido. Esta cajita tiene un nombre, por ejemplo **v1**. Cuando nos referimos a esa cajita con su nombre, realmente estamos teniendo acceso al contenido de la misma (es decir, al valor de la variable). Dentro de cada una de esas cajitas puede haber una cadena literal, un valor numérico o algunas otras cosas (ya comentaremos este punto). Cuando una variable tiene un determinado contenido y se le asigna otro, el anterior se pierde, es decir, una variable no puede tener dos contenidos o más simultáneamente. En realidad, para esto, al igual que para otras cosas, existe una excepción, de la que nos ocuparemos en su momento, pero, por ahora, lo aceptaremos como un axioma.

2.1 DECLARACIÓN DE VARIABLES

En un código JavaScript podemos usar tantas variables como sean necesarias. Para poder usar una variable es necesario ***declararla***. Declarar una variable es decirle al navegador que reserve espacio en memoria para el uso de esa variable. Existen dos maneras de declarar una variable: la declaración explícita y la declaración implícita.

2.1.1 Declaración explícita

Para declarar una variable de forma explícita utilizamos la instrucción **var**, seguida del nombre de la variable, como en la siguiente línea de código:

```
var v1;
```

Una vez que la variable ha sido declarada, se ha reservado en memoria espacio para ella, pero todavía no tiene ningún valor. Para poder usarla es necesario darle un valor inicial. Esto es lo que se conoce como ***inicialización*** de una variable. Para ello empleamos el operador de asignación =, como muestra la siguiente línea de código:

```
v1=10;
```

Veamos cómo funciona esto en el script de la página **variables_1.htm**, cuyo listado se reproduce a continuación:

```
<html>
   <head>
      <title>P&aacute;gina con JavaScript.</title>
      <script language="javascript">
         <!–
         var v1; //Declaración.
         v1=10; //Inicialización.

         alert (v1);
         //-->
      </script>
   </head>
   <body>
   </body>
</html>
```

Observe las líneas que aparecen resaltadas. En primer lugar se declara la variable llamada **v1**. A continuación se le da un valor inicial (en este ejemplo, 10). Por último fíjese en la línea donde aparece la función alert(). En este caso hemos incluido como argumento de la función el nombre de la variable. Al no ir entrecomillado, el navegador entiende que lo que queremos sacar en el cuadro de aviso no es el nombre v1 en sí, sino el contenido de la variable, y así lo muestra, tal como se ve en la figura 2.1.

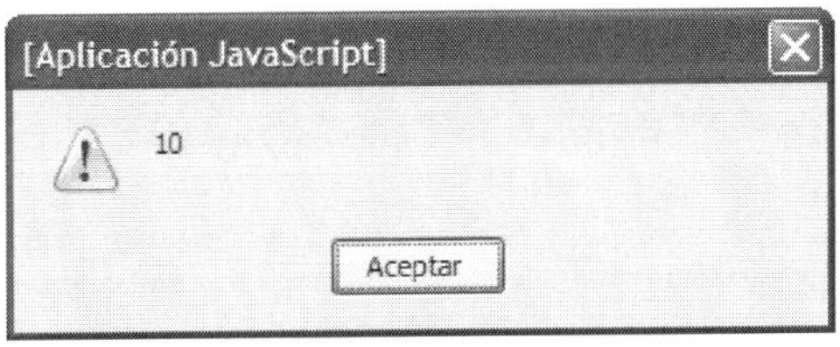

Figura 2.1

Si hubiéramos querido que el cuadro de aviso nos mostrase el nombre de la variable en lugar de su valor, tendríamos que haberlo puesto entrecomillado, como si hubiera sido una cadena literal, así:

```
alert ("v1");
```

Cuando se usa la declaración explícita de variables podemos realizar la declaración y la inicialización en una sola línea, tal como muestra el código **variables_2.htm**, listado a continuación:

```
<html>
   <head>
      <title>
         P&aacute;gina con JavaScript.
      </title>
      <script language="javascript">
         <!--
         var v1=10; //Declaración e inicialización.
         alert (v1);
         //-->
      </script>
   </head>
   <body>
   </body>
</html>
```

Este código muestra el mismo resultado de la figura 2.1, pero con una línea menos, puesto que se han unificado la declaración y la inicialización.

En JavaScript es posible realizar la declaración de más de una variable en la misma línea, a fin de escribir menos líneas de código. Observe el siguiente listado, correspondiente a **una_linea_1.htm**:

```
<html>
   <head>
      <title>
```

```
                P&aacute;gina con JavaScript.
            </title>
            <script language="javascript">
                <!–
                var v1, v2; //Declarar más de una variable en
la misma línea.
                v1=10;
                v2=20;
                alert (v1);
                alert (v2);
                //-->
            </script>

        </head>
        <body>
        </body>
    </html>
```

Observe la línea de código que aparece resaltada. Podemos declarar diversas variables con una sola instrucción var, separando los nombres mediante una coma. El separarlos, además, con un espacio en blanco es opcional, y sólo se emplea para facilitar la legibilidad del programa. Cuando ejecutemos esta página veremos primero un cuadro de aviso con el valor de v1 (el 10), tal como aparece en la figura 2.2.

Figura 2.2

Cuando pulsemos el botón **[ACEPTAR]** veremos un cuadro de aviso con el valor de la variable v2 (el 20), tal como muestra la figura 2.3.

Figura 2.3

Es decir, todo funciona correctamente. Recuerde que puede declarar en una única instrucción var todas las variables que quiera, separando los nombres de las mismas mediante comas.

Además, si va a inicializar las variables inmediatamente después, tal como hemos hecho en este código, también puede hacerlo, con todas ellas, en la misma línea en que las declara. Lo vemos en el listado **una_linea_2.htm**, que aparece a continuación y que es una variante del anterior y funciona exactamente igual.

```
<html>
   <head>
      <title>
         P&aacute;gina con JavaScript.
      </title>
      <script language="javascript">
         <!–
         var v1=10, v2=20; //Declarar  e inicializar
más de una variable en la misma línea.
         alert (v1);
         alert (v2);
         //-->
      </script>
   </head>
   <body>
   </body>
</html>
```

2.1.2 Declaración implícita

JavaScript nos permite realizar una declaración implícita de las variables sin emplear la palabra reservada var. Simplemente por el hecho de inicializar una variable que no existe, JavaScript ya le reserva espacio en la memoria del ordenador. Observe el siguiente código que he llamado **variables_3.htm**:

```
<html>
   <head>
      <title>
         P&aacute;gina con JavaScript.
      </title>
      <script language="javascript">
         <!–
         v1=10; //Declaración implícita.
         alert (v1);
         //-->
      </script>
```

```
    </head>
    <body>
    </body>
</html>
```

Cuando ejecute este código verá que el resultado es el mismo que en los dos ejemplos anteriores. Así pues, no es necesario utilizar la palabra var.

Esto, que en principio puede parecer un rasgo de libertad para el programador, lo consideramos, en realidad, una deficiencia del lenguaje. En efecto, cualquier lenguaje moderno debería obligar al programador a realizar una declaración explícita de las variables. Veamos por qué. Supongamos que tiene una variable en su script que se llama **edad**, donde se almacena la edad del usuario, y ha declarado dicha variable explícitamente.

Ahora suponga que, mucho más adelante en el código, le va a asignar un valor diferente a la edad, pero no se da cuenta y la llama **edades**. Ahora sigue avanzando en el código y le pide que muestre el contenido de la variable **edad**. Usted espera ver el contenido nuevo de dicha variable pero, como ese contenido se lo asignó por error a otra variable, lo que ve es el contenido antiguo. El código, al que hemos llamado **variables_4.htm**, es el siguiente:

```
<html>
   <head>
      <title>
         P&aacute;gina con JavaScript.
      </title>
      <script language="javascript">
         <!–
         var edad=30; //Declaramos e inicializamos.

         /* Aquí van más líneas de código.
         ...
         Aquí van más líneas de código.*/

         edades=50; /* Aquí nos confundimos de nombre
         al asignar otro valor a la variable, con lo
         que estamos creando otra variable. */

         /* Aquí van más líneas de código.
         ...
         Aquí van más líneas de código.*/

         alert (edad); /* Aquí mostramos la variable
         original, creyendo que tiene el nuevo valor,
```

```
y nos encontramos con el antiguo. */
        //-->
      </script>
   </head>
   <body>
   </body>
</html>
```

Cuando ejecuta esta página obtiene el resultado de la figura 2.4. Y eso es lo grave del tema. Al no ser imprescindible la declaración explícita de variables, este código no da error, no falla y se ejecuta hasta el final, pero su resultado no es el que que podemos pensar.

Figura 2.4

Si hubiera sido imprescindible la declaración explícita, al llegar a la línea

```
edades=50;
```

habría dado un error, ya que la variable edades no está declarada, y nos habríamos dado cuenta con más facilidad. Esta peculiaridad del lenguaje nos obliga a organizarnos con mayor disciplina a la hora de diseñar y escribir nuestros códigos. Es preciso que sepamos desde el principio qué variables va a usar nuestro programa. De este modo las declaramos adecuadamente (mediante el uso de **var**) y, cuando vayamos a usar una variable comprobamos si su nombre es correcto, ya que JavaScript no lo hace por nosotros.

2.2 LOS NOMBRES DE LAS VARIABLES

A la hora de decidir el nombre de una variable debemos tener en cuenta algunas normas. No son muchas, ni difíciles de recordar, pero son imprescindibles:

- Los nombres de variables no deben empezar por un número, sino por una letra.

- Podrán contener números, letras y el guión bajo, pero ningún otro signo (ni siquiera el punto o el guión normal).
- No contendrán letras acentuadas ni de alfabetos locales. No usaremos la ñ, la ç ni ninguna otra letra que no sea de la alfabetización internacional (el alfabeto inglés).
- Tampoco podrán contener espacios en blanco, espacios de no separación o similares.
- No podremos usar como nombre de una variable una palabra reservada de JavaScript, aunque sí podemos declarar una variable cuyo nombre contenga una palabra reservada, además de otros caracteres. Sin embargo, no es aconsejable este tipo de nombres. En el Apéndice B de este libro tiene una lista de las palabras reservadas del lenguaje, como referencia a este respecto.
- Debemos recordar que JavaScript distingue entre mayúsculas y minúsculas, por lo que la variable edad es distinta de Edad. Preste especial atención a este punto para evitar errores que suelen ser muy difíciles de localizar.
- Cuando el nombre de una variable esté formado por dos o más palabras, es una buena costumbre poner la primera en minúsculas y las demás con la primera letra mayúscula, sin separar. Por ejemplo, miEdad o nombreDelUsuario.

Veamos, a continuación, unos ejemplos para ilustrar esto:

- **2nombre** Es incorrecto, puesto que empieza por un número.
- **edad del usuario** Es incorrecto, por tener espacios en blanco en el nombre.
- **String** Es incorrecto, puesto que se trata de una palabra reservada de JavaScript.
- **Nombre&Apellidos** Es incorrecto, puesto que incluye un carácter no autorizado para los nombres (el ampersand).
- **castañas** Es incorrecto, pues incluye una ñ.
- **mi_String** Es correcto, pero desaconsejable.
- **nombre_del_usuario** Es correcto.
- **nombreDelUsuario** Es correcto.

Los dos últimos ejemplos reflejan una tendencia muy habitual en la programación de hoy día, tal como indicábamos hace un momento. La mayoría de los webmasters y programadores empleamos esta técnica. Esto permite usar nombres descriptivos y fáciles de localizar cuando se lee el código. Y, si llegados a este punto, usted se está preguntando cómo saber qué variables debe de usar en un script y cómo llamarlas, no se preocupe, ya llegaremos a eso. De momento, quédese con las normas que le he expuesto en este apartado, y úselas siempre.

2.3 LOS TIPOS DE VARIABLES

En JavaScript, como en cualquier lenguaje de programación, se pueden manejar datos de diferentes tipos, que dependerán del valor que tengan. Por ejemplo, si declaramos una variable para que contenga el nombre de un usuario, éste será un dato de los que llamamos ***de cadena***, o ***literales***, ya que el nombre de una persona está formado por letras. Si declaramos otra variable para que contenga su edad, éste será un dato de tipo numérico, ya que lo que contiene es una cifra con la que podremos hacer cálculos (veremos ese tema en el apartado 2.3.2 de este mismo Capítulo). Si creamos una variable para que contenga, por ejemplo, la fecha de nacimiento del usuario nos encontramos ante un caso distinto, pues las fechas, en JavaScript, son un tipo especial de datos, que se manejan de manera diferente a los literales y a los números. Ya hablaremos de eso más adelante. De momento vamos a manejar, básicamente, los dos primeros tipos de datos que he mencionado: las cadenas y los datos numéricos.

Observe el siguiente código, llamado **tipos_de_datos_1.htm**.

```
<html>
   <head>
      <title>
         P&aacute;gina con JavaScript.
      </title>
      <script language="javascript">
         <!–
         var cadena="Esto es una cadena";
         var numero=75;
         alert (cadena);
         alert (numero);
         //-->
      </script>
   </head>
   <body>
   </body>
</html>
```

Cuando lo ejecute, lo primero que verá será el cuadro de aviso con el valor (el contenido) asignado a la variable llamada cadena. Lo verá sin las comillas, tal como muestra la figura 2.5. Cuando le asignamos un literal a una variable, en el código debemos introducir unas comillas que delimiten dicho literal, pero éstas no forman parte del mismo. El contenido del literal es lo que está escrito entre las comillas. Es importante que tenga claro esto, por lo que le ruego que ejecute el código para comprobar que lo que le digo es exactamente así. Mucha gente espera que las comillas formen parte del literal, lo que da origen a muchos errores.

Figura 2.5

Cuando pulse el botón **[ACEPTAR]**, el cuadro de aviso desaparecerá y será sustituido por el de la figura 2.6.

Figura 2.6

Como ve, ambas variables pueden mostrarse en la página, independientemente de su tipo. Por lo tanto, ya sabemos que el tipo de una variable no influye para que se pueda mostrar su valor al usuario aunque, como veremos enseguida, sí determina la forma de trabajar con ella.

2.3.1 Uso elemental de los literales

A la hora de manejar cadenas alfanuméricas (cadenas de texto), podemos hacer muchísimas operaciones con ellas. La mayoría de dichas operaciones las estudiaremos a lo largo del libro, ya que necesitamos antes unos conocimientos previos. Sin embargo, aquí vamos a exponer algunos conceptos fundamentales para los que ya estamos preparados. En concreto vamos a hablar, en este apartado, de las concatenaciones y de las secuencias de escape.

2.3.1.1 CONCATENACIONES

Cuando se habla de cadenas alfanuméricas se conoce como concatenación el proceso de unir dos o más cadenas en una sola, mediante el uso del operador + (más).

Para ver cómo funciona esto, hemos preparado el código **concatenar_1.htm**, que se lista a continuación.

```
<html>
   <head>
      <title>
         P&aacute;gina con JavaScript.
      </title>
      <script language="javascript">
         <!--
         var cadena1="Esto es una cadena.", cadena2=" Y
esto es otra.", cadena3;
         cadena3=cadena1+cadena2;
         alert (cadena3);
         //-->
      </script>
   </head>
   <body>
   </body>
</html>
```

Al ejecutar esta página, verá el cuadro de aviso que se reproduce en la figura 2.7. Como ve, en la variable cadena3 se ha almacenado una cadena que resulta de la unión de las dos existentes, cadena1 y cadena2. Esta operación se realiza en la línea de código que aparece resaltada en el listado.

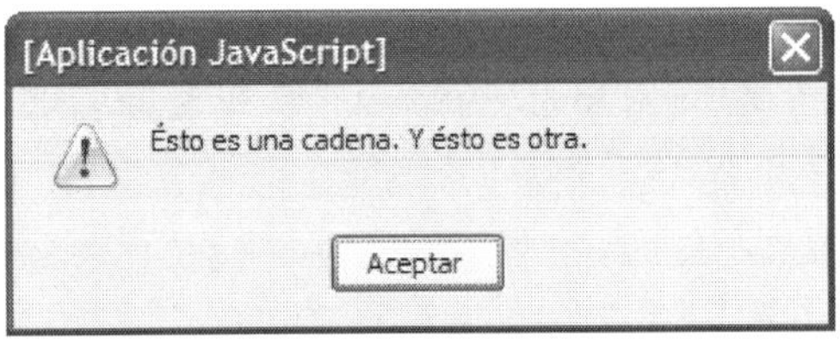

Figura 2.7

Esto podríamos haberlo hecho con una sola variable. Quiero mostrarle algo, para que comprenda el alcance del operador de asignación (=) que utilizamos en programación. Para ello, vamos a modificar ligeramente el código anterior, de forma que nos quede como aparece en **concatenar_2.htm**.

```
<html>
   <head>
      <title>
         P&aacute;gina con JavaScript.
      </title>
      <script language="javascript">
         <!--
```

```
            var cadena1="Esto es una cadena.";
            cadena1=cadena1+" Y esto es otra";
            alert (cadena1);
            //-->
         </script>
      </head>
      <body>
      </body>
   </html>
```

Compruebe que este código, aunque funciona exactamente igual que el anterior, sólo emplea una variable de memoria, con lo que consume menos recursos. Es, por lo tanto, más eficiente. Se debe optimizar el uso de variables, siempre que ello sea posible sin menoscabo de la eficiencia y fiabilidad del script. Sin embargo, con la potencia de los equipos actuales, una o dos variables de más tampoco son algo grave.

Quiero que repare en la línea que aparece resaltada. Para cualquier persona no familiarizada con la programación, esta línea no tiene sentido. Parece que dice que el contenido de una variable es ese mismo contenido más otra cadena. Lo que realmente está diciendo esta línea es: consideremos la cadena contenida en la variable cadena1, concatenémosle otra cadena y el resultado lo guardaremos en la propia variable cadena1, sustituyendo el contenido anterior. Es decir, el operador de asignación atiende a la expresión que hay a la derecha del mismo, la ejecuta (en este caso, realiza la concatenación) y almacena el resultado en la variable que tiene a su izquierda.

La concatenación puede realizarse entre dos cadenas literales, tal como hemos hecho hasta ahora, o entre una cadena literal y un número. Observe el listado **concatenar_3.htm**, que aparece a continuación.

```
   <html>
      <head>

         <title>
            P&aacute;gina con JavaScript.
         </title>
         <script language="javascript">
            <!–
            var variable1="Mi edad es: ", variable2=35,
variable3;
            variable3=variable1+variable2;
            alert (variable3);
            //-->
         </script>
```

```
    </head>
    <body>
    </body>
</html>
```

Cuando ejecute esta página, verá un cuadro de aviso como el que aparece en la figura 2.8.

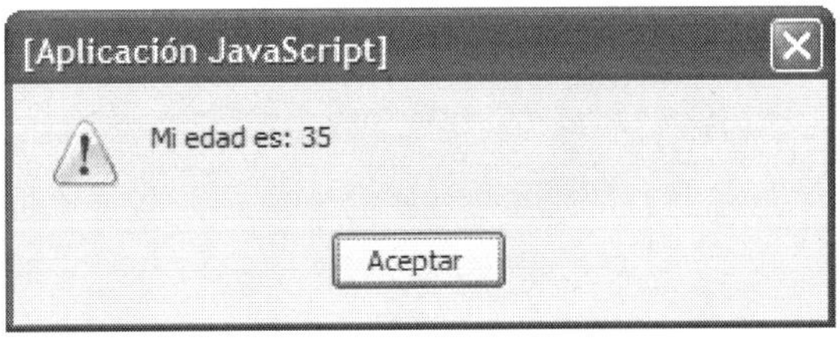

Figura 2.8

Como ve, eso es lo que hemos hecho: concatenar una variable de cadena con una variable numérica. El resultado es otra cadena literal, tal como vemos en la ejecución. Sin embargo, esta práctica es sumamente desaconsejable, salvo casos muy concretos.

En realidad, para obtener este mismo objetivo, lo adecuado sería que ambas variables contuviesen literales alfanuméricos, tal como se ve en **concatenar_4.htm**.

```
<html>
   <head>

      <title>
         P&aacute;gina con JavaScript.
      </title>
      <script language="javascript">
         <!--
         var variable1="Mi edad es: ", variable2="35",
variable3;
         variable3=variable1+variable2;
         alert (variable3);
         //-->
      </script>

   </head>
   <body>
   </body>
</html>
```

2.3.1.2 SECUENCIAS DE ESCAPE

Anteriormente, en este mismo Capítulo, hemos visto que una cadena literal se escribe en el programa entre comillas, pero éstas no se almacenan con la cadena. Este es el comportamiento normal de este tipo de valores. Pero puede ser que, en algún momento, deseemos que sí aparezcan las comillas formando parte del contenido de la variable. Por ejemplo, imagine que necesita un cuadro de aviso como el que aparece en la figura 2.9.

Figura 2.9

Como puede ver, la palabra *Hola* aparece entrecomillada. Veamos cómo podemos lograr esto. Algunos de mis alumnos, cuando les planteo esta situación por primera vez, me sugieren un código como el que aparece listado a continuación, que está grabado en el CD como **comillas_1.htm**.

```
<html>
   <head>
      <title>
         P&aacute;gina con JavaScript.
      </title>
      <script language="javascript">
         <!–
         var variable_1="Este aviso dice "Hola".";
         alert (variable_1);
         //-->
      </script>
   </head>
   <body>
   </body>
</html>
```

Quiero que se fije en la línea que aparece resaltada. Muchas personas que no tienen experiencia en estas situaciones piensan que es lo correcto. Después de todo, si metemos letras en la cadena, aparecen letras, así que si metemos otros caracteres, también deberían aparecer, ¿verdad? Sin embargo, esto no ocurre. En realidad, si usted ejecuta este código, verá que se produce un error como el que refleja la figura 2.10. Si utiliza Firefox, como estamos usando en nuestro trabajo, siga los pasos que le detallé en el Capítulo 1 para ver los errores de la página: seleccione el menú **[HERRAMIENTAS]** y elija la opción **[CONSOLA DE ERROR]**. Vea cómo el punto donde se produce el error aparece marcado con una flecha verde, bastante explícita.

A modo de inciso, si usted tiene instalada la versión 1.5 de Firefox, la opción necesaria, dentro del menú **[HERRAMIENTAS]**, se llama **[CONSOLA DE JAVASCRIPT]**, aunque su mecánica y operatividad son las mismas.

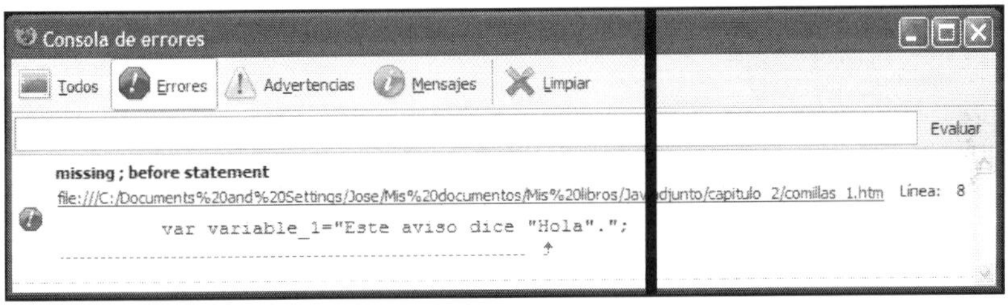

Figura 2.10

Esto es lógico. Fijémonos en lo que, realmente, le estamos diciendo a nuestro programa. Las primeras comillas marcan el principio de la cadena (la palabra *Este*). Las siguientes comillas que aparecen (justo antes de la palabra *Hola*) son interpretadas por JavaScript como el final de la cadena. Así pues, tenemos una cadena con la frase *Este aviso dice*. A continuación tenemos la palabra *Hola*, que ha quedado **fuera de las comillas que delimitan la cadena**. Por lo tanto, no es parte de la cadena, ni es nada. Por último, encontramos otra cadena, también delimitada por comillas, que sólo tiene un punto. Como ve, esto no es, ni con mucho, lo que pretendíamos y, desde luego, JavaScript no puede interpretarlo adecuadamente. Así, se produce un resultado inesperado. Esto es habitual, cuando, sin darnos cuenta, escribimos código que no respeta la sintaxis del lenguaje empleado.

Ése es, precisamente, el problema: que las comillas no son un carácter que podamos insertar por las buenas en una cadena, como si fuera una letra, un número, un espacio en blanco o cualquier otro guarismo. Las comillas son, en definitiva, los delimitadores que marcan el principio y el final de una cadena.

Además de las comillas, existen otros caracteres que no pueden ser representados directamente dentro de una cadena. Afortunadamente, JavaScript nos proporciona un recurso extra para solucionar esta situación. Se trata de las llamadas ***secuencias de escape***. Una secuencia de escape es una combinación de teclas que nos permite incluir estos caracteres "prohibidos" dentro de una cadena, sin que sean interpretados como delimitadores, ni como ninguna otra cosa. Las secuencias de escape están formadas por la barra invertida \, llamada ***contraslash*** (en algunos textos aparece como ***backslash***), seguida de un carácter, o de una letra, según nos convenga. Para escribir el contraslash, deberemos pulsar, simultáneamente, las dos teclas que aparecen en la figura 2.11.

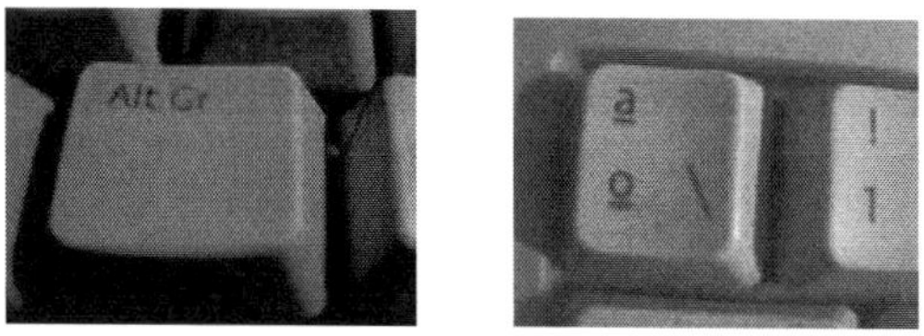

Figura 2.11

En el ejemplo anterior, para lograr que las comillas que rodean a la palabra *Hola* formen parte de la cadena, emplearemos la secuencia de escape \", tal como aparece en el listado **secuencias_de_escape_1.htm**, que vemos a continuación:

```
<html>
   <head>
      <title>
         P&aacute;gina con JavaScript.
      </title>
      <script language="javascript">
         <!--
         var variable_1="Este aviso dice \"Hola\".";
         alert (variable_1);
         //-->
      </script>
   </head>
   <body>
   </body>
</html>
```

Fíjese en que las comillas que tienen que formar parte de la cadena, como si de otros caracteres cualesquiera se tratase, aparecen precedidas de sendos contraslash, formando las secuencias de escape que hemos mencionado. En el listado las tiene resaltadas, para que le sean más fáciles de identificar. Ahora sí obtenemos, sin problemas, el cuadro de aviso de la figura 2.9.

Y ya puestos, fíjese en que los contraslash no aparecen en el resultado final. ¿Cómo podríamos lograr que apareciera un contraslash en una cadena? En concreto, le estoy hablando de obtener el cuadro de aviso de la figura 2.12.

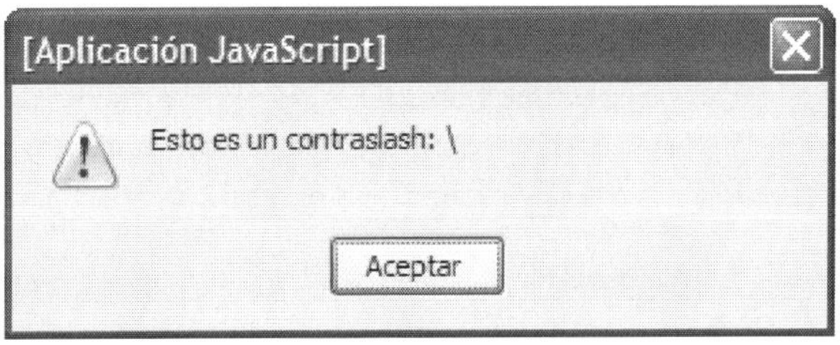

Figura 2.12

Evidentemente, tampoco podemos incluir el contraslash directamente en la cadena. Suponga que lo hace. El código, grabado en el CD como **contraslash_1.htm**, sería el siguiente:

```
<html>
   <head>
      <title>
         P&aacute;gina con JavaScript.
      </title>
      <script language="javascript">
         <!--
         var variable_1="Esto es un contraslash: \";
         alert (variable_1);
         //-->
      </script>
   </head>
   <body>
   </body>
</html>
```

Este listado parece la solución lógica, a primer golpe de vista. Sin embargo, no funciona como se pudiera esperar. Siguiendo con nuestra línea de razonamiento, vemos que, en primer lugar, se abre la cadena literal que pretendemos asignar a la variable, usando el delimitador de las comillas. Pero las otras comillas, las que están situadas al final de la cadena, no son interpretadas como un delimitador de cierre, ya que, al ir precedidas de un contraslash, JavaScript piensa que son parte de la cadena. Por lo tanto, el navegador interpreta que la cadena no está terminada, puesto que no hay delimitador de cierre. Cuando cargue el script en el navegador, no verá lo que pretendíamos; acceda a la consola de error como ya sabe y verá un resultado como el que se muestra en la figura 2.13.

Si alguna vez abre esta ventana en el navegador y no ve el mensaje de error que le aclare lo que está sucediendo, pulse el botón [ERRORES] que aparece en la parte superior, junto a un octógono de color rojo.

Fíjese en la descripción del error que se produce, dentro de la ventana: **[UNTERMINATED STRING LITERAL]**. Es lógico: el contraslash, al aparecer antes de unas comillas, las convierte en un carácter, con lo que ya no existe el delimitador de cierre, tal como acabamos de mencionar.

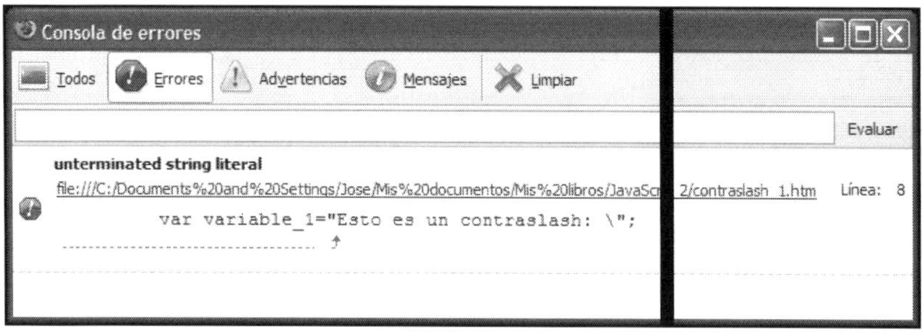

Figura 2.13

Repito esto porque, si usted no está familiarizado con este modo de trabajo, es necesario que se mentalice. La sintaxis de cualquier lenguaje de programación, por simple que éste sea, es muy estricta en los aspectos fundamentales, y éste es uno de ellos. Por lo tanto, ya sabemos que el contraslash es otro carácter "prohibido", es decir, que no puede incluirse, sin más, en una cadena literal. Para solucionar esto, recurrimos a otra secuencia de escape: el contraslash se precede de otro, para convertirlo en un carácter, tal como aparece en el listado **secuencias_de_escape_2.htm**.

```
<html>
   <head>
      <title>
         P&aacute;gina con JavaScript.
      </title>
      <script language="javascript">
         <!--
         var variable_1="Esto es un contraslash: \\";
         alert (variable_1);
         //-->
      </script>
   </head>
   <body>
   </body>
</html>
```

Si lo probamos, vemos que ahora funciona perfectamente. En realidad, mediante el uso del contraslash, se puede representar cualquier carácter de los llamados "prohibidos".

Concretando, una secuencia de escape es un conjunto de dos caracteres, el primero de los cuales es siempre el contraslash, que se emplea para incluir en una cadena un carácter que no puede ser insertado directamente, como es el caso de las comillas o el propio contraslash.

Existen otras secuencias de escape, aparte de las dos que ya hemos visto. Por ejemplo, hay una muy utilizada que permite incluir un salto de línea en una cadena. Observe el código **secuencias_de_escape_3.htm**, que aparece listado a continuación:

```
<html>
   <head>
      <title>
         P&aacute;gina con JavaScript.
      </title>
      <script language="javascript">
         <!--
         var variable_1="Esto es una línea.\nY esto es
otra.";
         alert (variable_1);
         //-->
      </script>
   </head>
   <body>
   </body>
</html>
```

La secuencia de escape aparece resaltada para que pueda reconocerla con facilidad. El resultado es el cuadro de aviso que ve en la figura 2.14.

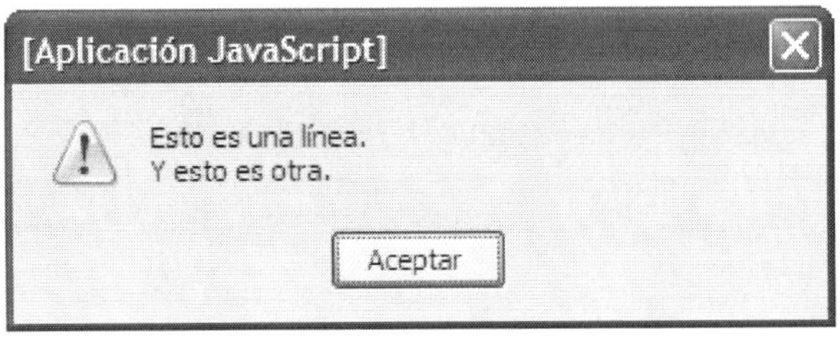

Figura 2.14

Como puede ver en el código, la asignación de la cadena a una variable se ha hecho en una sola línea, pero en el cuadro de aviso aparece la cadena fraccionada, por la limitación de espacio de la página impresa. Tal como le mencioné anteriormente, vea el listado en el CD, siempre que tenga dudas con respecto a este punto.

La lista completa de las secuencias de escape reconocidas por JavaScript es bastante breve (en realidad sólo son ocho) y es la siguiente:

SECUENCIAS DE ESCAPE	
Secuencia	**Efecto**
`\\`	**Inserta un contraslash.**
`\"`	**Inserta unas comillas dobles.**
`\'`	**Inserta una comilla simple.**
`\n`	**Inserta un salto de línea.**
`\f`	**Inserta un salto de página.**
`\r`	**Inserta un retorno de carro.**
`\t`	**Inserta una tabulación.**
`\b`	**Retrocede un carácter.**

Algunas de estas secuencias no parecen tener mucho uso por ahora y sólo tienen sentido si se trabaja con formularios, o con diversos efectos de texto de los que hablaremos bastante más adelante. Otras sólo tienen sentido cuando se trabaja con documentos impresos. Sin embargo, hay dos que sí quiero mostrarle ahora: una de ellas es la que inserta una tabulación. Observe el código **secuencias_de_escape_4.htm**, que aparece a continuación:

```
<html>
   <head>
      <title>
         P&aacute;gina con JavaScript.
      </title>
      <script language="javascript">
         <!--
         var variable_1="Esto es parte del texto.\tY
esto está tabulado.";
         alert (variable_1);
         //-->
      </script>
   </head>
   <body>
   </body>
</html>
```

Fíjese en que la secuencia de escape empleada está diseñada para incluir una tabulación en la cadena. Se usa (ya tendrá ocasión de comprobarlo) cuando queremos disponer una serie de datos en la página distribuidos como una tabla. Y si está pensando en que, a todo esto, todavía no sabemos cómo escribir directamente en la página desde JavaScript sin usar cuadros de aviso, tiene razón, pero no se preocupe por eso ahora: se explicará más adelante. Sin embargo, en ciertas versiones de algunos navegadores este último carácter no funciona adecuadamente. Así, aprovecho para insistirle en que se descargue de Internet las últimas versiones disponibles. El resultado es el cuadro de aviso de la figura 2.15.

Figura 2.15

La otra secuencia de escape de la que quiero hablarle ahora es la que sirve para insertar en una cadena una comilla simple. En principio, no hay necesidad de una secuencia de escape para esto. De hecho, usted puede tener un código como **comilla_simple_1.htm**.

```
<html>
   <head>
      <title>
         P&aacute;gina con JavaScript.
      </title>
      <script language="javascript">
         <!--
       var variable_1="Esto es una comilla simple: '";
         alert (variable_1);
         //-->
      </script>
   </head>
   <body>
   </body>
</html>
```

Observe que en la cadena, que aparece resaltada, no hay ninguna secuencia de escape. El resultado de este código es el cuadro de aviso de la figura 2.16.

Figura 2.16

En esta imagen se aprecia perfectamente que la comilla simple aparece sin ningún problema. La necesidad de una secuencia de escape la entenderá cuando vea el apartado **COMILLAS SIMPLES Y DOBLES**.

2.3.1.3 COMILLAS SIMPLES Y DOBLES

JavaScript permite emplear, como delimitadores para una cadena alfanumérica, las comillas dobles o las simples, indistintamente. Por ejemplo, podemos tener un código como **comilla_simple_2.htm**.

```
<html>
   <head>
      <title>
         P&aacute;gina con JavaScript.
      </title>
      <script language="javascript">
         <!--
         var variable_1='Esto es una cadena delimitada
con comillas simples.';
         alert (variable_1);
         //-->
      </script>
   </head>
   <body>
   </body>
</html>
```

Fíjese en la cadena que le he asignado a la variable, que aparece resaltada. Como ve, he usado las comillas simples como delimitadores. El resultado de esto es un cuadro de aviso como el de la figura 2.17.

En este caso, ya no podemos incluir en la cadena una comilla simple como si fuera un carácter más, puesto que JavaScript lo interpretaría como un delimitador.

Figura 2.17

Si queremos insertar este carácter, es necesario usar una secuencia de escape, como muestra el listado **secuencias_de_escape_5.htm**.

```
<html>
   <head>
      <title>
         P&aacute;gina con JavaScript.
      </title>
      <script language="javascript">
         <!--
         var variable_1='Esto es una comilla simple:
\'';
         alert (variable_1);
         //-->
      </script>
   </head>
   <body>
   </body>
</html>
```

Si lo ejecuta, comprobará que su funcionamiento es correcto. Sin embargo, ahora sí podemos insertar en la cadena unas comillas dobles sin necesidad de usar una secuencia de escape.

Es decir, *será el carácter que empleemos como delimitador el que necesite una secuencia de escape si hay que incluirlo en la cadena*. Sin embargo, es una buena práctica de programación emplear las secuencias de escape siempre que vayamos a incluir uno de los caracteres "prohibidos", con independencia del delimitador.

Y seguro que a estas alturas se está usted preguntando cuándo empleamos un delimitador para la cadena y cuándo el otro. La respuesta es que se trata de una mera cuestión de criterio. Yo, personalmente, suelo emplear las comillas dobles como delimitador de las cadenas, y le aconsejo que lo haga así para poder seguir correctamente todos los ejemplos de este libro.

Otra cosa que debe tener en cuenta, a la hora de manejar cadenas, es que JavaScript no reconoce las instancias de HTML para las letras acentuadas, sino que, tal como habrá comprobado en los códigos anteriores, éstas deben ser tecleadas directamente. Observe el código **instancias_1.htm**, que aparece a continuación:

```
<html>
   <head>
      <title>
```

```
                P&aacute;gina con JavaScript.
            </title>
            <script language="javascript">
                <!--
                alert ("Esta l&iacute;nea sale mal.");
                //-->
            </script>
        </head>
        <body>
        </body>
    </html>
```

Compruebe el desastroso resultado en la figura 2.18.

Figura 2.18

2.3.2 Uso elemental de valores numéricos

Anteriormente hemos mencionado que la razón de ser de las variables numéricas es poder realizar con ellas cálculos aritméticos. Las posibilidades matemáticas de JavaScript son amplísimas. Al igual que hemos hecho con las cadenas alfanuméricas, vamos a ver en este Capítulo la parte básica del manejo de estos datos, dejando para más adelante la parte avanzada, ya que para ello necesitaremos antes conocer otros conceptos.

Las operaciones aritméticas básicas se realizan en JavaScript mediante los operadores que conocemos desde la escuela. En este apartado vamos a ver cómo realizar esas operaciones, y algunas otras con las que, quizás, no estamos todavía tan familiarizados. Empecemos por lo más sencillo.

2.3.2.1 SUMA

La suma en JavaScript se lleva a cabo mediante el operador más (+). Veamos el código **suma_1.htm**.

```
<html>
   <head>
      <title>P&aacute;gina con JavaScript.</title>
      <script language="javascript">
         <!--
         var primerSumando=10, segundoSumando=20, suma;
         suma=primerSumando+segundoSumando;
         alert (suma);
         //-->
      </script>
   </head>

   <body>
   </body>
</html>
```

El resultado de este código se puede ver en la figura 2.19.

Figura 2.19

De esta forma, puede ver cómo se lleva a cabo una suma simple. Por cierto, podemos mejorar el resultado final aplicando lo que vimos en el apartado anterior sobre concatenación, tal como nos muestra el código **suma_2.htm**. Observe el script y vea el listado completo en el CD adjunto.

```
<script language="javascript">
   <!--
   var primerSumando=10, segundoSumando=20, suma;
   suma=primerSumando+segundoSumando;
   alert ("La suma de 10 y 20 es " + suma);
   //-->
</script>
```

Al ejecutar esta página, obtenemos un cuadro de aviso como el de la figura 2.20. Por supuesto, usted puede hacer una suma con todos los sumandos que necesite. Podría tener declaradas tres variables como sumandos, y una línea como la siguiente:

```
suma= primerSumando + segundoSumando + tercerSumando;
```

La suma se llevaría a efecto sin problemas. Pruébelo. Para ello escriba su propio código, ya que no he creado yo ninguno específico con tres sumandos, para darle a usted opción a hacerlo. El número de sumandos a emplear en una suma viene limitado, únicamente, por la memoria disponible, y eso no representa ningún problema con las actuales tecnologías, cada vez más eficientes y baratas.

Figura 2.20

JavaScript nos proporciona otro operador para realizar una suma de una manera que podríamos llamar "abreviada". Se trata del signo ***más igual*** (+=). Cuesta un poco familiarizarse con él, así que vamos a empezar a hacerlo desde ahora.

Observe el siguiente listado, llamado **suma_3.htm**. Quiero que preste especial atención a la línea que aparece resaltada, que es la que contiene el operador abreviado de la suma.

```
<script language="javascript">
   <!--
   var variable_1 = 10, variable_2 = 20;
   variable_1 += variable_2;
   alert ("La suma de 10 y 20 es " + variable_1);
   //-->
</script>
```

Ejecute este código y comprobará que el resultado es el mismo que en el caso anterior. Por lo tanto, vemos que la línea

```
variable_1 += variable_2;
```

es equivalente a

```
variable_1 = variable_1 + variable_2;
```

aunque con menos código escrito. Familiarícese con esta notación porque la encontrará muy a menudo en códigos JavaScript. Además, el uso de la misma, le da un aire de profesionalidad a su página. Una cosa tan simple como el uso de este operador da aspecto de algo más elaborado. Cuando use este operador tenga en cuenta que, realmente, está formado por dos signos: el + y el =, y que ambos deben ir escritos juntos, sin ningún espacio intermedio. En caso contrario, no funcionará.

2.3.2.2 RESTA

La resta se lleva a cabo mediante el operador menos (-). Al igual que la suma, es muy sencilla de programar en JavaScript. Observe el siguiente código, llamado **resta_1.htm**.

```
<script language="javascript">
   <!--
   var minuendo=20, sustraendo=15, resta;
   resta=minuendo-sustraendo;
   alert ("20 menos 15 son: " + resta);
   //-->
</script>
```

El resultado aparece en la figura 2.21. Por supuesto, una resta puede dar un resultado negativo, si el sustraendo es mayor que el minuendo.

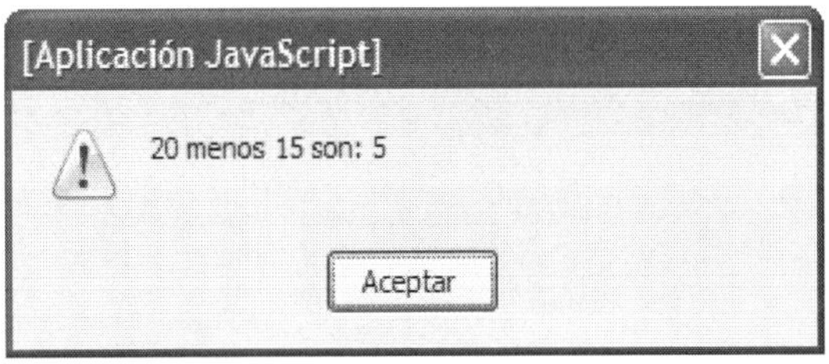

Figura 2.21

Al igual que con la suma, la resta se puede llevar a efecto con varios operandos. Por ejemplo, suponga que tiene tres variables numéricas a las que llamaremos **operando_1**, **operando_2** y **operando_3**, y una variable llamada **resta**. En JavaScript es perfectamente legítima la siguiente asignación:

```
resta = operando_1 - operando_2 - operando_3;
```

Compruébelo por usted mismo. En el caso de la resta también existe un operador abreviado: es el sigo ***menos igual*** (-=). Observe el siguiente código, llamado **resta_2.htm**.

```
<script language="javascript">
   <!--
   var variable_1 = 20, variable_2 = 15;

   variable_1 -= variable_2;
   alert ("20 menos 15 son: " + variable_1);
   //-->
</script>
```

Compruébelo y vea que el resultado es correcto. La línea

```
variable_1 -= variable_2;
```

es equivalente a

```
variable_1 = variable_1 - variable_2;
```

Al igual que en el caso anterior, los dos signos que componen este operador deben ir juntos.

2.3.2.3 MULTIPLICACIÓN

La multiplicación en JavaScript se lleva a efecto mediante el operador asterisco (*). Observe el código **multiplicar_1.htm**, que aparece listado a continuación (el listado completo está en el CD adjunto).

```
<script language="javascript">
   <!--
   var multiplicando=20, multiplicador=15, producto;
   producto=multiplicando*multiplicador;
   alert ("20 por 15 son: " + producto);
   //-->
</script>
```

El resultado de este código se puede ver en la figura 2.22.

Figura 2.22

Al igual que con las operaciones anteriores, el producto puede llevarse a efecto con varios operandos.

La multiplicación también permite el uso de un operador abreviado: se trata de **por igual** (*=). Tal como hacíamos en casos anteriores, los signos que componen este operador deben ir juntos. Observe el siguiente script, **multiplicar_2.htm**.

```
<script language="javascript">
   <!--
   var variable_1 = 20, variable_2 = 15;

   variable_1 *= variable_2;

   alert ("20 por 15 son: " + variable_1);
   //-->
</script>
```

Compruebe que el resultado es el mismo que en el código anterior. La línea

```
variable_1 *= variable_2;
```

es equivalente a

```
variable_1 = variable_1 * variable_2;
```

2.3.2.4 DIVISIÓN

La división en JavaScript (y en la mayoría de los lenguajes de programación) se realiza con la barra, llamada slash (/).

Para empezar, observe el siguiente código, llamado **dividir_1.htm**.

```
<script language="javascript">
   <!--
   var dividendo=20, divisor=10, cociente;

   cociente = dividendo / divisor;

   alert ("20 entre 10 son: " + cociente);
   //-->
</script>
```

El resultado aparece en la figura 2.23.

Figura 2.23

Al igual que en los casos anteriores, la división se puede llevar a efecto con tres o más operandos. Sin embargo, es importante tener en cuenta que esta operación se realizará de izquierda a derecha. Por ejemplo, suponga el siguiente fragmento de código:

```
var operando_1 = 100, operando_2 = 5, operando_3 = 10, resultado;
resultado = operando_1 / operando_2 / operando_3;
```

El resultado se calculará de la siguiente manera: en primer lugar se divide operando_1 entre operando_2, obteniéndose un valor de 20. A continuación, este valor se divide entre operando_3, y el resultado es 2. Tenga en cuenta que, cuando se realiza una división, el cociente no siempre resulta un cociente exacto. Observe el código **dividir_2.htm**.

```
<script language="javascript">
   <!--
   var dividendo=20, divisor=15, cociente;
   cociente = dividendo / divisor;
   alert ("20 entre 15 son: " + cociente);
   //-->
</script>
```

El resultado aparece en la figura 2.24.

Figura 2.24

JavaScript puede manejar números fraccionarios con la misma facilidad que los números enteros. De hecho, en cualquiera de las operaciones que hemos visto se podrían haber manejado números fraccionarios. Lo que tiene que tener en cuenta es que debe usar un punto como separación entre la parte entera y la decimal. Por ejemplo, observe el siguiente listado, llamado **operaciones_fraccionarias_1.htm**.

```
<script language="javascript">
   <!--
   // Declaramos e inicializamos las variables de los
operandos.
   var sumando_1 = 6.3, sumando_2 = 7.2, suma, linea_1;
   var minuendo = 4.7, sustraendo = 2.7, resta,
linea_2;
   var multiplicando = 2.88, multiplicador = 3.432,
producto, linea_3;
   var dividendo = 23.47, divisor = 8.36, cociente,
linea_4;

   // Calculamos los resultados.
   suma = sumando_1 + sumando_2;
   resta = minuendo - sustraendo;
   producto = multiplicando * multiplicador;
   cociente = dividendo / divisor;

   // Preparamos los resultados para su presentación.
   linea_1 = "La suma de " + sumando_1 + " y " +
sumando_2 + " resulta: " + suma;
   linea_2 = "La resta de " + minuendo + " y " +
sustraendo + " resulta: " + resta;
   linea_3 = "El producto de " + multiplicando + " y "
+ multiplicador + " resulta: " + producto;
   linea_4 = "La división de " + dividendo + " y " +
divisor + " resulta: " + cociente;
   // Mostramos los resultados.
   alert (linea_1 + "\n" + linea_2 + "\n" + linea_3 +
"\n" + linea_4);
   //-->
</script>
```

Éste es un ejemplo que me gusta mucho porque ilustra perfectamente el uso de las cuatro operaciones fundamentales, que hemos visto hasta ahora, hechas con decimales; además, nos permite repasar lo que vimos sobre concatenación de cadenas y uso de secuencias de escape en el apartado anterior. Llegados a este punto, siempre les ofrezco este ejemplo a mis alumnos. Observe el resultado en la figura 2.25.

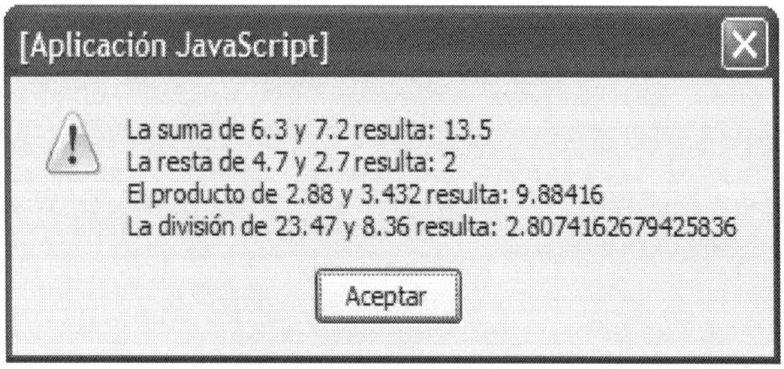

Figura 2.25

Compruebe que obtiene el resultado correcto, y demore el tiempo necesario para examinar bien el código.

La división también reconoce un operador abreviado, llamado ***entre igual*** (/=), con las mismas consideraciones que en los casos anteriores. Observe el listado **dividir_3.htm**, que aparece a continuación:

```
<script language="javascript">
   <!--
   var variable_1 = 20, variable_2 = 15;
   variable_1 /= variable_2;
   alert ("20 entre 15 son: " + variable_1);
   //-->
</script>
```

Ejecútelo para comprobar que obtiene el mismo resultado que veíamos en la figura 2.24. A continuación, como ejercicio práctico, puede modificar el listado **operaciones_fraccionarias_1.htm** para realizar todas las operaciones mediante el uso de operadores abreviados.

Por último, dentro de este apartado, quiero mencionar un caso particular: la división por cero. Observe el código **dividir_por_cero.htm**, que aparece a continuación:

```
<script language="javascript">
   <!--
   var dato;
   dato = 34/0;
   alert ("El dato vale " + dato);
   //-->
</script>
```

El resultado lo vemos en la figura 2.26.

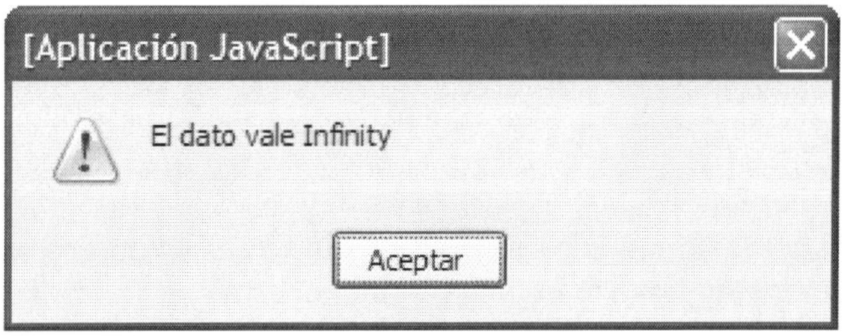

Figura 2.26

Muchos lenguajes de programación modernos generan un error cuando se trata de llevar a cabo una operación de este tipo. Sin embargo, JavaScript la trata de un modo especial y no genera error alguno. En realidad, JavaScript se ciñe a lo que nos dicen las matemáticas al respecto: cualquier número dividido entre cero da como resultado infinito. Pues eso es, exactamente, lo que hace nuestro lenguaje favorito de guiones.

2.3.2.5 MÓDULO

Tal como acabamos de mencionar, las divisiones no siempre dan un cociente exacto. En muchos casos (ya lo verá más adelante), es interesante poder obtener el resto de una división. JavaScript nos proporciona, a este fin, un operador llamado ***módulo***, que se representa mediante ***el signo de tanto por ciento (%)***. Observe el listado **resto_1.htm** que aparece a continuación.

```
<script language="javascript">
   <!--
   var dividendo = 10, divisor = 4, resto;
   resto = dividendo % divisor;
   alert ("El resto de dividir 10 entre 4 es: " +
resto);
   //-->
</script>
```

El resultado aparece en la figura 2.27.

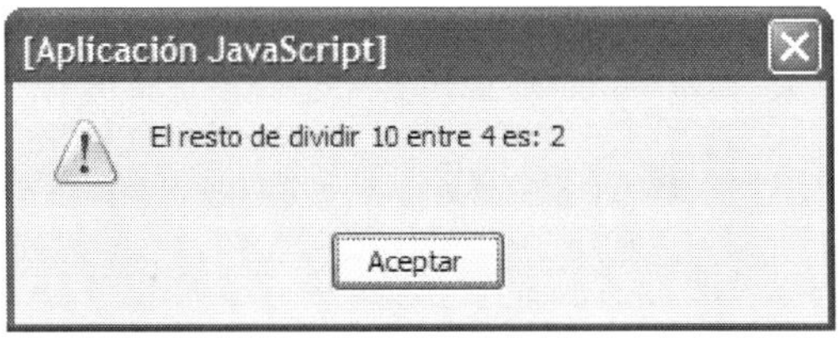

Figura 2.27

Tenga mucho cuidado con el signo del módulo. Se trata del cálculo del **resto de una división, no de ningún porcentaje**, a pesar del signo que se emplea. Y recuerde que, por supuesto, el resto de una división es siempre un número entero.

El cálculo de un módulo también admite el uso de un operador abreviado, llamado ***módulo igual*** (%=). Observe el siguiente listado, llamado **resto_2.htm**.

```
<script language="javascript">
   <!--
   var variable_1 = 10, variable_2 = 4;

   variable_1 %= variable_2;
   alert ("El resto de dividir 10 entre 4 es: " +
variable_1);
   //-->
</script>
```

Compruebe que el funcionamiento es el mismo que en el caso anterior.

2.3.2.6 INCREMENTO Y DECREMENTO

En un programa informático es tan habitual incrementar o decrementar una variable numérica en una unidad que la mayor parte de los lenguajes de programación modernos emplean unos operadores específicos para estas funciones: son los operadores de incremento (++) y de decremento (--).

Probablemente, a estas alturas todavía no vea usted clara la necesidad de disponer de estos operadores, pero son mucho más útiles de lo que parece en un principio. De momento, acepte mi palabra sobre ese punto.

Ya entenderá más adelante la utilidad de la que le hablo. De momento, observe el siguiente listado, llamado **incremento_1.htm**.

```
<script language="javascript">
   <!--
   var variable_1 = 10;

   variable_1++;
   alert (variable_1);
   //-->
</script>
```

El resultado de ejecutar este código se ve en la figura 2.28.

Inicialmente, la variable tenía un valor de 10. Cuando se ejecutó la línea que aparece resaltada, el valor se incrementó en una unidad, pasando a ser 11, que es lo que nos muestra el cuadro de aviso.

Figura 2.28

Además, este operador se puede utilizar en combinación con una asignación de dos maneras diferentes, conocidas con los nombres de **pre-incremento** y **post-incremento**, dependiendo de que el incremento se realice antes o después de la asignación. Observe el código al que hemos llamado **pre_incremento_1.htm**.

```
<script language="javascript">
   <!--
   var variable_1 = 10, variable_2;
   variable_2 = ++ variable_1;
   alert ("variable_1 vale: " + variable_1 +
"\nvariable_2 vale: " + variable_2);
   //-->
</script>
```

El resultado de esta página se ve en la figura 2.29.

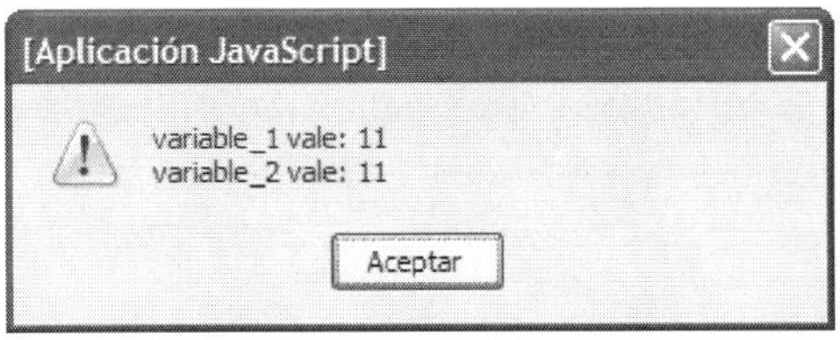

Figura 2.29

Veamos qué es lo que ha sucedido. En primer lugar variable_1 tiene un valor de 10. A continuación nos encontramos con la línea que aparece resaltada, que es la clave de todo. El valor de variable_1 se incrementa en 1 (su nuevo valor es 11) y se le asigna a variable_2, con lo que ésta también pasa a valer 11. En ese orden. Por ello se conoce a esta operación como pre-incremento.

Ahora compare lo que acabamos de hacer con el siguiente código, al que llamamos **post_incremento_1.htm**.

```
<script language="javascript">
   <!--
   var variable_1 = 10, variable_2;
   variable_2 = variable_1 ++;
   alert ("variable_1 vale: " + variable_1 +
"\nvariable_2 vale: " + variable_2);
   //-->
</script>
```

El resultado lo ve en la figura 2.30.

Observe la diferencia con el resultado del ejercicio anterior. Veamos qué ha sucedido. Inicialmente, variable_1 vale 10. Cuando se ejecuta la línea resaltada, a variable_2 se le asigna el valor de variable_1 (10) y luego se incrementa ésta última, con lo que pasa a valer 11. En ese orden. Por eso se conoce a esta operación con el nombre de post-incremento. Es el modo más habitual de usar los incrementos.

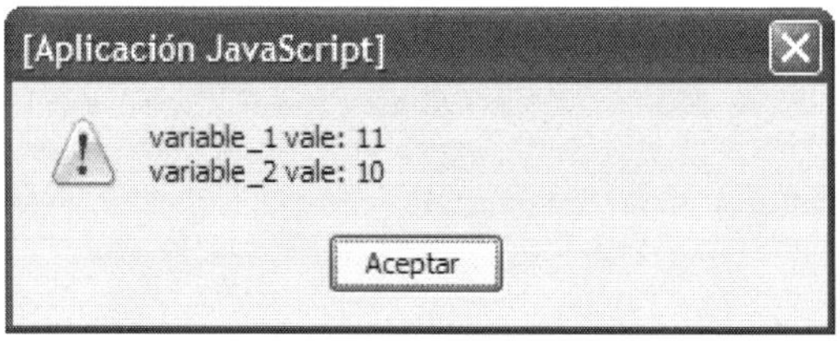

Figura 2.30

Del mismo modo que usamos el operador de incremento para añadir una unidad a una variable determinada, podemos usar el operador de decremento para restarle una unidad. Observe el listado **decremento_1.htm**.

```
<script language="javascript">
   <!--
   var variable_1 = 10;
   variable_1--;
   alert (variable_1);
   //-->
</script>
```

El resultado de este código aparece en la figura 2.31. Como puede ver, a variable_1 le asignamos, inicialmente, el valor 10. Cuando se ejecuta la línea que aparece resaltada, este valor disminuye en una unidad, y esto es lo que se ve en el cuadro de aviso.

Figura 2.31

Al igual que en el caso anterior, este operador admite dos modos de uso: el pre-decremento y el post-decremento, dependiendo de que se efectúe antes o después de una asignación.

Observe el listado siguiente, al que llamamos **pre_decremento_1.htm**.

```
<script language="javascript">
   <!--
   var variable_1 = 10, variable_2;
   variable_2 = -- variable_1;
   alert ("variable_1 vale: " + variable_1 +
"\nvariable_2 vale: " + variable_2);
   //-->
</script>
```

El resultado lo ve en la figura 2.32.

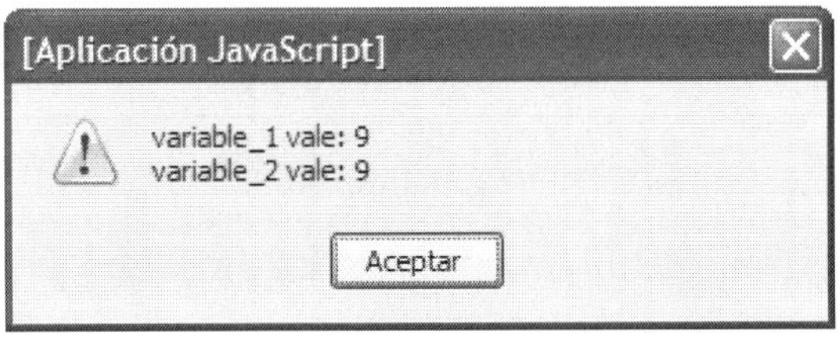

Figura 2.32

El razonamiento es el mismo que en el caso del pre-incremento. Partimos de variable_1, cuyo valor inicial es 10. Cuando llegamos a la línea resaltada, se reduce el valor en una unidad (con lo que se queda en 9) y se le asigna a variable_2.

La operación opuesta se ilustra en el código **post_decremento_1.htm**.

```
<script language="javascript">
   <!--
   var variable_1 = 10, variable_2;
   variable_2 = variable_1 --;
   alert ("variable_1 vale: " + variable_1 +
"\nvariable_2 vale: " + variable_2);
   //-->
</script>
```

El resultado aparece en la figura 2.33.

El funcionamiento es el opuesto al caso anterior. Inicialmente, variable_1 recibe el valor 10, en la línea resaltada se le asigna a variable_2 y se decrementa en una unidad, con lo que pasa a valer 9.

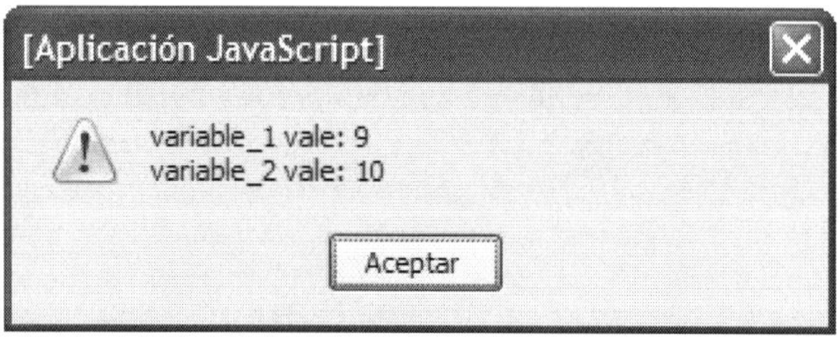

Figura 2.33

2.3.2.7 PRECEDENCIA DE OPERADORES

En muchas ocasiones encontramos en una misma línea de código distintas operaciones aritméticas (una suma y una multiplicación, por ejemplo). El orden en que se realizan tales operaciones afecta al resultado final. Observe el listado **precedencia_1.htm**.

```
<script language="javascript">
   <!--
   var variable_1 = 20, variable_2 = 10, variable_3 =
50, resultado;
   resultado = variable_1 * variable_2 + variable_3;
   alert (resultado);
   //-->
</script>
```

Si lo ejecuta verá que se muestra un cuadro de aviso con el valor **250**. Fijémonos en la línea resaltada para ver cómo se ha calculado la expresión para obtener este resultado. En primer lugar se realiza el producto de variable_1 (20) y variable_2 (10). El resultado de esta operación (200) se suma a variable_3 (50), obteniéndose un valor final de 250.

La aritmética en JavaScript es así: los operadores están clasificados jerárquicamente mediante lo que se conoce como ***precedencia de operadores***. Unos operadores tienen mayor precedencia que otros. Así pues, los operadores de mayor precedencia son el incremento y el decremento; después tenemos un segundo nivel de precedencia con el producto, la división y el módulo y, por último, la suma y la resta. Ése es el orden en que se efectúan todas las operaciones, por defecto.

Cuando en una expresión existen operadores de distintos niveles, se ejecutan, en primer lugar, los de más alta precedencia y, después, los del nivel inferior. Sin embargo, se puede cambiar el orden en que se ejecutan mediante el uso de paréntesis. Es lo que se conoce como ***romper la precedencia de operadores***. Observe el siguiente listado, que es, tan sólo, una variación del anterior, al que hemos llamado **precedencia_2.htm**.

```
<script language="javascript">
   <!--
   var variable_1 = 20, variable_2 = 10, variable_3 =
50, resultado;
   resultado = variable_1 * (variable_2 + variable_3);
   alert (resultado);
   //-->
</script>
```

Si ejecuta este código, obtendrá un cuadro de aviso que le muestra **1200**. ¡Menuda diferencia con el resultado anterior! Observe la línea resaltada. Fíjese en que la parte de la expresión que realiza una suma ha sido encerrada entre paréntesis, por lo que se ejecuta antes que el producto. Se suman variable_2 (10) y variable_3 (50). El valor obtenido (60) se multiplica por variable_1 (20), dando un resultado final de 1200. Este tipo de situaciones son, como tendrá ocasión de ver, muy habituales.

También puede darse el caso de que en una expresión aritmética haya varios operadores con la misma precedencia. En ese caso, la expresión se evaluará de izquierda a derecha. Por ejemplo, supongamos el listado **precedencia_3.htm**.

```
<script language="javascript">
   <!--
   var variable_1 = 1000, variable_2 = 20, variable_3 =
2, resultado;
   resultado = variable_1 / variable_2 / variable_3;
```

```
        alert (resultado);
        //-->
    </script>
```

Una vez más, fíjese en la línea que aparece resaltada. En primer lugar se divide variable_1 (1000) entre variable_2 (20), lo que da 50. Luego se divide este valor entre variable_3 (2), obteniéndose un resultado final de **25**, que es lo que muestra el cuadro de aviso.

Ahora vamos a modificar este listado encerrando la segunda parte de la expresión entre paréntesis, tal como se ve en **precedencia_4.htm**.

```
    <script language="javascript">
        <!--
        var variable_1 = 1000, variable_2 = 20, variable_3 =
2, resultado;
        resultado = variable_1 / (variable_2 / variable_3);
        alert (resultado);
        //-->
    </script>
```

Cuando ejecute este código, verá un cuadro de aviso que muestra el valor **100**. Veamos de dónde sale. Una vez más, la cuestión está en la línea que aparece resaltada. La parte de la expresión que hemos encerrado entre paréntesis se ejecuta ahora en primer lugar. Dividimos variable_2 (20) entre variable_3 (2) y obtenemos un resultado parcial de 10. A continuación se divide variable_1 entre 10 y se consigue el valor final de la expresión (100).

2.3.2.8 OTRAS FORMAS DE EXPRESAR DATOS NUMÉRICOS

JavaScript nos permite manejar valores numéricos en diferentes notaciones. Por ejemplo, si usted tiene que efectuar alguna página relativa a cálculos matemáticos, es muy posible que le convenga usar la notación exponencial. Observe el siguiente listado, llamado **exponencial_1.htm**.

```
    <script language="javascript">
        <!–
        var datoExponencial = 23E2;
        alert(datoExponencial);
        //-->
    </script>
```

El resultado de la ejecución aparece en la figura 2.34.

La letra **E** se emplea como multiplicador de la potencia de 10, al igual que en matemáticas o ingeniería. Así pues, 23E2 es lo mismo que 23 multiplicado por 10^2, es decir, 23 por 100, o lo que es lo mismo, 2300, que es el resultado que vemos. En este caso, JavaScript hace un alarde de tolerancia y permite que la E que separa la mantisa del exponente sea mayúscula o minúscula, indistintamente. De todos modos no se habitúe a este tipo de licencias.

Figura 2.34

Además, podemos manejar datos numéricos expresados en otras bases de numeración. En concreto, JavaScript nos permite manejar, aparte de datos decimales, datos haxadecimales y octales. No me voy a detener aquí en la forma de convertir un valor numérico de una base a otra. Cualquier calculadora de bolsillo permite realizarlo con toda facilidad. Y, si no tiene ninguna a mano, la propia calculadora de Windows le servirá para ello. Por otra parte, éste es un libro sobre JavaScript, no sobre matemáticas. Lo que sí quiero que entienda es que en JavaScript puede usted expresar un número en cualquiera de estas dos bases, y el programa se lo devolverá en base decimal. Veamos cómo hacer esto, mediante el código **bases_1.htm**.

```
<script language="javascript">
   <!--
   var datoHexadecimal = 0xFF, datoOctal = 023;
   alert(datoHexadecimal + "\n" + datoOctal);
   //-->
</script>
```

El resultado de este código aparece en la figura 2.35.

Quiero que observe detenidamente la línea del código que aparece resaltada. Cuando queremos expresar un valor en hexadecimal, debemos precederlo de la secuencia **0x** (un cero y una equis; ésta última puede ser mayúscula o minúscula indistintamente). Sólo con eso, JavaScript ya entiende que ese número lo hemos expresado en base 16, e internamente lo convierte al valor decimal correspondiente. En este caso, hemos puesto el valor hexadecimal ff y obtenemos el 255. Compruebe con su calculadora que estos valores se corresponden. Como sabe, la base de numeración hexadecimal emplea como números los dígitos del 0 al 9 y las letras de la a a la f. Como ya sabe, si recuerda los fundamentos de HTML, el sistema de numeración hexadecimal es la base para definir colores de pantalla, texto, etc.

Cuando escribimos un número en base 16, las letras que contiene (si las hay) pueden ir en mayúsculas o en minúsculas indistintamente. Así pues, el número 255 se puede expresar en JavaScript como 0xFF, 0xff, 0Xff o 0XFF. La notación que hemos empleado en el código es la que yo veo más adecuada para distinguir con claridad el prefijo 0x del valor expresado.

Figura 2.35

Siguiendo con este ejemplo, lo siguiente que encontramos es un valor expresado en octal. Para indicarle a JavaScript que un número está en base 8, basta con que esté precedido de un 0. Como sabe, esta base de numeración emplea los dígitos del 0 al 7. El valor 23 en octal corresponde al valor 19 en decimal, que es lo que se nos muestra. En el apartado 2.3.4 volveremos sobre las bases de numeración.

2.3.3 Determinar el tipo de una variable

En las páginas anteriores hemos aprendido a manejar, aunque sea de una forma elemental, los dos tipos de datos más utilizados en JavaScript. Todavía es mucho el jugo que se le puede sacar a este tema. Por ejemplo, a menudo es importante determinar el tipo de una variable (si es de cadena, numérica, etc.), porque el programa se comporta de modo diferente. Observe el siguiente listado, al que llamamos **determinar_1.htm**.

```
<script language="javascript">
   <!--
   var cadena = "Hola", numero = 725;
   alert ("La variable 'cadena' es de tipo " +
typeof(cadena) + "\nLa variable 'numero' es de tipo " +
typeof(numero));
   //-->
</script>
```

En este código hemos empleado la función **typeof()**, que nos permite determinar el tipo de dato que almacena una variable. El resultado de este ejercicio lo vemos en la figura 2.36.

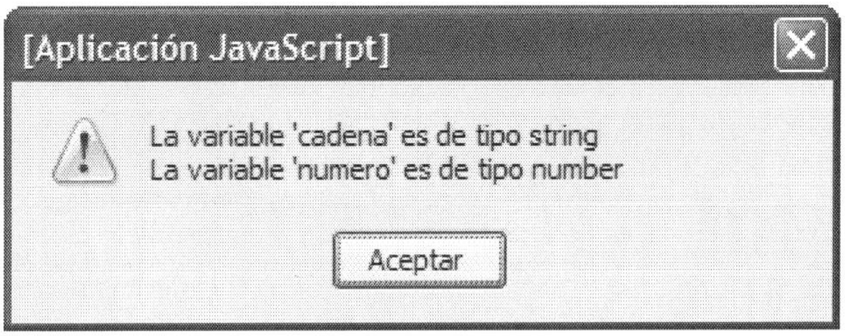

Figura 2.36

La función typeof() recibe como argumento el nombre de la variable que queremos comprobar y devuelve el tipo de dato que contiene. Así, en el ejemplo propuesto, cuando se evalúa la primera variable, vemos que es de tipo **string** (cadena alfanumérica) y la segunda es de tipo **number** (valor numérico).

Quiero que se dé cuenta de una cosa. Una variable es de tipo number siempre que contenga un valor numérico, independientemente de que éste sea entero o fraccionario. Pruebe a cambiar, en el ejemplo anterior, el contenido de la variable numérica por un valor fraccionario (recuerde usar el punto, no la coma, como separador de los decimales).

Ejecute de nuevo la página y vea que el resultado es el mismo. JavaScript reconoce, en realidad, dos tipos de datos numéricos, como veremos más adelante.

2.3.4 Cambiar el tipo de una variable

En ocasiones tenemos que cambiar el tipo de dato que contiene una variable (por ejemplo, de tipo string a tipo number, o viceversa). Dentro de poco, veremos cuándo se hace necesario. Por ahora, supongamos que tenemos una variable declarada con la siguiente línea:

```
var dato = "419";
```

El contenido no es el número 419, sino la cadena compuesta por los caracteres cuatro, uno y nueve, que es considerada como una cadena cualquiera que incluyera letras. Esto es así porque los números que hemos puesto están entre comillas. Para cambiar el tipo de dato que estamos manejando, JavaScript nos ofrece dos posibilidades: la conversión implícita y la conversión explícita.

2.3.4.1 CONVERSIÓN IMPLÍCITA

Se puede cambiar el tipo de dato que contiene una variable simplemente asignándole un dato de un tipo diferente. Observe el listado **conversion_1.htm**.

```
<script language="javascript">
   <!--
   var dato = "cadena";
   alert ("El dato es de tipo " + typeof(dato));
   dato = 45.873;
   alert ("El dato es de tipo " + typeof(dato));
   //-->
</script>
```

El resultado lo vemos en la figura 2.37. En primer lugar, aparece el cuadro de aviso de la izquierda. Al pulsar sobre el botón **[ACEPTAR]** veremos el cuadro de aviso de la derecha.

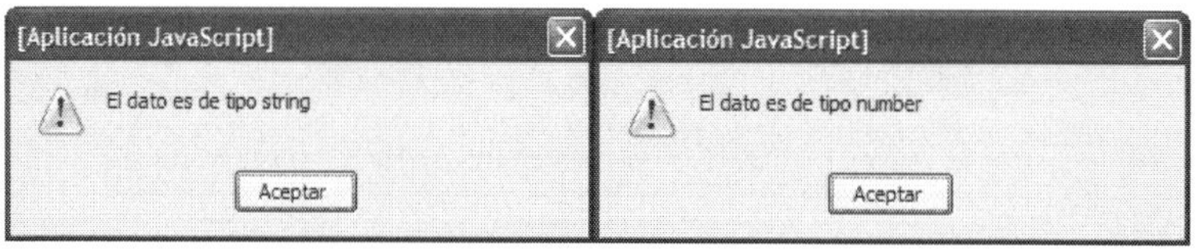

Figura 2.37

Como podemos comprobar, la reasignación ha cambiado el tipo de dato. O dicho de otro modo: el tipo de una variable es el del dato que contiene en cada momento de la ejecución del script.

Ahora vamos a ver otro modo de cambiar el tipo de dato, esta vez sin cambiar el contenido. Observe el código **conversion_2.htm**, que aparece a continuación:

```
<script language="javascript">
   <!--
   var dato = "723";
   alert ("El dato es " + dato + ". Es de tipo " +
typeof(dato));
   dato *= 1;
   alert ("El dato es " + dato + ". Es de tipo " +
typeof(dato));
   //-->
</script>
```

Preste atención a esto, porque este ejemplo es un poco más delicado que el anterior. El resultado lo vemos en la figura 2.38. En primer lugar aparece el cuadro de aviso de la izquierda y, al pulsar sobre el botón **[ACEPTAR]**, aparece el cuadro de aviso de la derecha.

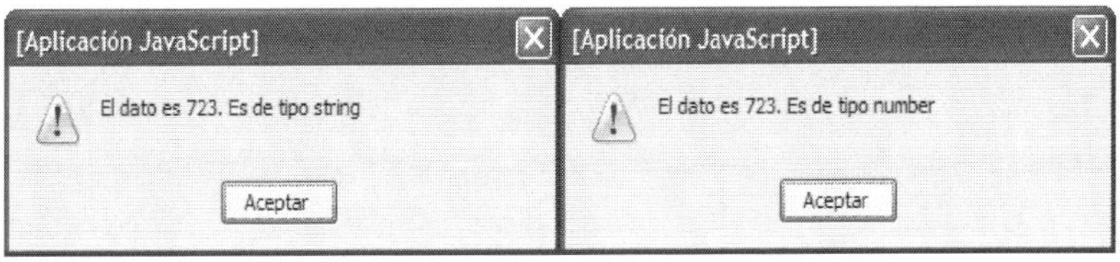

Figura 2.38

Fíjese en que, en primer lugar, hemos creado una variable de tipo alfanumérico que contiene una cadena con los caracteres siete, dos y tres. Sin embargo, no es un número, sino un literal, tal como nos muestra el primer cuadro de aviso. A continuación lo hemos usado para una operación aritmética tan simple como multiplicarlo por 1, como si de un valor numérico se tratase. Con este simple hecho, hemos cambiado esta cadena por el valor numérico 723. Cuando una cadena está formada exclusivamente por caracteres que representan números, podemos hacer con ella una operación aritmética y se procesará como si fuera un número. Y, al multiplicarla por 1, lo que hemos logrado es que no se altere el valor que representaba.

Este modo de conversión tiene una limitación natural. Suponga que la cadena que vamos a tratar contiene algún carácter que no sea un dígito numérico. Veámoslo en **conversión 3.htm**, donde hay una cadena que tiene unos dígitos numéricos, pero también una letra.

```
<script language="javascript">
   <!—
   var dato = "72a3";
   alert ("El dato es " + dato + ". Es de tipo " +
typeof(dato));
   dato *= 1;
   alert ("El dato es " + dato + ". Es de tipo " +
typeof(dato));
   //-->
</script>
```

El resultado aparece en la figura 2.39. En primer lugar se muestra el cuadro de aviso que vemos a la izquierda. Cuando hagamos clic sobre **[ACEPTAR]** veremos el cuadro que aparece a la derecha.

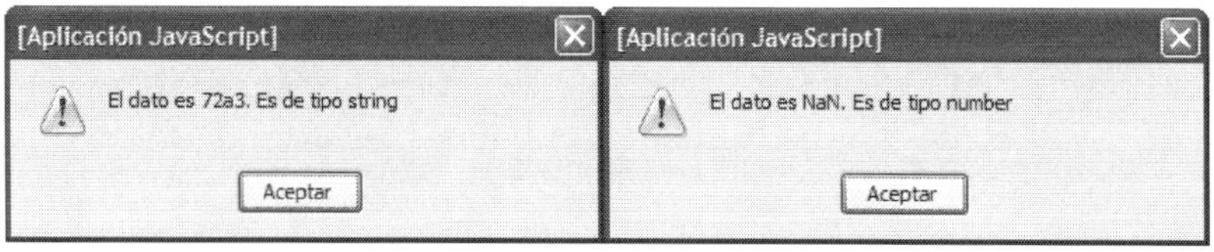

Figura 2.39

Preste especial atención a esta situación, sobre todo al segundo cuadro de aviso, que nos enseña una debilidad de la función typeof(). Observe que nos dice que el dato es de tipo number. Sin embargo, el dato que nos muestra es ***NaN***. Esto es una constante de JavaScript que habla de un dato que no es numérico. La palabra NaN es el acrónimo de ***Not a Number*** (No es un número). Esto sucede cuando intentamos tratar como numérico un dato que, por su contenido, no puede procesarse de este modo. Por lo tanto, lo que nos indica la función typeof(), en este caso, no es exacto. Tenga mucho cuidado con esto. En posteriores Capítulos aprenderemos a prevenir esta eventualidad. Y vamos a seguir rizando el rizo. Observe el código **conversión_4.htm**.

```
<script language="javascript">
   <!--
   var dato = 723;
   alert ("El dato es " + dato + ". Es de tipo " +
typeof(dato));
   dato = dato +"";
   alert ("El dato es " + dato + ". Es de tipo " +
typeof(dato));
   //-->
  </script>
```

El resultado lo vemos en la figura 2.40. En primer lugar se nos muestra el cuadro de aviso de la izquierda y, al pulsar **[ACEPTAR]**, veremos el de la derecha.

Figura 2.40

Observe que lo primero que hacemos es crear una variable a la que le asignamos un número. El primer cuadro de aviso nos muestra que, efectivamente, se trata de un dato de tipo number. A continuación lo concatenamos con una cadena, tal como muestra la línea resaltada. Sólo con eso, hemos logrado que el dato se convierta al tipo string, como nos muestra el segundo cuadro de aviso. En este caso hemos empleado una cadena vacía ("") que, al no contener nada, no modifica el dato, pero sigue siendo una cadena, al fin y al cabo.

2.3.4.2 CONVERSIÓN EXPLÍCITA

Aparte de la conversión implícita que acabamos de ver, existen funciones que nos permiten realizar una conversión explícita de datos. De este modo no estaremos al albur del dato en sí, sino que especificaremos, ex profeso, su tipo. Por ejemplo, vamos a ver cómo realizar la conversión de una cadena alfanumérica, en la que todos sus caracteres son dígitos, a un valor numérico. Observe el código **conversion_5.htm**.

```
<script language="javascript">
   <!--
   var miVariable = "736.832";
   miVariable = parseFloat (miVariable);
   alert ("El dato es " + miVariable + " y es de tipo "
+typeof(miVariable));
   //-->
</script>
```

Observe el resultado de este código en la figura 2.41.

Figura 2.41

Vamos a ver qué ha pasado. En primer lugar, fíjese en que, entre los dígitos que componen la cadena, he colocado un punto, para crear lo que, después de la conversión, será un número fraccionario. Luego he usado la función de JavaScript **parseFloat()**, que convierte la cadena a su correspondiente valor numérico. Observe que, como argumento, esta función recibe la cadena, o, como en este caso, la variable que la contiene. Esta función se suele emplear cuando la cadena representa a un número fraccionario, aunque también se puede emplear si se trata de un entero, tal como muestra el código **conversion_6.htm**.

```
<script language="javascript">
   <!--
```

```
        var miVariable = "736";
        miVariable = parseFloat (miVariable);
        alert ("El dato es " + miVariable + " y es de tipo "
+typeof(miVariable));
        //-->
    </script>
```

Ejecútelo para comprobar que funciona perfectamente.

Ahora quiero hacerle una pregunta. Si podemos hacer una conversión de cadena a número de una forma más fácil, tal como vimos en el apartado anterior, ¿por qué usar la función parseFloat()? Suponga que su cadena contiene un carácter que no es un dígito ni el punto decimal. Cuando usábamos la conversión implícita, el resultado que obteníamos era NaN, ¿lo recuerda? Veamos qué obtenemos mediante el uso de esta función en un caso similar. Observe el código **conversion_7.htm**.

```
    <script language="javascript">
        <!--
        var miVariable = "736a865";
        miVariable = parseFloat (miVariable);
        alert ("El dato es " + miVariable + " y es de tipo "
+typeof(miVariable));
        //-->
    </script>
```

El resultado lo ve en la figura 2.42.

Observe que se ha hecho la conversión ignorando el carácter que no es un dígito, y todo lo que había a la derecha del mismo. El resto de la cadena se ha convertido perfectamente. Pero, ¿qué pasa si el carácter que no es un dígito es el primero de la cadena? En ese caso el resultado sí es NaN. Compruébelo. Por eso hay que tener precauciones cuando se efectúen conversiones en el tipo de dato. Si no andamos con cuidado, los resultados pueden llegar a ser impredecibles. Y, si de estos resultados dependen otros cálculos posteriores, podemos tener errores de los que tardan mucho en localizarse.

Existe otra función que nos permite convertir una cadena que contiene dígitos a su correspondiente valor numérico. Se trata de **parseInt()**. A diferencia de la anterior, esta función *no puede* dar como resultado un número fraccionario. Si la cadena contiene un punto, lo que haya a la derecha del mismo se ignora, obteniéndose un número entero. Observe su funcionamiento mediante el código **conversion_8.htm**.

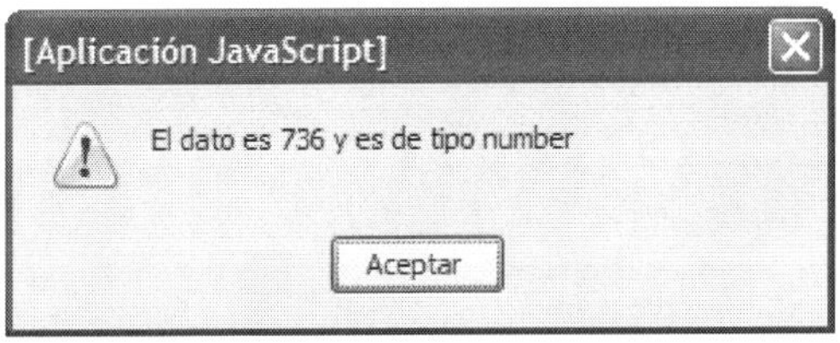

Figura 2.42

```
<script language="javascript">
   <!–
   var miVariable = "736.865";
   miVariable = parseInt (miVariable);
   alert ("El dato es " + miVariable + " y es de tipo "
+typeof(miVariable));
   //-->
</script>
```

El resultado, tal como cabía esperar, es el de la figura 2.43.

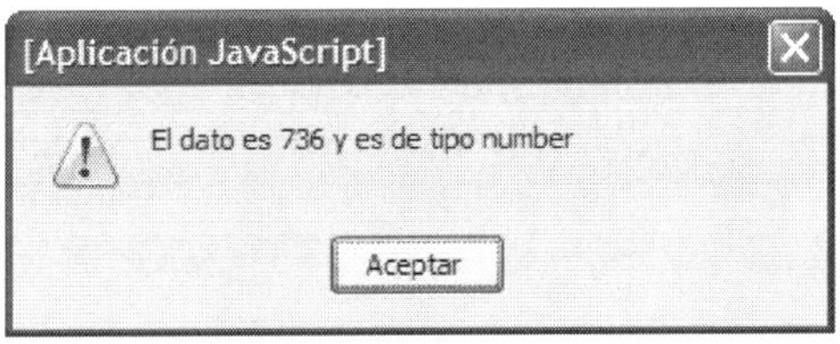

Figura 2.43

En el uso de esta función, si el primer carácter de la cadena es un punto decimal, el resultado es NaN. La función parseInt() admite un argumento adicional que nos permite determinar si la cadena que queremos convertir representa un número en una base de numeración distinta de la decimal (que es la base por defecto). Esto es importante, ya que, si tenemos una cadena que representa a un número hexadecimal, la función de conversión debe poder reconocer las letras de la a a la f como valores numéricos; si la cadena representa a un número binario, se deberá entender que una secuencia como "11" representa al valor tres, y no al once. En general, la sintaxis de parseInt() es la siguiente:

```
parseInt (cadena, base de numeración)
```

Veamos un ejemplo en **conversion_9.htm**. En realidad, son dos ejemplos en uno. Vamos a realizar la conversión de una cadena que represente a un número expresado en decimal y otra que represente a un número expresado en binario. El código es el siguiente:

```
      <script language="javascript">
         <!--
         var datoHexadecimal = "ff03", datoBinario =
"11000000";
         datoHexadecimal = parseInt (datoHexadecimal, 16);
         datoBinario = parseInt (datoBinario, 2);
         alert ("El dato hexa vale, en decimal " +
datoHexadecimal + "\ny es de tipo "
+typeof(datoHexadecimal));
         alert ("El dato binario vale, en decimal " +
datoBinario + "\ny es de tipo " +typeof(datoBinario));
         //-->
      </script>
```

Observe las sentencias que aparecen resaltadas en el código y los cuadros de aviso que se muestran como resultado, y que aparecen en la figura 2.44.

Compruebe con su calculadora que las conversiones se han hecho correctamente. El segundo argumento de parseInt() puede indicar cualquier base de numeración entre 2 y 36. Sin embargo, lo normal es que nunca llegue a trabajar con determinadas bases. Saliendo de la binaria, la decimal, la octal y la hexadecimal, las demás tienen poco uso en la práctica, fuera de ambientes meramente académicos. Sin embargo, si en alguna ocasión lo necesita, ya sabe que JavaScript puede manejarse con diversos sistemas de numeración.

Figura 2.44

Bueno, ¿y qué pasa con la función inversa?, ¿cómo hacemos una conversión explícita de un valor numérico en un literal? Para lograr esto empleamos la función **toString()**. Éste es un caso un poco particular de función con el que no habíamos tropezado hasta ahora.

En realidad, este tipo de funciones se conoce con el nombre de métodos y su sintaxis puede diferir algo (o, al menos, eso parecerá de momento) de la de las funciones que ya conocemos, como va usted a ver enseguida. Por ahora no se preocupe de qué son los métodos ni de su sintaxis general. De momento, limítese a comprender el funcionamiento de toString() en particular, que, por ahora, es todo lo que necesita. Lo demás lo aprenderá en el Capítulo dedicado al DOM y siguientes. La sintaxis general de este método es:

```
datoNumerico.toString (base de numeración)
```

Este método permite convertir un número (expresado en decimal) a una cadena alfanumérica que lo represente en la base de numeración que nos convenga. Vamos a aclararlo con un ejemplo práctico. El código es **conversion_10.htm**.

```
<script language="javascript">
   <!--
   var miDato = 1839;
   miDato = miDato.toString (16);
   alert ("El dato en hexa es " + miDato + " Es de tipo
" + typeof(miDato));
   //-->
</script>
```

Este código toma el valor que vamos a usar (en este caso, 1839) y lo convierte a una cadena que representa dicho valor en hexadecimal (base 16), como vemos en la figura 2.45.

Figura 2.45

Compruebe con su calculadora que 1839 en decimal es equivalente a 72f en hexadecimal.

2.3.5 Otros tipos de datos

Los tipos de datos que conocemos no son los únicos. Existen otros tipos de datos, a algunos de los cuales vamos a asomarnos en este apartado.

2.3.5.1 DATOS BOOLEANOS O LÓGICOS

Los datos booleanos son variables que contienen un ***valor binario***. Se llama así porque sólo puede tener dos posibles estados: ***verdadero*** (***true***) o ***falso*** (***false***).

Las variables booleanas se declaran e inicializan de la misma forma que cualquier otra variable, con la diferencia de que sólo pueden recibir uno de los dos valores mencionados. Observe el listado **booleanas_1.htm**, que aparece a continuación:

```
<script language="javascript">
   <!–

   var booleana_1 = true, booleana_2 = false;
   alert ("booleana_1 es: " + booleana_1 +
"\nbooleana_2 es: " +booleana_2);
   //-->
</script>
```

El resultado de este código es el cuadro de aviso que ve en la figura 2.46. No se preocupe por ahora acerca de para qué le pueden servir este tipo de variables. De eso ya hablaremos cuando llegue el momento, pero quédese con la forma en que se asignan que, como ha visto, es muy simple. De lo único que tiene que preocuparse de momento es de recordar que las variables de este tipo sólo pueden recibir uno de los dos valores especificados.

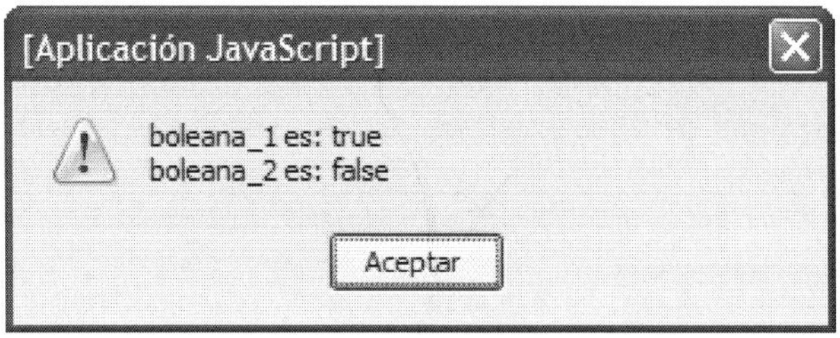

Figura 2.46

2.3.5.2 VARIABLES INDEFINIDAS Y NULAS

Después de todo lo visto, seguro que ha llegado a la conclusión de que una variable es del tipo del valor que contiene. Pero, ¿de qué tipo es una variable cuando acaba de ser declarada, pero no ha sido aún inicializada? Observe el código **otros_tipos_1.htm** que aparece a continuación:

```
<script language="javascript">
   <!--

   var dato_1;
   alert ("dato_1 es de tipo " + typeof(dato_1) +
"\ndato_2 es de tipo " + typeof(dato_2));
   //-->
</script>
```

El resultado lo vemos en la figura 2.47.

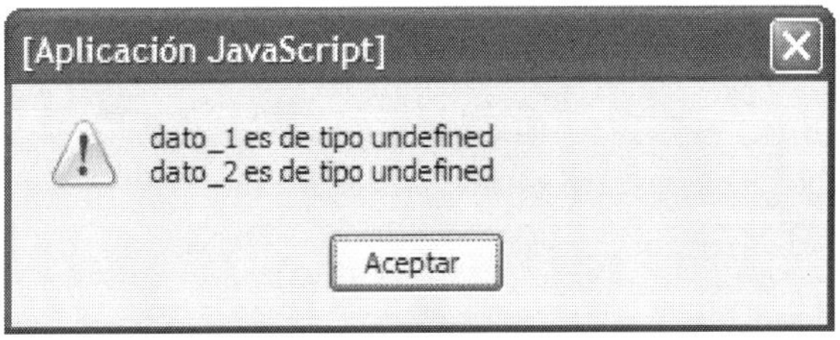

Figura 2.47

La explicación es que se trata de una variable de tipo ***undefined*** (indefinido). Está claro: si todavía no ha recibido ningún dato, no tiene ningún tipo. Esto nos confirma lo que ya hemos mencionado anteriormente en alguna ocasión: una variable es del tipo del dato que contiene. Sé que suena a elemental, pero recuérdelo. Esta misma situación se da en variables que ni siquiera han sido declaradas, tal como ve en el código.

Y aún existe otro tipo de dato, al que nos vamos a asomar ahora, y que veremos más a fondo cuando hayamos estudiado el DOM. Se trata de los datos de tipo ***object***. Son estructuras complejas de datos, que se usan para funcionalidades específicas. Ya hablaremos de ello en su momento.

Y otra cosa. Suponga que tiene una variable, que ha estado usando en su programa para algo, y quiere dejarla completamente vacía. Ni con un cero, ni con una cadena sin caracteres, ni nada; repito: total y absolutamente vacía. No se preocupe aquí de para qué puede necesitar esto. Ya lo entenderá más adelante. Por ahora, veamos cómo hacerlo. El modo es asignarle a dicha variable el valor ***null*** (nulo). Esto se hace como muestra el código **otros_tipos_2.htm**, listado a continuación:

```
<script language="javascript">
   <!--
   var dato_1;

   dato_1 = null;

   alert ("dato_1 es " + dato_1 + " y es de tipo " +
typeof(dato_1));
   //-->
</script>
```

El resultado de este código aparece en la figura 2.48.

Figura 2.48

Como ve la variable tiene el valor null, es decir, ningún valor, y es reconocida como de tipo object, tal como decíamos. Permítame insistir en que no se preocupe ahora de qué es un objeto, ni de por qué la variable ha quedado como tal. De eso ya hablaremos.

2.4 REASIGNACIÓN DINÁMICA DE VARIABLES

Hasta ahora hemos visto cómo declarábamos e inicializábamos variables y cómo les cambiábamos el contenido desde el código. Sin embargo, esto no siempre es así. Si consideramos que un programa debe tener un mayor o menor grado de interactividad con los usuarios, es lógico suponer que éstos podrán introducir datos dentro de dicho programa durante su ejecución. Estos datos se almacenarán en variables (¿dónde si no?). Evidentemente, los usuarios deberán utilizar el teclado para proporcionarle al programa los datos que éste necesite durante su ejecución. Para ello existen dos modos de hacerlo:

- A través de un formulario de HTML. En efecto, dada la propia naturaleza y razón de ser de JavaScript, siempre se trata de códigos que se ejecutan integrados en una página web. Por lo tanto, es lógico suponer que los datos que se manejen podrán transferirse desde el código HTML al código JavaScript y viceversa. Este modo de introducir datos en un programa lo estudiaremos más adelante.
- Directamente a través del programa en JavaScript.

La última modalidad es la que vamos a conocer en este Capítulo. Para ello empleamos la función **prompt()**, que tiene la siguiente sintaxis general:

```
prompt (mensaje, respuesta por defecto)
```

Vamos a ver su funcionamiento, mediante un ejemplo, para entenderlo con claridad. El código que vamos a ver se llama **teclado_1.htm**.

```
<script language="javascript">
   <!--
```

```
        var nombre;

        nombre = prompt ("Introduzca su nombre", "");
        alert ("OK. Usted es: " + nombre);
        //-->
    </script>
```

Quiero que se fije en la forma en que usamos la función prompt() en la línea resaltada. Lo que hacemos es asignarle el resultado de esta función a una variable. Cuando se ejecuta este código, la función prompt() muestra un cuadro como el de la figura 2.49.

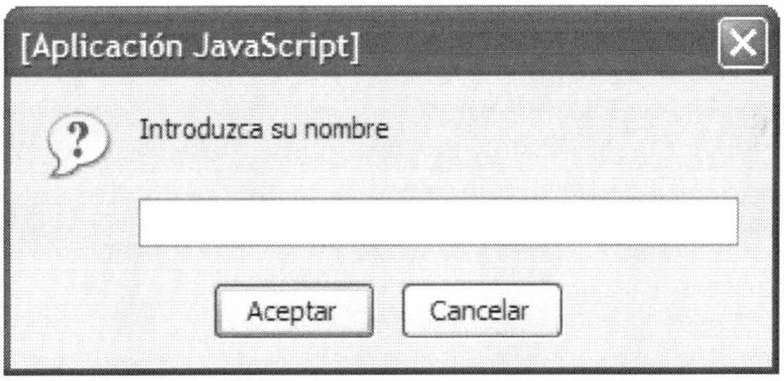

Figura 2.49

Éste es el que se puso como primer argumento de la función en el programa. Sirve para decirle al usuario lo que esperamos de él. Por último vemos, en la parte derecha, dos botones. Supongamos que el usuario teclea, en la caja de texto reservada al efecto, el nombre *José*. Cuando pulsa el botón **[ACEPTAR]**, o bien la tecla **[ENTER]**, veremos el cuadro de aviso de la figura 2.50.

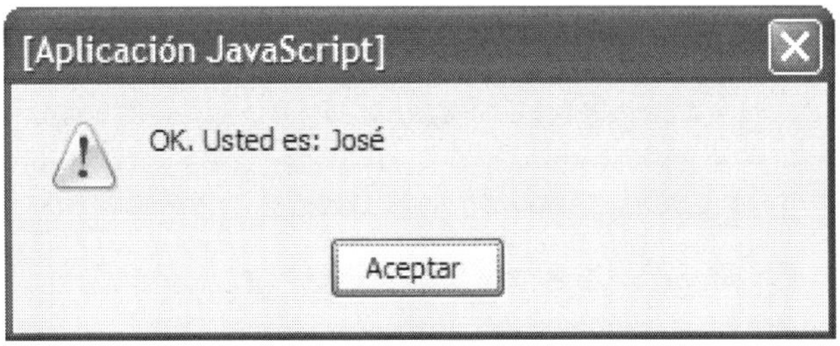

Figura 2.50

De esta forma, usted puede ver que el valor que el usuario ha tecleado se ha almacenado en la variable, que es el objetivo de esta función. Si el usuario pulsa el botón **[CANCELAR]**, o la tecla **[ESC]**, lo que veremos será el cuadro de aviso de la figura 2.51, que nos muestra que en la variable se ha almacenado un valor null.

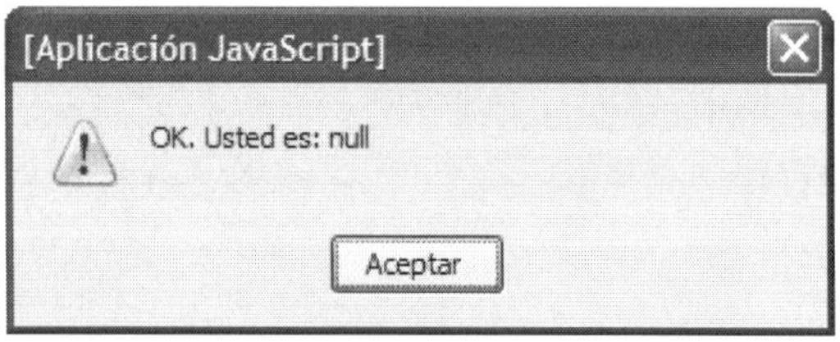

Figura 2.51

El segundo argumento de la función prompt() es la respuesta por defecto. Suponga que usted crea una variable en la que el usuario debe teclear la provincia en la que reside y que sabemos que la mayor parte de los usuarios de nuestro programa van a ser residentes en Madrid. En ese caso, pondremos "Madrid" como respuesta por defecto, de tal modo que, si el usuario es, efectivamente, de esta ciudad, no tenga que teclearlo, sino, simplemente, pulsar el botón **[ACEPTAR]**. En caso de que el usuario fuese de otra provincia, sí deberá teclear el nombre. Observe el código **teclado_2.htm**, que aparece a continuación:

```
<script language="javascript">
   <!--
   var provincia;
   provincia = prompt ("Introduzca su provincia",
"Madrid");
   alert ("OK. Usted es de: " + provincia);
   //-->
</script>
```

Al ejecutar esta página, verá usted un cuadro de pregunta como el de la figura 2.52. Dése cuenta de que, por defecto, aparece la respuesta "Madrid" (sin las comillas, naturalmente). Por supuesto, esto no tiene mucho sentido cuando se le pregunta al usuario, como en el ejemplo anterior, por su nombre, ya que no podemos prever, en modo alguno, que la mayoría de los visitantes de nuestra página se llamen Antonio, Laura, etc. Por esta razón, en el ejemplo anterior, dejamos este segundo argumento como una cadena vacía.

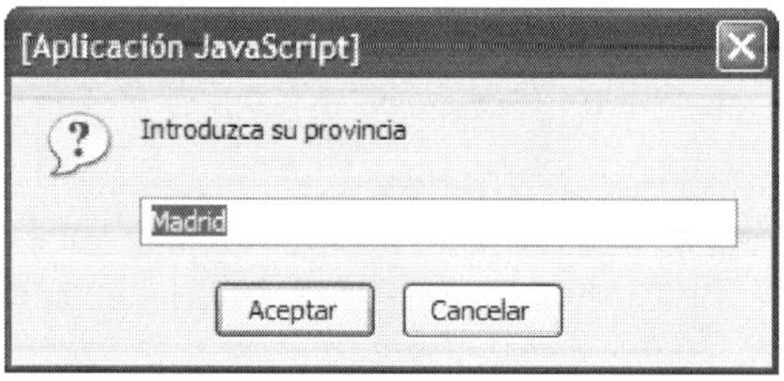

Figura 2.52

Ahora vamos a comentar un detalle importantísimo a la hora de usar esta función. Suponga que la empleamos para pedirle al usuario un dato numérico con el que luego el programa deberá llevar a cabo algún tipo de cálculo. Por ejemplo, puede ser que le preguntemos por sus ingresos anuales para calcular sus impuestos. Con esto hay que tener cuidado, porque aunque el usuario sólo teclee dígitos, el valor se almacena como tipo string (alfanumérico) y tendremos que hacer la oportuna conversión, tal como aprendimos anteriormente, a fin de poder usar el valor introducido como numérico.

Por otra parte, puede ser que el usuario se despiste e introduzca algún carácter que no sea un dígito. Eso aprenderemos a controlarlo en el Capítulo siguiente.

Capítulo 3

ESTRUCTURAS DE CONTROL DE FLUJO

En este Capítulo vamos a conocer dos de los pilares fundamentales de cualquier lenguaje moderno de programación: los condicionales y los bucles. Sin estas estructuras es prácticamente imposible escribir ningún programa de ordenador medianamente sofisticado. Ésta es una de las razones por las que cualquier página web actual incorpora JavaScript: el HTML no implementa este tipo de estructuras (ni muchas otras cosas). En el Capítulo anterior aprendimos una serie de conceptos que vamos a emplear aquí, por lo que, si tiene alguna duda, le sugiero que lo repase antes de seguir adelante.

3.1 CONDICIONALES

Un condicional es ***una instrucción que evalúa una o más condiciones y, en virtud de que resulten verdaderas o falsas, ejecuta distintos bloques de código***. Es decir, se comprueba si una condición se cumple. En caso afirmativo se ejecuta una determinada serie de instrucciones y, en caso negativo, no se ejecutan dichas instrucciones, o bien se ejecutan otras diferentes. Es la estructura más básica para la toma de decisiones.

3.1.1 Un condicional básico

El condicional básico obedece a la necesidad más simple: evaluar una única condición y determinar si ésta es verdadera o falsa en el momento de dicha evaluación, actuando de una u otra manera, o ejecutando distintas sentencias, en concecuencia. La estructura condicional más simple que podemos crear corresponde a la siguiente sintaxis:

```
    if (condición a evaluar) {
          bloque de instrucciones que se ejecutan si la
          condición se cumple;
    }
```

Para comprobar el funcionamiento de esto, vamos a crear un pequeño código JavaScript que le pida al usuario su edad y le muestre un mensaje si es adulto (18 años o mayor). El código, **condicional_1.htm**, tiene el siguiente listado:

```
      <script language="javascript">
         <!--
         var edad;
         edad = prompt ("Introduzca su edad (en números)",
"");
         edad = parseInt (edad); //Recuerde que prompt()
siempre genera una cadena literal.
         if (edad > 17) // Se comprueba si es mayor de edad
         {
            alert ("Usted es adulto.");
         }
         //-->
      </script>
```

Compruebe el código. Al cargarse la página, se le muestra el cuadro de pregunta de la figura 3.1.

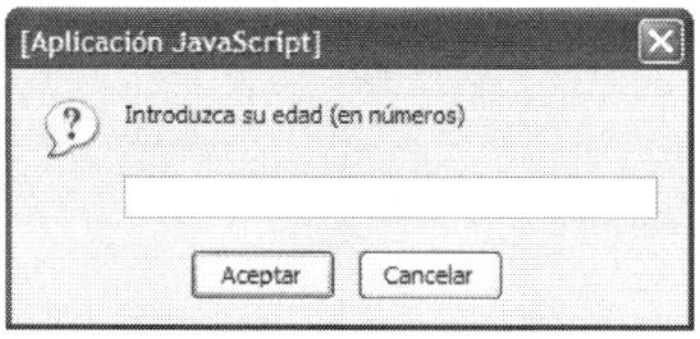

Figura 3.1

Si usted teclea un número mayor que 17 y pulsa el botón **[ACEPTAR]**, verá el cuadro de aviso de la figura 3.2. En caso de que teclee un número que sea 17 o inferior, o bien que pulse el botón **[CANCELAR]**, no verá el citado cuadro de aviso.

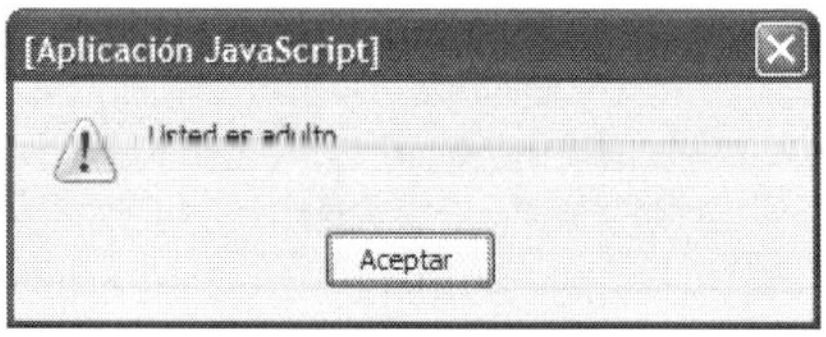

Figura 3.2

La clave de este comportamiento está en la siguiente línea:

```
if (edad>17)
```

La palabra ***if*** es, en inglés, el si condicional y la condición que se evalúa es **edad>17** (léase... **edad es mayor que 17**). En caso de que se cumpla la condición, se ejecutarán las instrucciones que aparecen entre las llaves *{* y *}*. Fíjese en que en la condición (que siempre debe aparecer encerrada entre paréntesis) se compara la variable edad con el valor 17 mediante lo que se llama un ***operador de comparación***. En este caso se trata del operador > (mayor que). Existen otros operadores de comparación, de los que hablaremos dentro de poco.

Observe también que la línea de código en la que se evalúa la condición no acaba con un punto y coma, como solemos hacer. Como norma general, ***todas las líneas de código JavaScript acaban con punto y coma, excepto aquéllas que, a continuación, abren una llave ({)***. La línea de un condicional abre una llave, que determina el código a ejecutar si se cumple la condición. Por eso, esta línea no acaba en punto y coma. De hecho, si terminamos esta línea con un punto y coma, el código ya no funciona. Y ésta es la excepción de la que hablábamos en el Capítulo 1 del libro.

Y llegados a este punto, quiero hacer un inciso importante. Observe la línea de este ejemplo que reproducimos a continuación:

```
edad = parseInt (edad);
```

Como sabe, la función prompt() que hemos empleado introduce en la variable un dato de tipo string (compruébelo mediante el uso de la función typeof(), si lo desea). Dado que la edad debe ser un valor numérico para poder efectuar la comparación con una cifra, debemos convertir dicha variable previamente. Como anécdota curiosa, el programa funciona igual sin efectuar esta conversión. Esto sería impensable en cualquier otro lenguaje, como Java o C++. Por eso decíamos en la introducción del libro, que estos lenguajes son fuertemente tipados, mientras que JavaScript no lo es en absoluto. De todos modos, aunque esa línea pueda omitirse en este caso, acostúmbrese a efectuar todas las conversiones necesarias, para asegurarse de manejar siempre el tipo de datos adecuado.

3.1.2 Un condicional completo

En el apartado anterior hemos visto que, si el usuario introducía un valor mayor que 17 para la edad, se mostraba un aviso confirmando que era adulto. Si el valor era 17 o menor, no se mostraba este aviso. Ahora vamos a mejorar este programa para que se muestre un aviso diferente a los usuarios menores de edad. Lo que necesitamos es que se evalúe la condición y, si resulta ser cierta, se ejecute un determinado código. En caso contrario se ejecutará otro código distinto. La estructura completa de un condicional así responde a la siguiente sintaxis general:

```
      if (condición)
      {
            líneas de código que se ejecutan si la condición
es cierta;
      } else {
            líneas de código que se ejecutan si la condición
es falsa;
      }
```

Como ve, ahora contamos con la palabra reservada **else** (en caso contrario) y dos bloques de código (compuestos por una o más líneas de instrucciones). El primero se ejecutará si la condición es cierta. El segundo, si no lo es. Es decir, el condicional evalúa la condición y toma una u otra descisión en consecuencia, como hemos apuntado en la definición de los condicionales. Veamos un ejemplo en el listado **condicional_2.htm**.

```
      <script language="javascript">
         <!--
         var edad;
         edad = prompt ("Introduzca su edad (en números)",
"");
         edad = parseInt (edad); //Recuerde que prompt()
siempre genera una cadena literal.

         if (edad > 17) // Se comprueba si es mayor de edad
         {

            alert ("Usted es adulto.");
         } else {
            alert ("Usted es menor de edad.");
         }
         //-->
      </script>
```

Al igual que antes, vemos un cuadro de mensaje en el que se nos pide la edad. Si tecleamos un número superior a 17, obtendremos un cuadro de aviso como el que veíamos en la figura 3.2. Si el número tecleado es inferior a 18, obtendremos lo que aparece en la figura 3.3. Como ve, este condicional es mucho más flexible que el anterior.

Figura 3.3

Ésta es la situación más habitual en los condicionales: prever un fragmento de código que se ejecutará si la condición es evaluada como cierta y otro que se ejecutará si no lo es.

3.1.3 Condicionales múltiples

En muchas ocasiones, un bloque condicional debe evaluar varias situaciones posibles. Siguiendo con los ejemplos anteriores, supongamos que no sólo queremos determinar si el usuario es mayor de edad o no, sino que, además, si es adulto, queremos también determinar si ha alcanzado la edad de jubilación. Para ello vamos a emplear lo que se conoce con los nombres de ***condicionales secuenciados*** o ***condicionales múltiples***. Esta técnica está basada en evaluar una condición y, si no se cumple, evaluar otra; en caso de que ésta última tampoco se cumpla, se podría evaluar una tercera, una cuarta, etc.

En general, este tipo de condicionales responde a la siguiente sintaxis:

```
      if (primera condición)
      {
            bloque de instrucciones que se ejecutarán si se
cumple la primera condición. En este caso, no se siguen
evaluando el resto de las condiciones;
      } else if (segunda condición) {
            bloque de sentencias que se ejecutarán si se
cumple la segunda condición. En este caso, no se evaluarán
las condiciones tercera y sucesivas si las hubiera;
      } else if (tercera condición) {
            bloque de sentencias que se ejecutarán si se
cumple la segunda condición. En este caso, no se evaluarán
las condiciones cuarta y sucesivas si las hubiera;
      ........
      ........
      ........
      } else if (condición n) {
```

```
            bloque de sentencias que se ejecutarán si se
cumple la enésima condición. En este caso, no se evaluarán
las condiciones n+1 y sucesivas si las hubiera;
      } else {
            bloque de sentencias que se ejecutará si (y sólo
si) no se ha cumplido ninguna de las condiciones que se
evaluaron en todo el bloque condicional;
      }
```

Esta sintaxis es un poco más compleja de captar que las anteriores, así que, por favor, demore el tiempo que necesite para estudiarla. En cualquier caso, observe el código **condicional_3.htm** (vea el código completo en el CD).

```
if (edad < 18) // Se comprueba si es mayor de edad
{
   alert ("Usted es menor de edad.");
} else if (edad<65) {
   alert ("Usted es adulto.");
} else {
   alert ("Usted ya está en edad de jubilación.");
}
```

Veamos lo que ocurre cuando lo ejecutamos. Como es normal, lo primero que vemos es un cuadro de mensaje como el de la figura 3.1, donde se le pide al usuario que introduzca su edad. Si la edad es menor que 18 (observe que esta vez hemos usado el operador < ***menor qué***), se muestra un cuadro de diálogo como el que aparecía en la figura 3.3. Si esta condición no se cumple, entonces, y sólo entonces, se comprueba si la edad es menor que 65. Si lo es (la condición se cumple) aparece un cuadro de diálogo como el que veíamos en la figura 3.2. Si esta última condición no se cumple tampoco, entonces es que el usuario tiene 65 o más años, y se le muestra un cuadro de aviso como el de la figura 3.4.

Figura 3.4

Como ve, este tipo de condicionales es más versátil que los dos anteriores, aunque también un poco más complejo de construir. Si no se escriben las condiciones en el orden y la forma adecuados, se puede romper la lógica del diseño del programa y los resultados pueden ser impredecibles. Por eso, es bastante habitual, una vez escrito el condicional, sobre todo si son muchas las condiciones que se evalúan, probarlo con todas las distintas posibilidades. Esto, en algunos casos, puede ser engorroso, pero siempre es mejor que encontremos nosotros un posible error a tiempo, que no que lo encuentren los usuarios.

3.1.4 Operadores de comparación

Los operadores de comparación se emplean en las condiciones a evaluar para comparar una expresión con otra (por ejemplo, como hemos visto en los apartados anteriores, para comparar el contenido de una variable con un valor).

Hasta ahora hemos empleado los operadores mayor que (>) y menor que (<), pero hay otros. En este apartado vamos a conocerlos todos.

3.1.4.1 EL OPERADOR MAYOR QUÉ (>)

Se emplea, como hemos visto anteriormente, para determinar si la expresión que hay a la izquierda del mismo es mayor que la que hay a la derecha. Si lo es, la condición se cumple (es verdadera). Si no lo es (si es igual o menor), la condición no se cumple (es falsa).

3.1.4.2 EL OPERADOR MENOR QUÉ (<)

Realiza la misión opuesta al anterior. Se emplea para determinar si la expresión que hay a la izquierda del mismo es menor que la que hay a la derecha. Si lo es, la condición se cumple (es verdadera). Si no lo es, la condición no se cumple (es falsa).

3.1.4.3 EL OPERADOR IGUAL QUÉ (==)

Se emplea para determinar si la expresión que hay a la izquierda del mismo es igual que la que hay a la derecha. Si lo es, la condición se cumple (es verdadera). Si no lo es, la condición no se cumple (es falsa). Observe que este operador está compuesto por dos signos de igualdad, uno a continuación de otro (sin espacios blancos entre los dos).

¡Atención! No confunda este operador con el de asignación que vimos en el Capítulo anterior y que estaba compuesto por un solo signo de igualdad. La experiencia me enseña que ése es un error muy habitual al escribir el código. Téngalo presente.

Vamos a ver un ejemplo de su uso para ilustrar cómo funciona. Suponga, para seguir con la tónica que hemos empleado hasta ahora, que usted quiere un programa JavaScript para determinar si el usuario acaba de alcanzar la mayoría de edad, es decir, si tiene 18 años justos. El código se llama **condicional_4.htm**.

```
      if (edad == 18) // Se comprueba si tiene 18 años justos
(mayoría de edad).
      {
         alert ("Usted acaba de cumplir\nla mayoría legal de
edad.");
      } else {
         alert ("Usted NO acaba de cumplir\nla mayoría de
edad.");
      }
```

Ejecute la página. Como es habitual, usted verá un cuadro de mensaje en el que se le pregunta la edad. Si introduce 18, verá el cuadro de aviso izquierdo de la figura 3.5; si la cifra que teclea es cualquier otra, verá el cuadro derecho.

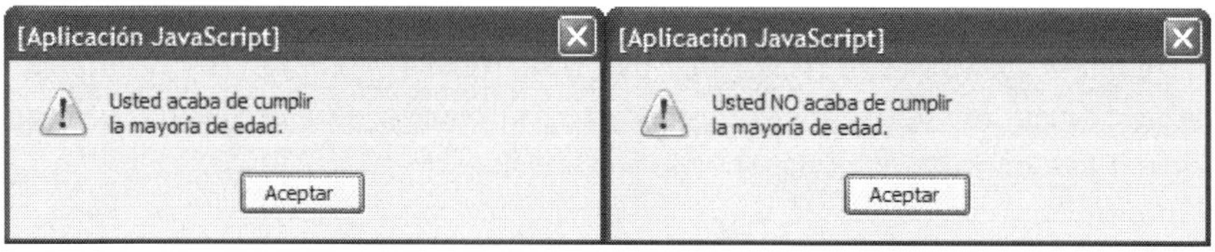

Figura 3.5

3.1.4.4 EL OPERADOR NO IGUAL QUÉ (!=)

Este operador tiene la misión contraria al anterior. Se emplea para determinar si la expresión que hay a la izquierda del mismo es distinta de la que hay a la derecha. Si lo es, la condición se cumple (es verdadera); si no lo es, la condición no se cumple (es falsa). Fíjese en que el primero de los dos signos de igual ha sido sustituido por el operador de negación (!).

Para ilustrar su funcionamiento, vamos a ver el código **condicional_5.htm**, que es una variante del anterior.

```
      if (edad != 18) // Se comprueba si NO tiene 18 años
justos.
      {
         alert ("Usted NO acaba de cumplir\nla mayoría de
edad.");
      } else {
         alert ("Usted acaba de cumplir\nla mayoría de
edad.");
      }
```

Compruebe que los resultados son correctos, como en el caso anterior. Observe que, al haber cambiado la condición que se evalúa, también hemos cambiado los fragmentos de código que hay en el bloque condicional.

3.1.4.5 EL OPERADOR MENOR O IGUAL QUÉ (<=)

Este operador se emplea cuando lo que se necesita es determinar si la expresión que se encuentra a la izquierda del mismo es menor o igual que la que se halla a la derecha. Veamos su funcionamiento con una nueva variante de nuestro programa para determinar la mayoría de edad de un usuario. El código se llama **condicional_6.htm**.

```
if (edad <= 17) // Se comprueba si es mayor de edad
{
   alert ("Usted es menor de edad.");
} else {
   alert ("Usted es adulto.");
}
```

Compruebe que el funcionamiento es correcto y fíjese en la estructura del condicional (la línea resaltada).

3.1.4.6 EL OPERADOR MAYOR O IGUAL QUÉ (>=)

Este operador es parecido al anterior, sólo que, en esta ocasión, lo que se determina es si la expresión que hay a la izquierda es mayor o igual que la que hay a la derecha del operador. El siguiente código, **condicional_7.htm**, es una variante del anterior, que ilustra el funcionamiento de esta comparación. Una vez más, observe la línea que aparece resaltada y compruebe que el funcionamiento es el que esperamos como correcto.

```
if (edad >= 18) // Se comprueba si es mayor de edad
{
   alert ("Usted es adulto.");
} else {
   alert ("Usted es menor de edad.");
}
```

3.1.4.7 EL OPERADOR DE IGUALDAD ESTRICTA (===)

Este operador tiene una misión un poco particular: se emplea para determinar si la expresión que hay a la izquierda del mismo es exactamente igual a la que hay a la derecha. ¿Y qué significa "exactamente igual"? Veámoslo. Recuerde que al principio de este Capítulo le decía que podíamos suprimir la conversión de tipo de dato en nuestros códigos, ya que, aunque la función prompt()

devuelve siempre una cadena, las comprobaciones en los condicionales hubieran funcionado igual. Recuerde que mencionábamos que esto es así porque JavaScript es un lenguaje que no es, en absoluto, estricto con el tipado de datos. Sin embargo, en ocasiones es necesario comprobar si dos valores son iguales, no sólo como tales valores, sino también en cuanto a que tengan el mismo tipo. Vamos a demostrar lo que acabamos de decir con el código **condicional_8_a.htm**. En él vemos que se le pide al usuario su edad mediante un cuadro de mensaje y se pasa, directamente, a un condicional para determinar si la edad es 18 o no lo es. Esta vez, no usamos la conversión de tipos de datos. Observe bien el código (listado a continuación) y compruebe que funciona perfectamente.

```
<script language="javascript">
   <!--
   var edad;
   edad = prompt ("Introduzca su edad (en números)",
"");
   // Vea que no hacemos la conversión de datos.
   if (edad == 18) // Se comprueba si la edad es 18.
   {
      alert ("La edad es 18.");
   } else {
      alert ("La edad NO es 18.");
   }
   //-->
</script>
```

Ahora vamos a retocar ligeramente el código, sustituyendo el operador de comparación de igualdad por uno de igualdad estricta (también llamado **operador de identidad**). El código se llama **condicional_8_b.htm** y aparece listado a continuación:

```
<script language="javascript">
   <!--
   var edad;
   edad = prompt ("Introduzca su edad (en números)",
"");
   // Vea que no hacemos la conversión de datos.
   if (edad === 18) // Se comprueba si la edad es 18.
   {
      alert ("La edad es 18.");
   } else {
      alert ("La edad NO es 18.");
   }
   //-->
</script>
```

Ejecútelo para comprobar su funcionamiento. Verá que, aunque usted teclee 18 en el cuadro de mensaje, la condición evaluada NO se cumple en ningún caso, con lo que siempre se obtiene el cuadro de aviso de la figura 3.6.

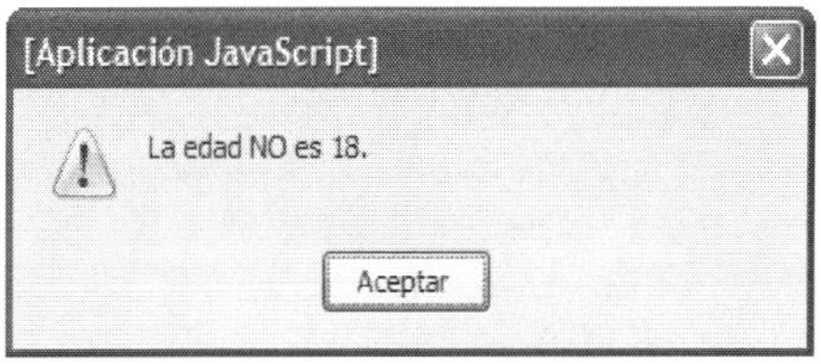

Figura 3.6

Esto es así porque la igualdad se cumple, pero la igualdad estricta no. Cuando usted teclea 18 en el cuadro de mensaje, el condicional compara la cadena "18" con el valor numérico 18. Ahí está la diferencia (en este caso): en el tipo de datos. Para terminar de demostrarlo, vamos a retocar este código, añadiendo la conversión de tipo de datos, y realizando de nuevo una comparación por igualdad estricta. El código que lo hace se llama **condicional_8_c.htm**.

```
<script language="javascript">
   <!--
   var edad;
   edad = prompt ("Introduzca su edad (en números)",
"");
   edad = parseInt (edad); //Vea como ahora sí
convertimos el tipo de datos.
   if (edad === 18) // Se comprueba si la edad es 18.
   {
      alert ("La edad es 18.");
   } else {
      alert ("La edad NO es 18.");
   }
   //-->
</script>
```

Compruebe que ahora el código funciona perfectamente.

3.1.4.8 EL OPERADOR DE NO IGUALDAD ESTRICTA (!==)

Este operador es el inverso del anterior. Se emplea para determinar si la expresión que hay a la izquierda del mismo no es exactamente igual que la que hay a la derecha. Es decir, la condición se cumplirá siempre que haya la más mínima diferencia entre ambas expresiones.

Este operador (también llamado ***de no identidad***) no es muy utilizado, y usted lo verá pocas veces en la vida real ya que, cuando se realiza una comparación estricta, es más cómodo, en la gran mayoría de las ocasiones, emplear el operador anterior, bien por sí sólo o bien en combinación con el que vamos a ver a continuación. Sin embargo, tome nota de su existencia, por si lo encuentra en alguna ocasión.

3.1.4.9 EL OPERADOR DE NEGACIÓN (!)

Este operador es un tanto especial. Puede emplearse en combinación con cualquiera de los que hemos visto anteriormente, para **negar** una condición. Esto significa que, si la condición, por sí misma, es verdadera, se comporta como si fuera falsa, y viceversa. Observe el código, que se llama **condicional_9.htm**.

```
if (!(edad == 18)) // Se comprueba si la edad NO es 18.
{
   alert ("La edad NO es 18.");
} else {
   alert ("La edad es 18.");
}
```

Examine la línea que aparece resaltada y compruebe el correcto funcionamiento del código. Como habrá comprendido, la línea

```
if (!(edad == 18))
```

efectúa la misma comparación que la siguiente:

```
if (edad != 18)
```

De hecho, el operador de la negación que estamos analizando aquí se puede aplicar a una condición creada con cualquiera de los operadores de comparación anteriores, según se detalla en la siguiente tabla. En ella, vemos que todas la comparaciones que se puedan efectuar precedidas por el operador de negación pueden llevarse a cabo de una forma equivalente sin éste, obteniéndose el mismo resultado.

EQUIVALENCIA DE OPERADORES	
Con el operador de negación !	**Sin el operador de negación !**
==	!=
>	<=

EQUIVALENCIA DE OPERADORES (Cont.)	
Con el operador de negación !	**Sin el operador de negación !**
<	>=
<=	>
>=	<
===	!==
!=	==
!==	===

Repito. *Cualquier posible comparación, afectada por el operador de negación, puede expresarse de una forma equivalente sin dicho operador.* Por ejemplo, si efectuásemos una comparación como la siguiente:

```
if (!(edad >= 18))
```

funcionaría exactamente igual que si tecleáramos:

```
if (edad < 18)
```

Con esta explicación puede parecer que el operador de negación no tiene sentido, ya que, en los dos ejemplos que acabamos de ver, la segunda comparación funciona igual que la primera y, sin embargo, emplea menos código y es más breve de escribir y más claramente legible. Sin embargo, esto es así sólo en el caso de los condicionales que hemos visto hasta ahora, llamados **de comparación simple** dado que sólo se evalúa una condición. En el próximo apartado veremos la verdadera utilidad de este operador (aunque siempre seguirán existiendo equivalencias válidas sin el mismo).

Existe otro modo de establecer un condicional. No hemos hablado antes de él porque quería que se familiarizase previamente con estas estructuras.

Cuando el cuerpo del condicional está formado, únicamente, por una línea, podemos ahorrarnos las llaves que lo encierran. Por ejemplo, el bloque de código siguiente:

```
if (edad < 18){
   alert ("Menor de edad");
}
```

se podría expresar de la siguiente forma:

```
if (edad < 18) alert ("Menor de edad");
```

y funcionaría del mismo modo. En realidad, esto se puede aplicar a condicionales más amplios y, más adelante, tendrá ocasión de ver algún ejemplo. Sin embargo, cuando el cuerpo de su condicional incluya más de una línea, le aconsejo que use la estructura que hemos empleado hasta ahora, para facilitar la legibilidad del código. La estructura con llaves se ve más "al primer golpe de vista".

3.1.5 Condiciones compuestas

Hemos visto el uso de los condicionales en los que se efectuaba una comparación simple. Por el lado contrario tenemos los llamados ***de comparación compuesta***. En éstos se evalúan, en un solo condicional, dos o más condiciones simples, unidas entre sí mediante los ***operadores lógicos***. Por ejemplo, podemos crear una condición para saber si estamos en verano. Para ello le pediremos al usuario que introduzca el mes en el que estamos (expresado en números) y evaluaremos si está comprendido entre junio y septiembre (meses seis y nueve, respectivamente). En realidad tendremos que evaluar si el mes es mayor que 5 y, además, menor que 10. Dicho de otro modo: para que la condición resulte ser verdadera, deberá cumplirse `(mes > 5)` y `(mes < 10)`. Para ello uniremos ambas condiciones mediante el operador lógico **&&** (léase ***AND***). Con esto se cumple una condición compuesta que sólo es verdadera si lo son las dos condiciones simples que se evalúan, es decir, si el mes es mayor que 5 y (and) menor que 10.

Como es lógico, veamos un código que lo ilustra. Se trata de **condicional_10_a.htm**.

```
<script language="javascript">
   <!--
   var mes;
   mes = prompt ("Introduzca el mes (en números)", "");
   mes = parseInt (mes);
   if (mes > 5 && mes <10) { // Se comprueba si el mes
está entre 6 y 9.
         alert ("Es verano.");
   } else {
      alert ("NO es verano.");
   }
   //-->
</script>
```

Al ejecutar esta página, veremos un cuadro de mensaje en el que se nos pedirá que introduzcamos el mes (expresado en números). Si introducimos cualquier mes entre el 6 (junio) y el 9 (septiembre), veremos el cuadro izquierdo de aviso de la figura 3.7. Si el mes introducido no cumple este doble requisito, veremos el que aparece a la derecha de la misma imagen.

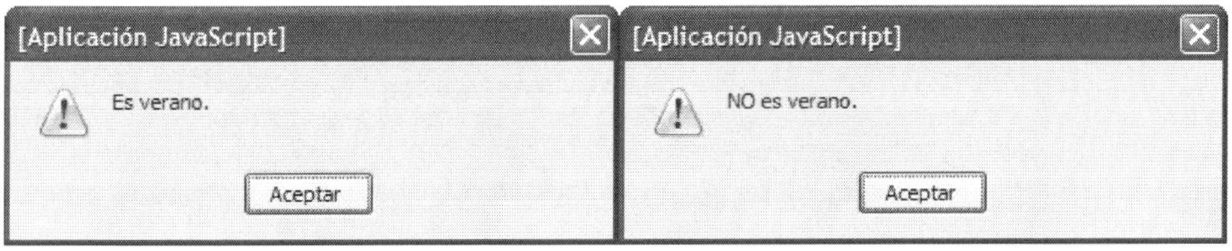

Figura 3.7

Por supuesto, esto sólo es válido en un país donde el verano climatológico coincida con los meses especificados. Existen otros países en los que el verano cae en pleno diciembre. Si es el caso de su país, deberá cambiar la palabra "verano" por "invierno".

Así mismo, podemos emplear este condicional compuesto para determinar si no es verano, mediante el uso del operador de negación que veíamos en el apartado anterior, anteponiéndolo a la condición compuesta. Observe el siguiente código, llamado **condicional_10_b.htm**.

```
if (!(mes > 5 && mes <10)) {
 // Se comprueba si el mes está entre 6 y 9.
   alert ("NO es verano.");
} else {
   alert ("Es verano.");
}
```

En primer lugar, pruebe el código, para que pueda determinar que funciona exactamente igual que el anterior. A continuación examine el condicional (la línea resaltada) y observe que hemos cambiado la situación de los bloques de código que se ejecutan en función de que la condición compuesta se evalúe como verdadera o como falsa.

Existe otro operador lógico que podemos emplear para crear condiciones compuestas. Se trata del operador || (léase **OR**), que está compuesto por dos barras verticales. Para obtenerlas, pulse simultáneamente las teclas que aparecen en la figura 3.8. La tecla que aparece en la imagen de la izquierda suele estar situada a la derecha de la barra espaciadora y la que tiene el número 1 es la que está en la parte superior del teclado, no la del bloque numérico. Unir dos condiciones simples mediante este operador significa que la condición compuesta resultante será verdadera si lo es una o (OR) la otra; también será verdadera si lo son las dos a la vez; solamente será falsa si las dos condiciones simples lo son también.

Figura 3.8

Como siempre, aclararemos esto mediante un ejemplo. Al igual que hicimos antes, vamos a crear un programa que determine si estamos o no en verano en función del mes que introduzcamos por teclado. El código se llama **condicional_11_a.htm**.

```
      if (mes < 6 || mes > 9) // Se comprueba si el mes está
fuera del rango entre 6 y 9.
      {
         alert ("NO es verano.");
      } else {
         alert ("Es verano.");
      }
```

Primero verifique que el funcionamiento es correcto. Después analice la línea resaltada para comprobar el condicional empleado.

Como en el caso anterior, aquí también podríamos haber creado un condicional usando el operador de la negación, tal como vemos en el código **condicional_11_b.htm**. Fíjese en cómo lo hemos dispuesto, prestando especial atención a la línea resaltada.

```
      if (!(mes < 6 || mes > 9)) // Se comprueba si el mes NO
está fuera del rango entre 6 y 9.
      {
         alert ("Es verano.");
      } else {
      // En caso contrario.
         alert ("NO es verano.");
      }
```

Como ve, se pueden crear todo tipo de condicionales, combinando los operadores de comparación y los operadores lógicos adecuados. Además, como tendrá ocasión de comprobar a lo largo del libro, a la hora de formar una condición compuesta, se pueden unir, mediante operadores lógicos, todas las condiciones simples que necesitemos evaluar de forma simultánea.

3.1.6 Comparar otros tipos de datos

Hasta ahora hemos estado evaluando condiciones en las que se comparaban entre sí distintas expresiones numéricas. Sin embargo, esto no significa que tengamos que limitarnos a este tipo de datos. En realidad, una comparación puede basarse en datos de cualquier tipo. En este Capítulo vamos a ver cómo podemos establecer comparaciones basadas en los otros dos tipos de datos que ya conocemos: los alfanuméricos y los booleanos. Más adelante, cuando sepamos lo que son los objetos (o datos de tipo object) y sepamos manejarlos, también los introduciremos en nuestros condicionales. En primer lugar vamos a crear un programa que le pregunte al usuario la ciudad en la que nació y le diga si es madrileño o no. Sí, ya sé que no tiene mucho uso práctico. Por supuesto que el usuario ya sabe si lo es, pero se trata de ilustrar este concepto con un ejemplo claro y sencillo. El código en cuestión se llama **condicional_12.htm**.

```
      if (ciudad == "Madrid") //Se compara el contenido de
una variable con una cadena.
      {
         alert ("Usted es madrileño.");
      } else {
         alert ("Usted NO es madrileño.");
      }
```

Al ejecutar esta página, verá, en primer lugar, el mensaje de la figura 3.9.

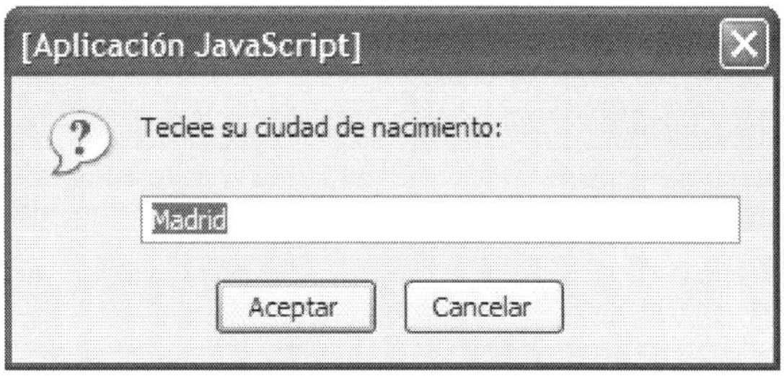

Figura 3.9

Fíjese en que, como segundo argumento de la función prompt(), hemos puesto "Madrid", y eso es lo que aparece como respuesta por defecto. Si el usuario la da por buena pulsando el botón **[ACEPTAR]**, le aparecerá un cuadro de aviso como el que ve en el lado izquierdo de la figura 3.10. En caso de que teclee otra respuesta diferente o pulse en el botón **[CANCELAR]**, verá lo que aparece en el lado derecho.

Figura 3.10

Compruebe el funcionamiento de este código y observe, en la línea resaltada, que la filosofía es la misma que cuando trabajábamos con expresiones numéricas. De todas formas, este código adolece de una limitación importante. La cadena introducida por el usuario se compara con el valor “Madrid”. Si el usuario teclea “madrid” o “MADRID”, o cualquier otra combinación de mayúsculas y minúsculas, el resultado será el que aparece en la figura 3.10. Es decir, el programa sólo le dice que es madrileño si la cadena está tecleada, exactamente, como aparece en el condicional. Más adelante aprenderemos a solventar este tipo de situaciones. Por lo demás, con los datos de cadena se pueden crear todos los condicionales que se quieran, usando los operadores de comparación y lógicos, según sea necesario. Y seguramente usted estará pensando algo como que “los operadores de comparación que se usan con cadenas serán sólo los de igualdad o no igualdad, ya que una cadena no puede ser mayor o menor que otra”. Nada más lejos de la realidad. Observe el código **condicional_13.htm**, que aparece a continuación:

```
<script language="javascript">
   <!--
   var cadena_1 = "ABCD", cadena_2 = "abcd";

   if (cadena_1 > cadena_2){
      alert ("\"ABCD\" es mayor que \"abcd\".");
   } else if (cadena_1 == cadena_2) {
      alert ("Las cadenas son iguales.");
   } else {
      alert ("\"abcd\" es mayor que \"ABCD\".");
   }
   //-->
</script>
```

Cuando ejecute esta página verá el cuadro de aviso que aparece representado en la figura 3.11.

Figura 3.11

Así, sabemos que, efectivamente, la cadena *abcd* ha sido identificada como mayor que *ABCD*. Y eso, ¿por qué? ¿En qué se ha basado JavaScript para tomar esa decisión? Mejor empecemos por ver en qué NO se ha basado. No se ha tomado la decisión en base al número de caracteres, ya que ambas cadenas tienen cuatro. Tampoco se ha basado en el orden de las letras en el alfabeto, ya que ambas cadenas contienen las primeras cuatro letras del alfabeto. Y si fuera porque una cadena está en minúsculas y la otra en mayúsculas, parece lógico que ésta última fuera la mayor, ¿verdad? Sin embargo, esto no ocurre así. Efectivamente es por el tipo de letras, pero, paradójicamente, la cadena con minúsculas es reconocida por el lenguaje como "mayor que" la cadena con mayúsculas.

Esto sucede así por lo siguiente: todas las letras del alfabeto, los números, los signos de puntuación, etc., se codifican internamente según un código numérico. Este código es universal, válido para todos los ordenadores del mundo, y se llama **ASCII** (American Standard Code for Information Interchange, Código Normalizado Americano para el Intercambio de Información). Cuando se trata de comparar cadenas, JavaScript las compara carácter a carácter (el primer carácter de la primera cadena, con el primero de la segunda, el segundo de la primera con el segundo de la segunda, y así sucesivamente) hasta que se encuentra una diferencia. En el momento que eso sucede, se termina la comparación, que se lleva a cabo no entre los caracteres, sino entre sus correspondientes códigos ASCII. Y en la tabla ASCII, que, como decíamos, es universalmente aceptada, las letras minúsculas tienen un código mayor que las mayúsculas. En el Apéndice C del libro tiene usted la tabla ASCII para consultarla cuando la necesite.

Y ahora preste especial atención a lo siguiente. Los condicionales basados en expresiones booleanas presentan una cierta diferencia en su sintaxis respecto a los demás tipos de datos. Hasta ahora hemos usado condiciones en las que dos expresiones se comparaban mediante un operador al efecto. Sin embargo, las variables booleanas sólo pueden, como usted ya sabe, adquirir uno de dos valores posibles: true o false. En una condición basada en una variable booleana no se compara dicha variable con nada, ya que no puede ser mayor ni menor que nada. En dichas condiciones, sólo aparece el nombre de la variable. Si contiene un valor ***true***, la condición se cumple y si contiene un valor false, no se cumple. Veamos un ejemplo en **condicional_14.htm**.

```
<script language="javascript">
   <!--
   var logica_1 = true, logica_2 = false;
   if (logica_1)
// Sólo se incluye el nombre de la variable en el
condicional.
   {
      alert ("logica_1 es true.");
   } else {
      alert ("logica_1 es false.");
   }
   if (logica_2)
// Igual que el condicional anterior.
   {
      alert ("logica_2 es true.");
   } else {
      alert ("logica_2 es false.");
   }
   //-->
</script>
```

Cuando ejecute esta página, obtendremos los cuadros de diálogo de la figura 3.12. En primer lugar verá el de la izquierda y, cuando pulse **[ACEPTAR]**, verá el de la derecha.

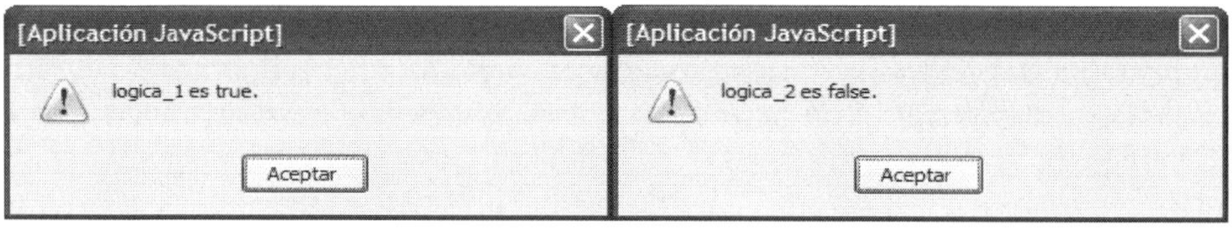

Figura 3.12

En realidad, cuando creamos un condicional basado en un variable lógica, la expresión

```
if (logica_1)
```

se usa en lugar de

```
if (logica_1 == true)
```

Sin embargo, esta última notación no es admitida en JavaScript y es necesario usar la primera para que todo funcione correctamente. En posteriores Capítulos veremos códigos en los que este tipo de comparación resulta especialmente útil. De todos modos, aquí vamos a conocer un uso de este tipo de condicionales que, además, nos va a permitir descubrir una función particularmente útil de JavaScript. Se trata de ***confirm()***, que muestra un cuadro de diálogo con dos botones, a fin de que el usuario pueda introducir respuestas del tipo Sí/No. Para entender el funcionamiento de confirm(), veamos el código **confirmar_1.htm**.

```
<script language="javascript">
   <!--
   var respuesta;
   respuesta = confirm ("Pulse uno de los dos botones
que ve en este cuadro.");
   // El resultado de confirm() se asigna a una variable.
   alert (respuesta);
   //-->
</script>
```

Al ejecutar este código, verá el cuadro de diálogo de la figura 3.13.

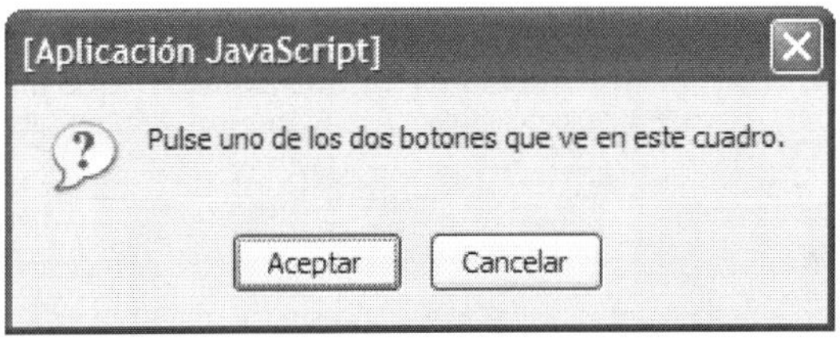

Figura 3.13

Pulse el botón **[ACEPTAR]** y verá el cuadro de aviso a la izquierda de la figura 3.14. Si, en lugar de ello, pulsa sobre el botón **[CANCELAR]** o sobre la casilla de cierre, obtendrá el resultado que ve a la derecha de la misma imagen.

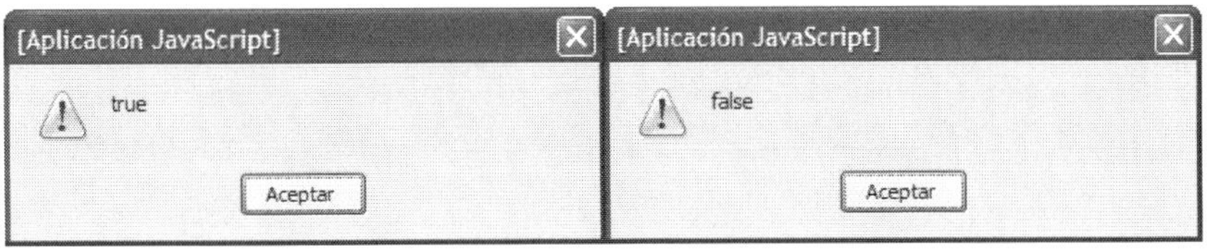

Figura 3.14

De este modo vemos que la función confirm() siempre devuelve un resultado booleano. Ahora veamos cómo podemos usar eso en un condicional. Para ello, observe el código **confirmar_2.htm**.

```
<script language="javascript">
```

```
        <!--
        var respuesta;
        respuesta = confirm ("Pulse uno de los dos botones
que ve en este cuadro.");
        if (respuesta) {
           alert ("Usted ha pulsado 'ACEPTAR'.");
        } else {
           alert ("Usted ha pulsado 'CANCELAR'\no la casilla
de cierre.");
        }
        //-->
     </script>
```

Cuando ejecute esta página, verá, en primer lugar, el mismo cuadro de diálogo que aparecía en la figura 3.16. Si pulsa sobre el botón **[ACEPTAR]**, o la tecla **[ENTER]**, le está asignando a la variable el valor true, mientras que si pulsa sobre el botón **[CANCELAR]**, la casilla de cierre o la tecla **[ESC]**, le está asignando el valor false. En cualquier caso, el cuadro de diálogo generado por confirm() devuelve **siempre** un valor lógico. Lo siguiente que hace el código es evaluar la variable lógica, tal como hemos visto al principio de este apartado. Si el valor de la variable es true, veremos el cuadro de aviso representado a la izquierda en la figura 3.15. Si el valor es false, veremos el de la derecha.

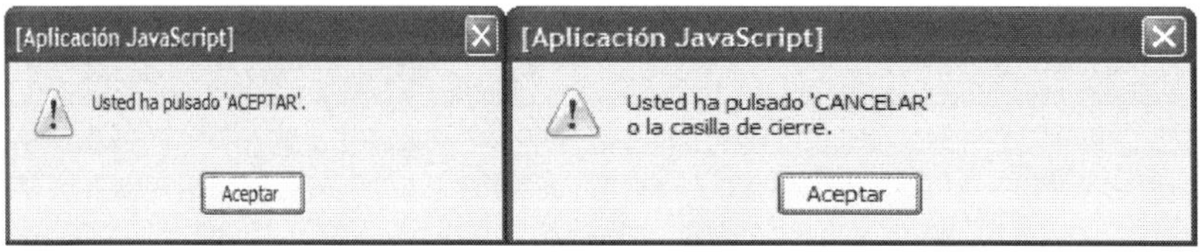

Figura 3.15

Y, ya puestos a optimizar código, también podemos escribir la página **confirmar_3.htm**, cuyo listado vemos a continuación.

```
     <script language="javascript">
        <!–
        if (confirm ("Pulse uno de los dos botones que ve en
este cuadro.")) {
              alert ("Usted ha pulsado 'ACEPTAR'.");
        } else {
           alert ("Usted ha pulsado 'CANCELAR'\no la casilla
de cierre.");
        }
        //-->
     </script>
```

Si lo prueba, verá que funciona exactamente igual que el anterior. Como ve en la línea resaltada, lo que hemos hecho es incluir la función confirm() dentro del propio condicional, con lo que nos ahorramos una variable de memoria y un par de líneas de código. De todas formas, esta solución no siempre es aplicable, dado que, en muchas ocasiones, es necesario guardar el resultado de la función confirm() para un uso posterior en otra parte de nuestro programa. En ese caso deberemos almacenarlo en una variable de memoria. Pero, para este ejemplo, la solución adoptada nos sirve perfectamente.

3.1.7 El operador ternario

Lo normal, al emplear condicionales, es que los fragmentos de código a ejecutar cuando se cumple la condición o cuando no se cumple estén formados por varias líneas. En los ejemplos anteriores, sin embargo, estos fragmentos están formados por una sola línea, dado que son de uso meramente didáctico. También encontramos algunos casos así en la vida real. En bastantes ocasiones, encontraremos condicionales que lo que hacen es, simplemente, asignarle un valor u otro a una variable, en función de que se cumpla o no se cumpla determinada condición. Por ejemplo, observe el código **condicional_17.htm**.

```
<script language="javascript">
   <!--
   var resultado;
   if (confirm ("Pulse uno de los dos botones que ve en
este cuadro.")) {
//
      resultado = "Usted ha pulsado 'ACEPTAR'.";
   } else {
      resultado = "Usted ha pulsado 'CANCELAR'\no la
casilla de cierre.";
   }
   alert (resultado);
   //-->
</script>
```

Si lo comprueba, verá que el funcionamiento es idéntico al de los códigos confirmar_2.htm y confirmar_3.htm, que vimos en el apartado anterior, aunque la estructura es un poco distinta. Lo que hace el condicional es evaluar el valor devuelto por confirm() y, en función de que sea true o false le asigna una cadena u otra a una variable. Después, se muestra dicha variable mediante la función alert(). Esta última línea, al estar fuera del condicional, se ejecuta tanto si la condición se cumplió como si no. Esto podríamos haberlo hecho **con todo el condicional en una sola línea**, mediante el **operador ternario** (?:). Este operador tiene la siguiente sintaxis general:

```
variable = (condición)?valor_1:valor_2;
```

Lo que hace este operador es evaluar la condición. Si se cumple, le asigna el valor_1 a la variable. Si la condición no se cumple, le asigna el valor_2. Veamos su uso en un ejemplo práctico: el código **condicional_18.htm**.

```
var resultado;
resultado = (confirm ("Pulse uno de los dos botones que ve en este cuadro."))?"Usted ha pulsado 'ACEPTAR'.":"Usted ha pulsado 'CANCELAR'\no la casilla de cierre.";
alert (resultado);
```

Fíjese en la línea resaltada (es una sola línea, aunque por la anchura del papel no lo parezca). Compruebe que este código funciona igual que el anterior. Lo que se hace es evaluar la condición que aparece antes del signo ? y, si es cierta, a la variable resultado se le asigna el primer valor, el que aparece a la izquierda del signo dos puntos (`:`). Si la condición no es cierta, a la variable se le asigna el valor que aparece a la derecha de dicho signo. Por esta razón, este operador se llama ternario; porque está formado por tres expresiones separadas: la condición que deseamos evaluar, el valor a asignar si la condición se cumple y el que se asignará si no se cumple. Este operador está presente en algunos otros lenguajes de programación, pero es en JavaScript donde se le da mayor uso.

3.1.8 Otras comparaciones

En ocasiones es necesario comparar una variable con distintos valores posibles. Supongamos que queremos hacer un programa que le pida al usuario que teclee un número, del uno al diez (el usuario debe teclearlo con cifras) y lo muestre escrito con letras. Además, si teclea un número fuera del rango establecido, le mostrará un mensaje avisándole del error. Esto podríamos hacerlo, como nos muestra el código **condicional_15.htm**, con las técnicas que ya conocemos.

```
<script language="javascript">
   <!--
   var numeroEnCifras, numeroEnLetras;
// A continuación se pide un número.
   numeroEnCifras = prompt ("Teclee un número del 1 al 10 (en cifras).", "");
   numeroEnCifras = parseInt (numeroEnCifras);
   if (numeroEnCifras == 1)
   {
      numeroEnLetras = "Uno";
   } else if (numeroEnCifras == 2) {
      numeroEnLetras = "Dos";
```

```
        } else if (numeroEnCifras == 3) {
           numeroEnLetras = "Tres";
        ...
        } else if (numeroEnCifras == 9) {
           numeroEnLetras = "9";
        } else if (numeroEnCifras == 10) {
           numeroEnLetras = "Diez";
        } else {
           numeroEnLetras = "ERROR";
        }
        alert ("El número es " + numeroEnLetras);
        //-->
     </script>
```

En primer lugar, compruebe que funciona correctamente. A continuación, examine el código para ver cómo funciona. En realidad todo lo que tiene lo conocemos ya. Vea que se compara lo que el usuario ha tecleado con los distintos valores que queremos analizar y, cuando la condición resulta ser cierta, se establece el mensaje de texto. Si ninguna de las condiciones evaluadas resulta cierta, el mensaje se establece como "ERROR".

Sin embargo, aunque esto funciona, no es la solución más eficiente. Existe otro modo mejor de realizar este tipo de comparaciones, mediante la sentencia ***switch*** (en inglés, conmutador). Esta sentencia tiene la siguiente sintaxis general:

```
switch (expresión)
{
   case valor_1:
      conjunto de sentencias a ejecutar si la expresión
      es igual a valor_1;
   case valor_2:
      conjunto de sentencias a ejecutar si la expresión
      es igual a valor_2;
...
   case valor_n:
      conjunto de sentencias a ejecutar si la expresión
      es igual a valor_n;
   default:
      conjunto de sentencias a ejecutar si el valor de
      la expresión no es ninguno de los que se han
      comprobado;
}
```

En esta sintaxis, se aprecia un funcionamiento tan simple como efectivo, pero vamos a ver un ejemplo de uso de esta estructura y, a continuación, comentamos los detalles. El código se llama **condicional_16.htm**.

```
    <script language="javascript">
       <!--
       var numeroEnCifras, numeroEnLetras;
       numeroEnCifras = prompt ("Teclee un número del 1 al
10 (en cifras).", ""); // Pedimos el número al usuario.
       numeroEnCifras = parseInt (numeroEnCifras);
    // Lo comparamos mediante un "conmutador".
       switch (numeroEnCifras)
       {
          case 1:
             numeroEnLetras = "Uno";
             break;
          case 2:
             numeroEnLetras = "Dos";
             break;
          case 3:
             numeroEnLetras = "Tres";
             break;
          case 4:
             numeroEnLetras = "Cuatro";
             break;
          case 5:
             numeroEnLetras = "Cinco";
             break;
          case 6:
             numeroEnLetras = "Seis";
             break;
          case 7:
             numeroEnLetras = "Siete";
             break;
          case 8:
             numeroEnLetras = "Ocho";
             break;
          case 9:
             numeroEnLetras = "Nueve";
             break;
          case 10:
             numeroEnLetras = "Diez";
             break;
          default:
             numeroEnLetras = "ERROR";
       }
       alert ("El número es " + numeroEnLetras);

       //-->
    </script>
```

En primer lugar, compruebe que el funcionamiento es correcto. Cargue la página en su navegador y ejecútela tecleando algún valor dentro del rango establecido (del 1 al 10). Y ejecútela también tecleando algún valor que esté fuera del rango, para comprobar que da el resultado deseado.

Fíjese en que tecleamos la palabra switch y, entre paréntesis, el nombre de la variable que vamos a evaluar. A continuación, entre llaves, va el resto del código. Cada uno de los valores posibles con que queremos comparar la variable va precedido de la palabra reservada ***case***, que podríamos traducir como "en caso de que sea", y terminamos esa línea con el signo **:** (dos puntos) en lugar del **;** (punto y coma). Dentro de cada posible caso, incluimos el conjunto de líneas de código que deben ejecutarse si la variable tiene el valor que hemos comprobado en ese caso. Como ve, la estructura es, conceptualmente, muy simple, pero, al mismo tiempo, muy eficiente.

Fíjese en que todos los casos acaban con la sentencia ***break*** (romper). Esto es así para que, si uno de los casos resulta ser cierto, se salga de la ejecución del switch y no se sigan verificando los demás.

Un caso especial es ***default*** (opción por defecto). Aquí incluimos las sentencias (en este ejemplo, una sola, pero pueden ser varias) que deben ejecutarse si ninguna de las comparaciones anteriores ha resultado ser cierta. Este caso en concreto no se termina con la palabra break, ya que no hay más casos que comprobar. Analice el código listado siguiendo la explicación del texto para entender el funcionamiento de este mecanismo.

Y, con esto, tenemos ya todo lo que necesitamos saber acerca de condicionales. En los diversos códigos de ejemplo que aparecen a lo largo del libro veremos los usos prácticos de todo esto.

3.2 BUCLES

Los bucles constituyen la segunda de las estructuras de control de flujo. Se conoce como bucle el procedimiento por el cual la ejecución de un fragmento de código se repite, de forma controlada, un número determinado o indeterminado de veces. Es decir, un bucle encierra un conjunto de instrucciones, que se conocen con el nombre de ***cuerpo del bucle***, y determina que éstas se repitan según haya previsto el programador. Vamos a recordar los ejemplos anteriores, en los que se le pedía al usuario que introdujese su edad por teclado.

Si el programa tiene que pedir y evaluar la edad de varios usuarios, lo normal es incluir estas instrucciones en un bucle, para que se repitan. En las próximas páginas veremos cómo crear bucles de distintos tipos, a fin de aclarar este concepto teórico que resulta, si usted no tiene experiencia en programación, un poco extraño. No obstante verá lo fácil que le resulta familiarizarse con él.

3.2.1 Ejecutar un número determinado de veces

Los bucles más sencillos conceptualmente son aquéllos que se ejecutan un número determinado de veces. Si, por ejemplo, deseamos pedirle la edad a cuatro usuarios para determinar si son adultos, incluiremos este proceso en un bucle que se repetirá cuatro veces.

Cuando queremos crear un bucle de este tipo, es necesario disponer de una variable, llamada genéricamente **variable de control**, que se empleará para llevar la cuenta de las veces que se repite el bucle. Estos bucles se crean mediante la instrucción **for**, y su sintaxis general es la siguiente:

```
      for (valor inicial de la variable de control;
condición, basada en dicha variable, que determina la
ejecución del bucle; incremento o decremento de la variable)
      {
            instrucciones en cuerpo del bucle;
            instrucciones en cuerpo del bucle;
            instrucciones en cuerpo del bucle;
            instrucciones en cuerpo del bucle;
      }
```

Planteado de esta forma, el concepto es bastante críptico, así que, para aclararlo, vamos a crear un programa en JavaScript que nos muestre cómo funciona. Comprobaremos el resultado y luego lo examinaremos en detalle, a fin de comprender la verdadera naturaleza del bucle. El código se llama **bucles_1.htm** y, por supuesto, también aparece grabado en el CD adjunto.

```
      <script language="javascript">
         <!--
         var cuenta, edad;
         for (cuenta = 1; cuenta <= 4; cuenta ++)
         {
            edad = prompt ("Introduzca su edad (en cifras).",
"");
            edad = parseInt (edad);
            if (edad < 18)
            {
               alert ("Es usted menor de edad.");
            } else {
               alert ("Es usted mayor de edad.");
```

```
        }
    }
    //-->
</script>
```

En primer lugar, antes de hablar de detalles, por favor, compruebe el funcionamiento de la página. Ejecútela ahora. Como ve, le pide su edad y se determina si es usted adulto o no, cuatro veces seguidas. Pero en el programa, este proceso está escrito una sola vez. Sin embargo, al tratarse del cuerpo de un bucle, se repite tantas veces como establece dicho bucle. Veamos lo que ocurre. La clave de todo está, por supuesto, en la definición del bucle, en la línea resaltada.

El número de veces que se va a repetir el bucle depende de la expresión entre paréntesis que aparece después de la palabra for. Vemos que dentro del paréntesis hay, en realidad, tres expresiones separadas por el signo punto y coma, y que todas ellas manejan una variable que es, como decíamos, la variable de control. Ésta será **siempre** numérica, en este tipo de bucles. Las tres expresiones que aparecen en el paréntesis se corresponden con las de la sintaxis general, así:

- **Valor inicial de la variable de control.** Como toda variable destinada a llevar una cuenta, debe tener un valor inicial, que en nuestro ejemplo hemos establecido a 1.
- **Condición,** basada en dicha variable, que determina la ejecución del bucle. Nos dice que el cuerpo del bucle se ejecutará mientras que se siga cumpliendo la condición especificada (mientras sea cierta). En este caso, el conjunto de instrucciones que se hallan dentro del bucle se ejecutará mientras que el valor de la variable de control sea menor o igual que 4.
- **Incremento o decremento de la variable.** Determina la forma en que la variable de control se incrementa o decrementa en cada iteración del bucle.

Veamos cómo opera esto. Cuando se ejecuta la página y se llega a la línea for se almacena, en la variable de control, el valor inicial: en este caso se almacena un 1. En ese momento se evalúa, por primera vez, la condición especificada en la segunda expresión. En nuestro ejemplo, se comprueba si el valor de cuenta (la variable de control) es menor o igual que 4. Como la condición se cumple, se ejecuta el cuerpo del bucle (el conjunto de instrucciones que hay entre las llaves de principio y final de dicho bucle). A continuación, la variable de control se incrementa en una unidad, porque así lo indica la tercera expresión de la línea for (como vemos, pone **`cuenta++`**). En ese momento se vuelve a evaluar la condición. Como la variable de control tiene un valor de 2, se repite la ejecución del cuerpo del bucle y se vuelve a incrementar en una unidad la variable de control. Se vuelve a evaluar la condición. El valor de cuenta es 3, por lo tanto, la condición se cumple y se vuelve a ejecutar el bucle. Se incrementa otra vez la variable de control (cuyo valor pasa a ser 4) y se vuelve a evaluar la condición. Como la especificación es que cuenta sea menor o igual que 4, todavía se cumple. Por lo tanto, se ejecuta una vez más el cuerpo del bucle y se incrementa la variable de control. En este momento, vale 5, con lo que la condición establecida ya no se cumple y se abandona la ejecución del bucle. Como después del bucle ya no hay más instrucciones, se termina el programa. Si hubiera más código, se ejecutaría el resto de la página. Para terminar de ver claro este funcionamiento, vamos a crear un bucle que, en cada ejecución, nos muestre el valor de la variable de control. Al terminar la ejecución del bucle, se mostrará un mensaje con el valor final de dicha variable. El código que hace esto es **bucles_2.htm**.

```
<script language="javascript">
   <!–
// Se declara la variable.
  var cuenta;
// Se inicia el bucle.
   for (cuenta = 1; cuenta <= 4; cuenta ++){
      alert ("El valor de 'cuenta' es " + cuenta);
   }
// Se muestra el valor en cada iteración.
   alert ("El valor FINAL de 'cuenta' es " + cuenta);
   //-->
</script>
```

Al ejecutar esta página, usted verá, uno detrás de otro, los cuatro cuadros de aviso que aparecen en la figura 3.16.

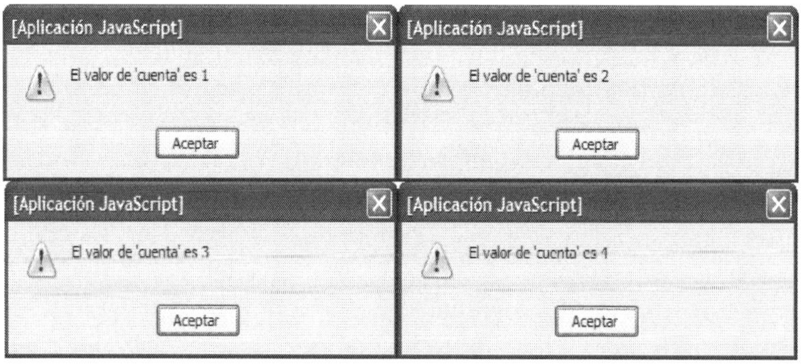

Figura 3.16

Como ve, pulsando el botón **[ACEPTAR]** en cada cuadro de aviso, se pasa al siguiente. Al pulsarlo en el último, se ve el de la figura 3.17.

Si examina el código, verá que este último cuadro se genera *después* de que haya terminado el bucle, tal como muestra la línea resaltada. Por cierto, cada vez que se repite la ejecución del cuerpo de un bucle se llama ***iteración***, ***ciclo del bucle*** o, simplemente, ***ciclo***.

Figura 3.17

Por supuesto, si lo necesita, usted puede hacer un bucle que cuente de dos en dos, o de tres en tres, etc., en vez de hacerlo de uno en uno, tal como muestra el código **bucles_3. htm**.

```
<script language="javascript">
   <!--
   var cuenta;
   for (cuenta = 1; cuenta <= 6; cuenta +=2)
   {
      alert ("El valor de 'cuenta' es " + cuenta);
   }
   alert ("El valor FINAL de 'cuenta' es " + cuenta);
   //-->
</script>
```

Si ejecuta este código comprobará que cuenta de dos en dos. La clave, por supuesto, está en la tercera expresión del bucle (resaltada en el listado), que determina que, en cada ejecución, se incrementa la variable de control en dos unidades.

¿Y si quisiéramos contar hacia atrás? Nada más fácil, una vez se ha comprendido la mecánica de este sistema. En primer lugar, el valor inicial de la variable de control deberemos establecerlo en el valor superior de la cuenta. Por ejemplo, si queremos una cuenta atrás del 10 al 0, el valor inicial deberá ser 10. Después, deberemos modificar la condición. En este ejemplo, deberemos establecer que el bucle se ejecute mientras que el valor de la variable de control sea superior o igual a 0. Por último, en la tercera expresión deberemos poner un decremento, en lugar de un incremento. El bucle podría quedar como muestra el código **bucles_4.htm**.

```
<script language="javascript">
   <!--
   var cuenta;
   for (cuenta = 10; cuenta >= 0; cuenta --){
      alert ("El valor de 'cuenta' es " + cuenta);
   }

   alert ("El valor FINAL de 'cuenta' es " + cuenta);
   //-->
</script>
```

Observe la línea en la que se define el bucle y compruebe su funcionamiento. Del mismo modo que anidábamos condicionales, podemos también anidar bucles, de tal forma que exista uno interior y otro exterior, Así el bucle interior se ejecutará (con todos sus ciclos) tantas veces como determine el bucle exterior. Lo vamos a ver en el siguiente código, llamado **bucles_5.htm**. Este programa simula el recorrido por todos los pisos de un edificio, visitando todas las puertas. Para que su ejecución no se haga demasiado pesada, nuestro edificio virtual tiene sólo dos plantas, con tres vecinos en cada una.

```
var piso, puerta;

/* A continuación aparecen dos bucles, uno dentro del
otro. Por cada iteración del bucle externo, se ejecutan todas
las iteraciones del bucle interno.*/

for (piso = 1; piso <= 2; piso ++)
{
   for (puerta = 1; puerta <=3; puerta ++)
   {
      alert ("Piso: " + piso + " Puerta: " + puerta);
   }
}
```

Lo que hace el bucle exterior es ejecutar dos ciclos. La variable de control se llama **piso**. Dentro está el bucle interior, que se ejecuta tres veces por cada uno de los ciclos del exterior. La variable de control se llama **puerta**. Pruebe el código para verificar su funcionamiento. El cuerpo de un bucle puede estar formado, como ve, incluso por otro bucle.

Y con esto hemos visto todo lo que necesitamos saber, por el momento, sobre bucles que se ejecutan un número determinado de veces. Existe en JavaScript una variante de este tipo de bucles, basado en la instrucción for, que, por su propia naturaleza, veremos en un Capítulo posterior.

3.2.2 Ejecutar un número indeterminado de veces

Un bucle no siempre tiene que ejecutarse un número determinado de veces. Por ejemplo, supongamos que hacemos un programa para pedirle al usuario que se identifique, por teclado, con una clave. La ejecución del programa no continúa hasta que se introduzca la clave correcta; cuando se teclee una clave incorrecta, se volverá a pedir una nueva, hasta que se acierte. Evidentemente no podemos saber de antemano cuántas veces se va a teclear un password incorrecto, por lo que no se puede programar un bucle como los que hemos visto hasta ahora. Necesitamos un bucle que se ejecute basado en una condición: que la clave sea correcta. Para ello vamos a emplear la instrucción **while()**.

La sintaxis general de este tipo de bucles es la siguiente:

```
while (condición) {
   cuerpo del bucle;
}
```

La condición determina cuándo se ejecuta el bucle o cuándo se deja de ejecutar. Este tipo de bucle se ejecuta mientras (while) la condición se cumpla. Vamos a ver un código que hace lo que mencionábamos: pide una clave y no deja continuar mientras no se introduzca la palabra adecuada. El código se llama **bucles_6.htm** y la clave correcta será, por ejemplo, *password*.

```
<script language="javascript">
   <!--
   var clave = "";
   while (clave != "password"){
      clave = prompt ("Introduzca la clave
correcta","");
   }
   alert ("Ya era hora.");
   //-->
</script>
```

Observe especialmente la línea resaltada. Nos dice que entramos en un bucle que se ejecutará mientras la variable *clave* no contenga el valor *password*. Como inicialmente esta variable contiene una cadena vacía, la condición se cumple. Dentro del cuerpo del bucle, lo que se hace es pedirle al usuario que introduzca la clave. Si introduce cualquier secuencia de caracteres, o si no introduce nada, la condición seguirá siendo cierta, y se repetirá el bucle. Si introduce *password*, la condición dejará de ser cierta, y el bucle dejará de ejecutarse, continuando el programa por debajo del mismo. Ejecútelo para comprobar que es exactamente así como funciona.

Ahora vamos a ver una variante que nos permitirá introducir otro concepto. Queremos un programa que le pida al usuario que teclee un número. El programa nos dirá cuántas veces hay que sumar ese número consigo mismo para obtener 100 (o más). El código se llama **bucles_7.htm**.

```
<script language="javascript">
   <!--
   var veces = 0, numero, suma;
   numero = prompt ("Introduzca un número (en cifras)",
"");
   numero = parseInt (numero);
   suma = numero;
   while (suma < 100)
   {
      suma += numero;
      veces ++;
   }
   alert ("La suma se ha hecho " + veces + " veces.");
   //-->
</script>
```

Como ve en la línea resaltada, el bucle se ejecutará mientras que la suma sea menor que 100. Suponga que, como número, teclea 51. Esta cifra deberá sumarse a sí misma una vez (51 + 51) para superar el tope que hemos establecido (100). Si ejecuta la página e introduce la cifra mencionada, verá el resultado de la figura 3.18.

Figura 3.18

Si, al ejecutar la página, usted teclea, por ejemplo, la cifra 30, verá que el resultado es que la suma se ha efectuado cuatro veces (30 + 30 + 30 + 30), necesarias para que la condición del bucle deje de cumplirse y la ejecución del programa continúe por debajo de dicho bucle.

Ahora ejecute de nuevo la página y, cuando se le pida un número, teclee 100 o alguno superior. Observe lo que sucede. El resultado, que se ve en la figura 3.19, es que la suma se ha efectuado 0 veces, es decir, no ha habido suma ninguna. Normal, puesto que, al llegar al bucle y evaluarse la condición, ésta ya no se cumple, por lo que no se llega nunca a entrar en el bucle.

Figura 3.19

Este tipo de bucle, por lo tanto, evalúa la condición estipulada *antes* de entrar en el mismo. Si la condición no se cumple, no se ejecuta ningún ciclo.

Sin embargo, es posible que su programa necesite que el bucle se ejecute al menos una vez, con independencia de que la condición se cumpla o no. Es cierto que, en la vida real, se da muy pocas veces esta situación, por lo que, de momento, no se preocupe de cuándo vamos a necesitar una solución de este tipo. Algo más adelante veremos algún ejemplo real aunque, como digo, son muy escasos. Sin embargo, vamos a ver cómo realizar este nuevo tipo de bucles. Para ello usamos el juego de instrucciones **do...while()**. Veamos el ejemplo de **bucles_8.htm**.

```
<script language="javascript">
   <!--
   var entrada;
   do {
      entrada = prompt ("Teclee algo aquí.", "");
   } while (entrada == null || entrada == "");
   alert ("Usted ha tecleado " + entrada);
   //-->
</script>
```

Este programa está hecho para pedirle al usuario que teclee algo (lo que sea) y no permitirle que pulse **[ACEPTAR]** con la caja de texto vacía ni que pulse **[CANCELAR]**. Fíjese en que, cuando la ejecución llega a la instrucción do, se entra, incondicionalmente, en el bucle. Por lo tanto se ejecuta, al menos, un ciclo. Después se ejecuta la instrucción while(), que es la que evalúa una condición para determinar si el bucle debe seguir ejecutándose o no. En este caso, hemos establecido que el bucle volverá a ejecutarse si el contenido de la variable entrada es null (el usuario pulsó **[CANCELAR]** o la casilla de cierre) o si se trata de una cadena vacía (el usuario pulsó **[ACEPTAR]** sin haber tecleado nada). Por lo tanto, este bucle se ejecuta, al menos, una vez.

Hasta aquí hemos visto lo que podríamos llamar un uso "ortodoxo" de los bucles, pero existen un par de posibilidades que vamos a conocer en detalle en el siguiente apartado.

3.2.3 Alterar los ciclos de un bucle

Cuando se ejecuta el cuerpo de un bucle, lo normal es que se repita dicha ejecución completa en cada ciclo. Así son los bucles que hemos visto hasta ahora. Sin embargo, en determinadas ocasiones, es necesario interrumpir el curso "natural" del bucle, dejando de ejecutar parte del cuerpo y continuando la ejecución del programa que hay a continuación. Es lo que se llama ***salir del bucle***. Esto lo hacemos con la sentencia ***break***. Ya vimos un uso de esta instrucción cuando conocimos los condicionales de tipo switch.

Ahora vamos a ver cómo la usamos, en un contexto diferente, para salir prematuramente de un bucle. Observe el código **bucles_9.htm**, que aparece a continuación.

```
<script language="javascript">
   <!--
   var cuentaTotal = 0, numero, ciclos;

   for (ciclos = 1; ciclos <= 10; ciclos ++)
   {
      numero = prompt ("Introduzca un número
positivo.", "");
      numero = parseInt (numero);
      if (numero < 1) break; //Si es 0 o negativo, se
sale del bucle.
      cuentaTotal += numero; //Si llega hasta aquí, el
número se suma a los que ya había.
   }
   alert ("La suma de números introducidos es " +
cuentaTotal);
   alert ("Se han sumado un total de " + (ciclos - 1) +
" números");
   /* En la línea anterior, la resta va entre
paréntesis
   para que se haga antes que la concatenación. */
   //-->
</script>
```

En primer lugar, veamos qué hace el programa y luego veremos cómo lo hace. Cuando ejecute la página verá un cuadro de mensaje en el que se le pide que teclee un número positivo. El bucle en el que está este cuadro de mensaje ha sido diseñado para ejecutarse diez veces y sumar los distintos números que usted introduzca en una variable. Al final, le da la suma total de los números y la cantidad de números que usted ha introducido. Si tecleó siempre números positivos, esta cantidad será diez, puesto que así lo indica el bucle. Sin embargo, si usted teclea el cero o un número negativo, el programa deja de pedirle números y le da la suma que lleve hasta ese momento, y la cantidad total de datos introducidos (sin contar con el número negativo). Esto se produce por la línea que aparece resaltada, que le dice al navegador que, si el número introducido es menor que 1, interrumpa la ejecución del bucle.

En otras ocasiones nos encontramos con un bucle en el que, en un momento dado, es necesario interrumpir el ciclo actual e iniciar uno nuevo desde el principio. Para esto empleamos la instrucción ***continue***. Vamos a suponer una variante del código anterior.

Ahora necesitamos que, si se introduce un número negativo, éste no se sume a los demás, pero que se sigan pidiendo números hasta completar los diez ciclos de la ejecución. Es decir, el programa nos pedirá diez números, pero sólo sumará aquéllos que sean positivos. El código que realiza esto es **bucles_10.htm** y, como puede ver, presenta muchas similitudes con el anterior, así que preste especial atención a su estructura.

```
<script language="javascript">
   <!--
   var cuentaTotal = 0, numero, ciclos;
   for (ciclos = 1; ciclos <= 10; ciclos ++)
   {
      numero = prompt ("Introduzca un número
positivo.", "");
      numero = parseInt (numero);
      if (numero < 1) continue; //Si es 0 o negativo,
inicia otro ciclo.

      cuentaTotal += numero; //Si llega hasta aquí, el
número se suma a los que ya había.
   }

   alert ("La suma de números introducidos es " +
cuentaTotal);
   //-->
</script>
```

En primer lugar, ejecute la página para verificar que el funcionamiento responde al enunciado. Observe la línea resaltada. Lo que nos dice es que, si el número introducido es menor que 1, se continúe la ejecución del bucle en el siguiente ciclo, como si este ciclo se hubiera terminado ya, ignorando la instrucción que hace la suma y cualquier otra que hubiera debajo de ésta, dentro del cuerpo del bucle. Por supuesto, estas dos instrucciones (break y continue) también se pueden usar en bucles de tipo while(), tal como veremos antes de terminar este capítulo.

3.2.4 Bucles infinitos

En ocasiones nos encontramos con bucles que, una vez que empiezan a ejecutarse, ya no terminan nunca. Se ejecutan una vez, y otra, y otra... sin salir nunca. En la mayoría de los casos, esto se debe a un error de programación. Por ejemplo, un bucle creado con la instrucción for en el que la variable de control se modifica dentro del cuerpo. Veámoslo en el código **bucles_11.htm**.

```
<script language="javascript">
   <!--
   var ciclos;
   for (ciclos = 1; ciclos <= 10; ciclos ++)
   {
      // Lo que hacemos es decrementar la variable de
control.
      ciclos --;
   }
   //-->
</script>
```

Como ve, el bucle está concebido para ejecutarse diez veces y, como es normal, en cada ciclo la variable de control se incrementa en una unidad. Sin embargo, dentro del bucle, la variable se decrementa también en una unidad, tal como lo indica la línea resaltada, así que nunca alcanzará su valor máximo y nunca saldrá del bucle. Si ejecuta esta página, su ordenador parecerá bloqueado, ya que, durante unos segundos (una eternidad, en tiempo de la máquina), el navegador no hace nada y el teclado y el ratón no funcionan. Al cabo de un momento, usted verá en su pantalla un aviso como el de la figura 3.20.

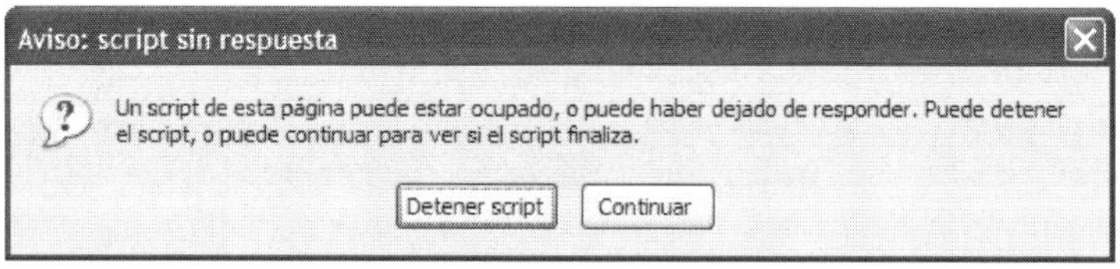

Figura 3.20

El mensaje es bastante claro. Pulse el botón [DETENER SCRIPT] y ya puede cerrar el navegador. Como norma general, ***NUNCA modifique el valor de la variable de control de un bucle dentro del cuerpo del mismo***.

Existe otra manera de crear un bucle infinito, esta vez mediante la instrucción while(). Como ya sabe, ésta se emplea para crear bucles que se ejecutan un número indeterminado de veces, dependiendo de que se cumpla una determinada condición. Pues, si como condición ponemos, exclusivamente, el valor booleano true, ésta se cumple siempre, con lo que el bucle nunca acabará de ejecutarse. Suponga un código como **bucles_12.htm**.

```
<script language="javascript">
   <!–
   while (true)
   {
      // Aquí podría ir un conjunto de instrucciones.
   }
   //-->
</script>
```

Si ejecuta este código, verá que el resultado es el mismo que el anterior. Sin embargo, este tipo de bucles infinitos sí se emplean en alguna ocasión aunque, naturalmente, de una forma, digamos, "controlada" (programando un modo de salida, para no bloquear el ordenador). Vamos a suponer que le pido que prepare una variante de los ejercicios que hicimos hace un momento para sumar números positivos. Yo quiero que el ordenador me pida números por teclado, tal como hicimos antes y, mientras yo introduzca valores positivos, se vayan sumando, pero cuando introduzca un cero o un valor negativo, se interrumpa la suma y me muestre el resultado. Fíjese bien en que he dicho (y repito) que quiero que, mientras los números que yo teclee sean positivos, me siga pidiendo números, sin limitarme a un máximo de diez entradas, como en los casos anteriores. El código que resuelve esto es **bucles_13.htm**, y aparece a continuación.

```
<script language="javascript">
   <!--
   var numero, sumaTotal = 0;
   while (true) {
      numero = prompt ("Introduzca un número
positivo.", "");
      numero = parseInt (numero);
      if (numero < 1) break;
      sumaTotal += numero;
   }
   alert ("La suma de los valores positivos
introducidos es " + sumaTotal);
   //-->
</script>
```

Ejecute la página para ver que, efectivamente, cumple el enunciado. Observe que el bucle está concebido para ser infinito, es decir, para estar pidiendo números eternamente. Sin embargo, dentro del cuerpo hay una instrucción que dice que si el valor es menor que 1, debe interrumpirse la ejecución.

Y con esto, conocemos la teoría de funcionamiento de los condicionales y los bucles. Su uso real lo veremos más adelante ya que, antes, necesitamos algunos conocimientos previos, que iremos viendo en los próximos Capítulos.

Capítulo 4

LA POO Y EL DOM

En los Capítulos anteriores hemos ido exponiendo algunos temas muy básicos de la programación en JavaScript. De hecho, soy consciente de que la exposición realizada hasta el momento ha sido un poco árida, sobre todo porque los códigos de ejemplo que hemos empleado han sido diseñados ex profeso para ilustrar los conceptos fundamentales que hemos visto y no tienen un uso práctico inmediato. Además, dichos conceptos eran un poco abstractos si uno no tiene experiencia previa en programación. Si usted ha llegado hasta aquí, ha superado la fase más dura de su aprendizaje de JavaScript. Por supuesto, todavía son muchas las cosas que nos quedan por aprender, pero, a partir de ahora, el aprendizaje será mucho más ameno.

En realidad, no empezaremos a sacarle su verdadero jugo a este lenguaje hasta que avancemos más en el libro, pero en este Capítulo vamos a prepararnos para un viaje increíble por todas sus posibilidades. Lo que ya sabemos de JavaScript, junto con lo que aprendamos en el resto de estos primeros Capítulos, es fundamental para empezar a dominar un lenguaje que, en su día, marcó un hito en la programación de páginas web y que hoy es (y será durante muchos años) absolutamente imprescindible.

Debo puntualizar que algunos de los códigos de ejemplo que aparecen en el libro, a partir de aquí, no funcionan adecuadamente con versiones antiguas de Netscape, por lo que le recomiendo que los pruebe con Firefox o Explorer. Más adelante, cuando hablemos de cómo identificar el navegador (el objeto **navigator**), veremos por qué sucede esto y cómo solucionarlo. De momento, vamos a probar todos los códigos con Firefox o Explorer, que, a fin de cuentas, son los navegadores mayoritarios, preferidos por más de un 97% de los usuarios de

Internet, en el momento de escribir estas líneas. De hecho, cuando hablemos de las diferencias en los códigos para Netscape, será, casi, como una mera curiosidad académica, ya que este navegador se encuentra hoy prácticamente en desuso.

4.1 PROGRAMACIÓN ORIENTADA A OBJETOS

Todos los lenguajes modernos de programación se basan en lo que se ha dado en llamar **Programación Orientada a Objetos (POO)** y, por supuesto, JavaScript no es una excepción. Este estilo de programación choca con la llamada "programación procedimental" que se empleaba en los años ochenta. Básicamente, la POO nos dice que todo aquello que podemos manejar es un objeto, es decir, la ventana donde se carga una página web es un objeto, la página web en sí es también un objeto. Dentro de la página existen textos, imágenes, tablas, botones, formularios, capas, marcos, etc. Bueno, pues cada uno de ellos es también un objeto. Los objetos tienen una entidad propia, y se definen y manejan mediante tres aspectos:

Las **propiedades**. Son las características de un objeto en concreto. Por ejemplo, una propiedad de una página sería su color de fondo.

Los **métodos**. Son funciones específicas que cada objeto puede llevar a cabo. Por ejemplo, un método de una cadena de texto es cambiar las letras que la forman a mayúsculas.

Los **eventos**. Son sucesos que pueden llegar a producirse o no. JavaScript reconoce cuándo tiene lugar un evento y se puede programar una respuesta. Por ejemplo, se puede detectar si el usuario apoya el puntero del ratón sobre una imagen, o si pulsa el botón derecho, o si aprieta (o libera) una tecla, etc. Cada suceso que pueda llegar a tener lugar es un evento y cada objeto puede reconocer unos determinados eventos.

Para familiarizarnos con este concepto, permítame establecer una analogía con algo que, sin duda, le resultará más "real". Considere un coche, que será, por supuesto, un objeto. Éste tiene unas propiedades, como son el color, el tamaño, el tipo de motor que incorpora, el número de plazas, etc. Si, por ejemplo, su coche es rojo y lo pinta de verde, le ha cambiado una propiedad. Además, este objeto puede detectar cuándo se pulsa el acelerador (un evento) y aumentar su velocidad como respuesta a ello (un método).

La gran ventaja de este sistema es que facilita muchísimo la programación. Supongamos un ejemplo sencillo: un botón que, al pulsarlo, nos conduce a una determinada página (como un enlace). En la programación tradicional (procedimental) tendríamos que haber realizado un arduo trabajo para lograr esto. En primer lugar, necesitaríamos que el programa dibujara el botón. Sólo con eso ya tenemos tres o cuatro páginas de código. En la POO, el botón es un objeto que ya está creado. Sólo tenemos que decir que lo queremos en nuestra página, y ya está. En la programación tradicional tendríamos que estar constantemente comprobando si el usuario pulsa el botón, lo que ralentizaría otros procesos. En la POO simplemente le decimos a nuestro objeto que detecte la pulsación y nos olvidamos de él. Si se produce dicha pulsación, ya se encargará él de avisar al programa y hacer lo que proceda. Por eso decimos que cada objeto es una entidad propia.

Éstas son las ventajas más evidentes, aunque hay muchísimas más. Si usted ha sido programador en los tiempos oscuros antes de la POO, cuando conozca esta metodología creerá estar en el cielo. Si no lo ha sido, de todas formas la POO le enamorará para siempre. Quiero incorporar aquí un breve resumen, a modo de esquema, para que empiece a vislumbrar la potencia de este sistema. De todos modos, las posibilidades son mucho más amplias que lo que se atisba aquí.

ALGUNAS DIFERENCIAS ENTRE POO Y PROCEDIMENTAL	
Poner un botón en la pantalla.	**Procedimental**. Hay que definir la forma del botón, su tamaño, sus coordenadas, su color y todo lo demás, desde el principio. Un botón así creado, implicaba, al menos, tres o cuatro páginas de programa. Luego había que dibujarlo en la pantalla, borrando manualmente la zona que iba a ocupar. Si luego había que quitar el botón, también era necesario reconstruir la pantalla.
	POO. El botón ya existe y sólo hay que decirle dónde lo queremos. Si es necesario quitarlo, no hay que reconstruir la pantalla porque son objetos independientes. Con un par de líneas de código, lo tenemos todo arreglado.

<table>
<tr><th colspan="2">ALGUNAS DIFERENCIAS ENTRE POO Y PROCEDIMENTAL (cont.)</th></tr>
<tr><td rowspan="2">Hacer que, al pulsar el botón, se desencadene un proceso.</td><td>Procedimental. Era necesario establecer rutinas de comprobación constantemente a lo largo del programa.
Cuando alguna de ellas detectaba la pulsación, había que cerrar manualmente las operaciones en curso y abrir, también de forma manual, cada uno de los procesos necesarios. Estas comprobaciones incrementaban, de forma preocupante, el tamaño del programa, además de ralentizar su ejecución.

Si el usuario pulsaba en un momento en que no se estaba efectuando un chequeo, el botón no respondía. Además, cuando se detectaba una pulsación por estos medios, era preciso, normalmente, andar borrando (manualmente) los registros de memoria donde se había detectado la pulsación.</td></tr>
<tr><td>POO. El botón como entidad independiente está constantemente pendiente de la pulsación y, cuando ésta se produce, él mismo desencadena aquella acción que se le haya programado. Mientras, el programa principal sigue ejecutándose sin interferir. Todo esto implica un considerable ahorro de recursos y tiempo, por no hablar de la facilidad de programación.</td></tr>
</table>

ALGUNAS DIFERENCIAS ENTRE POO Y PROCEDIMENTAL (cont.)	
Cambiar el color de un texto.	**Procedimental**. Era necesario, en primer lugar, cambiar lo que se llamaba "la tinta", que era un registro de memoria donde se codificaba (normalmente en binario) el color de escritura. Después, había que borrar el texto original y volver a escribirlo con la nueva tinta. En la mayoría de los casos era necesario luego reconstruir parte de la pantalla.
	POO. Cada texto es también un objeto. Basta con referirnos a él por su nombre (todos los objetos que usamos tienen un nombre) y cambiar su propiedad "color" (ya veremos que se hace con una sola instrucción).

La tabla anterior es sólo una muestra. Cuando vaya conociendo todos los recursos que tenemos a nuestra disposición en JavaScript, imagínese hacerlos "a la antigua". Impensable en la actualidad.

Los objetos en JavaScript (y en la mayoría de los lenguajes modernos) se manejan, como hemos dicho, a través de sus propiedades, métodos y eventos. Para acceder a una propiedad de un objeto se hace con la siguiente sintaxis general:

```
objeto.propiedad
```

y para ejecutar un método de un objeto se emplea:

```
objeto.método(argumentos)
```

La gestión de los eventos es un tema aparte, del que hablaremos enseguida. Antes déjeme recordarle que, en JavaScript, absolutamente todo lo que se maneja son objetos, desde una variable numérica hasta una cadena, una imagen, etc. Y seguramente usted se estará preguntando que si todo son objetos, ¿por qué no hemos visto hasta ahora nunca esta sintaxis? Existen algunos objetos que se pueden manejar, someramente, de una forma abreviada. Las operaciones aritméticas simples, un uso elemental de bucles y condicionales, y algunas pocas cosas más se pueden manejar sin usar la notación que acabamos de ver, que, por cierto, se conoce de forma genérica con el nombre de ***notación del punto***, por el ***operador punto*** que separa al objeto de la propiedad o el método al que queremos referirnos.

De todas formas, aunque hasta ahora no habíamos mencionado este sistema (que, en realidad es el único válido en JavaScript, si queremos hacer algo que valga la pena), fíjese en que tuvimos una pequeña aproximación en el Capítulo 2. Recuerde cuando hablábamos de convertir un dato numérico en una cadena. En el ejercicio **conversión_10.htm** teníamos una línea como la siguiente:

```
miDato = miDato.toString (16);
```

Fíjese en la expresión que hay a la derecha de la igualdad. Estamos tratando un objeto que se llama *miDato* y que es una variable numérica. A continuación de su nombre tenemos un punto y el método toString(), que convierte ese objeto en una variable de cadena (que, por supuesto, también será un objeto). Este método recibe un argumento entre paréntesis (en este caso, el 16) que se usa para indicar la base de numeración. Siempre que nos referimos a un método de un objeto es necesario que aparezcan los paréntesis argumentales.

En algunos casos, como es este ejemplo, habrá un argumento (o más de uno); en otros casos no habrá que pasarle argumentos al método y los paréntesis estarán vacíos, pero deberán existir. Repase las sintaxis que hemos mencionado en este mismo apartado y verá que las propiedades no van seguidas de paréntesis, y los métodos, sí. Si un método recibe más de un argumento, éstos irán separados por comas, tal como muestra la siguiente sintaxis general:

```
objeto.método(argumento_1, argumento_2, ...,
argumento_n)
```

En el Capítulo 2 no dimos todas estas explicaciones acerca de la sintaxis de aquella línea porque necesitábamos ver algo de teoría de la POO antes, justo la clase de teoría que estamos desarrollando aquí. Sin embargo, como tendrá ocasión de comprobar a lo largo del resto del libro, lo que hemos hecho sin usar la POO es mínimo, apenas un puñado de operaciones muy básicas y limitadas, en comparación con lo que podremos hacer con JavaScript.

Por ejemplo, vamos a empezar con algo sencillito. Vamos a hacer una página que nos muestre un cuadro de aviso como los que ya conocemos y que, al pulsar el botón **[ACEPTAR]**, se cambie el color de fondo, que por defecto es, como sabemos, blanco, a rojo. Para ello vamos a emplear, por supuesto, la notación del punto. En JavaScript existe un objeto llamado ***document***, que es, ni más ni menos, que el documento activo, es decir, la página que hay cargada en el navegador. Este objeto tiene una propiedad, llamada ***bgColor***, que representa al color de fondo. Pues a partir de ahí es muy fácil. Le asignamos el valor *red* (rojo) a dicha propiedad y el color de fondo de la página pasará a ser rojo. El código que hace esto es **color_rojo.htm**.

```
<script language="javascript">
   <!--

   alert ("Pulse aquí para ver su página en rojo.");

   document.bgColor = "red";
   //-->
</script>
```

Quiero insistir y puntualizar algo que he mencionado anteriormente en este mismo Capítulo. Decía que un objeto se maneja a través de sus propiedades y métodos (de los eventos ya hablaremos). Para ejecutar un método de un objeto tenemos que ponerle, como hemos mencionado, unos paréntesis argumentales. Para manejar un objeto a través de una de sus propiedades, debemos modificar el valor de dicha propiedad, asignándole uno nuevo. Eso es, exactamente, lo que hemos hecho en esta página. Le hemos asignado el valor red a la propiedad bgColor (que representa al color de fondo) del objeto document (que, como ya hemos dicho, representa al documento activo). En cuanto a los colores, cuando necesitemos especificar un valor para esta propiedad (o para cualquier otra que se refiera a un color) podemos emplear, como en este caso, el nombre del color en inglés o podemos usar la notación hexadecimal para los colores de HTML. No voy a describir aquí cómo funciona dicha notación, puesto que, si está usted leyendo este libro, se supone que está lo suficientemente familiarizado con HTML para saber lo que necesita acerca de los colores en formato RGB. Sin embargo, a fin de que tenga una referencia de colores para sus páginas, he incluido una tabla bastante completa en el Apéndice D de este libro. Al igual que existen algunos métodos que reciben argumentos y otros que no, también existen propiedades que pueden modificarse y otras cuyo valor sólo puede ser leído. Éstas se llaman ***propiedades de sólo lectura***. Ya veremos cuáles son y para qué sirven.

Y, ya que hemos "estrenado" el objeto document, vamos a conocer un método muy útil que tiene y que usaremos con muchísima frecuencia durante el resto de nuestra singladura. Se trata de ***write()***. En los Capítulos anteriores hemos aprendido a obtener los resultados de la ejecución de nuestros programas en cuadros de aviso, que son, conceptualmente, muy fáciles de programar. Sin embargo, éste no es el mejor modo de obtener unos resultados, o mensajes, o lo que sea, en pantalla. Seguro que ha pensado que debe haber una manera de escribir directamente en la página. Desde HTML esto no tiene ningún secreto. Cuando usted quiere un texto en su página, lo incluye entre los tags <body> y </body> y ya está. Sin embargo, también desde JavaScript se puede incluir texto directamente en la página. Observe el código **escribir_1.htm**, que aparece a continuación.

```
<script language="javascript">
   <!–
   document.write ("Esto está escrito en el
documento.");
   document.write ("Y esto también.");
   //-->
</script>
```

En primer lugar, observe lo que ocurre al ejecutar esta página. El resultado aparece en la figura 4.1.

Como ve, hemos logrado, mediante el uso de uno de los métodos de un objeto, escribir (write) en la página (document). Y el método write recibe, como argumento, aquello que queramos escribir. En este sentido, el argumento se crea del mismo modo que el de la función alert que habíamos empleado hasta ahora, es decir, que podemos escribir una cadena literal, o el valor de una variable, o una concatenación, etc.

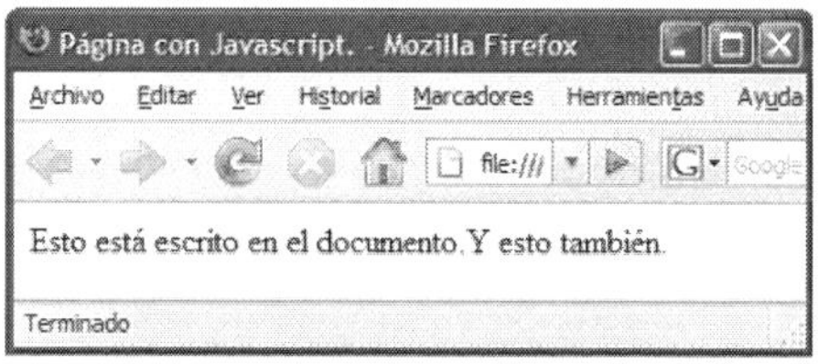

Figura 4.1

Si recuerda el Capítulo anterior, donde hablábamos del bucle de tipo for, veíamos un código que nos mostraba, en sucesivos cuadros de aviso, el valor de la variable de control, para demostrar como ésta cambiaba en cada ciclo del bucle. Pues ahora vamos a ver cómo realizar esto mismo, sólo que, en lugar de mostrar esta variable en cuadros de aviso, la vamos a mostrar, con todos sus valores, escrita en la página. El código que hemos diseñado al efecto se llama **escribir_2.htm**.

```
<script language="javascript">
   <!--
   var control;
```

```
    for (control = 1; control <=10; control ++)
    {
        document.write (control + "---");
    }
    //-->
</script>
```

Al ejecutar, verá el resultado de la figura 4.2.

Como ve, en el cuerpo del bucle hemos incluido una sentencia que, en cada ciclo, escribe en el documento el valor de la variable de control y, concatenada, una secuencia de tres guiones para separar un valor del siguiente.

Figura 4.2

Sin embargo, a lo mejor queremos ir un paso más allá y pretendemos que cada valor de la variable aparezca en una línea, uno debajo de otro. Y mire usted por dónde, nos acordamos de las secuencias de escape que vimos en el Capítulo 2. Así que podríamos pensar que la sentencia que debe ir dentro del bucle sería algo como lo siguiente:

```
document.write (cuenta + "\n");
```

Nada más lejos de la realidad. Las secuencias de escape que usamos para los mensajes de los cuadros de aviso, mensaje y confirmación (alert(), prompt() y confirm(), respectivamente) ya no funcionan a la hora de escribir directamente en la página, así que tendremos que emplear otra técnica.

Debido al altísimo nivel de integración entre HTML y JavaScript (no olvidemos que éste fue diseñado para ser complementario de aquél) podemos escribir en nuestra página tags de HTML, que se ejecutarán como si estuviéramos escribiendo texto normal dentro del cuerpo de la página. Para ver a qué me refiero, observe el código **escribir_3.htm**.

```
for (control = 1; control <=10; control ++)
{
    document.write (control + "<br>");
}
```

Fíjese en que he incluido el tag <br> de HTML (que, como usted sabe, produce un salto de línea) como si fuera una cadena en el argumento del método write(). JavaScript reconoce que esta cadena es un tag de HTML, y, en lugar de escribir la cadena, interpreta y ejecuta lo mismo que haría el tag si lo hubiéramos empleado directamente en HTML. Como ve, la POO se está mostrando más potente y flexible a cada paso que damos. Y esto, amigo lector, no ha hecho más que empezar. Veamos el resultado de esta última página en la figura 4.3.

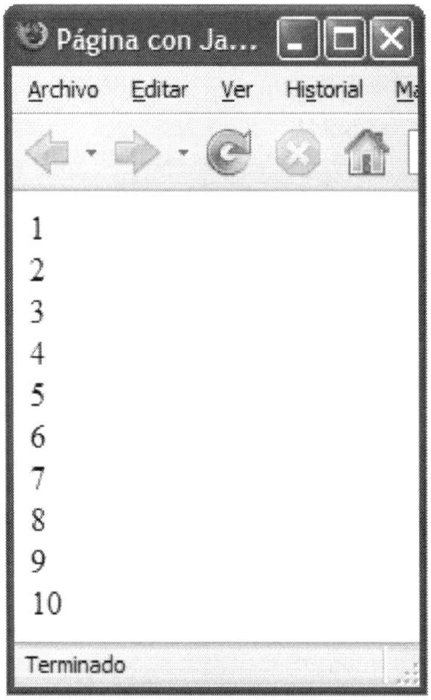

Figura 4.3

De hecho, con este método usted puede hacer que JavaScript ejecute casi cualquier tag de HTML. Para ver un pequeño ejemplo, observe el listado **escribir_4.htm**.

```
document.write ("<b>Esto es negrita.</b><br>");
document.write ("<i>Esto es cursiva.</i><br>");
document.write ("<u>Esto es subrayado.</u><br>");
document.write ("<h1>Esto es grande.</h1>");
```

Observe que, como argumento de cada método write() que hemos empleado en el código, hemos incluido unos tags de HTML. Esto es perfectamente legítimo y, de hecho, es la forma en que fue concebido y diseñado JavaScript. Estos tags (y muchos otros, como iremos viendo) se ejecutan perfectamente, dándole su efecto a los distintos textos, tal como muestra la figura 4.4.

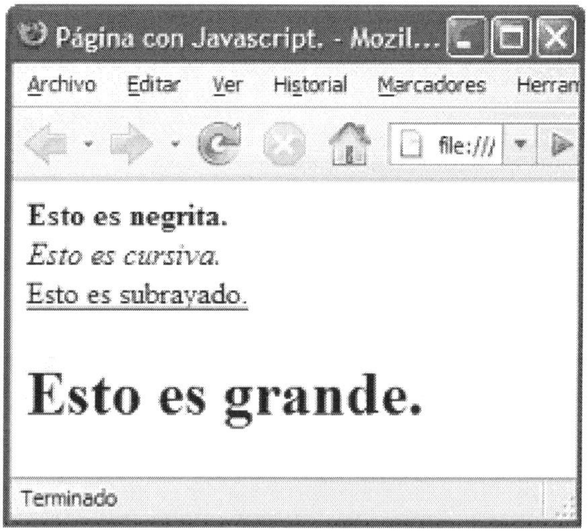

Figura 4.4

Como ve, el método write es bastante potente. De hecho, iremos viendo ejemplos a lo largo del libro que le sacarán todo su partido. Ahora sólo quería lograr una primera aproximación, y ya la tenemos. Sin embargo, no quiero pasar a otra cosa antes de comentar una variante de este método: se trata del método ***writeln()***, que sirve para lo mismo que el anterior, sólo que incluye, de modo automático, un espacio en blanco al final de lo que escribe para separarlo de lo próximo que se escriba en la página. Veamos a qué me refiero, con el código **escribir_5.htm**.

```
	// Las dos palabras siguientes aparecen una a
continuación de la otra.
	document.write ("ALFA");
	document.write ("BETA");

	//Ahora introducimos un salto de línea.
	document.write ("<br>");

	//Las dos palabras siguientes aparecen separadas por un
espacio en blanco.
	document.writeln ("ALFA");
	document.write ("BETA");
```

El resultado de este código lo vemos en la figura 4.5.

La separación de las palabras en la línea inferior se debe al uso de writeln(), tal como ve en la línea resaltada del código. De todos modos, este último método no tiene casi uso en la vida real, al contrario que el método write(), que está en todas partes. Considere pues a writeln() como una mera curiosidad académica.

Llegados a este punto, quiero aclarar una cosa. Cuando emplee los métodos write() o writeln() del objeto document para escribir texto en la página, deberá emplear las entidades con nombre o con número que se emplean en HTML para escribir letras acentuadas, "ñ", etc. Es decir, suponga que usted quiere incluir en su código una línea como la siguiente:

```
document.write ("Esto es una eñe. ");
```

En realidad deberá escribirlo en la siguiente forma:

```
document.write ("&Eacute;sto es una e&ntilde;e.");
```

Figura 4.5

No olvide nunca esto. Nosotros no emplearemos esta notación en los ejemplos de este libro, sino que usaremos las letras acentuadas, las "ñ", y todo lo que haga falta, dado que el código de los ejemplos debe de estar muy claro a fines didácticos. Sin embargo, cuando usted escriba código real, deberá emplear las entidades adecuadas para que su página se visualice correctamente en cualquier navegador. Aunque le supongo conocedor de las entidades básicas, ya que éste es un concepto elemental de HTML, en el Apéndice E del libro he incluido la lista completa de las mismas, a fin de que le sirva de referencia en el futuro.

Y, ya que estamos conociendo un poco el objeto document, y antes de pasar a otro asunto, quiero tener el gusto de presentarle a la propiedad ***fgColor***. Del mismo modo que bgColor permite establecer el color de fondo de la página, fgColor permite hacer lo propio con el color de primer plano (*foreground color*), es decir, con el color del texto. Observe el siguiente código, llamado **colores_1.htm**.

```
<script language="javascript">
   <!--
   document.write ("<h1>Texto desde JavaScript</h1>");
```

```
    alert ("Pulse aquí para ver su página en rojo.");
    document.bgColor = "red";
    document.fgColor = "yellow";
    //-->
</script>
```

Ejecute la página y vea que, en primer lugar, aparece un texto normal (negro sobre blanco) y un cuadro de aviso, tal como vemos en la figura 4.6.

Cuando se pulsa el botón **[ACEPTAR]** el aspecto de la página cambia radicalmente, como se aprecia en la figura 4.7.

Tenemos claro por qué ha cambiado el color del fondo.

En cuanto al color del texto (color de primer plano) ha pasado a ser amarillo a causa del valor *yellow* que le hemos asignado a la propiedad fgColor, tal como vemos en la línea del listado que aparece resaltada.

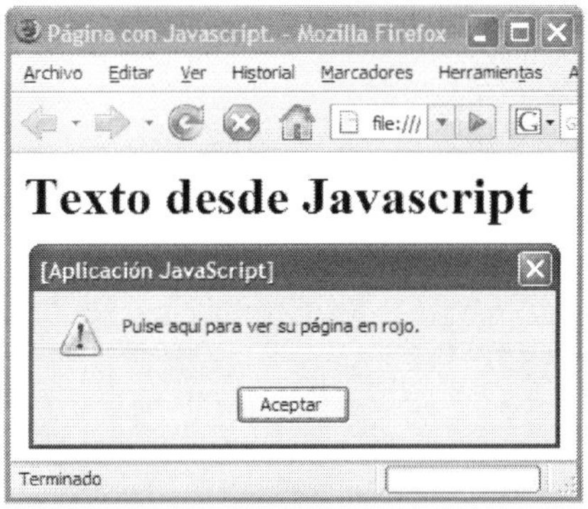

Figura 4.6

Figura 4.7

Ya sabemos que en nuestras instrucciones JavaScript podemos incluir tags de HTML (hemos visto algunos ejemplos y veremos muchos más a lo largo del libro). Es lógico suponer que dentro de un tag HTML podemos incluir también instrucciones de JavaScript, ¿verdad?, después de todo, la integración de ambos lenguajes debería de ser total. Pues, efectivamente, así es. A continuación, vamos a ver un programa que nos permite cambiar el color de fondo del documento mediante JavaScript desde HTML. No se preocupe si esto le suena un poco arcano. Enseguida verá a qué me refiero. El código se llama **colores_2.htm**.

```
<html>
   <head>
      <title>
         P&aacute;gina con JavaScript.
      </title>
      <script language="javascript">
         <!--
         document.write ("<h1>Esto es texto escrito en
la página.</h1>");
         //-->
      </script>
   </head>
   <body>
      <button onClick =
"document.bgColor='red';document.fgColor='skyblue';">
         Pulse para cambiar los colores.
      </button>
   </body>
</html>
```

Este código (en concreto, la línea resaltada) nos enseña varios conceptos fundamentales, que analizaremos enseguida. Sin embargo, antes quiero que veamos qué es lo que hace, para pasar después a cómo lo hace. Al ejecutar la página, lo primero que vemos es la figura 4.8.

Figura 4.8

Al pulsar en **[PULSE PARA CAMBIAR LOS COLORES]**, el aspecto de la página pasa a ser el de la figura 4.9.

De alguna forma, pulsar el botón ha desencadenado el cambio del color de fondo y del texto escrito, y eso es lo que vamos a analizar a continuación. Fíjese en que el botón lo he creado con el tag <button>. Podría haberlo hecho directamente con <input type = "button">, pero, dado que no forma parte de ningún formulario, esta opción me pareció más adecuada. En cualquier caso, eso es una cuestión de criterio personal.

Figura 4.9

Lo primero que nos interesa ver, en la línea que aparece resaltada en el código, es la palabra **onClick**. Esto es, ni más ni menos, que un evento. Hasta ahora hemos visto, aunque sea someramente, cómo manejar propiedades y métodos. El tercer aspecto de los objetos son los eventos y, como decíamos que, en JavaScript, todo lo que se manejan son objetos, el botón que tenemos, aunque haya sido creado mediante HTML, es también un objeto. Quiero recordarle que los eventos son sucesos asociados a los objetos, que pueden llegar a producirse o no producirse nunca, y que dichos objetos deben ser capaces de detectar. El usuario puede hacer clic sobre el botón o no hacerlo, y el evento onClick se encarga de detectar si ese suceso en concreto tiene lugar.

Cada posible suceso tiene un evento que lo identifica. Existen eventos que detectan que se ha hecho clic con el ratón, o que se ha hecho un doble clic, o que se ha pulsado una tecla, o que se ha descargado una página, etc. Ya los iremos conociendo.

Fíjese en que la sintaxis que hemos empleado es poner el evento que queremos detectar (en este caso, onClick) como si fuera un atributo del tag <button>, que recibe un valor mediante el operador de asignación, como es habitual en los atributos en HTML. En realidad, lo que aparece a la derecha de la igualdad es una secuencia de instrucciones JavaScript. Éstas son las que queremos que se desencadenen como respuesta al evento. Es decir, a la derecha de la igualdad en un evento siempre pondremos el código que queremos que se ejecute cuando dicho evento tenga lugar. La sintaxis general, pues, será la siguiente:

```
<objeto evento="sentencias de respuesta al evento">
```

La sentencia o sentencias de JavaScript que aparecen a la derecha de la igualdad se conocen, genéricamente, con el nombre de ***manipulador de eventos***, o también ***gestor de eventos***.

Y, más o menos, ya tenemos visto cómo integrar código JavaScript en HTML. Sin embargo, este último programa nos enseña aún un par de detalles sumamente importantes en los que quiero que usted repare.

Por una parte, fíjese en que todas las sentencias de JavaScript que forman el gestor de eventos aparecen encerradas entre comillas y separadas por el signo punto y coma, y también hay un punto y coma al final de la última sentencia. Esto es normal, ya que, como sabemos, todas las sentencias de JavaScript acaban con este guarismo. En ocasiones, se encontrará usted con algunos códigos que no respetan esta norma. Aun así, le recomiendo fervientemente que siga las pautas que le indico, para que funcione todo sin problemas.

Fíjese también en que los nombres de los colores que le paso a las propiedades bgColor y fgColor del objeto document están encerrados entre comillas simples, en lugar de entre comillas dobles como hacemos cuando escribimos sentencias como éstas directamente en JavaScript. Esto es así porque las propias sentencias ya se encuentran encerradas entre comillas dobles en este caso y si pusiera también comillas dobles en los nombres de color, se produciría un error y la página no funcionaría correctamente. Cuando algo debe ir encerrado entre comillas, formando parte de una cadena mayor que también va entre comillas, debemos alternar el uso de comillas simples y dobles, para crear un anidamiento adecuado. Este concepto ya lo habíamos apuntado al final del apartado 2.3.1 dentro del Capítulo 2. Aquí vemos realmente cómo sacarle jugo.

4.2 EL DOM DE JAVASCRIPT

En el apartado anterior hemos establecido las bases de la POO y hemos conocido un poco algunas implementaciones de esta fascinante técnica en programas muy sencillitos de JavaScript. La POO en sí misma sólo es un concepto, una idea. Lo que nos interesa realmente es la forma en que JavaScript hace uso de ella. Cada lenguaje tiene su propio modelo de uso de los conceptos de la POO y a nosotros lo que nos interesa realmente conocer es el **DOM** de JavaScript. DOM significa ***Document Object Model*** (Modelo de Objetos de Documento). En este segundo apartado del Capítulo actual vamos a establecer las bases del DOM de JavaScript que necesitaremos conocer y usar durante el resto del libro.

4.2.1 La jerarquía de objetos

Los objetos de JavaScript están organizados de una manera que, a primera vista, puede parecer un poco compleja, pero que es sumamente eficiente. El aspecto del que vamos a ocuparnos por ahora es la jerarquía de dicha organización. En efecto, existen objetos de mayor nivel que otros, en función de su ámbito. El objeto de más alto nivel jerárquico que vamos a manejar en JavaScript es **window**. Este objeto representa a la ventana en la que está abierto el navegador y cargada una página. Es el objeto más importante porque es el que contiene a todos los demás. En efecto, el objeto document representa, como ya sabemos, al documento activo (la página que se esté ejecutando en cada momento). Bueno, pues este objeto está dentro (por debajo, jerárquicamente) de la ventana. Técnicamente se dice que **el objeto document es propiedad del objeto window**. Efectivamente, algunos objetos son propiedades de otros de mayor nivel. Por lo tanto, si quisiéramos referirnos a la propiedad bgColor del objeto document que, a su vez, es una propiedad de window, siguiendo la notación del punto que hemos estudiado, deberíamos teclear **`window.document.bgColor`**. Si no lo hemos hecho así es porque, al ser el objeto window el de más alta jerarquía en JavaScript, se nos permite omitir su nombre, porque el lenguaje ya sabe que todos los demás objetos son, de un modo u otro, propiedad de window. No se preocupe: poco a poco se irá familiarizando con esto.

Cuando un objeto (llamémosle objeto_1) está inmediatamente por encima de otro (objeto_2), se dice que objeto_1 es el **padre** de objeto_2 y que objeto_2 es **propiedad** de objeto_1. También se usa el término **objeto hijo**, u **objeto derivado**, para referirse a objeto_2 respecto a objeto_1.

Un esquema básico de la jerarquía de objetos en JavaScript lo vemos en la figura 4.10.

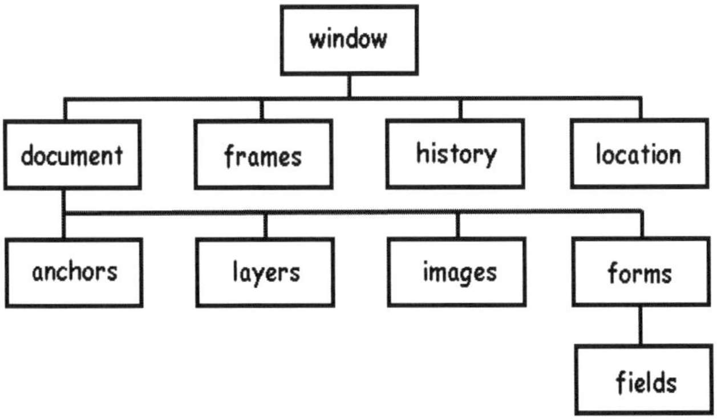

Figura 4.10

La verdad es que este esquema está muy resumido. Faltan en él muchos objetos esenciales y los que hay no sabemos aún manejarlos adecuadamente. Sin embargo, es una aproximación esquemática básica adecuada.

4.2.2 Abreviando código

Una de las metas que debe tener en mente un buen informático (tanto si es webmaster como programador de aplicaciones, administrador de redes, etc.) es la optimización del código. Esto quiere decir, básicamente, escribir un programa que sea lo más eficiente y compacto posible, aparte, por supuesto, de que funcione correctamente. Además, en su momento, deberemos preocuparnos de que sea cómodo para el usuario. Si entrásemos en detalles, tendríamos que contemplar muchos aspectos para definir adecuadamente la optimización de un código. Los iremos viendo sobre la marcha.

Sin embargo, hay un aspecto sobre el que quiero llamar especialmente su atención: se trata de crear códigos compactos, es decir, que hagan lo que tengan que hacer con el menor tamaño posible. Esto es especialmente importante para nosotros, ya que trabajamos para Internet y, cuanto más pequeño sea el código de una página (cuanto menos pese) antes se descargará en el ordenador del usuario.

Una forma de lograr esto, cuando tenemos varias líneas que se refieren a un mismo objeto, es usar la función ***with()***, que nos proporciona JavaScript. Considere, por ejemplo, el siguiente código, llamado **compactar_1_a.htm**.

```
<script language="javascript">
   <!--
   document.write ("<b>Esto es negrita.</b><br>");
   document.write ("<i>Esto es cursiva.</i><br>");
   document.write ("<u>Esto es subrayado.</u><br>");
   document.write ("<h1>Esto es grande.</h1>");
   document.write ("<h6>Esto es pequeño.</h6>");
   document.write ("Esto es cualquier texto.<br>");
   ...
   document.write ("Esto es cualquier texto.<br>");
   //-->
</script>
```

Técnicamente no tiene ningún secreto, tan sólo hemos incluido una serie de instrucciones que se refieren al objeto document. Cuando tenemos varías líneas de código que se refieren a propiedades o métodos de un mismo objeto, podemos evitar escribir cada vez el nombre de dicho objeto usando en su lugar la función with(), con el nombre del objeto entre los paréntesis. La sintaxis general de dicha función es la siguiente:

```
with (objeto)
{
      método o propiedad
      método o propiedad
      método o propiedad
      ...
}
```

Para ver cómo funciona, mire una variante del listado anterior, que emplea dicha función. Se llama **compactar_1_b.htm**.

```
with (document)
{
      write ("<b>Esto es negrita.</b><br>");
      write ("<i>Esto es cursiva.</i><br>");
      write ("<u>Esto es subrayado.</u><br>");
      write ("<h1>Esto es grande.</h1>");
      write ("<h6>Esto es pequeño.</h6>");
      ...
      write ("Esto es cualquier texto.<br>");
}
```

Ambos códigos hacen lo mismo y funcionan igual. Sin embargo, el primero ocupa 1,64 Kb y el segundo sólo 1,54. La diferencia de peso no es muy grande, porque sólo tenemos unas pocas líneas afectadas por este uso de with(). En páginas con más líneas, la diferencia será mucho más evidente. Aunque, con las actuales tecnologías de almacenamiento y transmisión de datos, esto podría no parecer significativo, es bueno acostumbrarse a optimizar el uso de recursos.

4.2.3 Eventos fundamentales en JavaScript

Antes hemos puesto un ejemplo de cómo usábamos el evento onClick, asociado a un botón, para detectar la pulsación del mismo. En JavaScript, la mayor parte de los eventos que se manejan pueden ir asociados a distintos tipos de objetos. Por ejemplo, el evento onClick podríamos ponerlo asociado a una imagen, para detectar si el usuario hace clic sobre la misma. Hay, sin embargo, algunos eventos que, por su propia naturaleza, sólo pueden ir asociados a determinados objetos. Por ejemplo, el evento **onLoad**, que detecta cuándo se ha terminado de cargar una página o una imagen, sólo lo incluiremos como un atributo del tag <body> (es, decir, asociado al objeto document) o del tag <img> (es decir, asociado a una imagen). La lista completa de eventos de JavaScript aparece en una tabla del Apéndice F, para que la tenga localizada, a modo de referencia. No obstante, quiero comentar aquí algunos de los eventos más habituales, a fin de que se vaya familiarizando con la detección de los mismos. Los ejemplos que aparecen a continuación son muy fáciles de comprender y usar, a fin de que usted pueda empezar a incorporarlos en sus propias páginas tan pronto como desee.

4.2.3.1 EL EVENTO ONLOAD

Éste es un evento que se dispara cuando la página se ha cargado totalmente en el navegador del cliente. Veamos un ejemplo en **cargar_1.htm**.

```
<body onLoad = "alert ('La página ya se ha cargado');">
   <h1>
      Esta p&aacute;gina es muy peque&ntilde;a
      <br>
      Y no necesita este evento.
   </h1>
</body>
```

Pruebe la página. Verá que se carga todo el contenido (en este caso sólo un par de líneas de texto) y luego sale un cuadro de aviso. Fíjese en la línea resaltada del código. Observe que asociamos el evento onLoad, que detecta cuándo se completa la carga de la página, al objeto document (el tag <body>, para entendernos). Como gestor de evento, tenemos una instrucción JavaScript que ya conocemos muy bien. Esto no tiene mucho uso con una página tan pequeña, pero si usted tiene una página muy grande, que tarde un poco más en cargarse, estará bien que le avise al usuario cuando se haya completado la carga de la misma.

4.2.3.2 EL EVENTO ONMOUSEOVER

Este evento permite detectar cuándo se apoya el puntero del ratón sobre un objeto determinado de la página (texto, imagen, etc.). Veamos cómo funciona a través del código **apoyar_puntero_1.htm**.

```
<body>
   <h1 onMouseOver = "alert ('El puntero se ha apoyado
en el texto');">
      Este texto detecta cuándo se apoya el puntero.
   </h1>
   <br><br><br><br>
   <h1>
      En cambio, este texto no detecta nada.
   </h1>
</body>
```

Observe que la página muestra dos líneas de texto, separadas por algunas líneas en blanco. Si apoya el puntero en la línea inferior, o en cualquier otra parte de la página, no sucede nada especial, pero si lo apoya sobre la línea de texto superior, se le muestra un cuadro de aviso. Si usted cierra el cuadro y vuelve a apoyar el puntero en la primera línea de texto, el aviso vuelve a aparecer.

Fíjese en la línea resaltada. Cuando queremos asociar un evento a un texto, éste debe estar delimitado por tags de HTML, para asociarlo al tag que abre el texto. En este caso hemos usado </h1>, pero podríamos hacerlo con otros tags que nos permitan acotar texto, como, por ejemplo, <p> o, incluso, <font>. La forma habitual de hacerlo es, sin embargo, usando los tags <div> y </div>, que se aceptan, convencionalmente, como delimitadores de fragmentos de una página.

4.2.3.3 EL EVENTO ONMOUSEOUT

Este evento actúa al contrario que el anterior, detectando cuándo el puntero se separa del objeto al que está asociado. Veámoslo, mediante el código **separar_puntero_1.htm**.

```
<body>
    <h1 onMouseOut = "alert ('El puntero se ha quitado
del texto');">
        Este texto detecta cuándo se quita el puntero.
    </h1>
    <br><br><br><br>
    <h1>
        En cambio, este texto no detecta nada.
    </h1>
</body>
```

Al igual que en el caso anterior, si queremos asociar el evento a un objeto, deberemos acotar éste con los tags que sean necesarios. En este caso (compruébelo) el cuadro de aviso no se muestra cuando se arrima el puntero a la línea de texto superior, sino en el momento en que lo aleja de la misma.

4.2.3.4 EL EVENTO ONUNLOAD

Este evento se dispara cuando el usuario abandona la página que está cargada en ese momento, tanto si va a otra página como si cierra el navegador. Se puede emplear para poner un saludo y recordarle que vuelva a visitarnos. Veamos su uso mediante el código **descargar_1.htm**.

```
<body onUnload = "alert ('Vuelva a visitarnos
pronto.');">
    <h1>
        Cierre ahora el navegador.
```

```
    </h1>
</body>
```

Pruebe la página. Verá que le sale un texto invitándole a cerrar el navegador. Hágalo y verá el cuadro de aviso que le sale, tal como se indica que debe suceder en la línea resaltada del código.

ATENCIÓN. En la práctica he podido constatar que este evento no siempre opera correctamente en todos los navegadores, por lo que le recomiendo no contar con él en trabajos profesionales.

Capítulo 5

FUNCIONES Y MATRICES

El Capítulo anterior ha sido breve, pero muy intenso. Son muchas, e interesantes, las cosas que en él hemos aprendido. Sin embargo, todavía nos quedan algunos conceptos fundamentales para considerar superada esta primera fase de nuestro aprendizaje. Estos conceptos los veremos en este Capítulo y los siguientes. Con ellos, podremos decir que tenemos, por fin, un conocimiento de JavaScript que nos permite empezar a estudiarlo a fondo, cosa que haremos a lo largo de los distintos ejercicios del libro.

5.1 LAS FUNCIONES DE USUARIO

JavaScript incorpora, actualmente, muchas funciones predefinidas que podemos usar. Ya conocemos algunas de ellas, como son alert(), confirm(), etc. y hay más que ya iremos descubriendo. Sin embargo, en muchísimas ocasiones se hace necesario disponer de una función que realice determinado tipo de cálculo o ejecute determinados comandos en una secuencia concreta, etc. En esos casos tenemos que crear nosotros una función a medida, para poder usarla como si se tratase de una función más de las que vienen con el lenguaje. Esto nos permitirá, además, reutilizar código, copiando las funciones en otras páginas. Para hacer esto, usamos la instrucción ***function()***. Cuya sintaxis general es la siguiente:

```
function nombreDeLaFuncion (argumentos)
{
   // El contenido entre llaves
   // se llama cuerpo de la función.
}
```

El ***cuerpo de la función*** es el conjunto de instrucciones que queremos que se ejecuten cuando ésta sea invocada. La función recibe un nombre, que aquí hemos puesto como *nombreDeLaFuncion*, inventado por el programador. Para dar nombre a una función seguiremos las mismas reglas que para nombrar las variables. Los argumentos entre paréntesis son opcionales, dependiendo de que la función los necesite o no. Podemos crear funciones que no necesiten argumentos, pero los paréntesis siempre deberán estar, aunque no contengan nada. Si hubiera más de un argumento, se separan con comas.

5.1.1 Uso básico de funciones

Una función definida por el programador de la manera explicada se carga en memoria, pero no es ejecutada hasta que no se la llama desde el programa. Veamos algunos códigos que nos van a aclarar las ideas. El primero de ellos se llama **funcion_1_a.htm**.

```
<script language="javascript">
   <!–
   function cambiarColor()
   {
//Esto es el cuerpo de la función.
      document.bgColor = "red";
//Sólo tiene una instrucción, pero podría tener más.
   }
   //-->
</script>
```

Antes que nada quiero aclararle algo. Si prueba usted esta página y le da la impresión de que no hace absolutamente nada, es porque, en efecto, no lo hace. Fíjese en que tenemos definida una función a la que hemos llamado cambiarColor(). Dentro del cuerpo de la misma, tenemos una instrucción, ya conocida, que pone el fondo de la página en color rojo. Sin embargo, vemos que no se ejecuta. En efecto. Una función, como hemos dicho anteriormente, no se ejecuta hasta que no es invocada, es decir, llamada, desde otra parte del código. En el ejemplo que acabamos de ver, esto no sucede. En ninguna parte de la página se llama a la función cambiarColor(), así que ésta se carga en memoria, pero permanece allí sin llegar a ejecutarse. Veamos cómo podemos ejecutarla, usando el código **funcion_1_b.htm**.

```
<html>
   <head>
      <title>
         P&aacute;gina con JavaScript.
      </title>
```

```
            <script language="javascript">
               <!--
               function cambiarColor() {
                  document.bgColor = "red";
               }
               //-->
            </script>
         </head>
         <body>
            <input type="button" value="P&aacute;gina roja"
onClick="cambiarColor();">
         </body>
      </html>
```

Cuando ejecute esta página, verá usted un botón como el de la imagen izquierda de la figura 5.1. Al pulsarlo verá que toda la página se queda con el fondo de color rojo, tal como ilustra la imagen derecha de la misma figura.

Figura 5.1

Para comprender qué es lo que sucede, observe la línea resaltada del código. En ella tenemos un botón al que le hemos "enseñado" a reconocer cuándo se le hace clic, mediante la detección del evento onClick, que ya conocemos. Como manejador de evento hemos incluido el nombre de la función que tenemos definida. Ésta es la manera de invocar a una función: poner su nombre como si fuera una instrucción más de JavaScript. De este modo, la función, que ya estaba cargada en memoria, se ejecuta en el momento de pulsar el botón. Fíjese en que, a la hora de invocar a la función, detrás del nombre he puesto los paréntesis para argumentos. Como no existen tales argumentos, estos paréntesis van vacíos, pero deben estar ahí. Si no, el código no funciona.

5.1.2 Paso de argumentos

Ahora suponga que queremos poner en nuestra página una serie de botones para cambiar el color de fondo, de forma que un botón nos dé un fondo rojo, otro nos dé un fondo verde, etc.

Observe el código **funcion_2.htm**.

```
<html>
   <head>
      <title>
         P&aacute;gina con JavaScript.
      </title>
      <script language="javascript">
         <!--

         function fondoRojo()
         {
            document.bgColor = "red";
         }
         function fondoVerde()
         {
            document.bgColor = "green";
         }
         function fondoAzul()
         {
            document.bgColor = "blue";
         }
         function fondoAmarillo()
         {
            document.bgColor = "yellow";
         }
         function fondoNegro()
         {
            document.bgColor = "black";
         }

         //-->
      </script>
   </head>
   <body>
      <input type="button" value="P&aacute;gina roja"
onClick="fondoRojo();">
      <input type="button" value="P&aacute;gina verde"
onClick="fondoVerde();">
      <input type="button" value="P&aacute;gina azul"
onClick="fondoAzul();">
      <input type="button" value="P&aacute;gina
amarilla" onClick="fondoAmarillo();">
      <input type="button" value="P&aacute;gina negra"
onClick="fondoNegro();">
   </body>
</html>
```

En primer lugar, compruebe el funcionamiento de esta página. Al ejecutarla verá que tiene un aspecto como el que se muestra en la figura 5.2, con una serie de botones dispuestos para cambiar el color de fondo de la página. Cada uno de ellos está rotulado con el nombre del color que activa. Fíjese en que lo que hemos hecho ha sido definir varias funciones, una para cada color, y hacer que cada botón llame a una de las funciones.

Figura 5.2

Este código es totalmente operativo, en el sentido de que hace lo que se esperaba de él. Sin embargo, hemos creado muchas funciones que hacen exactamente lo mismo, con la única diferencia del color de fondo. Siempre que nos encontremos con varias funciones que tienen el mismo código, con distintos valores, sabremos que nos hallamos frente a un programa ineficiente. Se impone una optimización drástica. Y, ¿cómo la llevamos a cabo? Pues aquí es donde entran en juego los argumentos de las funciones. Un argumento es un valor que se le pasa a una función, a través, precisamente, de los paréntesis argumentales, para que opere con él. Veamos un ejemplo. Se trata de una versión optimizada del código anterior, y se llama **funcion_3.htm**.

```
<html>
   <head>
      <title>
         P&aacute;gina con JavaScript.
      </title>

      <script language="javascript">
         <!–
         function cambiaColor (nuevoColor)
         {
            document.bgColor = nuevoColor;
         }
         //-->
      </script>

   </head>
   <body>
```

```
            <input type="button" value="P&aacute;gina roja"
onClick="cambiaColor('red');">
            <input type="button" value="P&aacute;gina verde"
onClick="cambiaColor('green');">
            <input type="button" value="P&aacute;gina azul"
onClick="cambiaColor('blue');">
            <input type="button" value="P&aacute;gina
amarilla" onClick="cambiaColor('yellow');">
            <input type="button" value="P&aacute;gina negra"
onClick="cambiaColor('black');">
         </body>
      </html>
```

En primer lugar, antes de comentar nada acerca de este código, compruébelo para ver que, efectivamente, funciona igual que el anterior. Sin embargo, como puede ver, nos hemos evitado muchas líneas de código. Hemos escrito un programa compacto y eficiente.

Veamos lo que hemos hecho. Lo primero que quiero que vea es la definición de la función. El paréntesis argumental contiene el nombre de la variable *nuevoColor* que, como puede comprobar, se usa luego en el cuerpo de la función. Fíjese en los manejadores de eventos que hay en las líneas de cada uno de los botones. Todos invocan a la misma función, pasándole como argumento una cadena, que contiene el nombre del color que queremos ponerle de fondo a la página. Cada vez que se pulsa un botón, se llama a la función con el argumento correspondiente. La cadena con el nombre del color deseado se almacena entonces en la variable *nuevoColor* y se usa, dentro del cuerpo de la función, para cambiar la propiedad adecuada del documento. Quiero que repare en que la variable nuevoColor no ha sido declarada en ninguna parte. Esto no es necesario, dado que, al colocarla en la lista de argumentos de una función, queda automáticamente declarada.

A una función podemos pasarle todos los argumentos que consideremos necesarios, pero tienen que ser tantos como se hayan incluido en la definición de la misma. Vamos a ver un código de ejemplo, para entender a qué me refiero. Lo que queremos es una variante del programa anterior que, además de cambiar el color del fondo, cambie también el del texto. El código que lo hace es **funcion_4.htm**.

```
<html>
   <head>
      <title>
         P&aacute;gina con JavaScript.
      </title>
      <script language="javascript">
         <!--
```

```
                document.write ("<h1>Texto para
pruebas.</h1>");

                function cambiaColor (colorDeFondo,
colorDeTexto)
                {
                   document.bgColor = colorDeFondo;
                   document.fgColor = colorDeTexto;
                }
                //-->
             </script>
          </head>
          <body>
             <input type="button" value="P&aacute;gina roja
con texto azul" onClick="cambiaColor('red', 'blue');">
             <br>
             <input type="button" value="P&aacute;gina verde
con texto amarillo" onClick="cambiaColor('green',
'yellow');">
             <br>
             <input type="button" value="P&aacute;gina azul
con texto rojo" onClick="cambiaColor('blue', 'red');">
             <br>
             <input type="button" value="P&aacute;gina
amarilla con texto verde" onClick="cambiaColor('yellow',
'green');">
             <br>
             <input type="button" value="P&aacute;gina negra
con texto blanco" onClick="cambiaColor('black', 'white');">
          </body>
       </html>
```

Cuando ejecute esta página verá la figura 5.3.

Figura 5.3

Observe que, al pulsar los distintos botones, se cambian los colores de fondo y de texto, tal como aparece escrito. Pruébelo.

Ahora vamos a mirar el código, para entender lo que sucede. Fíjese en que en la definición de la función hay dos argumentos, separados por comas, que se usarán luego en el cuerpo de la función. En los gestores de eventos encontramos que cada llamada a la función se hace con dos argumentos (en este caso, dos cadenas que representan a sendos nombres de colores). Cada vez que la función es invocada, el primer argumento de la llamada se introduce en la función mediante la primera de las variables que hay como argumento en la definición y el segundo argumento de la llamada lo hace mediante la segunda de las variables. Es decir, si, por ejemplo, pulsamos el primer botón, la cadena *red* pasa a la función mediante la variable *colorDeFondo*, y la cadena *blue* pasa a la función mediante la variable *colorDeTexto*. Por lo tanto, es importantísimo que, a la hora de invocar una función, le pasemos tantos argumentos como está esperando según la definición. Si no, la función no podrá hacer correctamente su trabajo y, probablemente, genere un error, o un resultado inadecuado.

Y una cosa importantísima. Como sabemos, una función se carga en la memoria del ordenador en el momento de cargar la página, pero no se ejecuta hasta que es invocada. En el primer Capítulo del libro dijimos que podíamos poner código JavaScript indistintamente en la cabecera o en el cuerpo de la página e, incluso, podríamos incluir uno o más scripts en la cabecera y otros en el cuerpo. Sin embargo, cuando vayamos a usar funciones creadas por nosotros, el código de dichas funciones deberemos incluirlo en un script al principio de la cabecera. De este modo, sea cuando sea que se invoquen dichas funciones, estaremos seguros de que ya se han cargado en el ordenador del cliente.

5.1.3 Variables públicas y privadas

Cuando se le pasa una variable a una función, y dentro del cuerpo de la misma el valor sufre alguna alteración, esto no afecta a la variable original. Veamos a qué me refiero. Observe el código **paso_1.htm**.

```
<script language="javascript">
   <!--
   var valor=10; //Inicializamos una variable.

   function doblar (dato)
   {
      dato *= 2;
      document.write ("El doble del valor es " + dato +
"<br>");
```

```
        }

        document.write ("El valor es " + valor + "<br>");
        doblar (valor); //Llamamos a la función pasándole la
variable.
        document.write ("El valor sigue siendo " + valor);
//La variable original no se ha modificado.
        //-->
    </script>
```

Fíjese bien en el listado. En primer lugar creamos una variable y le asignamos el valor 10. Después encontramos una función que, como ya sabemos, no se ejecutará hasta que sea invocada, así que vamos a seguir analizando el código que hay debajo de la función. Lo siguiente que encontramos es una línea que nos muestra en la página el valor de la variable. Después, invocamos a la función **doblar()**, pasándole como argumento dicha variable, que ya sabemos que vale 10. Dentro de la función el valor 10 es multiplicado por 2 y se nos muestra el resultado en la página. A continuación, y ya otra vez fuera del cuerpo de la función, se nos muestra el contenido de la variable original, que, como vemos en la página, sigue siendo 10. Es decir, los cambios que se han producido dentro de la función no han afectado a la variable original que tenemos fuera.

Y a lo mejor está usted pensando que la variable que actúa como argumento de la función tiene un nombre distinto (*dato*) de la variable que manejamos en el resto del código (*valor*). Pues tiene usted razón sólo a medias. Observe una variante del código anterior, a la que he llamado **paso_2.htm**.

```
    <script language="javascript">
        <!--

        var valor=10; //Inicializamos una variable.
        function doblar (valor)
        {
           valor *= 2;
           document.write ("El doble del valor es " + valor
+ "<br>");
        }

        document.write ("El valor es " + valor + "<br>");
        doblar (valor); //Llamamos a la función pasándole la
variable.
        document.write ("El valor sigue siendo " + valor);
//La variable original no se ha modificado.
        //-->
    </script>
```

Pruébelo y vea que funciona exactamente igual que el caso anterior. Sin embargo, si analiza el código verá que la variable que manejo dentro de la función se llama exactamente igual que la que manejo fuera y lo que ocurre en la función no afecta a la variable externa. Entonces, ¿qué pasa? ¿Es que tengo dos variables con el mismo nombre? Pues, realmente, así es. Cuando tenemos una variable dentro de una función, es lo que se llama una **variable privada** o también **variable local**. Estas variables no tienen ninguna relación con las que hay fuera de la función, que se llaman **variables públicas** o **variables globales**. Es decir, una variable que se crea dentro de una función no se puede usar fuera de la misma. Observe el código **ambito_1.htm**, que ilustra esta idea.

```
<script language="javascript">
   <!--
   function variables()
   {
      var dato = 10;
      document.write ("El dato vale " + dato + "<br>");
   }
   variables(); //Llamamos a la función.
   document.write ("El dato vale " + dato); //La
variable privada no se ve aquí.
   //-->
</script>
```

Fíjese en que si trata de ejecutar la página, se producirá un error. Veamos qué está sucediendo. Se carga la función en memoria y, a continuación, es invocada. Dentro de ella se crea una variable y su valor se muestra en la página. Después intentamos mostrar la misma variable fuera de la función y es cuando se produce un error, que nos dice que no está definida. En conclusión: la variable que hemos creado dentro de la función no es visible fuera. Ahora, conociendo este hecho, repase los dos ejemplos anteriores.

5.1.4 Anidamiento de funciones

Es posible anidar dos o más funciones, siempre que la que está dentro de otra sea invocada desde la exterior. Veamos un código de ejemplo, para entender a qué me refiero. La página se llama **anidadas_1.htm**.

```
<script language="javascript">
   <!--

   function externa()
   {
```

```
            document.write ("Esto está en la función
externa.<br>");
            function interna()
            {
               document.write ("Esto está en la función
interna.");
            }
            interna();
         }
         externa();
         //-->
      </script>
```

Ejecute el código para ver el resultado. Lo que obtiene es la figura 5.4. Veamos lo que ha sucedido. En primer lugar se carga en memoria la función que hemos llamado **externa()**, pero, como todavía no ha sido invocada, no se ejecuta. Además, al cargarse, carga en memoria también la función que hemos llamado **interna()** y que, como ve en el código, está dentro de **externa()**.

Figura 5.4

Lógicamente ésta tampoco se ejecuta todavía. Ya fuera de todas las funciones, pero dentro del script, nos encontramos con la siguiente línea:

```
externa();
```

Esta línea es la que llama a la función **externa()**, que se ejecuta en ese momento. Dentro de esta función, encontramos que, en primer lugar, se escribe un texto en la página. A continuación está la función **interna()**, que no se ejecuta hasta que se llega a la línea siguiente:

```
interna();
```

De este modo vemos que sí es posible anidar funciones, aunque es una estructura poco habitual.

5.1.5 Retorno desde una función

Sabemos que es posible pasarle valores a una función como argumentos. Pero, ¿es también posible que la función devuelva un resultado? Pues sí. Podemos hacerlo mediante el uso de la sentencia ***return***. Veamos un código de ejemplo, llamado **retorno_1.htm**.

```
<script language="javascript">
   <!--
   function doblar (dato) {
      dato *= 2;
      return dato;
   }
   var valor = 10, doble;
   doble = doblar (valor);
   document.write ("El valor es " + valor + "<br>");
   document.write ("El doble del valor es " + doble);
//-->
</script>
```

Al ejecutar este código veremos la página de la figura 5.5.

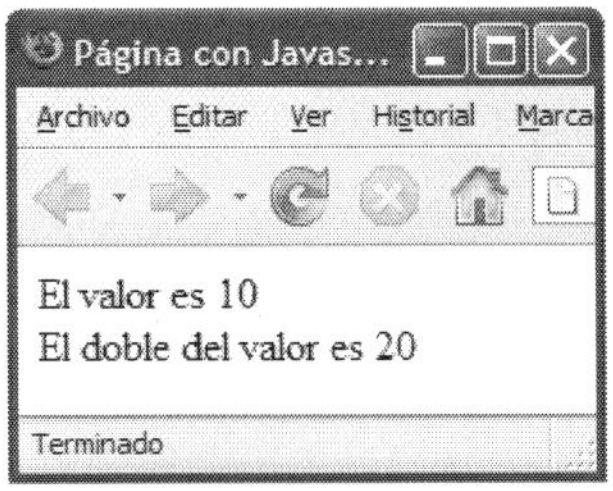

Figura 5.5

Veamos lo que sucede. Quiero que repare, especialmente, en las líneas destacadas en el código. En primer lugar fíjese en la que está fuera de la función. Lo que hace es invocar a dicha función, pasándole un argumento y asignando el resultado de la función a otra variable. Por lo tanto, de aquí ya deducimos que la función debe entregar un valor que se asignará a la variable que hay a la izquierda de la igualdad. ¿Y cómo hacemos para que la función nos entregue ese valor? Pues, como dijimos antes, mediante la sentencia return. Observe cómo la usamos en la línea resaltada que hay dentro de la función.

Pero la sentencia return puede hacer cosas mucho más interesantes, si la sabemos usar para que nos devuelva un valor booleano en las circunstancias adecuadas. Por ejemplo, seguro que usted se ha encontrado con multitud de páginas en Internet en las que no puede hacer clic con el botón derecho para acceder al menú contextual que permite, entre otras cosas, ver el código fuente. Esto se hace mediante la detección del evento ***onContextMenu***, que detecta la pulsación del botón derecho del ratón. Veamos un ejemplo. Se trata de una página en la que si el usuario pulsa el botón derecho, se le mostrará un cuadro de aviso indicándole que no queremos que haga eso. Este cuadro de aviso lo pondremos como gestor de evento. El código, reproducido a continuación, se llama **contextual_1.htm**.

```
<html>
   <head>
      <title>
         P&aacute;gina con JavaScript.
      </title>
   </head>
   <body onContextMenu = "alert ('NO HAGA ESO');">
      Puls el bot&oacuten derecho del rat&oacute;n
   </body>
</html>
```

Fíjese en la línea que aparece resaltada, que es la que detecta la pulsación del botón derecho y, si ésta se produce, muestra el aviso. Como ve, dentro del cuerpo de la página, lo único que hemos incluido ha sido un texto invitándole a pulsar el botón derecho. Cuando pruebe la página, verá que funciona sólo a medias. Al hacer la pulsación que intentamos bloquear, se muestra, efectivamente, un cuadro de aviso. Hasta aquí, todo bien. Sin embargo, al hacer clic en [ACEPTAR], vemos que, contra todo pronóstico, aparece el menú contextual que queríamos evitar. Pues parece que no lo hemos solucionado. Vamos a modificar ligeramente el código, tal como nos muestra el código **contextual_2.htm**.

```
<html>
   <head>
      <title>
         P&aacute;gina con JavaScript.
      </title>
   </head>
   <body onContextMenu = "alert ('NO HAGA ESO');return
false;">
      Intente   pulsar   el   bot&oacuten   derecho   del
rat&oacute;n
   </body>
</html>
```

Si lo prueba verá que, esta vez, todo funciona perfectamente. Esto se debe a la segunda sentencia que hemos añadido en el manejador de eventos. Cuando en una situación como ésta se devuelve un valor lógico *false*, se anula la operación en curso (en este caso, la obtención del menú contextual). Esta técnica se puede emplear, por ejemplo, para validar formularios antes de enviarlos a un servidor (ya aprenderemos a hacerlo cuando estudiemos los objetos **Form**) o para muchas otras cosas. De hecho, el uso habitual de esta técnica, tan simple en apariencia, es mucho más versátil de lo que ahora podemos imaginar.

5.2 LA FUNCIÓN EVAL()

La función **eval()** es propia de JavaScript, no definida por el programador. Sin embargo, debido a su propia naturaleza (que enseguida comentaremos) y a su vital importancia, he considerado adecuado dedicarle un apartado propio dentro de este Capítulo. Esta función nos permite convertir una cadena literal que represente a una instrucción de JavaScript en una instrucción real y plenamente operativa. Vamos a ver qué significa esto, exactamente. Para entender esto, vamos a usar el código **uso_de_eval.htm**, que aparece listado a continuación.

```
<script language="javascript">
   <!--
   var instruccion;
   instruccion = prompt ("Teclee una instrucción válida
de JavaScript.", "");
   eval (instruccion);
   //-->
</script>
```

Fíjese en que lo que hacemos es pedirle al usuario que teclee una instrucción de JavaScript, que se almacena en una variable, como si fuera una cadena cualquiera (porque, de momento, lo es). A continuación aparece la línea que se ve resaltada y que *evalúa* la cadena como una expresión de JavaScript y la ejecuta adecuadamente.

Cuando ejecute la página teclee, por ejemplo, la instrucción que aparece en la figura 5.6 y pulse **[ACEPTAR]**.

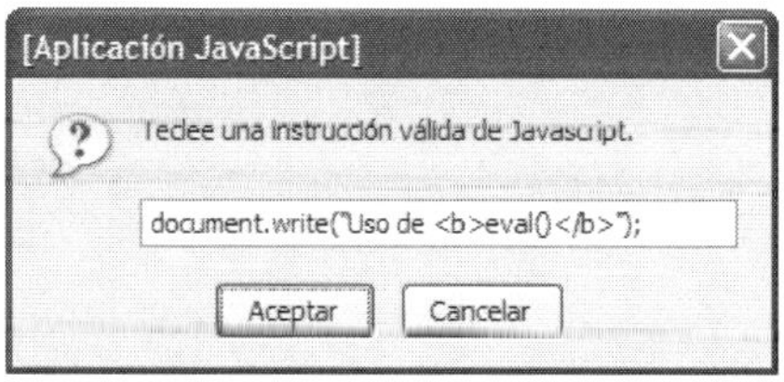

Figura 5.6

Verá que, a continuación, su página muestra lo que vemos en la figura 5.7.

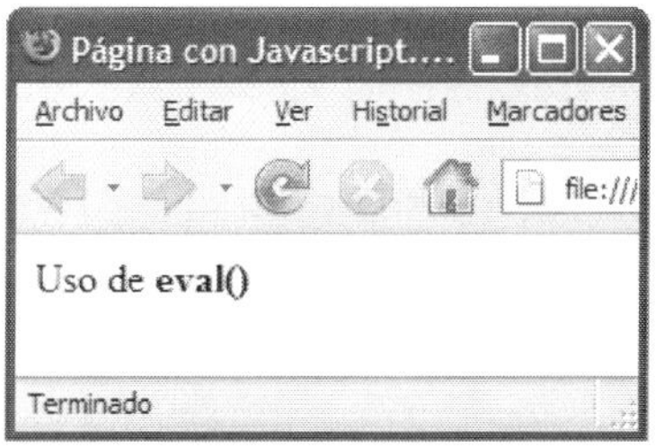

Figura 5.7

Es decir, la instrucción que hemos tecleado como respuesta al cuadro de mensaje se ha ejecutado como si hubiera sido parte del código. Por supuesto, si usted teclea algo que no sea una instrucción válida, JavaScript también va a tratar de evaluarlo y ejecutarlo, con lo que, como es lógico, se producirá un error. Pruébelo.

Esta función, por lo tanto, nos permite construir instrucciones de una forma dinámica a partir de cadenas alfanuméricas. Como siempre, más adelante veremos ejercicios prácticos que hacen uso de eval() para solucionar necesidades reales.

5.3 MATRICES

En múltiples ocasiones (más de las que ahora puede usted imaginar) nos encontraremos con una situación un tanto curiosa con el manejo de variables. Suponga que desea gestionar una serie de variables que tienen un contenido diferente (cada una tiene su propio valor), pero que, de algún modo, se hallan relacionadas entre sí. Yo, en mis clases, suelo poner como ejemplo la lista de los nombres de mis alumnos. Cada uno tiene su propio nombre y éste es una cadena alfanumérica que debemos almacenar en una variable, pero todos ellos guardan una estrecha relación, ya que todos pertenecen al mismo grupo de estudio. Si quisiera almacenar sus nombres en variables como las que hemos empleado hasta ahora, necesitaría declararlas una a una. Sería algo como lo siguiente:

```
var nombrePrimerAlumno = "Nacho";
var nombreSegundoAlumno = "Arek";
var nombreTercerAlumno = "Laura";
var nombreCuartoAlumno = "Sonia";
...
var nombreEnesimoAlumno = "Pedro";
```

Si luego queremos, por ejemplo, mostrar los nombres en la página, deberemos teclear algo así:

```
document.write (nombrePrimerAlumno);
document.write (nombreSegundoAlumno);
document.write (nombreTercerAlumno);
document.write (nombreCuartoAlumno);
...
document.write (nombreEnesimoAlumno);
```

Si queremos poder grabar el contenido de las variables, mediante el uso de la función prompt(), durante la ejecución de la página, el código necesario sería parecido al siguiente fragmento:

```
nombrePrimerAlumno = prompt ("Nombre del alumno 1","");
nombreSegundoAlumno = prompt ("Nombre del alumno
2","");
nombreTercerAlumno = prompt ("Nombre del alumno 3","");
nombreCuartoAlumno = prompt ("Nombre del alumno 4","");
...
nombreEnesimoAlumno = prompt ("Nombre del alumno
N","");
```

En fin: como puede ver, realizar esta gestión del modo descrito es posible, pero bastante engorroso y, en algunos casos, incluso, el uso que conocemos de las variables no será suficiente para lo que queramos hacer. Para resolver este escenario recurrimos a las **matrices**. Una matriz es un conjunto de variables que se almacenan bajo un mismo nombre y se identifican mediante un índice. Por ejemplo, podemos tener una matriz que se llame *nombres* y en cada una de sus variables (técnicamente se las conoce como **celdas**) almacenaremos uno de los nombres. Cada celda se identifica, como hemos dicho, por un índice, el cual es siempre un valor numérico.

El primer índice de una matriz es, por defecto, cero, y no uno, como pudiera parecer en principio. Suponga que queremos crear una matriz para almacenar (de momento) siete nombres. Podríamos representarla así:

Matriz nombres

ÍNDICE	CONTENIDO
0	Nacho
1	Arek
2	Laura
3	Sonia
4	Gonzalo
5	Eva
6	Pedro

Así pues, por ejemplo, la celda 2 de la matriz nombres contiene la cadena *"Laura"*. Así se puede identificar el contenido de una celda concreta. Esto nos permite un manejo muy cómodo y flexible de las variables. Por cierto: para referirse a una matriz se emplea, generalmente, el término inglés ***array***.

5.3.1 Crear una matriz

Ya sabemos, a grandes rasgos, lo que es, en programación, una matriz. Ahora vamos a ver cómo crearla en JavaScript. En primer lugar, quiero puntualizar que, a diferencia de las variables normales de JavaScript, las matrices sí deben ser, obligatoriamente, declaradas. Por esta razón, este apartado cobra especial importancia. Para declarar una matriz empleamos la instrucción var, la misma que usamos para declarar variables "normales", pero con algunos cambios. Una matriz se puede declarar de varias maneras. La sintaxis más habitual es la siguiente:

```
var nombreDeLaMatriz = new Array();
```

Veamos lo que tenemos. En primer lugar, por supuesto, la instrucción var seguida del nombre que queremos darle a la matriz. En este sentido quiero puntualizar que las normas generales para nombrar una matriz son las mismas que para nombrar una variable.

A la derecha de la igualdad tenemos el operador ***new***. Una matriz es, en JavaScript (y en la mayoría de los lenguajes modernos) un objeto. El operador new de JavaScript se emplea para crear objetos nuevos a partir de los tipos de objetos estándar de JavaScript, o bien otros objetos totalmente nuevos que nosotros queramos definir. JavaScript tiene varios tipos de objetos estándar, llamados ***objetos intrínsecos***, y uno de ellos es el tipo **Array**, que representa a las matrices. Para saber más sobre los objetos intrínsecos de JavaScript le remito al Capítulo 7. Por último, en la sintaxis que estamos estudiando encontramos ***Array()***. Esto es un ***constructor***. Un constructor se usa, conjuntamente con el operador new, para crear un objeto del tipo especificado.

Observe una cosa. Con una sentencia como ésta, habremos creado una matriz pero no le hemos dicho a JavaScript cuántas celdas va a tener. En realidad, no es necesario proporcionar este dato en el momento de la creación de la matriz, ya que se redimensiona dinámicamente, es decir, las celdas se crean según se necesiten durante la ejecución.

Y, una vez creada la matriz, ¿cómo nos referimos a cada celda, bien para crearla o para ver su contenido? Para ello usamos la siguiente sintaxis general:

```
nombreDeLaMatriz [numeroDeCelda]
```

Como hemos dicho, todas las variables que forman parte de una matriz (las celdas) se identifican con el nombre de dicha matriz, seguido de un índice numérico que se refiere a la celda. Este índice va siempre entre corchetes.

A continuación vamos a ver un ejemplo de cómo creamos y usamos de un modo muy básico una matriz. El código en cuestión se llama **crear_matriz_1.htm**.

```
var nombres = new Array(); // Se declara la matriz.

/* A continuación se crean y declaran siete celdas. */
nombres[0] = "Nacho";
nombres[1] = "Arek";
nombres[2] = "Laura";
nombres[3] = "Sonia";
nombres[4] = "Gonzalo";
nombres[5] = "Eva";
nombres[6] = "Pedro";
/* Ahora se muestran las celdas, para comprobar
que han almacenado los valores correctos. */
document.write (nombres[0] + "<br>");
document.write (nombres[1] + "<br>");
document.write (nombres[2] + "<br>");
document.write (nombres[3] + "<br>");
document.write (nombres[4] + "<br>");
document.write (nombres[5] + "<br>");
document.write (nombres[6] + "<br>");
/* A continuación se crea otra celda y luego se
muestra su contenido para demostrar que el
número de celdas de la matriz se puede cambiar
durante la ejecución. Técnicamente se dice que
la matriz es redimensionable dinámicamente. */
nombres[7] = "Manuel";
document.write (nombres[7] + "<br>");
```

Cuando ejecute esta página, el resultado será el de la figura 5.8.

Como ve, se pueden manejar las celdas como si fueran variables convencionales, con algunas ventajas que apuntaremos enseguida. Otra manera de declarar una matriz, si se conoce a priori el número de elementos que contendrá, es con la siguiente sintaxis:

```
var nombreDeLaMatriz = new Array (numeroDeCeldas);
```

Sin embargo, eso no cambia nada. El número de celdas se puede aumentar durante la ejecución de la página, si es necesario.

Figura 5.8

Observe el código **crear_matriz_2.htm**. Se trata de una ligera variante del anterior.

```
var nombres = new Array(6); // Se declara la matriz.
/* A continuación se crean y declaran siete celdas. */
nombres[0] = "Nacho";
nombres[1] = "Arek";
nombres[2] = "Laura";
nombres[3] = "Sonia";
nombres[4] = "Gonzalo";
nombres[5] = "Eva";
nombres[6] = "Pedro";
/* Ahora se muestran las celdas, para comprobar
que han almacenado los valores correctos. */
document.write (nombres[0] + "<br>");
document.write (nombres[1] + "<br>");
document.write (nombres[2] + "<br>");
document.write (nombres[3] + "<br>");
document.write (nombres[4] + "<br>");
document.write (nombres[5] + "<br>");
document.write (nombres[6] + "<br>");

/* A continuación se crea otra celda y luego se
muestra su contenido para demostrar que el
número de celdas de la matriz se puede cambiar
durante la ejecución. Técnicamente se dice que
la matriz es redimensionable dinámicamente. */
nombres[7] = "Manuel";
document.write (nombres[7] + "<br>");
```

Si lo prueba, verá que funciona igual que el anterior. De hecho, al crear una matriz es poco habitual que se dé un número inicial de celdas, ya que, como vemos, nos da lo mismo.

Aún existe otro modo de crear matrices. Suponga que, como hemos hecho hasta ahora, en el momento de escribir el código ya conocemos los valores que almacenaremos en las distintas celdas. En ese caso, podemos usar la siguiente sintaxis general:

```
var nombreDeLaMatriz = new Array (valor_1, valor_2,
..., valor n);
```

El siguiente código, **crear_matriz_3.htm**, es una variante de los anteriores, que emplea este sistema.

```
var nombres = new Array("Nacho", "Arek", "Laura",
"Sonia", "Gonzalo", "Eva", "Pedro");// Se declara la matriz,
con una serie de valores.

/* Ahora se muestran las celdas, para comprobar
que han almacenado los valores correctos. Todos ellos
se han almacenado en la creación de la matriz */
document.write (nombres[0] + "<br>");
document.write (nombres[1] + "<br>");
document.write (nombres[2] + "<br>");
document.write (nombres[3] + "<br>");
document.write (nombres[4] + "<br>");
document.write (nombres[5] + "<br>");
document.write (nombres[6] + "<br>");

/* A continuación se crea otra celda y luego se
muestra su contenido para demostrar que el número
de celdas de la matriz se puede cambiar durante
la ejecución. Técnicamente se dice que la matriz es
redimensionable dinámicamente. */
nombres[7] = "Manuel";
document.write (nombres[7] + "<br>");
```

Si ejecuta este código, verá que funciona igual que los dos anteriores.

Por cierto, hasta ahora hemos empleado matrices en cuyas celdas se almacenaban cadenas alfanuméricas. Sin embargo, esto no tiene por qué ser siempre así. En las celdas de una matriz se pueden almacenar todo tipo de valores e, incluso, sería posible tener una matriz en la que se guardasen, en algunas celdas, cadenas y, en otras, números o valores lógicos. De todos modos, este tipo de matrices (que se conocen como ***matrices mixtas***) no son muy habituales. En las celdas de las matrices también es posible almacenar objetos de una página HTML, como imágenes, tablas, campos de formulario, etc. Aprenderemos estas técnicas avanzadas más adelante.

5.3.2 Usar una matriz mediante bucles

En el punto anterior decíamos que usar una matriz para almacenar según qué datos proporciona varias ventajas. Aquí vamos a empezar a verlas. Suponga que queremos crear una matriz para almacenar, como decíamos antes, los nombres de un grupo de personas (pueden ser los alumnos de un grupo de estudio, o los miembros de la plantilla de una empresa, o cualquier otro grupo). Y suponga que sabemos que el grupo va a estar constituido por seis personas. Una de las ventajas del uso de matrices es que, cuando nos referimos a una celda determinada, podemos utilizar una variable numérica para el índice, en lugar de un valor fijo. Por ejemplo, si tenemos unas sentencias como las siguientes:

```
indice = 3;
document.write (nombres [indice]);
```

sería equivalente a poner:

```
document.write (nombres[3]);
```

Es decir, estamos apuntando a la celda cuyo índice coincide con la variable que hemos usado. Si el valor de la variable cambia, estaremos apuntando a otra celda. Usando este concepto vamos a crear una página que nos solicite por pantalla los nombres de las seis personas que constituyen nuestro grupo y los almacene en una matriz. Después, nos los mostrará en la pantalla para ver que están correctamente almacenados. Tenemos que recordar que los índices de las matrices se empiezan a numerar por cero. Por lo tanto, para una matriz que tenga seis celdas, los índices irán de cero a cinco. El código que resuelve este problema es **usar_matriz_1.htm**.

```
      var nombres = new Array(); //Creamos la matriz.
      var indice; //Creamos una variable para controlar el
índice de la matriz.

      /* El siguiente bucle pide los nombres de las personas
y los guarda en la matriz. Mire la explicación del libro,
para entender cómo funciona.*/
      for (indice = 0; indice <= 5; indice ++)
      {
```

```
        nombres[indice] = prompt ("Introduzca el nombre de
la persona " + (indice+1), "");
      }

      /* El siguiente bucle muestra los nombres de las
personas guardados en la matriz. Mire la explicación del
libro, para entender cómo funciona.*/
      for (indice = 0; indice <= 5; indice ++)
      {
        document.write ("La persona número " + (indice+1) +
" se llama " + nombres[indice] + "<br>");
      }
```

En primer lugar, pruebe el código para verificar que funciona, exactamente, como se nos pide en el enunciado.

Veamos qué sucede. Primero, declaramos la matriz que vamos a emplear, así como una variable que usaremos como puntero para referirnos al índice de cada celda de la matriz. Estas dos líneas no tienen ningún misterio. Sólo quiero comentar que la matriz la hemos declarado sin especificar el número de celdas que tiene (aunque sabemos por el enunciado que serán seis), porque, como decíamos en el apartado anterior, las matrices son redimensionables en tiempo de ejecución.

Lo siguiente que encontramos es un bucle que pide los nombres por pantalla y los almacena en la matriz. Aquí tenemos que poner un poco más de concentración. El fragmento de código que nos interesa es el siguiente:

```
      for (indice = 0; indice <= 5; indice ++)
      {
        nombres[indice] = prompt ("Introduzca el nombre de
la persona " + (indice+1), "");
      }
```

Tenemos un bucle que usa, como variable de control, la que habíamos declarado anteriormente. Esta variable va a modificarse, durante la ejecución del bucle, desde cero hasta cinco, incrementándose en una unidad en cada ciclo del bucle. Es decir, el bucle se ejecutará seis veces. Esto está definido así en la primera línea del bucle (la que contiene la instrucción for). Si tiene dudas al respecto, repase el apartado 3.2 del Capítulo 3 antes de seguir adelante.

Dentro del bucle vemos que nos referimos a una celda de la matriz, tal como aparece en la parte resaltada de la línea que hay. Fíjese en que, como índice, hemos puesto la variable de control del bucle. Esto quiere decir que, en el primer ciclo, nos estamos refiriendo a la celda cero; en el segundo, nos referimos a la celda uno y así sucesivamente. Lo que hacemos es asignarle a la celda especificada aquello que el usuario introduzca por teclado mediante la función prompt().

Por último, tenemos un bucle que va recorriendo de nuevo las seis celdas de la matriz (de la cero a la cinco), esta vez para mostrarnos su contenido.

5.3.3 La longitud de una matriz

Anteriormente hemos comentado que una matriz es, en definitiva, un tipo de objeto. Como todos los objetos, tiene sus propiedades y sus métodos, que podemos utilizar para una gestión más eficiente. En realidad, un objeto array sólo tiene una propiedad, aunque, como veremos más adelante en este mismo Capítulo, tiene varios métodos. La propiedad que tienen las matrices es ***length*** (longitud, en castellano). Esta propiedad devuelve un valor numérico con la cantidad total de celdas de la matriz. Supongamos, por ejemplo, el código listado a continuación, llamado **longitud_matriz_1.htm**.

```
<script language="javascript">
   <!--

   var nombres = new
Array("Nacho","Arek","Laura","Sonia","Gonzalo","Eva","Pedro")
;

   // Se declara una matriz, con siete valores.
   alert ("La matriz tiene " + nombres.length + "
elementos.");
   //-->
</script>
```

Cuando ejecute esta página verá como resultado el cuadro de aviso que aparece en la figura 5.9.

Fíjese en la parte que aparece resaltada en el código. Usamos la propiedad length de la matriz para determinar cuántos elementos tiene. La sintaxis general es la misma que siempre, es decir, `objeto.propiedad`. Como objeto ponemos el nombre de la matriz cuyo número de celdas queremos averiguar y, como propiedad, length, que es la que nos ocupa en este caso.

Y, ¿para qué puede servirnos esto? Suponga que tenemos un caso parecido al anterior, en el que teníamos que almacenar los nombres de una serie de personas, introduciéndolos por teclado. Pero esta vez no sabemos si van a ser seis o veinte o los que sean. Simplemente, nos llega una persona y nos da su nombre. Lo introducimos y pasa a la matriz. Después llega otra persona y repetimos el proceso, y así sucesivamente, hasta que no quedan más. En ese momento, tecleamos la palabra *Fin* en lugar del nombre.

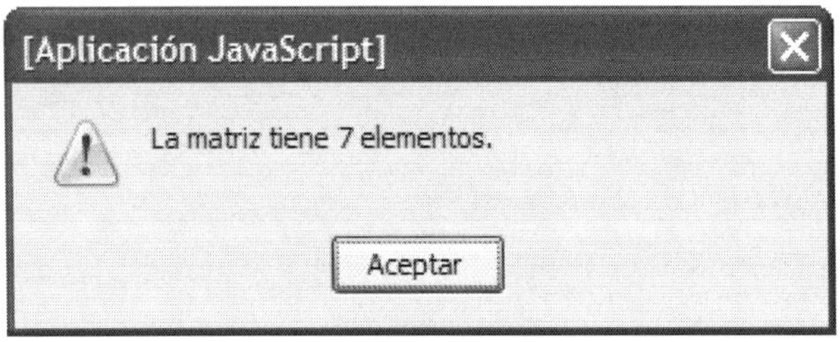

Figura 5.9

Nuestra página nos mostrará la lista completa y nos dirá cuántos nombres existen. El programa que hace esto se llama **longitud_matriz_2.htm**.

```
var nombres = new Array();
var nombre = "", indice = 0;

while (nombre != "Fin")
{
   nombre = prompt ("Introduzca un nombre","");
   if (nombre != "Fin")
   {
      nombres [indice] = nombre;
      indice ++;
   }
}

document.write ("La matriz tiene los siguientes
nombres. <br>");

for (indice = 0; indice < nombres.length; indice ++)
{
   document.write (nombres[indice] + "<br>");
}

document.write ("En total hay " + nombres.length + "
nombres.");
```

Como ve, lo primero que usamos es un bucle de tipo while() para introducir los datos. Mientras el usuario no teclee la palabra *Fin* se seguirán pidiendo nombres, que se almacenarán en la matriz. En cada ciclo del bucle, la variable que se usa como índice de la matriz se incrementa en una unidad. Después se usa un bucle de tipo for() para recorrer la matriz y mostrar sus contenidos en la página. En este bucle hemos puesto como condición que la variable de control sea menor que la longitud de la matriz, ya que si, por ejemplo, la matriz tiene seis celdas, el índice va de cero a cinco.

Como ve, el uso de esta propiedad nos da una mayor versatilidad a la hora de gestionar una matriz. En el siguiente apartado veremos cómo sacarle más provecho.

5.3.4 Los métodos de las matrices

Los objetos de tipo Array tienen una serie de métodos que facilitan la ordenación de sus elementos, la inserción de otros nuevos, etc. Vamos a verlos en este apartado.

5.3.4.1 EL MÉTODO CONCAT()

Este método permite unir dos matrices para formar una tercera, que sea la concatenación de las dos anteriores. Para ver cómo funciona, observe el código **concatenar_matrices.htm**.

```
<script language="javascript">
   <!--
   var indice = 0;

   // Vamos a crear dos matrices.
   var matriz_1 = new Array ("Uno", "Dos", "Tres");
   var matriz_2 = new Array ("Cuatro", "Cinco",
"Seis");

   // Ahora crearemos una tercera, que sea la unión de
las dos anteriores.
   var matriz_3 = matriz_1.concat(matriz_2);

   //Ahora mostraremos la tercera matriz, para
   //ver que tiene todos los datos de las otras dos.
   for (indice = 0; indice < matriz_3.length; indice
++)
   {
      document.write (matriz_3[indice] + "<br>");
   }

   //-->
</script>
```

Cuando ejecute esta página, el resultado se parecerá a la figura 5.10.

Observe la línea resaltada en el código. Vea que usamos el método ***concat()*** de la matriz llamada *matriz_1*, pasándole como argumento el nombre de la otra matriz que queremos unir (*matriz_2*). Como ve, se puede trabajar indistintamente con elementos de varias matrices.

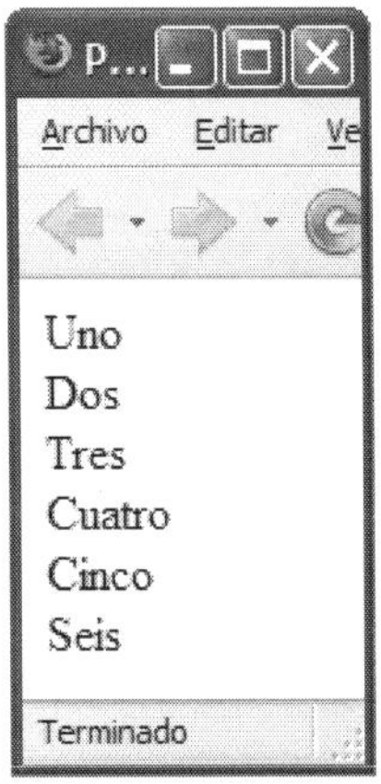

Figura 5.10

5.3.4.2 EL MÉTODO JOIN()

El método ***join()*** permite unir todos los elementos de una matriz en una cadena alfanumérica. Vamos a ver un ejemplo que nos lo aclare con el código **unir_1.htm**.

```
        var matriz = new Array ("Elemento 1", "Elemento 2",
"Elemento 3");
        var cadena;
        cadena = matriz.join();
        document.write (cadena);
```

Cuando ejecute este código, verá una página como la de la figura 5.11.

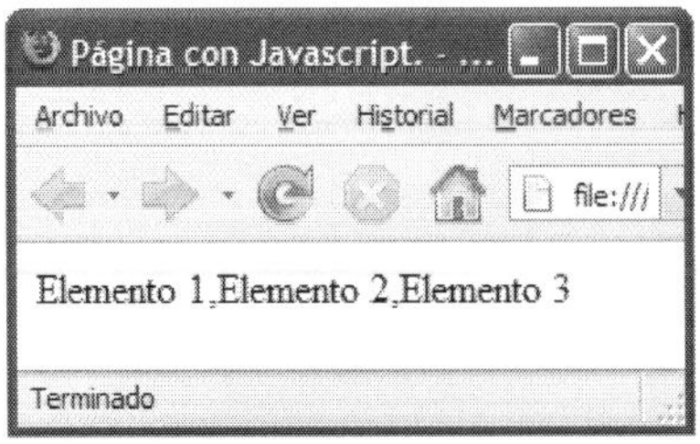

Figura 5.11

```
      var matriz = new Array("Elemento 1","Elemento
2","Elemento 3");
      var indice;
      document.write ("La matriz tiene " + matriz.length + "
elementos.<br>");
      document.write ("Estos son los siguientes:<br>");
      for (indice = 0; indice < matriz.length; indice ++){
         document.write (matriz [indice] + "<br>");
      }
      matriz.push ("Elemento 4", "Elemento 5");
      // Hemos añadido dos elementos a la matriz.
      document.write ("<br>");
      document.write ("Ahora la matriz tiene " +
matriz.length + " elementos.<br>");
      document.write ("Estos son los siguientes:<br>");
      for (indice = 0; indice < matriz.length; indice ++){
         document.write (matriz [indice] + "<br>");
      }
```

Ejecute el código y verá que obtiene la página de la figura 5.13. Observe la línea resaltada del código para ver cómo usar este método. Compruebe, en el resultado, que al usar push() se ha incrementado el número de celdas de la matriz. Por lo tanto, puede utilizarse el método push para añadir celdas a una matriz sin necesidad de conocer el número de índice de la última celda. De todos modos, el número de índice en la última celda de una matriz cualquiera siempre será el valor de la propiedad length de dicha matriz menos uno.

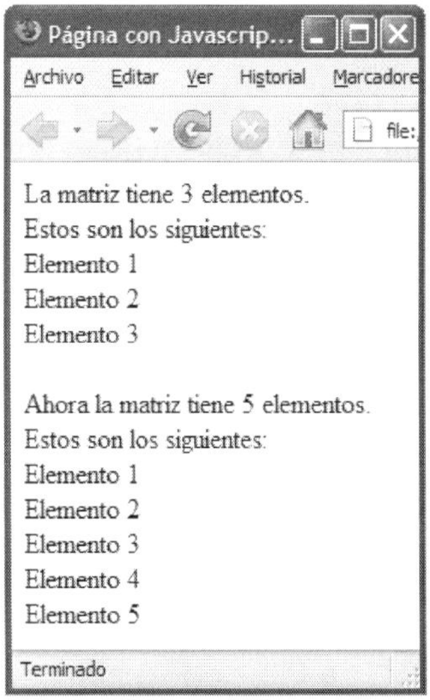

Figura 5.13

5.3.4.5 EL MÉTODO REVERSE()

El método ***reverse()*** permite invertir el orden en que se encuentran almacenados los elementos en una matriz. Para entender su funcionamiento vamos a estudiar el código **invertir_1.htm**.

```
        var matriz = new Array("Elemento 1","Elemento 
2","Elemento 3","Elemento 4");
        var indice;
        document.write ("La matriz tiene " + matriz.length + " 
elementos.<br>");
        document.write ("Estos son los siguientes:<br>");
        for (indice = 0; indice < matriz.length; indice ++){
           document.write (matriz [indice] + "<br>");
        }
        matriz.reverse();
        // Hemos invertido el orden de la matriz.
        document.write ("<br>");
        document.write ("Ahora la matriz tiene " + 
matriz.length + " elementos.<br>");
        document.write ("Estos son los siguientes:<br>");
        for (indice = 0; indice < matriz.length; indice ++)
        {
           document.write (matriz [indice] + "<br>");
        }
```

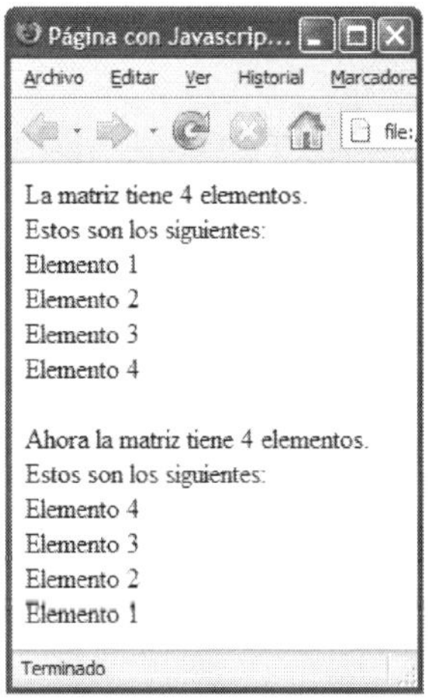

Figura 5.14

Cuando ejecute este código verá la página de la figura 5.14. Como ve, el elemento que estaba en la primera celda se ha colocado en la última, el que estaba en la segunda se ha colocado en la penúltima y así sucesivamente. Más adelante verá que este método se usa en determinados scripts de comercio electrónico y otras aplicaciones, a fin de invertir los datos de un pedido, para adecuarse al funcionamiento de algunos scripts específicos de transferencia de datos. Sin embargo, debido a la proliferación de scripts cada vez más eficientes, el uso de reverse() está quedando relegado a ciertos algoritmos concretos. No olvide que la programación web es una tecnología en constante evolución y cada día alguien, en alguna parte del mundo, idea un script que mejora a otro anterior.

5.3.4.6 EL MÉTODO SHIFT()

El método ***shift()*** es similar a pop(), con la diferencia de que éste eliminaba el último elemento de la matriz y el que ahora nos ocupa elimina el primero, con lo que todos los demás elementos de la matriz se desplazarán "hacia arriba" (o "hacia atrás", como prefiera): el elemento que ocupaba la segunda posición pasa a ocupar la primera; el que ocupaba la tercera pasa a ocupar la segunda y así sucesivamente. Por esta razón, debemos tener ciertas precauciones al emplear este método, ya que si, tras su uso, intentamos acceder a un elemento, teniendo en cuenta el valor original del mismo, veremos que éste "ha cambiado". Y si tratamos de acceder al que era el último elemento de la matriz, comprobaremos que "ha desaparecido". Veamos su funcionamiento con el código **quitar_2.htm**.

```
<script language="javascript">
   <!--
   var matriz = new Array("Elemento 1","Elemento 
2","Elemento 3","Elemento 4");
   var indice,cadena;
   document.write ("La matriz tiene los siguientes 
elementos:<br>");
   for (indice = 0; indice<matriz.length; indice ++){
      document.write (matriz[indice] + "<br>");
   }

   cadena = matriz.shift();//Quitamos el primer 
elemento.
   document.write ("<br>Ahora la matriz se ha quedado 
con:<br>");
   for (indice = 0; indice<matriz.length; indice ++){
      document.write (matriz[indice] + "<br>");
   }
   document.write ("<br>El elemento eliminado es " + 
cadena);
   //-->
</script>
```

El resultado lo vemos en la figura 5.15.

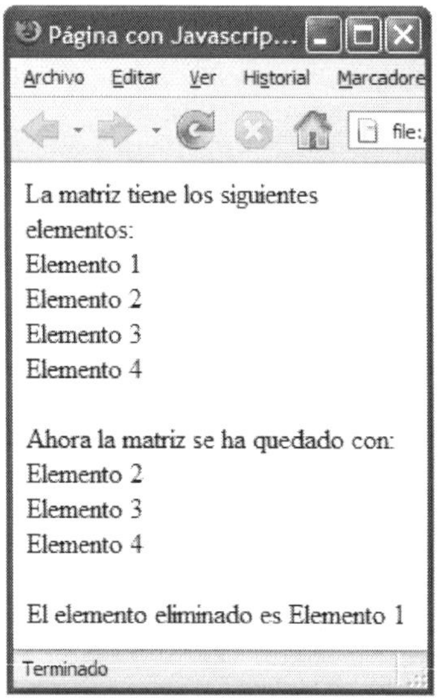

Figura 5.15

Observe la línea resaltada en el código para ver cómo aplicar este método.

5.3.4.7 EL MÉTODO UNSHIFT()

Como ya habrá deducido, el método ***unshift()*** nos va a permitir insertar uno o más elementos al principio de una matriz, desplazando los que ya había. Observe el código **insertar_1.htm**.

```
        var matriz = new Array("Elemento 1","Elemento
2","Elemento 3");
        var indice;
        document.write ("La matriz tiene " + matriz.length + "
elementos.<br>");
        document.write ("Estos son los siguientes:<br>");
        for (indice = 0; indice < matriz.length; indice ++){
           document.write (matriz [indice] + "<br>");
        }
        matriz.unshift ("Elemento A", "Elemento B");
        // Hemos insertado dos elementos al principio de la
matriz.

        document.write ("<br>");
        document.write ("Ahora la matriz tiene " +
matriz.length + " elementos.<br>");
```

```
document.write ("Estos son los siguientes:<br>");
for (indice = 0; indice < matriz.length; indice ++){
   document.write (matriz [indice] + "<br>");
}
```

Cuando ejecute este código verá la página de la figura 5.16, que le muestra lo que ha sucedido.

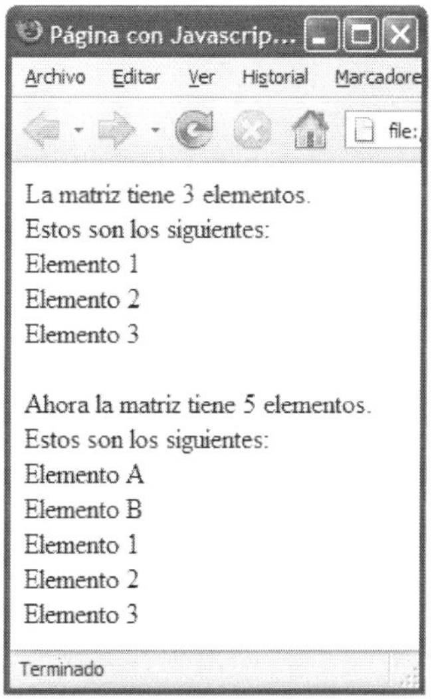

Figura 5.16

Fíjese en que los elementos que hemos insertado se han colocado en las primeras celdas de la matriz, desplazando a los que ya había hacia nuevas celdas. Observe la línea resaltada del código para ver cómo se usa este método.

5.3.4.8 EL MÉTODO SLICE()

El método ***slice()*** se usa para obtener una matriz formada por algunos de los elementos de otra matriz. Este método recibe dos argumentos numéricos, separados mediante una coma, que le indican cuáles son la primera y la última celda de la matriz original que vamos a usar para crear otra. Vamos a ver cómo funciona mediante el código **subconjunto_1.htm**.

```
var matriz_principal = new Array ("Elemento 1",
"Elemento 2", "Elemento 3", "Elemento 4", "Elemento 5",
"Elemento 6");
var matriz_secundaria = matriz_principal.slice (2,4);
var indice;
```

```
      document.write ("La matriz principal tiene " +
matriz_principal.length + " elementos.<br>");
      for (indice = 0; indice < matriz_principal.length;
indice ++){
         document.write (matriz_principal [indice] + "<br>");
      }
      document.write ("<br>");
      document.write ("La matriz secundaria tiene " +
matriz_secundaria.length + " elementos.<br>");
      for (indice = 0; indice < matriz_secundaria.length;
indice ++){
         document.write (matriz_secundaria [indice] +
"<br>");
      }
```

El método slice() genera una matriz en la que el primer elemento es el que está marcado como inicial. En nuestro ejemplo (vea la línea resaltada) hemos puesto que el primer elemento sea el que está en la celda 2 de la matriz original, es decir, la tercera celda (recuerde que las celdas de una matriz empiezan a contarse a partir de 0). El último elemento de la matriz generada con slice() es el anterior al que hemos puesto como final. En nuestro ejemplo hemos puesto como valor de final el cuatro, lo que quiere decir que el subconjunto deseado terminará en la celda que tiene el índice 3. Para comprender mejor lo que hemos obtenido, observe el resultado en la figura 5.17. En ella aparece la página generada con este código, que muestra todos los valores almacenados en las dos matrices, así como sus respectivas longitudes. En este método, el segundo parámetro es opcional. Si usted no lo incluye, se creará una matriz en la que el primer elemento será el especificado en la matriz original y el último será el último de dicha matriz original.

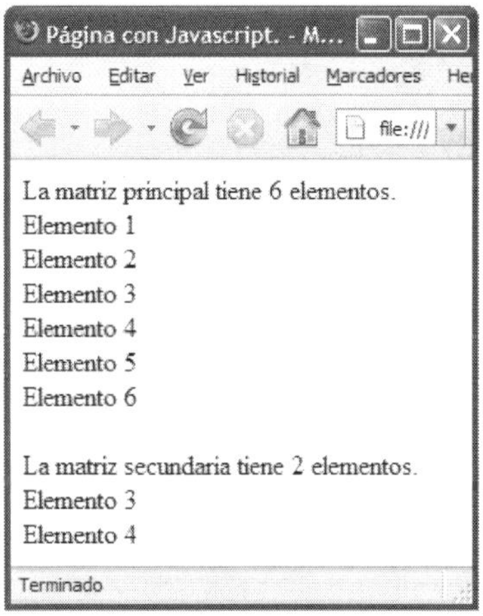

Figura 5.17

5.3.4.9 EL MÉTODO SPLICE()

El método ***splice()*** es una función compleja, que puede recibir varios parámetros y que, según como se use, permite eliminar algunas celdas de la matriz, reemplazar unos elementos por otros o insertar elementos en cualquier parte de la matriz. La sintaxis general obedece al siguiente esquema:

```
matriz.splice(inicio, número de celdas a eliminar, valor nuevo 1, valor nuevo 2, valor nuevo 3,..., valor nuevo n);
```

Según el resultado que deseemos obtener con este método, algunos de estos parámetros pueden ser opcionales.

Veamos, por ejemplo, cómo eliminar algunas celdas de una matriz, almacenándolas en otra distinta. Para ello vamos a utilizar el código **uso_de_splice_1.htm**.

```
var matriz_principal = new Array ("Elemento 1", "Elemento 2", "Elemento 3", "Elemento 4", "Elemento 5", "Elemento 6");

var indice;

document.write ("La matriz principal tiene " + matriz_principal.length + " elementos.<br>");

for (indice = 0; indice < matriz_principal.length; indice ++) {
    document.write (matriz_principal [indice] + "<br>");
}
var matriz_secundaria = matriz_principal.splice (2,3);

document.write ("<br>");
document.write ("La matriz secundaria tiene " + matriz_secundaria.length + " elementos.<br>");

for (indice = 0; indice < matriz_secundaria.length; indice ++) {
    document.write (matriz_secundaria [indice] + "<br>");
}

document.write ("<br>");
document.write ("Ahora la matriz principal tiene " + matriz_principal.length + " elementos.<br>");
```

```
        for (indice = 0; indice < matriz_principal.length;
indice ++) {
            document.write (matriz_principal [indice] + "<br>");
        }
```

En primer lugar vamos a ejecutar el código, a fin de ver lo que ocurre. La página resultante aparece en la figura 5.18. Como ve, se han eliminado tres celdas, contadas a partir de la que tenía el índice 2 (la tercera) y se han llevado a la matriz secundaria.

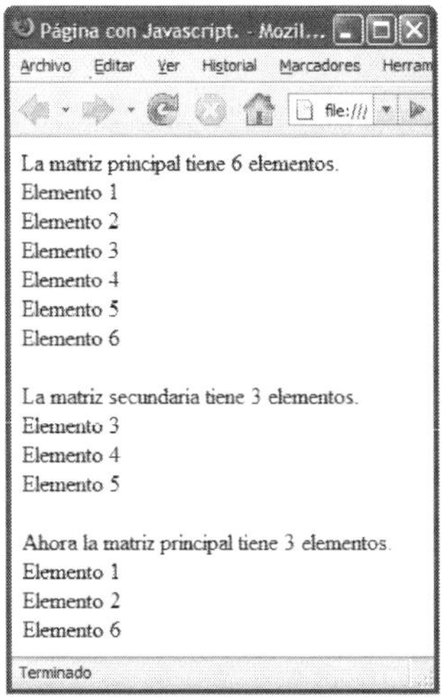

Figura 5.18

Otro uso de splice() es insertar elementos en lugar de los que se quitan. Para ello vamos a usar el código **uso_de_splice_2.htm**, que hace lo mismo que el anterior, pero poniendo dos elementos nuevos en lugar de los tres que se extraen.

```
        var matriz_principal = new Array ("Elemento 1",
"Elemento 2", "Elemento 3", "Elemento 4", "Elemento 5",
"Elemento 6");
        var indice;
        document.write ("La matriz principal tiene " +
matriz_principal.length + " elementos.<br>");
        for (indice = 0; indice < matriz_principal.length;
indice ++) {
            document.write (matriz_principal [indice] + "<br>");
        }
        var matriz_secundaria = matriz_principal.splice
(2,3,"Elemento nuevo A", "Elemento nuevo B");
        document.write ("<br>");
```

```
	document.write ("La matriz secundaria tiene " +
matriz_secundaria.length + " elementos.<br>");
	for (indice = 0; indice < matriz_secundaria.length;
indice ++) {
		document.write (matriz_secundaria [indice] +
"<br>");
	}
	document.write ("<br>");
	document.write ("Ahora la matriz principal tiene " +
matriz_principal.length + " elementos.<br>");
	for (indice = 0; indice < matriz_principal.length;
indice ++) {
		document.write (matriz_principal [indice] + "<br>");
	}
```

Observe la sintaxis del método splice() que hemos empleado (línea subrayada) y compárela con la sintaxis general del método. Ésta es la forma de uso más potente de splice(). Este uso nos da, como resultado, la página que aparece en la figura 5.19. En la mayoría de los casos en que use splice() se hará según esta última sintaxis. Fíjese en que se han eliminado tres celdas de la matriz original y, en su lugar, se han añadido dos celdas nuevas, con los elementos especificados (el *Elemento nuevo A* y el *Elemento nuevo B*). Los elementos eliminados han pasado, como en el caso anterior, a otra matriz. Este método puede ser, por lo tanto, un modo eficiente y rápido de pasar parte de los datos de una matriz a otra distinta, a fin de operar sólo con la parte necesaria de la matriz original.

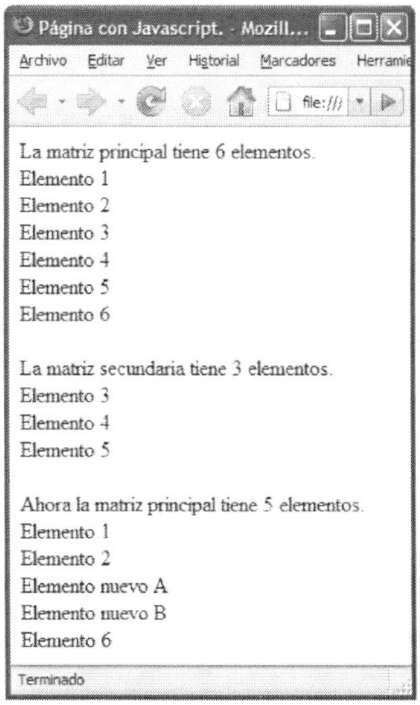

Figura 5.19

Por último, hay otro uso de splice() que consiste en añadir elementos a una matriz, en la posición deseada, sin eliminar ninguno de los existentes. Lo vemos en el código **uso_de_splice_3.htm**.

```
<script language="javascript">
   <!--
   var matriz_principal = new Array ("Elemento 1",
"Elemento 2", "Elemento 3", "Elemento 4", "Elemento 5",
"Elemento 6");
   var indice;
   document.write ("La matriz principal tiene " +
matriz_principal.length + " elementos.<br>");

   for (indice = 0; indice < matriz_principal.length;
indice ++) {
      document.write (matriz_principal [indice] +
"<br>");
   }

   var matriz_secundaria = matriz_principal.splice
(2,0,"Elemento nuevo A", "Elemento nuevo B");

   document.write ("<br>");
   document.write ("La matriz secundaria tiene " +
matriz_secundaria.length + " elementos.<br>");

   for (indice = 0; indice < matriz_secundaria.length;
indice ++) {
      document.write (matriz_secundaria [indice] +
"<br>");
   }

   document.write ("<br>");
   document.write ("Ahora la matriz principal tiene " +
matriz_principal.length + " elementos.<br>");

   for (indice = 0; indice < matriz_principal.length;
indice ++) {
      document.write (matriz_principal [indice] +
"<br>");
   }
   //-->
</script>
```

Como ve, lo que hemos hecho ha sido poner, como número de elementos borrados, cero. Es decir, le hemos indicado al navegador que no borre ningún elemento de la matriz original. Observe, en la figura 5.20, que la matriz secundaria no tiene ningún elemento y que, al terminar la operación, la matriz principal tiene todos los elementos que ya tenía antes, más los dos nuevos que hemos añadido. Estudie el código y compare la línea resaltada con la sintaxis general de este método. Estos dos métodos que acabamos de ver son de uso bastante común en la selección y depuración de datos, como tendremos ocasión de ver en su momento.

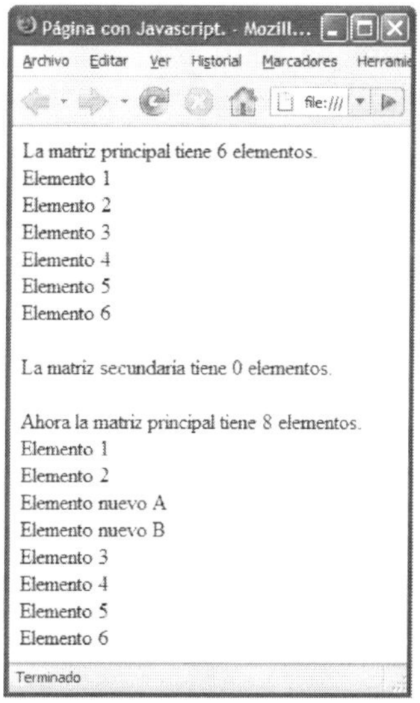

Figura 5.20

5.3.4.10 EL MÉTODO SORT()

Dada la importancia que tiene, en la moderna gestión informatizada de datos, una correcta ordenación de los mismos, las matrices poseen un método específico para lograr este objetivo. Se trata del método ***sort()***, cuyo uso vamos a ver mediante el código **ordenar_1.htm**.

```
      var nombres = new Array
("José","Laura","Antonio","Susana","Andrea");
      var indice;

      document.write ("La lista de nombres es:<br>");
      for (indice=0; indice<nombres.length; indice++)
      {
         document.write (nombres[indice] + "<br>");
      }
      nombres.sort();
      document.write ("<br>");
```

Capítulo 6

CADENAS, NÚMEROS Y FECHAS

En anteriores capítulos hemos manejado, de una forma elemental, algunos datos, como, por ejemplo, cadenas alfanuméricas o valores aritméticos, mediante el uso de variables. Ésta es una forma de manejar los datos muy cómoda y sencilla de usar y, desde luego, perfectamente válida en muchísimas ocasiones. En contra de lo que piensan muchos programadores cuando empiezan a usar JavaScript, el modo en que hemos gestionado los datos hasta ahora no está reservado a novatos ni ignorantes, sino que se emplea muchísimo por la facilidad de uso que presenta y porque, en la mayor parte de los casos, satisface todas las necesidades que tenemos. Sin embargo, no debemos olvidar que JavaScript es, dentro de su simplicidad, un lenguaje basado en la filosofía de programación orientada a objetos, tal como mencionábamos en el Capítulo 4, y los datos que manejemos son, por supuesto, objetos que podemos manipular como tales. Esto nos da una mayor potencia de trabajo al permitirnos sacarle mucho más partido a nuestros datos.

En este capítulo vamos a aprender a manejar los objetos que representan datos de tipo alfanumérico (cadenas de caracteres), numérico (valores aritméticos) y de fecha. Veremos cómo se gestionan como objetos y cómo se pueden usar sus métodos y propiedades.

6.1 CADENAS

Con las cadenas de texto podemos hacer muchas cosas: convertir mayúsculas en minúsculas, crear enlaces, localizar y extraer una subcadena a partir de una cadena, etc. Es lógico que así sea. El tratamiento de cadenas es, probablemente, uno de los aspectos más necesarios de un lenguaje de programación. Por ejemplo, supongamos que le pedimos al usuario que introduzca por teclado su dirección de correo electrónico. Tendremos que asegurarnos de que lo que se teclee sea una dirección de e-mail válida. Para ello tendrá que tener el signo arroba (@), uno o más puntos en la parte del dominio, etc. Para determinar esto, se usan los métodos que provee JavaScript para el tratamiento de cadenas.

Para lograr un procesado a fondo de las cadenas, JavaScript nos proporciona el objeto ***String***. En el Capítulo 2 vimos cómo crear cadenas usando la sentencia var, que permite crear variables de varios tipos. Ahora vamos a ver cómo crear una cadena usando el objeto String. La sintaxis general es la siguiente:

var nombre_de_objeto = new String (valor_literal)

Como ve, también usamos la sentencia var, sólo que con una sintaxis más elaborada. Como ejemplo, observe el código **crear_cadena_1.htm**, que aparece listado a continuación:

```
        var miCadena=new String ("Esto es una cadena de
texto");
        alert (miCadena);
```

Cuando ejecute el código, verá, en su navegador, un cuadro de aviso como el que aparece en la figura 6.1.

Figura 6.1

En realidad, no es necesario usar esta sintaxis. Con la que ya conocemos se crea, de igual modo, un objeto String. Si, en nuestro código, tenemos una sentencia como `var cadena = "Esto es una cadena de texto.";` habremos creado un objeto String, llamado `cadena`. Así pues, no es estrictamente necesario usar la palabra clave String.

Por cierto. Las palabras clave (como, en este ejemplo, String) que se emplean para crear objetos, se llaman ***constructores***. JavaScript es, como acabamos de ver, bastante permisivo con los constructores. Es decir, no siempre es imprescindible usar un constructor para crear un objeto. De hecho, una vez que ya conocemos el constructor y sabemos que una cadena funciona igual si ha sido creada con el constructor o directamente como una variable, emplearemos la creación de variables que aprendimos en el Capítulo 2 para abreviar.

Hecho este pequeño inciso, continuemos hablando de cadenas. Las cadenas son, sin duda, parte fundamental de cualquier lenguaje de programación, y JavaScript no es, en ese sentido, ninguna excepción. Es muy difícil imaginar un script, por simple que sea, que no tenga que tratar con cadenas, de un modo u otro, tal como hemos mencionado anteriormente. Los objetos String nos proporcionan una propiedad y muchos métodos, para trabajar con ellos. A lo largo de esta sección vamos a conocerlos todos, a fin de manipular las cadenas de texto con toda la potencia disponible.

6.1.1 La propiedad length

Esta propiedad nos permite determinar la longitud de una cadena, entendiendo como tal el número de caracteres que incluye. Veamos un ejemplo en el código **longitud_1.htm**:

```
        var cadena = "Esto es una cadena.";
        var longitud = cadena.length;
        alert ("La longitud de la cadena es de " + longitud + "
caracteres.");
```

En primer lugar, veamos el resultado de la ejecución de este código. Al abrirlo con el navegador vemos un cuadro de aviso como el de la figura 6.2.

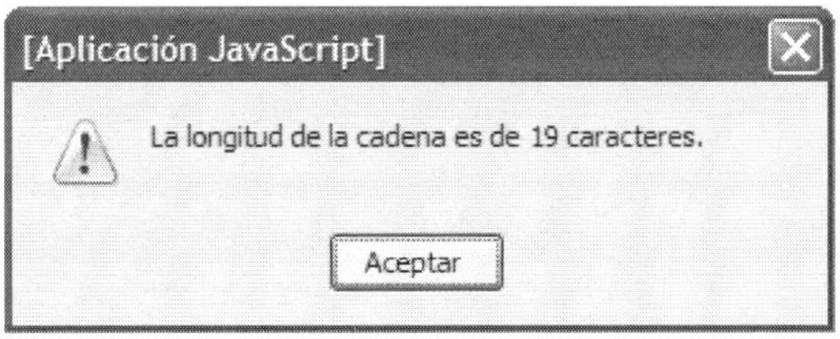

Figura 6.2

Observe la línea que he resaltado en el código. Utilizo la propiedad length del objeto cadena para determinar el número total de caracteres que componen dicho objeto. El resultado que obtengo lo almaceno en la variable longitud. Si cuenta manualmente los caracteres de la cadena, comprobará que la propiedad length tiene en cuenta no sólo las letras, sino también los espacios en blanco y los signos de puntuación. Éste es un aspecto importante que usted tiene que tener en cuenta si no tiene experiencia previa en programación. La mayor parte de mis alumnos de primer curso tienen dificultades para considerar los espacios en blanco como caracteres que hay que contabilizar, ya que no destacan en el contexto de una cadena. Sin embargo, para un ordenador, el espacio en blanco es un carácter más, igual que cualquier letra o dígito.

Y aún hay otra cosa importantísima a este respecto. Cada carácter puede ser identificado por la posición que ocupa dentro de la cadena. Más adelante, en este mismo Capítulo, veremos que existen métodos que nos permiten determinar cuál es, por ejemplo, el sexto carácter de una cadena o la posición que ocupa el primer espacio en blanco. Cada carácter dentro de una cadena se puede reconocer por su posición, del mismo modo que, como veíamos en el Capítulo anterior, los elementos de una matriz se pueden identificar por la posición que ocupan dentro de dicha matriz. Es más, en definitiva, una cadena es, en muchos sentidos, como si fuera una matriz de caracteres. Y al igual que en una matriz, los elementos empiezan a numerarse desde cero. Así pues, en la cadena de nuestro último ejemplo el carácter cero es la letra E mayúscula, el carácter uno es la s minúscula y así sucesivamente. El punto final de la cadena es el carácter 18. De momento, quédese con esto. En breve veremos cómo podemos manipular los caracteres de una cadena mediante su posición y para qué nos va a servir. A continuación vamos a estudiar todos los métodos que nos proporciona JavaScript para manipular las cadenas según nuestras necesidades.

6.1.2 Métodos de formateo

JavaScript proporciona algunos métodos destinados, específicamente, a formatear las cadenas para su presentación en pantalla. El resultado de estos métodos se puede obtener mediante código HTML, así que usted ya estará familiarizado con lo que obtendremos. Vamos a ver cómo funcionan.

El primer método que estudiaremos es ***anchor()***. El método anchor() es la forma en la que podemos crear un punto de fijación con nombre, para un enlace, desde JavaScript. Para comprobar su funcionamiento, hemos creado el código **anchor_1.htm**, que aparece listado a continuación:

```
<html>
   <head>
      <title>
         P&aacute;gina con JavaScript.
      </title>
      <script language="javascript">
         <!--
            // Se crea la cadena que se verá en
pantalla.
```

```
                  var cadena = "Esto es el principio.";
                  //Se convierte esa cadena en un anclaje
para
                  //enlace interno con el nombre inicio.
document.write (cadena.anchor("inicio") + "<br>");
                  //Se muestran 30 líneas de texto para
simular un contenido de la página.
                  var linea = 0;
                  for (linea = 0; linea < 30; linea ++){
                     //Observe los saltos de línea en la
                     //instrucción document.write().
                     document.write ("Esta es la l&iacute;nea
" + linea + "<br>");
                  }
               //-->
            </script>
         </head>
         <body>
            <!-- Se crea un enlace interno al punto inicio-->
            <a href="#inicio">Volver al principio</a>
         </body>
      </html>
```

Observe el código, principalmente la línea resaltada. Fíjese en que usamos el método anchor() aplicado al objeto cadena. Como argumento del método ponemos el nombre del anclaje. Esto es equivalente a lo que haríamos en HTML así:

```
<a name="inicio">
   Esto es el principio.
</a>
<br>
```

Cuando ejecutemos la página, tendrá el aspecto de la figura 6.3.

Si usamos la barra de desplazamiento vertical, para recorrer la página hasta el final, nos encontraremos con el enlace HTML que hemos creado. Al pulsarlo, nos situará, automáticamente, en la frase que hemos creado como anclaje, igual que ocurriría si hubiéramos usado el código HTML correspondiente.

Del mismo modo que hemos creado desde JavaScript un punto de fijación con nombre, también podemos crear el correspondiente enlace, sin tener que recurrir a HTML. Para ello, los objetos String cuentan con el método ***link()***, que permite crear hipervínculos. Para comprender su funcionamiento, vamos a usar un código que es una variante del anterior. Lo llamo **enlace_interno.htm**.

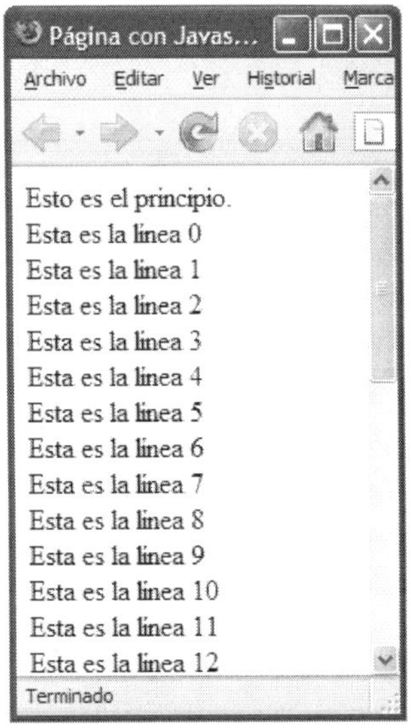

Figura 6.3.

```
      // Se crea la cadena que se mostrará en pantalla.
      var cadena = "Esto es el principio.";

      //Se convierte esa cadena en un anclaje para
      //enlace interno con el nombre inicio.
      document.write (cadena.anchor("inicio") + "<br>");

      //Se muestran 30 líneas de texto para simular un
      //contenido de la página.
      var linea = 0;
      for (linea = 0; linea < 30; linea ++)
      {
         //Observe cómo se introducen saltos de línea
         //en la instrucción document.write(),
         //tal como se estudió en el Capítulo 4.
         document.write ("Esta es la l&iacute;nea " + linea +
"<br>");
      }

      var enlace = "Volver al principio.";

      //Se crea el enlace interno.
      document.write (enlace.link("#inicio"));
```

Si ejecuta esta página verá que su funcionamiento es idéntico al del anterior ejemplo. Preste especial atención a la línea resaltada para ver cómo se usa el método link(). Como argumento de dicho método se pone el destino del enlace. El objeto String empleado es la cadena que se mostrará en la pantalla del navegador para que el usuario lo pulse.

Del mismo modo, el método link() nos permite crear enlaces externos (a otras páginas), así como enlaces de correo y de descarga. Podemos verlo en el código **enlaces.htm**, que aparece listado a continuación:

```
// Se crean las cadenas que se mostrarán en pantalla.
var sitio = "Ir a Todoligues.";
var correo = "Escribir al autor.";
var descarga = "Descargar un archivo.";

//Se muestran los otros tres tipos de enlace
//que se pueden crear con JavaScript. Como ve, puede
//emularse el funcionamiento de cualquier link.
document.write (sitio.link("http://www.todoligues.com")
+ "<br>");
document.write
(correo.link("mailto:webmaster@todoligues.com") + "<br>");
document.write
(descarga.link("http://www.descargas.com/recursos/colores.zip
"));
```

Como ve, hemos creado tres enlaces. El primero es un enlace externo, a un sitio de Internet. El segundo es un enlace de correo, dirigido a mi propio buzón de correo electrónico. El último es un enlace de descarga para que pueda bajarse un fichero que he puesto a su disposición en mi sitio. Pruebe el código para ver su funcionamiento (naturalmente, necesitará estar conectado a Internet para poder probarlo).

Vamos a seguir viendo algunos métodos de las cadenas que permiten formatearlas con los mismos resultados de HTML. El código **formatos.htm** ilustra el funcionamiento de estos métodos.

```
var cadena = "Esto es texto 'normal'.";
document.write (cadena + "<br>");
cadena = "Esto es más grande.";
document.write (cadena.big() + "<br>");
cadena = "Esto es intermitente.";
document.write (cadena.blink() + "<br>");
cadena = "Esto es letra negrita.";
document.write (cadena.bold() + "<br>");
cadena = "Esto es letra de ancho fijo.";
document.write (cadena.fixed() + "<br>");
```

```
        cadena = "Esto es rojo.";
        document.write (cadena.fontcolor("#FF0000") + "<br>");
        cadena = "Esto es texto muy grande.";
        document.write (cadena.fontsize(7) + "<br>");
        cadena = "Esto es cursiva";
        document.write (cadena.italics() + "<br>");
        cadena = "Esto es letra peque&ntilde;a.";
        document.write (cadena.small() + "<br>");
        cadena = "Esto aparece tachado.";
        document.write (cadena.strike() + "<br>");
        cadena = "Esto es sub&iacute;ndice.";
        document.write ("Texto normal" + cadena.sub() +
"<br>");
        cadena = "Esto es super&iacute;ndice";
        document.write ("Texto normal" + cadena.sup() +
"<br>");
```

Cuando ejecute esta página, verá el resultado de la figura 6.4.

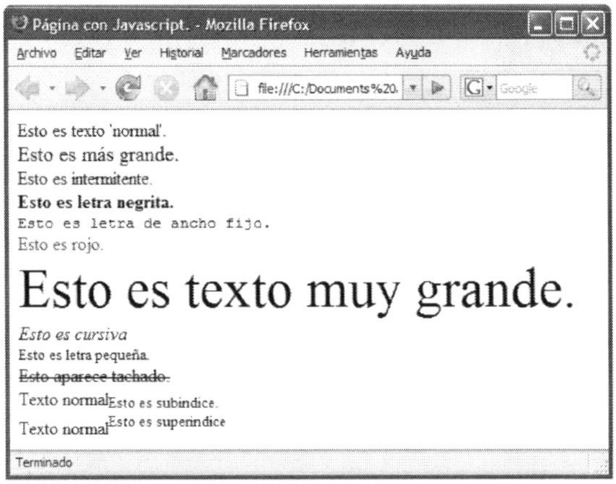

Figura 6.4

A través de esta página puede ver el funcionamiento de los métodos empleados, que le comento a continuación.

- ***big()***. Se usa para obtener el texto de salida algo más grande que el habitual. Equivale al tag <big> de HTML.
- ***blink()***. Muestra texto intermitente. Equivale al tag <blink> de HTML y, al igual que éste, sólo funciona bajo Netscape, no bajo Internet Explorer.
- ***bold()***. Se usa para obtener letra negrita. Equivale al tag <b> de HTML.

- ***fixed()***. Se usa para mostrar texto en una tipografía de ancho fijo. Equivale al tag <tt> de HTML.
- ***fontcolor()***. Se usa para establecer el color de la fuente. Equivale a usar en HTML <font color="....">. Este método recibe, como argumento, una cadena que representa el color que deseamos para el texto.
- ***fontsize()***. Se usa para determinar el tamaño del texto en la ventana del navegador. Equivale a usar en HTML <font size=...>. Como argumento recibe el tamaño deseado para la letra. Al igual que en HTML, este tamaño debe estar comprendido entre 1 y 7.
- ***italics()***. Se usa para mostrar texto en cursiva. Equivale al tag <i> de HTML.
- ***small()***. Se usa para obtener una tipografía algo más pequeña que la normal. Equivale al tag <small> de HTML.
- ***strike()***. Se usa para mostrar la correspondiente cadena en tachado. Equivale al tag <strike> de HTML.
- ***sub()***. Se usa para mostrar un texto en forma de subíndice. Equivale al tag <sub> de HTML.
- ***sup()***. Se usa para mostrar un texto en forma de superíndice. Equivale al tag <sup> de HTML.

Fíjese en que, a diferencia de HTML, donde los tags referenciados tienen un cierre (p.e., </b>, </font>, etc.), en JavaScript, estos efectos se aplican sobre la cadena a la que se le asignan los métodos, por lo que no procede la existencia de ninguna instrucción específica de "cierre". Además, se pueden combinar varios métodos, aplicados a un mismo objeto String para lograr el resultado deseado. Véalo en el listado **combinados_1.htm**, que nos muestra un texto de color azul, en negrita y cursiva, como muestra la figura 6.5.

```
      var cadena = "Esto saldr&aacute; azul, en negrita y
cursiva.";
      document.write
(cadena.fontcolor("#0000FF").bold().italics());
```

Figura 6.5

Como ve, la forma de aplicar atributos (propiedades) al texto es totalmente diferente en JavaScript de como lo hacemos en HTML. No obstante, el resultado es el mismo. Sin embargo, en JavaScript hay muchas ventajas. La más importante, que ya hemos conocido en parte, es la posibilidad de cambiar las propiedades del texto de modo dinámico (en tiempo de ejecución).

Y una observación más. En el Capítulo 4, mencioné que se pueden incluir tags de HTML en sentencias JavaScript. Repase el Capítulo si no lo recuerda y observe el código **incluir_htm_1.htm** que le muestro a continuación:

```
<script language="javascript">
   <!–
// Se define una cadena.
      var cadena = "Esto....";
// Y se muestra en la página.
      document.write (cadena.fontcolor("#0000FF") +
"<br>");

// Aquí se muestra otra cadena, incluyendo HTML.
      document.write ("<font color='#0000FF'>Es igual
que esto.</font>");

   //-->
</script>
```

Ejecute esta página para ver hasta qué punto están "compenetrados" HTML y JavaScript.

6.1.3 Otros métodos de String

En el apartado anterior hemos visto los métodos que proporciona el objeto String para formatear cadenas, pero si se quedara ahí la cosa, sería bastante pobre. En efecto, JavaScript nos proporciona algunos métodos interesantes para trabajar con las cadenas, o con la parte de ellas que nos interese.

6.1.3.1 LOCALIZAR UNA SUBCADENA EN UNA CADENA

Una de las posibilidades más útiles de JavaScript es localizar una parte de una cadena dentro de dicha cadena. Por ejemplo, si usted tiene que validar una dirección de correo electrónico, deberá comprobar que en la cadena se encuentra el signo @. Para ello contamos con dos métodos: ***indexOf()*** y ***lastIndexOf()***. El primero recibe como argumento una subcadena y localiza la primera posición en la que aparece en la cadena. El segundo localiza la última posición de la subcadena en la cadena. Veamos qué significa esto mediante unos ejemplos.

En primer lugar, veamos el código **localizar_subcadena_1.htm**. En este código partiremos de una frase en la que aparece dos veces el nombre **Pepe** y determinaremos en qué posiciones se encuentra ese nombre dentro de la cadena.

```
<script language="javascript">
   <!--
   var cadena = "Me llamo Pepe y mi padre se llamaba
Pepe, igual que yo.";

   var primero = cadena.indexOf("Pepe");
   var ultimo = cadena.lastIndexOf("Pepe");

   alert ("El primer 'Pepe' está en " + primero + ".\nY
el último está en " + ultimo);
   //-->
</script>
```

Cuando ejecute está página verá un cuadro de aviso que le indica que la primera vez que aparece la subcadena Pepe es en la posición 9 de la cadena y la última vez que aparece es en la posición 36. Esto significa que la subcadena Pepe aparece, por primera vez, a partir de la posición 9 de la cadena, es decir, que la P mayúscula de Pepe es el carácter 9 de la cadena principal (en realidad es el décimo carácter. Recuerde que los caracteres empiezan a numerarse desde cero, no desde uno).

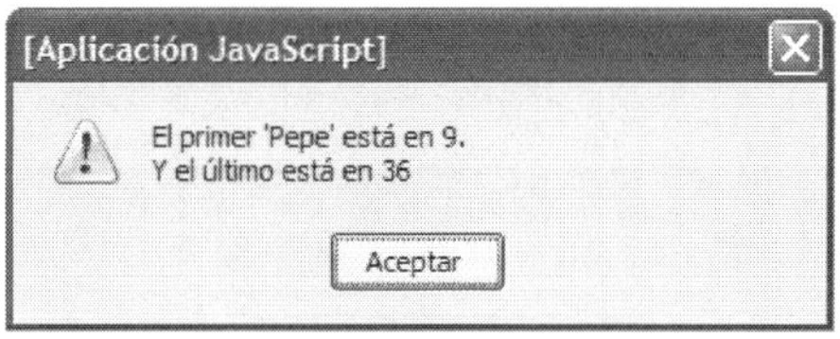

Figura 6.6.

Por lo tanto, los caracteres de la cadena quedan numerados como se ve en el esquema de la figura 6.7.

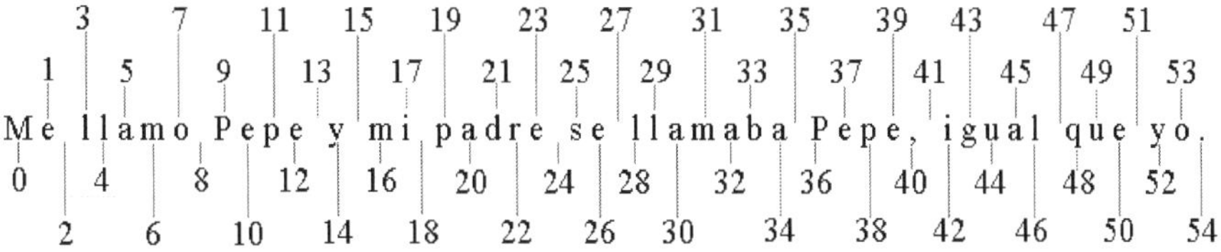

Figura 6.7

Así pues, tal como dijimos anteriormente, los caracteres de una cadena se empiezan a numerar desde cero. En consecuencia, cuando tratamos de usar los métodos indexOf() y lastIndexOf() para localizar una subcadena que no existe en la cadena principal, JavaScript no puede devolver el valor cero, ya que eso implicaría que la subcadena buscada estaría en la primera posición de la cadena. Por lo tanto, JavaScript nos devuelve el valor **–1**. Para comprobarlo, usamos el código **localizar_subcadena_2.htm**, que es el mismo que el anterior, pero buscando una subcadena que sabemos, a priori, que no existe.

```
      var cadena = "Me llamo Pepe y mi padre se llamaba Pepe,
igual que yo.";
      var primero = cadena.indexOf("subcadena");
      var ultimo = cadena.lastIndexOf("subcadena");
      alert ("La primera 'subcadena' está en " + primero +
".\nY la última está en " + ultimo);
```

El resultado de la ejecución de este código lo vemos en la figura 6.8.

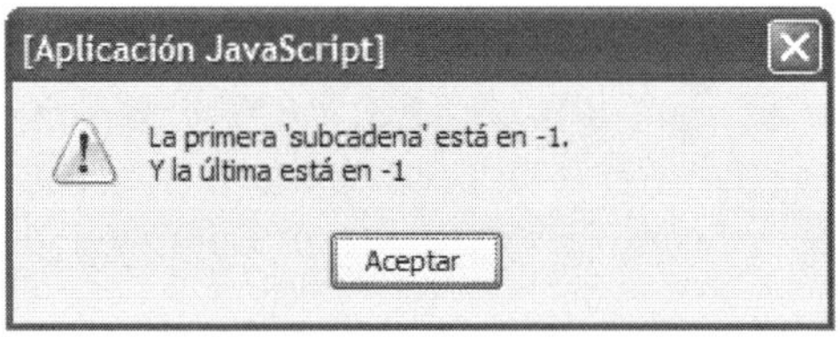

Figura 6.8

De este modo, podemos determinar la inexistencia de una subcadena dentro de una cadena.

En el uso de estos métodos existen algunas particularidades. Por ejemplo, el hecho de que la subcadena sólo aparezca una vez dentro de la cadena. En ese caso, el resultado de los métodos indexOf() y lastIndexOf() será idéntico. Esto se ilustra en el código **localizar_subcadena_3.htm**. En él vamos a buscar la subcadena "padre" (sin las comillas) dentro de la cadena que estamos usando como ejemplo. Como vemos en el esquema de la figura 6.7 esta subcadena empieza en la posición 19, y ése será el valor que nos devolverán ambos métodos. El código es el siguiente:

```
      var cadena = "Me llamo Pepe y mi padre se llamaba Pepe,
igual que yo.";
      var primero = cadena.indexOf("padre");
      var ultimo = cadena.lastIndexOf("padre");
```

```
      alert ("El primer 'padre' está en " + primero + ".\nY
el último está en " + ultimo);
```

El resultado es, como cabía esperar, el cuadro de aviso que aparece representado en la figura 6.9.

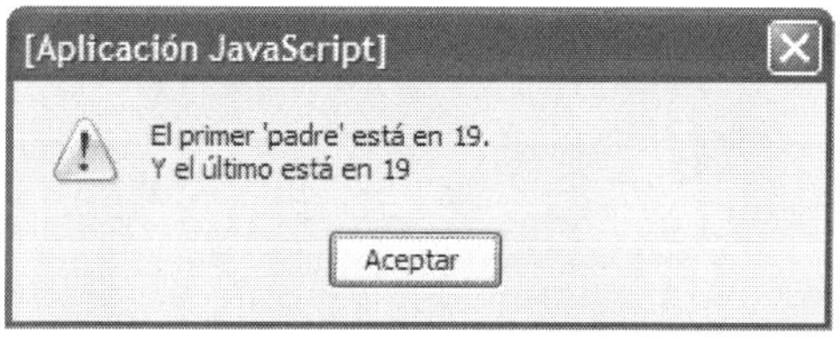

Figura 6.9

En una cadena, la primera posición corresponde siempre a cero y la última corresponde siempre a la longitud de la cadena –1. Y con esto tenemos suficiente para empezar a validar direcciones de correo electrónico. Por ejemplo, sabemos que una dirección debe contener un signo @ y sólo uno. Además, no debe estar al principio ni al final de la cadena. Observe el código que muestro a continuación. Se llama **localizar_subcadena_4.htm**.

```
      var fallo = false; //Usamos esta variable
      //para determinar si se produce un error.

      // Se pide por teclado un e-mail.
      var correo = prompt("Introduzca su correo
electrónico.","");

      //Se determina la posición del signo @.
      var primera = correo.indexOf("@");
      var ultima = correo.lastIndexOf("@");

      //Se verifica si no existe ninguna arroba.
      if (primera == -1) fallo = true;

      //Se verifica si hay más de una arroba.
      if (primera != ultima) fallo = true;

      //Se verifica si la arroba está
      //al principio o al final de la cadena.
      if (primera == 0 || ultima == correo.length-1) fallo =
true;

      //Por último, se verifica si se ha producido algún
fallo.
```

```
        if (fallo)
        {
           alert ("La dirección introducida es incorrecta.");
        } else {
           alert ("La dirección introducida parece ser
correcta.");
        }
```

Si ejecutamos esta página veremos que, si introducimos una dirección que no contenga la arroba, que contenga más de una arroba o que tenga la arroba al principio o al final de la cadena, obtenemos como respuesta el primer cuadro de aviso de la figura 6.10. Si la dirección tiene una sola arroba, en una posición válida, obtendremos el segundo cuadro de aviso.

Por supuesto, esta comprobación no es todo lo exhaustiva que debería ser. Por ejemplo, si el usuario introduce, como dirección de correo electrónico, **a@a**, nuestro pequeño script se la da como válida. Todavía no hemos determinado si existe, por ejemplo, un punto en la parte derecha de la cadena. Enseguida veremos cómo solventar esta eventualidad, pero antes vamos a comentar algo más sobre los métodos que estamos estudiando.

El método indexOf() admite un segundo parámetro, éste de tipo numérico, para indicar dónde queremos comenzar a buscar la subcadena dentro de la cadena. Este parámetro es opcional y, hasta ahora, lo hemos omitido. Al hacerlo así, indexOf() comienza la búsqueda al comienzo de la cadena, en la posición cero. Si incluimos el segundo parámetro (separado del primero por una coma), indexOf() buscará la subcadena especificada a partir de la posición indicada.

Todo esto es más interesante de lo que, en principio, parece, ya que con los métodos estudiados podemos localizar la primera ocurrencia y la última de una subcadena dentro de una cadena, pero si hay más de dos ocurrencias, no las identificaremos si no es gracias al segundo parámetro de indexOf().

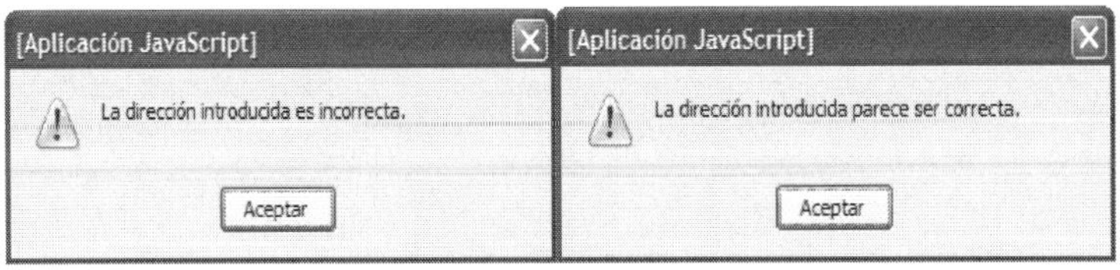

Figura 6.10

Supongamos una cadena como la siguiente: **`Esto es una cadena de unos determinados caracteres.`** Y ahora supongamos que queremos buscar la subcadena `de`. Esta subcadena aparece en tres ocasiones, tal como se resalta a continuación: `Esto es una cadena de unos determinados caracteres.` Estas subcadenas están, respectivamente, en las posiciones 14, 19 y 27 de la cadena. Con el método indexOf(), tal como le hemos usado hasta ahora, localizaremos la ocurrencia de la subcadena en la posición 14 y, con lastIndexOf(), la que hay en la posición 27. Pero no localizaremos la de la posición 19. Para eso tenemos que recurrir al segundo parámetro del método indexOf(), tal como muestra el código **localizar_subcadena_5_a.htm**.

```
      //Creamos la cadena donde se buscará.
      var cadena = "Esto es una cadena de unos determinados
caracteres.";

      //Creamos lo que será el segundo parámetro del
      //método indexOF(). Inicialmente es cero, para empezar
la
      //búsqueda al principio de la cadena.
      var buscar = 0;

      //Creamos una variable donde se irá almacenando, de
modo
      //secuencial, la posición de cada una de las
ocurrencias
      //de la subcadena buscada.
      var posicion;

      //Mostramos la cadena en la página.
      document.write ("La cadena es \"" + cadena + "\"<BR>");

      //Entramos en un bucle, que se ejecutará al menos una
      //vez, para recorrer la cadena mientras existan
      //ocurrencias de la subcadena.
      do
      {

         //Determinamos la posición de la primera
         //ocurrencia de la subcadena, empezando la búsqueda
en
         //el inicio de la cadena.
         posicion = cadena.indexOf("de",buscar);

         // Si ha aparecido la subcadena
         if (posicion != -1)
         {

            //mostramos en la página su posición.
```

Téngalo en cuenta a la hora de diseñar sus scripts, ya que es fuente común de errores difíciles de localizar.

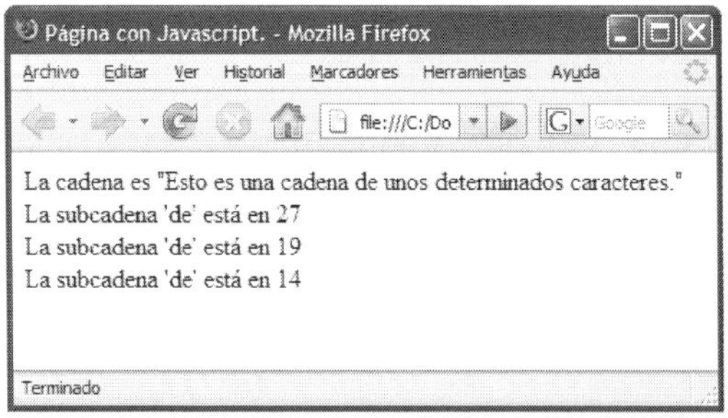

Figura 6.12

Y ahora que ya conocemos todos los posibles usos de los métodos indexOf() y lastIndexOf(), vamos a mejorar el script para la comprobación de una dirección de correo electrónico. En concreto, necesitaremos verificar los siguientes aspectos:

- Que exista un signo arroba y sólo uno.
- Que no se encuentre en la primera ni en la última posición.
- Que después de la arroba haya, al menos, un carácter que no sea un punto.
- Que a continuación haya, al menos, un punto en el nombre del dominio.

Es decir, la dirección de correo electrónico deberá ser de un aspecto similar a **webmaster@todoligues.com**. Además, si el usuario teclea una dirección que infrinja alguna de las reglas expresadas, se le deberá pedir de nuevo, hasta que la teclee correctamente. El script que usaremos para esto se llama **comprobar_correo_1.htm** y aparece listado a continuación.

Como se puede ver, se trata de una ampliación bastante mejorada de localizar_subcadena_4.htm.

```
var fallo = false; //Usamos esta variable
//para determinar si se produce un error.

do //Se ejecutará mientras no haya una dirección
válida.
{
   fallo=false; //Se resetea el indicador de fallo.

   // Se pide por teclado un e-mail.
```

```
         correo = prompt("Introduzca su correo
electrónico.","");

         /* Si el usuario pulsa el botón cancelar, la
variable recibe el valor null (nulo). En ese caso no
funcionarían las comprobaciones posteriores, así que le
ponemos un valor erróneo para que se pueda determinar el
fallo. */
         if (correo == null) correo = "ERROR";

         //Se determina la posición del signo @.
         primera = correo.indexOf("@");
         ultima = correo.lastIndexOf("@");

         //Se verifica si no existe ninguna arroba.
         if (primera == -1) fallo = true;

         //Se verifica si hay más de una arroba.
         if (primera != ultima) fallo = true;

         //Se verifica si la arroba está
         //al principio o al final de la cadena.
         if (primera == 0 || ultima == correo.length-1) fallo
= true;

         // La variable buscar se empleará para localizar la
         //posición de cada punto en la cadena.
         buscar = 0;

         //Lo primero que hacemos es determinar si hay
         //algún punto.
         //Si no lo hay, ya no nos vale la dirección.
         posicion_punto = correo.indexOf(".");
         if (posicion_punto == -1) fallo = true;

         //A continuación se determina si los puntos no están
         //en posiciones indebidas, es decir, al principio
         //o al final de la cadena o junto a la arroba.
         do
         {
            posicion_punto = correo.indexOf(".",buscar);
            if (posicion_punto==0 ||
posicion_punto==correo.length-1 || posicion_punto==primera+1
|| posicion_punto==primera-1) fallo = true;
            buscar = posicion_punto + 1;
         } while (posicion_punto != -1);
```

```
         //Por último, se verifica si se ha producido algún
fallo.
         if (fallo){
            alert ("La dirección introducida es
incorrecta.");
         }
      } while (fallo); //Si ha habido algún fallo se repite
el proceso.
      document.write ("La dirección " + correo + " es
correcta.");
```

Ejecute la página. Como verá, se le pide que introduzca una dirección de correo electrónico. Cuando la introduce, si es correcta, se le muestra un mensaje que le informa de ello. Si no lo es, se muestra un cuadro de aviso y, al cerrarlo, se le vuelve a pedir la dirección. Analice el código del script. Como ve, le hemos sacado el máximo partido posible a los métodos indexOf() y lastIndexOf(). En el script hay una línea sobre la que quiero llamar especialmente su atención:

```
      if (correo == null) correo = "ERROR";
```

Cuando JavaScript pide al usuario el valor de una variable mediante prompt() y el usuario pulsa el botón **[CANCELAR]** o la tecla Esc, en la variable se almacena un valor null (nulo). Este valor especial no es ni una cadena de texto, ni el valor cero, ni nada que pueda ser identificado por JavaScript. En realidad, lo que hace el poner el valor null en una variable es destruir la variable, como si no existiera. Si se acuerda, ya hemos mencionado este tipo de dato anteriormente, aunque fuera de pasada. Así pues, de seguir adelante con el script, al tratar de usar la propiedad length o alguno de los métodos del objeto, se produciría un error en tiempo de ejecución, puesto que el objeto ha dejado de existir. Con esta línea lo que hacemos es darle un valor al objeto para evitar ese error. Por supuesto, ni este script, ni ningún otro podrá determinar si la dirección que usted ha introducido existe y es la suya pero, al menos, determina si está en el formato correcto. Más adelante, cuando hablemos de formularios, usaremos este script para chequear direcciones de e-mail.

6.1.3.2 IDENTIFICAR LOS CARACTERES EN CADA POSICIÓN

En el apartado anterior hemos aprendido a determinar en qué posición de una cadena se encuentra una subcadena (que puede estar formada por uno o varios caracteres). Ahora vamos a aprender justo lo contrario, es decir, determinar qué carácter hay en una posición determinada de la cadena. Para ello contamos con los métodos ***charAt()*** y ***charCodeAt()*** del objeto String. Estos métodos deben recibir, obligatoriamente, un parámetro numérico que se refiere a la posición, dentro de la cadena, cuyo carácter queremos determinar. Esta posición, como sabemos, estará comprendida entre cero (el comienzo de la cadena) y la longitud de la cadena –1 (el final de la misma).

Veamos un código de ejemplo que nos muestra el uso de charAt(). El código se llama **charat_1.htm**.

```
/*Se pide que se teclee una cadena.
Si la cadena es nula, se pide de nuevo.*/
while (cadena ==null)
{
   var cadena = prompt ("introduzca una cadena","");
}

do {  /*Se pide una posición cuyo carácter
queramos identificar. Si la posición es menor que cero,
o mayor que la longitud de la cadena menos 1, o no es
un número, se volverá a pedir.*/

   //Se pide la posición para tratarla
   //como dato numérico.
   posicion = parseInt(prompt ("Teclee (en número) la
posición que le interesa.","")); 
} while (posicion<0 || posicion>=cadena.length ||
isNaN(posicion));

//Se muestra la cadena en la página.
document.write ("La cadena es " + cadena + "<br>");

//Se muestra el carácter que hay en la
//posición solicitada.
document.write ("En la posici&oacute;n " + posicion + "
hay el car&aacute;cter " + cadena.charAt(posicion));
```

Cuando ejecute esta página verá que le pide que introduzca una cadena de texto (cualquier frase, palabra o, simplemente, cualquier secuencia de caracteres). Si usted pulsa el botón **[ACEPTAR]** sin haber tecleado nada, o si pulsa **[CANCELAR]**, la cadena es nula y se vuelve a pedir lo mismo. Cuando usted teclea una cadena válida, se le pide que indique, mediante un número, la posición en la cual desea determinar qué carácter hay. Una vez tecleada la posición, se muestra en la página la cadena y el carácter que hay en la posición indicada. Esto se obtiene mediante el método charAt(), tal como figura en la línea resaltada del código.

Hay un par de puntos sobre los que, aunque nos sacan un poco del contexto en el que estamos, quiero llamar su atención. Me refiero, en concreto, a la comprobación que hacemos de la posición que se teclea. En ella recurrimos a las funciones isNaN() y parseInt(). Repase el Capítulo 2 del libro si no tiene claro cómo o por qué se han empleado aquí. Básicamente, parseInt() convierte lo que usted ha tecleado a un valor numérico. Si lo que usted ha tecleado no puede ser convertido a valor numérico, en la variable posición se almacena un contenido no numérico (NaN). Esta eventualidad se chequea con la función isNaN().

Como usted sabe, cualquier carácter que se pueda teclear o visualizar en pantalla es gestionado por el ordenador con un valor numérico. Este valor es el código ASCII, que es universal, válido para cualquier plataforma. Así, por ejemplo, la A mayúscula tiene el código 65 en cualquier ordenador del mundo; la B mayúscula, el 66, etc. En el Apéndice C puede ver el código ASCII. Si quiere obtener el código ASCII de un carácter determinado, use el método ***charCodeAt()***, que localiza el carácter que hay en la posición que se le indica como parámetro y nos devuelve el correspondiente código ASCII. Vemos su funcionamiento a través del código **charcodeat_1.htm**.

```
/*Se pide que se teclee una cadena.
Si la cadena es nula, se pide de nuevo.*/
while (cadena ==null) {
   var cadena = prompt ("introduzca una cadena","");
}
do /*Se pide una posición cuyo carácter
queramos identificar. Si la posición es menor que cero,
o mayor que la longitud de la cadena menos 1, o no es
un número, se volverá a pedir.*/
{

   //Se pide la posición para usarla como dato
numérico.
   posicion = parseInt(prompt ("Teclee (en número) la
posición que le interesa.",""));
} while (posicion<0 || posicion>=cadena.length ||
isNaN(posicion));


//Se muestra la cadena en la página.
document.write ("La cadena es " + cadena + "<br>");

//Se muestra el carácter que hay en la
//posición solicitada.
document.write ("En la posici&oacute;n " + posicion + "
hay el car&aacute;cter " + cadena.charAt(posicion) + "<br>");

//Se muestra el código ASCII.
```

```
document.write ("Su c&oacute;digo ASCII es " +
cadena.charCodeAt(posicion));
```

Observe, especialmente, la línea que aparece resaltada. El resto del script es el mismo que el anterior.

Existe otro método, bastante interesante, que es una variante de éste último. Se trata de ***fromCharCode()***. Este método recibe, como parámetros separados por comas, una serie de valores que indican códigos ASCII. Por lo tanto, dichos valores estarán comprendidos entre 0 y 255. El método los convierte en caracteres y forma con ellos una cadena. Veámoslo mediante el código **convertir_2.htm**.

```
var valor_1 = 65;
var valor_2 = 66;
var valor_3 = 67;

cadena = String.fromCharCode(valor_1,valor_2,valor_3);
document.write(cadena);
```

El resultado de este código es ver en pantalla la cadena ABC, ya que los códigos ASCII 65, 66 y 67 se corresponden con las letras A, B y C (mayúsculas). Observe, en la parte que aparece resaltada, que este método lo usamos de una manera un poco peculiar. Todos los métodos tienen que escribirse precedidos de un punto y el nombre del objeto al cual se aplican (repase el Capítulo 4, si tiene dudas respecto a la notación del punto). Pero este método no pertenece todavía a ningún objeto de cadena. Por su propia naturaleza, este método se aplica, directamente, a partir de la palabra clave String.

6.1.3.3 EXTRAER UNA SUBCADENA A PARTIR DE UNA CADENA

Ya conocemos los métodos que nos ofrece el objeto String para localizar una subcadena o identificar un carácter. Pero todo está incompleto si no podemos extraer una subcadena de la cadena principal. Para ello, JavaScript nos ofrece cuatro métodos fundamentales del objeto String, a cual de ellos más interesante: ***slice()***, ***split()***, ***substr()*** y ***substring()***.

El método slice() se emplea para extraer, directamente, una subcadena de una cadena. Recibe dos argumentos numéricos, separados por una coma. El primero indica la posición donde empieza la subcadena. El segundo es uno más que la posición donde termina la subcadena a extraer. Como siempre, veremos esto más claro mediante un ejemplo. El código se llama **extraer_slice_1.htm**. En él partiremos de una cadena que contiene lo siguiente: `"Esto es una cadena de texto."`. De ahí, queremos extraer la secuencia "aden" de la palabra "cadena". Lo primero que vamos a hacer es contabilizar, a mano, dónde empieza y acaba esa secuencia.

Recuerde que los caracteres se empiezan a numerar por el cero, así que la secuencia empieza en la posición 13 y acaba en la 16. Por lo tanto, los argumentos que recibirá el método son 13 y 17. El script es el siguiente:

```
var cadena = "Esto es una cadena de texto.";
var subcadena = cadena.slice(13,17);
document.write ("La cadena es " + cadena + "<br>");
document.write ("La subcadena es " + subcadena +
"<br>");
document.write ("La cadena sigue siendo " + cadena);
```

Al ejecutar este script se obtiene en el navegador la página de la figura 6.13. En ella se ve el resultado de la aplicación del método slice(). No se preocupe ahora si no le ve, de momento, mucha utilidad a este método y a los siguientes. Cuando terminemos de ver la extracción de subcadenas y los demás métodos de String llevaremos a cabo un pequeño ejercicio práctico, sumamente interesante.

Fíjese en que, después de aplicar el método slice(), he vuelto a mostrar la cadena original. Para que compruebe que lo que realmente hemos hecho ha sido obtener una copia de la cadena, no le hemos quitado nada. En este caso, el término *extraer* no debe entenderse como sinónimo de *sacar* o *quitar*. Esto último es válido, también, para los otros tres métodos que veremos en este apartado.

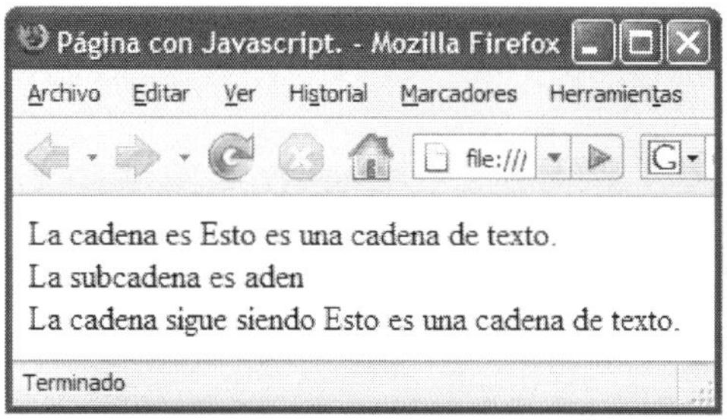

Figura 6.13

El método slice() admite que el segundo parámetro sea negativo. En este caso, lo que hace es extraer caracteres empezando a contar desde el final de la cadena. Lo veremos más claro con el código **extraer_slice_2.htm**, que aparece a continuación:

```
var cadena = "Esto es una cadena de texto.";
```

```
        var subcadena = cadena.slice(13,-7);

        document.write ("La cadena es " + cadena + "<br>");
        document.write ("La subcadena es " + subcadena +
"<br>");
        document.write ("La cadena sigue siendo " + cadena);
```

El resultado es el que vemos en la figura 6.14.

Es decir, se crea la subcadena a partir del carácter indicado en el primer parámetro hasta el final de la cadena y luego se eliminan tantos caracteres como indica el segundo parámetro. Todo en una sola operación. El método slice() no es, quizás, uno de los más usados, pero en ocasiones resulta sumamente versátil.

Figura 6.14

El método **split()** se emplea para obtener copias de determinados fragmentos de una cadena que se almacenan en una matriz (cada fragmento se almacenará en una celda de la matriz). Este método recibe como argumento un carácter que actúa como ***separador***. Esto quiere decir que, cada vez que, en la cadena, se encuentre dicho carácter, se creará un nuevo elemento de la matriz. Veamos un ejemplo para aclarar este concepto. El código se llama **extraer_split_1.htm**.

```
        //Definimos una cadena.
        var cadena =
"LUNES,MARTES,MIERCOLES,JUEVES,VIERNES,SABADO,DOMINGO";

        //Creamos una matriz, a partir del
        //método split() de la cadena.
        var matriz_semana = cadena.split(",");

        //Mostramos el número de elementos de la matriz.
        document.write ("La matriz tiene " +
matriz_semana.length + " elementos<br>");
```

```
    //Usamos un bucle para mostrar
    //cada elemento de la matriz.
    for (contador=0; contador<matriz_semana.length;
contador++)
    {
       document.write ("El elemento " + contador + " es ");
       document.write (matriz_semana[contador] + "<br>");
    }
```

El resultado es la página de la figura 6.15.

Como ve en la línea que aparece resaltada en el código, al método split() le hemos pasado, como argumento, el signo de la coma. Por lo tanto, éste será el separador. A partir de la cadena se genera un nuevo elemento de la matriz que contiene la parte de la cadena original que hay hasta que se encuentra el separador (la coma). Es decir, la cadena se divide en "trozos" dependiendo de la presencia del separador. Este método, por lo tanto, sólo es válido en cadenas que estén muy bien estructuradas, para poder identificar cada parte mediante el separador.

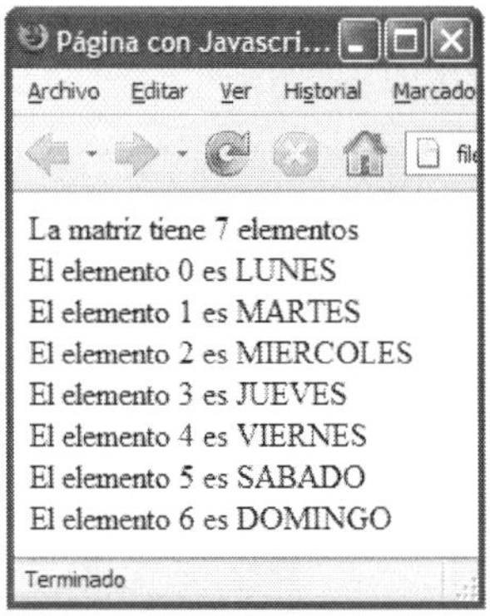

Figura 6.15

El método split() admite un segundo parámetro, opcional, que indicará el número máximo de elementos que tendrá la matriz. Cuando se han creado tantos elementos como se indica en el segundo parámetro, el método deja de crear la matriz. Por ejemplo, vamos a crear un código, basado en el anterior, que obtenga sólo los días laborables de la semana. El código se va a llamar **extraer_split_2.htm**.

```
    //Definimos una cadena.
    var cadena =
"LUNES,MARTES,MIERCOLES,JUEVES,VIERNES,SABADO,DOMINGO";
    //Creamos una matriz, a partir del
```

```
        //método split() de la cadena, con los días laborables.
        var matriz_semana = cadena.split(",",5);
        //Mostramos el número de elementos de la matriz.
        document.write ("La matriz tiene " +
matriz_semana.length + " elementos<br>");
        //Usamos un bucle para mostrar
        //cada elemento de la matriz.
        for (contador=0; contador<matriz_semana.length;
contador++)
        {
           document.write ("El elemento " + contador + " es ");
           document.write (matriz_semana[contador] + "<br>");
        }
```

Observe la sintaxis de la línea resaltada. En ella ve que ponemos el límite a cinco elementos de la matriz, así que se almacenarán los cinco primeros. Al ejecutar el código verá claramente el resultado. Ponga especial atención en no confundir la coma que hemos usado como carácter separador con la que hemos puesto entre los dos parámetros. Por último, debo puntualizar que, si lo que queremos es obtener una matriz con tantos elementos como caracteres tenga la cadena (un carácter en cada elemento de la matriz), emplearemos como separador una cadena vacía (“”).

El método substr() se emplea cuando queremos extraer parte de una cadena y conocemos la posición de inicio y la longitud de la subcadena que nos interesa. El funcionamiento lo vemos en **extraer_substr_1.htm**.

```
        var cadena = "Esto es una cadena de texto."
        var subcadena = cadena.substr(12,6);
        document.write("La cadena es: " + cadena + "<br>");
        document.write("La subcadena es: " + subcadena);
```

El resultado aparece en la figura 6.16. Por último, el método substr() funciona igual que slice() pero, al ser más antiguo, no admite valores negativos en el segundo parámetro.

Figura 6.16

Como apunte interesante sobre los métodos slice() y substr(), hay que decir que, si se omite el segundo parámetro, devuelven una subcadena que va desde la posición indicada por el primer parámetro hasta el final de la cadena original.

6.1.3.4 MAYÚSCULAS Y MINÚSCULAS

En muchas ocasiones encontramos útil poder cambiar la capitalidad de una cadena de texto, de modo que todas las letras se conviertan a mayúsculas o minúsculas. El objeto String proporciona dos métodos muy útiles: ***toUpperCase()*** y ***toLowerCase()***. Estos métodos no reciben parámetros y convierten una cadena a mayúsculas y a minúsculas, respectivamente. Veamos cómo funcionan, en el código **convertir_1.htm**.

```
var cadena = "Esto es una cadena.";
var mayus = cadena.toUpperCase();
var minus = cadena.toLowerCase();

document.write("La cadena original es: " + cadena +
"<br>");
document.write("En may&uacute;sculas es: " + mayus +
"<br>");
document.write("En min&uacute;sculas es: " +minus);
```

El resultado de la ejecución de esta página lo vemos en la figura 6.17. Esto puede resultar útil en muchísimas ocasiones. Por ejemplo, suponga que le pide al usuario que teclee una dirección de correo electrónico mediante prompt().

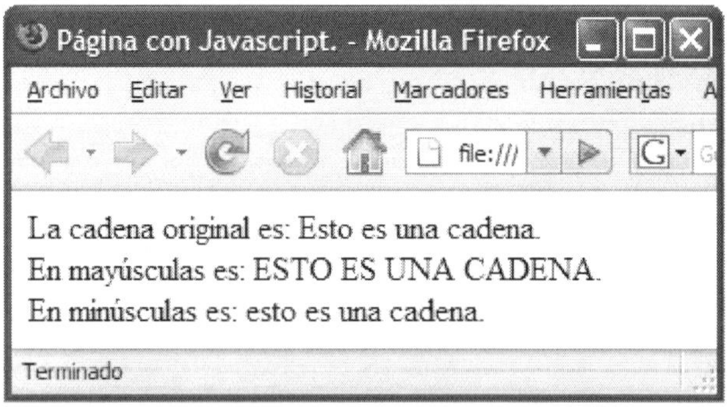

Figura 6.17

Como usted sabe, las direcciones de correo electrónico se escriben siempre con minúsculas, pero podría ser que el usuario teclease alguna letra mayúscula. Pero ahora usted sabe cómo asegurarse de que la dirección de correo se almacene correctamente. Haríamos algo como lo siguiente:

```
var correo = prompt("Teclee su correo","");
correo = correo.toLowerCase();
```

Si el usuario ha tecleado la dirección con minúsculas, el método toLowerCase() no afecta a la cadena.

6.1.3.5 OTROS MÉTODOS DEL OBJETO STRING

El objeto String posee, además de los que ya hemos visto, algunos otros métodos. Uno de estos es ***concat()***. Éste permite concatenar dos cadenas. Una de ellas es aquélla a la que se aplica el método y la otra se incluye como argumento del propio método. El código **concatenar_1.htm** lo ilustra.

```
var cadena1 = "Esto es ";
var cadena2 = "una cadena.";
document.write (cadena1.concat(cadena2));
```

Al ejecutar la página verá que el resultado es el mismo que si hubiéramos puesto, en la parte que aparece resaltada, `cadena1 + cadena2`.

Otro método que puede resultar útil es ***match()***. Éste recibe como parámetro una expresión regular y devuelve, en una matriz, todas las subcadenas que coincidan con dicha expresión. Para entender el funcionamiento de este método es necesario saber qué son y cómo funcionan las expresiones regulares. Si no está familiarizado con este concepto, le aconsejo que, antes de seguir leyendo, se dirija al Apéndice H del libro, que trata este tema. Vamos a ver un código que ilustra el funcionamiento de match(). El código se llama **usar_match_1.htm**.

```
var expresion_1 = /\d\d\d/;
var cadena = "123-456-7-890";
var matriz = cadena.match(expresion_1);

for (contador=0;contador<matriz.length;contador++) {
   document.write (matriz[contador] + "<br>");
}
```

Este código está diseñado para buscar en la cadena las secuencias de caracteres que coincidan con la expresión regular empleada. Como ve, son tres: "`123`", "`456`" y "`789`". El método match() se encargará de crear una matriz con estas secuencias. Sin embargo, al ejecutar este script, vemos que el resultado es sólo la primera secuencia ("`123`"). Esto es así porque, cuando se encuentra esta primera secuencia, JavaScript ya no continúa la búsqueda. Si queremos que se busque en toda la cadena, debemos modificar la expresión regular añadiéndole el identificador g (global). La línea donde se declara la expresión quedaría así:

```
var expresion_1 = /\d\d\d/g;
```

El código está en el fichero **usar_match_2.htm**. Si lo ejecuta verá cómo ahora sí obtiene los tres elementos de la matriz que esperaba.

Otro de los métodos que se basan en expresiones regulares es ***search()***. Este método recibe como argumento una expresión regular y busca en la cadena una secuencia que coincida con dicha expresión. Si la encuentra, devuelve la posición en la que se inicia la secuencia. Si no la encuentra, devuelve -1 (menos uno). El script **usar_search_1.htm** ilustra este funcionamiento.

```
var expresion_1 = /\d\d\d/;
var cadena = "123-456-789-0";
var hallazgo = cadena.search(expresion_1);

alert ("La posición de la secuencia es " + hallazgo);
```

Una limitación de este método es que si en la cadena hay varias secuencias que cumplen la condición, sólo se identifica la primera. En este caso no sirve de nada el identificador g en la expresión.

El último método del objeto String es ***replace()***, que permite localizar una secuencia determinada dentro de la cadena y sustituirla por otra. Este método recibe, como argumentos, una expresión regular y una secuencia para la sustitución. A continuación busca, en la cadena, una secuencia que coincida con la expresión regular y la cambia por la secuencia de sustitución. Veamos cómo, mediante el código **usar_replace_1.htm**.

```
var cadena = "123-456-789-0";
var sustituir = "XXXX";
var expresion = /\d\d\d/;
var resultado = cadena.replace (expresion, sustituir);

alert ("El resultado es " + resultado);
```

Observe la sintaxis correcta en la línea resaltada. Al ejecutar este código verá el cuadro de aviso de la figura 6.18.

Como ve, sólo ha sido sustituida la primera secuencia que coincide con la expresión regular. Para que se hubieran sustituido todas las secuencias, sería necesario haber usado, en la expresión, el identificador g, tal como muestra la siguiente línea:

```
var expresion = /\d\d\d/g;
```

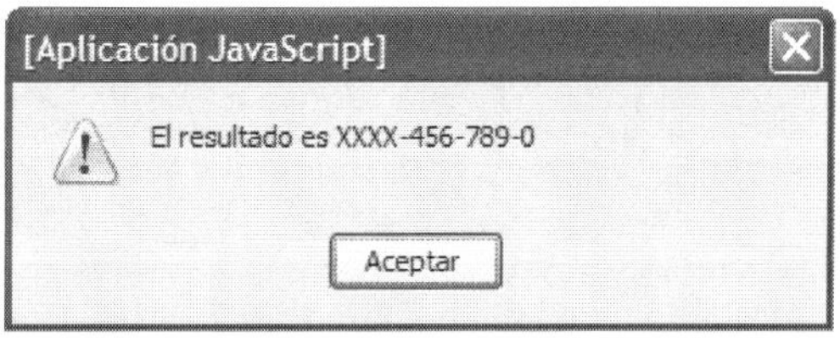

Figura 6.18

El código es **usar_replace_2.htm**, y, al ejecutarlo, verá usted el resultado de la figura 6.19.

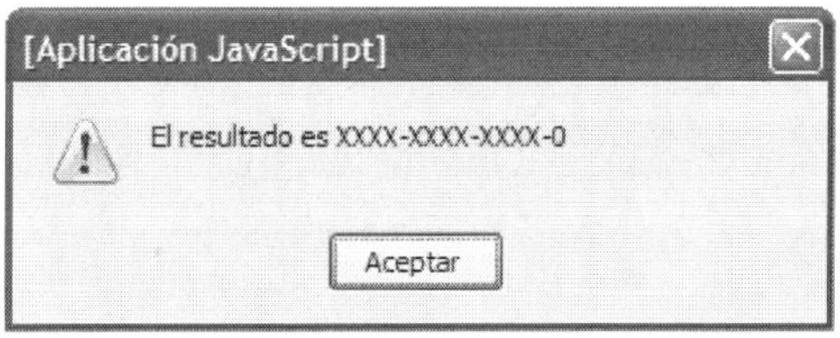

Figura 6.19

Como ve, ahora se han cambiado todas las secuencias que coincidían con la expresión.

6.1.4 Implementando métodos

El objeto String cuenta con la propiedad ***prototype***, que conocimos en el Capítulo anterior, para la implementación de propiedades y métodos que deseemos crear. Mediante prototype podemos crearnos, por ejemplo, una librería de métodos personalizados para usar en nuestros objetos String.

Anteriormente vimos algunos rudimentarios sistemas para la comprobación de una dirección de correo electrónico. Ahora crearemos un método específico para ello, llamado ***correo()***. Para implementar un método a un objeto es necesario crear una función con el nombre del método (y los argumentos, si proceden). Empecemos por ahí:

```
function correo() {
   //Aquí irá el cuerpo de la función.
}
```

Ahora vamos a crear el cuerpo de la función. Para comprobar si una dirección de correo está (al menos en principio) bien escrita, vamos a recurrir a las expresiones regulares. Para construir una expresión que busque la coincidencia con direcciones de correo válidas, tenemos que tener en cuenta que una dirección de e-mail siempre empieza con, al menos, una letra:

```
/^[a-z]
```

Opcionalmente, podrá haber más letras, dígitos, puntos o guiones bajos:

```
/^[a-z]([\w\.]*)
```

A continuación debe de haber una arroba (sólo una):

```
/^[a-z]([\w\.]*)@
```

A continuación deberemos encontrar el nombre del servidor que, por lo que a nosotros respecta, sigue el mismo patrón que el nombre del usuario:

```
/^[a-z]([\w\.]*)@[a-z]([\w\.]*)
```

Después debe haber un punto y una extensión de dos o tres letras (por ejemplo, .es, .com, etc):

```
/^[a-z]([\w\.]*)@[a-z]([\w\.]*)\.[a-z]{2,3}$/
```

Con esto queda construida la expresión regular adecuada. Ahora vamos a implementar la comprobación de esa expresión en nuestra función:

```
function correo() {
    expresion=/^[a-z]([\w\.]*)@[a-z]([\w\.]*)\.[a-
z]{2,3}$/;
    resultado = expresion.test(this);
    return resultado;
}
```

Esta función la vamos a almacenar en un fichero externo, al que llamaremos **correo.js**, y la vamos a usar desde **comprobar_correo_2.htm**, cuyo código es el siguiente:

```
<script src="correo.js" language="javascript"
type="text/javascript">
    <!--
    //Se importa el fichero externo en un script propio.
    //-->
</script>
```

```
<script language="javascript">
   <!--
   //Se crea el método correo()
   //en base a la función del mismo nombre.
   String.prototype.correo = correo;
   var cadena = prompt ("Teclee un e-mail","");
   cadena=cadena.toLowerCase();

   //Se comprueba la cadena.
   if (cadena.correo())
   {
      alert ("El e-mail es correcto");
   } else {
      alert ("El e-mail NO es correcto");
   }

   //-->
</script>
```

Cuando se crean métodos nuevos para los objetos es una buena práctica almacenarlos en bloques externos de código con la extensión ***.js***. De este modo están disponibles para cualquier página donde nos puedan hacer falta.

A fin de adquirir un poco de soltura con la implementación de métodos externos, vamos a crear uno que nos resultará bastante útil. En muchos lenguajes de programación se cuenta con un método específico de las cadenas, llamado ***trim()***, cuya misión es recortar los espacios en blanco que, ocasionalmente, pudiera haber a los extremos de una cadena. JavaScript no cuenta con este método ni con ningún otro similar, así que lo vamos a crear nosotros. Su funcionamiento consiste en que recibirá un argumento opcional que podrá ser ***i*** o bien ***d***; si recibe una i, el recorte de espacios sobrantes en la cadena se hará sólo por la izquierda; si recibe una d, el recorte se hará sólo por la derecha; si recibe cualquier otra cosa o no recibe nada, el recorte se hará por los dos extremos.

El código de la función que usaremos para el método es el siguiente:

```
function trim(extremo)
{

   //Almacena la cadena en una variable temporal.
   var temporal = this;

   //Si no hay argumentos, se consideran ambos lados.
   if (arguments.length == 0)
   {
```

```
            extremo="a";
        }

        extremo=extremo.toLowerCase();

        //Si el argumento no es ninguno de los previstos, se
consideran ambos lados.
        if (extremo != "a" && extremo!="i" && extremo!="d")
        {
            extremo="a";
        }
        //Recorta espacios por la izquierda.
        if (extremo == "i" || extremo == "a")
        {
            while (temporal.charAt(0) == " ")
            {
                temporal = temporal.substring(1);
            }
        }
        //Recorta espacios por la derecha.
        if (extremo == "d" || extremo == "a")
        {
            while (temporal.substr(temporal.length-1,1) == "
")
            {
                temporal = temporal.substring(0,
temporal.length - 2);
            }
        }
        return temporal;
    }
```

Si examina el código en relación con todo lo que ha aprendido sobre cadenas en este Capítulo verá cómo funciona. Sin embargo, hay una línea que aparece resaltada y que, aunque se sale un poco del contexto, le voy a comentar, ya que resulta muy interesante. Esta línea usa la matriz ***arguments***. Ésta es una matriz que existe dentro de cualquier función de JavaScript y que contiene los argumentos que recibe la función: un elemento por argumento. Por lo demás, está sometida a las mismas reglas de trabajo y tiene las mismas características que cualquier otra matriz.

Aclarado este punto, pasamos a mostrar el código **usar_trim.htm**, que hemos preparado para usar esta función.

```
    <script src="trim.js" language="javascript"
type="text/javascript">
```

```
        <!--
        //Se importa el fichero externo en un script propio.
        //-->
    </script>

    <script language="javascript">
        <!--

        //Se crea el método trim()
        //en base a la función del mismo nombre.
        String.prototype.trim = trim;

        var cadena = prompt ("Teclee una cadena","");
        var lados = prompt ("Indique el extremo
(i/d/a).","");
        cadena = cadena.trim(lados);
        alert ("La cadena recortada es \"" + cadena + "\"");

        //-->

    </script>
```

Ejecute esta página. Verá que se le pide una cadena. Teclee una cadena con espacios en blanco por delante y por detrás. A continuación se le pregunta por el lado del cual quiere eliminar los espacios. Usted puede responder con una i, una d o una a, o cualquier otra cosa. Pruebe, por ejemplo, a responder con una i. El programa le mostrará la cadena que usted tecleó, entrecomillada para que pueda ver que se han eliminado los espacios en blanco de la izquierda. Como ve, la flexibilidad a la hora de tratar cadenas es increíble.

6.1.5 Escapar y desescapar cadenas

En el Capítulo 2 se habló de secuencias de escape, aplicadas a caracteres individuales. Ahora vamos a comentar algo más de las secuencias de escape. Se conoce con el nombre de ***escapar un carácter*** a la operación de convertir dicho carácter en una secuencia de escape. En ocasiones necesitaremos (ya lo veremos más adelante) ***escapar una cadena***. Este proceso es algo diferente. Se emplea para convertir una cadena de texto normal en una cadena que pueda ser manejada por JavaScript para usos muy específicos. Por ejemplo, cuando se necesita pasar una cadena de texto de una página a otra a través del navegador. Por ahora, no se preocupe de cómo o por qué va a hacer esto. Son necesidades que no descubriremos hasta dentro de varios Capítulos. No obstante, sí es conveniente que entienda lo que le voy a detallar. Existen varios caracteres de uso muy común en cadenas (como pueden ser los espacios en blanco) que necesitan un tratamiento especial. Este tratamiento consiste en sustituir dichos caracteres por su código flotante ya es otra historia. Los navegadores muestran cierta tendencia a "encontrar" más decimales de los que deberían. Esto es un defecto que no tiene lugar siempre, pero que debemos tener en cuenta. Para entender a qué me refiero, observe el listado **errores_1.htm**, que aparece a continuación:

```
    document.write("3.99 * 5 = 19.95<br>")
    document.write("En cambio, el navegador dice: " + 3.99
* 5 + "<br>")
    document.write("<br>")
    document.write("81.66 * 15 es igual a 1224.9<br>")
    document.write("En cambio, el navegador dice: " + 81.66
* 15 + "<br>")
    document.write("<br>")
    document.write("66.67 * 15 es igual a 1000.05<br>")
    document.write("En cambio, el navegador dice: " + 66.67
* 15 + "<br>")
    document.write("<br>")
```

Cuando ejecute este código verá una página como la de la figura 6.22.

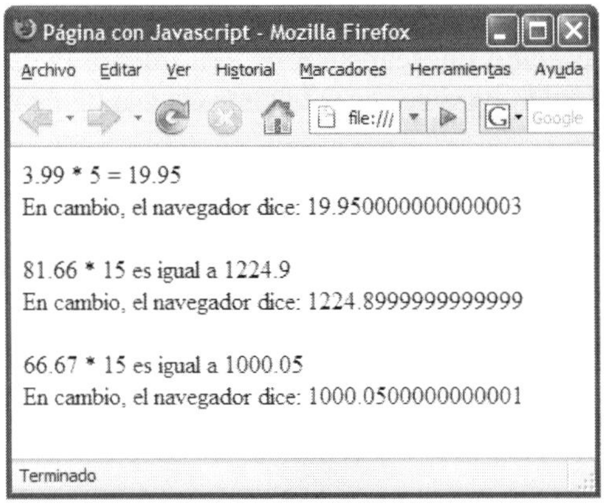

Figura 6.22

Como ve, existen ciertas imprecisiones en el procesamiento de números en coma flotante. Una de las cosas que aprenderemos en este Capítulo es a solucionar este problema, para obtener cálculos lo suficientemente precisos.

6.2.1 El objeto Number

Este objeto tiene cinco propiedades, conceptualmente muy simples, que vamos a conocer enseguida. Las cinco aparecen reflejadas en la siguiente tabla, que le recomiendo tener siempre a mano, como recordatorio:

LISTADO DE PROPIEDADES DE Number	
Propiedad	**Contiene**
Number.MAX_VALUE	El número más grande que se puede procesar con JavaScript, cuyo valor es 1.7976931348623157e+308
Number.MIN_VALUE	El número más pequeño que se puede procesar con JavaScript, que vale 5e-324
Number.NEGATIVE_INFINITY	Cualquier valor menor que -1.7976931348623157e+308
Number.POSITIVE_INFINITY	Cualquier valor mayor que 1.7976931348623157e+308
Number.NaN	Un valor no numérico.

A continuación vamos a ver cómo funcionan las cuatro primeras propiedades, a través del script **objeto_number_1.htm**, que se lista a continuación:

```
document.write ("La propiedad MAX_VALUE vale: ");
document.write (Number.MAX_VALUE + "<br>");
document.write ("La propiedad MIN_VALUE vale: ");
document.write (Number.MIN_VALUE + "<br>");
document.write ("La propiedad NEGATIVE_INFINITY vale:
");
document.write (Number.NEGATIVE_INFINITY + "<br>");
document.write ("La propiedad POSITIVE_INFINITY vale:
");
document.write (Number.POSITIVE_INFINITY + "<br>");
```

Este listado muestra la página que se ve en la figura 6.23.

Figura 6.23

Quizás lo curioso de esto son las dos propiedades que hacen referencia a infinito (NEGATIVE_INFINITY y POSITIVE_INFINITY). Como ve, el valor de estas propiedades es una constante que representa al infinito. Si usted es amigo de las matemáticas, quizás le choque un poco pensar que su navegador gestione el valor infinito, pero, en realidad, para el navegador es infinito cualquier número que se salga del rango que puede gestionar. Estos límites están especificados en la tabla que hemos visto con las propiedades de Number.

La propiedad NaN ya es conocida. Ya nos hemos enfrentado anteriormente a su uso (y lo haremos más veces a lo largo del libro), aunque no sabíamos que se trataba de una propiedad de Number. Como sabe, esta propiedad sirve para determinar si un valor es o no de tipo numérico. Observe el listado **usar_nan_1.htm**.

```
document.write ("El valor 'a priori' de NaN es: ");
document.write (Number.NaN);
```

El resultado de la ejecución de este código aparece en la figura 6.24.

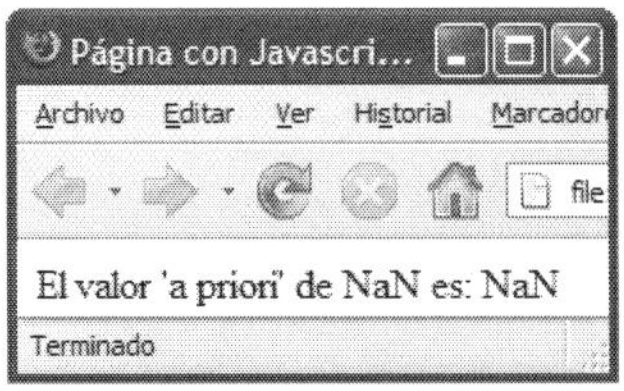

Figura 6.24

El resultado es un poco desconcertante: le pedimos a JavaScript que nos muestre el valor de una propiedad y lo que recibimos es el nombre de esa propiedad. Esto es así porque, en realidad, esta propiedad no está diseñada para mostrarla, de modo genérico, sobre el propio objeto Number, sino sobre una variable, mediante la función ***isNaN()***, que nos permite determinar si el contenido de la variable es o no de tipo numérico. Si la variable es numérica, la función isNaN() nos devuelve el valor false. Si la variable no es numérica, esta función nos devuelve el valor true. El funcionamiento específico de esta propiedad nos será muy útil para verificar la naturaleza numérica de datos empleados en cálculos de cualquier tipo, cuando estos datos puedan ser, a priori, de tipo cadena, como los obtenidos, por ejemplo, por teclado o, si a ello vamos, los que procedan de fuentes externas de datos. Esto lo vemos mediante el código **usar_nan_2.htm**.

```
var dato_1 = 100;
var dato_2 = "CIEN";
```

```
        document.write ("El dato_1 vale " + dato_1 + "<br>");
        document.write ("Aplicando isNaN a dato_1 se obtiene:
");
        document.write (isNaN(dato_1) + "<br>");
        document.write ("El dato_2 vale " + dato_2 + "<br>");
        document.write ("Aplicando isNaN a dato_2 se obtiene:
");
        document.write (isNaN(dato_2) + "<br>");
```

Al ejecutar este script se obtiene el resultado de la figura 6.25.

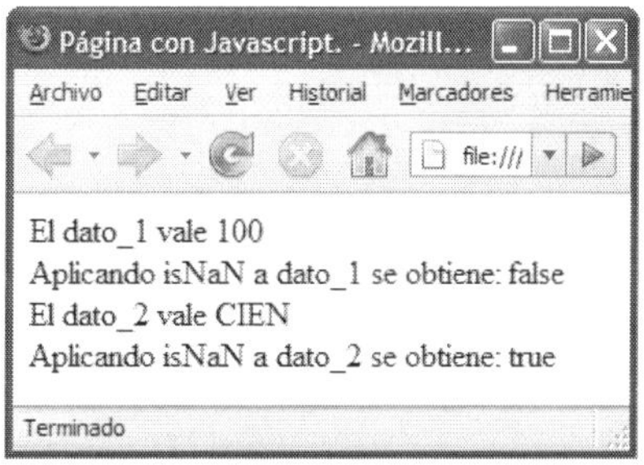

Figura 6.25

Quizás uno de los usos más socorridos de esta función es determinar, cuando se le pide un dato al usuario, si el valor tecleado es numérico o no lo es. Observe el listado **usar_nan_3.htm**.

```
        var dato_1 = prompt ("Teclee un dato para determinar si
es numérico","");
        document.write ("El dato tecleado vale " + dato_1 +
"<br>");
        document.write ("Aplicando isNaN a dato_1 se obtiene:
");
        document.write (isNaN(dato_1) + "<br>");
        document.write ("<br>");
        if (isNaN(dato_1)) {
           document.write ("NO es un dato num&eacute;rico.");
        } else {
           document.write ("Es un dato num&eacute;rico.");
        }
```

Ejecútelo y verá que se le pide un dato por teclado para evaluar si es numérico o no. Teclee un número y verá el resultado. Ahora, ejecútelo de nuevo (actualice la página) y, esta vez, teclee cualquier cosa que no sea estrictamente un número. Observe el comportamiento de JavaScript.

6.2.2 El objeto Math

El objeto Math posee una serie de propiedades destinadas a sacarle partido a todas las posibilidades aritméticas del navegador. A diferencia de otros objetos, las propiedades y métodos de Math se referencian, directamente, desde el propio objeto Math, y no desde una variable. A continuación vamos a ver cómo actúan dichas propiedades y métodos.

6.2.2.1 PROPIEDADES DE MATH

El objeto Math tiene ocho propiedades que, realmente, son constantes que podemos usar en nuestros cálculos aritméticos. Están recopiladas en la siguiente tabla:

LISTADO DE PROPIEDADES DE Math	
Propiedad	**Contenido**
Math.E	El número de Euler.
Math.LN2	El logaritmo natural de 2.
Math.LN10	El logaritmo natural de 10.
Math.LOG2E	El logaritmo de E en base 2.
Math.LOG10E	El logaritmo de E en base 10.
Math.PI	El número Pi.
Math.SQRT1_2	La raíz cuadrada de 0.5.
Math.SQRT2	La raíz cuadrada de 2.

Si usted no es matemático, probablemente no le resulte familiar el uso de la mayor parte de estas constantes; sin embargo, en matemáticas todas ellas tienen una razón específica de ser. Veamos el resultado de su uso mediante el script **propiedades_de_math.htm**.

```
      document.write ("Aqu&iacute; se ven las propiedades del
objeto Math.<br>");

      document.write ("El número de Euler vale ");
      document.write (Math.E + "<br>");
      document.write ("El logaritmo natural de 2 vale ");
      document.write (Math.LN2 + "<br>");
      document.write ("El logaritmo natural de 10 vale ");
```

```
      document.write (Math.LN10 + "<br>");
      document.write ("El logaritmo de E en base 2 vale ");
      document.write (Math.LOG2E + "<br>");
      document.write ("El logaritmo de E en base 10 vale ");
      document.write (Math.LOG10E + "<br>");
      document.write ("El n&uacute;mero PI vale ");
      document.write (Math.PI + "<br>");
      document.write ("La ra&iacute;z cuadrada de 0.5 (1/2)
vale ");
      document.write (Math.SQRT1_2 + "<br>");
      document.write ("La ra&iacute;z cuadrada de 2 vale ");
      document.write (Math.SQRT2 + "<br>");
```

Al ejecutar este script verá el valor de cada una de las propiedades del objeto Math, tal como se ve en la figura 6.26.

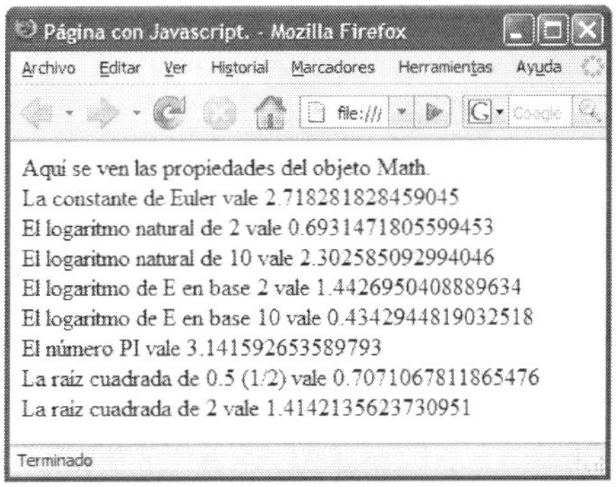

Figura 6.26

6.2.2.2 MÉTODOS DE MATH

El objeto Math posee, además, una colección de dieciocho métodos para realizar cualquier tipo de operación aritmética que podamos necesitar. Estos métodos reciben uno o dos valores numéricos y devuelven un resultado calculado a partir de dichos valores. Se encuentran en la siguiente tabla:

LISTADO DE MÉTODOS DE Math	
Método	**Resultado que devuelve**
Math.abs (n)	El número n sin signo (valor absoluto).
Math.acos (n)	El arco coseno de n, que debe estar entre 1 y –1.

- El método ***max()*** recibe dos argumentos numéricos y devuelve el mayor de ellos.
- El método ***min()*** recibe dos argumentos numéricos y devuelve el menor de ellos.
- El método ***pow()*** recibe dos argumentos y devuelve el resultado de elevar el primero a la potencia indicada por el segundo.
- El método ***random()*** genera un número aleatorio comprendido entre 0 y 1. Al ser aleatorio, el resultado varía en cada ejecución, de modo que, si usted ejecuta varias veces la página que le he ofrecido como ejemplo, verá que le salen diferentes resultados para este método.
- El método ***sqrt()*** devuelve la raíz cuadrada del argumento recibido. Como es lógico, sólo puede operar con valores positivos.

Hay un aspecto del código metodos_de_math.htm sobre el que quiero llamar su atención. Probablemente usted ya haya pensado en ello, pero los argumentos de estos métodos no tienen por qué ser, directamente, valores numéricos. De hecho, éste será el caso menos habitual. Lo normal es que sean variables numéricas, como veremos enseguida en algunos ejemplos de uso de estos métodos. Esto es lógico, si se para a pensarlo. No tendría ningún sentido tanta potencia de procesamiento si no se pudiera aplicar sobre variables. Antes de seguir adelante, ejecute el código para ver cómo funciona y los resultados. Cuando tenga la página cargada en su navegador, actualícela varias veces para comprobar que, en cada ejecución, el resultado de random() es diferente.

6.2.3 Ejemplos prácticos

En este apartado vamos a ver una serie de ejemplos prácticos, que usted puede usar en sus scripts, para ilustrar mejor el uso de Math. Empezaremos por códigos muy sencillos y luego iremos añadiendo algunos un poco más complejos. Un consejo: prepare una copia de los códigos que piense que puede necesitar en archivos de JavaScript independientes (con la extensión .js) para luego añadirlos a sus propios códigos.

6.2.3.1 NÚMEROS ALEATORIOS

Hemos visto el método random() del objeto Math para la generación de números aleatorios. Este método presenta una limitación obvia: el número aleatorio que genera está comprendido entre 0 y 1.

Suponga que usted necesita un número aleatorio comprendido entre 1 y 6 (digamos que, por ejemplo, para jugar a los dados). Necesitará hacer "algo" con el resultado devuelto por random() para obtener lo que desea. El código que he preparado al efecto es **dados.htm**.

```
<html>
   <head>
      <title>
         P&aacute;gina con JavaScript.
      </title>
      <script language="javascript">
         <!--
            function dados()
            {
               var resultado=0;

               do
               {
                  resultado =
parseInt(Math.random()*10);
               } while (resultado<1 || resultado >6);

               alert ("El resultado es: " + resultado);
            }
         //-->

      </script>
   </head>
   <body>
      <input type="button" value="LANZAR"
onClick="dados();">
   </body>
</html>
```

La clave del funcionamiento de este código está en la línea que aparece destacada. Veamos cómo actúa: en primer lugar se genera un número aleatorio comprendido entre 0 y 1. La parte entera de dicho número será siempre 0, así que lo multiplicamos por 10, para obtener una parte entera significativa. Suponga que el número aleatorio devuelto por random() es `0.6545686844325`. Al multiplicarlo por 10, obtenemos `6.545686844325`. Ahora nos quedamos con la parte entera, que es la que realmente nos interesa. Para ello hemos recurrido a la función parseInt(), aunque podríamos haber recurrido a alguno de los métodos que el objeto Math tiene para el redondeo de números.

Observe que la línea que genera el número aleatorio está en un bucle, a fin de ejecutarse de nuevo si el resultado es menor que 1 o mayor que 6. En efecto. Suponga que el número devuelto por random() es `0.0328974626564`. Al multiplicarlo por 10, se obtiene `0.328974626564`. Al sacar la parte entera, se obtiene `0`, lo que no es ninguno de los posibles resultados que daría un dado. De este modo, el bucle se repite y se obtiene otro número. Si el resultado está entre 1 y

6, salimos del bucle y se muestra el resultado en un cuadro de aviso. Por último, observe que todo el código JavaScript se ha incluido en una función que es invocada mediante la pulsación de un botón. De este modo, cada vez que se pulse dicho botón, se "lanzará" el dado. Pruebe el código para ver cómo funciona.

6.2.3.2 REDONDEAR A DOS DECIMALES

En muchas ocasiones se encontrará usted con la necesidad de redondear un número a dos decimales. Por ejemplo, suponga que tiene que mostrar el precio de un artículo o servicio en alguna moneda que tenga parte fraccionaria, como pueden ser dólares americanos, euros o libras esterlinas. Por ejemplo, imagine que, después de calcular el importe total de una serie de artículos o servicios, el resultado es 150.9089879. Usted debería poder mostrar ese resultado como 150.91. El código **redondear_1.htm** le muestra cómo lograr esto.

```
var precio=0;

do {
   precio = prompt ("Introduzca un precio (con varios
decimales)","");
} while (isNaN(precio));

precio *= 100;
precio = Math.round(precio);
precio /= 100;
// Se muestra el precio obtenido
alert ("El precio redondeado es " + precio)
```

Examinemos el código. En primer lugar se declara una variable, llamada precio, con el valor inicial 0. Después se le pide al usuario que teclee un precio con varios decimales para comprobar cómo funciona el código. No olvide que el separador de los decimales es el punto, no la coma. Esta petición está dentro de un bucle, por si el usuario teclea algo que no sea un valor numérico.

Supongamos que el usuario teclea `150.23649`. Tomamos ese precio y lo multiplicamos por 100, obteniendo `15023.649`. A continuación aplicamos el método round() a dicho resultado, lo que nos devuelve `15024`. Por último, dividimos el resultado entre 100 y obtenemos el resultado deseado: `150.24`.

Este código funciona bastante bien, pero tiene ciertas limitaciones. Por ejemplo, si usted teclea, cuando se le pide el precio, `150.00`, el resultado no se muestra como `150.00`, sino como `150`. Esto es debido a que JavaScript no tiene en cuenta los decimales no significativos en los valores numéricos. Así, si el precio es

`150.30`, el código anterior devolverá `150.3`. Evidentemente, esto es algo que no nos podemos permitir.

La solución está en convertir el número en una cadena, para poder añadir, si es necesario, uno o dos ceros al final. Para ello, JavaScript nos proporciona un método del objeto Math llamado ***toString()***. Este método no lo hemos visto antes porque su uso es un poco más complicado que los anteriores, así que lo hemos reservado para esta ocasión. La forma genérica de usarlo es la siguiente:

```
cadena = Math.abs(valor).toString();
```

Esta sentencia devuelve una cadena con los caracteres del número. Fíjese en que para poder usar el método toString() hemos tenido que usar antes el método abs() para poder referenciar el valor que queremos convertir en cadena. Podría parecer más lógico usar directamente el método, pasándole como argumento el valor deseado, pero no funciona así. Por lo tanto, hemos usado abs() para referenciar el valor. Esto implica que, si el número original fuera negativo, deberíamos anteponer a la cadena el carácter "-" (el guión, sin las comillas).

Ahora que sabemos que un número se puede convertir en una cadena, vamos a resolver el asunto de los decimales no significativos, convirtiendo el precio a una cadena y, si es necesario, añadiendo el carácter "0" (uno o dos, según proceda) al final. El código que soluciona esto es **redondear_2.htm**.

```
      var precio=0;
      do {
         precio = prompt ("Introduzca un precio (con varios
decimales)","");
      } while (isNaN(precio));

      precio *= 100;
      precio = Math.round(precio);
      precio /= 100;
      precioCadena = Math.abs(precio).toString();

      if (precioCadena.indexOf(".") == -1) {
         precioCadena += ".00";
         /* Si no existe punto decimal (se trata de un número
entero) se añade a la cadena la secuencia ".00" */
      } else {
         // Vamos a determinar la parte decimal.
         decimales =
precioCadena.substr(precioCadena.indexOf("."));
         if (decimales.length == 2) {
            precioCadena += "0";
```

```
            /* Si sólo existe un decimal, se añade a la
cadena
      el carácter "0" */
         }
      }
      alert ("El precio redondeado es " + precioCadena)
```

Como ve, lo que hacemos es convertir el precio en una cadena. A partir de ahí, usamos el método indexOf(), que ya conocemos, para determinar si hay un punto separador de decimales. Si no lo hay, es necesario añadir dicho punto y dos ceros. Si hay punto separador de decimales, tenemos que determinar si hay un solo decimal. Para ello aislamos la parte que corresponde a los decimales en la variable **decimales**. Si hay un solo decimal, esta variable tendrá una longitud de dos caracteres: el punto y el decimal. En ese caso, debemos añadir un cero.

Pruebe el código, para ver su funcionamiento. Parece que ya está bien. Sin embargo, en el idioma español se emplea la coma como separador de los decimales, en lugar de un punto. Así pues, vamos a completar nuestro código, sustituyendo el punto decimal por una coma. Simplemente añadiremos, antes de la sentencia que muestra el precio definitivo, la siguiente línea:

```
precioCadena = precioCadena.replace (/\./,",");
```

Si no entiende bien la sintaxis de esta línea repase el comportamiento del método replace() en el apartado de cadenas de este mismo Capítulo. En el CD adjunto al libro tiene el código completo bajo el nombre **redondear_3.htm**. De todos modos reproduzco a continuación el script de dicho código.

```
      var precio=0;

      do {
         precio = prompt ("Introduzca un precio (con varios
decimales)","");
      } while (isNaN(precio));

      precio *= 100;
      precio = Math.round(precio);
      precio /= 100;
      precioCadena = Math.abs(precio).toString();

      if (precioCadena.indexOf(".") == -1) {
         precioCadena += ".00";
         /* Si no existe punto decimal (se trata de un número
entero) se añade a la cadena la secuencia ".00" */
      } else {
```

```
        // Vamos a determinar la parte decimal.
        decimales =
precioCadena.substr(precioCadena.indexOf("."));
        if (decimales.length == 2) {
           precioCadena += "0";
           /* Si sólo existe un decimal, se añade a la
cadena el carácter "0" */
        }
     }
     // Sustituimos el punto por una coma.
     precioCadena = precioCadena.replace (/\./,",");
     alert ("El precio redondeado es " + precioCadena)
```

6.2.3.3 FORMATEAR LOS MILLARES

Una situación con la que se encontrará bastante a menudo es el manejo de números de cierta envergadura. Estos números resultan bastante difíciles de leer si no tienen un separador para los miles, los millones, etc. Suponga, por ejemplo, el número 726326318678312873. Es bastante más difícil de leer que 726.326.318.678.312.873. Lo que vamos a hacer es crear un código que convierta el número en una cadena y, posteriormente, le añada los separadores adecuados. El código se llama **separadores_1.htm** y el script aparece listado a continuación.

```
     var numero = 87364793;
     var numeroCadena = Math.abs(numero).toString();

     if (numeroCadena.length > 3)
     {
        longitud = numeroCadena.length % 3;
        while (longitud < numeroCadena.length)
        {
           if (longitud == 0)
           {
              longitud = 3;
           }
           numeroCadena = numeroCadena.substr (0,longitud) +
"." +numeroCadena.substr(longitud,numeroCadena.length);
           longitud += 4;
        }
     }

     document.write ("El valor original es: " + numero +
"<br>");
     document.write ("El valor formateado es: " +
numeroCadena);
```

El meollo de la cuestión está en la parte que aparece resaltada. Veamos qué ocurre. Lo primero es determinar si el número de dígitos es superior a tres, ya que, si no lo es, no procede añadir separadores de millares. Después, comprobaremos cuántos dígitos “sobran” por la izquierda si consideramos bloques de tres dígitos desde la derecha de la cadena. Para ello, recurrimos al operador módulo (%). Calculamos el resto que queda de dividir la longitud de la cadena entre tres. Suponga, como en el ejemplo, que el número original tiene ocho dígitos. La cadena tiene, por lo tanto, ocho caracteres. El módulo resultante es dos. Fíjese en que, si el módulo es cero, lo convertimos a tres para evitar que se añada un punto *antes* del primer dígito.

A partir de ese módulo empezamos a trabajar. Separamos los dos primeros caracteres de la cadena (la variable longitud del código es un puntero que, inicialmente, tiene el valor calculado por el módulo). Le añadimos el carácter “.” y el resto de la cadena. A continuación actualizamos el puntero y repetimos el proceso mientras que no se llegue al final de la cadena.

Como ve, una vez que se determina la mecánica, el proceso es bastante simple. Ahora se trata de unir este código con el que obtenía la parte decimal, para lograr la presentación adecuada de cualquier precio. El resultado es **precios_1.htm**.

```
      var precio=0;

      do
      {
         precio = prompt ("Introduzca un precio (con varios
decimales)","");
      } while (isNaN(precio));

      precio *= 100;
      precio = Math.round(precio);
      precio /= 100;
      precioCadena = Math.abs(precio).toString();

      if (precioCadena.indexOf(".") == -1)
      {
         precioCadena += ".00";
         /* Si no existe punto decimal (se trata de un número
entero) se añade a la cadena la secuencia ".00" */
      } else {
         // Vamos a determinar la parte decimal.
         decimales =
precioCadena.substr(precioCadena.indexOf("."));
         if (decimales.length == 2)
         {
```

```
            precioCadena += "0";
            /* Si sólo existe un decimal, se añade a la
cadena
el carácter "0" */
         }
      }

      precioCadena = precioCadena.replace (/\./,",");

      //Separamos la parte entera y la parte fraccionaria.
      parteEntera = precioCadena.substr (0,
precioCadena.length-3);
      parteFraccionaria = precioCadena.substr
(precioCadena.length-3);

      //Le ponemos separadores de miles a la parte entera.
      if (parteEntera.length > 3)
      {
         longitud = parteEntera.length % 3;
         while (longitud < parteEntera.length)
         {
            if (longitud == 0)
            {
               longitud = 3;
            }
            parteEntera = parteEntera.substr (0,longitud) +
"." +parteEntera.substr(longitud,parteEntera.length);
            longitud += 4;
         }
      }
      precioCadena = parteEntera + parteFraccionaria;
      alert ("El precio redondeado es " + precioCadena)
```

Como ve, combinando las prestaciones de los objetos Math y String se pueden hacer cosas interesantes con los números.

6.3 FECHAS

Los últimos objetos que vamos a estudiar en este Capítulo son las fechas. En efecto, este tipo de dato es también un objeto, llamado ***Date***. Un objeto Date contiene la fecha y hora del sistema. Antes de estudiar qué significa exactamente esto y cómo podemos sacarle partido para nuestros scripts, debemos hacer una consideración. Probablemente, si nos preguntan cuál es el origen del tiempo, cada uno de nosotros dará una respuesta diferente. A lo mejor, ni siquiera sabemos qué respuesta dar, ya que entran en juego cuestiones religiosas y/o filosóficas para las que, la mayoría de nosotros, no estamos preparados. Sin embargo, por lo que a nuestros ordenadores respecta, la respuesta es clara y simple: el origen del tiempo son las 00:00 horas GMT del día 1 de enero de 1970. Este momento, conocido en el ambiente informático como ***el comienzo de la era Unix***, es el que marca la pauta a partir de la cual se mide cualquier fecha. Este dato se usa, en realidad, como referencia cronológica en todos los sistemas de procesamiento de información. Dentro del ordenador, las fechas son tratadas como números que indican la diferencia entre una fecha dada y el comienzo de la era Unix. Esta diferencia se mide en segundos.

Sin embargo, si a usted le dicen que la fecha y hora actuales son, por ejemplo, las 980936503, no lo comprende. Para que usted lo entienda es necesario decirle que son las 11:22 horas del día 30 de enero de 2001. Sin embargo, ambas expresiones se refieren al mismo momento. La primera es la que entiende el ordenador. Esta forma de expresar una fecha se conoce como ***marca de tiempo***.

La marca de tiempo es, por lo tanto, la diferencia, en segundos, entre el comienzo de la era Unix y una fecha determinada. A este respecto, debo aclarar que el comienzo de la era Unix está referida, como he mencionado, al horario GMT. GMT es el acrónimo de *Greenwich Mean Time*, es decir, la hora del meridiano 0, o meridiano de Greenwich. En ocasiones también se llama a este horario ***UTC*** (***Universal Time Coordinate***, ***Coordenada Universal de Hora***).

Y otra puntualización. Cuando usted ejecuta un script que toma la hora del sistema, lo que está obteniendo es, exactamente, eso: la fecha y hora de su sistema. Esto quiere decir que, si el calendario y el reloj de su ordenador no están correctamente ajustados no obtendrá datos reales.

Para obtener la fecha y hora del sistema, es necesario crear un objeto de tipo Date donde almacenar el dato que nos interesa. La sintaxis general para esto es la siguiente:

```
var objetoDeFecha = new Date();
```

Para ver cómo se hace, observe el código **fecha_1.htm**, cuyo script aparece listado a continuación:

```
var fecha = new Date();
alert ("La fecha actual es: " + fecha);
```

El resultado se parece bastante a la figura 6.27.

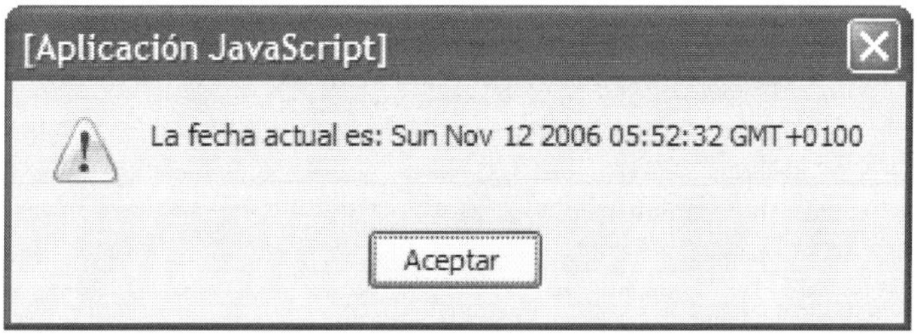

Figura 6.27

Como ve, se trata de algo bastante críptico. Sin embargo, contiene toda la información relativa a la fecha y hora en que se ha ejecutado la página. Es a través de los métodos de Date que podremos separar esa información en partes (año, mes, día, hora, minutos, segundos, etc.) para poder trabajar con ella de una manera inteligible y cómoda.

6.3.1 Métodos del objeto Date

Como hemos dicho, a través de los métodos que implementa el objeto Date podemos, entre otras cosas, extraer por separado cada uno de los elementos que componen una fecha y una hora. Además podremos ajustar una fecha y hora a nuestras necesidades para crear marcas de tiempo virtuales, que podamos necesitar en nuestros scripts.

6.3.1.1 OBTENCIÓN DE DATOS DE UNA FECHA

Los métodos para obtener información de un objeto Date aparecen recopilados en la tabla siguiente:

MÉTODOS DEL OBJETO Date PARA LA RECUPERACIÓN DE INFORMACIÓN	
Método	**Dato que devuelve**
getFullYear()	El año completo, con cuatro cifras.
getYear()	El año en un formato dependiente del navegador.
getMohth()	El mes del año en número (de 0 a 11, no de 1 a 12).
getDate()	El día del mes, de 1 a 31.
getDay()	El día de la semana en número (el 0 para el domingo, el 6 para el sábado).

MÉTODOS DEL OBJETO Date PARA LA RECUPERACIÓN DE INFORMACIÓN (Cont.)	
Método	**Dato que devuelve**
getHours()	La hora del día, de 0 a 23.
getMinutes()	El minuto de la hora, de 0 a 59.
getSeconds()	El segundo de un minuto, de 0 a 59.
getMilliseconds()	Los milisegundos del segundo actual, de 0 a 999.
getTime()	Los milisegundos transcurridos desde el inicio de la era Unix.

Para ver cómo opera cada uno de estos métodos, he preparado el código **metodos_date_1.htm**.

```
var fecha = new Date();

var annoCompleto = fecha.getFullYear();
var annoNormal = fecha.getYear();
var mesNumero = fecha.getMonth();
var diaMesNumero = fecha.getDate();
var diaSemanaNumero = fecha.getDay();

var hora = fecha.getHours();
var minuto = fecha.getMinutes();
var segundo = fecha.getSeconds();
var milisegundos = fecha.getMilliseconds();
var miliMarca = fecha.getTime();

document.write ("La fecha completa es: " + fecha +
"<br>");
document.write ("El a&ntilde;o completo es: " +
annoCompleto + "<br>");
document.write ("El a&ntilde;o es: " + annoNormal +
"<br>");
document.write ("El n&uacute;mero de mes es: " +
mesNumero + "<br>");
document.write ("El d&iacute;a del mes es: " +
diaMesNumero + "<br>");
document.write ("El d&iacute;a de la semana en
n&uacute;mero es: " + diaSemanaNumero + "<br>");
document.write ("La hora es: " + hora + "<br>");
document.write ("Los minutos son: " + minuto + "<br>");
```

```
        document.write ("Los segundos son: " + segundo +
"<br>");
        document.write ("Los milisegundos son: " + milisegundos
+ "<br>");
        document.write ("Desde el uno de enero de 1970 han
transcurrido: " + miliMarca + " milisegundos.");
```

Este código da como resultado la imagen de la figura 6.28. Observe lo que devuelven los distintos métodos, y compárelo con la breve descripción que aparece en la tabla de los mismos. En especial quiero llamar su atención sobre el uso de los métodos ***getFullYear()*** y ***getYear()***. El primero es más moderno y eficiente. El método getYear() devuelve el año completo, con cuatro cifras, al igual que getFullYear(), sólo en Microsoft Internet Explorer. Sin embargo, en Netscape Navigator devuelve el año, menos 1900, es decir, en el caso del año 2003 devuelve 103. No obstante, getFullYear() devuelve siempre el año completo, con cuatro cifras, con independencia de la plataforma. Por lo tanto, resulta más universal y fiable. Le recomiendo que se acostumbre a usar este método.

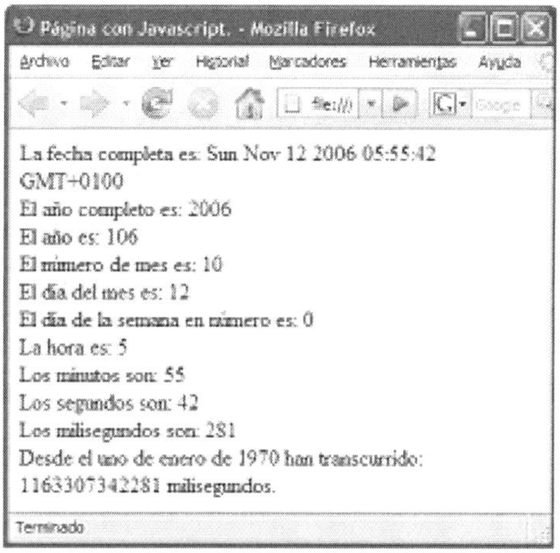

Figura. 6.28

Observe que, en la fecha completa (primera línea), aparece la palabra Sun (Sunday, Domingo). Por eso el método ***getDay()*** nos devuelve el valor 0. Si fuera lunes, nos devolvería 1, el 2 para el martes y así sucesivamente. No olvide que la mayor parte de las series numéricas en programación empiezan por cero y que la semana, en la cultura anglosajona, empieza el domingo.

Todos los valores devueltos por estos métodos son de tipo numérico. Tenga esto en cuenta a la hora de hacer cálculos y de buscar una presentación adecuada en pantalla. Por ejemplo, si va a mostrar la hora en formato hh:mm:ss y son las 12:40:36, no hay problema. Pero si son, por ejemplo, las ocho en punto de la mañana el resultado sería 8.0:0, lo que requiere un tratamiento previo para obtener 08:00:00. A lo largo de este Capítulo hemos aprendido lo suficiente para arreglar este pequeño embrollo.

Otra cosa que tiene que tener en cuenta es que no existe ningún método que devuelva el nombre del mes (y, si lo hubiera, devolvería el nombre en inglés, no en su idioma). Así pues, si queremos recuperar el nombre del mes, deberemos hacer "algo" para ello. Por ejemplo, podemos recurrir a una matriz. Mire el código **nombre_mes_1.htm**.

```
        var meses = new Array
("Enero","Febrero","Marzo","Abril","Mayo","Junio","Julio",
"Agosto","Septiembre","Octubre","Noviembre","Diciembre");

        var fecha = new Date();
        var mes = fecha.getMonth();
        alert ("El mes acual es: " + meses[mes]);
```

Como ve, hemos creado una matriz con los nombres de los doce meses del año. Como sabe, el índice de una matriz empieza por 0, al igual que los números de los meses, que van de 0 a 11, así que usamos el número del mes, devuelto por el método getMonth(), para localizar el nombre del correspondiente mes en la matriz.

De modo similar, podemos determinar el nombre del día de la semana. Observe el código **nombre_semana_1.htm**, que aparece listado a continuación:

```
        var dias = new Array
("Domingo","Lunes","Martes","Miércoles","Jueves","Viernes",
"Sábado");
        var fecha = new Date();
        var dia = fecha.getDay();
        alert ("El día de la semana es: " + dias[dia]);
```

Como ve, la matriz se inicia con el domingo, que es el primer día de la semana anglosajona y, por lo tanto, el primer día de la semana para el ordenador. Por esta razón, hacemos que el domingo esté en la posición 0 de la matriz, ya que, como sabe, el valor devuelto por el método getDay() está comprendido entre 0 y 6.

Una utilidad bastante curiosa e interesante de los objetos Date es poder medir el intervalo de tiempo transcurrido entre dos momentos determinados. Suponga que usted realiza una página en la que el usuario tiene que responder a unas preguntas, como un examen, o algo así. Usted quiere controlar el tiempo que se ha demorado el usuario en cada pregunta. Así puede saber si la respuesta del usuario ha sido directa o bien si ha dudado mucho. Puede, por ejemplo, crear un objeto Date en el momento de hacer la pregunta y otro objeto Date diferente en el momento de recibir la respuesta. Luego puede restar ambos objetos. Atención a esto: usted *puede restar una fecha de otra*. El resultado es un dato de tipo numérico que le indica los milisegundos transcurridos entre ambas fechas. El código **retardo_1.htm** le muestra cómo hacerlo.

```
        var fecha_1 = new Date();
        var respuesta = prompt ("¿Quién descubrió
América?","");
        var fecha_2 = new Date();
        var tiempo = fecha_2 - fecha_1;
        document.write ("Ha tardado " + tiempo + "
milisegundos.");
```

El programa le mostrará un cuadro de introducción de datos como los que ya conoce. Cuando usted responda a la pregunta, verá en la página (dependiendo de lo que haya tardado en contestar) algo similar a la figura 6.29.

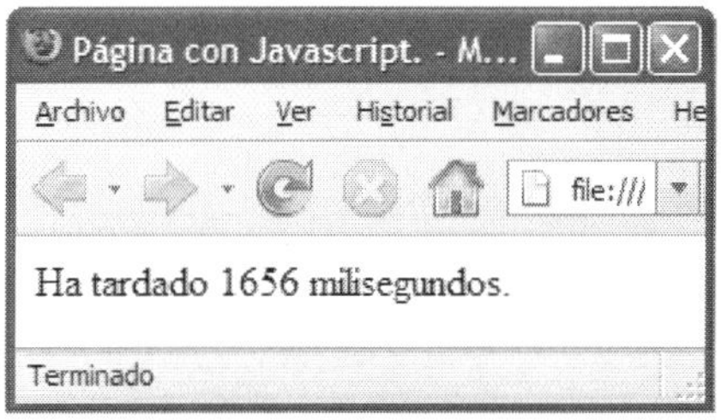

Figura 6.29

Como ve, en el código no comprobamos si la respuesta es correcta o no. Ese no es el objetivo de este ejercicio. En cambio, sí verificamos el tiempo que ha transcurrido desde que se formula la pregunta hasta que el usuario responde y, por lo tanto, continúa la ejecución del script. En este caso, la demora ha sido de 8260 milisegundos, es decir, algo más de ocho segundos.

Por supuesto, un tiempo expresado en milisegundos puede tener mucho sentido para la máquina, pero muy poco para nosotros. Lo ideal es convertir ese tiempo a unas unidades de medida adecuadas. Por ejemplo, en el caso de una pregunta así, podríamos querer que la respuesta nos aparezca en minutos y segundos. Para ello hemos de tener en cuenta que cada segundo tiene 1000 milisegundos y que cada minuto tiene 60 segundos. A partir de ahí convertiremos el tiempo de demora a minutos y segundos, tal como muestra el código **retardo_2.htm**.

```
      var fecha_1 = new Date();
      var respuesta = prompt ("¿Quién descubrió
América?","");
      var fecha_2 = new Date();
      var tiempo = fecha_2 - fecha_1;
      if (tiempo > 999) //Si hay más de un segundo
      {
         var segundos = parseInt(tiempo/1000);
         tiempo -= (segundos*1000);
      } else {
         var segundos = 0;
      }
      if (segundos > 59) //Si hay más de un minuto.
      {
         var minutos = parseInt(segundos/60);
         segundos -= (minutos*60);
      } else {
         minutos = 0;
      }
      document.write ("Ha tardado " + minutos + " minutos, "
+ segundos + " segundos, " + tiempo + " milisegundos.");
```

Observe que este código le da la respuesta en un formato mucho más legible, como muestra la figura 6.30.

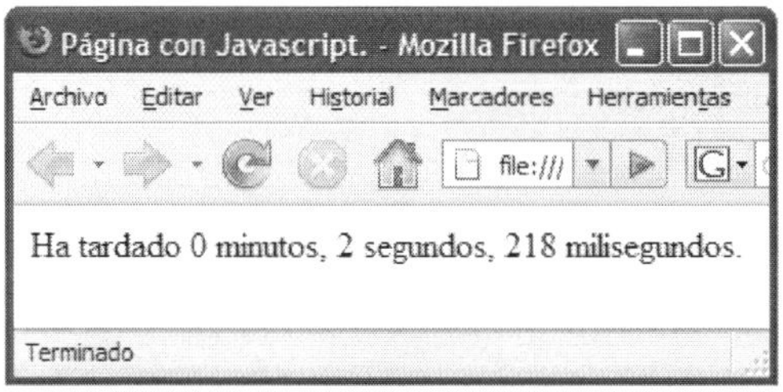

Figura 6.30

Si la demora que usted quiere medir es mayor, puede seguir haciendo los cálculos que necesite en cada caso, teniendo en cuenta que cada hora tiene 60 minutos, cada día tiene 24 horas, etc.

6.3.1.2 AJUSTAR UNA FECHA

Una vez obtenida una fecha, es posible modificarla para realizar determinados cálculos, como fecha de un vencimiento, edad de una persona, tiempo de respuesta de un usuario, etc. Para ello, el objeto Date implementa una serie de métodos que permiten modificar cada uno de los parámetros de una fecha (año, mes, día, hora, etc.). Estos métodos aparecen en la siguiente tabla (consérvela a mano, a modo de referencia):

MÉTODOS DEL OBJETO Date	
Método	**Dato que devuelve**
setFullYear()	Modifica el año completo, con cuatro cifras.
setYear()	Modifica el año en un formato dependiente del navegador.
setMohth()	Modifica el mes del año (de 0 a 11, no de 1 a 12).
setDate()	Modifica el día del mes, de 1 a 31.
setHours()	Modifica la hora del día, de 0 a 23.
setMinutes()	Modifica el minuto de la hora, de 0 a 59.
setSeconds()	Modifica el segundo de un minuto, de 0 a 59.
setMilliseconds()	Modifica los milisegundos del segundo actual, de 0 a 999.
setTime()	Modifica los milisegundos transcurridos desde el inicio de la era Unix.

Antes de empezar a estudiar el funcionamiento de estos métodos, haré una pequeña puntualización: con el método ***setYear()*** ocurre respecto a ***setFullYear()*** lo mismo que ocurre con getYear() respecto a getFullYear(). Su funcionamiento depende del navegador en el que se ejecute. Por esta razón, para modificar el año de una fecha emplearemos setFullYear() en lugar del obsoleto setYear(). Quiero puntualizar que cuando digo *obsoleto* no es una afirmación gratuita. En efecto, los métodos getYear() y setYear() se mantienen, exclusivamente, por compatibilidad con códigos antiguos, pero hoy día ya no los emplea ningún webmaster. Para ver cómo actúan estos métodos vamos a empezar con una pequeña prueba del método setFullYear(). Observe el código **ajustar_year_1.htm**. Cuando ejecute este código verá el resultado de la figura 6.31.

```
var fecha = new Date();
document.write (fecha+ "<BR>");
var anualidad = fecha.getFullYear();
fecha.setFullYear(anualidad + 1);
document.write (fecha);
```

Figura 6.31

Quiero que repare especialmente en la línea que aparece resaltada en el código. Como ve, el método setFullYear() recibe, como argumento, el año que queremos poner en la fecha. En concreto, en este código, se llevan a cabo los siguientes pasos:

1) Se obtiene la fecha del sistema y se almacena en un objeto Date, llamado `fecha`.
2) Se muestra la fecha en la página, para que luego podamos cotejar los resultados.
3) Se almacena el año con cuatro cifras en una variable.
4) Se ejecuta el método setFullYear() sobre el objeto fecha, pasándole como argumento un año más que el actual. Esto modifica todo el objeto fecha y es la parte que más nos importa entender ahora. El objeto fecha es más que un año, un mes y un día; es un todo, una fecha completa y al modificar uno de sus términos, como es, en este caso, el año, resulta afectado el objeto en la medida correspondiente.
5) Se muestra de nuevo el objeto fecha en la página, a fin de comprobar que, en efecto, ha sufrido una modificación que afecta a todo el objeto. Por ejemplo, la fecha original muestra Wed (de Wednesday, Miércoles), porque el momento en que se ha tomado la fecha (9 de abril de 2003) es miércoles. El objeto modificado muestra Fri (de Friday, Viernes), porque el 9 de abril de 2004 será viernes.

Del mismo modo, podemos alterar otros miembros de un objeto de fecha. Por ejemplo, suponga que a usted le dicen que le van a pagar una letra dentro de tres meses y usted quiere saber en qué día de la semana le llegará ese pago. Para ello emplearemos el método ***setMonth()***. Veamos cómo en el código **ajustar_mes_1.htm**.

```
var fecha = new Date();
document.write (fecha+ "<BR>");
var mes = fecha.getMonth();
fecha.setMonth(mes + 3);
document.write (fecha);
```

De este modo, JavaScript "construye" la nueva fecha con los valores proporcionados y nos muestra el resultado.

6.3.1.3 LA ZONA GMT (UTC)

Como usted sin duda ya sabe, el mundo está dividido en lo que se ha dado en llamar zonas horarias. Así, un mismo instante de tiempo determina que mientras en su país son, por ejemplo, las seis de la tarde, en alguna otra parte son las cuatro de la madrugada. Lógico, puesto que no en todo el mundo el Sol sale y se pone al mismo tiempo.

Lo normal es que usted tenga su ordenador configurado con la hora local de su lugar de residencia. Y cuando usted ejecuta una página web cuyo código JavaScript crea un objeto Date, este objeto tiene la hora local de su ordenador. Después de todo, el lenguaje JavaScript (al menos la parte que estamos estudiando de momento) se ejecuta en el ordenador del cliente. Si se ejecutara en el servidor, el objeto Date creado tendría la hora del servidor, pero éste no es el caso. Esto nos lleva a la conclusión de que si una misma página es descargada y ejecutada por dos clientes al mismo tiempo y éstos se hallan en distintas zonas horarias, cada uno obtendrá un objeto Date con una hora diferente.

A raíz de la necesidad de coordinar acciones políticas, sociales, militares, etc., mucho antes de la aparición de los ordenadores, se decidió considerar un punto de referencia horaria común para todo el mundo; ésta es la llamada zona GMT. Se llama así por la ciudad de Greenwich (en el Reino Unido). La ***hora del meridiano de Greenwich*** (***Greenwich Meridian Time***) es, por lo tanto, una referencia horaria universal. Su ordenador (y, más concretamente, el sistema operativo) tiene una referencia de la zona horaria en la que se encuentra. No importa que usted no la vea de momento. Se configuró durante la instalación del sistema. Por lo tanto, "sabe" la diferencia entre la hora local de su zona de residencia y la hora universal GMT. En el ámbito informático, la hora GMT se conoce también como UTC (***Universal Time Coordinate***, ***Coordenada de Hora Universal***).

Si usted necesita crear una página que le muestre al usuario la hora UTC, en lugar de la hora local, JavaScript le proporciona algunos métodos del objeto Date adecuados para ello. Así pues, a partir de ahora, usted podrá crear objetos Date de los que podrá extraer la fecha y hora local (como veníamos haciendo hasta ahora), por una parte, y la fecha y hora UTC, por otra. Los métodos que nos interesan aparecen recopilados en la siguiente tabla.

MÉTODOS DEL OBJETO Date PARA TRABAJAR CON LA HORA UTC	
Método	**Dato que devuelve**
getTimezoneOffset()	Devuelve la diferencia entre la hora local y la hora GMT, expresada en minutos.
getUTCFullYear()	Devuelve el año UTC (GMT) en cuatro cifras. Entre el 2 de enero y el 30 de diciembre, coincide con el año local devuelto por getFullYear().
getUTCYear()	Devuelve el año UTC (GMT) en 2, 3 o 4 cifras. Entre el 2 de enero y el 30 de diciembre, coincide con el año local devuelto por getYear(). Este método está obsoleto.
getUTCMonth()	Devuelve el mes correspondiente a la zona horaria GMT, como un número comprendido entre 0 y 11.
getUTCDate()	Devuelve el día del mes de la zona horaria GMT.
getUTCDay()	Devuelve un número entre 0 y 6 correspondiente al día de la semana, de domingo a lunes, en la zona horaria GMT.
getUTCHours()	Devuelve la hora actual en la zona GMT.
getUTCMinutes()	Devuelve los minutos de la hora en la zona GMT.
getUTCSeconds()	Devuelve los segundos del minuto en la zona GMT.
getUTCMilliseconds()	Devuelve los milisegundos del segundo (de 0 a 999) en la zona GMT.
getUTCTime()	Devuelve la marca de tiempo GMT.
setUTCFullYear()	Recibe como argumento un número de cuatro cifras y configura el año GMT.
setUTCYear()	Recibe como argumento un número de 2, 3 o 4 cifras (dependiendo del navegador) y configura el año GMT. Este método está obsoleto.

MÉTODOS DEL OBJETO Date PARA TRABAJAR CON LA HORA UTC (Cont.)	
Método	**Dato que devuelve**
setUTCMonth()	Recibe como argumento un número entre 0 y 11 y configura el mes GMT de la fecha.
setUTCDate()	Recibe como argumento un número entre 0 y 31 y configura el día GMT del mes.
setUTCHours()	Recibe como argumento un número entre 0 y 23 y configura la hora GMT.
setUTCMinutes()	Recibe como argumento un número entre 0 y 59 y configura el minuto GMT.
setUTCSeconds()	Recibe como argumento un número entre 0 y 59 y configura el segundo GMT.
setUTCMilliseconds()	Recibe como argumento un número entre 0 y 999 y configura los milisegundos GMT.
setUTCTime()	Configura la marca de tiempo GMT.
toGMTString()	Convierte un objeto Date en una cadena en formato GMT.
toLocaleString()	Convierte un objeto Date en una cadena en el formato local del ordenador del usuario.
toUTCString()	Funciona como toGMTString().
UTC()	Recibe como argumento unos valores que corresponden a año, mes, día, hora, minutos, segundos y milisegundos y devuelve una marca de tiempo.

Veamos, en primer lugar, cómo podemos saber la diferencia entre la hora local de nuestro sistema y la hora GMT. Para ello empleamos el método ***getTimezoneOffset()***, tal como muestra el código **diferencia_1.htm**.

```
        var fecha = new Date();
        var desplazamiento = fecha.getTimezoneOffset();
        document.write ("La diferencia entre la hora local de
este sistema y la hora UTC es de " + desplazamiento + "
minutos.");
```

El resultado de la ejecución de este código es la página que aparece en la figura 6.32.

Figura 6.32

Como puede ver, la diferencia aparece expresada en minutos. Éstos serán de signo negativo si nuestra zona horaria se encuentra al este de la zona GMT y positivos si se encuentra al oeste. Este libro ha sido escrito en Madrid (ESPAÑA), que se encuentra al este de la zona GMT. Por esta razón, la diferencia aparece con signo negativo. Para determinar en qué zona se encuentra usted respecto al meridiano de Greenwich, puede tomar como referencia aproximada el mapa de la figura 6.33.

Fíjese en que las zonas no están delimitadas por líneas rectas, sino por fronteras nacionales. Esto determina que, por ejemplo, España se encuentra en el mismo meridiano físico (aproximadamente) que el Reino Unido, pero la zona horaria es diferente. Además, observe que en el mapa aparece una diferencia entre la hora local española y la zona GMT de una hora. Sin embargo, nuestra página nos dice que la diferencia son 120 minutos. Esto se debe a la diferencia entre los horarios llamados "de invierno" y los "de verano". En el momento de redactar este Capítulo, en España tenemos horario de verano, que es una hora menos que el normal. Si el código diferencia_1.htm se ejecuta en horario de invierno, el desplazamiento será de sólo -60 minutos, en lugar de -120.

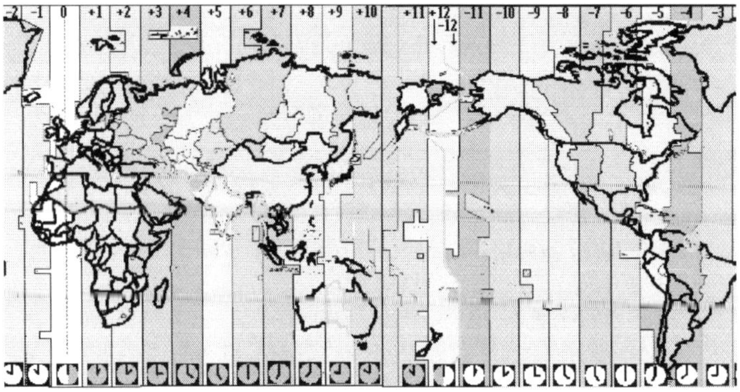

Figura 6.33

Una vez aclarados estos conceptos, podemos ver un ejemplo de cómo se obtienen los datos UTC de un objeto Date. Para ello, usaremos el código **hora_utc_1.htm**, que nos va a ilustrar el ejemplo más claro posible, mediante el uso de algunos de los métodos contemplados en la tabla correspondiente.

```
var fecha = new Date();

var horaLocal = fecha.getHours();
var minutoLocal = fecha.getMinutes();
var segundoLocal = fecha.getSeconds();
var horaUTC = fecha.getUTCHours();
var minutoUTC = fecha.getUTCMinutes();
var segundoUTC = fecha.getUTCSeconds();
document.write ("La hora local es " + horaLocal +
"<br>");
document.write ("El minuto local es " + minutoLocal +
"<br>");
document.write ("El segundo local es " + segundoLocal +
"<br>");
document.write ("<br>");
document.write ("La hora UTC es " + horaUTC + "<br>");
document.write ("El minuto UTC es " + minutoUTC +
"<br>");
document.write ("El segundo UTC es " + segundoUTC +
"<br>");
```

El resultado de la ejecución de este código está en la figura 6.34.

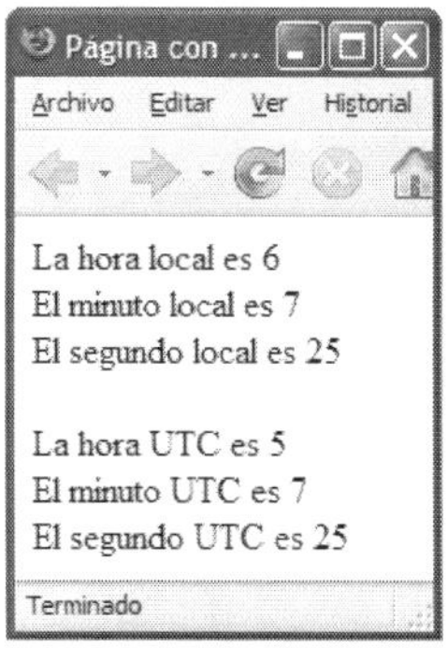

Figura 6.34

Como ve, no hay diferencia entre los minutos y los segundos. La única diferencia está en las horas. Observe las líneas resaltadas del código para ver cómo se han usado los métodos implicados. Al igual que cuando usamos métodos referidos a la fecha local, al usar métodos referidos a la fecha UTC evitaremos los métodos ***getUTCYear()*** y ***setUTCYear()***, por estar obsoletos. En su lugar, recurriremos a los métodos ***getUTCFullYear()*** y ***setUTCFullYear()***. Por cierto, usted puede pensar que, dado que la diferencia entre cualquier zona horaria y la zona GMT es, como máximo, de doce horas, no tiene sentido que existan, por ejemplo, métodos para obtener el año de la zona GMT. Si usted emplea el método getFullYear() obtendrá el mismo resultado que si emplea getUTCFullYear(). Pues tiene usted razón... sólo en parte. El resultado será el mismo, salvo que se encuentre en las últimas horas del día 31 de diciembre o en las primeras del 1 de enero. En ese caso si habrá diferencia. Piénselo.

En la tabla de los métodos relativos a UTC encontramos dos muy interesantes (en realidad son tres, pero dos de ellos funcionan de modo idéntico). Se trata de ***toUTCString()*** y ***toLocaleString()***. Estos métodos están diseñados para convertir una fecha en una cadena, que represente la hora UTC y la hora local, respectivamente. En el código **fecha_cadenas_1.htm** vemos cómo se puede convertir una fecha a cadena UTC y a cadena local.

```
        var fecha = new Date();
        var cadenaUTC = fecha.toUTCString();
        var cadenaLocal = fecha.toLocaleString();
        document.write ("La cadena UTC es " + cadenaUTC +
"<br>");
        document.write ("La cadena local es " + cadenaLocal);
```

Los resultados obtenidos, que se ven en la figura 6.35, son datos de tipo cadena. Compruébelo usted mismo incorporando a este código la función typeof().

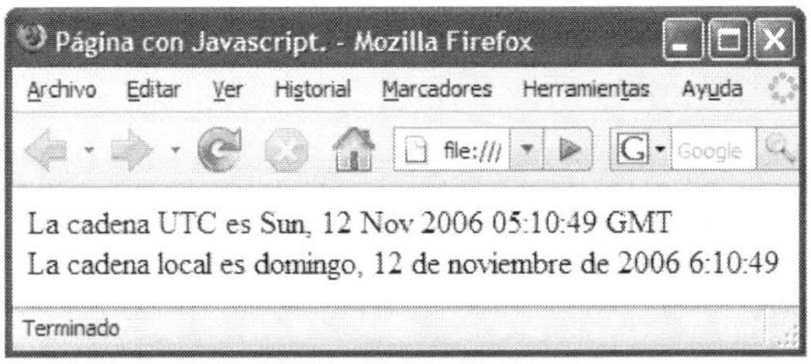

Figura 6.35

El tercer método del que hablábamos hace un momento es ***toGMTString()***, que funciona igual que toUTCString(). Dentro de este apartado quiero llamar su atención acerca del método ***UTC()***, que recibe unos valores numéricos y crea una marca de tiempo UTC. La sintaxis general de este método es la siguiente:

```
UTC (aaaa,MM,dd,hh,mm,ss,mms)
```

Debemos interpretar **aaaa** como un año con cuatro cifras; **MM** como un mes, de 0 a 11; **dd**, como un día, de 1 a 31; **hh** como una hora de 0 a 23; **mm** como los minutos, de 0 a 59; **ss** como los segundos, de 0 a 59 y **mms** como los milisegundos, de 0 a 999. En **utc_1.htm** vemos cómo usar este método, y el resultado es la imagen de la figura 6.36.

```
var marca = Date.UTC(2003,03,15,20,30,17,654);
document.write (marca);
```

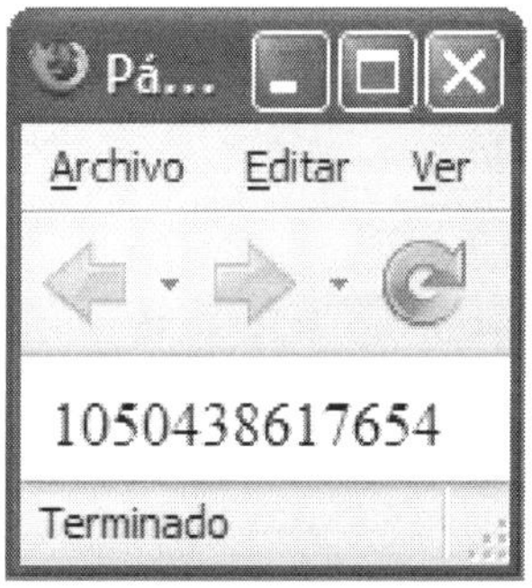

Figura 6.36

Como ve en el código (observe la línea resaltada) le hemos pasado al método UTC() un año (2003) un mes (03 -abril-), un día (15), una hora (20), unos minutos (30), unos segundos (17) y unos milisegundos (654). El método compone una fecha y una hora internamente con los datos que se le han pasado y devuelve la marca de tiempo, es decir, la diferencia entre los datos recibidos y las cero horas del 1 de enero de 1970, expresada en milisegundos.

Después de leer este apartado, ya sabemos que en cada objeto Date existen dos fechas, dos horas y dos marcas de tiempo: las locales y las UTC. Y también sabemos que podemos extraerlas por separado. Como ve, el objeto Date es bastante completo y proporciona una herramienta estupenda para la gestión de fechas. Experimente, por su cuenta, con los métodos de este utilísimo objeto.

6.3.1.4 OTROS MÉTODOS DEL OBJETO DATE

Vamos a terminar este Capítulo con un par de métodos de Date bastante interesantes. Hay un tercero, llamado ***valueOf()***, que funciona igual que getTime(), por lo que no lo estudiaremos aquí.

El método ***parse()*** recibe una cadena que representa a una fecha y construye una marca de tiempo a partir de dicha cadena. Observe el código **parse_1.htm**.

```
var cadena = "05/18/2003";
var fecha = Date.parse(cadena);
document.write(fecha);
```

En la línea resaltada se ve cómo usar este método. El método ***toString()*** devuelve la hora local convertida en una cadena, del mismo modo que toLocaleString().

Observe la siguiente tabla, a modo de resumen.

OTROS MÉTODOS DEL OBJETO Date	
Método	**Dato que devuelve**
parse()	Recibe como argumento una cadena y crea una marca de tiempo a partir de la misma.
toString()	Funciona como toLocaleString().
valueOf()	Funciona como getTime().

Capítulo 7

OBJETOS INTRÍNSECOS Y EXTRÍNSECOS

En JavaScript se conocen tres clases de objetos, en función de su origen. Aquéllos que existen implementados por el propio lenguaje se conocen como ***objetos intrínsecos***. En los Capítulos anteriores nos hemos asomado un poco a algunos de ellos, como es, por ejemplo, el objeto document. Existe otra clase de objetos, que son los que creamos nosotros, según nuestras necesidades, al desarrollar el programa. Éstos son los llamados ***objetos extrínsecos*** o ***personalizados***. En este Capítulo aprenderemos a crearlos. Por último, existen los llamados ***objetos instanciados***. Son aquéllos que creamos nosotros a partir de un patrón que ya existe en JavaScript. Tal es, por ejemplo, el caso de las matrices, que se crean nuevas cuando las vamos a usar, pero a partir del patrón Array. Estos patrones, que en JavaScript no reciben un nombre genérico específico, son lo que en otros lenguajes de alto nivel se llaman ***clases***. Son como una plantilla, a partir de la cual se crean nuevos objetos.

En este Capítulo vamos a conocer a fondo tres de los objetos intrínsecos esenciales: ***screen***, ***window*** y ***navigator***. Además, aprenderemos a crear nuestros objetos personalizados, para exprimir las posibilidades de JavaScript.

7.1 EL OBJETO SCREEN

Este objeto representa la pantalla del monitor. Se emplea para determinar las características del mismo, ya que algunas páginas emplean información del tipo de la resolución de pantalla o profundidad del color para establecer el modo en que se le presentarán los contenidos al usuario. Por ejemplo, se puede hacer (ya veremos cómo) que la página se adapte, exactamente, al tamaño de la pantalla. Lo primero que vamos a hacer es ver cómo podemos determinar las propiedades de nuestro propio monitor. Para ello, emplearemos el código **pantalla_1.htm**, cuyo listado reproducimos a continuación.

```
      //Se leen las propiedades de pantalla.
      var anchura = screen.width;
      var altura = screen.height;
      var anchuraDisponible = screen.availWidth;
      var alturaDisponible = screen.availHeight;
      var profundidadColor = screen.colorDepth;

      //Se muestran en la página.
      document.write ("La anchura del monitor es " + anchura
+ " píxeles.<br>");
      document.write ("La altura del monitor es " + altura +
" píxeles.<br>");
      document.write ("La anchura del área disponible es " +
anchuraDisponible + " píxeles.<br>");
      document.write ("La altura del área disponible es " +
alturaDisponible + " píxeles.<br>");
      document.write ("La profundidad del color es " +
profundidadColor + " bits.<br>");
```

Este programa muestra las distintas propiedades que debemos conocer, o que podemos necesitar en un momento dado, para optimizar la presentación de los contenidos de nuestra página. Estos valores varían en función de cómo tenga cada usuario configurado su monitor. En mi caso, he obtenido, al ejecutar este código, la página que aparece en la figura 7.1. Sin embargo, es posible que usted obtenga unos valores diferentes, dependiendo de cómo tenga configurado su monitor y su tarjeta gráfica. A continuación detallaremos el significado de cada una de las propiedades que hemos visto en este código, para entenderlas mejor.

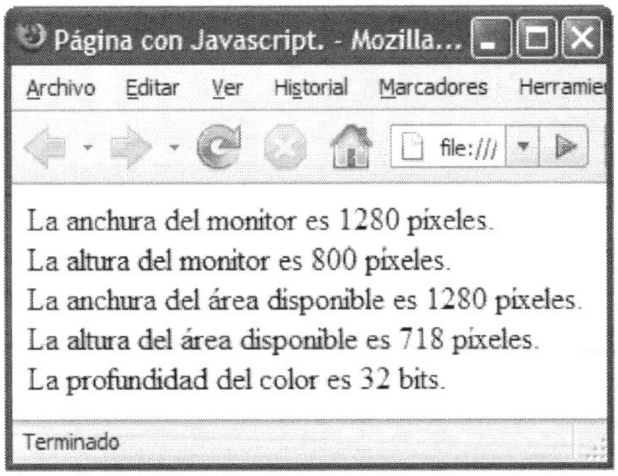

Figura 7.1

Las dos primeras líneas indican la resolución que tengo establecida en mi monitor. En este caso, son 1280 x 800 píxeles. La resolución más habitual hoy día, en monitores de portátiles, es ésta y la de 1024 x 768 en equipos de escritorio. Sin embargo, la última está siendo desplazada poco a poco por la de 1280 x 1024, para monitores de 19 pulgadas. En la práctica, la resolución de 800 x 600, tan popular hasta hace poco, ha caído en desuso, como lo hizo en su día la de 640 x 480, que también estuvo muy extendida. Los valores de anchura y altura los he obtenido mediante las propiedades ***width*** y ***height***, respectivamente, del objeto screen.

Sin embargo, es necesario tener en cuenta una cosa. El tamaño que acabamos de ver corresponde a las dimensiones *totales* del monitor. Pero no tenemos todo ese espacio disponible para mostrar nuestra página. Parte del monitor está ocupada por la barra de tareas de Windows. Además, pueden existir otras barras de tareas, o ventanas fijas que consuman, también, parte del área de visualización, como, por ejemplo, la barra de Office. Esto quiere decir que no siempre podemos contar con todo el tamaño del monitor.

Existen dos conceptos que son la anchura disponible y la altura disponible, y se expresan en píxeles. Estos valores se hallan en las propiedades ***availWidth*** y ***availHeight*** del objeto screen. Son, por su propia naturaleza, más útiles para nosotros que las dos anteriores. En mi ejemplo, se muestran estos valores en las líneas 3ª y 4ª de la página. Como ve, la anchura del área disponible coincide con la anchura del monitor (1024 píxeles). Sucede así porque no tengo ninguna barra en vertical sobre el escritorio que consuma parte del ancho total. Sin embargo, la altura del área disponible es de sólo 718 píxeles, frente a los 800 píxeles del tamaño total. Esto significa que la barra de tareas de Windows está consumiendo 800 – 718 = 82 píxeles. Más adelante, cuando conozcamos más objetos, veremos que los contenidos de nuestra página pueden recolocarse y redimensionarse dinámicamente, según el valor de estas propiedades, de forma que nuestra página ofrezca el mismo aspecto a cualquier usuario, tenga la resolución y el tamaño disponible que tenga en su monitor.

Lo siguiente que vemos en la página es que la profundidad de color es de 32 bits. Este valor se obtiene mediante la propiedad ***colorDepth*** del objeto screen. Las profundidades más habituales hoy día son 24 bits (los famosos 16,7 millones de colores) y 32 bits (los mismos colores, pero con transparencias).

Por último, tenemos la propiedad ***updateInterval***, cuyo valor es 0. Esta propiedad indica el tiempo, en milisegundos, que tarda en refrescarse la pantalla cuando se produce un cambio en la misma. En líneas generales no es importante, pero si nuestra página incluye animaciones, esta propiedad deberá tener el valor 0. El valor de esta propiedad puede modificarse mediante código. Por ejemplo, si queremos fijar un período de 15 milisegundos, incluiremos la siguiente línea:

```
screen.updateInterval = 15;
```

La propiedad updateInterval no está disponible para el navegador Firefox, por lo que no aparece en la figura 7.1.

Es decir, podemos leer el valor de esta propiedad, como hemos hecho en la página de ejemplo pantalla_1.htm, o podemos modificarlo si es necesario.

El resto de las propiedades del objeto screen no pueden modificarse mediante código. En principio, uno podría pensar que, si queremos cambiar la resolución del monitor (por ejemplo a 800 x 600), nos bastaría con teclear unas líneas como las siguientes:

```
screen.width = 800:
//////////////////////
screen.height = 600;
```

Sin embargo, esto produce un error, ya que estas propiedades no son modificables mediante código. Son propiedades ***de sólo lectura***. Es decir, se puede ver su contenido, pero no modificarse por código.

En el objeto screen, todas las propiedades son de sólo lectura, excepto updateInterval. En otros objetos veremos que existen propiedades de sólo lectura y otras de lectura/escritura (que pueden modificarse).

7.2 EL OBJETO WINDOW

Se tiende a considerar al objeto ***window*** como el de más alta jerarquía en JavaScript. Representa a la ventana del navegador y a cualquier otra ventana secundaria que necesitemos abrir y gestionar. Este objeto, por su propia naturaleza, contiene a todos los demás, que dependen de él. Como acabamos de ver, el objeto de más alta jerarquía sería, en realidad, screen, pero a la hora de diseñar un código, se suele hablar de window, como el objeto más alto. En este apartado vamos a aprender a manejarlo a través de sus propiedades y métodos.

7.2.1 Mover y escalar una ventana

Uno de los efectos más espectaculares que se pueden lograr al abrir una página es lograr que la ventana se coloque ocupando todo el espacio disponible en el monitor del usuario. Para lograr esto, es necesario, por una parte, alinear la esquina superior izquierda de la ventana con la correspondiente esquina de la pantalla, de forma que quede como muestra la figura 7.2.

Para lograr esto, emplearemos el método ***moveTo()***, del objeto window. Este método recibe dos argumentos, separados con una coma. El primero es la posición *x*, es decir, la posición del borde izquierdo de la ventana respecto al borde izquierdo de la pantalla. El segundo argumento es la posición *y*, es decir, la posición del borde superior de la ventana respecto al borde superior de la pantalla. Ambas coordenadas establecen, por lo tanto, la posición de la esquina superior izquierda de la ventana del navegador, con respecto a la esquina superior izquierda de la pantalla.

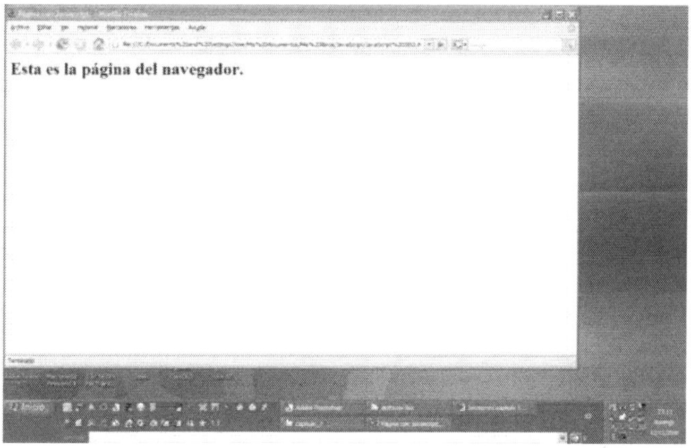

Figura 7.2

Además, debemos tener en cuenta que estas posiciones se expresan en píxeles, y que el lado izquierdo tiene un valor x de cero y el lado superior tiene un valor y de cero. Por lo tanto, la esquina superior izquierda de la pantalla corresponde a las coordenadas 0,0. De este modo, si queremos que la ventana del navegador se coloque en la esquina superior izquierda de la pantalla, deberemos incluir, en el código JavaScript de la página, una instrucción que mueva la ventana a dicha posición, basándonos en el método moveTo(). La instrucción adecuada será la siguiente:

```
window.moveTo(0,0);
```

Ahora es necesario reescalar la ventana para que ocupe todo el espacio disponible en la pantalla. Para ello emplearemos el método ***resizeTo()***. Este método también recibe dos argumentos, separados con una coma. El primero indica la anchura que queremos darle a la ventana. El segundo indica la altura que queremos darle. Ambos argumentos se expresan en píxeles. Por lo tanto, si queremos que nuestra ventana se reescale a 500 píxeles de ancho y 300 de alto, incluiremos en el código JavaScript una instrucción como la siguiente:

```
window.resizeTo(500,300);
```

Sin embargo, no es esto, exactamente, lo que nosotros pretendíamos, ya que hemos dicho que buscamos que la ventana de navegación ocupe toda la superficie disponible en la pantalla. Si recuerda el apartado anterior de este mismo Capítulo, la anchura y la altura disponibles en la pantalla, expresadas en píxeles, se encuentran en las propiedades availWidth y availHeight, respectivamente, del objeto screen. Por lo tanto, la instrucción que necesitaremos para que la ventana cumpla nuestros deseos será:

```
window.resizeTo (screen.availWidth,
screen.availHeight);
```

En conclusión, el código necesario para que una ventana se coloque alineada con los bordes izquierdo y superior de la pantalla y ocupe toda la superficie disponible de la misma, será como **ventanas_1.htm**.

```
<html>
   <head>
      <title>
         P&aacute;gina con JavaScript.
      </title>
      <script language="javascript">
         <!–
         window.moveTo (0,0);
         window.resizeTo (screen.availWidth,
screen.availHeight);
         //-->
      </script>
   </head>
   <body>
      <h1>
         Esta ventana se halla correctamente colocada y
dimensionada.
      </h1>
   </body>
</html>
```

El resultado de este código lo vemos en la figura 7.3. Como puede verse, la ventana no ha invadido la superficie de la pantalla que está destinada a la barra de tareas.

Como ve en el código anterior, los argumentos recibidos por estos métodos no tienen por qué ser, necesariamente, números; podemos emplear cualquier valor que represente un número.

Figura 7.3

Lo siguiente que vamos a hacer es crear una ventana que se coloque en la esquina superior izquierda de la pantalla, con un tamaño inicial de, digamos, 200 x 200 píxeles. Esta ventana se irá agrandando, primero en sentido vertical y después en sentido horizontal, de forma progresiva, hasta alcanzar el tamaño máximo disponible. Para ello haremos que los argumentos del método resizeTo() estén controlados mediante bucles de tipo for. Así, de paso, veremos cómo podemos emplear parte de lo que hemos aprendido anteriormente para lograr interesantes efectos visuales para nuestras páginas. El código necesario lo hemos guardado en el CD adjunto como **ventanas_2.htm**.

```
<html>
   <head>
      <title>
         P&aacute;gina con JavaScript.
      </title>
      <script language="javascript">
         <!--
         window.moveTo (0,0);
         window.resizeTo (200, 200);

         var ancho, alto;
         // Se produce el escalado vertical.
         for (alto=200; alto<=screen.availHeight;
alto++)
         {
            window.resizeTo (200,alto);
         }

         // Se produce el escalado horizontal.
```

```
                for (ancho=200; ancho<=screen.availWidth;
ancho++)
                {
                   window.resizeTo (ancho,alto);
                }
```

```
                //-->
             </script>
          </head>
          <body>
             <h1>
                Esta ventana se halla correctamente colocada y
dimensionada.
             </h1>
          </body>
       </html>
```

El efecto de este código no puede representarse mediante una figura impresa en el papel, así que pruébelo para ver cómo opera. Como puede comprobar, el reescalado de la ventana en sentido vertical se produce correctamente. Sin embargo, el reescalado horizontal, aunque funciona bien, da la impresión al usuario de ser muy lento. Esto es así porque, cuando empieza a extenderse la ventana a lo ancho, ya tiene toda la altura disponible y, cada vez que se reescala una ventana (en cada ciclo del bucle), es necesario que el ordenador la redibuje entera. Por lo tanto, nos conviene acelerar este segundo bucle. Lo hemos hecho en el código **ventanas_3.htm**.

```
       <html>
          <head>
             <title>
                P&aacute;gina con JavaScript.
             </title>
             <script language="javascript">
                <!--
                window.moveTo (0,0);
                window.resizeTo (200, 200);

                var ancho, alto;

                // Se produce el escalado vertical.
                for (alto=200; alto<=screen.availHeight;
alto++)
                {
                   window.resizeTo (200,alto);
                }
```

```
               // Se produce el escalado horizontal.
               // Este escalado se produce más deprisa.
               for (ancho=200; ancho<=screen.availWidth;
ancho+=5)
               {
                  window.resizeTo (ancho,alto);
               }
               //-->
            </script>
         </head>

         <body>
            <h1>
               Esta ventana se halla correctamente colocada y
dimensionada.
            </h1>
         </body>
      </html>
```

Pruébelo antes de seguir adelante. A continuación vamos a modificar el código para que la ventana se reescale, simultáneamente, en ambos sentidos, en vertical y en horizontal. Observe el código **ventanas_4.htm**.

```
      <html>
         <head>
            <title>
               P&aacute;gina con JavaScript.
            </title>
            <script language="javascript">
               <!--
               window.moveTo (0,0);
               window.resizeTo (200, 200);
               var talla, ancho;
               // Se produce el escalado vertical y
horizontal.
               for (talla=200; talla<=screen.availHeight;
talla++)
               {
                  window.resizeTo (talla,talla);
               }

               // Se completa el escalado horizontal.
               for (ancho=talla; ancho<=screen.availWidth;
ancho++)
               {
                  window.resizeTo (ancho,talla);
               }
```

```
            //-->
         </script>
      </head>
      <body>
         <h1>
            Esta ventana se halla correctamente colocada y
dimensionada.
         </h1>
      </body>
   </html>
```

Como ve, esta vez el reescalado también se produce en dos etapas. En la primera, se produce un cambio de tamaño en ambos sentidos (vertical y horizontal), hasta alcanzar la máxima altura disponible y una anchura equivalente, con lo que la ventana queda cuadrada. Dado que la anchura disponible es mayor que la altura, en la segunda etapa se produce un reescalado horizontal complementario, hasta cubrir toda la superficie de la pantalla.

Pero aún podemos mejorar esto. Vamos a hacer que la ventana se sitúe, inicialmente, en el centro de la pantalla. Al mismo tiempo que cambia de tamaño, deberá irse recolocando, para estar siempre centrada. Para lograr este efecto, no sólo debemos modificar dinámicamente los argumentos del método resizeTo(), como hemos venido haciendo hasta ahora, sino también los de moveTo(). Dese cuenta de que, según se cambie de tamaño la ventana, deberá reposicionarse la esquina superior izquierda de la misma para que siga centrada. La posición de la esquina superior izquierda de la ventana debe calcularse en función del tamaño disponible de pantalla y el tamaño de la propia ventana. Observe el código **ventanas_5.htm**.

```
      var ancho=150, alto=150; //Se determina el ancho y el
alto iniciales de la ventana.
      var anchoDisponible=screen.availWidth,
altoDisponible=screen.availHeight; //Se determina el espacio
disponible en la pantalla.

      /* En las líneas siguientes se calcula la posición
inicial de la ventana. Para ello, se resta el tamaño inicial
del tamaño disponible y se divide por dos.*/
      var izquierda=(anchoDisponible-150)/2;
      var superior=(altoDisponible-150)/2;

      var ciclos; // Número de veces que se repetirá el bucle
que gestiona la ventana.
```

```
      // En las líneas siguientes se coloca la ventana en su
posición y tamaño originales.
      window.moveTo(izquierda, superior);
      window.resizeTo(ancho, alto);

      for (ciclos=150; ciclos<=altoDisponible; ciclos ++)
      {
         ancho=ciclos;
         alto=ciclos;
         // A continuación se redimensiona la ventana.
         izquierda = (anchoDisponible-ancho)/2;
         superior = (altoDisponible-alto)/2;
         // A continuación se reposiciona la ventana.
         window.moveTo(izquierda, superior);
         window.resizeTo (ancho,alto);
      }
```

Además de estos dos métodos, existen otros dos, muy parecidos, para mover y reescalar una ventana. Se trata de ***moveBy()*** y ***resizeBy()***. La diferencia entre éstos y lo anteriores, es que, mientras aquéllos recibían valores absolutos, éstos reciben valores relativos. Veamos qué significa esto.

Cuando usamos el método moveTo(), le pasamos como argumentos las coordenadas x e y a las que queremos que se desplace la ventana (en concreto, su esquina superior izquierda). Si usamos el método moveBy(), le pasamos un número que indica los píxeles que hay que desplazar la ventana a partir de su posición actual. Por ejemplo, si en nuestro código ponemos una línea como:

```
window.moveTo(10,20);
```

la ventana se mueve a una posición situada a 10 píxeles del borde izquierdo de la pantalla y a 20 píxeles del borde superior. Sin embargo, si incluimos una línea como la siguiente:

```
window.moveBy(10,20);
```

la ventana se mueve 10 píxeles a la derecha y 20 píxeles debajo de su posición actual. Si los argumentos (la x y la y) son positivos, la ventana se mueve hacia la derecha y hacia abajo, respectivamente. Si los argumentos son negativos, la ventana se mueve hacia la izquierda y hacia arriba.

Con el método resizeBy() ocurre algo parecido. Si nuestro código incluye una línea como la siguiente:

```
window.resizeTo (500,400);
```

la ventana se reescalará hasta alcanzar los 500 píxeles de ancho y los 400 de alto. Sin embargo, suponga que nuestro código incluye una línea como la que aparece reproducida a continuación:

```
window.resizeBy (200,100);
```

la ventana se reescalará hasta tener 200 píxeles de ancho más de los que tuviera en ese momento y 100 píxeles más de alto. Si el valor de los argumentos es positivo, la ventana se agrandará en las cantidades especificadas. Si el valor es negativo, la ventana se achicará.

A modo de ejemplo, he incluido el código **ventanas_6.htm**, cuyo listado se reproduce a continuación:

```
var izquierda=0, superior=300, desplazamiento=1;

window.moveTo (0,300);
window.resizeTo (200,200);

for (izquierda = 0; izquierda<(screen.availWidth-200);
izquierda++){
    window.moveBy (desplazamiento,0);
}
desplazamiento = -1;
for (izquierda = 0; izquierda<(screen.availWidth-200);
izquierda++)
{
    window.moveBy (desplazamiento,0);
}
```

Este código muestra una ventana que "bota" de lado a lado de la pantalla, empleando el método moveBy(). Ahora intente, por usted mismo, crear un código, a partir de éste, en el que la ventana se agrande y se achique usando resizeBy().

7.2.2 Crear ventanas adicionales

En ocasiones todos hemos visto esas páginas web que, cuando se cargan, abren ventanas secundarias en las que se cargan otras páginas. Esas otras páginas suelen ser banners publicitarios. En la figura 7.4 vemos la idea de lo que pretendemos hacer.

En este apartado vamos a aprender a crear esas ventanas secundarias. Para ello vamos a emplear otro método del objeto window. En este caso se trata del método ***open()***, que recibe una serie de parámetros para configurar la nueva ventana. La lista de argumentos que podemos pasarle al método open() es bastante amplia, ya que, cuando se abre una ventana secundaria de navegación, son varios los aspectos de la misma que podemos gestionar.

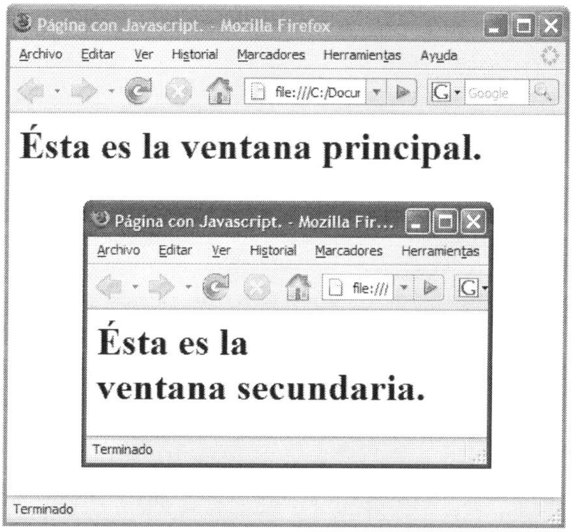

Figura 7.4

Aquí vamos a empezar por el uso más simple de este método, para ir adentrándonos en sus derivaciones más sofisticadas y potentes. Observe el código **otra_ventana_1.htm**. Con él, se logra el efecto que hemos visto en la figura 7.4.

```
<html>
   <head>
      <title>P&aacute;gina con JavaScript.
      </title>
      <script language="javascript">
         <!–
         window.open
("texto_de_secundaria_1.htm","ventana");
         //-->
      </script>
   </head>
   <body>
      <h1>
         &Eacute;sta es la ventana principal.
      </h1>
   </body>
</html>
```

La línea que nos interesa es la que aparece resaltada, que es la que refleja el uso más simple posible del método open(). Como decíamos, este método es el que se encarga de abrir una ventana secundaria. Estas ventanas se conocen también como *ventanas emergentes* o *pop-up*. Como ve, el método recibe dos parámetros, separados por una coma. El primero corresponde al nombre de la página que se ha de cargar en la ventana secundaria. Si dicha página no está en la misma ubicación que la nuestra, será necesario especificar la URL completa. El segundo parámetro es un nombre que le damos a la nueva ventana. Esta forma de poner el nombre no es la más adecuada en las últimas versiones de JavaScript y se conserva, únicamente, por compatibilidad con navegadores antiguos. Más adelante, en este mismo Capítulo, veremos cómo se le debe aplicar el nombre realmente a la ventana, a fin de que podamos usar el máximo de posibilidades. En cuanto al código de la página que se carga en la ventana secundaria, al que hemos llamado **texto_de_secundaria_1.htm**, no tiene nada de particular, tal como puede ver aquí:

```
<html>
   <head>
      <title>
         P&aacute;gina con JavaScript.
      </title>
   </head>
   <body>
      <h1>
         &Eacute;sta es la
         <br>
         ventana secundaria.
      </h1>
   </body>
</html>
```

En estas circunstancias tenemos una ventana secundaria con un nombre y una página cargada. Ahora vamos a ver cómo podemos lograr una ventana más elaborada, a fin de adaptarla a nuestras necesidades particulares, añadiéndole más parámetros al método open(). Como norma general, el método recibe tres parámetros, separados por comas. Los dos primeros ya los conocemos. El tercero es una cadena con los atributos de la nueva ventana que se va a abrir. Los posibles atributos que podemos especificar son los siguientes:

- ***width.*** Recibe un valor numérico que indica la anchura de la nueva ventana, expresada en píxeles.
- ***height.*** Recibe un valor numérico que indica la altura que tendrá la nueva ventana, expresada en píxeles.
- ***top.*** Recibe un valor numérico que determina la distancia entre el borde superior de la nueva ventana y el borde superior de la pantalla.

Se expresa en píxeles. Netscape no reconoce este parámetro. En su lugar, se emplea ***screenY***. Si nuestro código debe de poder funcionar con Explorer o con Netscape, deberemos incluir ambos parámetros.

- ***left.*** Recibe un valor numérico que determina la distancia entre el borde izquierdo de la nueva ventana y el borde izquierdo de la pantalla. Se expresa en píxeles. Netscape no reconoce este parámetro. En su lugar, se emplea ***screenX***. Si nuestro código debe de poder funcionar indistintamente con Explorer o con Netscape, deberemos incluir ambos parámetros.
- ***resizable.*** Se emplea para indicar si la nueva ventana será redimensionable por el usuario. Si el valor es *yes*, el usuario podrá cambiar el tamaño de la ventana mediante el ratón. Si el valor es *no*, la ventana no se podrá reescalar.
- ***menubar.*** Se emplea para indicar si la nueva ventana contará con la barra de menú del explorador. Los posibles valores son *yes* y *no*. Esta barra aparece en la figura 7.5. Esta barra no siempre tendrá el aspecto exacto de la imagen, sino que puede variar en función de su navegador, configuración del mismo, etc.

Figura 7.5

- ***toolbar.*** Permite determinar si en la nueva ventana habrá o no barra de herramientas. Los posibles valores son yes y no. La barra de herramientas del explorador aparece en la figura 7.6. Esta barra no siempre tendrá el aspecto exacto de la imagen, sino que puede variar en función de su navegador, configuración del mismo, etc.

Figura 7.6

- ***directories.*** Permite determinar si aparecerá o no la barra de vínculos en la nueva ventana. Los posibles valores de este atributo son yes y no. El aspecto de la barra de vínculos es el de la figura 7.7.

Figura 7.7

- ***location.*** Determina si en la nueva ventana aparecerá o no la barra de direcciones. Los posibles valores son *yes* y *no*. La barra de dirección es el lugar donde se teclean las URL durante la navegación por Internet. Su aspecto es el de la figura 7.8.

Figura 7.8

- ***scrollbar.*** Determina si en la nueva ventana aparecerá la barra de desplazamiento vertical a la derecha de la misma. Los posibles valores son *yes* y *no*. Es muy importante tener en cuenta que, si no incluimos en la ventana la barra de desplazamiento y el contenido es mayor que la propia ventana, habrá parte de los contenidos a los que el usuario no podrá acceder.
- ***status.*** Determina si aparecerá o no la barra de estado en la parte inferior de la nueva ventana. Los posibles valores son *yes* y *no*. El aspecto de la barra de estado es similar al de la figura 7.9.

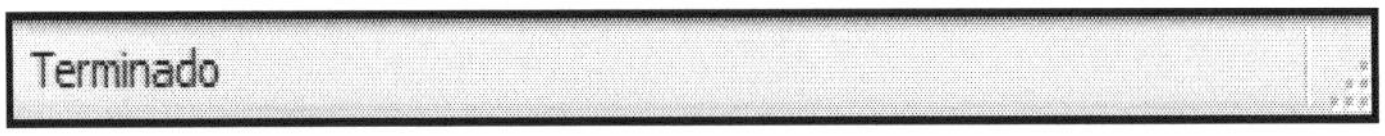

Figura 7.9

- ***fullscreen.*** Este atributo puede recibir los valores *yes* y *no*. El valor por defecto es *no* y equivale a no incluir al atributo. Si se incluye el atributo con el valor *yes*, todos los demás atributos, excepto scrollbar, sobran. La nueva ventana se abrirá a pantalla completa, sin bordes, ocupando toda la superficie del monitor. No existirá barra de título, ni de herramientas, ni ninguna otra barra del navegador. Tampoco se verá la barra de tareas del sistema operativo. El contenido de la nueva ventana será lo único que el usuario vea. Este atributo es muy potente, en tanto en cuanto que dota a la nueva ventana de protagonismo absoluto, pero también es muy delicado de usar porque, al no quedar disponible ninguna barra de trabajo, priva al usuario del control sobre el navegador. Por lo tanto, si usa usted este atributo deberá incluir, en la página que se cargue en esta nueva ventana, un mecanismo especial para cerrarla. El método para cerrar una página que usaremos es ***self.close()***. Lo explicaremos en breve. De momento, basta con que sepa que sirve para cerrar una ventana. Para demostrar el funcionamiento de este método he preparado el código **completa_1.htm**, listado a continuación

```
<html>
   <head>
      <title>
         P&aacute;gina con JavaScript.
      </title>
      <script language="javascript">
         <!--
         //-->
      </script>
   </head>
   <body>
      <center>
         <button onClick =
"window.open('ventana_completa.htm','ventana','fullscreen
= yes');">
            Abrir una ventana completa.
         </button>
      </center>
   </body>
</html>
```

Como ve en la línea resaltada, abrimos una ventana en modo "a pantalla completa" y cargamos una página, que hemos llamado **ventana_completa.htm**. Pruebe este código para ver cómo funciona. *Úselo con Explorer; Firefox no reconoce esta propiedad.*

Y, con esto, tenemos una lista de los atributos que se pueden emplear. Ahora es necesario ver cómo emplearlos. Tal como hemos dicho, debemos construir una cadena con los atributos deseados e incluirla como tercer parámetro del método open(). En el código **otra_ventana_2.htm** vemos un ejemplo.

```
      var parametros = "width=400, height=300, left=200,
top=150 resizable=no, menubar=no, toolbar=no, directories=no,
location=no, scrollbars=no, status=no";

      window.open ("texto_de_secundaria_1.htm", "ventana",
parametros);
```

En primer lugar, se define una cadena con los atributos que vamos a usar. En este caso, la cadena nos indica que la nueva ventana tendrá una anchura de 400 píxeles y una altura de 300. Además, estará situada a 200 píxeles del lateral izquierdo de la pantalla y a 150 píxeles del lateral superior.

También vemos que no tendrá las barras de menú, de herramientas, de vínculos, de dirección, de desplazamiento ni de estado. Así mismo, vemos que la nueva ventana no será reescalable por el usuario. En el caso de Firefox, la barra de estado siempre está presente y la ventana es reescalable en cualquier caso. Dada la difusión de uso de este navegador, mayor cada día, estas propiedades las usaremos cada vez menos. Todas estas propiedades se han incluido, como puede ver, en una cadena que hemos asignado a la variable **`parametros`**. Esta variable se ha puesto como tercer argumento del método open() en la correspondiente línea de código. El resultado será que, al ejecutar la página, se abrirá una ventana secundaria con el aspecto de la figura 7.10.

Figura 7.10

Además, en el caso de Netscape, se admiten algunos atributos más de los que hemos visto. Éstos son:

- ***alwaysRaised.*** Recibe un valor de tipo *yes* o *no*. Se emplea para indicar si queremos que la nueva ventana esté permanentemente por encima de la principal, en primer plano.
- ***alwaysLowered.*** Recibe una valor de tipo *yes* o *no*. Se emplea para indicar si queremos que la nueva ventana quede en segundo plano. Lógicamente, no se le puede dar el valor yes a este atributo y al anterior, simultáneamente.
- ***z-lock.*** Recibe un valor de tipo *yes* o *no*. Si está activado, una vez que la nueva ventana se sitúe detrás de la principal (en segundo plano), ya no volverá a pasar a primer plano.
- ***titlebar.*** Recibe un valor de tipo *yes* o *no*. Se emplea para indicar si la nueva ventana tendrá barra de título.

Por razones de seguridad, estos cuatro atributos sólo funcionan si la página viene avalada por un guión con firma y, en todo caso, sólo cuando se ejecuten desde Netscape, por lo que, de momento, no nos preocuparemos por ellos.

Como norma general, debemos indicar que todos aquellos atributos que reciban un valor de tipo yes/no podemos expresarlo como 1/0. En realidad, basta incluir el nombre del atributo, sin ningún valor, para que se asuma que tiene el valor yes o 1. Por ejemplo, las siguientes expresiones en la cadena de parámetros dan el mismo resultado:

```
"menubar=yes, status=yes"
"menubar=1, status=1"
"menubar, status"
```

Yo, personalmente, prefiero, por rezones de legibilidad de código, la primera forma de anotación. No obstante, es posible que encuentre código, en distintas páginas, en cualesquiera de las otras notaciones.

7.2.2.1 MANEJO DE VENTANAS MEDIANTE EVENTOS

Hemos visto cómo crear ventanas secundarias, usando el método open() "a pelo". Ahora vamos a ver cómo podemos gestionar el uso de ventanas secundarias mediante eventos. Por ejemplo, usaremos un botón que, al detectar la pulsación, abra una ventana secundaria. Veamos cómo hacerlo. El código se llama **ventana_evento_1.htm**.

```
<html>
   <head>
      <title>
         P&aacute;gina con JavaScript.
      </title>
      <script language="javascript">
         <!--
         var parametros = "width=400, height=300,
left=200, top=150 resizable=no, menubar=no, toolbar=no,
directories=no, location=no, scrollbars=no, status=no";

         function abrirVentana()
         {
            window.open ("texto_de_secundaria_1.htm",
"ventana", parametros);
         }
         //-->
      </script>
   </head>

   <body>
      <button onClick="abrirVentana();">
         Pulse.
      </button>
   </body>
</html>
```

Lo primero que vemos es que la línea de código que abrirá una ventana secundaria está ahora formando parte de una función, a la que hemos llamado **abrirVentana()**. Por esta razón, dicho código se carga en memoria, pero no es ejecutado aún.

Posteriormente, en el cuerpo de la página, tenemos un botón al que se le identifica la pulsación mediante el evento onClick, que ya conocemos. Como gestor de evento hemos puesto una llamada a la función JavaScript que habíamos creado, de modo que, al pulsar el botón, se ejecuta dicha función, que abre la ventana a la que hemos llamado "secundaria".

Ahora vamos a mejorar nuestro código. Lo que pretendemos es que en la ventana secundaria, exista otro botón que nos permita cerrarla. Para ello, vamos a crear una página específica que se cargue en dicha ventana secundaria. Hasta ahora (compruébelo usted mismo en los códigos anteriores) se estaba cargando texto_de_secundaria_1.htm. Ahora vamos a cargar **texto_de_secundaria_2.htm**, cuyo listado es el siguiente:

```
<html>
   <head>
      <title>
         P&aacute;gina con JavaScript.
      </title>
   </head>
   <body>
      <h1>
         &Eacute;sta es la
         <br>
         ventana secundaria.
      </h1>
      <button onClick="self.close();">
         Cerrar
      </button>
   </body>
</html>
```

Fíjese en la línea resaltada. Se crea un botón y se chequea su evento onClick. Como gestor de eventos encontramos ***self.close()***. Sabemos ya lo suficiente de JavaScript como para tratar de interpretar lo que sucede. La referencia ***self*** hace referencia a un objeto. Es una especie de comodín que se refiere a la propia ventana en la que nos encontramos. A continuación encontramos un punto, para separar el objeto del método ***close()***. Este método cierra la ventana. Por lo tanto, el botón, al ser pulsado, cerrará la ventana en la que se esté ejecutando esta página. Como este código lo hemos escrito para ser cargado en una ventana secundaria, será ésta la que se cierre. En la ventana principal, se cargará el código **ventana_evento_2.htm**, que es similar a ventana_evento_1.htm, pero llamando a texto_de_secundaria_2.htm.

```
<html>
   <head>
      <title>
         P&aacute;gina con JavaScript.
      </title>
      <script language="javascript">
         <!--
         var parametros = "width=400, height=300,
left=200, top=150 resizable=no, menubar=no, toolbar=no,
directories=no, location=no, scrollbars=no, status=no";

         function abrirVentana()
         {
            window.open ("texto_de_secundaria_2.htm",
"ventana",

      parametros);
         }
         //-->

      </script>
   </head>

   <body>
      <button onClick="abrirVentana();">
         Pulse.
      </button>
   </body>
</html>
```

Cuando ejecute esta página verá, como en el caso anterior, un botón que, al ser pulsado, abre una ventana secundaria. En ésta, aparece otro botón. Si lo pulsa, la ventana secundaria se cierra. Hay algo que debemos comentar acerca del método close() del objeto self, empleado en este ejemplo. Cuando lo usamos en una ventana secundaria, este método cierra la ventana, sin más. Sin embargo, si lo usamos en la ventana principal, antes de cerrarla mostrará un cuadro de confirmación como el que aparece en la figura 7.11. En el caso de Firefox, no se pueden cerrar ventanas que no hayan sido abiertas por un script desde otra ventana.

Este cuadro de confirmación no puede evitarse cuando usamos el método self.close() en la página principal, como medida de seguridad. Por lo tanto, trate de usar este método exclusivamente en páginas abiertas en ventanas secundarias.

Por supuesto, este modo de abrir y cerrar ventanas secundarias puede ser empleado como gestor de cualquier evento, asociado a un objeto determinado. Por ejemplo, es posible que usted desee que, al pasar el ratón sobre una imagen (sin llegar a pulsar ningún botón), se abra una ventana. Deberá usar, para ello, el evento onMouseOver, asociado a una imagen. Intente hacerlo por usted mismo.

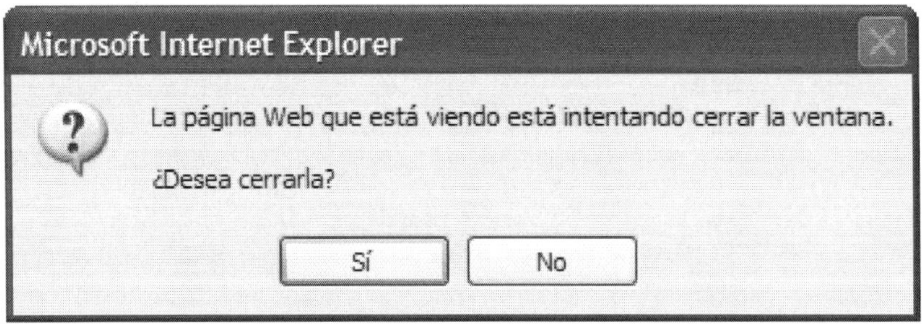

Figura 7.11

7.2.2.2 ENFOCAR Y DESENFOCAR UNA VENTANA

Hasta ahora hemos estado abriendo las ventanas secundarias con una sintaxis general como la siguiente:

```
        window.open (Página que se cargará, nombre,
parámetros);
```

Es una sintaxis simple, que nos permite realizar algunas operaciones con ventanas, pero, para otras operaciones, no es suficiente. Tenga en cuenta que, cuando se crea una ventana adicional, en realidad lo que se está haciendo es crear un nuevo objeto window y es necesario asignarle un nombre con el que poder operar. Anteriormente decíamos que colocar el nombre como segundo argumento entre los paréntesis se hace por compatibilidad con navegadores antiguos. De hecho, la forma en que se debe colocar el nombre de la ventana para poder usarla en todo su potencial es la que corresponde a la siguiente sintaxis:

```
        nombre = window.open (Página a cargar, nombre,
parámetros);
```

Fíjese en que el aspecto de esta sintaxis es similar a asignarle la nueva ventana a una variable. En realidad, es lo que estamos haciendo, sólo que no será una variable de cadena o numérica, sino de tipo ***objeto*** ya que lo que contiene es un objeto (la nueva ventana). Aunque algunos autores afirmen lo contrario, mi experiencia me dice que el nombre que hay a la izquierda de la igualdad y el que hay dentro del paréntesis deben ser iguales.

Hecho este pequeño inciso, vamos a ver cómo programar por código el que la ventana activa sea una u otra, cuando tenemos más de una ventana de navegación simultáneamente abiertas. Por ejemplo, si tenemos una ventana principal y una secundaria, pondremos en la principal un botón tal que, al pulsarlo, active (sitúe el foco) en la ventana secundaria. En ésta última habrá un botón que, al pulsarlo, situará el foco en la ventana principal. El código de la página principal es **cambiar_foco_1.htm**.

```
<html>
   <head>
      <title>
         P&aacute;gina con JavaScript.
      </title>
      <script language="javascript">
         <!--

         var parametros = "width=400, height=300,
left=200, top=150, resizable=no, menubar=no, toolbar=no,
directories=no, location=no, scrollbars=no, status=no";
         ventana = window.open
("texto_de_secundaria_3.htm", "ventana", parametros);
         //-->
      </script>
   </head>
   <body>
      <button onClick="ventana.focus();">
         Enfocar ventana secundaria.
      </button>
   </body>
</html>
```

Ejecútelo en este momento, para ver su funcionamiento. Y, una vez más, encontramos que esta facultad no está disponible en el navegador Firefox. Téngalo en cuenta y haga las pruebas de este código con Explorer.

Fíjese en que, al actuar sobre el botón **[ENFOCAR VENTANA SECUNDARIA]**, situado en la ventana principal, ésta se queda inactiva y, en cambio, se activa la ventana secundaria. Esto sucede por el gestor de eventos que le hemos asignado al botón. Lo que hacemos es referirnos al objeto *ventana*, que es como se llama la ventana secundaria, y usar el método ***focus()***, que le da el foco. Este método no es privativo de los objetos window, sino que disponen de él la mayoría de los objetos de JavaScript.

En la ventana secundaria existe un botón para enfocar la ventana principal. La página se llama **texto_de_secundaria_3.htm** y su código es el siguiente:

```
<html>
   <head>
      <title>
         P&aacute;gina con JavaScript.
      </title>
   </head>
   <body>
      <h1>
         &Eacute;sta es la <br>
         ventana secundaria.
      </h1>
      <button onClick="self.opener.focus();">
         Enfocar ventana principal.
      </button>
   </body>
</html>
```

Como ve, al pulsar el botón **[ENFOCAR VENTANA PRINCIPAL]** se le devuelve el foco a la ventana principal. Observe el gestor de evento de este botón. Dese cuenta de que a la ventana principal no podemos referirnos por su nombre, porque no tiene nombre. Dado el sistema de jerarquía de objetos en JavaScript, la ventana principal es la que ha "creado" (abierto) la secundaria. En la terminología propia de JavaScript se dice que la ventana principal es "padre" de la ventana secundaria. Para la ventana secundaria, la ventana principal es la ***opener***, es decir, la que la ha abierto. Todas las ventanas que se gestionen, excepto la principal, tienen una propiedad *opener* que representa a su ventana padre. El objeto *self* representa, como ya sabemos, a la propia ventana en la que se está ejecutando el documento. Por lo tanto, *self.opener.focus();* quiere decir *Enfocar la ventana padre de ésta misma.*

Por el contrario, para quitar el foco de una ventana empleamos el método **blur()**. Veamos cómo, en el código **desenfocar_1.htm**.

```
<html>
   <head>
      <title>
         P&aacute;gina con JavaScript.
      </title>
   </head>
   <body>
      <button onClick="self.blur();">
         Desenfocar esta ventana.
      </button>
   </body>
</html>
```

Si tiene más ventanas abiertas en Windows (por ejemplo, de alguna carpeta o cualquier aplicación), verá que, al pulsar el botón, la ventana del navegador "desaparece" detrás de las otras.

Esto resulta especialmente útil cuando creamos una página que abre otras ventanas con publicidad de nuestros clientes o amigos. La mayor parte de los usuarios, cuando se abren ventanas secundarias, las cierran, sin leer la publicidad, para que no les molesten. Si hacemos que nuestras ventanas secundarias se coloquen, automáticamente, detrás de la principal, el usuario no percibe la molestia y no cierra las ventanas secundarias. Posteriormente, cuando deje nuestro sitio y cierre la ventana principal del navegador, se encontrará, sobre su escritorio, las ventanas secundarias. Si no son muchas (una o dos) es bastante posible que dedique unos segundos a echarles un vistazo y, si alguna le llama la atención, habremos logrado un impacto publicitario muy eficiente.

7.2.2.3 COMPROBAR EL ESTADO DE UNA VENTANA

En ocasiones necesitará usted saber (o, mejor dicho, que su página "sepa") si una determinada ventana secundaria ha sido creada o no y si permanece abierta o no. Para ello, tenga en cuenta que una ventana es un objeto pero, antes de que se defina en el código mediante el método open(), no es nada. Lo que quiero decir es que si usted quiere referirse a una ventana y ésta no ha sido creada aún, se va a producir un error en tiempo de ejecución. La mejor manera de evitar esto es creando el nombre del objeto al principio del código y asignándole el valor **null**, así:

```
nueva_ventana = null;
```

Después, para saber si la ventana ha sido efectivamente creada o no, basta con verificar si el objeto sigue teniendo el valor null.

Para comprobar si la ventana, una vez creada, sigue abierta o ha sido cerrada usaremos la propiedad ***closed***. Ésta devuelve el valor lógico ***true*** si la ventana está cerrada y ***false*** si permanece abierta.

Observe el código **comprobar_ventana_1.htm**, cuyo script aparece listado a continuación (vea el código completo en el CD):

```
nueva_ventana = null;

function comprobar()
{
   if (nueva_ventana == null)
```

```
        {
           alert ("No se ha creado la ventana adicional");
        } else if (nueva_ventana.closed) {
           alert ("La ventana adicional ha sido cerrada.");
        } else {
           alert ("La nueva ventana está abierta");
        }
     }
```

```
     function crear()
     {
        nueva_ventana =
window.open("texto_de_secundaria_3.htm",
"nueva_ventana","width=400, height=300, left=200, top=150,
resizable=no, menubar=no, toolbar=no, directories=no,
location=no, scrollbars=no, status=no");
     }

     function cerrar()
     {
        nueva_ventana.close();
     }
```

Observe, en la figura 7.12, el aspecto de la página al ejecutarla. Si está pensando que no tiene una apariencia muy cuidada ni elaborada, tiene usted razón. Con este código no he pretendido hacer una página bonita, sino, simplemente, ilustrar lo que aquí se explica.

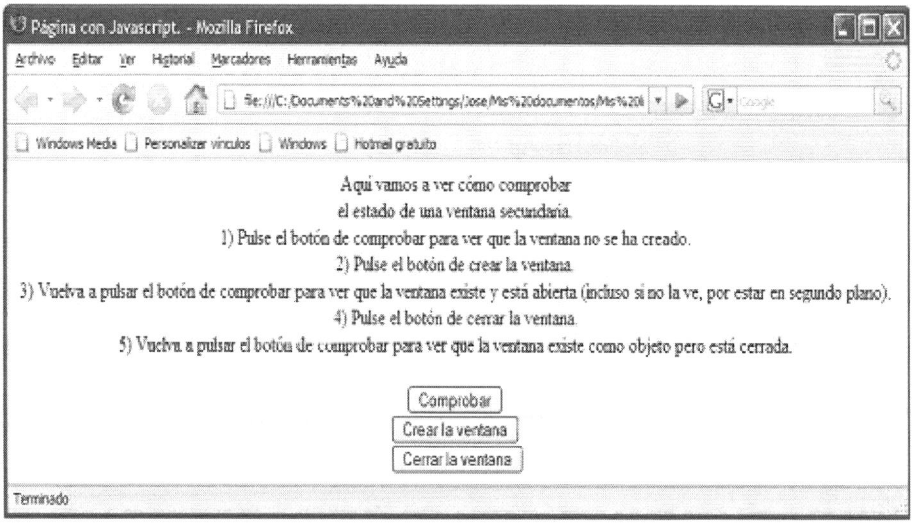

Figura 7.12

Nada más cargarse la página, pulse el botón **[COMPROBAR]**. Verá que se le abre un cuadro de aviso como el que aparece en la imagen izquierda de la figura 7.13.

Ahora pulse el botón **[CREAR LA VENTANA]**. Se abrirá una ventana secundaria en primer plano. Envíela a segundo plano haciendo clic en la ventana principal o pulsando el botón **[ENFOCAR VENTANA PRINCIPAL]** (recuerde, sólo si usa Internet Explorer, no Firefox) de la ventana secundaria. Una vez que tenga de nuevo su ventana principal en primer plano, pulse de nuevo el botón **[COMPROBAR]**. Verá el cuadro de aviso que aparece en la segunda imagen de la figura 7.13.

Por último, pulse el botón **[CERRAR LA VENTANA]**, que cerrará la ventana secundaria. Una vez más, pulse el botón **[COMPROBAR]** y verá el cuadro de aviso de la tercera imagen de la figura 7.13. Éste último nos informa de que la ventana secundaria existe (ya ha sido creada), aunque esté cerrada.

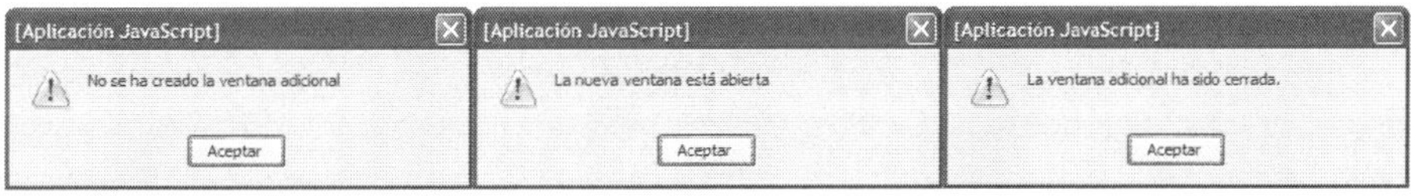

Figura 7.13

7.2.3 La barra de estado

En la ventana de navegación (objeto window) encontramos, en la parte inferior, un elemento muy discreto pero que, usado convenientemente, puede proporcionarle a nuestra página un aspecto interesante: la barra de estado. Observe, en la figura 7.14, su aspecto normal.

Si usted se ha fijado en esta barra cuando navega por Internet, habrá reparado en que le da cierta información adicional sobre su navegación. Por ejemplo, en la parte derecha aparece la leyenda "Internet". Si usted apoya el puntero del ratón sobre algún enlace verá que, en la parte izquierda, aparece la URL a la que apunta dicho enlace (si no se ha fijado nunca en ello, pruébelo). Cuando usted está cargando una página, en la parte central de la barra de estado le aparece un indicador de progreso. Todo esto es la operativa normal de la barra de estado. Sin embargo, nosotros podemos actuar desde JavaScript sobre dicha barra, de modo que, en la parte izquierda, nos aparezca lo que deseemos ver. Una vez más, los tres códigos que vamos a ver aquí funcionan sólo con Explorer, pero no con Netscape ni con Firefox, a menos que se establezca específicamente (ver detalles en el Apéndice A).

Figura 7.14

Para manejar la barra de estado contamos con el objeto ***status*** que es, realmente, una propiedad del objeto window. Lo que hacemos es asignarle a esta propiedad el valor que queremos visualizar en la barra de estado. Por ejemplo, podemos hacer que, al apoyar el puntero sobre un enlace, en lugar de aparecer la URL de dicho enlace se nos muestre un comentario.

Al ser status directamente propiedad del objeto window, no es necesario referirse a la barra de estado como `window.status`, pudiendo hacerlo como `status`.

Observe el código **barra_de_estado_1.htm** listado a continuación:

```
<html>
   <head>
      <title>
         P&aacute;gina con JavaScript.
      </title>
      <script language="javascript">
         <!--
         //-->
      </script>
   </head>
   <body>
```

```
            <a href="http://www.todoligues.com"
onMouseOver="status = 'TU PORTAL DE CONTACTOS';return true;">
               Tu portal de contactos.
            </a>
         </body>
      </html>
```

Ejecute la página y observe que, al apoyar el puntero sobre el enlace, en la barra de estado aparece la leyenda **TU PORTAL DE CONTACTOS**. Fíjese en la sintaxis de la línea resaltada para ver cómo lo he hecho.

Sin embargo, este código adolece de cierta precariedad: cuando se retira el puntero del enlace, el mensaje de la barra de estado debería de desaparecer, pero permanece fijo. Vamos a mejorarlo en el código **barra_de_estado_2.htm**.

```
      <html>
         <head>
            <title>
               P&aacute;gina con JavaScript.
            </title>
            <script language="javascript">
               <!--
               //-->
            </script>
         </head>
         <body>
            <a href="http://www.todoligues.com"
onMouseOver="status = 'TU PORTAL DE CONTACTOS';return true;"
onMouseOut="status='';return true;">
               Tu portal de contactos.
            </a>
         </body>
      </html>
```

Observe la parte destacada del enlace. Lo que hacemos es que, al retirar el puntero del ratón (evento onMouseOut), en la barra de estado se coloque como mensaje una cadena vacía.

Y si usted se está preguntando por la sentencia `return true;` que aparece en ambos eventos, de momento es suficiente saber que es necesaria para el correcto funcionamiento del código (pruebe a suprimirla y observe lo que ocurre). Cuando lleguemos al estudio de los formularios aprenderemos más sobre return.

Está muy bien poder manejar así la barra de estado. Sin embargo, muchos usuarios desean ver, en dicha barra, dónde apunta, realmente, un enlace. Nosotros ya hemos tenido algún contacto con un objeto de JavaScript un poco especial: la referencia ***this***. Se trata de un comodín que representa al objeto con el que estamos interactuando en cada momento. Por lo tanto, si empleamos this referido a un enlace, podremos usar las propiedades y métodos de dicho enlace. Una de esas propiedades es ***href***., que indica dónde apunta el enlace. Pues bien, sabiendo todo esto, mejoremos nuestro código en **barra_de_estado_3.htm**.

```
<html>
   <head>
      <title>
         P&aacute;gina con JavaScript.
      </title>
      <script language="javascript">
         <!--
         //-->
      </script>
   </head>

   <body>
      <a href="http://www.todoligues.com"
onMouseOver="status = 'TU PORTAL DE CONTACTOS
'+this.href;return true;" onMouseOut="status='';return
true;">
         Tu portal de contactos.
      </a>
   </body>
</html>
```

Ejecute la página y observe que, al apoyar el ratón sobre el enlace, aparece la misma leyenda de antes, seguida de la URL real a la que apunta el enlace. Observe la parte destacada del código para entender lo que he hecho.

7.2.4 Retrasos e intervalos

Es muy habitual que un webmaster desee implementar en una página un mecanismo tal que una determinada acción (por ejemplo, una función) se ejecute, no como respuesta a un evento, sino pasado un determinado tiempo desde, por ejemplo, la carga de la página. Esto es lo que se conoce como un ***retraso***: se carga la página y, pasado el número de segundos programado, se ejecuta una función.

Para programar un retraso, contamos con la función ***setTimeout()***. Esta función recibe, como argumentos, el nombre de la función o instrucción que tiene que ejecutar a su vez el retraso en milisegundos y, opcionalmente, los argumentos que pudieran proceder.

Para entender su funcionamiento, vamos a analizar una página que, al cargarse, pone en marcha un retraso. Al cabo de dos segundos, mostrará un mensaje de aviso generado con alert(). El código se llama **retraso_1.htm**.

```
<html>
   <head>
      <title>
         P&aacute;gina con JavaScript.
      </title>
      <script language="javascript">
         <!--
            function mensaje()
            {
               alert ("Han transcurrido dos
segundos.");
               document.bgColor = "#00FFFF";
            }
         //-->
      </script>
   </head>
   <body onLoad = "setTimeout('mensaje()',2000);">
      Espere dos segundos, por favor.
   </body>
</html>
```

Ejecute la página. Verá que, dos segundos después de cargarse, aparece un cuadro de aviso y, al cerrarlo, el color de fondo de la página cambia. Tanto el cuadro de aviso como el cambio de color de la página están programados en la función `mensaje()`.

Es al cargarse la página (evento onLoad en el tag <body>), cuando se inicia el retraso de 2000 milisegundos para activar la función `mensaje()`. Por favor, pruebe el código y observe la línea que aparece destacada en el listado.

En realidad, éste no es el mejor método de emplear la función setTimeout(). Podemos sacarle más partido si asignamos esta función a una variable. La sintaxis correcta es la siguiente:

```
variable = setTimeOut ("funcion()",retardo);
```

Vamos a ver un código que ilustre esto. Lo que pretendemos es que, al cargarse la página, se muestre un mensaje en la barra de estado. Este mensaje permanecerá allí durante seis segundos y después desaparecerá. En realidad, transcurridos los 6000 milisegundos, lo que hacemos es poner una cadena vacía en la propiedad status, tal como hemos aprendido a hacerlo en el apartado anterior.

Observe el listado **retraso_2.htm**. Como ve, el retraso lo hemos creado en una función de usuario a la que se invoca a la carga de la página.

```
<html>
   <head>
      <title>
         P&aacute;gina con JavaScript.
      </title>
      <script language="javascript">
         <!--
            function retraso()
            {
               status = "ESTO SE BORRA EN 6 SEGUNDOS.";
               demora = setTimeout("borrar()",6000);
            }
            function borrar()
            {
               status = "";
               return true;
            }
         //-->
      </script>
   </head>
   <body onLoad = "retraso();">
      Espere 6 segundos, por favor.
   </body>
</html>
```

Ejecute la página para comprobar su funcionamiento y observe detenidamente la línea destacada en el listado. Esta manera de ejecutar el retraso (asignándoselo a una variable) permite, si lo deseamos, cancelarlo antes de que termine el tiempo establecido. Para ello recurrimos a la función ***clearTimeout()***, que recibe como argumento el nombre de la variable a la que le hemos asignado el retraso. Observe el listado **retraso_3.htm**. Funciona de forma similar al anterior. Sin embargo, la página cuenta con un botón. Si lo pulsa antes de que transcurran los seis segundos, el mensaje de la barra de estado permanecerá fijo: se ha cancelado el efecto de setTimeout. Pruébelo.

```
<html>
   <head>
      <title>
         P&aacute;gina con JavaScript.
```

```
        </title>
        <script language="javascript">
           <!--
              function anular()
              {
                 status = "ESTO YA NO SE BORRA.";
                 clearTimeout(demora);
                 return true;
              }
              function retraso()
              {
                 status = "ESTO SE BORRA EN 6 SEGUNDOS.";
                 demora = setTimeout("borrar()",6000);
              }
              function borrar()
              {
                 status = "";
                 return true;
              }
           //-->
        </script>
     </head>
     <body onLoad = "retraso();">
        Espere 6 segundos, por favor.
        <br>
        <button onClick="anular();">
           Pulse aquí para anular el retraso.
        </button>
     </body>
  </html>
```

Examine el listado (principalmente la línea destacada) y ejecute la página para comprobar su funcionamiento.

Ya sabemos cómo desencadenar un retraso de forma que, transcurrido un determinado tiempo, suceda "algo". Sin embargo, ese "algo" sucede una sola vez y ya no tenemos más control sobre el proceso. En ocasiones puede resultar interesante que un proceso se ejecute de modo regular cada determinado período de tiempo. Para ello JavaScript nos proporciona los ***intervalos***. Un intervalo se crea con la función ***setInterval()***, que recibe como argumentos la expresión del código que debe ejecutar y el tiempo de intervalo entre ejecuciones, expresado en milisegundos.

Suponga que quiere que su página muestre, en la barra de estado, la cuenta de los segundos que la tiene abierta. Vamos a ver cómo hacerlo mediante el código **intervalo_1.htm**, listado a continuación.

```
<html>
   <head>
      <title>
         P&aacute;gina con JavaScript.
      </title>
      <script language="javascript">
         <!--
            function intervalo()
            {
               status="";
               período = setInterval("mostrar()",1000);
            }
            var tiempo=0;
            function mostrar()
            {
               tiempo +=1;
               status = "Usted lleva " + tiempo + "
segundos en esta página.";
               return true;
            }
         //-->
      </script>
   </head>
   <body onLoad="intervalo();return true;">
      Observe la barra de estado.
   </body>
</html>
```

Ejecute el código para ver el resultado. Observe que en la barra de estado aparece la cuenta de los segundos que permanece abierta la página. Lo que ocurre es lo siguiente: fíjese en la línea que aparece destacada en el código que establece un intervalo de 1000 milisegundos, es decir, un segundo. Así, cada segundo durante la ejecución de la página se invocará a la función `mostrar()`. Esta función incrementa una variable en una unidad cada vez que es invocada y muestra dicha variable en la barra de estado.

Al igual que ocurre con los retrasos, los intervalos pueden ser cancelados, en este caso mediante la función ***clearInterval()***, que recibe como argumento el nombre del intervalo que deseamos cancelar. Observe el código **intervalo_2.htm** que aparece listado a continuación y que ilustra la operativa de esta función.

```
<html>
   <head>
      <title>
         P&aacute;gina con JavaScript.
      </title>
```

```
            <script language="javascript">
               <!--
                  function anular()
                  {
                     clearInterval(período);
                     status = "LA CUENTA SE HA DETENIDO.";
                  }
                  function intervalo(){
                     status="";
                     período = setInterval("mostrar()",1000);
                  }
                  var tiempo=0;
                  function mostrar()
                  {
                     tiempo +=1;
                     status = "Usted lleva " + tiempo + "
segundos en esta página.";
                     return true;
                  }
               //-->
            </script>
         </head>
         <body onLoad="intervalo();return true;">
            Observe la barra de estado.
            <br>
            <button onClick="anular();">
               Pulse aqu&iacute; para detener la cuenta.
            </button>
         </body>
      </html>
```

Ejecute la página para comprobar su funcionamiento y observe, en la línea destacada del código, la sintaxis correcta.

Antes de seguir adelante con este tema, permítame un pequeño inciso. Usted puede programar en su página web tantos retrasos e intervalos como necesite. De ahí la importancia de asignarles un nombre como si de variables se tratase. Los retrasos e intervalos se ejecutan, por así decirlo, "en segundo plano", es decir, no afectan al contenido de la página, ni a su funcionamiento, a menos que usted lo programe así deliberadamente. En el apartado IMÁGENES del Capítulo siguiente veremos un uso práctico muy interesante de estas técnicas. Sin embargo, me va a permitir que introduzca aquí un código que, estoy seguro, le interesará. Vamos a combinar los intervalos con el uso de la barra de estado para lograr un efecto interesante y que, seguro, usted ha visto en alguna página por ahí. Lo que vamos a hacer es que un mensaje en la barra de estado aparezca letra a letra, como si alguien lo estuviera escribiendo constantemente.

Observe el código **intervalo_3.htm**, listado a continuación:

```
<html>
   <head>
      <title>
         P&aacute;gina con JavaScript.
      </title>
      <script language="javascript">
         <!--
            var texto = new Array ("M","I","
","P","A","G","I","N","A");
            var cadena = " ";
            var indice = 0;
            function escribir()
            {
               if (cadena != " MI PAGINA")
               {
                  cadena += texto[indice];
                  indice ++;
               } else {
                  cadena = " ";
                  indice = 0;
               }
               status = cadena;
               return true;
            }
            function intervalo()
            {
               período = setInterval("escribir()",200);
               return true;
            }
         //-->
      </script>
   </head>
   <body onLoad = "intervalo();">
   </body>
</html>
```

Vea lo que he hecho. He creado una matriz que contiene todos los caracteres de la cadena que deseo escribir en la barra de estado. En la función `escribir()` muestro cada vez un carácter más. Esta función es invocada por un intervalo cada 200 milisegundos, es decir, cada dos décimas de segundo. Observe que la función comprueba si la cadena se ha escrito completa. Si es así, la borra, para empezar de nuevo. El espacio en blanco que pongo al principio de la cadena cumple una doble función: por una parte, separa un poco el texto del icono del navegador. Por otro lado, evita que la barra de estado se quede totalmente vacía.

Esto es necesario en ocasiones para impedir mensajes fortuitos, generados por el propio navegador, que podrían alterar la estética del sitio.

Hago aquí un pequeño inciso para aclararle que estos códigos sólo funcionan con Explorer, por el uso de la barra de estado. *Los intervalos funcionan con todos los navegadores.* En el Capítulo 12, donde se habla de nodos, verá que puede cambiar el texto de una página en tiempo de ejecución. Entonces podrá verificar que los intervalos no son algo privativo de un navegador determinado.

Las propiedades privativas de Explorer, como son la barra de estado, la capacidad de ventanas a pantalla completa y algunas otras que iremos conociendo, sólo se deben emplear en aquellas páginas que vayan a usarse en intranets corporativas dotadas del navegador de Microsoft. No deben emplearse para Internet. Estas características de uso limitado son así porque no forman parte del estándar DOM, del que hablaremos más adelante.

7.3 EL OBJETO NAVIGATOR

El objeto ***navigator*** permite identificar diferentes datos acerca de la plataforma en la que se está ejecutando una página. En concreto, nos permite identificar el navegador y el sistema operativo. Además, permite identificar algunos otros datos interesantes, como es, por ejemplo, el tipo de procesador. Esto es especialmente interesante en el caso de la identificación del nombre del navegador, ya que, como ya sabe, algunos comandos de JavaScript no se comportan igual en Microsoft Internet Explorer que en Netscape Navigator o Firefox. Esto es un hecho que ya hemos mencionado de pasada anteriormente y en el Apéndice G se hablará con detalle de estas diferencias.

Por ahora vamos a centrarnos en la identificación del navegador. Podemos usar la propiedad ***appName***. Esta propiedad devuelve el nombre del navegador sobre el que se ejecuta la página, en una cadena de texto. Observe el código **nombre_navegador_1.htm**. El código es muy simple, tal como ve a continuación:

```
var nombre = navigator.appName;
document.write ("El navegador es " + nombre);
```

En la línea resaltada vemos cómo usar la propiedad appName. En la figura 7.15 se ve el resultado en los principales navegadores. Sólo con que podamos determinar el nombre del navegador empleado, este objeto ya tiene sentido. A través de la cadena que muestra esta propiedad, y mediante, por ejemplo, un condicional, podremos determinar que se ejecuten unas u otras instrucciones, según en qué navegador se esté ejecutando la página.

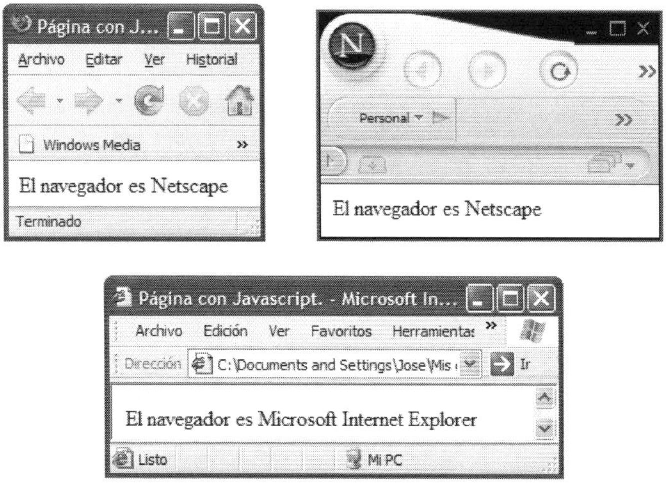

Figura 7.15

Sin embargo, no siempre es exacta esta propiedad. Como ve, tanto Firefox 2 como Netscape 8 son identificados con el nombre de este último. Suponga que su página se ejecuta sobre el navegador Opera, versión 7. En el menú **[FILE]** de dicho navegador tiene la opción **[QUICK PREFERENCES]**. Esta opción incluye un submenú que permite al navegador "identificarse" como Mozilla (varias versiones) o como Internet Explorer 6.0. Configurando esta opción, podemos encontrarnos con despropósitos como los que se ven en la figura 7.16. Más adelante, en este mismo Capítulo, veremos cómo solucionar esta situación mediante el uso de la propiedad ***userAgent***. De momento, vamos a ver cómo obtener otro dato: la versión del navegador. Puede que, en principio, no parezca interesante, ya que, puesto que los dos navegadores mayoritarios (Internet Explorer y Firefox) son gratuitos, cabe pensar que la mayoría de los usuarios que luego verán sus páginas tengan instaladas las últimas versiones. Sin embargo, la experiencia nos enseña que esto no siempre es así. Bien sea por dejadez del usuario ("Lo que tengo ya me sirve") o por limitaciones de hardware, a veces encontramos versiones de los navegadores un poco más antiguas.

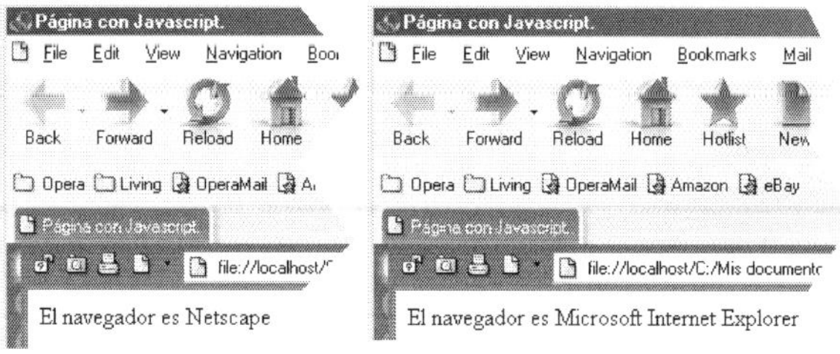

Figura 7.16

Para determinar la versión empleada del navegador, usamos la propiedad ***appVersion*** del objeto navigator, **version_navegador_1.htm.**

```
var version = navigator.appVersion;
document.write ("El navegador es " + version);
```

Esta propiedad también contiene una cadena de texto. Incluye la versión del navegador y el sistema operativo sobre el que se ejecuta. Sin embargo, aquí la cosa se complica un poco más. Observe la figura 7.17.

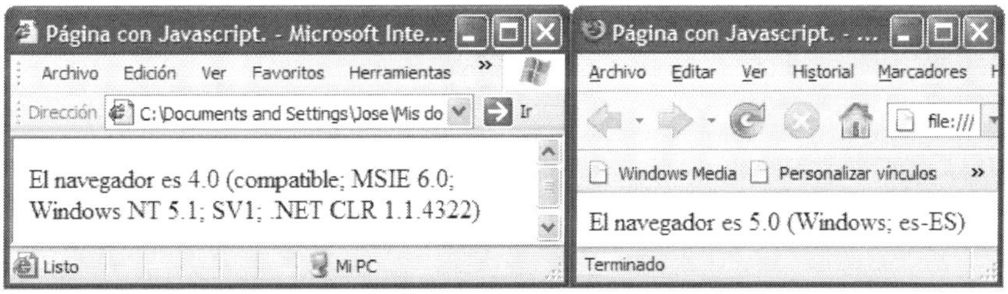

Figura 7.17

En este caso, se ha ejecutado la página en Microsoft Internet Explorer 6.0 y en Firefox 2. Observe que se muestra que la versión empleada es la 4.0 para Explorer y la 5.0 para Firefox. Esto es así porque la codificación de los navegadores no coincide con el nombre comercial de la versión. Si queremos determinar la verdadera versión (en el caso de Explorer), tenemos que tomar la cadena contenida en la propiedad appVersion y buscar la secuencia **MSIE**, que determina que se trata de Microsoft Internet Explorer. Justo a continuación de esa secuencia encontramos la versión real del producto. Para extraer esa versión tendremos que usar los métodos del objeto String que aprendimos en el Capítulo anterior.

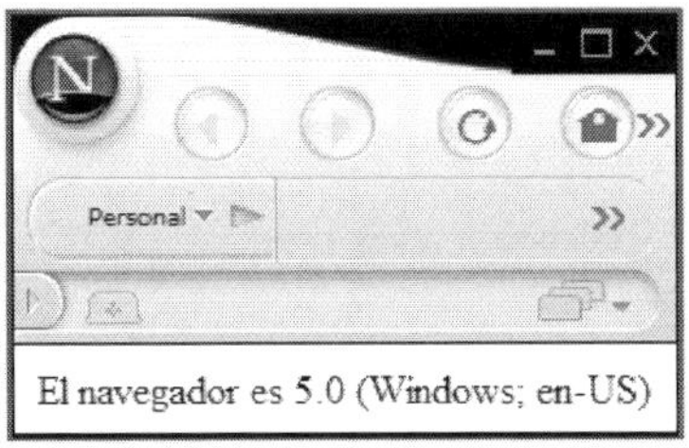

Figura 7.18

Fíjese también en que se menciona al sistema operativo Windows NT. En realidad estoy trabajando sobre Windows XP, pero ambos sistemas comparten el mismo kernel (núcleo de programación). Más adelante, en este mismo Capítulo, veremos cómo solventar esta situación para obtener el nombre real del sistema operativo. Ahora veamos qué ocurre cuando ejecutamos este mismo código sobre Netscape 8. El resultado aparece en la figura 7.18. Los últimos navegadores de Netscape (el 6, el 7 y el 8) son identificados por esta propiedad como 5.0. Como sistema operativo, Netscape nos informa de que tenemos Windows, sin especificar la versión. En la figura 7.19 se ve cómo se comporta esta propiedad en el navegador Opera, cuando éste está configurado para identificarse como Explorer 6, corriendo sobre Windows ME.

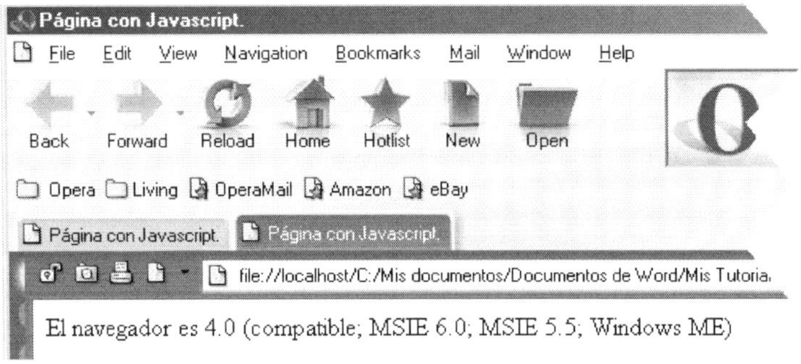

Figura 7.19

A la hora de tratar de identificar la versión adecuada del explorador "emulado" tenemos que tener en cuenta que, esta vez, aparecen dos secuencias MSIE en lugar de una. Esto nos puede servir para determinar que el navegador que se está usando es Opera en lugar de Explorer. Además observe que en esta ocasión sí aparece correctamente la versión del sistema operativo utilizado. Cuando Opera está identificado como Mozilla (Netscape), obtenemos el resultado de la figura 7.20.

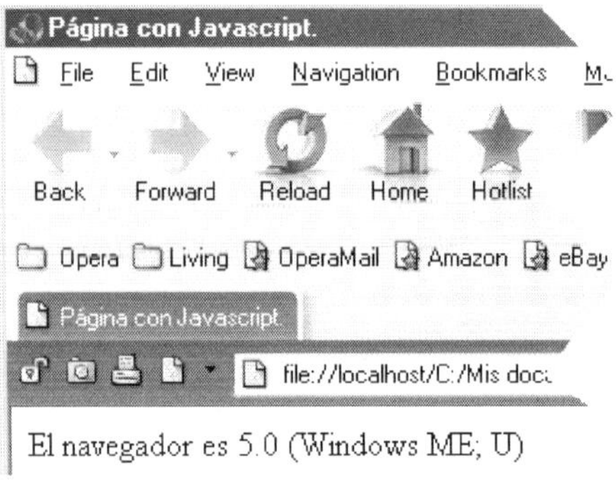

Figura 7.20

Como ve, el resultado es similar al obtenido ejecutando la página en Netscape, con la diferencia de que ahora sí vemos cuál es la versión del sistema operativo. Ejecutando la página sobre Opera, cuando éste se identifica como tal, obtenemos algo muy parecido, tal como muestra la figura 7.21. En este caso se ha probado sobre la última versión disponible corriendo sobre Windows XP, que sigue siendo perfectamente vigente.

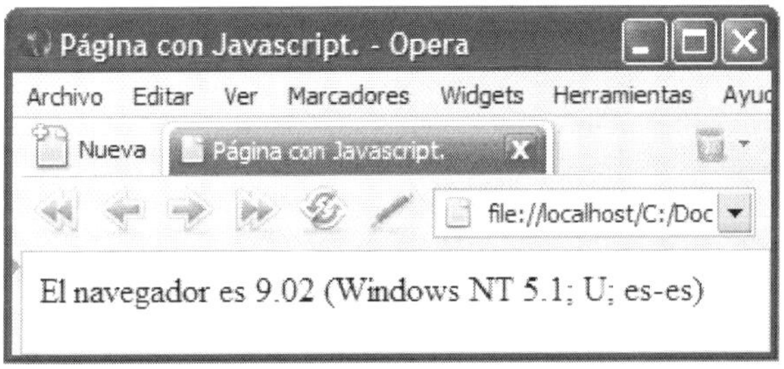

Figura 7.21

En este caso, obtenemos la versión correcta (XP usa el núcleo de NT) y también la versión correcta del navegador.

Existe una propiedad bastante interesante del objeto navigator. Se trata de ***userAgent***. Esta propiedad contiene una información bastante extensa acerca del navegador, su versión, el sistema operativo, etc. Mírelo usted mismo en el código **todo_junto_1.htm**.

```
<script language="javascript">
   <!–
      var todo = navigator.userAgent;
      document.write (todo);
   //-->
</script>
```

Ejecutemos este código en Internet Explorer 6. El resultado es la página que se ve en la figura 7.22.

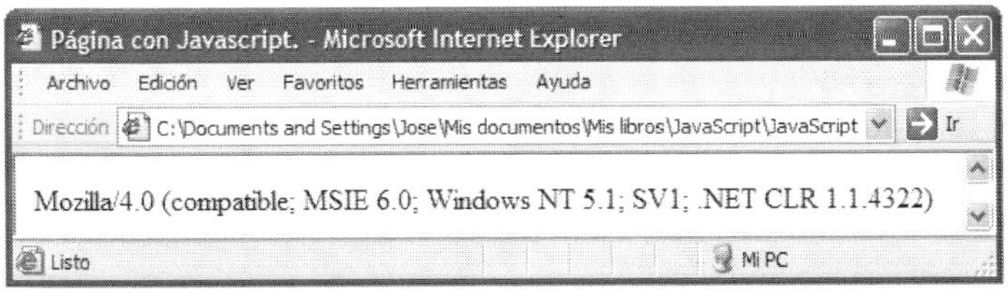

Figura 7.22

Para identificar los datos que nos interesan, tenemos que tomar la cadena que nos devuelve y extraer las partes que nos interesan, mediante los métodos que vimos en el Capítulo anterior. La secuencia **MSIE** nos indica que estamos trabajando con Internet Explorer. La siguiente secuencia, **6.0**, se refiere a la versión del navegador. Vemos que aparece la secuencia **Windows 98**, indicando que éste es nuestro sistema operativo, pero justo a continuación, vemos **Win 9x 4.90**, lo que indica que, realmente, tenemos instalado Windows Me.

Con Netscape 8, el resultado es el de la figura 7.23. Observe que aquí también encontramos la cadena Win 9x 4.90, que se refiere a Windows Me. Al final del todo, aparece el nombre del navegador y su versión.

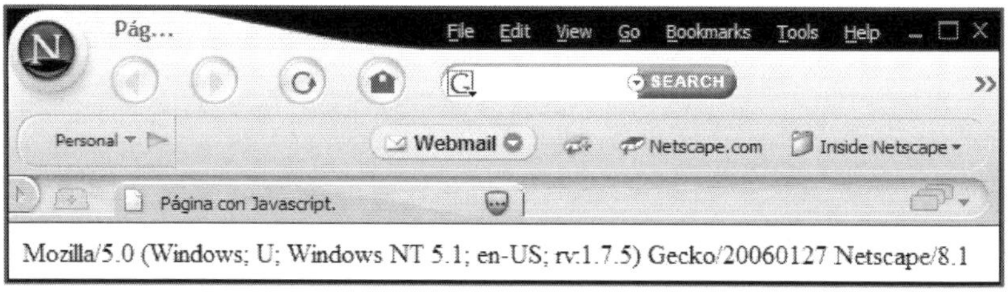

Figura 7.23

Por último, si ejecutamos este código en Opera 9, vemos el resultado en la figura 7.24.

Figura 7.24

Como ve, el resultado es bastante escueto, pero con los datos fundamentales a la vista, y con la secuencia con el nombre del navegador Opera. Y, por cierto, el nombre del sistema operativo sí aparece correcto. Como ve, si "destripamos" la cadena que contiene la propiedad userAgent podemos obtener toda la información necesaria del navegador. Para lograr recabar toda la información necesaria, vamos a recurrir a los métodos del objeto String que vimos en el Capítulo anterior. Observe el siguiente código, llamado **datos_1.htm**.

```
      var cadenaDatos = navigator.userAgent.toLowerCase();
      var ie = "Microsoft Internet Explorer";
      var nn = "Netscape Navigator";
      var op = "Opera";
      var navegador;
      var version;
      var sistema;

      if (cadenaDatos.indexOf ("opera") != -1)
      {
         navegador = op;
      } else if (cadenaDatos.indexOf ("msie") != -1) {
         navegador = ie;
      } else {
         navegador = nn;
      }

      if (navegador == ie)
      {
         var posicion = cadenaDatos.indexOf ("msie") + 5;
         version = cadenaDatos.substr (posicion, 3);
      } else if (navegador == nn) {
         var posicion = cadenaDatos.indexOf ("netscape") + 9;
         version = cadenaDatos.substr (posicion);
      } else {
         var posicion = cadenaDatos.indexOf ("opera") + 6;
         version = cadenaDatos.substr (posicion, 3);
      }

      if ((cadenaDatos.indexOf("windows 3.1") != -1) ||
(cadenaDatos.indexOf("win16") != -1) ||
(cadenaDatos.indexOf("16bit") != -1) ||
(cadenaDatos.indexOf("16-bit") != -1)) {
         sistema = "Windows 3.1 o 3.11";
      } else if ((cadenaDatos.indexOf ("windows 95") != -1)
|| (cadenaDatos.indexOf ("win95") != -1)) {
         sistema = "Windows 95";
      } else if ((cadenaDatos.indexOf ("win 9x 4.90") != -1)
|| (cadenaDatos.indexOf ("windows me") != -1)) {
         sistema = "Windows Me";
      } else if ((cadenaDatos.indexOf ("windows 98") != -1)
|| (cadenaDatos.indexOf ("win98") != -1)) {
         sistema = "Windows 98";
      } else if ((cadenaDatos.indexOf ("windows nt 5.1") != -
1) || (cadenaDatos.indexOf ("winnt 5.1") != -1)) {
         sistema = "Windows XP";
      } else if ((cadenaDatos.indexOf ("windows nt 5.0") != -
1) || (cadenaDatos.indexOf ("winnt 5.0") != -1)) {
```

```
            sistema = "Windows 2000";
      } else if ((cadenaDatos.indexOf ("windows nt") != -1)
|| (cadenaDatos.indexOf ("winnt") != -1)) {
            sistema = "Windows NT";
      } else if ((cadenaDatos.indexOf ("mac") != -1) &&
((cadenaDatos.indexOf ("68000") != -1) ||
(cadenaDatos.indexOf ("68k") != -1))) {
            sistema = "Mac 68K";
      } else if ((cadenaDatos.indexOf ("mac") != -1) &&
((cadenaDatos.indexOf ("powerpc") != -1) ||
(cadenaDatos.indexOf ("ppc") != -1))) {
            sistema = "Mac Power PC";
      } else if (cadenaDatos.indexOf ("linux") != -1) {
            sistema = "Linux";
      } else {
            sistema = "Otro sistema operativo";
      }

      document.write ("<h1>Informe de entorno obtenido
mediante las propiedades del navegador:</h1><br>");
      document.write ("El navegador detectado es: " +
navegador + "<br>");
      document.write ("La versi&oacute;n del navegador es: "
+ version + "<br>");
      document.write ("El sistema operativo encontrado es: "
+ sistema + "<br>");
      document.write ("Fin de informe de entorno.");
```

Veamos lo que ocurre al ejecutar este código. En primer lugar, encontramos el bloque reproducido a continuación:

```
      var cadenaDatos = navigator.userAgent.toLowerCase();
      var ie = "Microsoft Internet Explorer";
      var nn = "Netscape Navigator";
      var op = "Opera";
      var navegador;
      var version;
      var sistema;
```

Este fragmento toma el valor de la propiedad userAgent del objeto navigator y lo convierte en minúsculas. Esto es para evitarnos, a la hora de buscar cadenas, el tener que preocuparnos de algo tan banal como si la secuencia buscada está en minúsculas o mayúsculas. A continuación, inicializamos tres variables con los nombres de los principales navegadores que vayamos, tal vez, a encontrar. Es cierto que, en el mercado, existen otros navegadores (bravo, lynx, serials, etc.) pero son de un uso tan minoritario y restringido que no los tendremos en cuenta. En realidad, más del 97% del mercado mundial de los navegadores está repartido entre Microsoft Internet Explorer y Netscape Navigator (aunque no a partes iguales, ni mucho menos, con clarísima mayoría del navegador de Microsoft). Las variables **navegador**, **version** y **sistema** almacenarán más adelante los datos que necesitamos. A continuación, encontramos el siguiente bloque:

```
if (cadenaDatos.indexOf ("opera") != -1)
{
   navegador = op;
} else if (cadenaDatos.indexOf ("msie") != -1) {
   navegador = ie;
} else {
   navegador = nn;
}
```

Este fragmento de código es el encargado de identificar el nombre del navegador. A este respecto recuerde que el navegador Opera incluye la subcadena MSIE si está configurado para identificarse como Explorer, pero, independientemente de cómo esté configurado, la propiedad userAgent devuelve, siempre, la cadena Opera, por lo que es el primer navegador que comprobamos. Si en la secuencia aparece el nombre Opera, ya nos da igual lo demás. Ya sabemos cuál es el navegador, aunque esté "camuflado". Si no es Opera, comprobamos si es Explorer o Netscape. Fíjese en que, para identificar una subcadena en una cadena, usamos el método indexOf(), del objeto String, que vimos en el Capítulo anterior.

Después nos encontramos con un bloque destinado a identificar la versión del navegador. Esto es importante, porque no todas las versiones de un navegador se comportan igual. Lo determinamos en el siguiente fragmento:

```
if (navegador == ie) {
   var posicion = cadenaDatos.indexOf ("msie") + 5;
   version = cadenaDatos.substr (posicion, 3);
} else if (navegador == nn) {
   var posicion = cadenaDatos.indexOf ("netscape") + 9;
   version = cadenaDatos.substr (posicion);
} else {
   var posicion = cadenaDatos.indexOf ("opera") + 6;
   version = cadenaDatos.substr (posicion, 3);
}
```

El número de versión del navegador tenemos que buscarlo en diferentes sitios, según el navegador del que se trate. Por eso hemos identificado, en primer lugar, el nombre. Si se trata de Explorer, el número de versión está detrás de la subcadena "MSIE". Esta cadena tiene cinco caracteres (incluyendo un espacio en blanco al final). Por esta razón empezamos a buscar en la posición de esta cadena más cinco. Extraemos tres caracteres, que contienen el número de versión (por ejemplo, 6.0). Siguiendo el mismo criterio, determinamos dónde tenemos que buscar el número de versión, según estemos trabajando con el navegador Netscape o el Opera.

A continuación, encontramos un bloque destinado a identificar el sistema operativo. Este fragmento, reproducido a continuación, es, sin duda, el más largo y tedioso del código. No lo vamos a reproducir aquí, ya que se encuentra en el listado general, reproducido anteriormente.

Como ve, comprobamos las constantes de varios sistemas operativos (los más extendidos), para determinar el que se está empleando. Fíjese en que, cuando llega el momento de comprobar si el sistema es Windows Me o Windows 98, se comprueba primero si se trata de Millenium. Esto se debe a que, aunque se trate de este sistema, en la propiedad userAgent aparece una referencia a Windows 98 en el navegador Explorer (observe la figura 7.20), así que, si ejecutamos la página en este navegador y hacemos la comprobación de 98 antes que la de Me, nos dirá que tenemos el 98. El resultado final de este código, aparece en la figura 7.25.

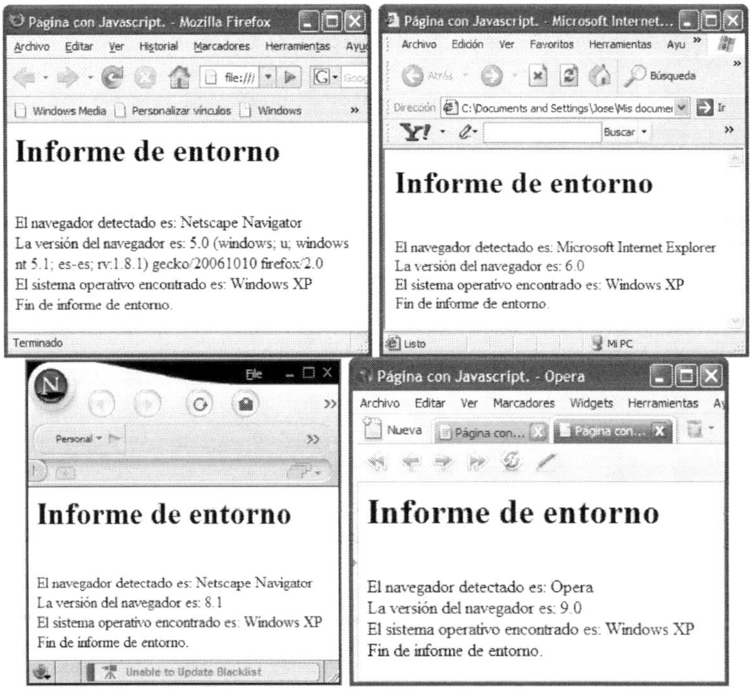

Figura 7.25

Recuerde que, para estas pruebas, hemos empleado los navegadores Internet Explorer 6, Netscape 8, Firefox 2 y Opera 9, bajo Windows XP.

Fíjese en que la propiedad userAgent incluye, en todos los casos, la palabra ***Mozilla***. Éste es un nombre en clave que tienen la mayoría de los navegadores modernos.

El objeto navigator tiene otras propiedades que podríamos llamar "menores". Realmente, las que hemos conocido hasta ahora serán las que más usaremos (sobre todo userAgent que, como hemos visto, es la más eficiente). Sin embargo, hay otras que nos interesará conocer en determinadas circunstancias. Por ejemplo, la propiedad ***cpuClass***, que determina el tipo de procesador empleado. Observe el script **procesador_1.htm**.

```
<script language="javascript">
   <!--
   document.write ("El procesador es: "+
navigator.cpuClass);
   //-->
</script>
```

Esta propiedad sólo funciona en Microsoft Internet Explorer, por lo cual no podemos contar siempre con ella.

En la siguiente tabla aparece la colección completa de todas las propiedades de navigator. Algunas son compatibles con todos los navegadores que emplean JavaScript (normalmente desde la versión 1.1 o 1.2). Otras sólo son compatibles con determinados navegadores. En la tabla aparece reflejada esta circunstancia. Experimente con ellas como hemos hecho aquí, para ver sus resultados.

PROPIEDADES DEL OBJETO Navigator		
Propiedad	**Comp.**	**Dato que contiene**
appCodeName	**1**	El nombre interno, en clave, del navegador (Mozilla, en la mayoría de los casos).
appMinorVersion	**4**	Número del parche o corrección aplicada al navegador.
appName	**1**	Nombre oficial del navegador (MSIE, Opera, etc.).
appVersion	**1**	Número de versión.

PROPIEDADES DEL OBJETO Navigator (cont.)		
Propiedad	**Comp.**	**Dato que contiene**
cookieEnabled	**4, 5**	Contiene un valor lógico que indica si el navegador del cliente admite (true) o no admite (false) cookies.
cpuClass	**4**	Tipo de procesador empleado en la máquina del cliente. Contiene x86 para procesadores Intel y compatibles, o PPC para un Mac Power PC.
language	**4**	Una clave que identifica el idioma en que se configura el navegador (en, para inglés; es, para español, etc.). Mire el Apéndice J, al respecto.
mimeTypes	**2**	Una matriz que contiene los tipos MIME (tipos de codificación de texto) soportados por el navegador.
online	**4**	Contiene true si el navegador está conectado a Internet y false si no lo está.
oscpu	**5**	Sistema operativo en el que se ejecuta el navegador. Sin embargo, se recomienda recurrir a userAgent.
platform	**3**	Plataforma en que se ejecuta el navegador. El autor recomienda recurrir a userAgent.
plugins	**2**	Array con los plug-ins instalados en el navegador.
product	**5**	Nombre de producto del navegador.
productSub	**5**	Más datos relacionados con el navegador. En Netscape, por ejemplo, se obtiene la fecha de fabricación.
securityPolicy	**4**	Tipo de encriptación de datos que soporta el navegador. Contiene ***Export policy***, si soporta una encriptación baja y ***US & CA domestic policy*** si soporta una encriptación alta.
systemLanguage	**4**	Idioma del sistema operativo (inglés, alemán, etc.).
userAgent	**1**	Contiene el nombre y versión del navegador, el sistema operativo empleado, etc.

PROPIEDADES DEL OBJETO Navigator (cont.)		
Propiedad	**Comp.**	**Dato que contiene**
userLanguage	4	Idioma establecido por el usuario.
userProfile	4	Almacena algunos datos del usuario.
vendor	5	Nombre de la compañía que ha fabricado el navegador.
vendorSub	5	Información adicional acerca del fabricante.

En la lista de compatibilidades entenderemos los números del siguiente modo:

1 – Compatible con JavaScript desde la versión 1.0.
2 – Compatible con JavaScript desde la versión 1.1.
3 – Compatible con JavaScript desde la versión 1.2.
4 – Compatible sólo con Internet Explorer 4 y posteriores.
5 – Compatible sólo con Netscape 6 y posteriores.

Algunas propiedades pueden resultar sumamente útiles, como es, por ejemplo, el caso de ***cookieEnabled***. Las ***cookies*** son pequeños archivos de texto que una página puede grabar en el ordenador del usuario para recordar cuándo se ha visitado la página, las preferencias del usuario, etc. Sin embargo, es necesario que el navegador tenga "permiso" para grabar estos archivos. Al contrario de lo que dice la voz popular, las coookies no son virus, ni troyanos, ni ninguna clase de código malicioso. En este libro aprenderemos, más adelante, a programar JavaScript para que grabe y lea cookies. En el Apéndice I del libro se explica cómo configurar el navegador para que admita cookies o para que no las admita. Mi consejo es que tenga su navegador configurado por defecto para admitirlas. El código **cookies_1.htm** nos permite determinar si tenemos o no activada esta opción.

```
if (navigator.cookieEnabled)
{
   alert ("Su navegador admite cookies");
} else {
   alert ("Su navegador NO admite cookies");
}
```

Es mi deber informarle de que las propiedades del objeto navigator son de sólo lectura, es decir, usted puede ver, cuantas veces necesite, el contenido de una propiedad y puede, como ya hemos visto, almacenarlo en una variable para procesarlo luego. Pero no puede, bajo ninguna circunstancia, modificar el valor de las propiedades. Si lo intenta, su código dará un error.

7.4 CREAR UN NUEVO OBJETO

Este apartado lo voy a reservar para enseñarle una técnica que, con el tiempo, encontrará usted sumamente interesante y útil: la creación de objetos personalizados que no existen, a priori, en JavaScript.

Considere un objeto como una serie de variables que pueden adoptar distintos valores (propiedades) y de funciones para llevar a cabo distintas acciones (métodos), todo ello en una estructura única.

Desde este punto de vista, crear un objeto es tan simple como eso: agrupar una serie de variables y funciones. Veamos cómo: vamos a empezar asignando la estructura de las variables. Observe el código **nuevo_objeto_1.htm**.

```
function Coche (marca, modelo, precio)
{
   this.marca = marca;
   this.modelo = modelo;
   this.precio = precio;
}

var coche1 = new Coche ("Renault", "Laguna", 1800);
var coche2 = new Coche ("Ford", "Mondeo", 2300);
var coche3 = new Coche ("Mercedes", "600", 8500);
var coche4 = new Coche ("Seat", "Cordoba", 3000);
var cadena;

cadena = "El coche " + coche1.marca + " " +
coche1.modelo + " vale " + coche1.precio + " euros.";
document.write (cadena + "<br>");
cadena = "El coche " + coche2.marca + " " +
coche2.modelo + " vale " + coche2.precio + " euros.";
document.write (cadena + "<br>");
cadena = "El coche " + coche3.marca + " " +
coche3.modelo + " vale " + coche3.precio + " euros.";
document.write (cadena + "<br>");
cadena = "El coche " + coche4.marca + " " +
coche4.modelo + " vale " + coche4.precio + " euros.";
document.write (cadena + "<br>");
```

Veamos qué hemos hecho aquí. En primer lugar hemos definido una función llamada `Coche`, que va a recibir tres parámetros: **`marca`**, **`modelo`** y **`precio`**. Esta función se empleará para crear nuevos objetos del tipo Coche. Dentro del cuerpo de la función vemos que se asignan tres propiedades a cada objeto que se crea mediante dicha función. Cada una de esas propiedades recibirá uno de los parámetros de la función. Veamos cómo. Un poco más abajo encontramos cuatro líneas que crean otros tantos objetos Coche: **`coche1`**, **`coche2`**, **`coche3`** y **`coche4`**. Lo que se hace en esas líneas es llamar a la función Coche como un constructor, pasándole, en cada caso, los parámetros adecuados. Dentro de la función, cada parámetro es asignado a una propiedad del objeto ***this***, es decir, del objeto que ha llamado a la función; así pues, al crear coche1 se llama a la función, pasándole los parámetros "Renault", "Laguna" y 1800. Así pues, a las propiedades de este (this) objeto se le asignan esos valores. Si no entiende el funcionamiento de esto, necesitará repasar el Capítulo 5 del libro.

La última parte del código, simplemente, muestra los valores de las propiedades para que podamos ver que los objetos se han creado adecuadamente. El resultado de la ejecución de esta página se ve en la figura 7.26.

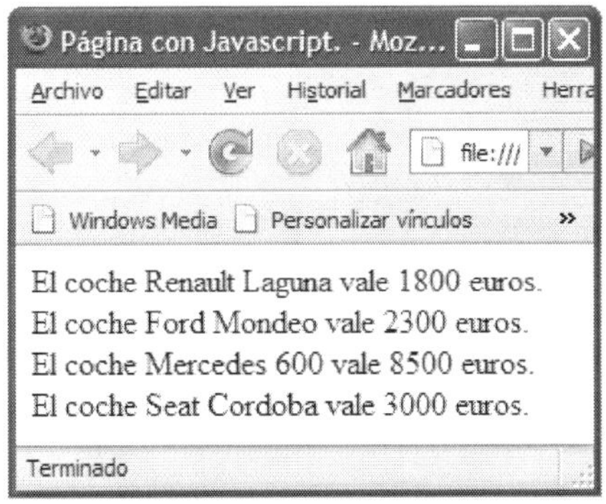

Figura 7.26

Y, ¿cómo le añadimos un método a nuestros objetos? En anteriores Capítulos hemos aprendido a usar la propiedad prototype para esto. Da la casualidad de que esta propiedad está disponible para la inmensa mayoría de los objetos de JavaScript y, desde luego, también lo está para los que nosotros creamos. Así pues, definimos una función que implemente el código que queremos que ejecute nuestro método, y luego la incorporamos a la estructura del objeto. El código **nuevo_objeto_2.htm** nos muestra en qué forma podemos llevar esto a cabo. Vamos a crear un método que, a partir de la propiedad precio de cada objeto Coche, calculará el precio con el I.V.A. incluido. Como sabe, se incrementa el precio en un 18%.

```
function Coche (marca, modelo, precio){
   this.marca = marca;
   this.modelo = modelo;
   this.precio = precio;
}

function sumarIva(){
   return Math.round(this.precio * 1.18);
}

Coche.prototype.sumarIva = sumarIva;

var coche1 = new Coche ("Renault", "Laguna", 1800);
var coche2 = new Coche ("Ford", "Mondeo", 2300);
var coche3 = new Coche ("Mercedes", "600", 8500);
var coche4 = new Coche ("Seat", "Cordoba", 3000);

var cadena;

cadena = "El coche " + coche1.marca + " " +
coche1.modelo + " vale " + coche1.precio + " euros. Con IVA
son "  + coche1.sumarIva();
document.write (cadena + "<br>");

cadena = "El coche " + coche2.marca + " " +
coche2.modelo + " vale " + coche2.precio + " euros. Con IVA
son " + coche2.sumarIva();
document.write (cadena + "<br>");

cadena = "El coche " + coche3.marca + " " +
coche3.modelo + " vale " + coche3.precio + " euros. Con IVA
son " + coche3.sumarIva();
document.write (cadena + "<br>");
cadena = "El coche " + coche4.marca + " " +
coche4.modelo + " vale " + coche4.precio + " euros. Con IVA
son " + coche4.sumarIva();
document.write (cadena + "<br>");
```

En este código he resaltado tanto la función que contiene el código del método, como la línea que usa la propiedad prototype para implementar ese método, como el uso del método con los distintos objetos. El resultado lo vemos en la figura 7.27. Repase el funcionamiento de la propiedad prototype si tiene dudas a este respecto. Es, quizás, una de las características más potentes de JavaScript. Procure recordar este apartado (o téngalo a mano, para consultas). Puede que ahora esto le parezca una mera curiosidad académica, pero, más adelante, verá lo útil que resulta. Verá que este modo de crear nuestros objetos permite muchas cosas.

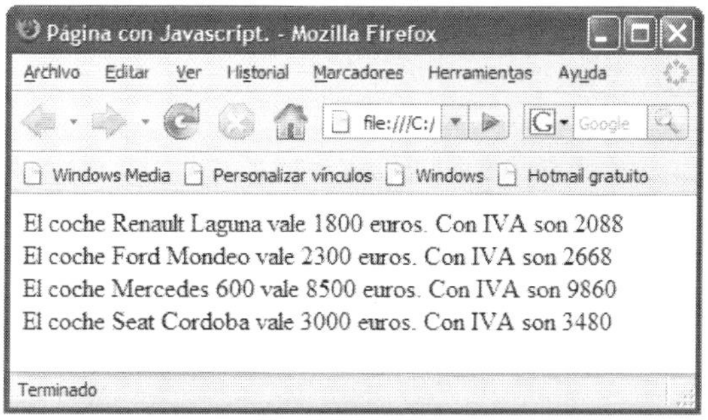

Figura 7.27

7.5 EL OBJETO LOCATION

En múltiples ocasiones es necesario manipular la navegación mediante las direcciones de las páginas visitadas o de aquéllas que se quieren visitar. Para ello, contamos con el objeto ***location***.

7.5.1 Propiedades

Este objeto tiene varias propiedades relativas a la página visitada pero la más significativa es, sin duda, ***href***. Esta propiedad contiene la URL de la página que se ha cargado en la ventana a la que se refiere. Para empezar a entender esto, observe el código **location_1.htm**.

```
document.write ("La URL de esta p&aacute;gina es <b>" +
location.href + "</b>");
```

Al ejecutarla se obtiene algo parecido a la figura 7.28, aunque el resultado obtenido puede variar algo en su caso, dependiendo de la ruta donde tenga usted grabado este fichero en el momento de ejecutarlo. Vamos a "desguazar" la ruta obtenida para ver cómo está formada.

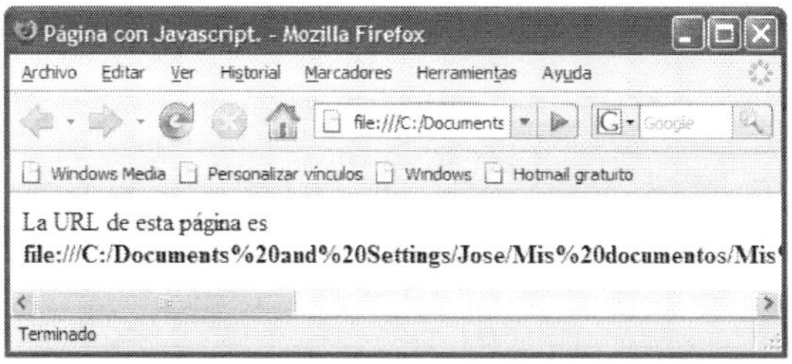

Figura 7.28

En primer lugar encontramos la secuencia **file://**. Esto nos indica que la página cargada en el navegador no viene de Internet, sino que se trata de un fichero local. Si hubiéramos descargado una página de Internet, lo que veríamos sería el indicativo del protocolo **http://**.

A continuación encontramos la ruta de directorios en que se encuentra grabado el fichero que contiene la página. Es la secuencia **C:/Documents%20and%20Settings/Jose/Mis%20documentos/Mis%20libros/JavaScript/JavaScript%20SEGUNDA%20ED/cd%20adjunto/capitulo_7/**. Aquí es donde puede encontrar ciertas diferencias con el resultado que usted ha obtenido, ya que es posible que usted no tenga el fichero grabado en la misma ruta que yo. Fíjese en que en esta ruta aparece, en determinadas ocasiones, **%20**. Esto ocurre porque los nombres de algunas de mis carpetas locales incluyen espacios en blanco y, en una URL, éstos son sustituidos por su código ASCII, expresado en hexadecimal y precedido por el guarismo % (en el Apéndice C tiene usted una tabla de referencia del código ASCII). Como ve, el código que corresponde al espacio en blanco es el 32, que en hexadecimal se expresa como 20. Esto es así porque en una URL no pueden aparecer espacios en blanco, y el navegador los representa de esta manera. Por último encontramos el nombre de la página cargada: **location_1.htm**.

Ahora vamos a aprender a usar la propiedad href para cargar otras páginas. Observe el código **location_2.htm**.

```
<html>
   <head>
      <title>
         P&aacute;gina con JavaScript.
      </title>
      <script language="javascript">
         <!--
            function ir() {
               location.href =
"http://www.todoligues.com";
            }
         //-->
      </script>
   </head>

   <body>
      <button onClick = "ir();">
         Pulse para ir a TODOLIGUES.
      </button>
   </body>
</html>
```

Como ve, la propiedad href es de lectura y escritura. Usted puede fijar una URL en esta propiedad y el navegador buscará dicha URL.

En realidad, una URL está compuesta de varios elementos que es necesario identificar por separado, y que vamos a detallar a continuación:

- **Protocolo.** Es el conjunto de reglas que usa el navegador (o cualquier otra herramienta de red, si a eso vamos) para establecer una comunicación. El protocolo será **file://** si vamos a cargar en el navegador un archivo local; cuando vamos a cargar una página de un ordenador remoto, el protocolo es **http://**; si la página está en lo que se llama un servidor seguro, el protocolo es **https://**; cuando vamos a transferir ficheros entre nuestro ordenador y un ordenador remoto, el protocolo es **ftp://**. Por supuesto, en la Red existen muchísimos más protocolos, pero estos son los más habituales.
- **Nombre del host.** Es el nombre del servidor donde se almacena el documento al que queremos acceder. Por ejemplo, **www.todoligues.com**.
- **Puerto.** Los servidores tienen unos canales de comunicación que se llaman puertos. Cada protocolo de comunicación tiene un puerto específico a través del cual el servidor "escucha" las peticiones que le hace el cliente. Por ejemplo, para el protocolo http:// el puerto suele ser el 80 (en algunas ocasiones es el 8080); para https:// suele ser el 443; para ftp:// suele ser el 21, etc.
- **Socket.** Es el conjunto formado por el nombre del servidor (o su dirección IP) y el puerto por el que el servidor escucha la petición. Ambos datos van separados por el signo dos puntos. Por ejemplo, **www.todoligues.com:80**. En general, no necesitamos poner en la barra de direcciones del navegador el socket completo, sino sólo el nombre del servidor. Esto es así porque el puerto 80 es el estándar para la navegación web. Si necesitamos conectarnos a una página que está en un servidor que escucha por otro puerto, sí deberemos añadirlo, o no será posible la carga de la página.
- **Ruta.** Es la ruta de directorios y carpetas necesarios para acceder al documento requerido.
- **Anclaje.** Se refiere a los enlaces internos que pudiera haber en una página. Si recuerda la estructura general de un enlace interno, sabe que es algo como lo siguiente: **<a name = "#enlace">**. El anclaje, en este caso, sería "**enlace**".

El objeto location tiene propiedades que pueden identificar cada uno de estos elementos de forma individual. Éstas aparecen recopiladas en la tabla de la página siguiente. En realidad, dado que en la práctica todos los datos necesarios forman parte de la propiedad href, ésta será la única que usted necesite en el 99% de su uso del objeto location. Por ejemplo, si usted quiere acceder a la página principal de langoria.com, usará la propiedad href tal como hemos visto en el código location_2.htm. Si deseamos acceder a una página determinada de un sitio, en un servidor que escucha las peticiones web por el puerto 8080, usaremos `location.href = "http://www.sitio.com/ruta/pagina:8080";` Si deseamos acceder a un anclaje de la página, usaremos `location.href = "anclaje";` Y así, sucesivamente.

PROPIEDADES DEL OBJETO location	
Propiedad	**Se refiere a**
protocol	El protocolo de comunicación.
hostname	El nombre del host.
port	El puerto por el que escucha el host.
pathname	La ruta donde está el fichero buscado.
hash	El anclaje de un enlace interno.
href	El destino completo (protocolo + host + ruta [si procede] + puerto [si procede] o el hash).
search	Se emplea para búsquedas de archivos. Identifica lo que aparece detrás del signo ? en una URL.

Hay una propiedad que aún no hemos visto del objeto location. Se trata de ***search***. Y es importante. Esta propiedad se emplea para buscar un archivo concreto dentro de una URL determinada. Para ello, se pone el nombre del archivo, precedido del signo ? detrás de la URL. Lo entenderá mejor con un ejemplo.

Suponga que tenemos una colección de imágenes. Vamos a crear una página principal con las miniaturas de todas las imágenes, de forma que, al hacer clic sobre cualquiera de dichas miniaturas, se cargue una página con la imagen completa en tamaño real.

Esto no plantea ningún problema si cada una de las imágenes en tamaño real la cargamos en una página independiente. Ni siquiera necesitamos JavaScript para hacer eso. Observe el listado **miniaturas_1.htm**.

```
<html>
   <head>
      <title>
         P&aacute;gina con JavaScript.
      </title>
```

```
        </head>
        <body>
            <center>
                <h1>
                    P&aacute;gina con miniaturas de
im&aacute;genes.

                </h1>
                <table width=500 border=1>
                    <tr align="center">
                        <td>
                            <a href="combate_gatuno.htm">
                                <img
src="imagenes/miniaturas/combate_gatuno.jpg">
                            </a>
                        </td>

                        <td>
                            <a href="gatitos.htm">
                                <img
src="imagenes/miniaturas/gatitos.jpg">
                            </a>
                        </td>
                        <td>
                            <a href="gato_con_botas.htm">
                                <img
src="imagenes/miniaturas/gato_con_botas.jpg">
                            </a>
                        </td>

                        <td>
                            <a href="perrito.htm">
                                <img
src="imagenes/miniaturas/perrito.jpg">
                            </a>
                        </td>
                    </tr>
                </table>
            </center>
        </body>
    </html>
```

Como ve, es una página muy simplona, con una tabla que carga las miniaturas de las imágenes, montadas en una tabla. Cada una de las miniaturas es un enlace a otra página en la que se monta la imagen a tamaño real. A continuación reproduzco el listado de una de las páginas, a fin de que vea que no tienen ningún "truco" especial. Es el listado de **gatitos.htm**.

```
<html>
   <head>
      <title>
         P&aacute;gina con JavaScript.
      </title>
   </head>
   <body>
      <center>
         <h1>
            P&aacute;gina de gatitos.
         </h1>
         <img src="imagenes/reales/gatitos.jpg">
      </center>
   </body>
</html>
```

Las otras páginas son iguales, sólo que con un texto y una imagen diferente. Como ve, lo de cargar páginas a través de imágenes en miniatura no tiene ningún misterio y, tal como lo he planteado aquí, ni siquiera hace ninguna falta pensar en JavaScript. Pero ahora viene la gran cuestión: ¿qué hacemos si nuestra página principal, en lugar de tener cuatro miniaturas, tuviera cincuenta? ¿Preparamos cincuenta páginas para mostrar otras tantas imágenes a tamaño real? Pues parece que sí, que eso es, exactamente, lo que tendríamos que hacer. Y, desde luego, empleando sólo HTML no nos queda otra opción. Pero eso es un engorro, además de una pérdida de tiempo. Y fíjese en una cosa: el código de las páginas que muestran las imágenes a tamaño real es tan similar entre sí que resulta absurdo repetirlo en todas ellas.

Afortunadamente, JavaScript nos hace una interesante oferta: crear una plantilla que cargue una imagen a tamaño real y hacer que la imagen sea distinta según la miniatura en la que hagamos clic. Es decir, todas las miniaturas conducen a la misma página, pero le pasan el nombre de la imagen que hay que cargar. Para ello vamos a modificar un poco los enlaces. Observe el código **miniaturas2.htm**, listado a continuación:

```
<html>
   <head>
      <title>
         P&aacute;gina con JavaScript.
      </title>
   </head>
   <body>
      <center>
         <h1>
```

```
                    P&aacute;gina con miniaturas de
im&aacute;genes.
                </h1>
                <table width=500 border=1>
                   <tr align="center">
                      <td>
                         <a
href="real.htm?imagenes/reales/combate_gatuno.jpg">
                            <img
src="imagenes/miniaturas/combate_gatuno.jpg">
                         </a>
                      </td>
                      <td>
                         <a
href="real.htm?imagenes/reales/gatitos.jpg">
                            <img
src="imagenes/miniaturas/gatitos.jpg">
                         </a>
                      </td>
                      <td>
                         <a
href="real.htm?imagenes/reales/gato_con_botas.jpg">
                            <img
src="imagenes/miniaturas/gato_con_botas.jpg">
                         </a>
                      </td>
                      <td>
                         <a
href="real.htm?imagenes/reales/perrito.jpg">
                            <img
src="imagenes/miniaturas/perrito.jpg">
                         </a>
                      </td>
                   </tr>
                </table>
             </center>
          </body>
       </html>
```

Observe los enlaces (las líneas resaltadas en el código). La verdad es que pasar información a otra página para modificar su comportamiento no resulta especialmente complejo, pero es necesario saber cómo recibir esa información en la página de destino. Esa información (en nuestro ejemplo, los nombres de las imágenes a tamaño real) debe pasarse en el propio enlace, a través de la dirección URL. Realmente, separamos la auténtica URL de destino de la información complementaria mediante el signo ?.

Y aquí es donde entra en juego JavaScript: en concreto, la propiedad ***search*** del objeto location, que se encarga de recuperar el nombre de la imagen que es necesario cargar. Observe el código de **real.htm**.

```
<html>
   <head>
      <title>
         P&aacute;gina con JavaScript.
      </title>
      <script language="javascript">
         <!--
               if (location.search)
               {
                  document.write ("El valor de la
propiedad search es " + location.search + "<br>");

                  var imagen =
location.search.substring(1);

                  if (imagen.indexOf("/") != -1)
                  {
                     var nombre =
imagen.substr(imagen.lastIndexOf("/")+1);
                  } else {
                     var nombre = imagen;
                  }
                  document.write
("<center><h1>P&aacute;gina de la imagen ");
                  document.write (nombre + "</h1>");
                  document.write ("<img src = " + imagen +
">");

                  document.write ("</center>");
               }
         //-->
      </script>
   </head>
   <body>
   </body>
</html>
```

Veamos lo sucedido al llegar a esta página. En primer lugar, debemos tener en cuenta que, si hemos llegado a esta página tal como deberíamos (es decir, a través de alguno de los enlaces de la página miniaturas_2.htm), la URL contiene el guarismo "?" seguido de la ruta y el fichero de imagen que es necesario cargar. La propiedad search recupera esta secuencia. Lo primero que hacemos es comprobar que, efectivamente, se haya recuperado una secuencia. Esto lo hacemos con:

```
if (location.search)
```

Si usted ha cargado esta página directamente (lo que no debe hacer), la propiedad search del objeto location no contiene nada. Cuando esta propiedad está vacía (cuando en la URL no aparece el signo "?" y el nombre y ruta de un fichero), devuelve un valor lógico false. Como todo el resto del código se basa en la propiedad search, si ésta no contiene nada, la página daría un error detrás de otro. Por esta razón lo primero que hacemos es asegurarnos de que la propiedad search contenga "algo".

A continuación, mostramos el contenido de la propiedad search, simplemente para que usted vea claro cómo opera. Suponga que, al ejecutar la página miniaturas_2.htm pulsa usted sobre la primera miniatura, la que representa a dos gatitos entrenándose para ser samuráis. Cuando se carga la página real.htm, la URL (que es el valor que aparece en la propiedad href de location) es la siguiente: **file:///C:/Documents%20and%20Settings/Jose/Mis%20documentos/Mis%20libros/JavaScript/JavaScript%20SEGUNDA%20EDICION/cd%20adjunto/capitulo_7/real.htm?imagenes/reales/combate_gatuno.jpg**. La parte que nos interesa, es decir, **?imagenes/reales/combate_gatuno.jpg**, está en la propiedad search, tal como se ve en la propia página. La sentencia que muestra el valor de esta propiedad es la siguiente:

```
document.write ("El valor de la propiedad search es " +
location.search + "<br>");
```

Lo siguiente que hacemos es extraer el nombre y ruta del fichero de imagen que nos interesa de la propiedad search, es decir, todo el valor de esa propiedad, excepto el signo ?. Para ello recurrimos al método substr(), cuyo funcionamiento hemos estudiado en el Capítulo 6. Esta forma de usar las propiedades de cadena es muy habitual en JavaScript. Lo hacemos con:

```
var imagen = location.search.substring(1);
```

A continuación, determinamos si el nombre del fichero de imagen contiene, además, una ruta (lo más habitual) o no. Si la contiene, extraemos lo que es el nombre, sin más, mediante el uso del método indexOf(). De esto se encarga el siguiente fragmento de código:

```
if (imagen.indexOf("/") != -1)
```

```
      {
         var nombre =
imagen.substr(imagen.lastIndexOf("/")+1);
      } else {
         var nombre = imagen;
      }
```

Ya sólo nos queda mostrar el fichero de imagen deseado:

```
document.write ("<img src = " + imagen + ">");
```

7.5.2 Métodos

Además de las propiedades citadas, el objeto location incluye dos métodos sumamente interesantes: ***reload()*** y ***replace()***.

El método reload() se emplea para recargar (actualizar) la página en el navegador. Este método admite como parámetro un valor lógico. Este valor es, por defecto, false. Si usted escribe en su código una sentencia como ésta:

```
location.reload();
```

o bien:

```
location.reload(false);
```

la página se actualiza desde la caché del navegador. Sin embargo, si escribe:

```
location.reload(true);
```

la página se actualiza desde el servidor.

El método replace() tiene mucho que ver con el objeto history que veremos en el siguiente apartado. Como usted sabe, el navegador guarda una relación de las páginas visitadas durante cada sesión de trabajo en Internet. Esta relación se llama ***historial*** y le permite, por ejemplo, volver a visitar las páginas por las que ya ha pasado, mediante los botones [ATRÁS] y [ADELANTE] del navegador. Esto resulta muy cómodo para el usuario la mayor parte de las veces, pero en ocasiones resulta un engorro. Suponga que usted tiene en su sitio una página con redireccionamiento automático a otra página diferente, en función, por ejemplo, del navegador que tenga el usuario.

Para entender esto, voy a montarle el escenario. Tenemos la página principal de nuestro sitio que, como debe ser en una página principal, se llama **index.htm**. Su código es el siguiente:

```
<html>
   <head>
      <title>
         P&aacute;gina con JavaScript.
      </title>
   </head>

   <body>
      <h1>
         Esta es la p&aacute;gina principal del sitio.
      </h1>
      <button
onClick="location.href='discernidor_1.htm';">
         Pulse aqu&iacute; para seguir adelante.
      </button>
   </body>
</html>
```

Como ve, no tiene nada especial. Sólo un botón que nos lleva a la página **discernidor_1.htm**. Su código es el siguiente:

```
<html>
   <head>
      <title>
         P&aacute;gina con JavaScript.
      </title>
      <script language="javascript">
         <!–
            function redireccionar(){
               var navegador = navigator.userAgent;
               if (navegador.indexOf("MSIE") != -1) {
location.href = "pagina_explorer.htm";
               } else {
                  location.href = "pagina_otro.htm";
               }
            }
         //-->
      </script>
   </head>
   <body onLoad="redireccionar();">
   </body>
</html>
```

Como ve, esta página identifica si tenemos instalado Internet Explorer u otro navegador y, en función de esto, carga una u otra página. Las páginas **pagina_explorer.htm** y **pagina_otro.htm** no tienen ningún secreto. Sólo son un texto para que se vea.

La cuestión es la siguiente. Ejecute usted index.htm. Pulse el botón **[PULSE AQUÍ PARA SEGUIR ADELANTE]** que le permite ir a la página redireccionador.htm. Esta página identifica su navegador y le remite, inmediatamente, a la página correspondiente. Ahora pulse el botón **[ATRÁS]**. Esto le lleva de nuevo a discernidor_1.htm. Entonces se carga de nuevo la página que corresponde a su navegador, y así sucesivamente. Como ve, el redireccionador ha anulado el buen funcionamiento del botón **[ATRÁS]** del navegador. Esto es lo que se conoce como ***mousetrapping*** (entrampar al ratón). Algunos sitios (se ve bastante en sitios de contenido erótico de pago, por ejemplo) recurren a estas técnicas. Pero, desde luego, son contrarias al buen hacer de un webmaster. Además de ser poco éticas, hacen que el usuario se sienta incómodo. Vamos a aprender a evitar esto mediante el uso del método ***replace()***.

Lo primero que haremos es cambiar nuestra página principal por otra llamada **default.htm**, cuyo código es el siguiente:

```
<html>
   <head>
      <title>
         P&aacute;gina con JavaScript.
      </title>
   </head>
   <body>
      <h1>
         Esta es la p&aacute;gina principal del sitio.
      </h1>
      <button
onClick="location.href='discernidor_2.htm';">
         Pulse aqu&iacute; para seguir adelante.
      </button>
   </body>
</html>
```

Como ve, no tiene nada especial. Simplemente ahora apuntamos a otro redireccionador llamado **discernidor_2.htm**.

```
<html>
   <head>
      <title>
         P&aacute;gina con JavaScript.
```

```
        </title>
        <script language="javascript">
            <!--
                function redireccionar() {
                    var navegador = navigator.userAgent;
                    if (navegador.indexOf("MSIE") != -1)
                    {
location.replace("pagina_explorer.htm");
                    } else {
                        location.replace("pagina_otro.htm");
                    }
                }
            //-->
        </script>
    </head>
    <body onLoad="redireccionar();">
    </body>
</html>
```

Como ve, este redireccionador usa el método replace() en lugar de la propiedad href. Eso hace que la página que vamos a cargar no se añada sin más al historial, sino que sustituya a la actual. De este modo, al cargarse la página correspondiente a su navegador, usted podrá pulsar el botón  y volver a la página principal. Pruébelo ejecutando default.htm. Acerca de este método, déjeme que le dé un consejo: úselo siempre que lo necesite. No recurra al mousetrapping. Es una estrategia comercial que el usuario, en general, percibe como una limitación de sus libertades más básicas de navegación y en un sitio serio no se debe recurrir a estas marrullerías.

7.6 EL OBJETO HISTORY

El historial es, como he mencionado anteriormente, la memoria que el navegador mantiene acerca de las páginas visitadas en la sesión actual. También se llama historial a la memoria que se mantiene, grabada en disco, de las páginas visitadas en otras sesiones, pero eso en este momento no nos atañe. A nosotros lo que nos importa ahora es la lista de páginas que se recorren desde la última vez que se abre el navegador. Cuando usted está viendo una página y pasa a otra (mediante un enlace o tecleando una nueva URL en la barra de direcciones) se activa el botón **[ATRÁS]**, que le permite volver a las páginas ya visitadas. Si una vez que ha regresado pulsa el botón **[ADELANTE]**, vuelve a las páginas que quedaron adelante. Supongo que todo esto ya lo sabe, ya que me imagino que no es la primera vez, ni con mucho, que navega por Internet.

Lo que vamos a aprender aquí es a emular el comportamiento de estos botones en nuestro código. Para ello, recurrimos al objeto ***history***. Este objeto es, precisamente, la memoria histórica de las páginas visitadas en la sesión actual. En realidad, esto no es exactamente así: hasta ahora nos podría haber valido ese concepto, sin más, pero es necesario puntualizarlo un poco. Suponga que usted navega de p1.htm a p2.htm. Desde ahí, navegue a p3.htm. Si pulsa el botón **[ATRÁS]**, vuelve a p2.htm. Delante queda p3.htm. Desde p2.htm navegue a p4.htm y pulse de nuevo el botón **[ATRÁS]**. Delante queda p4.htm: el objeto history ya no recuerda p3.htm.

Así es como funcionan realmente los botones **[ATRÁS]** y **[ADELANTE]**, y así es como funciona el objeto history. Este objeto tiene una propiedad llamada ***length***. Esta propiedad contiene el número de páginas que han quedado atrás, más el número de páginas que hay delante, más la página actual.

Para que entienda realmente lo que ocurre en el objeto history, eche un vistazo a la tabla de navegación que le ofrezco a continuación.

TABLA DE NAVEGACIÓN DEL OBJETO history

Estamos en	Navegamos a	Quedan atrás	Quedan delante	Valor de length
p1.htm	p2.htm	p1.htm	-	2
p2.htm	p3.htm	p2.htm p1.htm	-	3
p3.htm	p2.htm	p1.htm	p3.htm	3
p2.htm	p4.htm	p2.htm p1.htm	-	3
p4.htm	p2.htm	p1.htm	p4.htm	3

El objeto history tiene tres métodos. El método ***back()***, que retrocede una página. Equivale a usar el botón **[ATRÁS]**. La sintaxis adecuada es:

```
history.back();
```

El método ***forward()*** avanza una página. Equivale a usar el botón **[ADELANTE]**. La sintaxis correcta es:

```
history.forward();
```

El método ***go()*** se emplea para retroceder o avanzar un número determinado de páginas. Este método recibe, como argumento, el número de páginas que queremos desplazarnos. Si el argumento es positivo, el desplazamiento es hacia delante. Si es negativo, el desplazamiento es hacia atrás. Por ejemplo, si usted quiere que su navegador salte tres páginas hacia atrás, use la siguiente sintaxis:

```
history.go(-3);
```

Puede crear enlaces para llevar a cabo este tipo de acciones de la siguiente manera:

```
<a href.="javascript:history.go(-2);">
   Pulse aquí para retroceder dos páginas.
</a>
```

Como es lógico, si usted incluye un enlace de este tipo en su página y el historial del usuario no conserva memoria de dos páginas atrás, no se podrá llevar a cabo el proceso.

Capítulo 8

LOS OBJETOS DE HTML (I)

En este capítulo vamos a empezar a estudiar distintos objetos que forman parte del HTML básico de cualquier página web, y cómo gestionarlos desde JavaScript, con unas posibilidades que el propio HTML, por sí solo, no proporciona. Me estoy refiriendo, por supuesto, a todos los contenidos fundamentales de un documento web: un texto, una imagen, tablas, etc. Desde JavaScript podemos dotar a esos objetos de funcionalidades específicas.

8.1 EL TEXTO

Cada párrafo de texto que escribimos en una página web puede ser tratado de forma independiente cambiando, cuando nos convenga, propiedades como el color, la tipografía o el tamaño. Por eso es de suma importancia que el texto se halle correctamente distribuido en párrafos (mediante el uso del tag <p>) o bien mediante encabezamientos (de <h1> a <h6>). Además, cada párrafo o encabezamiento que queramos poder manipular desde JavaScript deberá tener un nombre que lo identifique como un objeto de forma inequívoca. Por último deberá ser capaz de reconocer los manejadores de eventos adecuados (repase el Capítulo 4, para recordar este punto).

Lo primero que vamos a hacer es crear una página con un encabezamiento de texto, dispuesto de tal modo que, al pasar el ratón por encima (evento onMouseOver), el texto cambie su color a rojo y, al retirar el ratón (evento onMouseOut), el texto recupere su color negro.

El código, **objeto_texto_1.htm**, es el siguiente:

```
<html>
   <head>
      <title>
         P&aacute;gina con JavaScript.
      </title>
      <script language="javascript">
         <!–
            function rojo()
            {
               t1.style.color="#FF0000";
            }

            function negro()
            {
               t1.style.color="#000000";
            }
         //-->
      </script>
   </head>

   <body>
      <h1 id="t1" onMouseOver="rojo();"
onMouseOut="negro()";>
         Esto es un texto que cambia de color al pasar
el mouse por encima.
      </h1>
      <h1>
         Esto es un texto que NO cambia de color.
      </h1>
   </body>
</html>
```

En primer lugar, pruebe la página, para ver cómo funciona. Le aparece un texto de color negro (el color por defecto, si no se especifica otra cosa). Al apoyar el ratón sobre el texto, éste cambia su color al rojo y permanece así hasta que usted retira el ratón. En ese momento, vuelve al color negro. Una observación: es muy importante que usted ejecute esta página con Internet Explorer (o con Opera). Este código, tal como está aquí, no funciona con Netscape (de momento, olvide este navegador: en su momento hablaremos de él). No olvide que existen diferencias entre ambos navegadores. Internet Explorer tiene una cuota de mercado de más de un 90%.

Veamos lo que ocurre. En primer lugar, observe que, tal como hemos mencionado, el texto que nos interesa está delimitado, en este caso, con los tags de encabezamiento **<h1>** y **</h1>**. Además, al texto lo hemos llamado **t1** mediante el atributo **id** (identificador). Ya tiene un nombre de objeto que nos permitirá manipularlo adecuadamente. Por último, en el texto, hemos previsto los manejadores de eventos **onMouseOver** y **onMouseOut** para detectar cuándo se apoya el ratón sobre el texto y cuándo se retira. Estos manejadores invocan a las funciones **rojo()** y **negro()**, respectivamente, que se hallan definidas en el código JavaScript. Y todo ello en una sola línea de código HTML:

```
        <h1 id="t1" onMouseOver="rojo();"
onMouseOut="negro()";>
```

Ahora analicemos las funciones. Empezaremos por la función **rojo()**. Observe que sólo tiene una línea de código. Veamos qué es lo que ocurre. Nos referimos a t1. Es un objeto: el texto que tenemos como encabezamiento con ese nombre. Para eso nos ha servido darle un nombre: para poder aludir a él desde JavaScript. Dentro de t1 vamos a trabajar con su propiedad ***style***. Los objetos de texto tienen una propiedad style que comprende todos los aspectos de su apariencia: color, tipografía, etc. Dentro de la propiedad style referenciamos la propiedad ***color***, que identifica o determina el color del texto. Asignándole un valor a esta propiedad, logramos que se establezca un nuevo color para el texto. La función **negro()** opera de igual modo, con la diferencia del valor que se le asigna al color.

Observe que en la página hay otro encabezamiento que no está afectado por el código JavaScript y, por lo tanto, no reacciona a la presencia del ratón. Al darle un nombre a un encabezamiento, lo tratamos como un objeto aislado, independiente del resto de la página. Lo que hagamos con un objeto no afecta a los demás objetos del script.

Además, si le asignamos identificadores a otros objetos, cada uno deberá tener su propio identificador. NUNCA ponga dos objetos con el mismo identificador en una página, BAJO NINGUNA CIRCUNSTANCIA.

Ampliemos un poco el código. Vamos a crear un script tal que, en el momento de apoyar el ratón sobre el texto (y al retirarlo), se cambie el color a uno de una lista de, por ejemplo, 10 colores posibles, de modo aleatorio. Para ello, vamos a crear una matriz donde se encontrarán esos diez colores. Cada vez que se dispare uno de los eventos que deseamos capturar (onMouseOver y onMouseOut) se generará un número aleatorio que decidirá qué elemento de la matriz vamos a usar para el color. El código es **objeto_texto_2.htm**.

```
<html>
   <head>
      <title>P&aacute;gina con JavaScript.</title>
```

```
<script language="javascript">
   <!--

      var matrizColores = new Array
("#000000","#FF0000","#00FF00","#0000FF","#FFFF00","#00FFFF",
"#FF00FF","#999999","#FF99FF","#66FF99");

      function cambiar()
      {
         numero = parseInt(Math.random()*10);
         t1.style.color = matrizColores[numero];
      }

   //-->
</script>
</head>
<body>
   <h1 id="t1" onMouseOver="cambiar();"
onMouseOut="cambiar();">
         Esto es un texto que cambia de color al pasar
el mouse por encima.
   </h1>
   <h1>
      Esto es un texto que NO cambia de color.
   </h1>
</body>
</html>
```

Pero no sólo podemos cambiar el color de un texto de la página. A un determinado texto se le pueden cambiar otras propiedades. Quizás la más llamativa (aparte del color) sea la tipografía empleada. Vamos a ver un código, llamado **objeto_texto_3.htm**, que nos mostrará un texto en el que, al pasar el ratón por encima, se cambia la fuente a Arial. Al quitar el ratón, se recupera la tipografía por defecto del navegador (llamada Times New Roman).

```
<html>
   <head>
      <title>
         P&aacute;gina con JavaScript.
      </title>
      <script language="javascript">
         <!–
            function arial()
            {
               t1.style.fontFamily = "Arial";
            }
```

```
                    function times()
                    {
                       t1.style.fontFamily = "Times New Roman";
                    }
                //-->
             </script>
          </head>

          <body>
             <h1 id="t1" onMouseOver="arial();"
onMouseOut="times()";>
                Este texto cambia de fuente al pasarle el
mouse.
             </h1>
             <h1>
                Esto es un texto que NO cambia de fuente.
             </h1>
          </body>
       </html>
```

Ejecute la página para comprobar su funcionamiento y analice el cuerpo de las funciones invocadas por los manejadores de eventos. La propiedad ***fontFamily*** puede recibir los nombres de varias tipografías posibles, de forma parecida a como se hace con el atributo face del tag <font> en HTML. A diferencia de HTML, aquí los nombres de las posibles tipografías se separarán con espacios en blanco. Si el nombre de alguna tipografía tiene más de una palabra, se encerrará entre comillas simples. Un ejemplo adecuado sería el siguiente:

```
t1.style.fontFamily = "Arial 'Comic Sans MS' Tahoma";
```

Observe algo interesante. Al pasar el ratón por encima del texto superior, éste cambia su tipografía a Arial, tal como hemos previsto. Pero el tamaño por defecto de la fuente en Arial es algo mayor que el mismo tamaño en Times New Roman, así que todo el párrafo "crece", descolocando el resto de contenidos de la página. En esta página en concreto no es que tengamos muchos contenidos, pero un caso así en una página real, con imágenes, tablas, enlaces, etc., podría ser verdaderamente desastroso. Así pues, se impone poder controlar también el tamaño de la tipografía. Observe el código **objeto_texto_4.htm**.

```
<html>
   <head>
      <title>
         P&aacute;gina con JavaScript.
      </title>
      <script language="javascript">
```

```
            <!--
               function arial()
               {
                  t1.style.fontSize = 28;
                  t1.style.fontFamily = "Arial";
               }

               function times()
               {
                  t1.style.fontSize = 32;
                  t1.style.fontFamily = "Times New Roman";
               }

            //-->
         </script>
      </head>
      <body>
         <h1 id="t1" onMouseOver="arial();"
onMouseOut="times()";>
            Esto es un texto que cambia de fuente al pasar
el mouse por encima.
         </h1>
         <h1>
            Esto es un texto que NO cambia de fuente.
         </h1>
      </body>
   </html>
```

Fíjese en las líneas destacadas en este último código. En ellas se ve cómo hacemos para que JavaScript modifique el tamaño de un texto.

Hay dos cosas a las que tenemos que prestar atención: la primera de ellas es que el valor pasado a la propiedad ***fontSize*** no se corresponde con los tamaños de letra que nos permite el HTML convencional (de 1 a 7), sino que es un tamaño expresado en puntos. Experimente usted cambiando los valores de esta propiedad en el código para ver los resultados. El segundo punto al que me refiero es que, a pesar de haber ajustado lo máximo posible los valores de tamaño, sigue produciéndose un pequeño cambio que desplaza todos los demás contenidos que hay en la página. Una manera de evitar ese desplazamiento es colocando los contenidos en una tabla (que, en realidad, para eso están las tablas). Veámoslo en **objeto_texto_5.htm**.

```
<html>
   <head>
      <title>
         P&aacute;gina con JavaScript.
```

```
          </title>
          <script language="javascript">
             <!--
                function arial()
                {
                   t1.style.fontSize = 28;
                   t1.style.fontFamily = "Arial";
                }

                function times()
                {
                   t1.style.fontSize = 32;
                   t1.style.fontFamily = "Times New Roman";
                }

             //-->
          </script>
       </head>
       <body>
          <table width=700 border=1 align=center>
             <tr height=150>
                <td>
                   <h1 id="t1" onMouseOver="arial();"
onMouseOut="times()";>

                      Esto es un texto que cambia de fuente
al pasar el mouse por encima.
                   </h1>
                </td>
             </tr>
             <tr height=150>
                <td>
                   <h1>
                      Esto es un texto que NO cambia de
fuente.
                   </h1>
                </td>
             </tr>
          </table>
       </body>
    </html>
```

Ejecute esta página. Observe que ahora, aunque se produzca un ligero cambio de tamaño en la tipografía, el resto de los contenidos no cambia de posición en la página. Por supuesto, si quiere que la tabla no sea visible, no tiene más que asignarle el valor 0 al atributo border. Volveremos sobre este particular dentro de muy poco.

Volviendo al tema del color, hay algo más, bastante interesante, que puede usted hacer con el texto de su página. En el Capítulo 4 aprendió a cambiar el color de fondo de la página. Ahora vamos a aprender a cambiar el color de fondo para una zona de texto. Para ello, observe el código **objeto_texto_6.htm**.

```
<html>
   <head>
      <title>
         P&aacute;gina con JavaScript.
      </title>
      <script language="javascript">
         <!--
            function arial() {
               t1.style.fontSize = 28;
               t1.style.fontFamily = "Arial";
               t1.style.background = "#00FFFF";
            }
            function times() {
               t1.style.fontSize = 32;
               t1.style.fontFamily = "Times New Roman";
               t1.style.background = "#FF0000";
            }
         //-->
      </script>
   </head>
   <body>
      <table width=700 border=1 align=center>
         <tr height=150>
            <td>
               <h1 id="t1" onMouseOver="arial();"
onMouseOut="times()";>
                  Esto es un texto que cambia de fuente
al pasar el mouse por encima.
               </h1>
            </td>
         </tr>
         <tr height=150>
            <td>
               <h1>
                  Esto es un texto que NO cambia de
fuente.
               </h1>
            </td>
         </tr>
      </table>
   </body>
</html>
```

Fíjese en las líneas resaltadas en el listado. Mediante la propiedad ***background*** del objeto de texto referenciado podemos cambiar su color de fondo. Ejecute la página, para ver cómo se comporta el texto superior al apoyar el ratón y al retirarlo.

Como ve, podemos manipular determinadas propiedades del texto de un documento desde el código JavaScript de la página. Quiero que, llegado este punto, reflexione sobre lo que estamos haciendo en este apartado. Usted conoce HTML y, seguramente, conoce también la potencia para el diseño de una página que le proporcionan las hojas de estilo en cascada (CSS). Si no es así, le sugiero que antes de seguir adelante estudie ese aspecto en particular del HTML. A este efecto, le recomiendo mi libro *Domine HTML y DHTML*, publicado por esta misma editorial. El caso es que, mediante técnicas de HTML Dinámico como son las CSS, usted tiene en sus manos un increíble potencial para diseñar sus páginas web, tal como desea que se carguen en el navegador del usuario. Y ahí termina su libertad como diseñador. Usted crea un documento con toda la imaginación de la que es capaz pero, una vez que el documento está cargado, no tiene ninguna posibilidad de que el contenido cambie su aspecto mientras dura la visita a la página. Por lo tanto, su poder como diseñador ha pasado de 100 a 0 en el tiempo que tarda su página en cargarse en el navegador. Desde el punto de vista del diseñador, esto es frustrante.

El objetivo de este Capítulo, y de otros que le seguirán, es ampliar su libertad de acción, de modo que usted pueda programar su página de forma que determinados objetos respondan a los eventos que usted desea, comportándose así la página de una forma realmente dinámica. Por ejemplo, observe el código **objeto_texto_7.htm**, que le permite modificar, con la página ya cargada, la alineación de un párrafo de texto, dentro de los márgenes de la página.

```
<html>
   <head>
      <title>
         P&aacute;gina con JavaScript.
      </title>
      <script language="javascript">
         <!--
            function izquierda()
            {
               parrafo.style.textAlign = "left";
            }
            function centro()
            {
               parrafo.style.textAlign = "center";
            }
            function derecha()
```

```
            {
                parrafo.style.textAlign = "right";
            }
        //-->
    </script>
</head>
<body>
    <p id="parrafo">
        Esto es un p&aacute;rrafo de texto
        <br>
        que modifica su posici&oacute;n al pulsar los
        <br>
        botones de la parte inferior.
    </p>

    <p>
        Esto es un p&aacute;rrafo de texto
est&aacute;tico.
    </p>

    <button onClick = "izquierda();">
        Pulse para alineaci&oacute;n izquierda
    </button>
    <br>

    <button onClick = "centro();">
        Pulse para alineaci&oacute;n centrada
    </button>
    <br>
    <button onClick = "derecha();">
        Pulse para alineaci&oacute;n derecha
    </button>
</body>
</html>
```

Lo primero de todo, ejecute el código para ver el resultado. Su página tiene el aspecto de la figura 8.1.

Observe que hay dos párrafos de texto. El superior tiene asignado un nombre identificador mediante el atributo id del tag <p>. Este nombre nos servirá para referirnos a este objeto (cada párrafo de un texto constituye un objeto de por sí) desde JavaScript. El párrafo inferior no tiene ningún nombre asignado puesto que va a ser estático y, por lo tanto, no necesitaremos referirnos a él.

A continuación, encontramos tres botones que, como respuesta al evento onClick (al ser pulsados), disparan sendas funciones de JavaScript. Las funciones, creadas más arriba, utilizan la propiedad ***style.textAlign*** para modificar la alineación del texto.

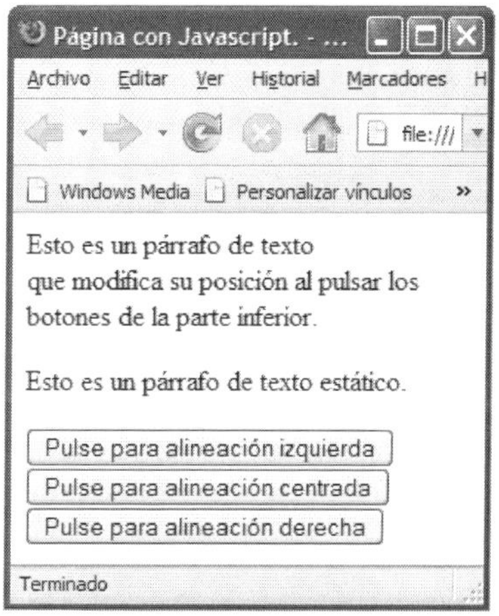

Figura 8.1

Quiero que se dé cuenta de que, tal como le comentaba inmediatamente antes de este ejercicio, cada vez estamos adquiriendo mayor control dinámico (en tiempo de ejecución) sobre los objetos que constituyen nuestra página. Esto no significa que usted descarte las CSS en su programación, ni mucho menos. Las hojas de estilo en cascada le permiten realizar un atractivo y eficiente diseño previo a la carga. Pero debe familiarizarse con las técnicas aquí expuestas para complementar adecuadamente su creación.

Observe que, como norma general, cuando queremos actuar, desde JavaScript, sobre un texto (un párrafo o un encabezamiento), usamos la siguiente sintaxis:

```
identificador.style.propiedad = valor;
```

En general, **`identificador`** es el nombre que le asignamos al texto, **`style`** se refiere a todas las propiedades que afectan al estilo de ese párrafo y **`propiedad`** es aquélla sobre la que queremos actuar. Por último, **`valor`** es el que le asignamos a la propiedad. Quiero concluir que, por lo tanto, la forma adecuada de manipular el comportamiento de un objeto es cambiando el valor de alguna(s) de su(s) propiedad(es).

La siguiente tabla refleja las propiedades que podemos usar en lo que al texto se refiere, así como el aspecto de dicho texto sobre el que actúan.

PROPIEDADES RELATIVAS AL TEXTO		
Propiedad	**Actúa sobre**	**Valores que admite**
backgroundColor	Color de fondo.	Un color, como nombre o como notación hexadecimal.
backgroundImage	Imagen de fondo.	La ruta y nombre de archivo que contiene una imagen válida.
border	Los bordes del párrafo.	Las especificaciones del borde (ver más adelante).
borderBottomColor	El color del borde inferior del párrafo.	Un nombre de color o su representación hexadecimal.
borderBottomStyle	El tipo del borde inferior del párrafo.	Los posibles valores son "inset", "groove", "double" y "solid".
borderBottomWidth	El espesor del borde inferior del párrafo.	"thick", "thin" o un valor seguido de ***px*** (píxeles) o ***cm*** (centímetros).
borderColor	El color del borde.	Un nombre de color o su valor hexadecimal.
borderLeftColor	El color del borde izquierdo del párrafo.	Un nombre de color o su representación hexadecimal.
borderLeftStyle	El tipo del borde izquierdo del párrafo.	Los posibles valores son "inset", "groove", "double" y "solid".
borderLeftWidth	El espesor del borde izquierdo del párrafo.	"thick", "thin" o un valor seguido de ***px*** (píxeles) o ***cm*** (centímetros).
borderRightColor	El color del borde derecho del párrafo.	Un nombre de color o su representación hexadecimal.
borderRightStyle	El tipo del borde derecho del párrafo.	Los posibles valores son "inset", "groove", "double" y "solid".
borderRightWidth	El espesor del borde derecho del párrafo.	"thick", "thin" o un valor seguido de ***px*** (píxeles) o ***cm*** (centímetros).
borderStyle	El tipo del borde del párrafo.	Los posibles valores son "inset", "groove", "double" y "solid".

PROPIEDADES RELATIVAS AL TEXTO (cont.)		
Propiedad	**Actúa sobre**	**Valores que admite**
borderTopColor	El color del borde superior del párrafo.	Un nombre de color o su representación hexadecimal.
borderTopStyle	El tipo del borde superior del párrafo.	Los posibles valores son "inset", "groove", "double" y "solid".
borderTopWidth	El espesor del borde superior del párrafo.	"thick", "thin" o un valor seguido de ***px*** (píxeles) o ***cm*** (centímetros).
borderWidth	El espesor del borde del párrafo.	"thick", "thin" o un valor seguido de ***px*** (píxeles) o ***cm*** (centímetros).
color	El color del texto.	Un nombre de color o su valor hexadecimal.
filter	Establece un filtro CSS.	Cualquier filtro CSS válido.
fontFamily	La tipografía del párrafo de texto.	Uno o más nombres de fuentes.
fontSize	El tamaño de la fuente del párrafo.	"xx-small", "x-small", "small", "medium", "large", "x-large", "xx-large" o un valor numérico.
fontStyle	Letra cursiva.	"italic" u "oblique", "normal".
fontVariant	Párrafo en letra VERSALLES.	"normal" o "small-caps".
fontWeight	El espesor de la letra.	"lighter", "light", "normal", "bold", "bolder", "100", "200", ...,"900".
letterSpacing	Determina el espaciado entre letras.	Un valor, seguido de una unidad de medida. Por ejemplo, "10px" o "1,1cm".
textAlign	La alineación horizontal del texto en su ubicación.	"left", "center", "right", "justify". El valor por defecto es "left".

PROPIEDADES RELATIVAS AL TEXTO (cont.)		
Propiedad	**Actúa sobre**	**Valores que admite**
textDecoration	Decoración del texto.	"none", "blink", "underline", "overline", "line-through".
textIndent	Sangrado de la primera línea respecto al resto del párrafo.	Un valor seguido de una unidad de medida. Por ejemplo, "50px" o "1.25cm".
textTransform	Determina si la letra aparece en mayúsculas, minúsculas o en mayúscula la primera de cada palabra.	"uppercase", "lowercase", "capitalize".

Como ve, son muchas las propiedades del texto sobre las que puede actuar. Yo le he preparado algunos códigos de ejemplo que hemos visto, para que se familiarice con algunas de ellas. Experimente usted con las demás. Seguro que pronto le encontrará utilidad a todo esto.

Sin embargo, permítame añadir un ejemplo de cómo podemos usar las técnicas que hemos aprendido para crear, por ejemplo, los enlace de una página de modo vistoso. A este efecto, yo he preparado unos enlaces a páginas de Internet. Usted puede crear sus enlaces como le convenga. Observe el listado **objeto_texto_8.htm**.

```
<html>
   <head>
      <title>
         P&aacute;gina con JavaScript.
      </title>

      <script language="javascript">
         <!--
            function preparar() {
               e1.style.textDecoration = "none";
               e2.style.textDecoration = "none";
               e3.style.textDecoration = "none";
               e4.style.textDecoration = "none";
```

```
                        e1.style.color = "#FF0000";
                        e2.style.color = "#FF0000";
                        e3.style.color = "#FF0000";
                        e4.style.color = "#FF0000";
                     }
                     function activar(objeto)
                     {
                        eval(objeto).style.color = "#FFFFFF";
                        eval(objeto).style.backgroundColor =
"#FF0000";
                     }

                     function desactivar(objeto)
                     {
                        eval(objeto).style.color = "#FF0000";
                        eval(objeto).style.backgroundColor =
"#FFFFFF";
                     }
                  //-->
               </script>
            </head>
            <body onLoad="preparar();">
               <table border=0 width=300>
                  <tr>
                     <td>
                        <font face="Arial">
                           <a href="http://www.ra-ma.es">
                              <h1 id="e1"
onMouseOver="activar('e1');" onMouseOut="desactivar('e1');">
                                 EDITORIAL RA-MA
                              </h1>
                           </a>
                        </font>
                     </td>
                  </tr>
                  <tr>
                     <td>
                        <font face="Arial">
                           <a href="http://www.todoligues.com">
                              <h1 id="e2"
onMouseOver="activar('e2');" onMouseOut="desactivar('e2');">
                                 TODOLIGUES
                              </h1>
                           </a>
                        </font>
                     </td>
                  </tr>
                  <tr>
```

```
                        <td>
                            <font face="Arial">
                                <a href="http://www.google.com">
                                    <h1 id="e3"
onMouseOver="activar('e3');" onMouseOut="desactivar('e3');">
                                        GOOGLE
                                    </h1>
                                </a>
                            </font>
                        </td>
                    </tr>
                    <tr>
                        <td>
                            <font face="Arial">
                                <a href="http://www.microsoft.com">
                                    <h1 id="e4"
onMouseOver="activar('e4');" onMouseOut="desactivar('e4');">
                                        MICROSOFT
                                    </h1>
                                </a>
                            </font>
                        </td>
                    </tr>
                </table>
            </body>
        </html>
```

Como ve, el código podemos considerarlo dividido en dos partes: el código HTML, dentro de la sección body, y el código JavaScript, dentro de la sección head.

Observe el código HTML. Sólo tiene una tabla con unos enlaces; pero esos enlaces (y el propio body) llaman a las funciones JavaScript mediante manejadores de eventos. En primer lugar, tenemos el manejador del evento ***onLoad*** asociado al tag <body>. Este evento se dispara cuando se ha terminado de cargar completamente una página. En este caso, llamamos a la función `preparar()`, que hemos creado en JavaScript. Esta función pone el texto de los enlaces (a los que hemos llamado `e1`, `e2`, `e3` y `e4`) en color rojo y elimina el subrayado típico de cualquier enlace por defecto. Ahora quiero que se fije en los enlaces. El texto aparece entre los tags <h1> y </h1> para darle un tamaño mayor. Quizás no sea éste el método más elegante para dar ese tamaño a la letra, pero para los efectos didácticos de este ejemplo nos vale perfectamente.

Fíjese en que cada enlace tiene dos manejadores de eventos asociados: onMouseOver y onMouseOut. Estos manejadores llaman a las funciones

activar() y **desactivar()**, respectivamente. Estas funciones se encargan, simplemente, de cambiar el color de letra y de fondo. También quiero llamar su atención respecto a la forma en que hemos llamado a las funciones. Como ve, en la definición de las mismas se especifica que van a recibir un argumento (**objeto**). Al llamarlas, lo hago pasando como argumento el nombre del objeto donde se ha producido la llamada.

Y ahora viene lo bueno. Dentro de cada función se usa la función eval() para que se procese el nombre del objeto como tal y poder acceder a sus propiedades. Si no entiende el funcionamiento de eval(), repase el apartado 5.2 del Capítulo 5. Es importante que entienda esta función. Se emplea mucho en JavaScript. Si no lo hubiera hecho así, habría tenido que definir dos funciones por cada objeto, es decir, ocho funciones, mientras que, de este modo, he logrado un código mucho más compacto.

Cuando ejecute esta página, verá que tiene un aspecto como el de la imagen izquierda de la figura 8.2. Al apoyarse sobre un enlace, éste cambiará su aspecto al que se muestra en la imagen derecha de dicha figura. Al separar el puntero, el enlace recuperará su aspecto original.

Figura 8.2

De entre las propiedades que hemos visto para trabajar con objetos de texto, quizás una de las más interesantes, tanto desde el punto de vista del resultado que ofrece como desde el punto de vista de su uso técnico, sea ***backgroundImage***. Esta propiedad permite establecer una imagen de fondo para un párrafo de texto determinado. Para ilustrar su funcionamiento, he preparado el código **objeto_texto_9.htm**, que aparece listado a continuación:

```
<html>
   <head>
      <title>
```

```
                P&aacute;gina con JavaScript.
             </title>
             <script language="javascript">
                <!--
                   function imagen()
                   {
                      t1.style.backgroundImage =
"url(imagenes/sonrisa.gif)";
                   }
                //-->
             </script>
          </head>

          <body>
             <h1 id="t1" name="t1" onClick="imagen();">
                Este p&aacute;rrafo pone una imagen de fondo
al hacer click.
             </h1>

             <h1>
                Este p&aacute;rrafo no pone ninguna imagen de
fondo.
             </h1>
          </body>
       </html>
```

Cuando ejecute esta página, se encontrará con dos párrafos de texto, tal como muestra la imagen superior de la figura 8.3. Si hace clic con el ratón sobre el párrafo superior, verá cómo se coloca una imagen de fondo en dicho párrafo, tal como se ve en la imagen inferior de la mencionada figura 8.3.

Observe que la imagen (una simpática carita sonriente) se repite en mosaico a lo largo del párrafo afectado. Esto sucede porque la imagen es más pequeña que el párrafo. En este sentido ocurre lo mismo que cuando ponemos una imagen de fondo a la página con el atributo background del tag <body>.

Observe también la particular sintaxis del uso de esta propiedad, en la línea que aparece resaltada en el código:

```
t1.style.backgroundImage = "url(imagenes/sonrisa.gif)";
```

Por la forma en que hemos usado otras propiedades, uno podría pensar que la sintaxis correcta sería:

```
t1.style.backgroundImage = "imagenes/sonrisa.gif";
```

Sin embargo, esto no es exacto. Cuando a una propiedad se le pasa como argumento el nombre (y, en su caso, la ruta) de un fichero, es necesario hacerlo mediante la función **url()**, tal como se ve en nuestro ejemplo.

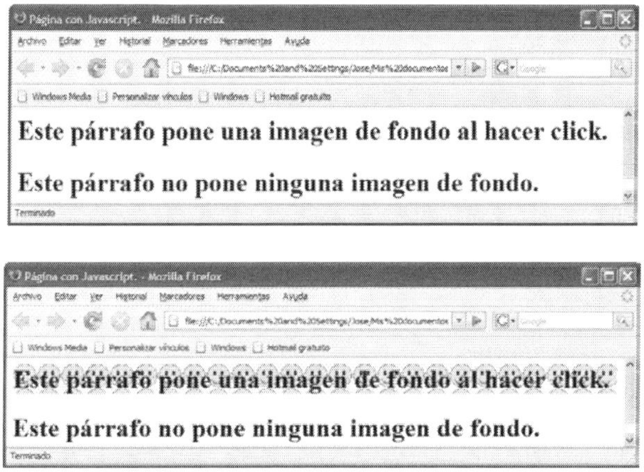

Figura 8.3

8.2 LAS IMÁGENES

Al igual que el texto (y los demás objetos de HTML), las imágenes insertadas en un documento web ganan mucha funcionalidad gracias a JavaScript. Una imagen en una página tiene una serie de propiedades que son establecidas en el tag <img>. Sin embargo, HTML no se presta a la posibilidad de modificar estas propiedades una vez establecidas, aunque JavaScript sí nos lo permite. Las propiedades de una imagen que podemos establecer en HTML y los atributos para hacerlo ya deberían de ser conocidas por usted. Si está leyendo un libro de JavaScript, entiendo que no tiene problemas con el HTML básico. No obstante, si no conoce este tema, le recomiendo que, antes de seguir adelante, le eche un vistazo a mi libro *Domine HTML y DHTML*, publicado por esta misma editorial.

8.2.1 El objeto Image

Las imágenes son un objeto de JavaScript llamado ***Image***. Estos objetos se manipulan a través de una matriz especial del objeto document llamada ***images []***, que contiene una referencia de todas las imágenes que forman parte de la página. Esta matriz existe desde el mismo instante en que en la página hay alguna imagen. Más adelante, hablaremos sobre las matrices que forman parte del objeto document. De momento, vamos a familiarizarnos con la matriz images[], que es la que nos interesa ahora.

Lo primero que vamos a aprender es a determinar si en la página hay imágenes o no las hay. Para ello, recurrimos a la propiedad ***length*** de la matriz images[] del objeto document. A continuación, aparece el listado **determinar_imagenes_1.htm**, que muestra que esta propiedad tiene el valor 0 en una página en la que no hay imágenes.

```
<html>
   <head>
      <title>
         P&aacute;gina con JavaScript.
      </title>

      <script language="javascript">
         <!--
            function imagenes()
            {
               if (document.images.length != 0)
               {
                  alert ("Hay imágenes en el
documento.");
               } else {
                  alert ("NO hay imágenes en el
documento.");
               }
            }
         //-->
      </script>
   </head>
   <body onLoad="imagenes();">
   </body>
</html>
```

En la línea resaltada se ve cómo hacemos la comprobación. Al ejecutar esta página, como no incluye ninguna imagen, usted verá en pantalla un cuadro de aviso que indica este hecho.

A continuación observe el listado **determinar_imagenes_2.htm**. Como ve en la sección body, esta página sí incluye una imagen.

```
<html>
   <head>
      <title>
         P&aacute;gina con JavaScript.
      </title>
      <script language="javascript">
         <!--
```

```
                    function imagenes()
                    {
                       if (document.images.length != 0)
                       {
                          alert ("Hay imágenes en el
documento.");
                       } else {
                          alert ("NO hay imágenes en el
documento.");
                       }
                    }
                 //-->
              </script>
           </head>
           <body onLoad="imagenes();">
              <img src="imagenes/sonrisa.gif">
           </body>
        </html>
```

El cuadro de aviso, en este caso, nos informa de que sí existen imágenes en la página.

Cuando colocamos imágenes en nuestro documento, la matriz images[] tiene tantos elementos como imágenes hayamos colocado. El primer elemento (elemento 0) se refiere a la primera imagen. El segundo elemento (elemento 1) se refiere a la segunda imagen, y así sucesivamente. Podemos referirnos a cada imagen mediante su índice en la matriz, o mediante su nombre, asignado mediante el atributo name del tag <img>. Por ejemplo, `document.images[2]` o bien `document.images["foto"]`. Cada objeto Image cuenta con las propiedades que se reflejan en la siguiente tabla:

PROPIEDADES DEL OBJETO Image	
Propiedad	**Se refiere a**
border	Determina el grosor del borde que rodea a la imagen, tal como hace el atributo border del tag <img>. Es de lectura y escritura.
complete	Esta propiedad devuelve un valor lógico que será false si la imagen no se ha cargado del todo o true, si ya está completamente cargada. Es de sólo lectura.

PROPIEDADES DEL OBJETO Image (Cont.)	
Propiedad	**Se refiere a**
hspace	Devuelve el valor del atributo del mismo nombre en el tag <img>. Es de lectura y escritura.
height	Devuelve el valor del atributo del mismo nombre en el tag <img>. Es de lectura y escritura.
lowsrc	Devuelve el valor del atributo del mismo nombre en el tag <img>. Es de lectura y escritura.
name	Devuelve el valor del atributo del mismo nombre en el tag <img>. Es de sólo lectura.
src	Devuelve el valor del atributo del mismo nombre en el tag <img>. Es de lectura y escritura.
vspace	Devuelve el valor del atributo del mismo nombre en el tag <img>. Es de lectura y escritura.
width	Devuelve el valor del atributo del mismo nombre en el tag <img>. Es de lectura y escritura.

8.2.2 Efectos rollover

Quizás una de las propiedades más manipuladas de una imagen a través de JavaScript sea src, que permite cambiar el fichero de imagen que se muestra en la página. Seguro que usted ha visto, multitud de veces, en Internet, páginas en las que aparece una determinada imagen y, al apoyar el ratón sobre ella, se cambia por otra. Al retirar el ratón se recupera la imagen original. Este efecto se conoce como ***rollover*** y es sumamente fácil de crear. Nosotros vamos a ver una página que incluye la foto de un iceberg. Al apoyar el ratón sobre ella, se convertirá en la foto de una noche estrellada. Al retirar el ratón, volverá a ser la foto del iceberg. El código se llama **rollover_1.htm**.

```
<html>
   <head>
      <title>
         P&aacute;gina con JavaScript.
      </title>
```

```
          <script language="javascript">
             <!--
                function cambiar()
                {
                   document.images[0].src =
"imagenes/espacio.gif";
                }

                function restaurar()
                {
                   document.images[0].src =
"imagenes/iceberg.gif";
                }
             //-->
          </script>
       </head>
       <body>
          <img src="imagenes/iceberg.gif"
onMouseOver="cambiar();" onMouseOut="restaurar();">
       </body>
    </html>
```

Ejecute la página para probarla. Mueva el puntero del ratón sobre la imagen y luego retírelo, para comprobar que su funcionamiento es tal como lo he descrito. Veamos qué sucede. En la imagen he incorporado los manejadores de eventos onMouseOver (que dispara la función `cambiar()`) y onMoueseOut (que dispara la función `restaurar()`). Observe las líneas resaltadas en estas funciones. En ellas nos referimos al primer (y único) elemento de la matriz images[], en concreto a su propiedad src, cambiando su valor por la ruta y el nombre del fichero que contiene la imagen que queremos mostrar en cada caso.

Como ve, la técnica para crear un rollover es extremadamente simple. Sin embargo, hay algunos detalles que deberíamos tener en cuenta. Por ejemplo, está el tema del tamaño de cada imagen. La imagen original (iceberg.gif) tiene unas dimensiones de 300 píxeles de ancho y 197 píxeles de alto. La imagen de sustitución (espacio.gif) tiene 200 píxeles de ancho por 124 de alto. Esto es algo que no nos conviene, por muchas razones, pero, sobre todo, por mantener la estética y la funcionalidad de la página. Así pues, cuando actuemos sobre la propiedad src de la imagen también deberemos actuar sobre las propiedades ***width*** y ***height***, a fin de que ambas imágenes presenten el mismo tamaño. Observe el código **rollover_2.htm**, mostrado a continuación.

```
    <html>
       <head>
          <title>
```

```
                P&aacute;gina con JavaScript.
            </title>
            <script language="javascript">
                <!--
                    function cambiar() {
                        document.images[0].src =
"imagenes/espacio.gif";
                        document.images[0].width = 300;
                        document.images[0].height = 197;
                    }
                    function restaurar() {
                        document.images[0].src =
"imagenes/iceberg.gif";
                    }
                //-->
            </script>
        </head>
        <body>
            <img src="imagenes/iceberg.gif"
onMouseOver="cambiar();" onMouseOut="restaurar();">
        </body>
    </html>
```

Fíjese en que, en el momento de cambiar la imagen, establecemos también su anchura y su altura para que coincida con las dimensiones de la imagen original. Como ve ahora, el efecto es mucho más limpio y elegante.

También quiero que se fije en una cosa: al tag <img> no le he asignado el atributo name, así que, cuando quiero referirme a la imagen en JavaScript, he de usar el índice numérico de la matriz images[]. Esto es perfectamente válido, pero si su página tiene varias imágenes, es posible que el código no sea especialmente claro de este modo. Veamos cómo trabajar con la imagen a través de su nombre. Para ello he creado el código **rollover_3.htm**, que es una variante del anterior. El listado es el siguiente:

```
    <html>
        <head>
            <title>
                P&aacute;gina con JavaScript.
            </title>
            <script language="javascript">
                <!--
                    function cambiar()
                    {
                        document.images["hielo"].src =
"imagenes/espacio.gif";
```

```
                        document.images["hielo"].width = 300;
                        document.images["hielo"].height = 197;
                     }

                     function restaurar()
                     {
                        document.images["hielo"].src =
"imagenes/iceberg.gif";
                     }
                  //-->
               </script>
            </head>
            <body>
               <img name="hielo" src="imagenes/iceberg.gif"
onMouseOver="cambiar();" onMouseOut="restaurar();">
            </body>
         </html>
```

Observe el código para ver cómo se usa el nombre de una imagen para referirse a ella.

Otro efecto sumamente interesante es el llamado carrusel de imágenes. Esto consiste en una imagen que va cambiando mediante la pulsación de, por ejemplo, un par de botones. En definitiva, es una modalidad mejorada de los rollovers que hemos visto. Observe el código **carrusel_1.htm**.

```
<html>
   <head>
      <title>
         P&aacute;gina con JavaScript.
      </title>

      <script language="javascript">
         <!--
            var matrizImagenes = new Array();
            matrizImagenes[0] = "imagenes/cero.gif";
            matrizImagenes[1] = "imagenes/uno.gif";
            matrizImagenes[2] = "imagenes/dos.gif";
            matrizImagenes[3] = "imagenes/tres.gif";
            matrizImagenes[4] = "imagenes/cuatro.gif";
            matrizImagenes[5] = "imagenes/cinco.gif";
            matrizImagenes[6] = "imagenes/seis.gif";
            matrizImagenes[7] = "imagenes/siete.gif";
            matrizImagenes[8] = "imagenes/ocho.gif";
            matrizImagenes[9] = "imagenes/nueve.gif";
            var indice = 0;
```

```
                  function mas()
                  {
                     indice += 1;
                     if (indice > 9)
                     {
                        indice = 0;
                     }
                     document.images["numero"].src =
matrizImagenes[indice];
                  }
                  function menos()
                  {
                     indice -= 1;
                     if (indice < 0)
                     {
                        indice = 9;
                     }
                     document.images["numero"].src =
matrizImagenes[indice];
                  }
               //-->
            </script>
         </head>
         <body>
            <center>
               <table width=200 border=0 cellpadding=3>
                  <tr height=100 align="center">
                     <td colspan=2>
                        <img name="numero"
src="imagenes/cero.gif">
                     </td>
                  </tr>
                  <tr height=100 align="center">
                     <td width=100>
                        <button onClick="menos();">
                           -
                        </button>
                     </td>
                     <td width=100>
                        <button onClick="mas();">
                           +
                        </button>
                     </td>
                  </tr>
               </table>
            </center>
         </body>
      </html>
```

En primer lugar, pruebe la página para ver su funcionamiento. Como ve, aparece una imagen con el número 0 y, debajo, dos botones con los signos – (menos) y + (más). Todo esto no tiene ningún secreto. Está hecho con la parte HTML del código. Es el bloque que aparece dentro de la sección body de la página. Observe que a la imagen le he asignado un nombre (**numero**) y que los botones invocan a las funciones de JavaScript con dicho nombre. Veamos qué es lo que he hecho en el código JavaScript. En primer lugar, he creado una matriz de memoria con los nombres (ruta incluida) de los archivos con las diferentes imágenes que voy a usar en mi carrusel. Además, he creado una variable, con el valor inicial 0, para usarla como índice para recorrer la matriz.

Las dos funciones empleadas en el programa son muy similares entre sí: observe el código de la función **menos()**. Esta función empieza restándole una unidad a la variable **indice**. Como esta variable se usará para referirnos a un elemento de la matriz, no deberá ser menor que cero ni mayor que el mayor elemento de la matriz, que es nueve. Así pues, después de restar una unidad, se comprueba si es menor que cero y, si lo es, se le asigna el valor nueve. Por último, lo que hacemos es asignar a la propiedad src de la imagen el valor que corresponde al elemento de la matriz referenciado por la variable **indice**, tal como se aprecia en la línea resaltada del código:

```
function menos() {
   indice -= 1;
   if (indice < 0)
   {
      indice = 9;
   }
document.images["numero"].src=matrizImagenes[indice];
}
```

La función **mas()** es similar, sólo que la variable **indice** se incrementa en lugar de decrementarse y lo que hacemos, cuando se supera el valor nueve, es ponerla a cero.

8.2.3 Precarga de imágenes

Como ve, el uso de la propiedad src de los objetos Image da bastante juego. Sin embargo, cuando usamos estas técnicas (tanto lo que hemos visto en el carrusel como los rollovers) surge un problema. La imagen de sustitución debe estar cargada en la memoria del ordenador local del usuario para poder mostrarse en el navegador. Es decir. Si tenemos programado, por ejemplo, un rollover, cuando el usuario acerca el ratón a la imagen original por primera vez, JavaScript intenta hacer el cambio, pero eso implica una llamada al servidor para descargar la imagen de sustitución, con lo que el primer cambio puede tardar bastante en producirse, dependiendo del tamaño de la imagen y la lentitud de las líneas telefónicas.

La solución a este problema consiste en un proceso llamado ***precarga de imágenes***. Lo que se hace es cargar en la memoria todas las imágenes de sustitución que se van a usar en la página, de forma que, aunque no se muestren todavía, permanezcan en la memoria de la máquina local del usuario. Así, cuando se necesiten, estarán disponibles de forma inmediata. Para precargar una imagen en la memoria de la máquina local, lo que hacemos es crear un nuevo objeto Image, asignándole sus dimensiones en ancho y alto. Después, le asignamos, como propiedad src, el nombre (y, en su caso, la ruta) del fichero que tiene la imagen que deseamos precargar. A partir de ese momento, la imagen está en memoria y no es necesario volver a cargarla cuando se la llame.

Todo esto, dicho así, quizás suene un poco críptico, de modo que lo que voy a hacer es crear un código de ejemplo para ver cómo funciona esta mecánica. En realidad es una variante mejorada de los rollovers anteriores. El código se llama **precarga_1.htm**.

```
<html>
   <head>
      <title>
         P&aacute;gina con JavaScript.
      </title>
      <script language="javascript">
         <!–
            var sustitucion = new Image(300,197);
            sustitucion.src = "imagenes/espacio.gif";
            var original = new Image(300,197);
            original.src = "imagenes/iceberg.gif";
            function cambiar()
            {
               document.images["hielo"].src =
sustitucion.src;
               document.images["hielo"].width =
sustitucion.width;
               document.images["hielo"].height =
sustitucion.height;
            }

            function restaurar() {
               document.images["hielo"].src =
original.src;
```

```
                }
            //-->
        </script>
    </head>

    <body>
        <img name="hielo" src="imagenes/iceberg.gif"
onMouseOver="cambiar();" onMouseOut="restaurar();">
    </body>
</html>
```

Quiero que se fije, en primer lugar, en el modo en que he precargado la imagen de sustitución. Lo primero que he hecho ha sido crear un nuevo objeto Image con las dimensiones, en píxeles, que deberá tener la imagen en la página. Estas dimensiones las he determinado en base a que son las de la imagen original y no quiero que, al cambiar de imagen, se cambie también de tamaño. Lo he hecho con la línea siguiente:

```
var sustitucion = new Image(300,197);
```

Después le he asignado a la propiedad src de este nuevo objeto la ruta y el nombre de la imagen que quiero cargar, así:

```
sustitucion.src = "imagenes/espacio.gif";
```

De este modo, la imagen se carga en memoria al mismo tiempo que la página, aunque todavía no se vaya a mostrar. Así, cuando el usuario la solicite, la respuesta será inmediata.

Lo siguiente que he hecho es el mismo proceso para la imagen original. Como ve, el resto de la página no tiene mayor secreto. Los objetos creados de este modo son imágenes igual que las cargadas desde HTML, tienen las mismas propiedades y se manejan de la misma manera. Sin embargo, sí quiero llamar su atención sobre un punto en particular: cuando se va a usar la imagen de sustitución en la función **cambiar()**, ya no le asignamos a la imagen de nuestra página un nombre de fichero, sino la propiedad src del objeto **sustitucion**. De este modo, el navegador recurre a la imagen precargada. Fíjese en la línea siguiente:

```
document.images["hielo"].src = sustitucion.src;
```

De este modo, en la propiedad src de la imagen llamada **hielo**, ponemos el valor de la propiedad src del objeto **sustitucion**.

Siempre que vaya a emplear algún tipo de efecto de sustitución de imágenes, recurra a las precargas. Piense que usted, en este momento, no nota ninguna diferencia entre la ejecución de rollover_3.htm y precarga_1.htm porque ambas páginas están ejecutándose en modo local en su propio ordenador. Pero si estuvieran en un servidor remoto, sí notaría una clara diferencia.

8.2.4 Un reloj digital

Lo que vamos a hacer a continuación es crear en nuestra página un reloj-calendario digital. Por una parte, esto podrá emplearlo usted en sus propias páginas. Por otro lado, este ejercicio es un clásico en los anales de la enseñanza de JavaScript, ya que nos muestra cómo usar bien las imágenes, en combinación con algunas de las técnicas que hemos ido aprendiendo hasta el momento. Observe el listado **reloj_1.htm**, que aparece a continuación.

```
<html>
   <head>
      <title>
         P&aacute;gina con JavaScript.
      </title>
      <script language="javascript">
         <!--
         var matrizNumeros = new Array();
         matrizNumeros[0] = new Image (50,50);
         matrizNumeros[0].src = "imagenes/cero.gif";
         matrizNumeros[1] = new Image (50,50);
         matrizNumeros[1].src = "imagenes/uno.gif";
         matrizNumeros[2] = new Image (50,50);
         matrizNumeros[2].src = "imagenes/dos.gif";
         matrizNumeros[3] = new Image (50,50);
         matrizNumeros[3].src = "imagenes/tres.gif";
         matrizNumeros[4] = new Image (50,50);
         matrizNumeros[4].src = "imagenes/cuatro.gif";
         matrizNumeros[5] = new Image (50,50);
         matrizNumeros[5].src = "imagenes/cinco.gif";
         matrizNumeros[6] = new Image (50,50);
         matrizNumeros[6].src = "imagenes/seis.gif";
         matrizNumeros[7] = new Image (50,50);
         matrizNumeros[7].src = "imagenes/siete.gif";
         matrizNumeros[8] = new Image (50,50);
         matrizNumeros[8].src = "imagenes/ocho.gif";
         matrizNumeros[9] = new Image (50,50);
         matrizNumeros[9].src = "imagenes/nueve.gif";
         var indice = 0;
         function ajustar()
         {
```

```
                    tiempo = new Date();
                    dia = tiempo.getDate();
                    mes = tiempo.getMonth()+1;
                    anual = tiempo.getFullYear();
                    horas = tiempo.getHours();
                    minutos = tiempo.getMinutes();
                    segundos = tiempo.getSeconds();

                    indice = Math.floor (dia/10);
                    document.images["dia1"].src =
matrizNumeros[indice].src;
                    indice = dia % 10;
                    document.images["dia2"].src =
matrizNumeros[indice].src;

                    indice = Math.floor (mes/10);
                    document.images["mes1"].src =
matrizNumeros[indice].src;
                    indice = mes % 10;
                    document.images["mes2"].src =
matrizNumeros[indice].src;

                    indice = Math.floor (anual/1000);
                    document.images["anual1"].src =
matrizNumeros[indice].src;
                    anual -= indice*1000;
                    indice = Math.floor (anual/100);
                    document.images["anual2"].src =
matrizNumeros[indice].src;
                    anual -= indice*100;
                    indice = Math.floor (anual/10);
                    document.images["anual3"].src =
matrizNumeros[indice].src;
                    indice = anual % 10;
                    document.images["anual4"].src =
matrizNumeros[indice].src;

                    indice = Math.floor (horas/10);
                    document.images["hora1"].src =
matrizNumeros[indice].src;
                    indice = horas % 10;
                    document.images["hora2"].src =
matrizNumeros[indice].src;

                    indice = Math.floor (minutos/10);
                    document.images["minuto1"].src =
matrizNumeros[indice].src;
                    indice = minutos % 10;
```

```
                document.images["minuto2"].src =
matrizNumeros[indice].src;

                indice = Math.floor (segundos/10);
                document.images["segundo1"].src =
matrizNumeros[indice].src;
                indice = segundos % 10;
                document.images["segundo2"].src =
matrizNumeros[indice].src;

                return true;
             }

             function iniciar()
             {
                demora = setInterval("ajustar()",1000);
             }

             function detener()
             {
                clearInterval(demora);
             }

             //-->
          </script>
       </head>
       <body onload="iniciar();">

          <table border=0 width=480 cellpaddin=0
cellspacing=0 bgcolor="#000000">
             <tr height=50>
                <td width=50>
                   <img name="dia1"
src="imagenes/cero.gif">
                </td>
                <td width=50>
                   <img name="dia2"
src="imagenes/cero.gif">
                </td>
                <td width=40>
                   <img src="imagenes/fecha.gif">
                </td>
                <td width=50>
                   <img name="mes1"
src="imagenes/cero.gif">
                </td>
                <td width=50>
```

```
                         <img name="mes2"
src="imagenes/cero.gif">
                      </td>
                      <td width=40>
                         <img src="imagenes/fecha.gif">
                      </td>
                      <td width=50>
                         <img name="anual1"
src="imagenes/cero.gif">
                      </td>
                      <td width=50>
                         <img name="anual2"
src="imagenes/cero.gif">
                      </td>
                      <td width=50>
                         <img name="anual3"
src="imagenes/cero.gif">
                      </td>
                      <td width=50>
                         <img name="anual4"
src="imagenes/cero.gif">
                      </td>
                   </tr>
                </table>

                <table border=0 width=324 cellpaddin=0
cellspacing=0 bgcolor="#000000">
                   <tr height=50>
                      <td width=50>
                         <img name="hora1"
src="imagenes/cero.gif">
                      </td>
                      <td width=50>
                         <img name="hora2"
src="imagenes/cero.gif">
                      </td>
                      <td width=12>
                         <img src="imagenes/hora.gif">
                      </td>
                      <td width=50>
                         <img name="minuto1"
src="imagenes/cero.gif">
                      </td>
                      <td width=50>
                         <img name="minuto2"
src="imagenes/cero.gif">
                      </td>
                      <td width=12>
```

```
                        <img src="imagenes/hora.gif">
                     </td>
                     <td width=50>
                        <img name="segundo1"
src="imagenes/cero.gif">
                     </td>
                     <td width=50>
                        <img name="segundo2"
src="imagenes/cero.gif">
                     </td>
                  </tr>
               </table>
               <table>
                  <tr>
                     <td>
                        <button onClick="iniciar();">
                           Arrancar
                        </button>
                     </td>
                  </tr>
                  <tr>
                     <td>
                        <button onClick="detener();">
                           Detener
                        </button>
                     </td>
                  </tr>
               </table>

         </body>
      </html>
```

Al ejecutar este código, verá usted una página como la de la figura 8.4.

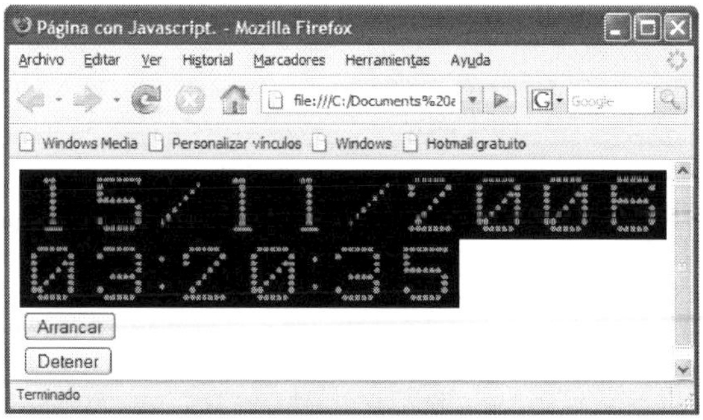

Figura 8.4

Si usted pulsa el botón **[DETENER]**, verá que el reloj se detiene en el momento en que se encuentre. Si pulsa el botón **[ARRANCAR]**, al cabo de un segundo se actualizará la fecha y hora y se pondrá de nuevo en marcha el reloj. A continuación, voy a hacer una descripción detallada de cómo funciona este código, paso a paso.

En primer lugar, vamos a echarle un vistazo rápido a la parte HTML, que es la más simple, porque no implica ninguna actividad de programación. En esta página aparecen tres tablas. En la primera se alojan diez imágenes, que corresponden a dos dígitos para el día, una barra inclinada, dos dígitos para el mes, otra barra inclinada y cuatro dígitos para el año. En la segunda tabla se alojan ocho imágenes, que corresponden a dos dígitos para la hora, el signo dos puntos, dos dígitos para los minutos, de nuevo el signo dos puntos y dos dígitos para los segundos. Inicialmente, todos los dígitos son el cero. En la tercera tabla se alojan los dos botones. El fragmento de código HTML que monta estas tres tablas es un poco largo, pero no es, en modo alguno, críptico ni engorroso. De hecho, es una técnica muy simplona la empleada aquí.

Donde empieza la parte interesante es en el código JavaScript. En primer lugar se crea una matriz que contendrá diez objetos Image. Éstos serán los diez dígitos del cero al nueve, así:

```
var matrizNumeros = new Array();
```

Después, se precargan las imágenes, como se ha indicado en el apartado anterior, en los elementos de la matriz, así:

```
matrizNumeros[0] = new Image (50,50);
matrizNumeros[0].src = "imagenes/cero.gif";
matrizNumeros[1] = new Image (50,50);
matrizNumeros[1].src = "imagenes/uno.gif";
matrizNumeros[2] = new Image (50,50);
matrizNumeros[2].src = "imagenes/dos.gif";
...
matrizNumeros[9] = new Image (50,50);
matrizNumeros[9].src = "imagenes/nueve.gif";
```

Observe que cada imagen se carga en un elemento de la matriz de tal forma que el índice de dicho elemento coincide con el dígito al que representa la imagen. Esto es fundamental para luego poder simplificar (dentro de lo posible) las técnicas necesarias para que nuestro calendario y nuestro reloj funcionen adecuadamente.

Luego, inicializamos una variable que nos servirá como índice, para apuntar a los elementos de la matriz cuando los necesitemos.

```
var indice = 0;
```

Con esto, ya tenemos preparado el escenario. Ya sólo faltan tres tareas: hacer que el reloj se detenga en la hora que marca, hacer que vuelva a ponerse en marcha y hacer que, a cada segundo, tome la fecha y hora del sistema y la muestre. Esas tres tareas han sido encapsuladas en otras tantas funciones.

La primera que vamos a ver es la que se encarga de que se ponga en marcha. Es la función **iniciar()**.

```
function iniciar(){
   demora = setInterval("ajustar()",1000);
}
```

Esta función se ejecuta, por primera vez, al cargarse la página (**<body onload="iniciar();">**), y se ejecuta también cuando el usuario pulsa el botón **[ARRANCAR]**. Su código es muy simple. Crea un intervalo, llamado **demora**, que se encarga de llamar, a su vez, a la función **ajustar()** cada mil milisegundos, es decir, cada segundo.

La función **detener()** se encarga de destruir ese intervalo cuando se pulsa el botón **[DETENER]**. Su código es el siguiente:

```
function detener() {
   clearInterval(demora);
}
```

Por último, vamos a analizar en detalle el código de la función **ajustar()**. Ésta se encarga de que, cada vez que es invocada por el intervalo **demora**, se cambien adecuadamente las imágenes que corresponden a los distintos dígitos del calendario y el reloj, de modo que, en todo momento, aparezcan la fecha y hora del sistema en la página. Lo primero que hacemos es obtener la fecha y hora del sistema y extraer, en variables, el día del mes, el mes (que sabemos que va del 0 al 11, por lo que tendremos que sumarle 1), el año completo (con cuatro cifras), la hora, los minutos y los segundos. Lo hacemos con el siguiente fragmento de código:

```
tiempo = new Date();
dia = tiempo.getDate();
mes = tiempo.getMonth()+1;
anual = tiempo.getFullYear();
horas = tiempo.getHours();
minutos = tiempo.getMinutes();
segundos = tiempo.getSeconds();
```

Ahora viene el momento de identificar la primera cifra del día. Ésta puede ser 0 (si el día del mes es del 1 al 9), 1 (si el día del mes es del 10 al 19), 2 (si es del 20 al 29) o 3 (si es 30 o 31). Para ello, lo que hacemos es dividir el día entre 10 y tomar el redondeo a la baja. Así pues si, por ejemplo, el día es 27, al dividir entre 10 obtenemos 2.7. El redondeo a la baja es 2.

```
        indice = Math.floor (dia/10);
```

A continuación tomamos el resultado de esta variable y lo usamos como índice para buscar el dígito adecuado en la matriz de imágenes. Colocamos la imagen seleccionada en el lugar de la imagen que corresponde a la primera cifra del día.

```
        document.images["dia1"].src =
matrizNumeros[indice].src;
```

Ahora viene el momento de obtener la segunda cifra del día. Para ello, obtenemos el resto de dividir el día entre 10 (operación módulo). Si, por ejemplo, el día es 27, al dividir entre 10 se obtiene 2.7. El módulo es 27 – (2*10) = 7, tal como se ve a continuación:

```
        indice = dia % 10;
```

Obtenemos, por lo tanto, la imagen adecuada y la fijamos en la que corresponde a la segunda cifra del día.

```
        document.images["dia2"].src =
matrizNumeros[indice].src;
```

Quiero llamar su atención respecto a lo útil que nos está siendo el hecho de que cada imagen esté en la celda de la matriz cuyo índice coincide con el dígito representado. Si no fuera así, localizar la imagen sería mucho más complejo de lo que está siendo. El proceso que estamos desarrollando puede parecer rebuscado, pero no lo es. Todas estas operaciones, para el ordenador, son cuestión de millonésimas de segundo, con lo que la actualización de los datos es en tiempo real.

Para obtener las cifras correspondientes al mes, lo hacemos de modo similar a como lo hemos hecho con las cifras del día:

```
        indice = Math.floor (mes/10);
        document.images["mes1"].src =
matrizNumeros[indice].src;
        indice = mes % 10;
```

```
        document.images["mes2"].src =
matrizNumeros[indice].src;
```

Ahora se nos presenta un problema un poco más complejo: el año. Para esto tenemos que obtener cuatro cifras, en lugar de dos. Pero eso no es lo peor. Resulta que la primera cifra es de millares, la segunda de centenas, la tercera de decenas y la última de unidades. Veamos cómo lo hemos solucionado. Para obtener la cifra de los millares, hemos extrapolado la técnica anterior, dividiendo entre 1000, en lugar de entre 10.

```
        indice = Math.floor (anual/1000);
        document.images["anual1"].src=matrizNumeros[indice].src
;
```

Ahora, tenemos que restar los millares del año, para poder seguir trabajando con las cifras que nos quedan.

```
        anual -= indice*1000;
```

Repetimos el proceso dividiendo lo que nos ha quedado entre 100.

```
        indice = Math.floor (anual/100);
        document.images["anual2"].src=matrizNumeros[indice].src
;
```

Ahora restamos las centenas del año.

```
        anual -= indice*100;
```

Lo que nos queda ahora es un número de dos cifras, así que procedemos igual que en el caso de los días y los meses.

```
        indice = Math.floor (anual/10);
        document.images["anual3"].src=matrizNumeros[indice].src
;

        indice = anual % 10;
        document.images["anual4"].src=matrizNumeros[indice].src
;
```

Y ya tenemos el año completo. Ésta era, quizás, la parte más incómoda y engorrosa de todo el código. En realidad, quizás no hubiéramos necesitado tanta complicación. Por ejemplo, el primer dígito del año siempre será un dos. No creo que nadie tenga su ordenador con una fecha de, por ejemplo, 1995 y, desde luego, estoy razonablemente convencido de que este libro no llegará al año 3000 (uno se pregunta si en esas fechas la programación en Internet tendrá algo que ver con la que conocemos hoy). Pero lo que he tratado es de universalizar el código, de modo que cubriera cualquier eventualidad (por si acaso).

Para ajustar las imágenes de la hora, los minutos y los segundos, recurrimos a unos procesos similares a los que hemos empleado para los días y los meses.

```
        indice = Math.floor (horas/10);
        document.images["hora1"].src =
matrizNumeros[indice].src;
        indice = horas % 10;
        document.images["hora2"].src =
matrizNumeros[indice].src;

        indice = Math.floor (minutos/10);
        document.images["minuto1"].src=matrizNumeros[indice].sr
c;
        indice = minutos % 10;
        document.images["minuto2"].src=matrizNumeros[indice].sr
c;

        indice = Math.floor (segundos/10);

        document.images["segundo1"].src =
matrizNumeros[indice].src;
        indice = segundos % 10;
        document.images["segundo2"].src =
matrizNumeros[indice].src;
```

Y ya lo tenemos: nuestro reloj digital funcionando.

8.2.5 La carga de una imagen

Cuando se trata de cargar imágenes en una página pueden pasar muchas cosas. Por ejemplo, puede ser que la imagen tarde mucho en cargarse y el usuario decida interrumpir la carga. Ocurre cuando, por ejemplo, el usuario está interesado en leer los contenidos de texto de la página, pero no le importa si hay o no imágenes decorativas. En ese caso puede que, cuando se haya cargado el texto que desea ver, pulse el botón con un aspa para detener la carga de la imagen. Si la imagen de nuestra página es importante como complemento al texto (y no una mera imagen decorativa) tendríamos que poder avisar al usuario de esta circunstancia, dándole la oportunidad de recargar la página si lo desea. Para detectar cuándo se detiene la carga de una imagen, recurriremos al manejador de evento ***onAbort***. Lo que haremos es que, si se produce este evento, le presentaremos al usuario un cuadro de confirmación para preguntarle si desea recargar la página. Si la respuesta es afirmativa, ejecutaremos el método reload() del objeto location. Este manejador de eventos lo asociaremos a todas las imágenes que resulten ser de importancia para entender o usar los contenidos de la página. Sin embargo, nos abstendremos de usarlo para imágenes meramente decorativas, ya que el usuario podría llegar a percibir esto como un exceso de control por nuestra parte, sumamente molesto.

Para entender el funcionamiento de este evento, observe el código **interrumpir_1.htm**.

```
<html>
   <head>
      <title>
         P&aacute;gina con JavaScript.
      </title>
      <script language="javascript">
         <!--
            function interrumpir()
            {
               if (confirm ("Usted ha detenido la
carga. ¿Desea recargar?"))
               {
                  location.reload();
               }
            }
         //-->
      </script>
   </head>

   <body>
      <img src="imagenes/espacio.gif"
onAbort="interrumpir();">
      <br>
      <img src="imagenes/iceberg.gif"
onAbort="interrumpir();">
   </body>
</html>
```

He de avisarle de algo. Cuando usted pruebe este código en su máquina local, no le funcionará por una razón evidente: la "descarga" de las imágenes desde la propia máquina es, virtualmente, inmediata. A la velocidad que trabaja un ordenador, usted no tendrá tiempo de interrumpir la carga de las imágenes. Sin embargo, esto funcionaría si la página (y las imágenes) se hallaran en un servidor.

Otro caso con el que se puede encontrar cuando se trata de incorporar imágenes a una página es que se produzca un error que impida la correcta descarga de las mismas. Esto puede ocurrir por varias circunstancias. Algunas de ellas usted puede, como diseñador de un sitio, preverlas y evitarlas. Por ejemplo, un nombre de fichero o de ruta mal escrito, una imagen en un formato no soportado por los navegadores, etc. Sin embargo, hay otras circunstancias que usted no puede prever en modo alguno, como, por ejemplo, un fallo técnico en el servidor, un ataque a su sitio web, etc.

Cuando se produce un error en la carga de una imagen, se dispara el evento ***onError***. Lo único que tenemos que hacer es prever esta circunstancia y notificárselo al usuario por si desea, por ejemplo, ponerse en contacto con nosotros por e-mail para avisarnos de que algo no va bien (hay usuarios que lo hacen).

Observe el código **error_1.htm**. En él he "forzado" un error, pidiéndole a la página que monte una imagen en la que he especificado mal a propósito la ruta.

```
<html>
   <head>
      <title>
         P&aacute;gina con JavaScript.
      </title>
      <script language="javascript">
         <!--

            function fallo()
            {
               alert ("Se ha producido un error en la
carga de una imagen.");
            }

         //-->
      </script>
   </head>

   <body>
      <img src="imagenes/espacio.gif"
onError="fallo();">
      <br>
      <img src="iceberg.gif" onError="fallo();">
   </body>
</html>
```

Como verá, cuando ejecute la página, la primera imagen se carga sin problemas, pero la segunda causa un error y muestra un cuadro de aviso.

8.3 TABLAS

Las tablas de HTML son, sin duda, uno de los elementos más omnipresentes en las páginas web. Supongo que si usted empieza a navegar por Internet le será relativamente fácil encontrar páginas en las que no existan, por ejemplo, animaciones de Flash o applets de Java. Quizás, en determinadas páginas (sobre todo, de documentación técnica para Unix, por ejemplo) pudiera ser que no encontrase, ni siquiera, imágenes, pero, ¿cree posible realizar una página web, por sencilla que sea y descuidada que esté su apariencia, sin usar, al menos, una tabla? Yo no soy capaz de imaginar tal cosa, y le aseguro que he visto muchas extravagancias en la Red. Las tablas, hoy día, son imprescindibles en la web.

Por esta razón, JavaScript no podía pasar por alto el manejo de las tablas. Si bien son elementos que, por su propia naturaleza, son extremadamente configurables en HTML, les ocurre lo mismo que a los textos y las imágenes: una vez creadas, no son reconfigurables en tiempo de ejecución. Para poder cambiar su apariencia en función de, por ejemplo, las acciones del usuario, es necesario recurrir, una vez más, a JavaScript.

8.3.1 Colores e imágenes de fondo

Vamos a empezar este apartado con algo muy simple. Cambiar el color de una tabla mediante el clic en un botón. El código empleado es **color_tabla_1.htm**, y aparece listado a continuación:

```
<html>
   <head>
      <title>
         P&aacute;gina con JavaScript.
      </title>
      <script language="javascript">
         <!--
            function color()
            {
               tabla1.bgColor="#0066FF";
            }
         //-->
      </script>
   </head>

   <body>
      <table id="tabla1" width=300 border=2
cellspacing=0 cellpadding=0>
         <tr height=100>
            <td width=100>
```

```
                     
                 </td>
                 <td width=100>
                     
                 </td>
                 <td width=100>
                     
                 </td>
              </tr>
              <tr height=100>
                 <td width=100>
                     
                 </td>
                 <td width=100>
                     
                 </td>
                 <td width=100>
                     
                 </td>
              </tr>
              <tr height=100>
                 <td width=100>
                     
                 </td>
                 <td width=100>
                     
                 </td>
                 <td width=100>
                     
                 </td>
              </tr>
           </table>
           <br>
           <button onClick="color();">
              Poner de color azul la tabla.
           </button>
        </body>
     </html>
```

Ejecute la página. Verá que contiene una tabla de tres filas y tres columnas, como la que aparece en la imagen izquierda de la figura 8.5. Como ve, es una tabla transparente (sin color) como son todas las tablas por defecto.

En el momento de pulsar el botón **[PONER DE COLOR AZUL LA TABLA]** veremos que el aspecto de la tabla cambia al de la imagen derecha de la figura 8.5. Observe el código, principalmente las partes resaltadas. Por una parte, fíjese en que al tag <table> le he añadido el atributo id para poder asignarle un nombre identificador a la tabla. Por otra parte, en el código JavaScript, he usado ese nombre para cambiar el valor de la propiedad ***bgColor***, que se ocupa del color de fondo de la tabla.

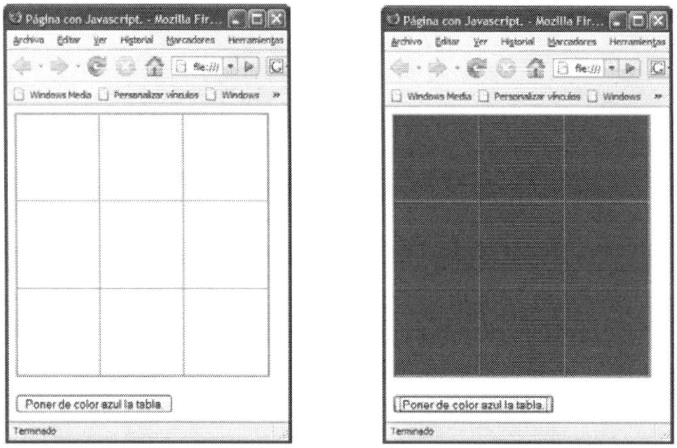

Figura 8.5

Ahora suponga que desea poder poner cada fila de un color. Nada más fácil. Lo que tenemos que hacer es asignarle un identificador a cada fila, en lugar de a toda la tabla. Después crearemos una función para cambiar el color de cada una de las filas. El código, al que he llamado **color_filas_1.htm**, aparece listado a continuación.

```
<html>
   <head>
      <title>
         P&aacute;gina con JavaScript.
      </title>
      <script language="javascript">
         <!-
            function rojo()
            {
               fila1.bgColor="#FF0033";
            }

            function verde()
            {
               fila2.bgColor="#00FF33";
            }

            function azul()
```

```
                    {
                        fila3.bgColor="#0066FF";
                    }
                //-->
            </script>
        </head>
        <body>
            <table width=300 border=2 cellspacing=0
cellpadding=0>
                <tr id="fila1" height=100>
                    <td width=100>
                         
                    </td>
                    <td width=100>
                         
                    </td>
                    <td width=100>
                         
                    </td>
                </tr>
                <tr id="fila2" height=100>
                    <td width=100>
                         
                    </td>
                    <td width=100>
                         
                    </td>
                    <td width=100>
                         
                    </td>
                </tr>

                <tr id="fila3" height=100>
                    <td width=100>
                         
                    </td>
                    <td width=100>
                         
                    </td>
                    <td width=100>
                         
                    </td>
                </tr>
            </table>

            <br>
            <button onClick="rojo();">
```

```
                Primera fila roja.
            </button>
            <br>
            <button onClick="verde();">
                Segunda fila verde.
            </button>
            <br>
            <button onClick="azul();">
                Tercera fila azul.
            </button>
        </body>
    </html>
```

Como ve, cuando pulse el botón **[PRIMERA FILA ROJA]**, la primera fila de la tabla se pondrá de color rojo. Cuando pulse **[SEGUNDA FILA VERDE]**, la segunda fila se pondrá de color verde. Al pulsar **[TERCERA FILA AZUL]**, la última fila se pondrá de color azul. Como ve, lo que hacemos con cada botón es invocar a una función JavaScript diferente, que afecta a cada una de las filas de la tabla.

Del mismo modo, podemos cambiar, de forma individual, el color de cada celda. Vamos a crear un script que nos muestre una tabla y, al pasar el puntero del ratón por encima de cada celda, ésta se pondrá de un color aleatorio. Al retirar el puntero, se quitará el color. Como ve, esta vez no usaremos botones, sino el hecho de pasar el puntero sobre las celdas, para disparar las acciones JavaScript necesarias. El código se llama **color_celdas_1.htm**. Observe el listado.

```
<html>
    <head>
        <title>
            P&aacute;gina con JavaScript.
        </title>
        <script language="javascript">
            <!--

                var matrizColores = new Array
("#000000","#FF0000","#00FF00","#0000FF","#FFFF00","#00FFFF",
"#FF00FF","#999999","#FF99FF","#66FF99");

                function poner(celda)
                {
                    indice = Math.round(Math.random()*10);
                    celda.bgColor=matrizColores[indice];
                }

                function quitar(celda)
                {
```

```
                        celda.bgColor="";
                     }
```

```
               //-->
            </script>
         </head>
         <body>
            <table width=300 border=2 cellspacing=0
cellpadding=0>

      <!—Observe cómo se definen las celdas -->
               <tr height=100>
                  <td width=100 onMouseOver="poner(this);"
onMouseOut="quitar(this);">
                      
                  </td>
                  <td width=100 onMouseOver="poner(this);"
onMouseOut="quitar(this);">
                      
                  </td>
                  <td width=100 onMouseOver="poner(this);"
onMouseOut="quitar(this);">
                      
                  </td>
               </tr>

               <tr height=100>
                  <td width=100 onMouseOver="poner(this);"
onMouseOut="quitar(this);">
                      
                  </td>
                  <td width=100 onMouseOver="poner(this);"
onMouseOut="quitar(this);">
                      
                  </td>
                  <td width=100 onMouseOver="poner(this);"
onMouseOut="quitar(this);">
                      
                  </td>
               </tr>

               <tr height=100>
                  <td width=100 onMouseOver="poner(this);"
onMouseOut="quitar(this);">
                      
                  </td>
```

```
                  <td width=100 onMouseOver="poner(this);"
onMouseOut="quitar(this);">
                      
                  </td>
                  <td width=100 onMouseOver="poner(this);"
onMouseOut="quitar(this);">
                      
                  </td>
               </tr>

            </table>
         </body>
      </html>
```

En primer lugar, pruebe el código para observar su funcionamiento. Como ve, al mover el ratón sobre cada celda, ésta adquiere un color aleatorio. Al retirarlo, la celda vuelve a ser transparente (sin color). No se confunda. No es que la celda se ponga blanca, sino que se le quita el color y se ve el blanco del fondo de la página. Si mueve el puntero al azar sobre la tabla, verá un efecto curioso al desplazarse de una celda a otra.

Veamos su funcionamiento. Observe la parte resaltada del código en la definición de cada una de las celdas. Lo que he hecho es capturar los eventos onMouseOver y onMouseOut para invocar, respectivamente, a las funciones `poner()` y `quitar()`. Quiero que repare en que, en esta ocasión, no he usado identificadores para las celdas, y que las llamadas a las funciones se hacen pasando como argumento el objeto comodín ***this*** que, como ya sabemos de anteriores ejercicios, se refiere al objeto actual. La definición de las funciones, en la parte JavaScript del código, está hecha de tal modo que recibe un argumento llamado `celda`. Así pues, al invocar a una función, `celda` representa al objeto this que ha invocado la función (en este caso, a cada celda de la tabla).

Observe que he podido hacerlo así porque los manejadores de eventos están asociados a cada celda de la tabla. Si hubieran estado asociados, como en los ejemplos anteriores, a unos botones, no habría podido emplear esta técnica, ya que, en ese caso, this se referiría al botón, no a una celda de la tabla.

También podríamos haber hecho lo mismo asignando nombres a las celdas, tal como se ve en **color_celdas_2.htm**.

```
      <html>
         <head>
            <title>
               P&aacute;gina con JavaScript.
```

```
            </title>
            <script language="javascript">
               <!--

                  var matrizColores = new Array
("#000000","#FF0000","#00FF00","#0000FF","#FFFF00","#00FFFF",
"#FF00FF","#999999","#FF99FF","#66FF99");

                  function poner(numero)
                  {
                     indice = Math.round(Math.random()*10);
                     eval("celda"+numero).bgColor =
matrizColores[indice];
                  }

                  function quitar(numero)
                  {
                     eval("celda"+numero).bgColor="";
                  }
               //-->
            </script>
         </head>
         <body>
            <table width=300 border=2 cellspacing=0
cellpadding=0>
               <tr height=100>
                  <td id="celda1" width=100
onMouseOver="poner(1);" onMouseOut="quitar(1);">
                      
                  </td>
                  <td id="celda2" width=100
onMouseOver="poner(2);" onMouseOut="quitar(2);">
                      
                  </td>
                  <td id="celda3" width=100
onMouseOver="poner(3);" onMouseOut="quitar(3);">
                      
                  </td>
               </tr>

               <tr height=100>
                  <td id="celda4" width=100
onMouseOver="poner(4);" onMouseOut="quitar(4);">
                      
                  </td>
                  <td id="celda5" width=100
onMouseOver="poner(5);" onMouseOut="quitar(5);">
```

```
                         
                    </td>
                    <td id="celda6" width=100
onMouseOver="poner(6);" onMouseOut="quitar(6);">
                         
                    </td>
                </tr>

                <tr height=100>
                    <td id="celda7" width=100
onMouseOver="poner(7);" onMouseOut="quitar(7);">
                         
                    </td>
                    <td id="celda8" width=100
onMouseOver="poner(8);" onMouseOut="quitar(8);">
                         
                    </td>
                    <td id="celda9" width=100
onMouseOver="poner(9);" onMouseOut="quitar(9);">
                         
                    </td>
                </tr>
            </table>
        </body>
    </html>
```

Si comprueba este código, verá que el funcionamiento es idéntico al anterior. Sin embargo, el código es más extenso. Hemos añadido, como decíamos, identificadores a las celdas. En la llamada a cada función le pasamos un número como argumento y, dentro de la función, usamos ese número para construir el identificador al que queremos referirnos, mediante la función eval(). Repase el apartado 5.2 del Capítulo 5 si no recuerda cómo funciona eval().

De modo similar a como tratamos el color de fondo de una tabla, podemos asignarle una imagen de fondo. Para ello, usamos la propiedad ***background*** de la tabla. El código **imagen_tabla_1.htm** nos muestra cómo hacerlo.

```
<html>
   <head>
      <title>
         P&aacute;gina con JavaScript.
      </title>
      <script language="javascript">
         <!--
            function imagen()
            {
```

```
tabla1.background="imagenes/iceberg.gif";
                  }
               //-->
            </script>
         </head>

         <body>
            <table id="tabla1" width=300 border=2
cellspacing=0 cellpadding=0>
               <tr height=100>
                  <td width=100>
                      
                  </td>
                  <td width=100>
                      
                  </td>
                  <td width=100>
                      
                  </td>
               </tr>

               <tr height=100>
                  <td width=100>
                      
                  </td>
                  <td width=100>
                      
                  </td>
                  <td width=100>
                      
                  </td>
               </tr>

               <tr height=100>
                  <td width=100>
                      
                  </td>
                  <td width=100>
                      
                  </td>
                  <td width=100>
                      
                  </td>
               </tr>
            </table>
            <br>
```

```
        <button onClick="imagen();">
           Poner una imagen en la tabla.
        </button>
     </body>
  </html>
```

Ejecute la página. Verá que aparece una tabla totalmente transparente y, al pulsar el botón **[PONER UNA IMAGEN EN LA TABLA]**, se coloca una imagen de fondo en la tabla. Observe que con esto tenemos que tener en cuenta los mismos puntos que cuando colocamos una imagen de fondo en la página:

- Si la imagen es más pequeña que la tabla, se repetirá en mosaico hasta cubrir toda la tabla.
- La imagen puede dificultar la visión de los elementos que haya dentro de la tabla. En nuestros ejemplos, la tabla no tiene nada que haya que ver pero, en una página real, una tabla se incluye para organizar la presentación de los contenidos. No procede que esos contenidos sean difíciles de ver por la imagen.

En realidad, nos conviene que la imagen sea lo más homogénea posible.

Una cosa que debemos tener en cuenta es que mediante estas técnicas no es viable cambiar la imagen de fondo de una fila de la tabla. En cambio, sí es posible cambiar la imagen de fondo de una celda individual, tal como ilustra el código **imagen_celdas_1.htm**.

```
<html>
   <head>
      <title>
         P&aacute;gina con JavaScript.
      </title>

      <script language="javascript">
         <!--
            function poner(celda) {
               celda.background="imagenes/sonrisa.gif";
            }
            function quitar(celda)
            {
               celda.background="";
            }

         //-->
      </script>
   </head>
```

```
        <body>
            <table width=300 border=2 cellspacing=0
cellpadding=0>
                <tr height=100>
                    <td width=100 onMouseOver="poner(this);"
onMouseOut="quitar(this);">
                         
                    </td>
                    <td width=100 onMouseOver="poner(this);"
onMouseOut="quitar(this);">
                         
                    </td>
                    <td width=100 onMouseOver="poner(this);"
onMouseOut="quitar(this);">
                         
                    </td>
                </tr>
                <tr height=100>
                    <td width=100 onMouseOver="poner(this);"
onMouseOut="quitar(this);">
                         
                    </td>
                    <td width=100 onMouseOver="poner(this);"
onMouseOut="quitar(this);">
                         
                    </td>
                    <td width=100 onMouseOver="poner(this);"
onMouseOut="quitar(this);">
                         
                    </td>
                </tr>
                <tr height=100>
                    <td width=100 onMouseOver="poner(this);"
onMouseOut="quitar(this);">
                         
                    </td>
                    <td width=100 onMouseOver="poner(this);"
onMouseOut="quitar(this);">
                         
                    </td>
                    <td width=100 onMouseOver="poner(this);"
onMouseOut="quitar(this);">
                         
                    </td>
                </tr>
            </table>
        </body>
    </html>
```

Ejecútelo para comprobar su funcionamiento. Al apoyar el puntero del ratón sobre cualquiera de las celdas, se coloca una imagen de fondo; al retirarlo, la imagen desaparece.

Como decíamos hace un momento, no es posible poner una imagen de fondo en una fila, pero, dado que sí es posible poner imagen de fondo en una celda, también se puede poner una imagen de fondo en todas las filas de una celda.

8.3.2 El borde

El borde es otro elemento de la tabla que podemos modificar por código. Podemos modificar su grosor y también su color. Vamos a empezar por modificar el grosor del borde. Para ello, recurrimos a la propiedad ***border***, tal como muestra el código **borde_tabla_1.htm**.

```
<html>
   <head>
      <title>
         P&aacute;gina con JavaScript.
      </title>
      <script language="javascript">
         <!--
            function reducir()
            {
               if (tabla1.border > 1)
               {
                  tabla1.border -= 1;
               }
            }
            function aumentar()
            {
               if (tabla1.border < 10)
               {
                  tabla1.border =
parseInt(tabla1.border)+1;
               }
            }
         //-->
      </script>
   </head>
   <body>
      <table id="tabla1" width=300 border=2
cellspacing=0 cellpadding=0>
         <tr height=100>
            <td width=100>
                
```

```
                    </td>
                    <td width=100>
                         
                    </td>
                    <td width=100>
                         
                    </td>
                </tr>
                <tr height=100>
                    <td width=100>
                         
                    </td>
                    <td width=100>
                         
                    </td>
                    <td width=100>
                         
                    </td>
                </tr>
                <tr height=100>
                    <td width=100>
                         
                    </td>
                    <td width=100>
                         
                    </td>
                    <td width=100>
                         
                    </td>
                </tr>
            </table>
            <br>
            <button onClick="reducir();">
                Reducir el borde.
            </button>
            <button onClick="aumentar();">
                Aumentar el borde.
            </button>
        </body>
    </html>
```

Como ve, tenemos dos botones que invocan a sendas funciones JavaScript encargadas, respectivamente, de reducir y agrandar el borde de la tabla. Observe el código de ambas funciones, resaltado en el listado. La función **`reducir()`** es algo más simple conceptualmente. Como ve, se comprueba, en primer lugar, si el borde es mayor que 1. No queremos que la tabla se quede sin borde o, peor aún, que se llegase a pasar a esta propiedad un valor negativo. Si el borde es mayor que 1, se reduce en una unidad el valor del borde.

La función **aumentar()**, encargada de agrandar el borde de la tabla, es un poco diferente. Veamos por qué. En principio, parece que pudiera valer una línea como la siguiente:

```
tabla1.border += 1;
```

Sin embargo, surge un problema: debido a que JavaScript no es un lenguaje tipado (no hay una diferencia clara entre tipos de datos, tal como se detalla en el Capítulo 2 del libro), el valor de la propiedad border, que en principio es numérico, es tratado aquí como si fuera de cadena. Así pues, si este valor es 6 y le sumamos 1, lo que hace JavaScript es concatenar ambos datos, asignándole a border el valor 61. Por eso he usado la función parseInt, para tratar el valor del borde como número, de tal modo que 6 + 1 me dé 7, como debe ser.

Al borde de una tabla se le puede también modificar el color. Para ello, existen tres propiedades que podemos usar: ***borderColor***, ***borderColorLight*** y ***borderColorDark***. Cuando el borde de una tabla tiene un cierto grosor, usted puede apreciar dos tonalidades. Los bordes superior e izquierdo en un tono y los bordes inferior y derecho en otro distinto, tal como se ve en la tabla de la figura 8.6.

Figura 8.6

Con la propiedad borderColor podemos poner todo el borde de un color uniforme. Mediante la propiedad borderColorLight podemos establecer el color de los lados superior e izquierdo del borde y mediante borderColorDark podemos establecer el color de los lados inferior y derecho del borde. Para comprobar el funcionamiento de estas propiedades he preparado el código **borde_tabla_2.htm**.

```
<html>
   <head>
      <title>
         P&aacute;gina con JavaScript.
```

```
        </title>
        <script language="javascript">
           <!--
              function bordeRojo()
              {
                 tabla1.borderColor = "#FF0000";
              }
              function bordeClaroVerde()
              {
                 tabla1.borderColorLight = "#00FF00";
              }
              function bordeOscuroAzul()
              {
                 tabla1.borderColorDark = "#0000FF";
              }
              function reponer()
              {
                 tabla1.borderColorLight = "";
                 tabla1.borderColorDark = "";
                 tabla1.borderColor = "";
              }
           //-->
        </script>
     </head>
     <body>
        <table id="tabla1" width=300 border=30
cellspacing=0 cellpadding=0>
           <tr height=100>
              <td width=100>
                  
              </td>
              <td width=100>
                  
              </td>
              <td width=100>
                  
              </td>
           </tr>
           <tr height=100>
              <td width=100>
                  
              </td>
              <td width=100>
                  
              </td>
              <td width=100>
                  
              </td>
```

```
            </tr>
            <tr height=100>
               <td width=100>
                   
               </td>
               <td width=100>
                   
               </td>
               <td width=100>
                   
               </td>
            </tr>
         </table>

         <br>
         <button onClick="bordeRojo();">
            Poner el borde en rojo.
         </button>
         <br>
         <button onClick="bordeClaroVerde();">
            Poner el borde claro en verde.
         </button>
         <br>
         <button onClick="bordeOscuroAzul();">
            Poner el borde oscuro en azul.
         </button>
         <br>
         <button onClick="reponer();">
            Resetear los bordes.
         </button>
      </body>
   </html>
```

Ejecute la página para comprobar su funcionamiento y estudie la sintaxis empleada en las funciones JavaScript. Quiero llamar especialmente su atención sobre la función `reponer()` que aparece reproducida a continuación.

```
function reponer()
{
   tabla1.borderColorLight = "";
   tabla1.borderColorDark = "";
   tabla1.borderColor = "";
}
```

Cuando usted establece los colores de los bordes claro y oscuro de la tabla, no puede volver a establecer un color único para todo el borde, a menos que antes borre el contenido de las tres propiedades implicadas, para que los bordes de la tabla vuelvan a sus colores por defecto.

8.3.3 Eliminando filas

Quizás más espectacular aún que poder cambiar el color de los bordes de la tabla sea la posibilidad de eliminar dinámicamente algunas de las filas de la misma (o todas las filas). Para eliminar una fila vamos a recurrir a los métodos ***rows()*** y ***deleteRow()***. El primero se encargará de comprobar si existe una determinada fila, antes de eliminarla, ya que tratar de eliminar una fila inexistente producirá un error. El segundo método elimina la fila. Ambos métodos reciben un argumento numérico que identifica a la fila que se debe buscar y eliminar. A este respecto, las filas de una tabla se numeran desde 0 (la superior) en adelante (hacia abajo). Así pues, por ejemplo, la tercera fila de una tabla (si existe) será la fila 2. Para comprobar el funcionamiento de estos dos métodos, he preparado el código **borrar_filas_1.htm**, listado a continuación.

```
      <html>
         <head>
            <title>
               P&aacute;gina con JavaScript.
            </title>
            <script language="javascript">
               <!—
                  function borraFila() {
                     if (tabla1.rows(2)) {
                        tabla1.deleteRow(2);
                     } else {
                        alert ("La fila especificada no
existe.");
                     }
                  }
               //-->
            </script>
         </head>
         <body>
            <table id="tabla1" width=450 border=2
cellspacing=0 cellpadding=0>
               <tr height=50>
                  <td width=150 align="center">
                     Fila 1, Celda A
                  </td>
                  <td width=150 align="center">
                     Fila 1, Celda B
                  </td>
```

```
      <td width=150 align="center">
         Fila 1, Celda C
      </td>
   </tr>
   <tr height=50>
      <td width=150 align="center">
         Fila 2, Celda A
      </td>
      <td width=150 align="center">
         Fila 2, Celda B
      </td>
      <td width=150 align="center">
         Fila 2, Celda C
      </td>
   </tr>
   <tr height=50>
      <td width=150 align="center">
         Fila 3, Celda A
      </td>
      <td width=150 align="center">
         Fila 3, Celda B
      </td>
      <td width=150 align="center">
         Fila 3, Celda C
      </td>
   </tr>
   <tr height=50>
      <td width=150 align="center">
         Fila 4, Celda A
      </td>
      <td width=150 align="center">
         Fila 4, Celda B
      </td>
      <td width=150 align="center">
         Fila 4, Celda C
      </td>
   </tr>
   <tr height=50>
      <td width=150 align="center">
         Fila 5, Celda A
      </td>
      <td width=150 align="center">
         Fila 5, Celda B
      </td>
      <td width=150 align="center">
         Fila 5, Celda C
      </td>
   </tr>
```

```
        </table>
        <br>
        <button onClick="borraFila();">
           Borrar la tercera fila (n&uacute;mero 2).
        </button>
        <br>
     </body>
  </html>
```

Fíjese en lo que he hecho. He creado un botón para borrar la fila 2 (la tercera fila) de la tabla. En la función **borraFila()**, que es invocada al pulsar el botón, se comprueba, en primer lugar, si existe dicha fila, dado que si no existe, al intentar borrarla se produciría un error. Esta comprobación se hace mediante la línea siguiente:

```
if (tabla1.rows(2))
```

Como ve, al método rows() se le ha pasado como argumento el número de la fila que se quiere eliminar. Este método devuelve un valor true si dicha fila existe o false, si no existe. Después, si se ha confirmado la existencia de dicha fila, se procede a borrarla mediante la siguiente línea:

```
tabla1.deleteRow(2);
```

Aquí puede comprobar que también al método deleteRow() se le pasa, como argumento, el número de la fila que queremos borrar. Si la fila no existe, se avisa al usuario de ello mediante un cuadro de aviso. El aspecto de la tabla, al cargar la página, es el de la figura 8.7.

Fila 1, Celda A	Fila 1, Celda B	Fila 1, Celda C
Fila 2, Celda A	Fila 2, Celda B	Fila 2, Celda C
Fila 3, Celda A	Fila 3, Celda B	Fila 3, Celda C
Fila 4, Celda A	Fila 4, Celda B	Fila 4, Celda C
Fila 5, Celda A	Fila 5, Celda B	Fila 5, Celda C

Figura 8.7

Al pulsar el botón **[BORRAR LA TERCERA FILA (NÚMERO 2)]**, la tabla pasa a tener el aspecto de la figura 8.8.

Fila 1, Celda A	Fila 1, Celda B	Fila 1, Celda C
Fila 2, Celda A	Fila 2, Celda B	Fila 2, Celda C
Fila 4, Celda A	Fila 4, Celda B	Fila 4, Celda C
Fila 5, Celda A	Fila 5, Celda B	Fila 5, Celda C

Figura 8.8

Como ve, la fila 2 (la tercera) ha desaparecido y las dos filas que había por debajo de ésta han "subido" para seguir formando parte de la tabla. Ahora pulse de nuevo el botón **[BORRAR LA TERCERA FILA (NÚMERO 2)]**. Se ve en la figura 8.9.

Fila 1, Celda A	Fila 1, Celda B	Fila 1, Celda C
Fila 2, Celda A	Fila 2, Celda B	Fila 2, Celda C
Fila 5, Celda A	Fila 5, Celda B	Fila 5, Celda C

Figura 8.9

Como ve, la fila que quedó ocupando la posición 2 ha desaparecido también. Si ahora pulsa de nuevo, su tabla quedará con el aspecto de la figura 8.10.

Fila 1, Celda A	Fila 1, Celda B	Fila 1, Celda C
Fila 2, Celda A	Fila 2, Celda B	Fila 2, Celda C

Figura 8.10

Ya no hay ninguna fila en la posición 2. Si ahora pulsa de nuevo el botón **[BORRAR LA TERCERA FILA (NÚMERO 2)]**, verá un cuadro de aviso informándole de ello.

8.3.4 Más sobre tablas

Además de las propiedades y métodos que ya se han estudiado, las tablas tienen otras accesibilidades desde JavaScript, directamente relacionadas con los atributos que pueden establecerse desde HTML, tal como ve en la siguiente tabla.

PROPIEDADES DE LAS TABLAS	
Propiedad o método	**Se refiere a**
align	La alineación de la tabla en la página. Los posibles valores son "left", "center" y "right".
background	La imagen de fondo aplicada a la tabla.
bgcolor	El color de fondo aplicado a la tabla.
border	El espesor del borde.
borderColor	El color del borde, único para todo el borde.
borderColorDark	El color de los dos lados más oscuros del borde.
borderColorLight	El color de los dos lados más claros del borde.
caption	Se refiere al elemento caption integrado en la tabla.
cellPadding	La separación mínima entre el contenido de las celdas y los bordes de éstas.
cellSpacing	La separación entre celdas.
deleteRow()	Elimina una fila de la tabla.
height	La altura de la tabla.
rows()	Determina si existe una fila.
width	La anchura de la tabla.

Las tablas, convenientemente manejadas desde JavaScript, ofrecen más funcionalidades de las que hemos visto en este Capítulo, y serán estudiadas más adelante.

Tal como hemos visto en este Capítulo, es posible manejar el aspecto de las celdas y las filas con bastante libertad. Sin embargo, evite un error muy común: muchas personas tienden a poner contenidos en las celdas de una tabla y permitir que sean dichos contenidos los que "ajusten" la celda a sus dimensiones. Diseñe bien su página. Haga las tablas de modo que los contenidos no necesiten espacio adicional.

Capítulo 9

LOS OBJETOS DE HTML (II)

Existe en HTML un objeto de suma utilidad a la hora de establecer una relación interactiva con el usuario de nuestras páginas. Se trata del formulario, que es un objeto complejo, ya que está formado, a su vez, por múltiples objetos (campos de texto, botones de opción, etc.). Los formularios son, además, unos objetos especialmente interesantes, por la relación que establecen entre un usuario y el sitio web. JavaScript nos proporciona un modo de trabajar con todos los elementos de los formularios muy versátil y profesional. Dada la importancia que éstos tienen en la programación actual de sitios web, vamos a dedicar este Capítulo a su estudio detallado.

9.1 GENERALIDADES SOBRE FORMULARIOS

Los formularios presentes en una página (puede haber más de uno) constituyen una matriz del objeto document de forma similar a la de las imágenes. Se trata de la matriz ***forms***, que tiene tantos elementos como formularios haya en la página. Cada formulario es un objeto ***Form***.

El formulario tiene un nombre, asignado mediante el atributo name, en el correspondiente tag HTML. Cuando queramos referirnos a dicho formulario, podemos usar ese nombre. Suponga que tiene un formulario, llamado *correo*, que emplea para que el usuario le envíe un correo electrónico. Para referirse a él desde JavaScript, puede usar varios formatos predefinidos. Con el tiempo, usted se acostumbrará a uno de ellos por norma. Son los siguientes:

```
document.forms["correo"]
```

o bien:

```
document.forms.correo
```

o también:

```
document.correo
```

Dado que el formulario es un elemento de la matriz forms, también puede usar el índice correspondiente. Por ejemplo, para referirse al primer formulario de la página, el índice será 0. Usted puede referirse a ese formulario así:

```
document.forms[0]
```

Sin embargo, esta vez no es tan simple. Como apuntábamos hace un momento, cada formulario está formado, a su vez, por más objetos. Cada campo de un formulario (campos de texto, de archivo, botones, etc.) es un objeto en sí mismo. Todos los campos de un formulario constituyen una matriz del objeto Form llamada ***elements***. Cada elemento de esa matriz es un campo del formulario y, al igual que ocurre con cualquier matriz del objeto document, podemos referirnos a cada elemento mediante su índice o su nombre. Suponga que tiene en su página un formulario en el que el primer campo, que será un campo de texto, se usa para que el usuario introduzca su identificación. Este campo se llama *login* (el nombre del campo se asigna en HTML). Podremos referirnos a ese campo, de las siguientes maneras:

```
document.form[0].elements{0}
```

o

```
document.forms[0].elements["login"]
```

o

```
document.forms[0].elements.login
```

o

```
document.forms[0].login
```

Si, en una misma página, tenemos dos o más formularios diferentes, los índices de los elementos no son consecutivos entre ambos formularios, es decir, cada objeto Form tiene su propia matriz elements. Cada matriz es independiente de las demás, de modo que, si queremos referirnos al primer campo del primer formulario, emplearemos:

```
document.forms[0].elements[0]
```

Si queremos referirnos al primer campo del segundo formulario usaremos

```
document.forms[1].elements[0]
```

El objeto Form cuenta con las propiedades que aparecen recopiladas en la siguiente tabla:

PROPIEDADES DEL OBJETO Form	
Propiedad	**Se refiere a**
action	La acción que se llevará a cabo al enviar el formulario al servidor. Corresponde al atributo action de HTML y es de lectura y escritura.
elements	Es la matriz con todos los campos del formulario.
encoding	El tipo MIME de codificación del formulario. Corresponde al atributo enctype de HTML. Es de lectura y escritura.
length	Contiene el número de campos del formulario, es decir, la longitud de la matriz elements.
method	El método por el que se envía el formulario al servidor (post o get). Corresponde al atributo meted de HTML y es de lectura y escritura.
name	El nombre del formulario. Corresponde al atributo name de HTML y es de lectura y escritura, aunque no es habitual cambiar el nombre de un formulario una vez creado.
target	Se refiere al marco de destino para la respuesta del servidor. Hablaremos de marcos más adelante.

9.2 LOS CAMPOS DE UN FORMULARIO

Cada uno de los elementos de un formulario se conoce, genéricamente, con el nombre de campos. Dentro de un formulario podemos diferenciar cuatro categorías de campos, según su naturaleza:

BOTONES

Son los botones que el usuario puede pulsar en el formulario. Pueden ser de tres tipos:

- submit. Se emplea para mandar los datos del formulario al servidor.
- reset. Reinicializa el formulario, borrando todo lo que haya escrito.
- button. No realiza ninguna acción predefinida, sino que puede programarse para lo que resulte necesario.

CAMPOS DE TEXTO

Son aquéllos que el formulario emplea para pasar una cadena de texto, como contenido de una variable, al servidor. Esta cadena de texto puede ser modificada, en la mayoría de los casos, por el usuario. Dentro de los campos de texto, encuadramos los siguientes tipos:

- text. Un campo de texto en el que el usuario puede escribir datos en una sola línea.
- password. Similar al anterior, pero el texto escrito por el usuario se muestra como una serie de asteriscos para evitar la lectura por parte de un eventual observador.
- textarea. Es similar al campo de tipo text, pero le da al usuario la posibilidad de escribir mucho más texto en múltiples líneas.
- file. Este campo está constituido por una caja de texto para incluir la ruta y nombre de un fichero que se quiera mandar al servidor desde el ordenador local del usuario y un botón para abrir un cuadro de diálogo que permita buscar dicho fichero.
- hidden. Este campo no es visible ni manipulable por parte del usuario. Se emplea para mandar un texto al servidor que debe ser programado por el webmaster.

OTROS CAMPOS

Encuadran a todos los que no hemos mencionado:

- radio. Son los botones redonditos que se emplean para que el usuario elija, mediante un simple clic, una única opción de un grupo de posibilidades.
- checkbox. Son las casillas de verificación que el usuario puede activar o desactivar mediante clics de ratón, o mediante la barra espaciadora del teclado.
- Listas y menús. Son las listas de elementos (desplegables o no) en las que el usuario puede elegir una o más opciones.

Como es lógico, supongo que usted ya está familiarizado con la naturaleza y el uso en HTML de estos elementos, así que no voy a entrar en detalles acerca de cómo se crean o implementan en un formulario. Sin embargo, sí vamos a analizar el modo de gestionar estos elementos de una forma más eficiente desde JavaScript, que es lo que queremos aprender en este Capítulo. Para ello, analizaremos cada uno de los elementos con sus propiedades, métodos y eventos, pues cada campo tiene los suyos propios, como veremos enseguida.

A través de ellos podremos, incluso, modificar, de forma dinámica, el comportamiento de nuestros formularios para adaptarlo a los requerimientos específicos de los usuarios. Posteriormente, en este mismo Capítulo, estudiaremos los aspectos particulares de comportamiento de cada campo y aprenderemos un aspecto muy importante de la gestión de formularios en JavaScript: la verificación previa al envío. Después, en las prácticas, veremos algún ejemplo de uso avanzado de formularios.

9.2.1 Propiedades comunes

Existen cinco propiedades que son comunes a todos los elementos de un formulario. Estas propiedades se aplican para determinar la naturaleza o el comportamiento previsible de determinados campos, tal como veremos a continuación, y son la base de la mayor parte del trabajo con este tipo de objetos.

Las propiedades comunes a todos los campos de un formulario aparecen en la siguiente tabla.

<table>
<tr><th colspan="3">PROPIEDADES COMUNES DE LOS CAMPOS DE FORMULARIO</th></tr>
<tr><th>Propiedad</th><th colspan="2">Se refiere a</th></tr>
<tr><td>form</td><td colspan="2">Es una referencia del formulario al que pertenece el campo.</td></tr>
<tr><td>name</td><td colspan="2">El nombre del campo.</td></tr>
<tr><td>id</td><td colspan="2">El identificativo del campo</td></tr>
<tr><td rowspan="6">type</td><td colspan="2">El tipo de campo que es. Los posibles tipos son:</td></tr>
<tr><td>Campo</td><td>Valor de type</td></tr>
<tr><td>Submit</td><td>submit</td></tr>
<tr><td>Reset</td><td>reset</td></tr>
<tr><td>Button</td><td>button</td></tr>
<tr><td>Text</td><td>text</td></tr>
</table>

PROPIEDADES COMUNES DE LOS CAMPOS DE FORMULARIO (Cont.)		
Propiedad	**Se refiere a**	
Type(cont.)	**Campo**	**Valor de type**
	Password	password
	File	text
	Hidden	hidden
	Radio	radio
	Checkbox	checkbox
	Select (para una sola opción)	select-one
	Select (para múltiples opciones)	select-multiple
value	El contenido o el valor del campo.	

Para ver el funcionamiento de estas propiedades, vamos a emplear un código llamado **comprobar_comunes_1.htm**.

```
<html>
   <head>
      <title>
         P&aacute;gina con JavaScript.
      </title>
      <script language="javascript">
         <!--
            function comprobar()
            {
               var resultado = "";
               for
(indice=0;indice<formulario.elements.length;indice++)
               {
                  resultado += "El campo " + indice + "
se llama ";
                  resultado +=
formulario.elements[indice].name;
                  resultado += ". Es de tipo " +
formulario.elements[indice].type;
                  resultado += ". Su valor es " +
formulario.elements[indice].value;
                  resultado += "\n";
               }
               alert (resultado);
```

```
                    }

                //-->
            </script>
        </head>
        <body>

            <h1>
                P&aacute;gina con un formulario
            </h1>

            <br>
            <form name="formulario" enctype="multipart/form-
data">

                Teclee su nombre: 
                <input type="text" name="nombre_usuario"
size=20 maxlength=50>
                <br>

                Teclee su clave: 
                <input type="password" name="clave" size=10
maxlength=25>
                <br>

                Opine sobre mi p&aacute;gina:
                <br>
                <textarea name="opinion" cols=50 rows=5
wrap="virtual">
                </textarea>
                <br>

                <input type="hidden" name="escondido"
value="oculto">

                Indique si es mayor de edad:
                <input type="checkbox" name="adulto"
value="si" checked>
                <br>

                Sexo: Masculino
                <input type="radio" name="sexo" value="m"
checked>
                   Femenino
                <input type="radio" name="sexo" value="f">
                <br>

                Sueldo anual: 10000 &euro;
```

```
                <input type="radio" name="sueldo" value="10"
checked>
                   de 10000 a 20000 &euro;
                <input type="radio" name="sueldo"
value="1020">
                   mas de 20000 &euro;
                <input type="radio" name="sueldo" value="20">
                <br>
                Env&iacute;e un fichero:
                <input type="file" name="archivo" size="30"
maxlength="100">
                <br>

                Indique su provincia:
                <select name="provincia">
                   <option value="1">Madrid</option>
                   <option value="2">Barcelona</option>
                   <option value="3">Toledo</option>
                   <option value="4">Canarias</option>
                   <option value="5">Zaragoza</option>
                   <option value="6">Otras</option>
                </select>

                   Indique su Hobbie:
                <select name="pasatiempo" size=3 multiple>
                   <option value="1">Chat</option>
                   <option value="2">Juegos</option>
                   <option value="3">Arte</option>
                   <option value="4">Cine</option>
                   <option value="5">Poes&iacute;a</option>
                   <option value="6">Otros</option>
                </select>
                <br>

                  
                <input type="submit" name="mandar"
value="Enviar">

                  
                <input type="reset" name="borrado"
value="Borrar">

                  
                <input type="button" name="boton"
value="Comprobar" onClick="comprobar();">
            </form>
         </body>
      </html>
```

Como ve, el código tiene dos partes. En la parte HTML, se crea un formulario. Al tag <form> le he quitado el atributo action, ya que no vamos a enviar este formulario a ninguna parte, sino que lo vamos a usar de modo local para nuestras pruebas (de momento).

La parte que realmente nos interesa es la función **comprobar()** en el código JavaScript, dentro de la sección <head>. Esta función aparece reproducida a continuación, aislada del resto del código, para que usted pueda ver el listado con mayor facilidad:

```
function comprobar()
{
   var resultado = "";
   for (indice=0;
indice<formulario.elements.length; indice++)
   {
      resultado += "El campo "+ indice + " se llama ";
      resultado += formulario.elements[indice].name;
      resultado += ". Es de tipo " +
formulario.elements[indice].type;
      resultado += ". Su valor es " +
formulario.elements[indice].value;
      resultado += "\n";
   }

   alert (resultado);
}
```

Esta función se ejecuta cuando se pulsa el botón **[COMPROBAR]** de la página. Lo que ocurre entonces es lo siguiente:

En primer lugar, se crea una variable, llamada **resultado**, donde se almacenará la información que vamos a extraer de las propiedades comunes de todos los campos del formulario.

A continuación, entramos en un bucle que recorrerá todos los elementos del formulario. Como decíamos antes, dichos elementos constituyen la matriz elements del formulario, así que, para recorrer íntegramente dicha matriz, empleamos la misma técnica que para cualquier otra matriz. Es decir, usamos una variable de control que será el índice y la propiedad length para determinar el número de elementos.

Dentro del bucle identificamos cada uno de los elementos del formulario mediante su índice en la matriz elements y recuperamos su nombre (que es el que le fue asignado mediante el atributo name de HTML), el tipo de campo de que se trata y su valor. El valor de un campo (su contenido) está originalmente determinado por el atributo value de HTML, aunque cambia si el usuario teclea algo en los campos de texto.

Cuando se ejecute la función, y suponiendo que usted no haya modificado los campos del formulario, obtendrá un cuadro de aviso como el de la figura 9.1.

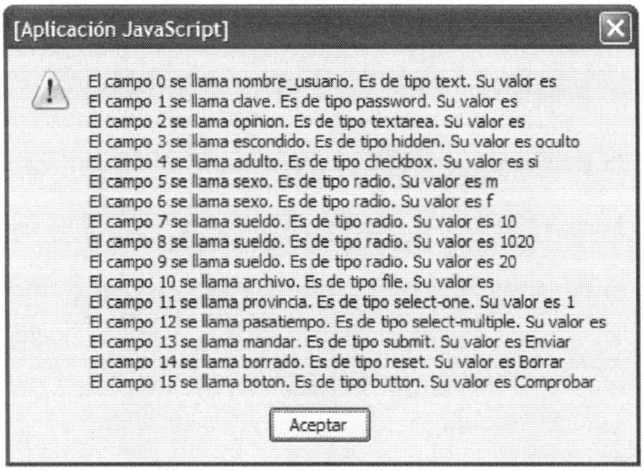

Figura 9.1

Observe que hay una línea de información por cada campo. Y observe también que algunas líneas de información terminan con *Su valor es*, sin especificar ningún valor en concreto. Esto ocurre con los campos de texto cuando no se ha tecleado nada en ellos y con los campos de selección múltiple cuando no se ha hecho ninguna selección.

Observe, además, que los botones también son considerados como elementos del formulario. Quiero llamar su atención respecto a una cosa. En este formulario he utilizado campos de todo tipo excepto de imagen. Esto es debido a que JavaScript no reconoce los campos de imagen del mismo modo que, por ejemplo, los botones, o cualquier otro campo.

9.2.2 Eventos comunes

Cada tipo de campo puede reconocer algunos eventos, pero hay dos eventos que son comunes a todos ellos: se trata de ***onFocus*** y ***onBlur***. Como usted sabe, cuando el formulario está dispuesto de tal modo que lo que usted teclea se coloca en un determinado campo, se dice que dicho campo ***está enfocado***, o bien que ***tiene el foco***. Es decir, si en el formulario anterior usted empieza a teclear y ve que las letras que pulsa se reflejan en el campo **`nombre_usuario`**, es este campo el que tiene el foco. Por lo tanto, podemos decir que el foco es *el posicionamiento activo sobre un objeto*. Cuando el foco está sobre un botón es muy evidente porque en dicho botón aparece un reborde punteado. En la figura 9.2 hay dos botones, que hemos ampliado para que pueda apreciar la diferencia en detalle. El de la izquierda no tiene el foco y el de la derecha sí.

Figura 9.2

Las imágenes han sido convenientemente ampliadas para que pueda apreciar con toda claridad la diferencia. Cuando el foco está sobre un botón, usted puede pulsar la barra espaciadora del teclado para activar dicho botón.

En un formulario *siempre hay un objeto que tiene el foco y sólo uno*. El foco se puede desplazar de un objeto del formulario a otro mediante un clic de ratón, mediante la tecla de tabulación del teclado o mediante las teclas de acceso si ha sido programado el atributo accesskey en los campos del formulario.

Seguramente usted ya se ha dado cuenta de todo esto mediante los formularios que haya usado en sus navegaciones en Internet. No obstante, quería puntualizárselo a fin de hablarle de los dos eventos que nos ocupan aquí.

El evento onFocus detecta cuándo se sitúa el foco en un campo determinado. El evento onBlur, por el contrario, detecta el momento en que se quita el foco de un campo determinado.

Para ver un ejemplo de cómo funcionan estos eventos, vamos a usar el mismo formulario del ejemplo anterior. En esta ocasión lo que haremos es que, al quitar el foco del campo destinado al nombre del usuario, se le muestre un cuadro de aviso que le recuerde el nombre que ha tecleado, por si se ha equivocado y quiere teclearlo de nuevo. Además, haremos que, al poner el foco sobre el área de texto destinada a la opinión del usuario, aparezca, en dicho área, un mensaje recordándole lo importante que su opinión es para nosotros. El código se llama **comprobar comunes_2.htm**.

```
<html>
   <head>
      <title>
         P&aacute;gina con JavaScript.
      </title>
```

```
          <script language="javascript">
             <!-
                function mostrarNombre()
                {
                   alert ("El nombre del usuario es " +
formulario.nombre_usuario.value);
                }

                function pedirOpinion()
                {
                   formulario.opinion.value = "Su opinión
nos importa.";
                }
             //-->
          </script>
       </head>
       <body>
          <h1>
             P&aacute;gina con un formulario
          </h1>

          <br>
          <form name="formulario" enctype="multipart/form-
data">

             Teclee su nombre: 
    <!-- Se detecta cuando se retira el foco del campo y se
ejecuta una función como respuesta -->
             <input type="text" name="nombre_usuario"
size=20 maxlength=50 onBlur="mostrarNombre();">
             <br>

             Teclee su clave: 
             <input type="password" name="clave" size=10
maxlength=25>
             <br>

             Opine sobre mi p&aacute;gina:
             <br>
    <!-- Se detecta cuando se pone el foco en el campo y se
ejecuta una función como respuesta -->
             <textarea name="opinion" cols=50 rows=5
wrap="virtual" onFocus="pedirOpinion();">
             </textarea>
             <br>
             <input type="hidden" name="escondido"
value="oculto">
```

```
                Indique si es mayor de edad:
                <input type="checkbox" name="adulto"
value="si" checked>
                <br>

                Sexo: Masculino
                <input type="radio" name="sexo" value="m"
checked>
                   Femenino
                <input type="radio" name="sexo" value="f">
                <br>

                Sueldo anual: 10000 &euro;
                <input type="radio" name="sueldo" value="10"
checked>
                   de 10000 a 20000 &euro;
                <input type="radio" name="sueldo"
value="1020">
                   mas de 20000 &euro;
                <input type="radio" name="sueldo" value="20">
                <br>

                Env&iacute;e un fichero:
                <input type="file" name="archivo" size="30"
maxlength="100">
                <br>

                Indique su provincia:
                <select name="provincia">
                   <option value="1">Madrid</option>
                   <option value="2">Barcelona</option>
                   <option value="3">Toledo</option>
                   <option value="4">Canarias</option>
                   <option value="5">Zaragoza</option>
                   <option value="6">Otras</option>
                </select>

                   Indique su Hobbie:
                <select name="pasatiempo" size=3 multiple>
                   <option value="1">Chat</option>
                   <option value="2">Juegos</option>
                   <option value="3">Arte</option>
                   <option value="4">Cine</option>
                   <option value="5">Poes&iacute;a</option>
                   <option value="6">Otros</option>
                </select>
                <br>
```

```
                <input type="submit" name="mandar"
value="Enviar">
                  
                <input type="reset" name="borrado"
value="Borrar">

            </form>
        </body>
    </html>
```

Ejecute la página para verificar su funcionamiento y observe las líneas resaltadas en el código para entender cómo he capturado los eventos necesarios y los he usado para disparar las funciones adecuadas.

9.2.3 Métodos comunes

Existen dos métodos comunes a todos los objetos de un formulario, que se hallan estrechamente relacionados con el foco. Éstos son el método ***focus()***, que sitúa el foco en un determinado objeto, y el método ***blur()***, que le quita el foco a un objeto.

Para comprobar su funcionamiento, vamos a suponer que usted realiza un formulario para atender, exclusivamente, a usuarios de Madrid. Por ejemplo, suponga que usted tiene una tienda en Internet, pero su infraestructura es muy reducida todavía y sólo puede enviar sus mercancías a los clientes de Madrid. Por supuesto, esto sería infrautilizar las posibilidades de una tienda en Internet, pero nos va a venir muy bien para nuestro ejemplo.

Nuestro formulario tiene dos campos de texto. Uno para el nombre del usuario y otro para su provincia. En el campo destinado al nombre, el usuario podrá poner su propio nombre, pero el campo destinado a la provincia tiene, como valor por defecto, "Madrid" y el usuario no debe poder cambiarlo. El código se llama **comprobar_comunes_3a.htm**.

```
<html>
    <head>
        <title>
            P&aacute;gina con JavaScript.
        </title>
        <script language="javascript">
            <!–
                function desplazar()
                {
                    formulario.mandar.focus();
```

```
                    }
                //-->
            </script>
        </head>
        <body>
            <h1>
                P&aacute;gina con un formulario
            </h1>

            <br>
            <form name="formulario">

                Teclee su nombre: 
                <input type="text" name="nombre_usuario"
size=20 maxlength=50>
                <br>

                Provincia: 
        <!-- Se detecta cuando se pone el foco en el campo y se
ejecuta una función como respuesta -->
                <input type="text" name="provincia"
value="Madrid" onFocus="desplazar();">
                <br>
                <br>

                <input type="submit" name="mandar"
value="Enviar">
                  
                <input type="reset" name="borrado"
value="Borrar">
            </form>
        </body>
    </html>
```

Observe la parte resaltada del código. Cuando enfocamos el campo de texto destinado a la provincia, se ejecuta una función que se encarga de poner el foco en el botón **[ENVIAR]**. De este modo, es imposible modificar el contenido del campo de texto correspondiente a la provincia.

Para lograr este resultado es preferible emplear el método focus() al método blur(), ya que éste último indica que quitemos el foco del objeto al que se aplica, pero no indica expresamente dónde debemos colocar el foco. Dado que el foco siempre tiene que estar sobre un objeto, mejor que decidamos cuál será.

Hay una cosa que debe tener en cuenta: *no se puede colocar el foco sobre un campo de tipo hidden*. Me han llegado algunos e-mails preguntando acerca de esto. La propia naturaleza de JavaScript exige que el foco esté colocado sobre un campo visible.

Hay un aspecto relacionado con la forma de evitar que un usuario modifique el contenido de un campo de texto. Es añadirle, al correspondiente tag de HTML, el atributo ***disabled***. Éste es, también, el nombre de la propiedad que, desde JavaScript, permite habilitar o inhabilitar la posibilidad de modificar el contenido de un campo en un formulario.

Para crear el campo provincia del ejemplo anterior de tal modo que esté inhabilitado por defecto, usaremos una instrucción HTML como la siguiente:

```
<input type="text" name="provincia" value="Madrid"
disabled>
```

Y para ver el funcionamiento de la propiedad disabled en JavaScript, he creado el código **comprobar_comunes_3b.htm**. Observe que, cuando crea un campo con el atributo disabled en el código HTML, el contenido de dicho campo aparece, por defecto, en un tono más atenuado. El código que aparece listado a continuación incluye un botón que permite modificar el valor (true o false) de la propiedad **disabled** del campo `provincia`. Cuando este campo está inhabilitado, el nombre de Madrid aparece tenue; cuando está habilitado, el contenido aparece en el mismo tono negro que el del resto de los campos.

```
<html>
   <head>
      <title>
         P&aacute;gina con JavaScript.
      </title>
      <script language="javascript">
         <!-
            function conmutar()
            {
               if (formulario.provincia.disabled)
               {
                  formulario.provincia.disabled=false;
               } else {
                  formulario.provincia.disabled=true;
               }
            }
         //-->
      </script>
   </head>
   <body>
      <h1>
```

```
            P&aacute;gina con un formulario
         </h1>
         <br>

         <form name="formulario">
            Teclee su nombre: 
            <input type="text" name="nombre_usuario"
size=20 maxlength=50>
            <br>
            Provincia: 
            <input type="text" name="provincia"
value="Madrid" disabled>
            <br>
            <br>
            <input type="submit" name="mandar"
value="Enviar">
              
            <input type="reset" name="borrado"
value="Borrar">
            <br>
            <br>
            <input type="button" name="cambiar"
value="Habilitar/inhabilitar provincia"
onClick="conmutar();">
         </form>
      </body>
   </html>
```

Observe la parte resaltada del código. Es la función de JavaScript que se encarga de modificar el valor de la propiedad disabled del campo que nos interesa.

9.2.4 Campos de texto

Atendiendo a la clasificación por categorías que hemos hecho anteriormente sobre los campos de los formularios, vamos a conocer el funcionamiento de los campos de texto. Como sabemos, existen cinco tipos de campos de texto: text, password, textarea, hidden y file. Según algunos, los campos hidden, al no ser visibles, no deberían caer dentro de esta clasificación. Es cuestión de opiniones: por el tipo de datos que manejan, yo sí los considero de texto. Sin duda, la propiedad más significativa de este tipo de campos es value, que devuelve (o determina) el contenido de estos campos.

Vamos a ver un ejemplo del uso de este tipo de campos en el código **campos_texto_1.htm**. Esta página incluye dos campos de texto. En uno de ellos, el usuario debe introducir su código postal. Dependiendo de cual sea éste, en el otro campo de texto aparecerá la provincia del usuario.

La clave para entender el funcionamiento de este código es comprender que la propiedad value de un campo de texto es, ni más ni menos, una cadena alfanumérica, es decir, un objeto de texto. Y desde JavaScript se procesa exactamente igual.

El funcionamiento de la página es el siguiente: usted puede teclear un código postal en el campo de texto reservado al efecto en el formulario. En el momento que abandone dicho campo, le aparecerá el nombre de la provincia a la que corresponda el código postal en el campo destinado a ello. En este campo no puede usted escribir nada. Tenga en cuenta que he desarrollado la página pensando en los códigos postales de España. Éstos están formados por cinco cifras, de las cuales las dos primeras son el indicativo de la provincia. Pueden variar entre 01 y 52, para referirse a las cincuenta y dos provincias en las que se divide el territorio español. Por lo tanto, si usted teclea un número de menos de cinco cifras, la página le mostrará un aviso de error. Si las dos primeras cifras están por debajo de 01 o por encima de 52, también recibirá un aviso. Por último, como toque de gracia, he hecho que sólo se puedan teclear cifras. Si usted teclea, por ejemplo, una letra, ésta se borrará inmediatamente. El listado completo aparece a continuación.

```
<html>
   <head>
      <title>
         P&aacute;gina con JavaScript.
      </title>
      <script language="javascript">
         <!--
            provincias = new Array ("Álava",
"Albacete", "Alicante", "Almería", "Ávila", "Badajoz",
"Baleares", "Barcelona", "Burgos", "Cáceres", "Cádiz",
"Castellón", "Ciudad Real", "Córdoba", "Coruña", "Cuenca",
"Girona", "Granada", "Guadalajara", "Guipúzcoa", "Huelva",
"Huesca", "Jaén", "León", "Lleida", "Rioja", "Lugo",
"Madrid", "Málaga", "Murcia", "Navarra", "Orense",
"Asturias", "Palencia","Las Palmas", "Pontevedra",
"Salamanca", "Tenerife", "Cantabria", "Segovia", "Sevilla",
"Soria", "Tarragona", "Teruel", "Toledo", "Valencia",
"Valladolid", "Vizcaya", "Zamora", "Zaragoza", "Ceuta",
"Melilla");
            function comprobarCP()
            {
               codigoTecleado=formulario.cp.value;
               if (codigoTecleado.length >0)
```

```
                        {
ultima=codigoTecleado.substr(codigoTecleado.length-1,1);
                           if (ultima<"0" || ultima>"9")
                           {
                             formulario.cp.value =
codigoTecleado.substr(0,codigoTecleado.length-1);
                           }
                        }
                     }
                     function ponerProvincia()
                     {
                        codigoTecleado=formulario.cp.value;
                        if (codigoTecleado.length <5)
                        {
                           alert("El código postal debe tener
cinco cifras.");
                           formulario.provincia.value="";
                           formulario.cp.value = "";
                           formulario.cp.focus();
                           return;
                        }
                        indicativo =
parseInt(codigoTecleado.substr(0,2))-1;
                        if (indicativo<0 || indicativo>51)
                        {
                           alert("El código postal no es
correcto");
                           formulario.provincia.value="";
                           formulario.cp.value = "";
                           formulario.cp.focus();
                           return;
                        }

formulario.provincia.value=provincias[indicativo];
                        formulario.enviar.focus();
                     }

                     function volver()
                     {
                        formulario.cp.focus();
                     }
                  //-->
               </script>
            </head>
            <body>
               <form name="formulario">
                  Teclee su c&oacute;digo postal:
```

```
                <input type="text" name ="cp" size=5
maxlength=5 onKeyUp="comprobarCP();"
onBlur="ponerProvincia();">
                <br>
                Su provincia es:
                <input type="text" name="provincia"
onFocus="volver();">
                <br>
                <input type="submit" name="enviar"
value="Enviar">
                <input type="reset" name="reset"
value="Borrar">
            </form>
        </body>
    </html>
```

En primer lugar, ejecute la página, para comprobar que funciona del modo descrito. A continuación, vamos a detallar la operativa del código.

Lo primero que he hecho en JavaScript es crear una matriz donde se almacenan los nombres de las cincuenta y dos provincias españolas. Éstas están colocadas en un orden tal que el número de índice de la celda que ocupa cada nombre en la matriz es el código postal de la provincia menos uno. Así pues, si tomamos el ejemplo del primer elemento de la matriz (elemento 0) encontramos **`Álava`**, cuyo código postal es 01. El segundo elemento (elemento 1) es **`Albacete`**, y su código postal es 02, y así sucesivamente.

Para facilitarle la comprobación del funcionamiento de la página, he incluido a continuación una tabla con las dos primeras cifras del código postal de cada una de las provincias. Si usted está leyendo este libro fuera de España, quizás no le resulte muy significativo, pero, no obstante, el ejemplo sigue teniendo el valor didáctico buscado. Al final de estas explicaciones pruebe a crear algo similar para los códigos postales de su país. Es posible que en su país no sigan el mismo patrón de códigos postales, pero, con lo que ya sabe, le será fácil adaptar la página. Si tiene alguna duda respecto a los códigos postales de España, puede consultar la página http://www.codigospostales.com.

RELACIÓN DE CÓDIGOS POSTALES PARA ESPAÑA			
Provincia	**CP**	**Provincia**	**CP**
Álava	01xxx	Lugo	27xxx
Albacete	02xxx	Madrid	28xxx

RELACIÓN DE CÓDIGOS POSTALES PARA ESPAÑA (cont.)			
Provincia	**CP**	**Provincia**	**CP**
Alicante	03xxx	Málaga	29xxx
Almería	04xxx	Murcia	30xxx
Ávila	05xxx	Navarra	31xxx
Badajoz	06xxx	Orense	32xxx
Baleares	07xxx	Asturias	33xxx
Barcelona	08xxx	Palencia	34xxx
Burgos	09xxx	Las Palmas	35xxx
Cáceres	10xxx	Pontevedra	36xxx
Cádiz	11xxx	Salamanca	37xxx
Castellón	12xxx	Tenerife	38xxx
Ciudad Real	13xxx	Cantabria	39xxx
Córdoba	14xxx	Segovia	40xxx
Coruña	15xxx	Sevilla	41xxx
Cuenca	16xxx	Soria	42xxx
Girona	17xxx	Tarragona	43xxx
Granada	18xxx	Teruel	44xxx
Guadalajara	19xxx	Toledo	45xxx
Guipúzcoa	20xxx	Valencia	46xxx
Huelva	21xxx	Valladolid	47xxx
Huesca	22xxx	Vizcaya	48xxx
Jaén	23xxx	Zamora	49xxx
León	24xxx	Zaragoza	50xxx
Lleida	25xxx	Ceuta	51xxx
Rioja	26xxx	Melilla	52xxx

Ahora observe la línea que define el campo de texto donde se teclea el código postal:

```
<input type="text" name ="cp" size=5 maxlength=5
onKeyUp="comprobarCP();" onBlur="ponerProvincia();">
```

Fíjese en que aquí hacemos uso de un evento que no habíamos empleado hasta ahora. Se trata de ***onKeyUp***, que detecta el momento en que se suelta una tecla que haya sido pulsada. Capturo este evento para ejecutar la función `comprobarCP()`, que es la encargada de evitar que puedan usarse letras en el código postal. El código de dicha función es el siguiente:

```
function comprobarCP() {
```

```
          codigoTecleado=formulario.cp.value;

          if (codigoTecleado.length >0) {

ultima=codigoTecleado.substr(codigoTecleado.length-1,1);
             if (ultima<"0" || ultima>"9") {
                formulario.cp.value = codigoTecleado.substr
(0,codigoTecleado.length-1);
             }
          }
       }
```

En primer lugar, se verifica que el campo de texto tenga algún contenido (es decir, que su longitud sea mayor que cero). Esto se hace porque si la tecla que se acaba de pulsar es, por ejemplo, la de retroceso, puede ser que el campo esté vacío.

Una vez que se ha comprobado que el campo tiene algún valor, se verifica si la última pulsación está fuera del rango 0-9. Si es así, se usa el resto del campo (la parte que sólo tiene números) y se le asigna a la propiedad value de dicho campo, con lo que la letra queda eliminada.

Observe que, cuando se quita el foco del campo de texto destinado al código postal, se ejecuta la función **ponerProvincia()**, cuyo código se reproduce a continuación:

```
       function ponerProvincia()
       {
          codigoTecleado=formulario.cp.value;
          if (codigoTecleado.length <5)
          {
             alert("El código postal debe tener cinco
cifras.");
             formulario.provincia.value="";
             formulario.cp.value = "";
             formulario.cp.focus();
             return;
          }

          indicativo = parseInt (codigoTecleado.substr(0,2))-
1;

          if (indicativo<0 || indicativo>51)
          {
             alert("El código postal no es correcto");
             formulario.provincia.value="";
```

```
            formulario.cp.value = "";
            formulario.cp.focus();
            return;
        }
        formulario.provincia.value=provincias[indicativo];
        formulario.enviar.focus();
    }
```

En primer lugar se comprueba que la longitud del campo sea de 5 caracteres. Si no es así, se muestra un mensaje de error, se borra cualquier cosa que hubiera en los campos del formulario y se vuelve a posicionar el cursor para que se pueda introducir otro código postal.

A continuación se crea una variable, llamada **`indicativo`**, donde se almacena el valor numérico de los dos primeros dígitos del código postal, restándole una unidad. Se comprueba que este valor esté entre 0 y 51. Si no lo está, no existe la provincia y, por lo tanto, se muestra un mensaje de error. Cuando el valor de **`indicativo`** es correcto, se busca la provincia en la matriz y se muestra en el correspondiente campo de texto.

Si usted está pensando que las comprobaciones del código postal se podrían haber hecho empleando las expresiones regulares de las que se habla en el Capítulo 6 y en el Apéndice H, tiene razón. Sólo pretendo mostrarle una forma alternativa de hacer las cosas. Realmente me interesa más, en este momento, mostrarle el funcionamiento del evento onKeyUp que crear un código perfecto.

Las propiedades de los campos de esta categoría aparecen a continuación.

PROPIEDADES DE LOS CAMPOS DE TEXTO	
Propiedad	**Se refiere a**
defaultValue	Es el valor por defecto de un campo. Se asigna desde HTML, al construir el campo.
form	Es una referencia del formulario en el que está el campo.
name	El nombre del campo.
type	El tipo de campo de que se trata.
value	El contenido o valor del campo.

Hay una limitación que debe tener en cuenta. Usted puede cambiar por código la propiedad value de cualquier campo de texto, excepto de los campos de tipo file. La razón de esta limitación es la seguridad del usuario. Si no fuera así, una página malintencionada podría hacer que se enviara al servidor, por ejemplo, el archivo de claves del sistema operativo, incluso sin el conocimiento del cliente. Los métodos de los campos de texto aparecen recopilados a continuación:

MÉTODOS DE LOS CAMPOS DE TEXTO	
Método	**Acción que realiza**
blur()	Retira el foco del objeto.
focus()	Pone el foco sobre el objeto.
select()	Selecciona todo el texto contenido en el campo para su edición.

Hay que puntualizar que, evidentemente, estos métodos no pueden aplicarse a los campos de tipo hidden. Los eventos que soportan los distintos campos aparecen en el Apéndice F.

9.2.5 Botones

Los botones son los campos de un formulario más simples de manejar por programación. Tanto es así que, en la mayoría de los libros, ni siquiera se les dedica un apartado específico. Sin embargo, son los elementos más cruciales de una página web, ya que le permiten al usuario decidir qué acción desencadenar y cuándo hacerlo. Su programación es extremadamente simple. Por una parte, debemos considerar aquellos botones que tienen una misión específica en un formulario: el botón de submit y el de reset. Estos botones no necesitan una programación especial. Cuando se pulsa el botón de submit, se envía el formulario al servidor, para ser procesado mediante el programa indicado en el atributo action del formulario y cuando se pulsa el botón de reset, se reinicializan todos los campos del formulario.

Donde sí necesitamos una programación especial es en aquellos botones que no son de ninguno de los dos tipos anteriores, es decir, los que se definen pasándole el valor button al atributo type del tag input. En realidad ya hemos visto algunos ejemplos de cómo usar estos botones. Se usa el manejador de evento de onClick, para capturar la pulsación del botón, y se le asigna una función JavaScript que se encuentra definida en el código.

El código **botones_1.htm** es un ejemplo muy sencillo, pero que ilustra perfectamente esto. Además nos muestra cómo se puede cambiar la propiedad value de un botón, de forma dinámica, para que se modifique durante la ejecución.

```
<html>
    <head>
        <title>
            P&aacute;gina con JavaScript.
        </title>

        <script language="javascript">
            <!--
                function cambiar()
                {
                    formulario.boton.value =
formulario.nombre.value;
                }
            //-->
        </script>

    </head>

    <body>
        <form name="formulario">
            Nombre de usuario:
            <input type="text" name="nombre">
            <br>
            <input type="button" name="boton"
value="Pulsar" onClick="cambiar();">
        </form>
    </body>
</html>
```

Ejecute la página para comprobar su funcionamiento. Verá una casilla en la que puede poner su nombre. Cuando pulse el botón, el nombre tecleado se fijará como etiqueta del mismo. Observe las líneas resaltadas del código. Como ve no tiene ningún secreto especial. Simplemente, he usado la propiedad value para establecer el nuevo aspecto del botón.

Un botón, además, puede detectar otros eventos, tal como aparece reflejado en el Apéndice F. Sin embargo, el más habitual será ***onClick***. Es poco probale que usted use alguna vez otros eventos. No obstante, le voy a ofrecer un código que usa los eventos ***onMouseOver*** y ***onMouseOut*** para mostrarle un mensaje especial al usuario. Lo del mensaje sólo es una forma de comprobar el funcionamiento de los eventos. Como respuesta, se puede programar cualquier función que sea necesaria. El código se llama **botones_2.htm**.

```
<html>
    <head>
        <title> P&aacute;gina con JavaScript. </title>
```

```
            <script language="javascript">
               <!--
     // Las dos funciones siguientes alteran la propiedad
visibility de una capa (que es un objeto, a la postre).
                  function mostrar()
                  {
                     mensaje.style.visibility = "visible";
                  }

                  function ocultar()
                  {
                     mensaje.style.visibility = "hidden";
                  }
                  function cambiar()
                  {
                     formulario.boton.value =
formulario.nombre.value;
                  }
               //-->
            </script>

         </head>
         <body>
            <span id="mensaje" style="position:absolute;
left:60px; top:130px; width:200px; height:40px; z-index:1;
background-color: #3399FF; border: 1px none #000000;
visibility: hidden">
               <font face="Arial, Helvetica, sans-serif"
color="#FFFF00">
                  <b>
                     Pulse el bot&oacute;n para ver su nombre
en &eacute;l.
                  </b>
               </font>
            </span>
            <form name="formulario">
               Nombre de usuario:
               <input type="text" name="nombre"><br>
      <!-- El botón detecta cuándo se apoya el ratón y cuándo
se retira. En cada caso, como respuesta, se ejecuta una
función. -->
               <input type="button" name="boton"
value="Pulsar" onClick="cambiar();" onMouseOver="mostrar();"
onMouseOut="ocultar();">
            </form>
         </body>
      </html>
```

Como ve, he creado una capa con un mensaje en su interior. Esta capa es, por defecto, invisible, pero al apoyar el ratón sobre el botón, la capa se le muestra al usuario y al retirar el ratón, la capa se oculta de nuevo. Pruebe la página para ver su funcionamiento.

No voy a entrar aquí en detalles acerca de cómo se crean las capas, ya que ese aspecto del DHTML está convenientemente tratado en mi anterior libro, *Domine HTML y DHTML*, publicado por esta misma editorial. Sin embargo, más adelante, en este mismo libro, hablaremos acerca de cómo gestionar las capas desde JavaScript. De momento, basta saber que lo que he hecho es actuar sobre la propiedad ***visibility*** de la capa.

9.2.6 Otros campos

Los otros campos que vamos a manejar en un formulario son las casillas de verificación, los botones de radio y las listas y menús. Éstos últimos serán de los elementos más versátiles de un formulario.

9.2.6.1 CASILLAS DE VERIFICACIÓN

Las casillas de verificación son unos campos con el aspecto de un cuadradillo que se pueden marcar o desmarcar haciendo clic sobre ellos con el ratón, o bien pulsando la barra espaciadora cuando están enfocados. Por lo tanto, deducimos que estos campos tienen dos posibles estados: activado y desactivado. Recordemos la forma básica de construir un campo de este tipo desde HTML:

```
<input type="checkbox" name="nombre" value="valor">
```

Opcionalmente podemos, como usted ya sabe, agregar en la línea de código HTML el atributo checked, si queremos que el campo aparezca activado por defecto. En caso de no incluir este atributo, el campo aparecerá desactivado por defecto.

La cuestión es que, al enviar el formulario, si el campo está activado, se enviará al servidor un par nombre-valor, con los valores asignados a los correspondientes atributos. Si el campo está desactivado, no se enviará el atributo value.

La propiedad más importante, ya desde el punto de vista de JavaScript, es ***checked***, que determina si el campo está activado o no lo está. El valor de esta propiedad es booleano, es decir, de tipo true / false.

Vea el funcionamiento de esta propiedad en el código **casillas_1.htm**.

```
<html>
   <head>
      <title>
         P&aacute;gina con JavaScript.
      </title>
      <script language="javascript">
         <!--

            function funcion_1()
            {
               var resultado="";
               for (contador=0; contador<=2;
contador++)
               {
                  if
(formulario.elements[contador].checked)
                  {
                     resultado += "Usted es ";
                  } else {
                     resultado += "Usted NO es ";
                  }
                  resultado +=
formulario.elements[contador].value + "\n";
               }

               formulario.mostrarResultado.value =
resultado;
            }
         //-->
      </script>
   </head>
   <body>
      <form name="formulario">
         <table width="200" border="0" cellpadding="0"
cellspacing="0">
            <tr>
               <td width="160">
                     Mayor de edad:
               </td>
               <td width="40">
                  <input type="checkbox"
name="casillaAdulto" value="adulto">
               </td>
            </tr>
            <tr>
               <td width="160">
                     Soltero:
               </td>
```

```
                        <td width="40">
                           <input type="checkbox"
name="casillaSoltero" value="soltero">
                        </td>
                     </tr>
                     <tr>
                        <td width="160">
                              Universitario:
                        </td>
                        <td width="40">
                           <input type="checkbox"
name="casillaUniversitario" value="universitario">
                        </td>
                     </tr>
                     <tr>
                        <td width="160">
                            
                        </td>
                        <td width="40">
                            
                        </td>
                     </tr>
                     <tr align="center">
                        <td colspan="2">
                           <input type="button"
name="comprobarDatos" value="Comprobar"
onClick="funcion_1();">
                        </td>
                     </tr>
                     <tr>
                        <td width="160">
                            
                        </td>
                        <td width="40">
                            
                        </td>
                     </tr>
                     <tr align="center" valign="top">
                        <td colspan="2" height="120">
                           <textarea name="mostrarResultado"
rows="6" cols="20" wrap="virtual">
                           </textarea>
                        </td>
                     </tr>
                  </table>
               </form>
            </body>
         </html>
```

Veamos qué hace este código. Como ve, está formado por dos partes. La parte HTML es la que se encarga de montar el formulario en la página. No vamos a detenernos aquí, ya que esta parte ya sabe interpretarla sin problemas con unas nociones mínimas de HTML.

La parte que nos interesa es la función de JavaScript **funcion_1()**, cuyo código reproduzco a continuación aislado del resto:

```
var resultado="";
for (contador=0; contador<=2; contador++)
{
   if (formulario.elements[contador].checked)
   {
      resultado += "Usted es ";
   } else {
      resultado += "Usted NO es ";
   }
   resultado += formulario.elements[contador].value +
"\n";
}

formulario.mostrarResultado.value = resultado;
```

En primer lugar encontramos un bucle, que va a ejecutarse tres veces, para comprobar el valor de la propiedad checked de las tres casillas de verificación. He puesto estas casillas como primeros elementos del formulario para poder acceder a ellos como primeros tres objetos de la matriz elements.

Observe que, según sea el valor de la propiedad checked, se establece una frase u otra, que se añade al resultado definitivo.

Por último, después del bucle, muestro el resultado en el campo de texto multilínea que he montado a tal fin.

Ejecute la página para comprobar su funcionamiento. Pruebe a marcar y desmarcar las casillas de verificación, pulsando a continuación el botón **[COMPROBAR]**.

Además de la propiedad descrita, estos campos tienen las propiedades comunes a los campos de un formulario.

Este tipo de campos cuenta con otra propiedad, llamada ***defaultChecked***, que determina si la casilla de verificación está activada por defecto o no lo está, es decir, si en la línea HTML que define la casilla se incluye o no el atributo cheked.

9.2.6.2 BOTONES DE RADIO

Los botones de radio, o botones de opción, se emplean para que el usuario elija una alternativa, y sólo una, de un grupo de posibilidades. Como usted ya sabe, puede definir, en un mismo formulario, varios grupos de opciones. Este tipo de objetos también dispone de la propiedad ***checked***, para determinar qué botón está activado, pero su uso es diferente a la propiedad del mismo nombre de las casillas de verificación.

Cada grupo de botones de opción que usted crea en un formulario constituye, en sí mismo, una matriz, cuyo nombre coincide con el atributo name que le asigne a los botones del grupo. A partir de ahí, se puede comprobar el estado de la propiedad checked de cada uno de los elementos de la matriz. Vamos a aclarar esto mediante el código **opcion_1.htm**, listado a continuación.

```
      <html>
         <head>
            <title>
               P&aacute;gina con JavaScript.
            </title>
            <script language="javascript">
               <!--
                  function evaluacion()
                  {
                     resultado1 = "ninguna";
                     resultado2 = "ninguna";

                     for (contador=0;
contador<formulario.grupo1.length; contador++)
                     {
                        if
(formulario.grupo1[contador].checked)
                        {
                           resultado1 =
resultado1 = String.fromCharCode(contador+65);
                        }
                     }

                     for (contador=0;
contador<formulario.grupo2.length; contador++)
                     {
                        if
(formulario.grupo2[contador].checked)
                        {
                           resultado2 =
resultado1 = String.fromCharCode(contador+65);
```

```
                        }
                    }
                    formulario.res1.value = "La opción
activada es " + resultado1;
                    formulario.res2.value = "La opción
activada es " + resultado2;

                }
            //-->
        </script>
    </head>

    <body>
        <form name="formulario">
            <table width="300" border="0" cellspacing="0"
cellpadding="4">
                <tr>
                    <td colspan="2">
                        Grupo 1
                    </td>
                    <td colspan="2">
                        Grupo 2
                    </td>
                </tr>
                <tr>
                    <td width="80">
                        Opci&oacute;n A
                    </td>
                    <td width="70" align="center">
                        <input type="radio" name="grupo1"
value="A">
                    </td>
                    <td width="80">
                        Opci&oacute;n A
                    </td>
                    <td width="70" align="center">
                        <input type="radio" name="grupo2"
value="A">
                    </td>
                </tr>
                <tr>
                    <td>
                        Opci&oacute;n B
                    </td>
                    <td align="center">
                        <input type="radio" name="grupo1"
value="B">
                    </td>
```

```
                    <td>
                       Opci&oacute;n B
                    </td>
                    <td align="center">
                       <input type="radio" name="grupo2"
value="B">
                    </td>
                 </tr>
                 <tr>
                    <td width="95">
                       Opci&oacute;n C
                    </td>
                    <td align="center">
                       <input type="radio" name="grupo1"
value="C">
                    </td>
                    <td>
                       Opci&oacute;n C
                    </td>
                    <td align="center">
                       <input type="radio" name="grupo2"
value="C">
                    </td>
                 </tr>
                 <tr>
                    <td>
                       Opci&oacute;n D
                    </td>
                    <td align="center">
                       <input type="radio" name="grupo1"
value="D">
                    </td>
                    <td colspan="2">
                        
                    </td>
                 </tr>
                 <tr>
                    <td colspan="4">
                        
                    </td>
                 </tr>
                 <tr align="center">
                    <td colspan="4">
                       <input type="button" name="evaluar"
value="Comprobar estado" onClick="evaluacion();">
                    </td>
                 </tr>
                 <tr>
```

```
                <td colspan="4">
                    
                </td>
             </tr>
             <tr align="center">
                <td colspan="4">
                   <input type="text" name="res1"
size="30" disabled>
                </td>
             </tr>
             <tr align="center">
                <td colspan="4">
                   <input type="text" name="res2"
size="30" disabled>
                </td>
             </tr>
          </table>
       </form>
    </body>
 </html>
```

Cuando ejecute esta página, verá dos grupos de opciones, tal como se aprecia en la figura 9.3. Yo las he etiquetado como “grupo1” y “grupo2”, pero, en realidad, aquí podríamos haber puesto lo que quisiéramos. Lo que importa aquí es que, como usted ya sabe, todos los botones de un mismo grupo deben llevar el mismo nombre. Si no, serán reconocidos por el navegador como pertenecientes a distintos grupos. Además, verá un botón y dos casillas de texto inhabilitadas, de modo que no se puede escribir en ellas.

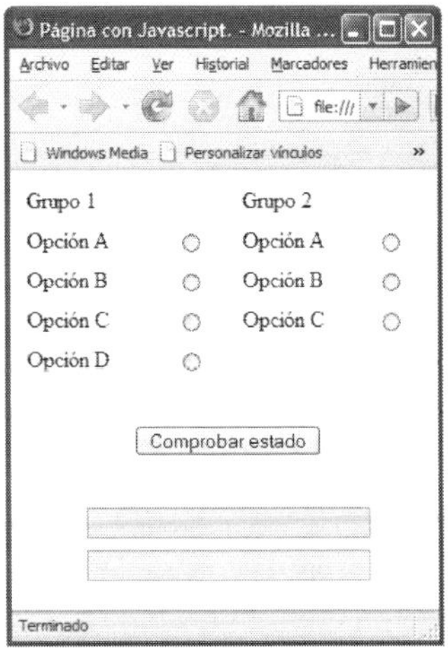

Figura 9.3.

Observe que, por defecto, ninguna de las posibles opciones de los grupos está activada. Pulse el botón **[COMPROBAR ESTADO]** sin haber seleccionado previamente ninguna de las opciones. Verá que en las casillas de texto inferiores aparece el resultado indicando que en ninguno de los grupos hay opción alguna activada. Después, active una opción de un grupo y pulse de nuevo **[COMPROBAR ESTADO]**. Verá los mensajes que indican cuál es la opción activada. Luego pruebe a seleccionar una opción del segundo grupo.

La parte HTML donde se crea el formulario no va a ser objeto de estudio aquí. Si usted ha leído mi libro *Domine HTML y DHTML* ya conoce lo suficiente para descifrar esa parte del código. Donde nos vamos a centrar ahora es en la función JavaScript empleada para identificar cuál de los botones de opción está activado en cada grupo. El cuerpo de la función aparece duplicado a continuación, aislado del resto del código, para facilitar su comprensión.

```
      resultado1 = "ninguna";
      resultado2 = "ninguna";
      for (contador=0; contador<formulario.grupo1.length;
contador++) {
          if (formulario.grupo1[contador].checked)
          {
             resultado1 = String.fromCharCode(contador+65);
          }
      }
      for (contador=0; contador<formulario.grupo2.length;
contador++)
      {
          if (formulario.grupo2[contador].checked)
          {
             resultado2 = String.fromCharCode(contador+65);
          }
      }
      formulario.res1.value = "La opción activada es " +
resultado1;
      formulario.res2.value = "La opción activada es " +
resultado2;
```

Como ve, dentro del cuerpo de la función hay dos bucles. Cada uno de ellos va a recorrer los botones de opción de cada uno de los grupos, para comprobar cuál de ellos está activado. Tengo unas variables, llamadas **`resultado1`** y **`resultado2`**, donde almacenaré la opción correspondiente a cada uno de los grupos. En principio, estas variables contienen la palabra "**`ninguna`**", puesto que todavía no se ha determinado ninguna opción activada. Como hemos dicho que cada grupo de botones de opción constituye una matriz, los recorreremos desde el elemento 0 hasta el último, usando, como nombre de la matriz, el nombre del grupo, y determinando como último elemento el valor de la propiedad length de la matriz menos 1.

Comprobaremos cada elemento y si el valor de su propiedad checked es true, uso el método **String.fromCharCode()**, para recuperar la letra que corresponde al elemento activado.

Este tipo de elementos también incluye la propiedad ***defaultChecked***, que determina cuál es el botón activado por defecto en un grupo, si es que hay alguno.

9.2.6.3 LISTAS Y MENÚS

Las listas de opciones y los menús desplegables son una forma adecuada de ofrecerle al usuario que elija una o más opciones de un grupo cuando éste está formado por muchas alternativas. Por ejemplo, si usted le quiere preguntar al usuario, mediante un formulario, cuál es su provincia de residencia, no parece lógico incluir 52 botones de opción. Solamente la tabla necesaria ya ocuparía un espacio abusivo en la página. Es más sensato (y más elegante) incluir un menú o una lista.

Las listas y los menús están formados, desde el punto de vista de JavaScript, por dos objetos, interdependientes entre sí: la lista o menú propiamente dicho, que constituye un objeto ***Select***, y las opciones que hay en esa lista o menú, junto con los valores asociados a las mismas, que forman una matriz ***options***. Desde el punto de vista de JavaScript, una lista es idéntica a un menú y cuenta con las mismas propiedades, métodos y eventos.

Vamos a echarle un vistazo general a un menú de opciones muy simple, que permite al usuario elegir su provincia de residencia. Los valores asociados a las distintas opciones son las dos primeras cifras del código postal de cada provincia. Una vez más, si usted reside fuera de España, quizás no le digan nada los nombres de provincias y códigos postales empleados, pero seguro que no tiene ningún problema en adaptar este ejercicio a su propio país. Fíjese en que he colocado las provincias por orden alfabético, a fin de facilitarle al usuario la localización de la suya propia. Este orden no coincide, exactamente, con el orden de códigos postales, pero me da igual, puesto que cada código está como contenido del atributo value de la correspondiente opción. Si analiza el código de la página verá que son correctos. El menú, una vez desplegado, tiene un aspecto similar al de la figura 9.4.

Crear un menú así en HTML es extremadamente simple. Lo que vamos a ver ahora es lo que podemos hacer con él desde JavaScript. Una de las propiedades más interesantes de un objeto Select es ***selectedIndex***, que devuelve un número entero que indica qué opción del menú está seleccionada en ese momento. Como ya sabemos, las opciones forman una matriz y esta propiedad nos devuelve el índice que corresponde al elemento seleccionado en la misma. Para entender esto, observe el código **menu_1.htm**, listado a continuación:

Figura 9.4

```
<html>
   <head>
      <title>
         P&aacute;gina con JavaScript.
      </title>
      <script language="javascript">
         <!--
            function ver()
            {
               formulario.indice.value =
formulario.menuProvincia.selectedIndex;
            }
         //-->
      </script>
   </head>
   <body>
      <form name="formulario">
         Indique su provincia:
         <select name="menuProvincia">
            <option value="15">A Coru&ntilde;a</option>
            <option value="01">&Aacute;lava</option>
            <option value="02">Albacete</option>
```

```
                    <option value="03">Alicante</option>
                    <option value="04">Almer&iacute;a</option>
                    <option value="33">Asturias</option>
                    <option value="05">&Aacute;vila</option>
                    <option value="06">Badajoz</option>
                    <option value="07">Baleares</option>
                    <option value="08">Barcelona</option>
                    <option value="09">Burgos</option>
                    <option value="10">C&aacute;ceres</option>
                    <option value="11">C&aacute;diz</option>
                    <option value="39">Cantabria</option>
                    <option
value="12">Castell&oacute;n</option>
                    <option value="51">Ceuta</option>
                    <option value="13">Ciudad Real</option>
                    <option value="14">C&oacute;rdoba</option>
                    <option value="16">Cuenca</option>
                    <option value="17">Girona</option>
                    <option value="18">Granada</option>
                    <option value="19">Guadalajara</option>
                    <option
value="20">Guip&uacute;zcoa</option>
                    <option value="21">Huelva</option>
                    <option value="22">Huesca</option>
                    <option value="23">Ja&eacute;n</option>
                    <option value="26">La Rioja</option>
                    <option value="35">Las Palmas</option>
                    <option value="24">Le&oacute;n</option>
                    <option value="25">Lleida</option>
                    <option value="27">Lugo</option>
                    <option value="28">Madrid</option>
                    <option value="29">M&aacute;laga</option>
                    <option value="52">Melilla</option>
                    <option value="30">Murcia</option>
                    <option value="31">Navarra</option>
                    <option value="32">Ourense</option>
                    <option value="34">Palencia</option>
                    <option value="36">Pontevedra</option>
                    <option value="37">Salamanca</option>
                    <option value="38">Tenerife</option>
                    <option value="40">Segovia</option>
                    <option value="41">Sevilla</option>
                    <option value="42">Soria</option>
                    <option value="43">Tarragona</option>
                    <option value="44">Teruel</option>
                    <option value="45">Toledo</option>
                    <option value="46">Valencia</option>
                    <option value="47">Valladolid</option>
```

```
                    <option value="48">Vizcaya</option>
                    <option value="49">Zamora</option>
                    <option value="50">Zaragoza</option>
                 </select>
                 <br>
                 <input type="button" value="Ver selectedIndex"
onClick="ver();">
                 <br>
                 El &iacute;ndice seleccionado es:
                 <input type="text" name="indice" size=2
disabled>
              </form>
           </body>
        </html>
```

Ejecute la página. Verá que puede seleccionar cualquier provincia del menú y, al pulsar el botón, le aparecerá, en la correspondiente casilla de texto, el índice de la opción elegida dentro de la matriz options.

Un evento muy útil de los objetos Select es ***onChange***, que se dispara cada vez que se produce un cambio en la opción seleccionada del menú. Para comprobar su funcionamiento, vamos a ver un ejemplo que actúa del mismo modo que el anterior, pero sin necesidad de que el usuario pulse un botón para ver el valor de selectedIndex.

```
        <html>
           <head>
              <title>
                 P&aacute;gina con JavaScript.
              </title>
              <script language="javascript">
                 <!--
                    function ver()
                    {
                       formulario.indice.value =
formulario.menuProvincia.selectedIndex;
                    }
                 //-->
              </script>
           </head>
           <body>
              <form name="formulario">
                 Indique su provincia:
                 <select name="menuProvincia"
onChange="ver();">
                    <option value="15">A Coru&ntilde;a</option>
```

```
                <option value="01">&Aacute;lava</option>
                <option value="02">Albacete</option>
    //Lista construida como en el código anterior.
    //Listado completo en el CD adjunto.

                <option value="49">Zamora</option>
                <option value="50">Zaragoza</option>
             </select>
             <br>

             El &iacute;ndice seleccionado es:
             <input type="text" name="indice" size=2
value="0" disabled>

          </form>
       </body>
    </html>
```

El código es idéntico al anterior, con la salvedad de que he suprimido el botón y he añadido, al select, el manejador de evento onChange.

La propiedad selectecIndex es de lectura y escritura. Esto quiere decir que usted puede establecer, en tiempo de ejecución, el valor de dicha propiedad y en el menú aparecerá la opción correspondiente. Para ilustrar esto he creado el código **menu_3.htm**. He inhabilitado el menú mediante el atributo disabled, para evitar que el usuario pueda modificarlo y he habilitado también la casilla donde antes aparecía el valor de selectedIndex. Ahora, al ejecutar esta página, escriba un valor en la casilla (recuerde que tiene que estar entre 0 y 51, puesto que el menú tiene 52 opciones). Pulse el botón **[PONER SELECTEDINDEX]** y verá que se ajusta el menú. El listado del código es el siguiente:

```
    <html>
       <head>
          <title>
             P&aacute;gina con JavaScript.
          </title>
          <script language="javascript">
             <!--
                function poner()
                {
                    formulario.menuProvincia.selectedIndex
= formulario.indice.value;
                }
             //-->
          </script>
       </head>
```

```
        <body>
            <form name="formulario">
                Indique su provincia:
                <select name="menuProvincia" disabled>
                    <option value="15">A Coru&ntilde;a</option>
                    <option value="01">&Aacute;lava</option>
                    <option value="02">Albacete</option>

    //Lista construida como en el código anterior.
    //Listado completo en el CD adjunto.

                    <option value="49">Zamora</option>
                    <option value="50">Zaragoza</option>
                </select>
                <br>

                El &iacute;ndice seleccionado es:
                <input type="text" name="indice" value="0"
size=2 maxlength=2>
                <input type="button" value="Poner
selectedIndex" onClick="poner();">

            </form>
        </body>
    </html>
```

Observe con particular atención la línea resaltada.

En relación con la lista de opciones que se pueden incluir en un objeto Select, hay dos propiedades a las que debemos prestar especial interés. La propiedad ***length*** devuelve el número de opciones del menú o lista. La propiedad ***options*** devuelve una matriz con todas las opciones. Quizás la más importante de estas propiedades sea options, ya que, a través de esa matriz que se crea podemos recuperar tanto el texto de la opción seleccionada como su valor (propiedad value). Para ilustrar esto, he creado el código **menu_4.htm**, listado a continuación:

```
    <html>
        <head>
            <title>
                P&aacute;gina con JavaScript.
            </title>
            <script language="javascript">
                <!--
                    function crear()
                    {
                        matriz =
```

```
formulario.menuProvincia.options;
                    }

                    function poner()
                    {
                        formulario.codigo.value =
matriz[formulario.menuProvincia.selectedIndex].value;
                        formulario.nombreProvincia.value =
matriz[formulario.menuProvincia.selectedIndex].text;
                    }
                //-->
            </script>
        </head>
        <body onload="crear();">
            <form name="formulario">
                Indique su provincia:
                <select name="menuProvincia">
                    <option value="15">A Coru&ntilde;a</option>
                    <option value="01">&Aacute;lava</option>
                    <option value="02">Albacete</option>

    //Lista construida como en el código anterior.
    //Listado completo en el CD adjunto.

                    <option value="49">Zamora</option>
                    <option value="50">Zaragoza</option>
                </select>
                <br>
                El c&oacute;digo postal de la provincia es:
                <input type="text" name="codigo" disabled>
                La provincia es:
                <input type="text" name="nombreProvincia"
disabled>
                <br>

                <input type="button" value="Mostrar datos"
onClick="poner();">
            </form>
        </body>
    </html>
```

Ejecútelo para ver su funcionamiento. Seleccione, por ejemplo, Barcelona y pulse el botón **[MOSTRAR DATOS]**. Su página quedará con el aspecto que se ve en la figura 9.5.

Veamos qué ha ocurrido. Una vez cargada la página se ejecuta la función `crear()`, cuya misión es generar la matriz options.

```
        matriz = formulario.menuProvincia.options;
```

Después, al pulsar el botón, se usa esta matriz para obtener el texto del menú y el valor asociado (propiedad value) a la opción elegida. De esto se encarga la función `poner()`.

```
        formulario.codigo.value =
matriz[formulario.menuProvincia.selectedIndex].value;
        formulario.nombreProvincia.value =
matriz[formulario.menuProvincia.selectedIndex].text;
```

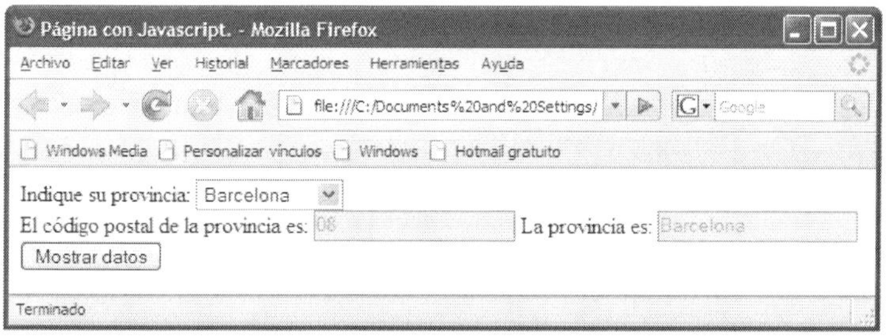

Figura 9.5

Cada elemento de la matriz options tiene la propiedad ***text***, que devuelve el texto de la opción en el menú, y la propiedad ***value***, que devuelve el valor asociado a dicha opción.

Así que ya tenemos cómo detectar qué opción del menú ha sido seleccionada en cada caso, así como el texto y el valor asociados a la misma. Pero, ¿qué ocurre en el caso de las listas que permiten la selección múltiple? La propiedad selectedIndex del objeto Select, en la que hemos basado todo nuestro trabajo hasta ahora, sólo localiza el primer elemento seleccionado. Esto es, a todas luces, inadmisible. ¿De qué nos sirve una lista de selección múltiple si sólo podemos identificar la primera opción seleccionada? Afortunadamente, hay una solución. Cada elemento de la matriz options cuenta con la propiedad ***selected***, cuyo valor será true o false, dependiendo de que la opción en cuestión esté seleccionada o no.

Vamos a ver un código que nos permita identificar las opciones seleccionadas en una lista de selección múltiple. La página se llama **lista_1.htm**.

```
<html>
   <head>
      <title>
         P&aacute;gina con JavaScript.
```

```
            </title>
            <script language="javascript">
               <!--
                  function ver()
                  {
                     resultado = "Provincia:\tC. Postal\n";
                     for (contador=0;
contador<formulario.menuProvincia.length; contador++)
                     {
                        if
(formulario.menuProvincia.options[contador].selected)
                        {
                           resultado +=
formulario.menuProvincia.options[contador].text;
                           if
(formulario.menuProvincia.options[contador].text.length < 8)
                           {
                              resultado += "\t";
                           }
                           resultado += "\t";
                           resultado +=
formulario.menuProvincia.options[contador].value;
                           resultado += "\n";
                        }
                     }
                     formulario.listaProvincias.value =
resultado;
                  }
               //-->
            </script>
         </head>
         <body>
            <form name="formulario">
               Indique la(s) provincia(s) de su
elecci&oacute;n:
               <select name="menuProvincia" size="5"
multiple>
                  <option value="15">A Coru&ntilde;a</option>
                  <option value="01">&Aacute;lava</option>
                  <option value="02">Albacete</option>

      //Lista construida como en menú_1.htm.
      //Listado completo en el CD adjunto.

                  <option value="49">Zamora</option>
                  <option value="50">Zaragoza</option>
               </select>
               <br>
```

```
                <input type="button" value="Ver lista de
provincias" onClick="ver();">
                <br>

                La(s) provincia(s) seleccionadas son:
                <textarea name="listaProvincias" cols="60"
rows="5" wrap="virtual">
                </textarea>
            </form>
        </body>
    </html>
```

Cuando la ejecute, verá que su aspecto es el de la figura 9.6. No está muy cuidada la presencia, pero aquí me interesa más el valor didáctico del ejercicio que ninguna otra consideración.

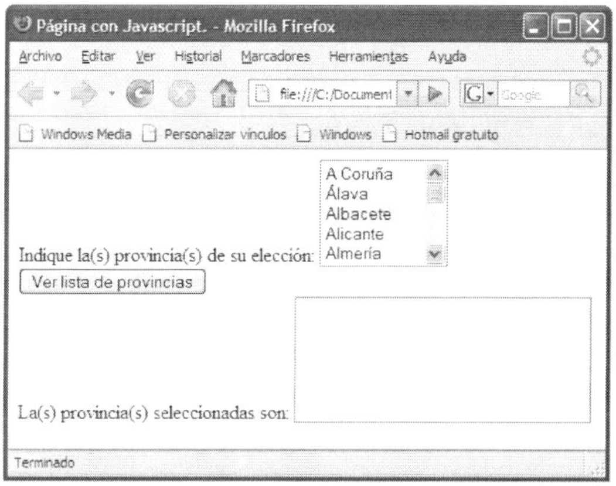

Figura 9.6

Como ve, en primer lugar encontramos una lista de provincias para que usted seleccione las que le interesan. Se trata de una lista que admite la selección múltiple, así que usted puede seleccionar varias opciones. Como sabe, esto puede hacerlo mediante las teclas ctrl y desplazamiento (shift) de su teclado.

Debajo de esta lista se encuentra el botón **[VER LISTA DE PROVINCIAS]**. Después aparece una zona de texto donde se verá una lista con la selección.

Seleccione, por ejemplo, las tres primeras provincias. Pulse el botón y su caja de texto tendrá un aspecto como el de la figura 9.7.

Todo el código JavaScript necesario para realizar esto se encuentra en la función `ver()`. Estudiemos ahora su operativa.

En primer lugar, se crea una variable de texto, donde se almacena lo que será el encabezamiento de las provincias y los códigos postales. Después, tenemos un bucle que va a recorrer toda la matriz options del objeto **`menuProvincia`**. A su paso por cada uno de los elementos, se comprueba la propiedad selected del mismo y, si está activada, se añade a la variable **`resultado`** el texto asociado a esa opción, así como su valor.

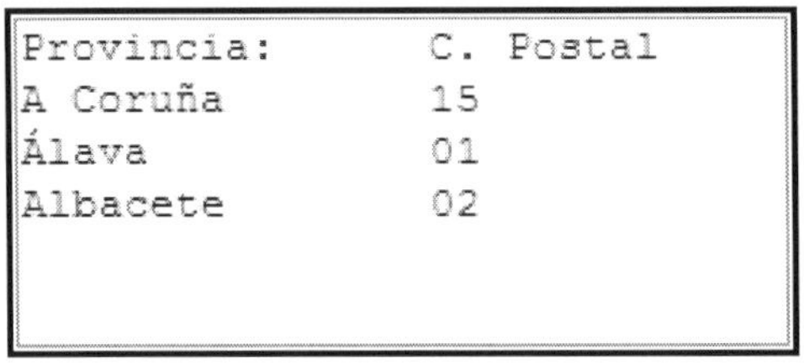

Figura 9.7

Observe que, además, he añadido una comprobación acerca de si la longitud del texto correspondiente es menor de ocho caracteres. Esto lo he hecho porque, en ese caso, es necesario añadir una secuencia de escape de tabulación adicional a fin de que la lista final quede bien organizada. Si lo desea, pruebe a eliminar este condicional y vea lo que ocurre.

Una posibilidad que nos ofrecen los objetos Select es poder reconstruir una lista o menú en tiempo de ejecución. Suponga que usted quiere ofrecerles a sus usuarios la posibilidad de conseguir información acerca de distintas poblaciones españolas. El usuario verá un menú desplegable en el que podrá elegir la provincia que le interesa. Una vez seleccionada una, en otro menú podrá elegir la población, dentro de esa provincia, que desea ver. Por lo tanto, el segundo menú (el que corresponde a las poblaciones) debe reconstruirse dinámicamente, en función de la provincia elegida en el primer menú. Así, cuando el usuario despliegue el segundo menú sólo verá como opciones las poblaciones de la provincia que le interesa.

Esto exige varias cosas. En primer lugar, el menú de poblaciones debe estar inhabilitado hasta que el usuario seleccione una provincia. Esto es fácil, empleando la propiedad ***disabled***, aplicada al segundo menú.

Una vez que el usuario elija una provincia, las opciones del segundo menú deben borrarse para que no quede ninguna de las poblaciones de la elección anterior. Para eliminar una opción de una matriz options, lo que hacemos es asignarle el valor ***null***.

```
options[indice] = null
```

Después, deben crearse las opciones de la nueva lista de poblaciones. Para crear una nueva opción en un menú usamos el constructor ***Option()***, que recibe dos parámetros: el texto a mostrar y el valor asociado a la opción.

```
options[indice] = new Option (texto,valor)
```

El código del ejercicio propuesto no es especialmente difícil. Lo que sí resulta tremendamente engorroso es que, para ofrecer a nuestros usuarios un abanico de posibilidades completo, debemos tener en memoria los nombres de todas las poblaciones de cada una de las 52 provincias españolas. Dado que el total de poblaciones de España asciende a varios millares, para este ejercicio sólo he seleccionado algunas.

De cara a la funcionalidad del código, vamos a almacenar los nombres de las poblaciones en 52 matrices, una por cada provincia.

Este ejercicio lo he dividido en dos ficheros. Por una parte, tengo un fichero llamado **poblaciones.js**, que contiene los nombres de las poblaciones elegidas para representar a las 52 provincias españolas. Las poblaciones de cada provincia están agrupadas en matrices, de forma que hay un total de 52 matrices, una por cada provincia. Observe que cada matriz tiene un nombre formado por la palabra `matriz` seguida de dos dígitos. Estos dos dígitos coinciden con los dos primeros del código postal de la provincia a que se refiere. Además, coinciden con la propiedad value de la correspondiente provincia, en el menú de provincias que aparecerá luego en el código principal. El listado de este fichero se encuentra en el CD adjunto. Como puede ver, a pesar de haber tomado solamente una pequeña muestra de los nombres de las poblaciones españolas, el listado es enorme. Ésta es la principal razón para haberlo aislado del cuerpo del listado principal. El nombre de este código es **menu_dinamico_1.htm**.

```
<html>
   <head>
      <title>
         P&aacute;gina con JavaScript.
      </title>

      <script src="poblaciones.js"
language="javascript" type="text/javascript">
         <!--

         //-->
      </script>

      <script language="javascript">
```

```
                <!--
                    function mostrarPoblaciones()
                    {
      //Se borra el menú de poblaciones si es que existe
alguna anterior
                        if (fProvincias.menuPoblacion.length>1)
                        {
                            totalPoblaciones =
fProvincias.menuPoblacion.length;
                            for (contador=1;
contador<totalPoblaciones; contador++)
                            {

fProvincias.menuPoblacion.options[1]=null;
                            }
                        }
      //Se comprueba si se ha seleccionado alguna provincia.
      //si no, se inhabilita el menú de poblaciones y se sale
      //de la función.

                        if (fProvincias.menuProvincia.value ==
"x")
                        {

fProvincias.menuPoblacion.selectedItem = 0;
                            fProvincias.menuPoblacion.disabled =
true;
                        } else {
                            matrizElegida = "matriz" +
fProvincias.menuProvincia.value;
                            for (contador = 0;
contador<eval(matrizElegida).length; contador++)
                            {

fProvincias.menuPoblacion.options[contador+1] = new Option
(eval(matrizElegida)[contador],contador+1);
                            }
                            fProvincias.menuPoblacion.disabled =
false;
                        }
                    }
                //-->
            </script>
        </head>
        <body>
            <form name="fProvincias">
                <select name="menuProvincia"
onChange="mostrarPoblaciones();">
```

```
                  <option value="x">ELIJA UNA
PROVINCIA</option>
                  <option value="15">A Coru&ntilde;a</option>
                  <option value="01">&Aacute;lava</option>
                  <option value="02">Albacete</option>

      //Lista construida como en menú_1.htm.
      //Listado completo en el CD adjunto.

                  <option value="49">Zamora</option>
                  <option value="50">Zaragoza</option>
               </select>

               <select name="menuPoblacion" disabled>
                  <option value=0>TODAS LAS
POBLACIONES</option>
               </select>

            </form>
         </body>
      </html>
```

Vamos a estudiar su funcionamiento. En primer lugar, se llama al fichero poblaciones.js. Lo hacemos con las siguientes líneas:

```
      <script src="poblaciones.js" language="javascript"
type="text/javascript">
         <!--

         //-->
      </script>
```

Con esto logramos que las matrices con los nombres de las poblaciones queden residentes en la memoria del ordenador cliente cuando se cargue la página.

A continuación, quiero que vea que hay un menú en la página que contiene los nombres de las 52 provincias. También existe un segundo menú, en el cual se colocarán los nombres de las poblaciones cuando el usuario elija una provincia. De momento, este menú sólo tiene una opción, cuyo valor es 0, y está inhabilitado.

Cuando el usuario elige alguna provincia del menú reservado al efecto, se invoca la función `mostrarPoblaciones()`. Veamos cómo opera: lo primero que se hace es comprobar si el menú de poblaciones tiene algún contenido, de una elección anterior. Si es así, se eliminan todas las poblaciones que pudiera haber, y se inhabilita el menú. Esto lo hacemos con el siguiente fragmento de código:

```
	//Se borra el menú de poblaciones si es que existe
alguna anterior.
	if (fProvincias.menuPoblacion.length>1)
	{
	   totalPoblaciones = fProvincias.menuPoblacion.length;

	   for (contador=1; contador<totalPoblaciones;
contador++) {
	      fProvincias.menuPoblacion.options[1]=null;
	   }

	}
```

Como ve, uso un bucle que se ejecuta tantas veces como poblaciones hay y voy eliminando cada opción asignándole el valor null, tal como dije anteriormente. Fíjese en que siempre actúo sobre la opción 1 de la matriz. Esto es así porque, al borrar este elemento, los demás ascienden un puesto.

A continuación, se comprueba si se ha seleccionado alguna provincia. Esto se hace porque puede estar ya seleccionada alguna provincia y puede que el usuario haya activado la primera opción del menú, la que no corresponde a provincia alguna. Si se da este caso, se pone en el menú de poblaciones la opción por defecto y se inhabilita dicho menú. Esto lo hacemos con las siguientes líneas:

```
	//Se comprueba si se ha seleccionado alguna provincia.
	//si no, se inhabilita el menú de poblaciones y se sale
	//de la función.

	if (fProvincias.menuProvincia.value == "x")
	{
	   fProvincias.menuPoblacion.selectedItem = 0;
	   fProvincias.menuPoblacion.disabled = true;
```

Observe que la opción que no corresponde a ninguna provincia tiene el valor "x", que es el que uso para identificar esta posibilidad.

En caso de que el usuario elija una provincia válida, utilizo la propiedad value de la opción elegida para construir el nombre de la matriz que tiene las poblaciones de dicha provincia. Ese nombre lo guardo en la variable **matrizElegida**.

```
	matrizElegida =
"matriz"+fProvincias.menuProvincia.value;
```

A continuación, empleo un bucle para recorrer dicha matriz, a la que me voy a referir, en adelante, con la evaluación de la variable que tiene su nombre, mediante la función eval(), que ya conoce. Lo que hago dentro del bucle es añadirle opciones al menú de poblaciones, asignándole a cada una el nombre de una población y, como propiedad value, el valor del contador más 1. Esto se hace así porque el contador empieza desde 0, pero el valor 0 está, permanentemente, reservado para la opción TODAS LAS POBLACIONES.

```
        for (contador = 0;
contador<eval(matrizElegida).length; contador++) {
            fProvincias.menuPoblacion.options[contador+1] =
new Option (eval(matrizElegida)[contador],contador+1);
        }
```

Por último, una vez que he cargado el menú de poblaciones, lo habilito, con la línea siguiente:

```
        fProvincias.menuPoblacion.disabled = false;
```

Fíjese en una cosa. Vamos a suponer que esto fuera parte de un formulario destinado a ser enviado al servidor (como en realidad debe ser), y suponga que el usuario selecciona, como provincia, Alicante, y la primera población, Alcoy. La propiedad value de la opción Alcoy es 1. Ahora suponga que selecciona la provincia Madrid, y la primera población, Alcalá de Henares. La propiedad value de la opción Alcalá de Henares también es 1. Pero eso no da ningún problema porque la propiedad value del campo de la provincia (que también se enviará al servidor) es diferente.

El programa que reciba estos datos en el servidor deberá encargarse de reconocer la propiedad value de ambos campos. Si le interesa saber cómo se pueden procesar datos en el servidor, le recomiendo que lea mi trabajo, *Domine PHP y MySQL – 2ª Edición*, publicado por esta misma editorial.

9.3 USO AVANZADO DE LOS FORMULARIOS

Ya sabemos manejar, de forma independiente, cada uno de los posibles campos de un formulario. Ahora vamos a conocer una parte muy importante: la validación de un formulario como paso previo al envío (o al borrado) del mismo. Supongamos que tenemos un formulario en el que se le piden al usuario ciertos datos esenciales. No queremos que pueda enviarse el formulario sin esos datos, de modo que, si el usuario pulsa el botón **[ENVIAR]** sin haber completado aquellos datos que consideramos importantes, le salga un aviso al respecto y el formulario no se envíe al servidor.

Para hacer las pruebas de este tipo de operación vamos a emplear un formulario que se envíe directamente a nuestro correo electrónico. En el ejemplo, yo he puesto una dirección de correo ficticia. Usted copie el código desde el CD adjunto al disco duro y cambie la dirección por la suya propia, de modo que pueda examinar los resultados. Esta forma de enviar un correo electrónico, usando el cliente de correo propio, no es, en modo alguno, la más elegante, pero como, de momento, no contamos con ningún CGI de gestión de correo alojado en un servidor para hacer pruebas, es la que usaremos.

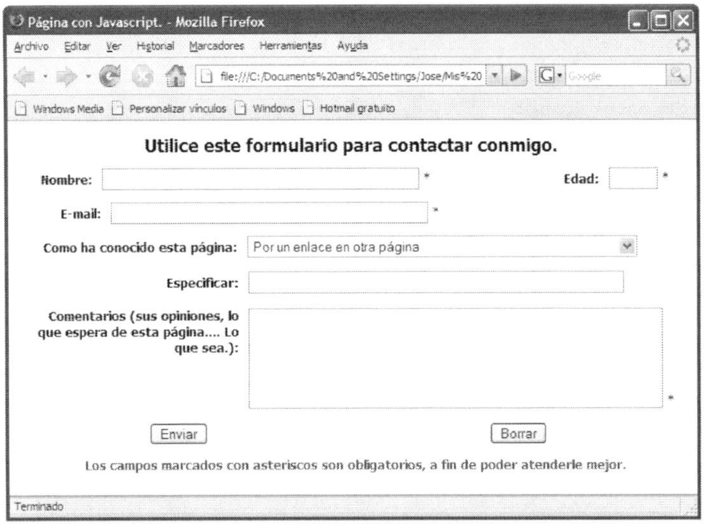

Figura 9.8

Observe el aspecto del formulario en la figura 9.8. Vea que he marcado con un asterisco rojo los campos que considero esenciales. Además, al pie del formulario he añadido un mensaje, también en rojo, indicándole al usuario que debe rellenar aquellos campos "marcados" para poder enviar el formulario. Esto es lógico. Si voy a condicionar el envío del formulario a que el usuario rellene determinados campos, lo menos que puedo hacer es avisarle de tal eventualidad. Lo contrario sería percibido por el usuario como una falta de consideración. Veamos el código necesario para crear este formulario y para verificarlo antes de su envío. Lo he llamado **correo_1.htm**.

```
<html>
   <head>
      <title>
         P&aacute;gina con JavaScript.
      </title>
      <script language="JavaScript">
```

```
                <!--
                    window.moveTo(0,0);

window.resizeTo(screen.availWidth,screen.availHeight);

                    function correo()
                    {
                       expresion=/^[a-z]([\w\.]*)@[a-
z]([\w\.]*)\.[a-z]{2,3}$/;
                       resultado = expresion.test(this);
                       return resultado;
                    }

                    function comprobarCorreo()
                    {
                       var fallo=false;
                       var falta="";
                       if (datos.mnombre.value=="")
                       {
                          falta += "Falta su nombre.\n";
                          fallo = true;
                       }
                       if (datos.medad.value=="")
                       {
                          falta += "Falta su edad.\n";
                          fallo = true;
                       }
                       if (datos.mcomentarios.value=="")
                       {
                          falta += "Faltan sus comentarios (lo
más importante).\n";
                          fallo = true;
                       }

      //Se crea el método correo()
      //en base a la función del mismo nombre.
                       String.prototype.correo = correo;

datos.mcorreo.value=datos.mcorreo.value.toLowerCase();
      //Se comprueba la cadena.

                       if (!(datos.mcorreo.value.correo()))
                       {
                          falta += "El e-mail no parece
correcto.\n";
                          fallo=true;
                       }
                       if (fallo)
```

```
                    {
                       alert(falta);
                       return false;
                    } else {
                       return true;
                    }
                }
            //-->

         </script>
      </head>

      <body>
         <table width="600" border="0" cellpadding="4"
align="center">
            <tr>
               <td align="center">
                  <p>
                     <font face="Tahoma, Verdana, Arial"
size="4">
                        <b>
                           Utilice este formulario para
contactar conmigo.
                        </b>
                     </font>
                  </p>
               </td>
            </tr>
         </table>

         <form name="datos" method="post"
action="mailto:correo@servidor.com" onSubmit="return
comprobarCorreo();">
            <table width="700" border="0" cellpadding="4"
align="center">
               <tr>
                  <td align="right">
                     <font face="Tahoma, Verdana, Arial"
size="2">
                        <b>
                           Nombre:
                        </b>
                     </font>
                  </td>
                  <td>
                     <input type="text" name="mnombre"
size="50" maxlength="50">
                     <font color="#FF0000">
```

```
                                *
                             </font>
                          </td>
                          <td align="right">
                             <font face="Tahoma, Verdana, Arial"
size="2">
                                <b>
                                   Edad:
                                </b>
                             </font>
                          </td>
                          <td>
                             <input type="text" name="medad"
size="4" maxlength="2">
                             <font color="#FF0000">
                                *
                             </font>
                          </td>
                       </tr>
                    </table>

                    <table width="700" border="0" cellpadding="4"
align="center">
                       <tr>
                          <td width="83" align="right">
                             <font face="Tahoma, Verdana, Arial"
size="2">
                                <b>
                                   E-mail:
                                </b>
                             </font>
                          </td>
                          <td width="595">
                             <input type="text" name="mcorreo"
size="50" maxlength="50">
                             <font color="#FF0000">
                                *
                             </font>
                          </td>
                       </tr>
                    </table>

                    <table width="700" border="0" cellpadding="4"
align="center">
                       <tr>
                          <td width="223" align="right">
                             <font face="Tahoma, Verdana, Arial"
size="2">
```

```
                              <b>
                                 Cómo ha conocido esta
p&aacute;gina:
                              </b>
                           </font>
                        </td>

                        <td width="455">
                           <select name="mconocido">
                              <option value="enlace">
                                 Por un enlace en otra
p&aacute;gina
                              </option>
                              <option value="amigo">
                                 Me la recomend&oacute; un amigo
                              </option>
                              <option value="academia">
                                 Me la recomendaron en la
academia/colegio/universidad, etc.
                              </option>
                              <option value="libro">
                                 Leí de ella en un libro/revista
                              </option>
                              <option value="otro">
                                 Otro
                              </option>
                           </select>
                        </td>
                     </tr>
                  </table>

                  <table width="700" border="0" cellpadding="4"
height="22" align="center">
                     <tr>
                        <td width="224" align="right"
height="34">
                           <font face="Tahoma, Verdana, Arial"
size="2">
                              <b>
                                 Especificar:
                              </b>
                           </font>
                        </td>
                        <td width="454" height="34">
                           <input type="text"
name="mespecificar" size="60" maxlength="60">
                        </td>
                     </tr>
```

```
            </table>

            <table width="700" border="0" cellpadding="4"
align="center">
               <tr>
                  <td align="right" valign="top"
width="224">
                     <font face="Tahoma, Verdana, Arial"
size="2">
                        <b>
                           Comentarios (sus opiniones, lo
que espera de esta p&aacute;gina.... Lo que sea.):
                        </b>
                     </font>
                  </td>
                  <td width="454">
                     <textarea name="mcomentarios"
cols="50" rows="5" wrap="virtual"></textarea>
                     <font color="#FF0000">
                        *
                     </font>
                  </td>
               </tr>
            </table>

            <table width="700" border="0" cellpadding="4"
align="center">
               <tr align="center">
                  <td width="172">
                     <input type="submit" name="Submit"
value="Enviar">
                  </td>
                  <td width="188">
                     <input type="reset" name="reset"
value="Borrar">
                  </td>
               </tr>
            </table>

            <table width="700" border="0" cellpadding="4"
align="center">
               <tr>
                  <td align="center">
                     <font face="Tahoma, Verdana, Arial"
size="2" color="#FF0000">
                        <b>
                           Los campos marcados con
asteriscos son obligatorios, a fin de poder atenderle mejor.
```

```
                                </b>
                            </font>
                        </td>
                    </tr>
                </table>
            </form>
        </body>
    </html>
```

Como puede ver, una vez más el código se compone de una parte HTML y una parte JavaScript. La parte HTML, encargada de montar el formulario, no tiene casi ningún secreto. Y especifico lo de casi porque quiero llamar su atención sobre la línea que abre el formulario, y que reproduzco a continuación:

```
<form name="datos" method="post"
action="mailto:correo@servidor.com" onSubmit="return
comprobarCorreo();">
```

Observe que he capturado el evento ***onSubmit.*** Por cierto: como usted ya habrá deducido, la expresión ***capturar un evento*** se refiere a detectarlo y hacer algo en consecuencia. Éste se dispara cada vez que se intenta enviar el formulario. Lo que hago es invocar a la función de JavaScript **`comprobarCorreo()`**. Pero es una forma de invocarla un poco particular, pues el nombre de la función está precedido por la sentencia ***return***. En el Capítulo 5 vimos que esta palabra se emplea para devolver un resultado desde una función. Pues bien: incluyéndola de este modo logramos que un resultado lógico false cancele la operación en curso. Es decir, cuando en el transcurso de una operación (como es, en este caso, el envío de un formulario) se invoca de este modo a una función, si la función devuelve el valor lógico true, la operación seguirá su curso; pero si la función devuelve el valor lógico false, la operación se abortará. Esta manera de llamar a una función podemos usarla no sólo en el caso del envío de un formulario, sino en cualquier contexto que necesitemos, tal como veremos en las prácticas.

En este caso, la función comprobarCorreo() está diseñada para verificar que el usuario ha introducido los datos adecuadamente. Si los datos no son los esperados, la función mostrará un cuadro de aviso y devolverá el valor false, con lo que se cancelará el envío.

Observe el código de la función. Realmente es bastante simple. Por una parte, se comprueba que el usuario no haya dejado vacíos los campos destinados al nombre, la edad y los comentarios. Esto no tiene mayor misterio.

Donde sí puede que se complique un poco la cosa es a la hora de comprobar el correo electrónico del usuario, ya que no sólo tiene que haber un contenido escrito, sino que, además, debe responder a un patrón concreto. Para comprobar si el e-mail introducido responde a ese patrón, hemos empleado una expresión regular (vea el Capítulo 6 y el Apéndice H si tiene dudas al respecto).

Quiero que se fije, especialmente, en otra función que he incorporado: la he llamado **`correo()`**. Aquí se crea la expresión regular necesaria y se usa para chequear una cadena de texto. Dentro de la función **`comprobarCorreo()`** he implementado la función correo como un método más del objeto String mediante el uso de la propiedad prototype. Ya hemos hecho algunas cosas parecidas anteriormente, así que no debería tener usted ningún problema para seguir este código. Lo único que hacemos aquí es sacarle un uso práctico a lo que hemos ido aprendiendo anteriormente.

¿Y qué ocurre si queremos hacer una comprobación previa al borrado? Por ejemplo, usted puede desear (aunque no es habitual) que su página le pida confirmación antes de borrar un formulario. Suponga que su formulario tiene muchos campos para rellenar y no quiere que se borre sin más si el usuario pulsa el botón de borrar por accidente. Para eso usamos un evento llamado ***onReset***. Éste se dispara cada vez que el usuario intenta resetear el formulario. Este evento se asocia, al igual que onSubmit, al tag <form>. Suponga un código como el siguiente (al que he llamado **borrar_1.htm**).

```
<html>
   <head>
      <title>
         P&aacute;gina con JavaScript.
      </title>
      <script language="JavaScript">
         <!--
             window.moveTo(0,0);

window.resizeTo(screen.availWidth,screen.availHeight);

             function comprobarBorrado()
             {
                if (confirm("¿De verdad desea borrar
los datos?"))
                {
                   return true;
                } else {
                   return false;
                }
             }
         //-->
      </script>
```

```
        </head>
        <body>
            <table width="600" border="0" cellpadding="4"
align="center">
                <tr>
                    <td align="center">
                        <p>
                            <font face="Tahoma, Verdana, Arial"
size="4">
                                <b>
                                    Utilice este formulario para
contactar conmigo.
                                </b>
                            </font>
                        </p>
                    </td>
                </tr>
            </table>
            <form name="datos" method="post"
action="mailto:correo@servidor.com" onReset="return
comprobarBorrado();">

    //.......
    //.......
    //.......
    //Aquí van los campos del formulario. No los he
reproducido porque son iguales que en el ejercicio anterior,
pero en el fichero del CD está el código completo.
    //.......
    //.......
    //.......

            </form>
        </body>
    </html>
```

Observe el modo en que he usado el evento al definir el formulario. La función `comprobarBorrado()` es muy simple, sólo tiene un cuadro de confirmación que ya conocemos, así que no me detendré en ella.

Y, tal vez, usted se esté preguntando: ¿por qué usar los eventos onSubmit y onReset si se puede usar el evento onClick, asociado a los botones de submit y reset? Pues, hasta cierto punto, tiene usted razón. Pero los formularios tienen dos métodos muy especiales. El método ***submit()*** envía un formulario, aunque no se haya pulsado el botón de submit. El método ***reset()*** borra un formulario, aunque no se haya usado el botón de reset. Usted puede asignar estos métodos a cualquier evento. Por ejemplo, podemos hacer que, cuando el formulario esté completo, se envíe atomáticamente, sin intervención del usuario. Usando el evento onSubmit, en lugar del evento onClick en el botón de envío, nos aseguraremos de que la función de comprobación se ejecute siempre que se intente enviar el formulario. De todos modos, yo soy partidario de no usar los métodos submit() y reset(), ya que la experiencia me demuestra que, en ocasiones, fallan. Sin embargo, aunque parezca contradictorio, soy partidario de los eventos onSubmit y onReset. No obstante, con el tiempo, sus propias experiencias definirán sus criterios, del mismo modo que mis experiencias han definido los míos.

9.4 EJEMPLOS ÚTILES

Llegados a este punto, quiero mostrarle algunos ejemplos del uso (parcial o total) de lo que hemos aprendido en este Capítulo (y los anteriores). Las prácticas del libro están llenas de código que usted puede usar libremente en sus páginas. Los códigos que allí aparecen están comentados para no perder de vista los objetivos didácticos de los mismos.

De todos modos, los pocos códigos que aparecen aquí los he considerado suficientemente interesantes como para que cierren este Capítulo, pues puede aprender mucho de ellos. No se conforme con verlos, ver que funcionan y mirar la explicación. Sígalos línea a línea, experimente con ellos, destrípelos. Y, por supuesto, siéntase libre de incluirlos en sus propios trabajos.

9.4.1 Protección por contraseña

Ahora que ya sabemos usar los campos de los formularios, voy a incluir aquí un código, extremadamente simple, pero muy atractivo. ¿Quién no sueña con hacer una página protegida por contraseña? Quizás JavaScript no sea el lenguaje por excelencia para proteger algo mediante contraseña, dado que el usuario puede abrir el código fuente y ver la clave. Suponga que usted tiene un código como el siguiente:

```
<html>
   <head>
      <title>
         P&aacute;gina con JavaScript.
      </title>
      <script language="javascript">
         <!--

            function validacion()
            {
```

```
                    if (m_clave.value != "CLAVE")
                    {
                       alert ("La clave es incorrecta.");
                    } else {
                       alert ("HA ACERTADO LA CLAVE.");
                    }
                 }
              //-->
           </script>
        </head>
        <body>
           <center>
              <h1>
                 Introduzca su clave de acceso, por favor.
              </h1>
              <br>
              Clave:
              <input type="password" name="m_clave">
              <input type="button" name="validar"
value="Validar" onClick="validacion();">

        </body>
     </html>
```

Evidentemente, la seguridad es nula. Cualquier usuario puede ver el código fuente y tardar 2,5 segundos en darse cuenta de que la contraseña es `CLAVE`.

De todos modos, y aunque yo aconsejo que, si se quiere proteger algo de verdad, se recurra a otras tecnologías, JavaScript nos permite encriptar una contraseña de modo tal que un usuario, no muy avezado en la programación, no lo tenga fácil para descubrirla. Observe el código **clave_1.htm**.

```
     <html>
        <head>
           <title>
              P&aacute;gina con JavaScript.
           </title>
           <script language="javascript">
              <!--
                 var control = new Array
(105,120,110,113,108,99,106,95,127,111,117,102,83,121,114,121
,97,116,100,110,114,98,107,105,114,122,101,101,117,108,110,10
0,127,96,98,99,100,101,117,121,114,103,98,103,116,95,117,98,1
06,97,85,112,108,103,97);
                 function validacion()
                 {
```

```
                    if (m_clave.value == "") return;
                    valor=0;
                    fallo=false;

                    for (contador=0;
contador<m_clave.value.length; contador++)
                    {
                       caracter =
m_clave.value.charCodeAt(contador);
                       if (caracter != control[valor]) fallo
= true;
                       valor += contador+2;
                    }


                    if (fallo)
                    {
                       alert ("La clave es incorrecta.");
                    } else {
                       alert ("HA ACERTADO LA CLAVE.");
                    }
                 }
              //-->
           </script>
        </head>

        <body>
           <center>

              <h1>
                  Introduzca su clave de acceso, por favor.
               </h1>

               <br>
               Clave:
               <input type="password" name="m_clave">
               <input type="button" name="validar"
value="Validar" onClick="validacion();">
        </body>
     </html>
```

Lo que hacemos, a grandes rasgos, es partir de lo que el usuario introduce en la casilla destinada a la clave y procesarlo, mediante un algoritmo muy simple, para identificar cada uno de los caracteres. Extraemos su código ASCII y lo comparamos con un valor de la matriz que se declara al principio. El valor de la matriz que se emplea para comparar cada carácter aparece resaltado en el listado. Lo que hacemos es comparar el código ASCII de cada uno de los caracteres tecleados por el usuario con un valor almacenado en la matriz de memoria. Observe que, entre cada dos valores que se usan para una comparación, hay un cierto número de valores que podríamos llamar “fantasmas”, destinados a confundir a quien intente descifrar la clave leyendo los códigos ASCII que aparecen. Por cierto: la clave es la palabra `incorrecta`, escrita así, toda con minúsculas. Usted ya tiene suficientes conocimientos, a estas alturas del libro, como para rastrear la lógica de este código e, incluso, para reprogramarlo con su propia clave. Utilice al Apéndice C del libro si necesita consultar el código ASCII.

9.4.2 Jugando con los colores

Y ya que hemos visto el modo de sacarle un uso práctico a los campos de contraseña, veamos también un ejecicio interesante en el que los botones de opción y otros campos juegan un papel fundamental. Se trata de un dispositivo JavaScript que le permite elegir un color de fondo para su página. Si conoce, como presupongo, HTML, ya sabe lo que necesita sobre colores. Sabe que se basan en el modelo RGB, que en programación web se usan los valores en hexadecimal y que existe una gama de colores llamados “seguros para la web”, que se ven igual (o casi) en cualquier plataforma que se emplee. Si quiere echar un vistazo a los códigos de algunos colores, consulte el Apéndice D de este libro. Veamos nuestro dispositivo de colores en JavaScript. Se llama **colores_1.htm**, y su código es el siguiente:

```
<html>
   <head>
      <title>
         Página con Javascript
      </title>
      <script language="JavaScript">
         <!--
            window.moveTo(0,0);
            window.resizeTo(screen.availWidth,
screen.availHeight);
            function convertirAHexa(valor){
               cadena =
(valor.toString(16)).toUpperCase();
               if (cadena.length<2) cadena="0"+cadena;
               return cadena;
            }
            function cambiar(objeto,accion){
               if (accion == ">>"){
                  if (parseInt(objeto.value)<255){
                     if
(document.all.rango[0].checked){
```

```
                                objeto.value =
parseInt(objeto.value)+1;
                             } else {
                                decimalSeguro =
(parseInt(parseInt(objeto.value)/51)+1)*51;
                                if
(decimalSeguro!=parseInt(objeto.value)){
                                   objeto.value =
decimalSeguro;
                                } else {
                                   if (decimalSeguro<255){
                                      decimalSeguro += 51;
                                      objeto.value =
decimalSeguro;
                                   }
                                }
                             }
                          }
                       } else {
                          if (parseInt(objeto.value)>0){
                             if
(document.all.rango[0].checked){
                                objeto.value =
parseInt(objeto.value)-1;
                             } else {
                                decimalSeguro =
parseInt(parseInt(objeto.value)/51)*51;
                                if
(decimalSeguro!=parseInt(objeto.value)){
                                   objeto.value =
decimalSeguro;
                                } else {
                                   if (decimalSeguro>0){
                                      decimalSeguro -= 51;
                                      objeto.value =
decimalSeguro;
                                   }
                                }
                             }
                          }
                       }
                       document.all.rojohexa.value =
convertirAHexa(parseInt(document.all.rojodecimal.value));
                       document.all.verdehexa.value =
convertirAHexa(parseInt(document.all.verdedecimal.value));
                       document.all.azulhexa.value =
convertirAHexa(parseInt(document.all.azuldecimal.value));
```

```
                    cadenaColor =
"#".concat(document.all.rojohexa.value);
                    cadenaColor =
cadenaColor.concat(document.all.verdehexa.value);
                    cadenaColor =
cadenaColor.concat(document.all.azulhexa.value);
                    document.bgColor = cadenaColor;
                 }
              //-->
           </script>
        </head>
        <body bgcolor="#000000" text="#0000FF">
           <table width="336" border="10" cellpadding="4"
cellspacing="0">

              <tr align="center" bgcolor="#CCCCCC">
                 <td colspan="8" height="100">
                    <p>
                       <font face="Tahoma, Verdana, Arial">
                          <b>
                             Test de colores para documentos
web.
                          </b>
                       </font>
                       <br>
                       <font face="Tahoma, Verdana, Arial"
size="2">
      Para comprobar colores que puede usar en sus
p&aacute;ginas, pulse los botones y observe el color de fondo
de este documento.
                          <br>
                       </font>
                    </p>
                 </td>
              </tr>
              <tr align="center">
                 <td colspan="2" bgcolor="#FF0000"
height="33">
                    <b>
                       <font face="Tahoma, Verdana, Arial">
                          ROJO
                       </font>
                    </b>
                 </td>
                 <td width="1" bgcolor="#CCCCCC"
height="33">
                     
                 </td>
```

```
                    <td bgcolor="#00FF00" colspan="2"
height="33">
                       <b>
                          <font face="Tahoma, Verdana, Arial">
                             VERDE
                          </font>
                       </b>
                    </td>
                    <td width="1" bgcolor="#CCCCCC"
height="33">
                        
                    </td>
                    <td colspan="2" bgcolor="#0000FF"
height="33">
                       <b>
                          <font face="Tahoma, Verdana, Arial"
color="#FFFF00">
                             AZUL
                          </font>
                       </b>
                    </td>
                 </tr>
                 <tr align="center">
                    <td height="59" width="40"
bgcolor="#FF0000">
                       <font face="Tahoma, Verdana, Arial">
                          Hex
                          <input type="text" name="rojohexa"
size="5" maxlength="2" value="00" disabled>
                       </font>
                    </td>
                    <td height="59" width="40"
bgcolor="#FF0000">
                       <font face="Tahoma, Verdana, Arial">
                          Dec
                             <input type="text"
name="rojodecimal" size="5" maxlength="3" value="0" disabled>
                       </font>
                    </td>
                    <td height="59" width="1"
bgcolor="#CCCCCC">
                        
                    </td>
                    <td height="59" width="38"
bgcolor="#00FF00">
                       <font face="Tahoma, Verdana, Arial">
                          Hex
```

```
                              <input type="text" name="verdehexa"
size="5" maxlength="2" value="00" disabled>
                           </font>
                        </td>
                        <td height="59" width="41"
bgcolor="#00FF00">
                           <font face="Tahoma, Verdana, Arial">
                              Dec
                              <input type="text"
name="verdedecimal" size="5" maxlength="3" value="0"
disabled>
                           </font>
                        </td>
                        <td height="59" width="1"
bgcolor="#CCCCCC">
                            
                        </td>
                        <td height="59" width="45"
bgcolor="#0000FF">
                           <font face="Tahoma, Verdana, Arial"
color="#FFFF00">
                              Hex
                              <input type="text" name="azulhexa"
size="5" maxlength="2" value="00" disabled>
                           </font>
                        </td>
                        <td height="59" width="48"
bgcolor="#0000FF">
                           <font face="Tahoma, Verdana, Arial"
color="#FFFF00">
                              Dec
                              <input type="text" name="azuldecimal"
size="5" maxlength="3" value="0" disabled>
                           </font>
                        </td>
                     </tr>
                     <tr align="center">
                        <td height="35" align="right" width="40"
bgcolor="#FF0000">
                           <input type="button" name="rojomenos"
value="&lt;&lt;"
onClick="cambiar(document.all.rojodecimal,this.value);">
                        </td>
                        <td height="35" align="left" width="40"
bgcolor="#FF0000">  
                           <input type="button" name="rojomas"
value="&gt;&gt;"
onClick="cambiar(document.all.rojodecimal,this.value);">
```

```
                    </td>
                    <td height="35" align="right" width="1"
bgcolor="#CCCCCC">
                         
                    </td>
                    <td height="35" align="right" width="38"
bgcolor="#00FF00">
                        <input type="button" name="verdemenos"
value="&lt;&lt;"
onClick="cambiar(document.all.verdedecimal,this.value);">
                    </td>
                    <td height="35" align="left" width="41"
bgcolor="#00FF00">
                         
                        <input type="button" name="verdemas"
value="&gt;&gt;"
onClick="cambiar(document.all.verdedecimal,this.value);">
                    </td>
                    <td height="35" align="left" width="1"
bgcolor="#CCCCCC">
                         
                    </td>
                    <td height="35" align="right" width="45"
bgcolor="#0000FF">
                        <input type="button" name="azulmenos"
value="&lt;&lt;"
onClick="cambiar(document.all.azuldecimal,this.value);">
                    </td>
                    <td height="35" align="left" width="48"
bgcolor="#0000FF">
                         
                        <input type="button" name="azulmas"
value="&gt;&gt;"
onClick="cambiar(document.all.azuldecimal,this.value);">
                    </td>
                </tr>
                <tr bgcolor="#FFFFFF">
                    <td colspan="8" height="25">
                        Todos los colores
                         
                        <input type="radio" name="rango"
value="completo" checked>
                    </td>
                </tr>
                <tr bgcolor="#FFFFFF">
                    <td colspan="8" height="21">
                        Colores seguros para la web
                         
```

```
                        <input type="radio" name="rango"
value="seguro">
                    </td>
                </tr>
            </table>
        </body>
    </html>
```

Cuando lo ejecute verá una página como la de la figura 9.9.

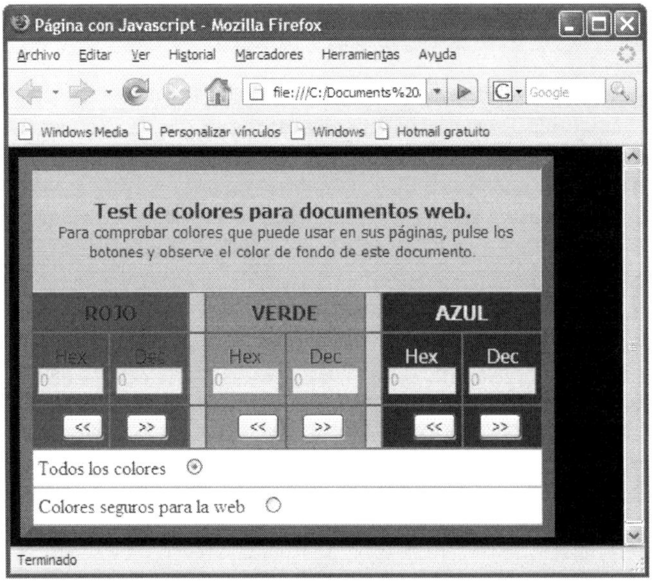

Figura 9.9

A modo de inciso, observe que, para referirnos a los campos de texto, así como a los botones de acción y los de radio, hemos usado la siguiente notación:

```
document.all.nombreDeObjeto
```

La matriz document.all es específica de JavaScript para referirse al conjunto global de todos los objetos y algunos navegadores no reconocen un objeto si no es de este modo. Sin embargo, ésta es una notación que usaremos de momento, de modo temporal, puesto que, en la actualidad, está desaprobada por el W3C. En el Capítulo 12 aprenderemos la forma correcta de referenciar los objetos, de acuerdo con las normalizaciones en vigor. Es posible que futuras versiones de los navegadores dejen de reconocer la matriz document.all. Sin embargo, de momento nos vale para continuar esta fase de nuestro aprendizaje.

Como ve, existen seis campos de texto destinados a mostrar, en decimal y en hexadecimal, los valores de los tres códigos primarios (el rojo, el verde y el azul). Esos campos de texto están inhabilitados porque el usuario no tiene que poder escribir en ellos. Son sólo para que aparezcan los valores para su visualización. También tiene unos botones que puede pulsar para aumentar o disminuir la proporción de cada uno de los tres colores básicos. Por último, en la parte inferior del cuadro, tiene unos botones de opción, de modo que puede decidir si quiere ver todos los colores o solamente aquéllos que se consideran seguros para la web. Recuerde que es una buena práctica recurrir, siempre que sea posible, a los colores de la paleta segura, pues no sabemos qué usuarios, y con qué plataformas, se van a conectar a nuestra web.

Inicialmente, los tres valores están a cero, lo que da como resultado el color negro, y de ese color aparece el fondo. Para ver la mecánica de esta página con claridad, seleccione la opción "Colores seguros para la web" y pulse los botones destinados a aumentar las proporciones de rojo, verde y azul. Observe que, cada vez que pulsa uno de esos botones, los valores aumentan de 51 en 51 (tonos seguros). Si selecciona la opción "Todos los colores", cada vez que aumente o disminuya un color, el valor varía de uno en uno. Con esta última opción los cambios casi no se notan en el color de fondo de una pulsación a otra. Después de todo, el ojo humano no es capaz de percibir toda la gama de colores posibles. Observe el código asociado a los botones de aumentar (>>) y disminuir (<<) los colores. Todos ellos llaman a la misma función, **`cambiar()`**, pero pasándole dos argumentos, para que la función actúe en un sentido o en otro, sobre el color deseado. Dentro de la función, lo que se hace es comprobar, en primer lugar, si la acción solicitada es de aumentar el valor. Fíjese en que se determina la acción mediante una simple cadena de texto, que coincide con la propiedad value de los botones de aumentar y disminuir.

```
if (accion == ">>")
{
```

Si es así, se comprueba si el valor del objeto solicitado (el nombre del objeto es uno de los argumentos de la función) puede aumentarse. Recuerde que el límite máximo está en 255.

```
if (parseInt(objeto.value)<255){
```

A continuación, se comprueba si está seleccionada la opción "Todos los colores" o "Colores seguros para la web". Esto se hace determinando si el botón de opción activado es el primero.

```
if (document.all.rango[0].checked) {
```

Si está activa la opción de "Todos los colores", se aumenta en una unidad el indicador decimal del color seleccionado (recuerde que es el parámetro **objeto** de la función).

```
objeto.value = parseInt(objeto.value)+1;
```

Si no es así, la cosa es más complicada, porque ya no se trata de aumentar el valor decimal en 51 unidades, sino de aumentarlo hasta que coincida con el siguiente múltiplo de 51.

```
} else {
   decimalSeguro =
(parseInt(parseInt(objeto.value)/51)+1)*51;
```

A continuación, hay que comprobar que no pase de 255.

```
if (decimalSeguro!=parseInt(objeto.value))
{
   objeto.value = decimalSeguro;
} else {
   if (decimalSeguro<255)
   {
      decimalSeguro += 51;
      objeto.value = decimalSeguro;
   }
}
```

Una vez ajustado el valor, se muestra en el campo de texto correspondiente, como hemos visto. A continuación, se hace algo muy parecido a todo el proceso descrito, pero considerando que la acción solicitada sea disminuir el valor en lugar de aumentarlo.

```
} else {
   if (parseInt(objeto.value)>0)
   {
      if (document.all.rango[0].checked)
      {
         objeto.value = parseInt(objeto.value)-1;
      } else {
         decimalSeguro =
parseInt(parseInt(objeto.value)/51)*51;

         if (decimalSeguro!=parseInt(objeto.value))
         {
            objeto.value = decimalSeguro;
```

```
                } else {
                  if (decimalSeguro>0)
                  {
                    decimalSeguro -= 51;
                    objeto.value = decimalSeguro;
                  }
                }
              }
            }
          }
```

Después de haber hecho lo que proceda (aumentar o disminuir), se recalculan los valores hexadecimales en función de los decimales. No olvide que JavaScript no implementa funcionalidades para cálculo hexadecimal, ni para conversión de bases de numeración. Los valores hexadecimales hemos de crearlos nosotros a partir de valores decimales.

```
      document.all.rojohexa.value =
convertirAHexa(parseInt(document.all.rojodecimal.value));
      document.all.verdehexa.value =
convertirAHexa(parseInt(document.all.verdedecimal.value));
      document.all.azulhexa.value =
convertirAHexa(parseInt(document.all.azuldecimal.value));
```

Como ve, aquí se invoca a una función, llamada **convertirAHexa()** que he creado al efecto. La comentaremos en un momento. Fíjese en que a esa función le paso el valor decimal y me devuelve su representación en hexadecimal. Quiero llamar su atención respecto a una cosa. Como ve, en la función se emplea con profusión parseInt(). En contra de lo que pueda parecer, no es para eliminar fraccionarios, que no se emplean en ninguna parte del proceso. Pero el contenido de un campo de texto es tratado por JavaScript como texto, no como valor numérico. El uso de parseInt() nos permite hacer cálculos aritméticos con estos valores. A continuación coloco los valores hexadecimales y los uso para construir una cadena que pongo como color de fondo del documento.

```
      cadenaColor = "#".concat(document.all.rojohexa.value);
      cadenaColor =
cadenaColor.concat(document.all.verdehexa.value);
      cadenaColor =
cadenaColor.concat(document.all.azulhexa.value);
      document.bgColor = cadenaColor;
```

La función convertirAHexa() aparece reproducida a continuación:

```
                        cadena =
(valor.toString(16)).toUpperCase();
                        if (cadena.length<2) cadena="0"+cadena;
                        return cadena;
```

Como ve, es muy simple. Recurro al método toString() que aprendimos a manejar en el Capítulo 2, y al método toUpperCase(), del objeto String, que aprendimos a manejar en el Capítulo 6.

9.4.3 Contador de selecciones

Partamos de un supuesto: ¿recuerda las casillas de verificación? Suponga que tiene varias en su formulario, pero, por la razón que sea (normalmente, por razones comerciales), quiere que sus usuarios solamente puedan seleccionar un número determinado de casillas. Por ejemplo, usted puede pedirles a sus usuarios que seleccionen un mínimo de una y un máximo de cuatro. Veamos cómo resolverlo, mediante el fichero **control_casillas_1.htm**.

```
<html>
   <head>
      <title>
         P&aacute;gina con JavaScript.
      </title>

      <script language="javascript">
         <!--

            function contarCasillas()
            {
               var totalCasillas = 0;
               for (contador=0; contador<24; contador
++)
               {
                  if (f1.elements[contador].checked)
                  {
                     totalCasillas += 1;
                  }
               }

               if (totalCasillas<1 || totalCasillas>4)
               {
                  alert ("Seleccione entre 1 y 4
opciones.");
                  return false;
               } else {
                  return true;
```

```
                        }
                    }

                //-->
            </script>
        </head>
        <body>
            <form name="f1" method="post"
action="mailto:correo@servidor.com" onSubmit="return
contarCasillas();">
                <table width="500" border="0" cellspacing="0"
cellpadding="0">

                    <tr align="center">
                        <td colspan="6" height="40">
                            <font face="Tahoma, Verdana, Arial">
                                <b>
                                    INDIQUE SUS AFICIONES 
                                    <font color="#FF0000">
                                        (m&iacute;nimo una;
m&aacute;ximo cuatro)
                                    </font>
                                </b>
                            </font>
                        </td>
                    </tr>

                    <tr>
                        <td width="180">
                            <b>
                                <font face="Tahoma, Verdana,
Arial" size="2">
                                    Coches
                                </font>
                            </b>
                        </td>
                        <td width="30" align="center">
                            <input type="checkbox" name="cb1"
value="SI">
                        </td>
                        <td width="40">
                             
                        </td>
                        <td width="180">
                            <b>
                                <font face="Tahoma, Verdana,
Arial" size="2">
                                    M&uacute;sica cl&aacute;sica
```

```
                              </font>
                           </b>
                        </td>
                        <td width="30" align="center">
                           <input type="checkbox" name="cb13"
value="SI">
                        </td>
                        <td width="40">
                            
                        </td>
                     </tr>

      ...............

      Aquí va el resto del formulario en HTML. No lo he
reproducido por ser reiterativo. En el CD adjunto se
encuentra el código completo.

      ...............
               </table>
            </form>

         </body>
      </html>
```

Observe la función **`contarCasillas()`**. Tiene una variable, llamada **`totalCasillas`**, que se inicializa a cero y que llevará la cuenta de las casillas marcadas. Como yo sé qué elementos del formulario son las casillas (porque para eso he diseñado yo el formulario) creo un bucle que recorra las posiciones correspondientes de la matriz elements, comprobando, en cada casilla, si el valor de checked es true. Es ese caso, se incrementa la variable **`totalCasillas`**. Al final se comprueba si esta variable está dentro del rango especificado.

Capítulo 10

LOS OBJETOS DE HTML (III)

En este Capítulo vamos a abordar la forma de trabajar, desde JavaScript, con tres conceptos fundamentales de HTML. En primer lugar, nos enfrentaremos a los marcos que, como ya sabe, permiten dividir el área de navegación, de modo que el usuario pueda tener dos o más páginas cargadas simultáneamente, en su navegador. Veremos cómo manipularlos e, incluso, llegado el caso, destruirlos desde JavaScript.

Después abordaremos dos conceptos que, por su propia naturaleza, también pueden considerarse como uno solo: las capas y los estilos de DHTML. Estudiaremos el modo de sacarle partido a las posibilidades más llamativas de JavaScript. Así veremos cómo podemos cambiar las propiedades de una capa, tales como la visibilidad, el color de fondo, etc. y los estilos de determinados objetos.

10.1 LOS MARCOS

Los marcos son, quizás, uno de los elementos más fáciles de manejar adecuadamente desde JavaScript una vez que se comprende perfectamente su naturaleza y funcionamiento desde HTML. Si usted no está familiarizado con los conceptos básicos de los marcos, le recomiendo que los repase antes de seguir adelante con la lectura.

10.1.1 Uso básico de marcos

Para empezar a entender cómo manejar los marcos, suponga un código como el siguiente, al que llamo **index.htm**.

```
<html>
   <head>
      <title>
         P&aacute;gina con JavaScript.
      </title>
   </head>

   <frameset rows="50%,*" border="10"
bordercolor="#333333">
      <frame name="superior" src="pagina_1.htm">
      <frame name="inferior" src="pagina_2.htm">
   </frameset>
</html>
```

Este código se encuentra en la carpeta **marcos_1**, dentro de la carpeta **capitulo_10** del CD. Debido a la naturaleza de los ejercicios relativos a marcos, me ha parecido lo más adecuado organizarlos en subcarpetas, a fin de facilitarle su localización y uso.

El código que acaba de ver divide la pantalla en dos marcos, uno llamado `superior` y otro llamado `inferior`. En cada uno de ellos, carga una página y pone un borde de 10 píxeles, de color gris oscuro, separando ambos marcos.

Hasta aquí, es lo que ya sabemos de HTML. Ahora hablemos de lo que no sabemos aún. En primer lugar, considere que cada marco constituye un objeto Window. Sabemos que este objeto es el de más alta jerarquía en JavaScript y, hasta ahora, hemos trabajado con un solo objeto Window, pero cuando una pantalla se divide en marcos, tenemos tantos objetos Window como marcos, más uno (el que incluye toda la pantalla). Más adelante nos hará falta recordar esto.

También debemos saber que los marcos forman una matriz, llamada ***frames***, propiedad del objeto Window. Los elementos de esta matriz se crean en el orden en que se han definido los marcos en la página que contiene la estructura. Así pues, en el ejemplo que acabamos de ver, el marco llamado `superior` es ***frames[0]*** y el marco llamado `inferior` es ***frames[1]***. Veremos que, desde JavaScript, podemos referirnos a un marco determinado por su nombre o por su posición en la matriz frames.

Desde el punto de vista jerárquico, los marcos se organizan de tal modo que la ventana principal es el marco ***padre***, también llamado ***parent***, y los marcos que se definen en la estructura se conocen como ***hijos*** o ***child***. Así pues, en nuestro ejemplo existen dos marcos hijos: `superior` e `inferior`. Todo esto da lugar a una estructura casi "familiar", de modo que podemos decir que los marcos `superior` e `inferior` son "hermanos" entre sí.

Para referirnos al marco padre de aquél en el que estamos trabajando actualmente, lo llamamos ***parent***, y, si queremos referirnos a un marco hermano de aquél en el que estamos trabajando, primero tenemos que referirnos al parent. Vamos a ejemplificarlo para aclarar todo esto. El nombre de un marco lo podemos identificar, desde JavaScript, mediante su propiedad ***name***. Vamos a ver un código similar al anterior, en el que la página **pagina_1.htm** nos mostrará los nombres de los marcos cuando pulsemos un botón.

El código está en la subcarpeta **marcos_2** y, para ponerlo en funcionamiento, debe usted ejecutar el fichero **index.htm** (que es la estructura de marcos). Sin embargo, el código que realmente nos interesa en este ejercicio es el de **pagina_1.htm**.

```
<html>
   <head>
      <title>
         P&aacute;gina con JavaScript.
      </title>
      <script language="javascript">
         <!--
            function mostrarNombres()
            {
               var nombre = "El nombre del marco actual
es ";
               nombre += self.name + "\n";
               nombre += "El nombre del marco padre es
";
               nombre += self.parent.name + "\n";
               nombre += "El nombre del marco de abajo
es ";
               nombre += self.parent.inferior.name +
"\n";

               alert (nombre);
            }
         //-->
      </script>
   </head>

   <body>
      <center>
         <h1>
            Esta es la p&aacute;gina pagina_1.htm
         </h1>
         <button onClick="mostrarNombres();">
            Pulsar para ver los nombres de los marcos
```

```
            </button>
         </center>
      </body>
   </html>
```

Cuando ejecute esta página, verá los dos marcos, con una página cargada en cada uno. Pulse el botón que aparece y verá el cuadro de la figura 10.1.

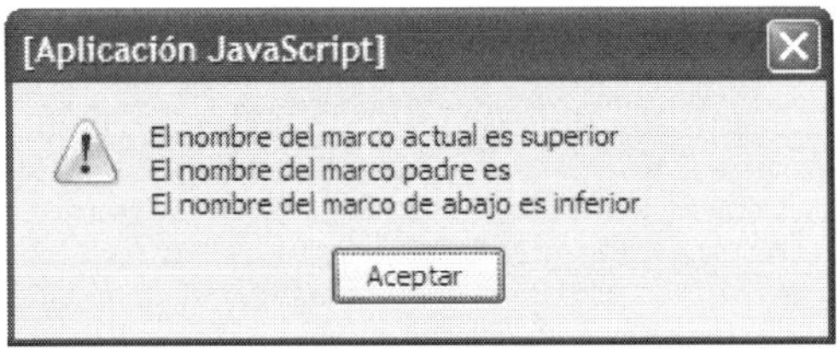

Figura 10.1

Vamos a analizar lo que encontramos y de dónde sale. Observe la primera línea resaltada del código:

```
nombre += self.name + "\n";
```

Esta línea obtiene el valor de la propiedad name del marco self, es decir, de aquél donde se está ejecutando la página. El resultado es la línea El nombre del marco actual es superior del cuadro de aviso.

Ahora observe el código de la siguiente línea destacada:

```
nombre += self.parent.name + "\n";
```

Este código genera el siguiente resultado: El nombre del marco padre es. Fíjese en que la sintaxis empleada es la misma, pero esta vez no hemos obtenido ningún valor para la propiedad name, ya que, respecto a un marco, su padre no tiene nombre. Nos referimos a él, simplemente, como **self.parent**.

Ahora observe la tercera línea destacada en el código:

```
nombre += self.parent.inferior.name + "\n";
```

Al ejecutar esta línea obtenemos El nombre del marco de abajo es inferior. Esta vez la sintaxis es algo diferente. Observe que, para referirnos al marco "hermano" de aquél en el que estamos, no podemos hacerlo directamente, sino como lo que es en realidad: una propiedad del parent.

Por supuesto, también podríamos habernos referido a los marcos por la posición que ocupan en la matriz frames. En la subcarpeta **marcos_3** tiene el mismo código, empleando esta otra notación. Sin embargo, para referirse al propio marco en el que estamos trabajando, se origina una diferencia significativa. El código de **página_1.htm** queda como sigue:

```
<html>
   <head>
      <title>
         P&aacute;gina con JavaScript.
      </title>
      <script language="javascript">
         <!--
            function mostrarNombres()
            {
               var nombre = "El nombre del marco actual
es ";

               nombre += self.parent.frames[0].name +
"\n";

               nombre += "El nombre del marco padre es
";

               nombre += self.parent.name + "\n";
               nombre += "El nombre del marco de abajo
es ";

               nombre += self.parent.frames[1].name +
"\n";


               alert (nombre);
            }
         //-->
      </script>
   </head>

   <body>
      <center>
         <h1>
            Esta es la p&aacute;gina pagina_1.htm
         </h1>

         <button onClick="mostrarNombres();">
            Pulsar para ver los nombres de los marcos
         </button>
      </center>
   </body>
</html>
```

Observe la línea resaltada. La matriz frames de la que forma parte un marco es propiedad, siempre, del padre de dicho marco. Por esta razón hemos tenido que apuntar a parent.

Como dijimos antes, cada marco constituye, en sí mismo, un objeto Window, de tal modo que la referencia self puede omitirse siempre. Observe, en la subcarpeta **marcos_4**, el listado modificado de **pagina_1.htm**.

```
<html>
   <head>
      <title>
         P&aacute;gina con JavaScript.
      </title>
      <script language="javascript">
         <!--
            function mostrarNombres()
            {
               var nombre = "El nombre del marco actual
es ";
               nombre += parent.frames[0].name + "\n";
               nombre += "El nombre del marco padre es
";

               nombre += parent.name + "\n";
               nombre += "El nombre del marco de abajo
es ";
               nombre += parent.frames[1].name + "\n";
               alert (nombre);
            }
         //-->
      </script>
   </head>
   <body>
      <center>
         <h1>
            Esta es la p&aacute;gina pagina_1.htm
         </h1>
         <button onClick="mostrarNombres();">
            Pulsar para ver los nombres de los marcos
         </button>
      </center>
   </body>
</html>
```

Compruebe que funciona de igual modo que los anteriores. En la figura 10.2 tiene un esquema de la jerarquía de los marcos usados en estas páginas.

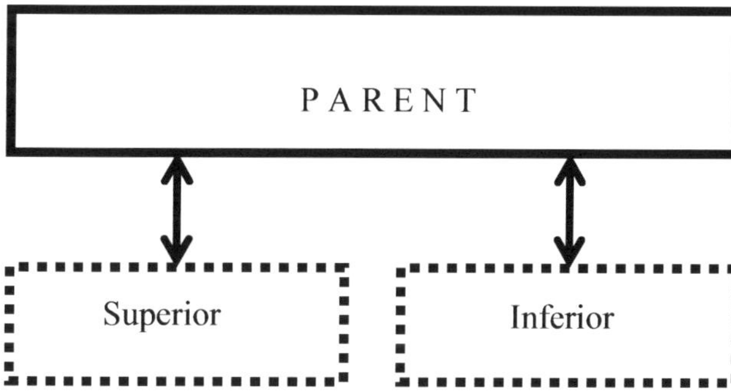

Figura 10.2

Como ve, la jerarquía es extremadamente simple. Según avancemos, la complicaremos un poco más. Sin embargo, esta estructura nos va a servir para aclarar algunos conceptos. Por ejemplo, ya sabemos cómo crear un enlace contra un marco desde HTML, añadiéndole, al tag <a>, el atributo target con el nombre del marco desde el que queremos cargar. Pero, ¿cómo podemos hacer lo mismo desde JavaScript? Observe los códigos de la subcarpeta **marcos_5**. El código de index.htm, al igual que en los casos anteriores, es, simplemente, la estructura de marcos. Los códigos de **pagina_2.htm**, **pagina_3.htm**, **pagina_4.htm**, **pagina_5.htm** y **pagina_6.htm** incluyen sólo una línea de texto, a fin de identificar la página que hay cargada en cada momento. El código que realmente nos interesa es **pagina_1.htm**.

```
<html>
   <head>
      <title>
         P&aacute;gina con JavaScript.
      </title>

      <script language="javascript">
         <!--
            function cargar(pagina)
            {
               parent.inferior.location.href = pagina;
            }
         //-->
      </script>
   </head>
   <body>
      <center>
         <h1>
            Esta es la p&aacute;gina pagina_1.htm
         </h1>
```

```
            <br>
            Cargar en el marco inferior:
            <br>
            <button onClick="cargar('pagina_2.htm');">
               Página 2
            </button>
            <button onClick="cargar('pagina_3.htm');">
               Página 3
            </button>
            <button onClick="cargar('pagina_4.htm');">
               Página 4
            </button>
            <button onClick="cargar('pagina_5.htm');">
               Página 5
            </button>
            <button onClick="cargar('pagina_6.htm');">
               Página 6
            </button>
         </center>
      </body>
</html>
```

Al ejecutar la página, verá que su aspecto es similar a la figura 10.3.

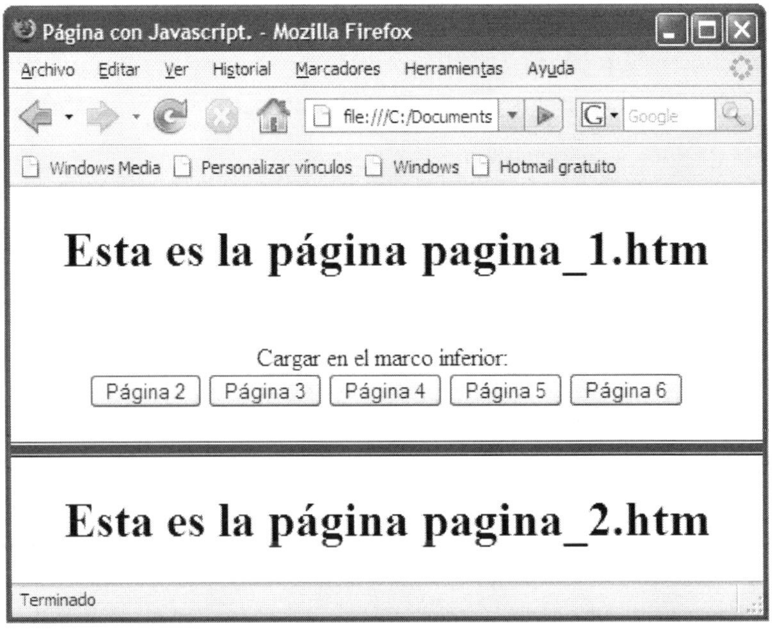

Figura 10.3

Cuando pulse los botones del marco **superior**, verá cómo cambia la página que aparece cargada en el marco **inferior**. Observe que todos los botones invocan a la función **cargar()**, pasándole, como parámetro, el nombre de la página que se desea cargar en el marco **inferior**. Dicho nombre se almacena, para el cuerpo de la función, dentro de la variable **pagina**.

Dentro del cuerpo de la función encontramos, exclusivamente, la siguiente línea de código:

```
parent.inferior.location.href = pagina;
```

Para entender su funcionamiento he de recordarle, una vez más, que cada marco constituye un objeto Window propio. Así pues, lo que he hecho es referirme a la propiedad href del objeto location (que, a su vez, es propiedad de window).

10.1.2 Anidando marcos

Las estructuras de marcos que hemos empleado hasta ahora son las más simples que se pueden crear (salvo una pequeña excepción que veremos más adelante). Sin embargo, puede ser que el diseño de su página tenga mayor complejidad. De hecho, muchas páginas con marcos emplean tres y hasta cuatro marcos, unos dentro de otros. Suponga que usted crea una estructura de marcos como la siguiente:

```
<frameset rows="30%, 30%, *">
   <frame name="superior" src="pagina_1.htm">
   <frame name="medio" src="pagina_2.htm">
   <frame name="inferior" src="pagina_3.htm">
</frameset>
```

Esta estructura no tiene nada de particular. Tiene tres marcos, sí. Pero, por lo demás, es idéntica a lo que hemos visto hasta ahora.

Sin embargo, entremos en la subcarpeta **marcos_6** y examinemos el panorama que tenemos allí. En primer lugar, fíjese en que **index.htm** ha sido modificado.

```
<html>
   <frameset rows="50%,*" border="10"
bordercolor="#333333">
      <frame name="superior" src="pagina_1.htm">
      <frame name="inferior" src="vertical.htm">
   </frameset>
```

```
</html>
```

Fíjese en la línea resaltada. En el marco inferior, en lugar de cargar una página cualquiera, cargamos **vertical.htm**, que es otra estructura de marcos, esta vez en vertical. Su listado es muy simple:

```
<html>
   <frameset cols="50%,*" border="10"
bordercolor="#333333">
      <frame name="izquierdo" src="pagina_2.htm">
      <frame name="derecho" src="pagina_3.htm">
   </frameset>
</html>
```

Realmente, lo que estamos haciendo es cargar una estructura de marcos dentro de uno de los marcos de otra estructura. La jerarquía así creada responde al esquema de la figura 10.4.

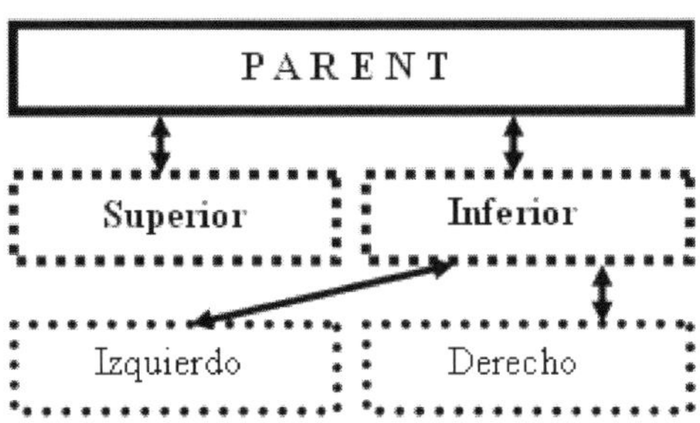

Figura 10.4

Observe que el marco **`inferior`** es, a su vez, el parent de **`izquierdo`** y **`derecho`**. Se dice que **`superior`** es tío de **`izquierdo`** y **`derecho`**; éstos, a su vez, son hijos de **`inferior`**, sobrinos de **`superior`** y hermanos entre sí. Además, se contempla una relación jerárquica en la que **`izquierdo`** y **`derecho`** son nietos de **`parent`**, y éste es abuelo de aquéllos. Toda esta terminología genealógica no es casual. La empleamos los webmasters para facilitar las decripciones jerárquicas.

Quiero llamar su atención respecto a una cosa. Los marcos **`superior`** e **`inferior`** constituyen una matriz frames, que es propiedad de **`parent`**. Los marcos **`izquierdo`** y **`derecho`** constituyen, a su vez, otra matriz frames, que es propiedad de **`inferior`**. Observe el listado de la página **pagina_1.htm**, que cargo contra el marco superior.

```
<html>
   <head>
```

```
        <title>
           P&aacute;gina con JavaScript.
        </title>
        <script language="javascript">
           <!--
              function mostrarNombres()
              {
                 var nombre = "El nombre del marco actual
es ";
                 nombre += parent.frames[0].name + "\n";
                 nombre += "El nombre del marco padre es
";
                 nombre += parent.name + "\n";
                 nombre += "El nombre del marco de abajo
es ";
                 nombre += parent.frames[1].name + "\n";
                 nombre += "El nombre del marco de abajo
a la izquierda es ";
                 nombre +=
parent.frames[1].frames[0].name + "\n";
                 nombre += "El nombre del marco de abajo
a la derecha es ";
                 nombre +=
parent.frames[1].frames[1].name + "\n";

                 alert (nombre);
              }
           //-->
        </script>
     </head>

     <body>
        <center>
           <h1>
              Esta es la p&aacute;gina pagina_1.htm
           </h1>
           <button onClick="mostrarNombres();">
              Pulsar para ver los nombres de los marcos
           </button>
        </center>
     </body>
  </html>
```

Al pulsar **[PULSE AQUÍ PARA VER LOS NOMBRES DE LOS MARCOS]** verá el cuadro de aviso de la figura 10.5.

Vamos a analizar cómo se comporta la función JavaScript y de dónde salen los resultados. Observe la línea siguiente:

```
nombre += parent.frames[0].name + "\n";
```

Esta línea obtiene el valor de la propiedad name del primer elemento de la matriz frames de **parent**. Como la página se ejecuta en el marco **superior**, el resultado es El nombre del marco actual es superior.

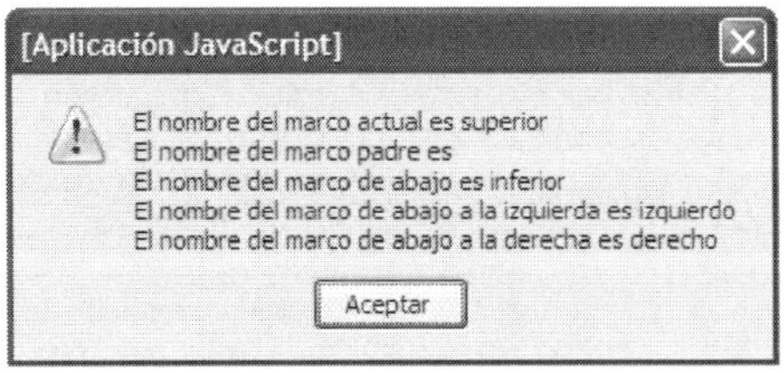

Figura 10.5

La siguiente línea de código que nos interesa es:

```
nombre += parent.name + "\n";
```

Esta línea obtiene el nombre del marco parent de **superior**, es decir, el parent de toda la estructura. Como ya sabemos, este marco no tiene valor asignado a la propiedad name, así que el resultado es El nombre del marco padre es.

A continuación, encontramos:

```
nombre += parent.frames[1].name + "\n";
```

Como ya sabemos de los ejercicios anteriores, esta línea obtiene el valor de la propiedad name del elemento 1 (segundo elemento) de la matriz que pertenece al parent global de la página. Como pagina_1.htm se está ejecutando en el marco **superior**, el resultado es El nombre del marco de abajo es inferior.

Y ahora es cuando empieza a complicarse la cosa. Observe la siguiente línea:

```
nombre += parent.frames[1].frames[0].name + "\n";
```

Recuerde en todo momento que estamos trabajando desde el marco superior y tenga muy presente la jerarquía que le he mostrado en la figura 10.4. Esta línea se refiere al primer elemento de la matriz frames que es propiedad, a su vez del segundo elemento de la matriz frames del parent global. Así pues, el resultado que obtenemos es El nombre del marco de abajo a la izquierda es izquierdo. Por la misma norma, la última línea es:

```
nombre += parent.frames[1].frames[1].name + "\n";
```

Se refiere al segundo elemento de una matriz frames que es propiedad del segundo elemento de la matriz frames del parent global. Y el resultado obtenido es, tal y como cabría esperar, El nombre del marco de abajo a la derecha es derecho. Con esta prueba queda casi completamente definido el funcionamiento de las matrices frames y de la jerarquía de marcos. Sin embago, existe, en este sentido, un aspecto muy importante que, hasta el momento, he omitido, y del que le voy a hablar en el siguiente apartado, relativo al marco top.

10.1.3 El marco top

Hasta ahora, cuando me he referido al marco que es parent de la primera matriz frames lo he hecho llamándole parent global. Esta denominación es muy cómoda para aclarar los conceptos relativos a la jerarquía de marcos. Sin embargo, en una estructura, por compleja que sea, este marco tiene un nombre específico (a pesar de que no tenga un valor asignado en la propiedad name). Se llama ***top***. El marco top es el superior de toda la estructura y se puede usar para referenciar cualquier otro marco de la misma. Observe los códigos de la carpeta **marcos_7**. En la página **pagina_1.htm** he sustituido las referencias al parent global por referencias a top, que es como lo llamaremos desde ahora, así:

```
<html>
   <head>
      <title>
         P&aacute;gina con JavaScript.
      </title>
      <script language="javascript">
         <!--
            function mostrarNombres()
            {
               var nombre = "El nombre del marco actual
es ";
               nombre += top.frames[0].name + "\n";
               nombre += "El nombre del marco padre es
";
               nombre += top.name + "\n";
               nombre += "El nombre del marco de abajo
es ";
               nombre += top.frames[1].name + "\n";
```

```
                        nombre += "El nombre del marco de abajo
a la izquierda es ";
                        nombre += top.frames[1].frames[0].name +
"\n";
                        nombre += "El nombre del marco de abajo
a la derecha es ";
                        nombre += top.frames[1].frames[1].name +
"\n";
                        alert (nombre);
                    }
                //-->
            </script>
        </head>

        <body>
            <center>
                <h1>
                    Esta es la p&aacute;gina pagina_1.htm
                </h1>
                <button onClick="mostrarNombres();">
                    Pulsar para ver los nombres de los marcos
                </button>
            </center>
        </body>
    </html>
```

Si ejecuta index.htm, verá que el funcionamiento es idéntico al ejemplo anterior. Entonces, ¿dónde está la diferencia entre usar el témino top y no usarlo? Para empezar, suponga que la página pagina_1.htm se encontrase cargada en el marco **derecho**, en lugar de **superior**. Si desde **derecho** queremos referirnos a, por ejemplo, la propiedad name de **superior**, y no usamos la referencia **top**, el código sería:

```
parent.parent.superior.name
```

En cambio, usando top, se quedaría en:

```
top.superior.name
```

Pero, además, la referencia top nos proporciona una solución muy cómoda a una situación bastante frecuente en Internet: existen ciertos usuarios que crean una estructura de marcos en la que ponen, en un marco, una serie de enlaces a las páginas que visitan más frecuentemente. Estas páginas, cuando se pulsan los mencionados enlaces, se cargan en el otro marco, de modo que el usuario siempre tiene a mano sus enlaces. Ahora suponga que usted quiere que su página se cargue a pantalla completa, sin los marcos del usuario. Pues nada más fácil. Añada, en su código JavaScript, la siguiente sentencia:

```
        if (top != self) top.location.href =
self.location.href;
```

Esto hace que, en el marco top, se cargue la misma página que en el marco actual, destruyendo la estructura de marcos. De este modo, todo el área de navegación queda disponible para la página en la que se encuentra esta línea. Para ver cómo funciona, entre en la subcarpeta **marcos_8** y ejecute **index.htm**.

La comparación que se hace con el condicional permite determinar si existe una estructura de marcos y evita la llamada recurrente, una y otra vez, a la misma página. Si no se usa el condicional, la página se intenta cargar a pantalla completa, pero el código JavaScript vuelve a llamarla. Al intentar cargarse de nuevo, el código JavaScript la llama otra vez, y así sucesivamente. En cambio, el condicional detecta si se ha destruido la estructura de marcos (cuando top es igual a self) y ya no realiza la llamada.

10.1.4 Datos de otros marcos

En JavaScript es posible referirse a variables que se encuentran en páginas cargadas en marcos distintos a aquél en el que estamos trabajando. Como ejemplo, observe los códigos de la carpeta **marcos_9**. La primera página es **index.htm**. Es una simple estructura de dos marcos.

```
        <html>
           <head>
              <title>
                 P&aacute;gina con JavaScript.
              </title>
           </head>
           <frameset rows="50%,*" border="10"
bordercolor="#333333">
              <frame name="superior" src="pagina_1.htm">
              <frame name="inferior" src="pagina_2.htm">
           </frameset>
        </html>
```

Como ve, no tiene nada de particular, así que no vamos a detenernos más aquí. Ahora quiero que vea el código de **pagina_2.htm**.

```
        <html>
           <head>
              <title>
```

```
            P&aacute;gina con JavaScript.
         </title>
      </head>
      <body>
         <center>
            <h1>
               Esta es la p&aacute;gina pagina_2.htm
            </h1>
            <form name="f1">
               <input type="text" name="texto"  size=40
disabled>
            </form>
         </center>
      </body>
   </html>
```

Como puede comprobar, esta página no tiene ningún código JavaScript, sino, solamente, un formulario con un único campo de texto. Accederemos a este campo de texto a través de **pagina_1.htm**, cuyo listado es el siguiente:

```
<html>
   <head>
      <title>
         P&aacute;gina con JavaScript.
      </title>
      <script language="javascript">
         <!--
            function poner()
            {
               fecha = new Date();
               parent.inferior.f1.texto.value = fecha;
            }
         //-->
      </script>
   </head>
   <body>
      <center>
         <h1>
            Esta es la p&aacute;gina pagina_1.htm
         </h1>
         <button onClick="poner();">
            Pulse para poner la fecha en pagina_2.htm
         </button>
      </center>
   </body>
</html>
```

Observe, en la línea resaltada, cómo hacemos referencia al campo de texto del formulario de pagina_2.htm. Del mismo modo, siguiendo esta pauta, usted puede referirse a variables que están en otras páginas, siempre que dichas páginas se encuentren cargadas, simultáneamente, mediante una estructura de marcos.

También puede hacer referencias a funciones de JavaScript que estén en otras páginas. Sin embargo, yo desaconsejo esto último. Si usted necesita usar una misma función desde dos páginas diferentes, puede grabarla en un fichero independiente e importarla donde la necesite, tal como se estudió en el Capítulo 1. De este modo se ahorra teclear innecesariamente.

10.2 CAPAS

Como usted ya sabe, las capas son elementos flotantes, donde se puede incluir, por ejemplo, un banner publicitario, un texto de ayuda al usuario o cualquier otra cosa. Cuando se crea una capa, se definen sus propiedades para establecer su visibilidad, su color, el borde, etc. Todas estas propiedades se pueden manipular desde JavaScript, de forma que podamos cambiar dinámicamente el aspecto de la capa o su posición o tamaño.

10.2.1 Uso básico de las propiedades

Para empezar vamos a recordar cómo creamos una capa en HTML. Tenga en cuenta que podemos usar los tags <div> o <span> (descartaremos <layer> e <ilayer> puesto que sólo son compatibles con Netscape).

```
        <span id="Capa1" style="position:absolute; left:250px;
top:130px; width:200px; height:150px; z-index:1; background-
color: #33FFFF; border: 1px none #000000; visibility:
visible">
        ..........
        ..........
        Contenido de la capa
        ..........
        ..........
        </span>
```

En el Capítulo 9 del libro vimos un código que modificaba la propiedad ***visibility*** de una capa. Esta propiedad determina si la capa es visible o no. En aquel momento le dije que no se preocupara de ello. Es ahora cuando vamos a estudiar esto. Vamos a empezar por ver una página muy simple con una capa y un botón que modifica el valor de la propiedad visibility, de modo que la capa "aparezca" y "desaparezca" alternativamente. El código se llama **capa_1.htm**.

```
<html>
   <head>
      <title>
         P&aacute;gina con JavaScript.
      </title>
      <script language="javascript">
         <!--
            function cambiar()
            {
               if (Capa1.style.visibility == "hidden")
               {
                  Capa1.style.visibility = "visible";
               } else {
                  Capa1.style.visibility = "hidden";
               }
            }
         //-->
      </script>
   </head>
   <body>
      <span id="Capa1" style="position:absolute;
left:250px; top:130px; width:200px; height:50px; z-index:1;
background-color: #33FFFF; border: 1px none #000000;
visibility: hidden">
         <font face="Arial" color="#FF0000">
            <b>
               Contenido de la capa.
            </b>
         </font>
      </span>
      <button onClick="cambiar();">
         Mostrar / Ocultar
      </button>
   </body>
</html>
```

Por supuesto, ejecute la página, para ver su funcionamiento. Cuando se pulsa el botón **[MOSTRAR/OCULTAR]**, se ejecuta la función `cambiar()`, cuyo código aparece resaltado en el listado impreso. Lo que hace esta función es comprobar si la propiedad visibility de la capa (que determina si es o no visible) tiene el valor hidden (no es visible). Si es así, le asigna a dicha propiedad el valor visible. En caso contrario, le asigna el valor hidden. A partir de este razonamiento, observe que la capa, por defecto, está oculta (no visible). Cuando se pulsa el botón, la función evalúa esta circunstancia y pone la capa visible. La siguiente vez que se pulsa el botón y se invoca a la función, el condicional no se cumple y, por lo tanto, se pone la propiedad visibility en hidden.

Quiero llamar su atención respecto al hecho de que las propiedades de una capa forman parte de una propiedad global llamada ***style***. Así pues, para modificar o leer el valor de una propiedad de una capa, es necesario poner el identificativo de la misma (en este ejemplo es `Capa1`), seguido de un punto y la propiedad style. A continuación, otro punto y la propiedad cuyo valor queremos modificar o leer. Se puede leer o modificar cualquier propiedad de una capa. El siguiente ejemplo usa una capa y un botón, y lo que modificamos es el tamaño de la capa. El código se llama **capa_2.htm**.

```
<html>
   <head>
      <title>
         P&aacute;gina con JavaScript.
      </title>
      <script language="javascript">
         <!--
            function cambiar()
            {
               if (Capa1.style.width == "200px")
               {
                  Capa1.style.width = "400px";
                  Capa1.style.height = "100px";
               } else {
                  Capa1.style.width = "200px";
                  Capa1.style.height = "50px";
               }
            }
         //-->
      </script>
   </head>
   <body>
      <span id="Capa1" style="position:absolute;
left:250px; top:130px; width:200px; height:50px; z-index:1;
background-color: #33FFFF; border: 1px none #000000;
visibility: visible">
         <font face="Arial" color="#FF0000">
            <b>
               Contenido de la capa.
            </b>
         </font>
      </span>
      <button onClick="cambiar();">
         Agrandar / Reducir
      </button>
   </body>
</html>
```

Ejecute la página para comprobar su funcionamiento. Observe el código de la función (la parte resaltada). He usado la anchura de la capa para comprobar su tamaño (podría haber usado la altura) y lo que hago es cambiar las dimensiones (propiedades ***width*** y ***height***).

Sin embargo, fíjese en que a este código parece fallarle algo: al cambiar el tamaño de la capa, cambia también su posición relativa respecto a la página. Para solucionar esto, podría darle a la propiedad ***position*** el valor `relative`, en lugar de `absolute`. Una alternativa sería cambiar también los valores de las propiedades ***top*** y ***left***, que determinan, respectivamente, la distancia con respecto a la parte superior y a la parte izquierda de la página.

Si usted ya conoce el uso de capas desde HTML (o si ha leído mi libro *Domine HTML y DHTML*), sabe cuáles son las propiedades que determinan el aspecto de una capa. No obstante, las reproduzco en la tabla que aparece a continuación, a fin de que la tenga como guía de referencia.

RELACIÓN DE PROPIEDADES DE CAPAS	
Propiedad	**Se refiere a**
position	El posicionamiento de la capa (absoluto o relativo).
left	La distancia del borde izquierdo de la capa al borde izquierdo del área de navegación. Se suele expresar en píxeles (la cifra que sea, seguida de px).
top	La distancia desde el borde superior de la capa al borde superior del área de navegación. Se suele expresar en píxeles (la cifra que sea, seguida de px).
width	La anchura de la capa. Se suele expresar en píxeles (la cifra que sea, seguida de px).
height	La altura de la capa. Se suele expresar en píxeles (la cifra que sea, seguida de px).
background-color	El color de fondo de la capa.
layer-background-color	El color de fondo de la capa para su correcta visualización en Netscape. Este atributo se define después del anterior, para que la capa se visualice igual en todos los navegadores.
z-index	El índice de apilamiento, cuando hay más de una capa y están, total o parcialmente, superpuestas.

RELACIÓN DE PROPIEDADES DE CAPAS (cont.)	
Propiedad	**Se refiere a**
border	El borde de la capa. Aquí se expresa su espesor, su estilo y su color.
visibility	La visibilidad de la capa.
overflow	El comportamiento de la capa en caso de que el tamaño del contenido exceda del tamaño de la propia capa.
background-image	La imagen de fondo de la capa.
layer-background-image	La imagen de fondo de la capa para su correcta visualización en Netscape. Lo normal es definir este atributo a continuación del anterior, a fin de que la capa se visualice igual en los dos navegadores mayoritarios.

Cada una de estas propiedades puede modificarse dinámicamente, tal como hemos visto en los ejemplos anteriores. Por supuesto, hay cosas que es necesario tener en cuenta. Por ejemplo, si usted modifica la propiedad background-color, debe modificar, también, la propiedad layer-background-color. Las propiedades recopiladas en la tabla anterior son las más básicas de una capa. Además, a las capas, les podemos aplicar filtros, recortes y todos los estilos propios de CSS. Para tener información acerca de estas características le recomiendo mi libro *Domine HTML y DHTML*, publicado por esta misma editorial. En este Capítulo también veremos cómo controlar esto desde JavaScript.

10.2.2 Uso avanzado de las propiedades

Ya sabemos "manejar" una capa. Sin embargo, si su actividad en JavaScript se limita, en lo que a las capas se refiere, a cambiar el valor de alguna de sus propiedades de modo puntual, no le estará sacando todo el beneficio posible. Puede sacarle mucho más partido modificando dichas propiedades en función de determinados eventos, o del tiempo. En este apartado veremos algunos ejemplos muy útiles. Como es habitual, podrá usted adaptarlos para sus propias páginas. Los códigos que le ofrezco están totalmente libres de derechos.

10.2.2.1 DESPLAZAMIENTO DE UNA CAPA EN EL TIEMPO

Una utilidad muy interesante es tener una capa, normalmente con contenidos ajenos a la propia web (publicidad o similar), que se desplaza desde un lateral al centro de la página. Para ver cómo hacer esto observe el siguiente código, llamado **capa_3.htm**.

```
<html>
   <head>
      <title>
         P&aacute;gina con JavaScript.
      </title>
      <script language="javascript">
         <!--
            contador = 0;
            centrado = false;
            window.moveTo(0,0);
            window.resizeTo (screen.availWidth,
screen.availHeight);
            function iniciar()
            {
               Capa1.style.visibility = "visible";
               desplazamiento = setInterval(mover,1);
            }

            function mover()
            {
               contador += 20;
               if (contador < (screen.availWidth/2)-
140)
               {
                  Capa1.style.left = contador+"px";
               } else {
                  cierre = setTimeout (cerrar,3000);
                  centrado = true;
               }
            }

            function cerrar()
            {
               Capa1.style.visibility = "hidden";
               clearInterval (desplazamiento);
               if (centrado) clearTimeout (cierre);
            }

         //-->
      </script>
   </head>
   <body onLoad="iniciar();">
      <h1>
         <center>
```

```
                    Este es el cuerpo principal de la
p&aacute;gina
                 </center>
             </h1>

             <span id="Capa1" style="position:absolute;
left:0px; top:130px; width:280px; height:100px; z-index:1;
background-color: #00FFFF; layer-background-color: #00FFFF;
border: 1px none #000000; visibility: hidden; overflow:
auto">
                <p>
                   <font face="Tahoma, Verdana, Arial">
                      <b>
                         Esto es una capa con un banner
publicitario.
                      </b>
                   </font>
                </p>

                <p>
                   <center>
                      <button onClick="cerrar();">
                         Cerrar esto
                      </button>
                   </center>
                </p>
             </span>

          </body>
       </html>
```

Ejecute la página, para ver qué sucede. Cuando se completa la carga, "aparece" una capa que se desplaza hacia el centro de la pantalla (previamente hemos hecho que la ventana del navegador ocupe todo el tamaño disponible). Si se deja ahí, al cabo de tres segundos desaparece. Si se pulsa el botón **[CERRAR ESTO]** antes de que transcurran los tres segundos establecidos, también desaparece. Ésta es una forma muy interesante de colocar un banner publicitario en nuestras páginas web. Logramos un impacto claro, puesto que el banner se coloca por encima de los contenidos de la página, pero evitamos que resulte molesto, puesto que "desaparece" en muy poco tiempo y, por si el usuario no quiere esperar, le proporcionamos un mecanismo de cierre manual (el botón), para que elimine el banner cuando lo desee. El tiempo de tres segundos que hemos establecido dependerá del contenido de la capa (si es muy largo, habrá que dar más tiempo, para que se pueda leer). En todo caso, no conviene exceder de los diez segundos y, por supuesto, es imprescindible proporcionar, como en este ejemplo, un medio para poder cerrar antes de que transcurra el período de tiempo establecido. Hay pocas cosas que le molesten más a un usuario que no poder ver los contenidos que ha venido a buscar en nuestra página por culpa de la publicidad y no poder quitar dicha publicidad de en medio. Recuerde que, por interesante que sea su página, en la Red hay miles similares. Haga que sus visitantes se sientan cómodos.

Veamos el funcionamiento del código: al completarse la carga de la página (evento onLoad en el tag <body>) se invoca la función `iniciar()`. Esta función hace que, por una parte, la capa se vuelva visible. Por otra parte, activa un intervalo que llama a la función `mover()` cada milisegundo.

La función mover() usa una variable, llamada `contador`, para determinar la posición de la capa en la página. Cada vez que se ejecuta esta función (cada milisegundo, tal como determina el intervalo `desplazamiento`) se incrementa la variable. A continuación se comprueba si todavía no ha llegado a la mitad de la página. En ese caso, se desplaza la capa a una nueva posición. Cuando la capa ha alcanzado la posición central, se pone en marcha el retardo de tres segundos, llamado `cierre`. Cuando se alcanza el tiempo establecido en este retardo, se invoca a la función `cerrar()` que anula el intervalo y oculta la capa. Esta función, además, anula el retardo.

Fíjese en que el hecho de anular el retardo está sometido a un condicional, porque si la función `cerrar()` ha sido invocada por la pulsación del botón **[CERRAR ESTO]**, no hay retardo que cancelar.

10.2.2.2 JUGANDO CON LOS RECORTES

Como usted ya sabe, los recortes permiten mostrar una capa de forma parcial. Un recorte se define durante la creación de una capa. Si la capa tiene contenidos que queden fuera del área delimitada por el recorte, éstos no serán visibles en la página.

Desde JavaScript podemos modificar los valores que determinan un recorte, de modo que podemos hacer que éste cambie de tamaño, descubriendo u ocultando los contenidos de la capa. Lo que vamos a ver a continuación es un código que ilustra este uso de la propiedad ***clip*** que, como usted ya sabe, determina el recorte sobre la capa. El código se llama **recortes_1.htm**.

```
<html>
   <head>
      <title>
         P&aacute;gina con JavaScript.
      </title>
```

```
            <script language="javascript">
               <!--
                  contador = 0;
                  centrado = false;
                  window.moveTo(0,0);
                  window.resizeTo (screen.availWidth,
screen.availHeight);
                  function iniciar()
                  {
                     crecimiento = setInterval(mover,10);
                  }

                  function mover()
                  {
                     contador += 2;
                     if (contador <= 140)
                     {
                        menor = 140-contador;
                        mayor = 140+contador;
                        Capa1.style.clip = "rect(" + menor +
" " + mayor +" "+ mayor +" " + menor + ")";
                     } else {
                        cierre = setTimeout (cerrar,5000);
                        centrado = true;
                     }
                  }

                  function cerrar()
                  {
                     Capa1.style.visibility = "hidden";
                     clearInterval (crecimiento);
                     if (centrado) clearTimeout (cierre);
                  }

               //-->
            </script>
         </head>

         <body onLoad="iniciar();">
            <h1>
               Esto es el contenido normal de la
p&aacute;gina.
            </h1>
            Sobre los contenidos se despliega una capa que
podr&iacute;a tener,
            <br>
            por ejemplo, un banner publicitario.
```

```
            <span id="Capa1" style="position:absolute;
left:10px; top:10px; width:280px; height:280px; background-
color: #66FFFF; layer-background-color: #66FFFF; clip:
rect(140 140 140 140); visibility: visible; overflow: auto">
                <p>
                    Esto es una capa con un recorte.<br>
                    Sólo se ve la parte de los contenidos <br>
                    que coincide con la zona recortada.<br>
                    El resto es invisible. Eso afecta a
texto,<br>
                    im&aacute;genes, botones <br>
                    y cualquier otro tipo de contenidos.
                </p>
                <center>
                    <img src="imagenes/disco.gif">
                    <br>
                    <button onClick="cerrar();">
                        Cerrar esto
                    </button>
                </center>
            </span>
        </body>
    </html>
```

En primer lugar, ejecute la página para comprobar su funcionamiento. Como ve, aparecen los contenidos normales de la misma (en este ejemplo es sólo un texto, para tener algo de muestra) y, sobre los mismos, se despliega una capa que da la impresión de ir "creciendo" y, que según "crece", va mostrando sus propios contenidos. Podría perfectamente ser un banner publicitario. Cuando la capa se ha desplegado totalmente, permanece a la vista durante cinco segundos y luego desaparece. Si usted pulsa el botón que hay en la capa, ésta desaparece, aunque no hayan transcurrido los cinco segundos. Como ya sabe, esto último es un mecanismo para evitar imponerle al usuario algo que pueda percibir como una molestia. Vamos a descubir cómo funciona este código. En primer lugar, analicemos la línea HTML que crea la capa:

```
    <span id="Capa1" style="position:absolute; left:10px;
top:10px; width:280px; height:280px; background-color:
#66FFFF; layer-background-color: #66FFFF; clip: rect(140 140
140 140); visibility: visible; overflow: auto">
```

Como ve, la capa se ha definido, inicialmente, como visible (propiedad visibility). Observe, sin embargo, el recorte (la parte resaltada del código). Como usted sabe, un recorte recibe cuatro valores numéricos, separados por espacios en blanco, que determinan el área de la capa que deja visible el recorte. Estos parámetros indican lo siguiente:

- El primero indica la distancia, en píxeles, desde el borde superior del recorte al borde superior de la capa.
- El segundo indica la distancia, en píxeles, desde el borde derecho del recorte al borde izquierdo de la capa.
- El tercero indica la distancia, en píxeles, desde el borde inferior del recorte al borde superior de la capa.
- El cuarto indica la distancia, en píxeles, desde el borde izquierdo del recorte al borde izquierdo de la capa.

Para que quede claro esto, observe el esquema de la figura 10.6. En ella se ven unos vectores que indican cuál es cada uno de los parámetros.

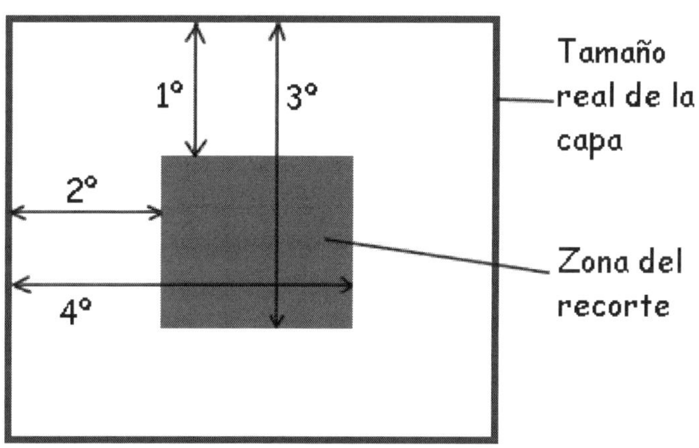

Figura 10.6

Como ve, en el código se define un recorte en el que coincide la posición de los cuatro bordes, con lo cual, dicho recorte tiene tamaño cero. Es decir, no se ve nada de la capa, aunque ésta tenga su propiedad visibility configurada a visible. Además, observe que los límites de dicho recorte se han situado en el centro de la capa. Ésta tiene 280 píxeles de ancho y otros tantos de alto, de modo que el centro está a 140 píxeles de ancho y otros 140 de alto. Esto nos vendrá bien para que luego la capa se "abra" desde el centro.

Ahora observe el código JavaScript. Lo que hacemos es, casi, lo mismo que en el ejemplo anterior. Creamos un intervalo que, en cada ejecución, va a modificar el tamaño del recorte. La creación de dicho intervalo está asociada al evento onLoad de la página, tal como se aprecia en el tag <body>.

```
<body onLoad="iniciar();">
```

Al producirse la carga, se crea el intervalo mediante la función `iniciar()`.

```
function iniciar()
{
   crecimiento = setInterval(mover,10);
}
```

El intervalo llama a la función `mover()` cada 10 milisegundos. Esta función es la encargada de modificar el tamaño del recorte.

```
function mover(){
   contador += 2;
   if (contador <= 140){
      menor = 140-contador;
      mayor = 140+contador;
      Capa1.style.clip = "rect(" + menor + " " + mayor
+" "+ mayor +" " + menor + ")";
   } else {
      cierre = setTimeout (cerrar,5000);
      centrado = true;
   }
}
```

Fíjese en que, como la capa tiene 280 píxeles de ancho por 280 de alto, lo que vamos a hacer es modificar el recorte para que se extienda 140 píxeles en cada sentido, de modo que, al final del proceso, el tamaño del recorte coincidirá con el de la capa, así que será visible toda ella.

Lo que hacemos es modificar un par de variables, llamadas **mayor** y **menor**, basándonos en un contador que va desde 0 a 140. Con estas dos variables modificamos la propiedad clip de la capa en cada ejecución de la función, tal como se aprecia en la línea resaltada.

10.2.2.3 ACTUAR SOBRE LOS FILTROS

Como usted sabe, a una capa se le pueden aplicar varios filtros diferentes que permiten lograr unos efectos muy simples pero muy llamativos. Por ejemplo, se pueden aplicar transparencias, zonas oscuras, deformaciones, efectos de espejo para el texto, etc. Si no conoce estos filtros, los tiene perfectamente detallados en mi libro *Domine HTML y DHTML*. Aquí no voy a entrar en detalles respecto a cómo se establecen todos los filtros posibles, para no resultar reiterativo. Lo que sí vamos a estudiar es el modo de emplear estos filtros desde JavaScript para lograr efectos interesantes (recuerde que los filtros sólo se comportan adecuadamente con Explorer, no con otros navegadores).

Vamos a ver un código llamado **filtros_1.htm**, que nos muestra cómo podemos modificar la transparencia de una capa.

```
<html>
   <head>
      <title>
         P&aacute;gina con JavaScript.
      </title>
      <script language="javascript">
         <!--

            contador = 0;
            centrado = false;
            window.moveTo(0,0);
            window.resizeTo (screen.availWidth,
screen.availHeight);

            function iniciar()
            {
               opacidad = setInterval(ver,1);
            }

            function ver()
            {
               contador += 4;
               if (contador <= 100)
               {
                  Capa1.style.filter = "alpha(opacity="
+ contador + ")";
               } else {
                  cierre = setTimeout (cerrar,5000);
                  centrado = true;
               }
            }

            function cerrar()
            {
               Capa1.style.visibility = "hidden";
               clearInterval (opacidad);
               if (centrado) clearTimeout (cierre);
            }
         //-->
      </script>
   </head>
```

```
        <body onLoad="iniciar();">
            <h1>
                Esto es el contenido normal de la
p&aacute;gina.
            </h1>
            Sobre los contenidos se despliega una capa que
podr&iacute;a tener,
            <br>
            por ejemplo, un banner publicitario.
            <span id="Capa1" style="position:absolute;
left:10px; top:10px; width:280px; height:280px; background-
color: #66FFFF; layer-background-color: #66FFFF; visibility:
visible; overflow: auto; filter: alpha(opacity=0)">
                <p>
                    Esto es una capa con un filtro de
transparencia.<br>
                    Este afecta a texto,<br>
                    im&aacute;genes, botones <br>
                    y cualquier otro tipo de contenidos.
                </p>
                <center>
                    <img src="imagenes/disco.gif">
                    <br>
                    <button onClick="cerrar();">
                        Cerrar esto
                    </button>
                </center>
            </span>
        </body>
    </html>
```

Por supuesto, en primer lugar ejecute la página, para ver su funcionamiento. Observe que, en principio, ve los contenidos de la página, pero, enseguida, empieza a hacerse visible una capa que los oculta parcialmente. Esta capa está presente en todo momento, sólo que al principio tiene un filtro de transparencia (factor alpha) cuyo valor es cero, tal como se aprecia en la línea que define la capa:

```
    <span id="Capa1" style="position:absolute; left:10px;
top:10px; width:280px; height:280px; background-color:
#66FFFF; layer-background-color: #66FFFF; visibility:
visible; overflow: auto; filter: alpha(opacity=0)">
```

Durante la ejecución de la página se modifica el valor de este filtro hasta alcanzar la total opacidad (100). En la línea resaltada en el código JavaScript se ve cómo se modifica la transparencia.

La técnica empleada para controlar cada modificación de la transparencia es la misma que en ejercicios anteriores: un intervalo que se empieza a activar una vez que se ha cargado la página.

10.2.2.4 EFECTO ASCENSOR

Uno de los efectos más llamativos que se le puede aplicar a una capa es, sin duda, el llamado ***ascensor***. Consiste en controlar la capa de tal modo que siempre esté a la vista, aunque el usuario desplace la página. Para lograr esto, debemos contar con una propiedad del objeto document llamada ***document.body.scrollTop*** (aprenderemos más sobre el objeto document en el Capítulo 13). No obstante, de momento nos basta saber que la propiedad indicada se refiere a la diferencia, en píxeles, que hay entre la parte superior de la página y la parte superior de la ventana de navegación. Usaremos esta propiedad para reposicionar nuestra capa, de modo que siempre se encuentre a la vista del usuario. Observe el código **ascensor_1.htm**.

```
      <html>
         <head>
            <title>
               P&aacute;gina con JavaScript.
            </title>
            <script language="javascript">
               <!--

                  window.moveTo(0,0);
                  window.resizeTo (screen.availWidth,
screen.availHeight);

                  function iniciar()
                  {
                     movimiento = setInterval(mover,10);
                  }

                  function mover()
                  {
                     Capa1.style.top =
document.body.scrollTop + 10;
                  }

                  function cerrar()
                  {
                     Capa1.style.visibility = "hidden";
                     clearInterval (movimiento);
                  }
```

```
            //-->
         </script>
      </head>
      <body onLoad="iniciar();">
         <h1>
            Esto es el contenido normal de la
p&aacute;gina.
         </h1>
         Sobre los contenidos hay una capa que
podr&iacute;a tener,
         <br>
         por ejemplo, un banner publicitario.
         <h1>
            <p>
               Esto es contenido de relleno, para poder
               <br>
               apreciar el efecto de ascensor de la capa.
            </p>
            <p>
               Esto es contenido de relleno, para poder
               <br>
               apreciar el efecto de ascensor de la capa.
            </p>
            <p>
               Esto es contenido de relleno, para poder
               <br>
               apreciar el efecto de ascensor de la capa.
            </p>
            <p>
               Esto es contenido de relleno, para poder
               <br>
               apreciar el efecto de ascensor de la capa.
            </p>
            <p>
               Esto es contenido de relleno, para poder
               <br>
               apreciar el efecto de ascensor de la capa.
            </p>
            <p>
               Esto es contenido de relleno, para poder
               <br>
               apreciar el efecto de ascensor de la capa.
            </p>
            <p>
               Esto es contenido de relleno, para poder
               <br>
               apreciar el efecto de ascensor de la capa.
            </p>
```

```
            <p>
               Esto es contenido de relleno, para poder
               <br>
               apreciar el efecto de ascensor de la capa.
            </p>
            <p>
               Esto es contenido de relleno, para poder
               <br>
               apreciar el efecto de ascensor de la capa.
            </p>
         </h1>
         <span id="Capa1" style="position:absolute;
left:400px; top:10px; width:280px; height:280px; background-
color: #66FFFF; layer-background-color: #66FFFF; visibility:
visible; overflow: auto">
            <p>
               Esto es una capa con un banner.<br>
            </p>
            <center>
               <img src="imagenes/disco.gif">
               <br>
               <button onClick="cerrar();">
                  Cerrar esto
               </button>
            </center>
         </span>
      </body>
   </html>
```

Ejecute la página. Como puede ver, le he metido unos contenidos de relleno, para que se pueda desplazar arriba y abajo. Observe que, al deplazar la página, la capa se reposiciona, de modo que siempre está a 10 píxeles de distancia del borde superior del área de navegación.

Lo que hacemos es que, mediante un intervalo de 20 milisegundos, se modifica la posición de la capa, de tal modo que su propiedad top siempre sea 10 píxeles más que el valor de la propiedad document.body.scrollTop. Observe, en la línea resaltada del código, cómo logramos esto.

Sin embargo, usted puede apreciar que el movimiento de la capa es demasiado brusco, como a saltos. Vamos a mejorar este código, de modo que el movimiento resulte más suave y lineal. Observe el código **ascensor_2.htm**.

```
   <html>
      <head>
         <title>
```

```
                P&aacute;gina con JavaScript.
            </title>
            <script language="javascript">
                <!--

                    window.moveTo(0,0);
                    window.resizeTo (screen.availWidth,
screen.availHeight);

                    function iniciar()
                    {
                        movimiento = setInterval(mover,10);
                    }

                    function mover()
                    {
                        if (parseInt(Capa1.style.top) <
(document.body.scrollTop + 10))
                        {
                            Capa1.style.top =
parseInt(Capa1.style.top) + 10 + "px";
                        }
                        if (parseInt(Capa1.style.top) >
(document.body.scrollTop + 20))
                        {
                            Capa1.style.top =
parseInt(Capa1.style.top) - 20 + "px";
                        }
                    }
                    function cerrar(){
                        Capa1.style.visibility = "hidden";
                        clearInterval (movimiento);
                    }
                //-->
            </script>
        </head>
        <body onLoad="iniciar();">
            <h1>
                Esto es el contenido normal de la
p&aacute;gina.
            </h1>
            Sobre los contenidos hay una capa que
podr&iacute;a tener,
            <br>
            por ejemplo, un banner publicitario.

            <h1>
                <p>
```

```
            Esto es contenido de relleno, para poder
            <br>
            apreciar el efecto de ascensor de la capa.
         </p>
         <p>
            Esto es contenido de relleno, para poder
            <br>
            apreciar el efecto de ascensor de la capa.
         </p>
         <p>
            Esto es contenido de relleno, para poder
            <br>
            apreciar el efecto de ascensor de la capa.
         </p>
         <p>
            Esto es contenido de relleno, para poder
            <br>
            apreciar el efecto de ascensor de la capa.
         </p>
         <p>
            Esto es contenido de relleno, para poder
            <br>
            apreciar el efecto de ascensor de la capa.
         </p>
         <p>
            Esto es contenido de relleno, para poder
            <br>
            apreciar el efecto de ascensor de la capa.
         </p>
         <p>
            Esto es contenido de relleno, para poder
            <br>
            apreciar el efecto de ascensor de la capa.
         </p>
         <p>
            Esto es contenido de relleno, para poder
            <br>
            apreciar el efecto de ascensor de la capa.
         </p>
         <p>
            Esto es contenido de relleno, para poder
            <br>
            apreciar el efecto de ascensor de la capa.
         </p>
      </h1>
      <span id="Capa1" style="position:absolute;
left:400px; top:10px; width:280px; height:280px; background-
```

```
color: #66FFFF; layer-background-color: #66FFFF; visibility:
visible; overflow: auto">
               <p>
                  Esto es una capa con un banner.<br>
               </p>
               <center>
                  <img src="imagenes/disco.gif">
                  <br>
                  <button onClick="cerrar();">
                     Cerrar esto
                  </button>
               </center>
            </span>
         </body>
      </html>
```

Ejecute la página, para comprobar que, efectivamente, va más suave que la anterior. Ahora observe la parte resaltada del código. Lo que hacemos es comparar la parte numérica (uso de parseInt) de la propiedad top de la capa con el valor de scrollTop y, si es necesario, le añadimos o le restamos píxeles a la posición de la capa. Como esta función se ejecuta cada 10 milisegundos, el usuario no nota visualmente el salto.

Capítulo 11

ENLACES Y GALLETAS

He reservado este Capítulo para dos conceptos de JavaScript que, aunque parezcan no tener nada en común, son de un uso, tan cotidiano uno y tan vital en algunas páginas el otro, que me ha parecido fundamental, desde el punto de vista didáctico, agruparlos en un Capítulo que va a ser, por su propia naturaleza, muy fácil de estudiar, casi un descanso. Además, dado que los conceptos de este Capítulo son, en su base, muy generales, le ayudarán en el estudio de otros lenguajes de script.

11.1 ENLACES

Usted ya conoce el funcionamiento de los enlaces creados con HTML. Sabe que un enlace puede apuntar a un punto dentro de la página en la que se encuentra, a otra página del mismo o de otro sistio, a una dirección de correo electrónico o a un fichero para su descarga por parte del usuario.

Lo que vamos a ver aquí es cómo se manejan los enlaces desde JavaScript. Lo primero que debe saber es que, al igual que, por ejemplo, las imágenes de una página, los enlaces también constituyen una matriz del objeto document. Esta matriz se llama ***links*** y contiene todos los enlaces que hay en la página, en el orden en que hayan sido creados. Además, debe saber que un enlace no tiene por qué apuntar, necesariamente, a una página o fichero. También podemos crear un enlace que apunte a una función de JavaScript. Para ver su funcionamiento observe el código **enlaces_1.htm**. Al ejecutarlo, se ve una página en la que hay un campo de texto. Además hay un enlace que, al ser pulsado, muestra, en el campo de texto, la fecha y la hora del sistema.

```
<html>
   <head>
      <title>
         P&aacute;gina con JavaScript.
      </title>
      <script language="javascript">
         <!--
            function mostrar()
            {
               fecha = new Date();
               muestraFecha.value = fecha;
            }
         //-->
      </script>
   </head>
   <body>
      <input type="text" name="muestraFecha" size=35>
      <br>
      <a href="javascript:mostrar();">
         Pulse aqu&iacute;
      </a>
   </body>
</html>
```

Ejecute la página para comprobar su funcionamiento. Observe, en la línea resaltada, cómo he construido el enlace. Cuando se quiere que un enlace apunte a una función de JavaScript es necesario preceder el nombre de dicha función de `javascript:`, tal como se ve en el código.

Un punto que debe conocer es que, en ocasiones, usted puede querer crear un enlace que no apunte a ningún sitio. No se sorprenda. Enseguida veremos para qué puede usar esto. Cuando quiera hacer algo así, apunte a la función ***void()*** pasándole, como argumento, el valor 0 (cero). El siguiente código, llamado **enlace_nulo_1.htm**, nos muestra cómo crear un enlace que no tiene destino.

```
<html>
   <head>
      <title>
         P&aacute;gina con JavaScript.
      </title>
      <script language="javascript">
         <!--
// Ningún código específico.
         //-->
      </script>
   </head>
```

```
    <body>
       <a href="javascript:void(0)">
          Pulse aqu&iacute;
       </a>
    </body>
</html>
```

La función **void()** es un recurso que proporciona JavaScript, precisamente, para crear enlaces nulos. Compruebe el funcionamiento de la página.

Vamos a sacarle utilidad. Suponga que usted quiere crear un enlace tal que, al acercar el ratón, se active, en lugar de hacerlo cuando se pulse. El código se llama **enlaces_2.htm**.

```
<html>
    <head>
       <title>
          P&aacute;gina con JavaScript.
       </title>
       <script language="javascript">
          <!--

          //-->
       </script>
    </head>
    <body>
       <a href="javascript:void(0)"
onMouseOver="location.href='http://www.langoria.com';">
          Arrime el mouse para ir a langoria.com
       </a>
    </body>
</html>
```

Compruebe la página. Verá que el enlace no actúa al pulsarlo, pero que basta acercarse a él para que le redireccione a mi propia página (siempre que, en ese momento, tenga usted conexión a Internet, claro).

Los objetos ***Link*** (elementos de la matriz links) tienen una serie de propiedades que podemos emplear para modificarlos dinámicamente. Quizás la propiedad más evidente es ***href***, que indica a dónde apunta el enlace. Observe el código **enlace_múltiple_1.htm**.

```
<html>
    <head>
       <title>
```

```
            P&aacute;gina con JavaScript.
         </title>
         <script language="javascript">
            <!--
               function iniciar()
               {
                  destino.selectedIndex = 0;
               }

               function cambiar()
               {
                  document.links[0].href =
destino.options[destino.selectedIndex].value;
               }
            //-->
         </script>
      </head>
      <body onLoad="iniciar();">
         <select name="destino" onChange="cambiar();">
            <option value="javascript:void(0)" default>
               ELIJA UN DESTINO
            </option>
            <option value="http://www.langoria.com"
default>

               Estaci&oacute;n Estelar Langoria
            </option>
            <option value="http://www.microsoft.com">
               Microsoft
            </option>
            <option value="http://www.macromedia.com">
               Macromedia
            </option>
            <option value="http://www.ra-ma.es">
               Editorial Ra-Ma
            </option>
            <option value="http://www.google.com">
               Google
            </option>
         </select>

         <a href="javascript:void(0)">
            Ir
         </a>
      </body>
   </html>
```

Ejecute la página para ver su funcionamiento. Como puede comprobar, tiene a la vista un menú desplegable y un enlace. Éste está programado para no conducir, inicialmente, a ningún destino. Cuando se selecciona una opción en el menú (evento onChange) se modifica el valor de la propiedad href del enlace, tal como se aprecia en el cuerpo de la función `cambiar()` (observe la línea resaltada en el código).

De este modo se puede modificar dinámicamente un enlace. Sin embargo, los objetos Link tienen más propiedades, que es interesante conocer. Para ello, he creado el código **propiedades_enlace_1.htm**. Funciona del mismo modo que el anterior, pero mostrando todas las propiedades del enlace en cada momento. Observe el listado.

```
<html>
   <head>
      <title>
         P&aacute;gina con JavaScript.
      </title>
      <script language="javascript">
         <!--
            function iniciar()
            {
               destino.selectedIndex = 0;
            }

            function cambiar()
            {
               document.links[0].href =
destino.options[destino.selectedIndex].value;

               pHash.value = document.links[0].hash;
               pHost.value = document.links[0].host;
               pHostname.value =
document.links[0].hostname;
               pHref.value = document.links[0].href;
               pInnerhtml.value =
document.links[0].innerHTML;
               pPathname.value =
document.links[0].pathname;
               pPort.value = document.links[0].port;
               pProtocol.value =
document.links[0].protocol;
               pSearch.value =
document.links[0].search;
               pTarget.value =
document.links[0].target;
```

```
                pText.value = document.links[0].text;
            }
          //-->
        </script>
    </head>
    <body onLoad="iniciar();">
        <p>
          <select name="destino" onChange="cambiar();">
            <option value="javascript:void(0)" default>
              ELIJA UN DESTINO
            </option>
            <option value="http://www.todoligues.com"
default>
              Portal de Todoligues
            </option>
            <option value="http://www.microsoft.com">
              Microsoft
            </option>
            <option value="http://www.macromedia.com">
              Macromedia
            </option>
            <option value="http://www.ra-ma.es">
              Editorial Ra-Ma
            </option>
            <option value="http://www.google.com">
              Google
            </option>
          </select>

          <a href="javascript:void(0)">
            <b>
              Ir
            <b>
          </a>
        </p>

        <table width="400" border="2" cellspacing="0"
cellpadding="4">
          <tr align="center">
            <td colspan="2">
              <b>
                PROPIEDADES DEL ENLACE
              </b>
            </td>
          </tr>
          <tr>
            <td width="139">
              <b>
```

```
                        Propiedad
                     </b>
                  </td>
                  <td width="237">
                     <b>
                        Valor
                     </b>
                  </td>
               </tr>
               <tr>
                  <td width="139">
                     hash
                  </td>
                  <td width="237">
                     <input type="text" name="pHash"
size="40" disabled>
                  </td>
               </tr>
               <tr>
                  <td width="139">
                     host
                  </td>
                  <td width="237">
                     <input type="text" name="pHost"
size="40" disabled>
                  </td>
               </tr>
               <tr>
                  <td width="139">
                     hostname
                  </td>
                  <td width="237">
                     <input type="text" name="pHostname"
size="40" disabled>
                  </td>
               </tr>
               <tr>
                  <td width="139">
                     href
                  </td>
                  <td width="237">
                     <input type="text" name="pHref"
size="40" disabled>
                  </td>
               </tr>
               <tr>
                  <td width="139">
                     innerHTML
```

```
                    </td>
                    <td width="237">
                        <input type="text" name="pInnerhtml"
size="40" disabled>
                    </td>
                </tr>
                <tr>
                    <td width="139">
                        pathname
                    </td>
                    <td width="237">
                        <input type="text" name="pPathname"
size="40" disabled>
                    </td>
                </tr>
                <tr>
                    <td width="139">
                        port
                    </td>
                    <td width="237">
                        <input type="text" name="pPort"
size="40" disabled>
                    </td>
                </tr>
                <tr>
                    <td width="139">
                        protocol
                    </td>
                    <td width="237">
                        <input type="text" name="pProtocol"
size="40" disabled>
                    </td>
                </tr>
                <tr>
                    <td width="139">
                        search
                    </td>
                    <td width="237">
                        <input type="text" name="pSearch"
size="40" disabled>
                    </td>
                </tr>
                <tr>
                    <td width="139">
                        target
                    </td>
                    <td width="237">
```

```
                    <input type="text" name="pTarget"
size="40" disabled>
                 </td>
              </tr>
              <tr>
                 <td width="139">
                    text
                 </td>
                 <td width="237">
                    <input type="text" name="pText"
size="40" disabled>
                 </td>
              </tr>
           </table>
        </body>
     </html>
```

Ejecute la página para ver su funcionamiento. Como ve, he implementado una tabla, con unos campos de texto. Éstos se hallan inhabilitados para que no puedan ser modificados por el usuario. Cuando usted selecciona alguno de los enlaces del menú, en los campos de texto aparecen los valores de las distintas propiedades del enlace. La parte JavaScript que se ocupa de mostrar estos valores es la que aparece resaltada en el listado. Observe que, al seleccionar algún enlace, algunas de las propiedades permanecen sin un valor específico. Incluso tenemos la propiedad ***text***, que muestra, en cualquier caso, el valor undefined. A continuación le expongo una tabla con todas las propiedades de los enlaces y una descripción de su contenido, con lo que entenderá el porqué de esto.

PROPIEDADES DE LOS ENLACES	
Propiedad	**Se refiere a**
hash	El nombre del punto de fijación, en caso de que el enlace apunte a uno. Esto se emplea en enlaces internos y mixtos y se precede con el signo **#**.
host	El nombre del servidor donde está el documento o archivo destino del enlace, seguido del número del puerto por el que se establece la comunicación.
hostname	Nombre del servidor donde se encuentra el documento o archivo destino del enlace.
href	Es el destino del enlace. Corresponde con el atributo del mismo nombre en el tag HTML. Es, por lo tanto, equivalente a la concatenación de las propiedades host, pathname y search.

PROPIEDADES DE LOS ENLACES (Cont.)	
Propiedad	**Se refiere a**
innerHTML	El contenido del código HTML situado entre los tags <a> y </a>.
pathname	La ruta de directorios, dentro del servidor, donde está el documento o archivo destino del enlace. Si el destino es la página principal de un sitio y ésta se halla en el directorio principal del servidor, esta propiedad no tiene valor alguno.
port	El puerto por el que se va a hablar al servidor para efectuar la petición. Es decir, el número del puerto en el que se espera que "escuche" el servidor. Para enlaces a documentos web, el puerto por defecto es 80, aunque puede cambiar.
protocol	El protocolo de comunicación empleado para establecer el enlace. Por ejemplo, puede ser ***http:***, ***ftp:***, etc.
search	Es lo que aparece en el enlace detrás del signo `?`. Se usa para buscar algo concreto en la página de destino. Su funcionamiento es idéntico al de la propiedad del mismo nombre en el objeto location.
target	Es el marco de destino del enlace, en caso de que el documento web al que se apunte se deba cargar en un marco distinto al actual.
text	Se corresponde con la propiedad innerHTML. Sin embargo, la propiedad text sólo es reconocida por Netscape 4, por lo que ha caido en desuso.

Como puede ver, mediante las propiedades de los objetos Link se pueden configurar los enlaces de una página completamente. Tenga presente que no todas las propiedades están disponibles en todos los navegadores, pero las fundamentales (ref., host, hostname e innerHTML) sí lo están.

En el Apéndice F del libro puede ver una referencia de los eventos que soportan los objetos Links, de modo que puede cambiar su comportamiento predeterminado para que se activen, por ejemplo, mediante un doble clic, en lugar de un clic simple. Para lograr una cosa así, sería necesario, en primer lugar, anular el enlace (`javascript:void(0)`) y después asociarle un manejador de evento onDblClick.

Los enlaces también están contemplados por otra matriz del objeto document. Se trata de ***anchors***. Un objeto ***Anchor*** es el punto de destino de un enlace interno. Es decir, se crea un objeto Anchor cada vez que, en la página, se incluye el tag <a> con el atributo name, en lugar de href. Los objetos Anchor sólo tienen tres propiedades: la propiedad ***name***, que contiene el valor del atributo del mismo nombre en el código HTML, y las propiedades ***innerHTML*** y ***text***. Al igual que en los objetos Link, éstas se refieren al texto entre <a> y </a> y la propiedad text únicamente es válida para Netscape 4, con lo que ha caido en desuso.

La matriz anchors se crea en respuesta a la tendencia de JavaScript de tener representados y clasificados todos los objetos de una página, pero difícilmente le dará usted nunca un uso práctico. A título personal, le diré que yo he desarrollado varios proyectos web e impartido cientos de cursos y nunca he necesitado recurrir a esta matriz más que como mera curiosidad académica.

11.2 COOKIES

Antes de hablar de cómo se usan las ***cookies*** (***galletitas***, en inglés), vamos a describir en qué consisten. Una cookie es un archivo de texto, de un tamaño muy reducido, que una página puede grabar en el disco duro del ordenador cliente a fin de almacenar información relativa al usuario o a sus preferencias. Dicho así, tal vez suena amenazador. Es decir, pensar que la página que estemos visitando pueda grabar "algo" en nuestro disco duro, puede resultar inquietante.

Sin embargo, no hay nada que temer. En primer lugar, se trata de simples archivos de texto. Es decir, no contienen virus, ni troyanos, ni ningún otro código malicioso. Además, se trata de unos archivos de texto que tienen que seguir unas normas muy concretas para que se puedan grabar, con lo que no es posible incluir en ellos ningún tipo de proceso por lotes, scripts de sistema, ni nada que pueda resultar potencialmente peligroso. Por último, como limitación adicional, no pueden superar determinado tamaño, lo que imposibilita, en la práctica, la inclusión del llamado "código malicioso".

Las cookies se emplean para que la página pueda grabar, por ejemplo, las preferencias de estética del usuario. Existen páginas que permiten configurar algunos aspectos de su presentación, como puedan ser el color de fondo o del texto. Una vez configurados, estos colores se graban en una cookie en el ordenador del cliente. De este modo, la próxima vez que el usuario entre en la página, ésta leerá la cookie grabada y se configurará de acuerdo a las preferencias del usuario.

Otro uso de las cookies es almacenar datos relativos al usuario, como puedan ser su login y contraseña, para su acceso a determinados servicios como foros, tiendas virtuales, etc. Así mismo, se puede también almacenar, por ejemplo, el número de tarjeta de crédito, en el caso de una cibertienda, para que el usuario no necesite volver a introducirlo en lo sucesivo. En ese sentido, la cookie sí representa un peligro potencial, ya que una persona que tenga los conocimientos adecuados de piratería informática y carezca de escrúpulos podría acceder a nuestro ordenador y leer los datos de una coockie en concreto. Para evitar esto, las cookies proporcionan mecanismos de encriptación y desencriptación de datos. De este modo, se aumenta la seguridad del usuario.

Las cookies están formadas por pares **`nombre=valor`**, es decir, son simples asignaciones de variables. Además, pueden contener datos inherentes adicionales, como es, por ejemplo, la fecha de caducidad. Si una cookie no tiene fecha de caducidad, no puede grabarse en el disco del usuario. En ese caso estará disponible, únicamente, durante la sesión en curso, en la memoria del ordenador. Al cerrar el navegador, la cookie se pierde ***(sin embargo, se mantiene en memoria, mientras no se apague el ordenador, aunque se cierre y se vuelva a abrir el navegador, cuando la página se ejecuta en modo local)***. Si tiene fecha de caducidad, se grabará en el disco del cliente hasta la fecha especificada.

Resumiendo un poco todo esto, podemos decir que una cookie es útil para personalizar la página para cada usuario, almacenar nombres y contraseñas, llevar un conteo de las visitas que un usuario concreto hace a nuestra página, gestionar carruseles de imágenes, crear y manejar carritos de la compra, etc. En el lado contrario, las cookies tienen ciertas limitaciones. Por una parte, el usuario puede desactivar en su ordenador el uso de cookies, con lo que nuestra página no podrá emplearlas en ese ordenador concreto. Vea el Apéndice I para saber cómo activar o desactivar las cookies en su equipo en concreto. Además, las cookies son específicas de cada navegador: las que se han grabado con Explorer no se pueden leer con Netscape, y viceversa. Las cookies se graban en el ordenador del usuario, con lo que si éste se conecta a una página desde otro ordenador, el código no leerá la cookie. Por último, pueden ser borradas por el usuario, perdiéndose así su efecto. Netscape presenta, además, una limitación adicional de 300 cookies (con un tamaño máximo de 4 Kb por cookie). No obstante, el empleo de cookies resulta de suma utilidad, incluso imprescindible, en algunos casos, por lo cual vamos a dedicar el resto de este Capítulo a su estudio.

11.2.1 Uso básico de cookies

Para empezar, vamos a ver el uso de una cookie que no tiene fecha de caducidad, con lo que no se grabará en el disco del usuario. Esta cookie permanecerá activa en memoria mientras no se cierre el navegador. Si se cierra, se perderá la cookie. Desde luego, esta forma de uso limita muchísimo la utilidad de las cookies, pero nos servirá para aprender algunos conceptos básicos que luego usaremos para profundizar en el tema.

Las cookies se gestionan a través de la propiedad ***cookie*** del objeto document. Como ya hemos dicho anteriormente, una cookie contiene un par nombre=valor. En realidad, como veremos más adelante, puede contener más de un par, pero, de momento, conformémonos con uno. La forma más simple de asignar una cookie es usando la siguiente sintaxis:

```
document.cookie = "nombre=valor";
```

Por ejemplo, si queremos usar una cookie que almacene el color de fondo elegido por el usuario (supongamos que es el negro, por ejemplo), podríamos usar algo como lo siguiente:

```
document.cookie = "colorDeFondo=#000000";
```

En el par nombre=valor que se asigna a la propiedad cookie no debe haber espacios en blanco, ni signos que no pertenezcan al código ANSI. Tampoco deben incluirse signos de puntuación (excepto el punto). Suponga que quiero crear una cookie con mi nombre y mi ciudad de nacimiento, separados por un punto y coma. En principio sería algo así:

```
document.cookie = "autor=José López Quijado; Madrid";
```

Pero como las letras acentuadas, los espacios en blanco y el signo de punto y coma no pueden formar parte de la cookie, usaré la función **escape()**, que vimos en el Capítulo 6, para escapar la cadena, así:

```
nombre = escape("José López Quijado; Madrid");
document.cookie = "autor=" + nombre;
```

El valor de la variable, cuando se asigne a la cookie, será:

```
Jos%E9%20L%F3pez%20Quijado%3B%20Madrid
```

Bastante ilegible para nosotros, pero meridianamente claro para el navegador. Posteriormente, cuando se recupere la cookie, se extraerá su valor mediante unescape() para regenerar la cadena original.

Para recuperar el valor de una cookie necesitamos complicarnos un poco más. En primer lugar, es necesario crear una variable a la que asignarle el valor de la propiedad cookie del objeto document. Podríamos hacerlo así:

```
variableCookie = document.cookie;
```

Sin embargo, tenemos que acostumbrarnos a pensar que la cadena que representa al par nombre=valor pueda estar escapada, así que lo haremos, mejor, de este otro modo:

```
variableCookie = unescape(document.cookie);
```

Si la cadena está escapada, de este modo se recupera la cadena original. Si no está escapada, la función **unescape()** no le afecta. Así pues, podemos usar siempre esta función, para asegurarnos.

Siguiendo con el ejemplo anterior, en el que he usado mi nombre y ciudad de nacimiento, la variable `variableCookie` contendrá el valor "`autor=José López Quijado; Madrid`". Es decir, será como si hubiera escrito en el código la siguiente línea:

```
variableCookie = "autor=José López Quijado; Madrid";
```

Como ve, aquí aparece una cuestión importante. En la cookie tenemos almacenada una variable con su valor y tenemos que extraer dicho valor. Una forma de hacerlo es localizando la posición del signo igual (=) en la cadena y extrayendo una subcadena con lo que aparece a la derecha de dicho signo. Para ello podemos usar, por ejemplo, el método substring, así:

```
variableCookie = unescape(document.cookie);
posicionSigno = variableCookie.indexOf ("=");
valorCookie = variableCookie.substring
(posicionSigno+1);
```

Con esto habríamos recuperado el valor de la cookie. Pero aún hay una cuestión importante. Cuando se usa una página que maneja cookies, y se visita por primera vez, la cookie no está grabada, es decir, no existe. Así pues, si tratamos de leerla y usar el valor leído, se producirá un error. Para evitar ese problema, recurriremos a comprobar si la cookie existe. Por ejemplo, así:

```
variableCookie = unescape(document.cookie);

if  (variableCookie)
{
   // La cookie existe
} else {
   // La cookie no existe
}
```

Verá que la técnica empleada es extremadamente simple. Si la cookie no existe, el valor de variableCookie es undefined (hemos hablado de este valor anteriormente). Por esta razón, podemos usar el nombre de la variable como una prueba lógica. Si es undefined, devolverá false. En caso contrario, devolverá true.

Para ver el funcionamiento coordinado de todo esto, observe el listado **cookies_1.htm**.

```
      <html>
         <head>
            <title>
               P&aacute;gina con JavaScript
            </title>

            <script language="JavaScript">
               <!--

      // Esta función recupera el valor de la cookie si
existe.
      //Si la cookie no existe, se considera la visita número
1.
                  function leerCookie()
                  {
                     variableCookie =
unescape(document.cookie);
                     if (variableCookie)
                     {
                        posicionSigno =
variableCookie.indexOf ("=");
                        cuenta =
parseInt(variableCookie.substring (posicionSigno + 1));
                     } else {
                        cuenta = 1;
                     }
                     return cuenta;
                  }

                  function comprobarCookie()
                  {
      // Se lee la cookie
                     var numeroVisitas = leerCookie()

      // Se muestra su valor y se incrementa
                     mostrarVisitas.value = numeroVisitas;
                     numeroVisitas ++;

      // Se graba la cookie con el nuevo valor
```

```
                    document.cookie="conteo=" +
numeroVisitas;
                }

            //-->
        </script>

    </head>

    <body onLoad="comprobarCookie();">
        <b>
    <!-- Un mensaje para el usuario. -->
            Bienvenido. Esta es su visita n&uacute;mero
        </b>
         
        <input type="text" name="mostrarVisitas" size=4
maxlength=4>
    </body>
</html>
```

Para comprobar el funcionamiento de la página, ejecútela. La primera vez, verá cómo le sale la visita número 1. Si ahora actualiza la página, le sale la visita número 2, y así sucesivamente. Si ahora cierra totalmente su navegador y lo vuelve a abrir, volviendo a cargar la página, verá cómo le sale la siguiente visita. El contador funciona mientras usted no cierre su navegador. Si hace esto, verá que el contador vuelve a empezar desde 1. Tal como le dije al principio, este tipo de cookies, sin fecha de caducidad, no se graban en disco, sino sólo en la memoria. Hablaremos de esto enseguida, pero, antes, examinemos el código.

En realidad, con los comentarios añadidos y las explicaciones previas es bastante fácil de seguir. Fíjese en que, cuando se carga la página, se ejecuta la función `comprobarCookie()` que, a su vez, empieza ejecutando la función `leerCookie()`. Dentro de ésta última, le asigno el valor de document.cookie a `variableCookie`. A continuación compruebo si existe dicha variable (si la cookie no existe, la variable es undefined). Si no existe, le asigno al número de visitas el valor 1; si existe, recupero el valor, tal como le he explicado en el texto. Después, muestro el valor, lo incremento y grabo de nuevo la cookie.

11.2.2 Cookies con múltiples valores

Suponga que, en una misma página, necesita almacenar dos cookies diferenciadas. Retocando un poco un ejemplo anterior, queremos crear una página que almacene, en cookies, el nombre del usuario y su ciudad de nacimiento.

Realmente, para hacer esto, deberemos usar dos pares nombre=valor: uno para el nombre y otro para la ciudad.

Para grabar múltiples cookies, el sistema no difiere del anterior. Se trata de usar la propiedad cookie del objeto document tantas veces como sea preciso. Cuando hacemos múltiples asignaciones a esta propiedad, todos los pares nombre=valor quedan almacenados en la cookie, es decir, el segundo par nombre=valor no borra el primero, si no que se añade a continuación. Esto es un comportamiento poco habitual y que desconcierta un poco, ya que estamos acostumbrados a que, al asignarle un valor a una propiedad, se pierda el que pudiera tener almacenado anteriormente. Además, para poder hacer uso de esto, es necesario saber cómo se concatenan las cookies cuando se almacena más de una. JavaScript pone los pares nombre=valor uno a continuación de otro, separados por un punto y coma y un espacio. Por ejemplo, suponga el fragmento de código que aparece a continuación:

```
document.cookie = escape("nombre=Pedro");
document.cookie = escape("ciudad=Madrid");
```

El valor de la cookie será el siguiente:

```
nombre=Pedro; ciudad=Madrid
```

Fíjese en que el hecho de haber usado la función escape() en cada asignación afecta a cada par nombre=valor asignado a la cookie, pero no afecta al punto y coma y al espacio en blanco que JavaScript le añade para separar los distintos pares. Suponga que las asignaciones fueran las siguientes:

```
document.cookie = escape("nombre=Pedro Lara");
document.cookie = escape("ciudad=Torre Grande");
```

El valor de la cookie sería:

```
nombre=Pedro%20Lara; ciudad=Torre%20Grande
```

Esto, hasta aquí, son las especificaciones de funcionamiento “oficiales” de JavaScript. La experiencia, sin embargo, nos demuestra que esto no siempre funciona bien en todos los navegadores. Así, surgen dos preguntas: si no funciona así, ¿por qué lo he explicado? Y, la más importante: entonces, ¿cómo funciona?

Respecto a la primera, he detallado esta explicación porque, sin duda, usted la encontrará en numerosos documentos técnicos, tanto de Internet como sobre papel escrito, ya que se trata de una especificación, como he dicho, "oficial". Quiero que sepa que no debe usar este modo de hacerlo.

La segunda pregunta es más fácil de responder. Lo que debemos hacer es concatenar ambos pares nombre=valor y grabar una sola vez la propiedad cookie del objeto document. Además, entre ambos pares, incluiremos el juego de caracteres de punto y coma y espacio en blanco, que separen dichos pares, para seguir el formato de la especificación oficial. Continuando con el ejemplo anterior, sería lo siguiente:

```
document.cookie = escape("nombre=Oana Calin;
ciudad=Bucarest");
```

A la hora de recuperar los valores de la cookie es el momento en que tenemos que prestar un poco de atención. Si tenemos una cookie como la última que hemos visto, podemos empezar por asignarla a una variable, así:

```
variableCookie = unescape(document.cookie);
```

Con esto, el valor de la variable quedará como sigue:

```
nombre= Oana Calin; ciudad= Bucarest
```

Ahora se trata de separar cada par nombre=valor de los que forman la cookie. Para ello podemos recurrir, por ejemplo, al método split(), que nos permite crear una matriz con partes de la cadena. Revise dicho método en el Capítulo 6 si no recuerda su funcionamiento. Nosotros vamos a fraccionar la cadena usando, como separador para el método split(), precisamente, el conjunto de punto y coma y espacio en blanco que JavaScript introdujo en la cookie.

```
matrizPares = variableCookie.split ("; ");
```

De este modo, tendremos una matriz en la que cada elemento será uno de los pares nombre=valor de la cookie. A partir de ahí trataremos cada uno de los elementos del mismo modo que hacíamos anteriormente, para extraer el valor.

Para comprobar el funcionamiento de todo esto, observe el listado **cookies_2.htm**, que aparece a continuación:

```
<html>
   <head>
      <title>
         P&aacute;gina con JavaScript
      </title>
```

```
            <script language="JavaScript">
               <!--

      // Esta función recupera el valor de la cookie si
existe.
                  function leerCookie()
                  {
                     variableCookie =
unescape(document.cookie);
                     if (variableCookie)
                     {
                        matrizValores =
variableCookie.split("; ");
                        posicionSigno =
matrizValores[0].indexOf ("=");
                        mostrarUsuario.value =
unescape(matrizValores[0].substring (posicionSigno + 1));
                        posicionSigno =
matrizValores[1].indexOf ("=");
                        mostrarCiudad.value =
unescape(matrizValores[1].substring (posicionSigno + 1));
                     } else {
                        mostrarUsuario.value = "Sin definir";
                        mostrarCiudad.value = "Sin definir";
                     }
                  }

      // Se graba la cookie con los nuevos valores.
                  function grabarCookie()
                  {
                     document.cookie=escape("nombre=" +
mostrarUsuario.value + "; ciudad=" + mostrarCiudad.value);
                  }

               //-->
            </script>
         </head>

         <body onLoad="leerCookie();">
            <b>
               El usuario actual es:
            </b>
             
            <input type="text" name="mostrarUsuario">
            <br>
            <b>
               Su ciudad de nacimiento es:
            </b>
```

```
             
            <input type="text" name="mostrarCiudad">
            <br>
            <input type="button" value="Grabar"
onClick="grabarCookie();">
         </body>
      </html>
```

Ejecute esta página. Verá un par de campos destinados al nombre y la ciudad del usuario. En la primera ejecución, en ambos aparece el valor **Sin definir**, puesto que todavía no existe la cookie. Ahora escriba un nombre y una ciudad en los campos destinados al efecto y pulse el botón **[GRABAR]**, cierre la página y vuelva a ejecutarla. Verá cómo se recuperan los valores de la cookie.

Observe la función `grabarCookie()` para ver que la grabación se hace conforme le he indicado en el texto, concatenando valores. Fíjese también en las líneas resaltadas de la función leerCokie(). Observe que, en este caso, para que todo vaya bien, debo aplicar la funcion unescape(), no sólo a la cookie, sino a cada uno de los valores recuperados de la misma. Si no lo hago así, podría aparecerme alguno de los valores con alguna secuencia de escape activa aún.

11.2.3 Configuración de cookies

Hasta ahora hemos visto cómo crear y usar cookies de la forma más simple posible, tanto para almacenar un único par nombre=valor, como varios. Estas cookies tienen varias limitaciones. En esta sección vamos a ver cómo configurar nuestras cookies de modo que se les pueda sacar mayor partido.

11.2.3.1 COOKIES PERSISTENTES

Una de las limitaciones de las cookies que hemos empleado hasta ahora es que no se graban en el disco del usuario, sino que permanecen en la memoria, Esto implica que, al apagar o reiniciar la máquina, la cookie se ha perdido. Para que una cookie se grabe en el disco del usuario es necesario asignarle una fecha de caducidad. Dicho de otra forma: no se puede crear una cookie que se grabe en el disco y que quede indefinidamente allí. La cookie que deba grabarse en disco deberá de tener una fecha tope. Esto es un mecanismo para impedir que el ordenador del usuario almacene indefinidamente cookies que no necesita.

Para asignarle una fecha de caducidad a una cookie se le añade un nuevo par nombre=valor, en el que el nombre es la palabra clave ***expires***. El par será, por lo tanto, `expires=fecha`, donde la fecha está representada con una cadena GMT. La fecha se suele crear con referencia a la fecha actual, añadiéndole el número de días que queremos que la cookie permanezca en el disco del usuario. Normalmente se establece un valor entre 30 y 60, pero es una cuestión de criterio.

Suponga que quiere crear una cookie tal que, desde la fecha en que el usuario visite la página, permanezca dos meses grabada en el disco. Lo primero que tiene que hacer es obtener la fecha que tiene el ordenador del usuario:

```
var fechaTope = new Date();
```

A continuación debe sumarle 60 días (o los que desee establecer como fecha de caducidad):

```
fechaTope.setDate (fechaTope.getDate() + 60);
```

Ahora debe crear una variable que contenga la fecha de expiración de la cookie en formato de cadena GMT:

```
var limite = fechaTope.toGMTString();
```

Y ya sólo queda asignarle este valor al parámetro expires de la cookie. Suponga que usa la cookie para almacenar el nombre del usuario, que se encuentra en un campo de texto llamado `nombreUsuario`. El código sería:

```
        var galleta = "nombre=" + nombreUsuarioValue + ";
expires=" + limite;
        document.cookie = galleta;
```

El siguiente listado, llamado **cookies_3.htm**, es similar al anterior, pero incluye una fecha de caducidad, tal como se ve en las líneas resaltadas.

```
        <html>
           <head>
              <title>
                 P&aacute;gina con JavaScript
              </title>

              <script language="JavaScript">
                 <!--

        // Esta función recupera el valor de la cookie si
existe.
                    function leerCookie()
                    {
                       variableCookie =
unescape(document.cookie);
```

```
                    if (variableCookie)
                    {
                       matrizValores =
variableCookie.split("; ");
                       posicionSigno =
matrizValores[0].indexOf ("=");
                       mostrarUsuario.value =
unescape(matrizValores[0].substring (posicionSigno + 1));
                       posicionSigno =
matrizValores[1].indexOf ("=");
                       mostrarCiudad.value =
unescape(matrizValores[1].substring (posicionSigno + 1));

                    } else {
                       mostrarUsuario.value = "Sin definir";
                       mostrarCiudad.value = "Sin definir";
                    }
                 }
      // Se graba la cookie con los nuevos valores.
                 function grabarCookie()
                 {

                    fechaTope = new Date();
                    fechaTope.setDate (fechaTope.getDate() +
60);
                    limite = fechaTope.toGMTString();

                    document.cookie=escape("nombre=" +
mostrarUsuario.value + "; ciudad=" + mostrarCiudad.value + ";
expires=" + limite);

                 }
              //-->
           </script>
        </head>

        <body onLoad="leerCookie();">
      <!-- Se lee la cookie al cargar la página. -->
           <b>
              El usuario actual es:
           </b>
            
           <input type="text" name="mostrarUsuario">

           <br>
           <b>
              Su ciudad de nacimiento es:
           </b>
```

```
             
            <input type="text" name="mostrarCiudad">
            <br>

            <input type="button" value="Grabar"
onClick="grabarCookie();">
        </body>
    </html>
```

Sin embargo, debo hacerle una advertencia. Este último código no graba la cookie en el disco si lo ejecuta en su propio ordenador. Lo he incluido sólo para que tenga una pauta de referencia acerca de cómo usar esta técnica, pero sólo funcionará correctamente si la página se encuentra en un servidor remoto.

La fecha de expiración se puede usar para eliminar una cookie del disco. Para ello, es suficiente con establecer una fecha anterior a la actual. En ese momento, la cookie desaparece del disco del cliente.

11.2.3.2 RUTAS DE ACCESO

A menudo las páginas que componen un sitio no están todas montadas en el mismo directorio del servidor. Yo desaconsejo esto. Soy más partidario de que los archivos de código HTML se encuentren en un único directorio, pero hay quien lo hace. Suponga que usted tiene montado un sitio web con la siguiente estructura en el servidor:

- \ (Raíz)
  - Directorio 1
  - Directorio 2
  - Directorio 3
    - Subdirectorio A
    - Subdirectorio B
    - Subdirectorio C

Ahora suponga que tiene una página, que graba una cookie, en el directorio 3. Esta cookie será accesible desde todas las páginas que estén en el directorio 3 y en los subdirectorios A, B y C. Pero no será accesible desde ninguna página situada en los directorios 1 y 2, ni en el directorio raíz. Dicho de otro modo: las cookies son accesibles desde las páginas que se hallan en el mismo directorio que aquélla que las graba o en los que cuelgan de éste.

Si quiere hacer que su cookie sea accesible desde una página situada en otro directorio, debe añadirle un nuevo par nombre=valor que indique la ruta. El nombre es ***path*** y el valor es el directorio a partir del cual debe ser accesible la cookie. Si queremos que una cookie sea accesible desde cualquiera de los directorios y subdirectorios del sitio, independientemente de dónde haya sido grabada, le añadiremos el par `path=\`. Por ejemplo, suponga una cokkie para almacenar el nombre del usuario, que se halla en un campo de texto llamado `nombreUsuario`. La sintaxis correcta sería:

```
        var cadena ="nombre=" + nombreUsuario.value + ";
path=\";
        document.cookie = cadena;
```

Al igual que sucede en el caso anterior, para que esto funcione, las páginas deben estar alojadas en un servidor.

11.2.3.3 NOMBRE DE DOMINIO

Suponga que usted tiene una página dedicada al comercio electrónico, en un dominio llamado **www.mitienda.es**. Y suponga que tiene otros dominios adicionales, como son **catalogo.mitienda.es** y **pedidos.mitienda.es**. Si desde una página situada en el dominio **catalogo.mitienda.es** graba una cookie, ésta no se podrá leer desde una página que esté situada en **pedidos.mitienda.es**. Este tipo de estructuras son habituales en sitios complejos.

Para solucionar esto recurrimos a un nuevo par nombre=valor. El nombre es domain y el valor es la parte común que comparten los tres dominios. Siguiendo con el ejemplo de la cookie que graba el nombre, la sintaxis adecuada quedaría así:

```
        var cadena ="nombre=" + nombreUsuario.value + ";
domain=.mitienda.es";
        document.cookie = cadena;
```

Observe que hay un punto que precede al nombre de dominio común. Si no lo incluye, no le funcionará correctamente.

Naturalmente (y en este caso está más claro que en los anteriores) esta técnica sólo es operativa en páginas ya colgadas en un servidor de internet. Déjeme recordarle que algunos servidores (sobre todo gratuitos) no funcionan bien con las cookies.

11.2.3.4 TRANSMISIÓN SEGURA

Las cookies son archivos de texto plano. Como vengo diciendo desde el principio, no pueden contener código malicioso que vaya a causarnos algún daño. Sin embargo, eso no significa que no entrañen ningún riesgo. Suponga una cookie que se almacena en el disco del usuario y que contiene un dato confidencial, como pueda ser el número de tarjeta de crédito en el caso de páginas de comercio electrónico. Este número, cuando se recupera la cookie, es transmitido vía Internet.

En esa transmisión puede ser interceptado por terceras personas. Para evitar esto, lo que hacemos es añadirle a la cookie el valor ***secure***. Este valor puede ser `true` o `false` (por defecto). Si es true, los datos de la cookie se transmitirán mediante el protocolo seguro https; en caso de ser false (o de omitirse) se transmitirán por el protocolo normal http. Este valor no se establece, como los demás, mediante un par nombre=valor, sino que, para fijarlo, nos limitamos a añadir `true` al final de la cookie, así:

```
        var cadena = "tarjeta=" + numeroTarjeta.value + ";
true";
        document.cookie = cadena;
```

A pesar de esto, sigue existiendo un riesgo: como el valor está almacenado en el ordenador del usuario, alguien con los conocimientos adecuados podría introducirse en dicho ordenador y leer directamente los datos del disco. Para evitar esto, conviene encriptar aquellos datos que puedan ser comprometedores. Para esto, utilice las técnicas de codificación y encriptación de datos que se detallan en el Capítulo 14 del libro. No se lo tome a la ligera. Las intrusiones en ordenadores ajenos son más comunes y fáciles de llevar a cabo de lo que mucha gente piensa.

Capítulo 12

CONCEPTOS AVANZADOS (I)

En el Capítulo 4 introdujimos brevemente el concepto de DOM. En aquel momento, era lo que necesitábamos para seguir adelante en nuestro estudio de JavaScript. Sin embargo, ahora aquello se nos queda ya un poco corto y necesitamos profundizar más. ¿Se ha preguntado por qué el código JavaScript que usted ve en varias páginas comerciales es distinto para Internet Explorer o para Netscape? La mayor parte de los códigos que hemos visto hasta ahora en este libro sólo funcionan en Explorer o en Netscape desde la versión 6, pero el tradicional Netscape Communicator de las versiones 4, 4.5 y 5 no los acepta. A esta y otras cuestiones trataré de dar respuesta aquí.

El modelo de objetos de documento (DOM) ha sufrido un proceso evolutivo a lo largo de la vida de JavaScript. En la actualidad, el modelo vigente, soportado por los principales navegadores, es el conocido como ***W3C DOM***. Se trata del DOM aprobado por el World Wide Web Consortium (W3C) que, como usted sabe, es el organismo encargado de regular, tipificar y establecer las especificaciones técnicas que debe seguir la programación en Internet. Esta normalización da como resultado una facilidad extrema para escribir código JavaScript que resulte igualmente válido para Internet Explorer y Netscape Navigator.

Sin embargo, esto no siempre ha sido así. Hasta la versión 4 de ambos navegadores, Microsoft y Netscape libraban una encarnizada batalla por alcanzar la mayor cuota posible de mercado (bien es cierto que con funestos resultados para Netscape). Esto dio lugar a que cada navegador implementaba su propia versión de JavaScript. El código era radicalmente diferente para una página que debiera correr en Internet Explorer y otra, con similar resultado, para Netscape Communicator.

Hasta tal punto llegó esa guerra que cada navegador tenía su propio DOM: el de Microsoft Internet Explorer era conocido como ***DHTML DOM*** y el de Netscape Communicator era el ***LDOM***. ¿Puede usted imaginar algo más dantesco que escribir un sitio web para un navegador y tener luego que preparar otra versión del código para el otro?

Hoy día, con las últimas versiones de los navegadores disponibles de forma gratuita, y con la tendencia actual a la normalización de todo lo que tenga que ver con Internet, esos días oscuros han quedado atrás, afortunadamente. En la actualidad es muy fácil escribir un código JavaScript, por complejo que éste sea, que opere sin problemas en casi cualquier navegador del mundo. Según datos obtenidos en el momento de escribir este Capítulo, menos del 3% de los usuarios mundiales emplean navegadores que no soporten el W3C DOM. Por lo tanto, en él vamos a centrarnos ahora.

12.1 EL W3C DOM

Lo que realmente nos dice el Modelo de Objetos de Documento es que todos los objetos de una página web son propiedad de un objeto principal: el objeto document. En realidad, sabemos que el objeto principal que se maneja durante la navegación es el objeto window. Sin embargo, inmediatamente por debajo de éste se halla document. Realmente, el objeto document se refiere a toda la página aunque, por convencionalismo, tendemos a asociarlo con la parte incluida en la sección del cuerpo, ignorando la cabecera. Sin embargo, llegados a este punto ya no nos podemos permitir esa licencia.

Lo que nos dice el W3C DOM es que los objetos de una página siguen una estructura jerárquica por debajo de document, y que cada objeto que tengamos es una propiedad del mencionado document. Por ejemplo, suponga un código como el siguiente:

```
<html>
   <head>
      <title>P&aacute;gina con JavaScript.</title>
   </head>
   <body>
      <p>
         Bloque de Texto.
         Cualquier contenido.
      </p>
      <i>
         Letra cursiva.
      </i>
```

```
        <b>
          Letra negrita.
        </b>
      </body>
    </html>
```

Desde el punto de vista del DOM, podemos ver esta página como una estructura jerárquica como la de la figura 12.1.

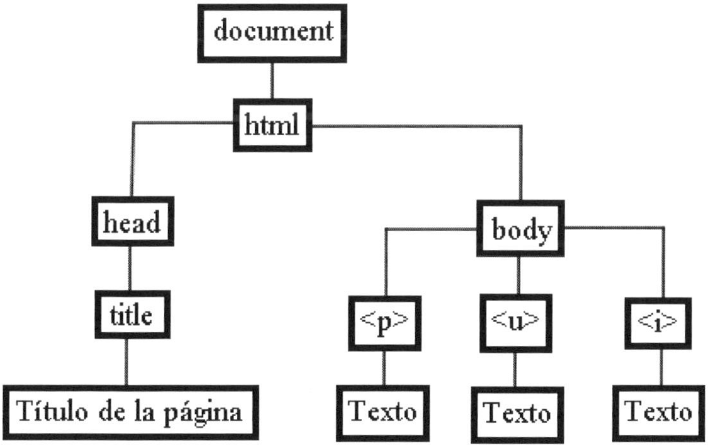

Figura 12.1

Como ve, a pesar de tratarse de un código extremadamente simple, se aprecia una jerarquía claramente definida.

Todos los objetos se consideran, genéricamente, como nodos de document. Así pues, en nuestro esquema, **[HEAD]** y **[BODY]** son nodos hijos de [HTML] que, a su vez, es hijo de **[DOCUMENT]**. La sección **[TITLE]** es, a su vez, un nodo hijo de **[HEAD]**, y así, sucesivamente. Cada objeto tiene, pues, una serie de nodos hijos. Los nodos pueden ser, atendiendo a su naturaleza, de dos tipos:

Nodos de elemento (o, simplemente, ***elementos***). Son aquéllos que están formados por un tag de HTML. Por ejemplo, un nodo de elemento sería <br> o <hr>. Cuando el tag tiene un cierre (como en el caso de <u> </u>), se considera nodo de elemento todo lo que está contenido entre la apertura y el cierre del tag, así como la propia apertura y el propio cierre. También son nodos de elemento los atributos HTML de los tags.

Nodos de texto. Son los textos que se incluyen en una página web. Para ser correctamente tratado como nodo de texto, dicho texto debe estar encerrado en un nodo de elemento, como puede ser, por ejemplo, `<p> Esto es un texto </p>`. La secuencia `Esto es un texto` constituye un nodo de texto.

Atendiendo a la jerarquía, los nodos pueden ser:

Nodo padre. Es aquél que tiene otros nodos "colgando" de él. Para cada nodo, el que está inmediatamente por encima es su nodo padre. Los nodos de texto no pueden ser nodos padre, puesto que, jerárquicamente, de un texto no depende ningún elemento de una página. Los nodos de elemento sólo pueden ser nodos padre si se refieren a tags con cierre.

Nodos hijos. Son los que cuelgan de un nodo padre. Un nodo determinado puede tener varios nodos hijo.

Nodos hermanos. Son los que están al mismo nivel que un nodo determinado, es decir, que "cuelgan" de un mismo nodo padre.

Según todo esto, la siguiente conclusión lógica es que podemos referirnos a cualquier elemento de una página como un nodo hijo del objeto document, o bien como un nodo hijo de un nodo hijo de objeto document y así sucesivamente.

De hecho, los nodos forman matrices, llamadas, genéricamente, ***childNodes***. Por ejemplo, el objeto document tiene una matriz childNodes con un elemento (html). Éste, a su vez, tiene una matriz childNodes con dos elementos: el primero representa a la sección de cabecera de la página y el segundo, a la sección del cuerpo. En nuestro ejemplo, el elemento que representa a la sección de cabecera tiene una matriz childNodes con un único elemento que representa al title. A su vez, este elemento tiene una matriz childNodes con un elemento: el nodo de texto del título. Por esta pauta, para referirnos al nodo de elemento del título, podríamos referenciarlo de la siguiente manera:

```
document.childNodes[0].childNodes[0].childNodes[0]
```

Cuando vaya a trabajar con esta filosofía, debe tener algo en cuenta. Al principio del libro le dije que el código JavaScript de una página se puede colocar en la cabecera o en el cuerpo, indistintamente, en la mayoría de los casos. Sin embargo, ha llegado el momento de hacer una puntualización importante: cuando sea necesario referenciar nodos, es imprescindible que éstos se hayan cargado. Por esta razón, el código irá al final del cuerpo de la página o, si va en otra parte, estará encerrado en una función a la que se invocará mediante el evento onLoad asociado al tag <body>.

Los nodos tienen una serie de propiedades y métodos que aparecen resumidos en la tabla que vemos a continuación:

PROPIEDADES Y MÉTODOS DE LOS NODOS DEL W3C DOM	
Propiedad o método	**Uso**
className	Indica o establece el origen de clase CSS que afecta al nodo referido.
firstChild	Se refiere al primer nodo hijo de aquél con el que estemos trabajando.
lastChild	Se refiere al último nodo hijo de aquél con el que estemos trabajando.
nextSibling	Se refiere al nodo hermano siguiente a aquél con el que estamos trabajando.
nodeName	Se refiere al nombre identificativo del nodo.
nodeType	Se refiere al tipo de nodo (tag, atributo o texto).
nodeValue	El texto que constituye un nodo de texto.
ownerDocument	Se refiere al documento propietario de aquél con el que estamos trabajando.
parentNode	Se refiere al nodo padre de aquél con el que estamos trabajando.
previousSibling	Se refiere al nodo hermano anterior a aquél con el que estamos trabajando.
tagName	El nombre del tag de un nodo.
appendChild()	Añade un nodo hijo al que estamos usando.
cloneNode()	Copia un nodo.
createElement()	Crea un nodo de elemento para añadirlo, como hijo, al nodo con el que estamos trabajando.
createTextNode()	Crea un nodo de texto para añadirlo, como hijo, al nodo con el que estamos trabajando.
getAttribute()	Obtiene el valor de un atributo.
getElementById()	Se usa para referirse a un nodo por su identificador.
getElementsByTagName()	Permite referirse a un nodo (o conjunto de nodos) por el nombre del tag.
hasChildNodes()	Determina si un nodo tiene hijos.
insertBefore()	Inserta un nodo hijo en la matriz childNodes de aquél con el que estamos trabajando.
removeAttribute()	Elimina un atributo de un nodo de elemento.
removeChild()	Elimina el hijo indicado en la matriz childNodes del nodo con el que estamos trabajando.
replaceChild()	Sustituye el hijo indicado de la matriz childNodes del nodo con el que estamos trabajando por otro.
setAttribute()	Establece un atributo del nodo elemento con el que estamos trabajando y su valor.

En la siguiente sección veremos de forma detallada, con ejemplos, cómo funcionan estas propiedades y métodos. Usted tendrá ocasión de comprobar que nunca imaginó tanta libertad de creación dinámica.

12.2 PROPIEDADES Y MÉTODOS DE LOS NODOS

En esta sección vamos a aprender a usar las propiedades y métodos de los nodos. De este modo, les sacaremos todo el partido posible. Verá que, mediante el empleo de esta filosofía, puede, por ejemplo, cambiar un texto o imagen en la página... una vez que ésta se ha cargado en el navegador, y muchas cosas más.

12.2.1 El método hasChildNodes()

Una vez que ya conocemos la teoría de la estructuración en nodos de un documento web, parece razonable que lo primero que debemos tener en cuenta a la hora de trabajar con los hijos de un nodo es determinar si dicho nodo tiene o no hijos. Para ello, JavaScript nos proporciona el método ***hasChildNodes()***, que devuelve true si el nodo especificado tiene hijos o false si no los tiene. Otra manera de determinar si un nodo tiene hijos es usando la propiedad length de la matriz childNodes. Recuerde que, tal como se mencionó en la sección anterior, cada nodo tiene una matriz childNodes que representa a sus hijos. Si el valor de length de esta matriz es 0, el nodo no tiene hijos.

12.2.2 El método getElementById()

Los nodos pueden especificarse mediante un identificativo único, de tal modo que no sea necesario usar una colección interminable de referencias a nodos hijos. Para ello, en el código HTML se le asigna a un tag (un nodo de elemento) el atributo `id`, que permite asociar un nombre al elemento. Por ejemplo, si usted tiene una tabla, puede asignarle un nombre así:

```
<table id = "tabla1">
```

Algunas versiones de Netscape tienen problemas para reconocer nombres que incluyan el guión de subrayado (_). A continuación puede referirse al nodo de elemento de esa tabla mediante el método ***getElementById()***, que recibe, como argumento, el valor asignado al atributo id en el código, así:

```
nodoTabla = document.getElementById ("tabla1");
```

De esta forma habremos creado un objeto (nodoTabla) que representa al nodo de esa tabla en concreto.

Dado que este método es muy exclusivo del W3C DOM (ningún otro estándar anterior lo soporta), podemos usarlo para identificar si el navegador que está usando el cliente soporta o no este estándar, así:

```
if (document.getElementById){
   //El navegador soporta el W3C DOM
} else {
   //El navegador no soporta el W3C DOM
}
```

Y ésta es la forma correcta de referirse a cualquier objeto de la página, en lugar de usar document.all.nombreDeObjeto, como habíamos hecho anteriormente. Para ello, cada párrafo de texto, imagen, cuerpo o celda de tabla, capa, campo de formulario, etc. deberá llevar el atributo id, por el que lo identificaremos. Y cada objeto deberá tener un id único.

12.2.3 El método getElementsByTagName()

Podemos crear una matriz especial de elementos comunes. Por ejemplo, suponga que tiene una página con varias tablas y quiere crear una matriz de nodos de tal modo que, cada uno, se refiera a una de las tablas de la página. Para ello emplee el método ***getElementsByTagName()***. Por ejemplo, para crear una matriz con las tablas, lo haríamos así:

```
matrizTablas = document.getElementsByTagName ("table");
```

Cada una de las tablas que haya en la página se almacenarán en esa matriz, en el mismo orden en que hayan sido creadas. Así, la primera tabla estará representada por `matrizTablas[0]`, la segunda por `matrizTablas[1]`, y así sucesivamente.

12.2.4 Las propiedades firstChild y lastChild

Si un nodo tiene varios hijos y usted quiere referirse al primero de ellos, puede usar la propiedad ***firstChild***, como en el siguiente ejemplo:

```
primerHijo = nodoActual.firstChild;
```

Para referirse al último hijo del nodo actual, use la propiedad ***lastChild***, como se ve a continuación:

```
ultimoHijo = nodoActual.lastChild;
```

Estas propiedades son sumamente útiles para varias cosas: por ejemplo, para referirse al elemento <body> de la página. Observe la estructura que le muestro en la figura 12.1. Como ve, del objeto document cuelga el elemento <html>, que es lo mismo que decir document.childNodes[0], o bien document.firstChild. De este elemento cuelgan los elementos <head> y <body>. Dentro del nodo que representa a <html>, el elemento <head> es childNodes[0] y el elemento <body> es childNodes[1], pero para algunas versiones de Netscape, el elemento <body> es childNodes[2]. Esto puede dar origen a que, si nos referimos a estos elementos por la posición de la matriz que ocupan, los usuarios de Netscape tengan algún problema. En cambio, podemos referenciar el elemento <body> como `document.firstChild.lastChild`. Esto funcionará siempre, cualquiera que sea el navegador (siempre, por supuesto, que soporte el W3C DOM).

12.2.5 Las propiedades parentNode y ownerDocument

Para referirnos al nodo padre de aquél con el que estamos trabajando usaremos la propiedad ***parentNode***, así:

```
nodoPadre = nodoActual.parentNode;
```

Para referirnos al documento, sea cual sea el nivel de nodo en el que estamos trabajando, usaremos la propiedad ***ownerDocument***, así:

```
elDocumento = nodoActual.ownerDocument;
```

No olvide que, como es lógico, el documento no tiene parentNode. En realidad, el documento está inmediatamente debajo del objeto Window, pero éste no es un nodo en sí mismo.

12.2.6 Las propiedades nextSibling y previousSibling

Del mismo modo que nos podemos referir al nodo padre o a los nodos hijos de un nodo concreto, el W3C DOM también nos proporciona algunas propiedades alusivas a los nodos hermanos (hijos del mismo padre). Para ello contamos con ***previousSibling*** y ***nextSibling***. Por ejemplo, suponga lo siguiente:

```
<a href = "http://www.todoligues.com">
   Ir al portal de Todoligues.
</a>
<a href = "http://www.ra-ma.es">
   Visitar la p&aacute;gina de esta editorial.
</a>
<a href = "http://www.google.com">
```

```
    El mejor buscador del mundo.
</a>
```

Ahora suponga que estamos trabajando con un nodo que se refiere al segundo enlace, el relativo a la página del editor. Si queremos referirnos al primer enlace, que es el hermano anterior, por decirlo así, de aquél con el que estamos trabajando, usaremos la propiedad previousSibling, así:

```
hermanoAnterior = nodoActual.previousSibling;
```

Para referirnos al nodo siguiente (el del enlace de Google), usaremos la propiedad nextSibling, así;

```
hermanoSiguiente = nodoActual.nextSibling;
```

12.2.7 El nombre, el tipo y el valor de un nodo

Para obtener el nombre de un nodo podemos usar la propiedad ***nodeName***. Esta propiedad devuelve distintos resultados, según el tipo de nodo con el que estemos trabajando. Si se trata de un nodo de elemento (un tag), devuelve el nombre del tag. Si es un atributo, devuelve el nombre del mismo. Por último, si es un nodo de texto, devuelve #text. El uso es siempre el mismo:

```
nombreDelNodo = nodoActual.nodeName;
```

Para determinar de qué tipo es un nodo, usamos la propiedad ***nodeType***. Si el nodo es un tag, obtendremos el valor 1; para un atributo, obtendremos el 2; por último, si es un nodo de texto, obtendremos el valor 3. El uso es el siguiente:

```
tipoDeNodo = nodoActual.nodeType;
```

Quizás una de las propiedades más interesantes de un nodo sea nodeValue, que nos devuelve lo siguiente: si se trata de un tag, nos devuelve el valor `null`; si se trata de un atributo, nos devuelve el valor `undefined`; por último (y aquí viene lo bueno), si se trata de un nodo de texto, nos devuelve (y permite establecer) dicho texto en la página. El uso es el siguiente:

```
valorDelNodo = nodoActual.nodeValue;
```

12.2.8 La propiedad tagName

Esta propiedad permite identificar el tag que corresponde a un determinado nodo de elemento que ya ha sido identificado por su atributo id, para poder determinar, a posteriori, de qué objeto se trata. En base a esta información se podrán tomar decisiones, establecer parámetros, etc. Por ejemplo, vamos a suponer que, dentro de la parte HTML de su página, usted ha definido una tabla (mediante <table>), como se muestra a continuación:

```
<table id="tabla_1">
```

Ahora, dentro del código JavaScript, usted crea un objeto que represente a ese nodo de elemento, identificándolo por el nombre, así:

```
nodoActual = document.getElementById ("tabla1");
```

Ahora puede identificar qué tag constituye el nodo de elemento mediante la propiedad ***tagName***, así:

```
tagUsado = nodoActual.tagName;
```

La variable tagUsado contendrá el valor "table". Es importante que sepa que se almacena el tag tal como lo ha escrito usted en HTML, es decir, distinguiendo entre mayúsculas y minúsculas. Si usted ha leido mi libro *Domine HTML y DHTML* habrá visto que, desde el principio, le he acostumbrado a usar minúsculas en el código, a pesar de que HTML no distingue. Ahora le vendrá bien esa costumbre.

12.2.9 Cómo trabajar con los atributos

Una vez que usted ha creado una página con HTML y les ha asignado unos atributos a los tags, puede leer el valor de dichos atributos e, incluso, modificarlos. Para ello, considere los atributos como lo que son: propiedades de los nodos. Para ver cómo leer el valor de estos atributos vamos a crear una tabla y a leer el grosor de su borde. Observe el listado **leerAtributos_1.htm**, que aparece a continuación:

```
<html>
   <head>
      <title>
         P&aacute;gina con JavaScript.
      </title>
      <script language="javascript">
         <!--
            function leerBorde()
            {
               nodoTabla = document.getElementById
("tabla1");
               alert ("El borde de la tabla es " +
```

```
nodoTabla.border);
                  }
                //-->
             </script>
          </head>
          <body>
             <table width="300" align="left" id="tabla1"
border="2">
                <tr height="100">
                   <td width="100" align="center">
                      Celda 1
                   </td>
                   <td width="100" align="center">
                      Celda 2
                   </td>
                   <td width="100" align="center">
                      Celda 3
                   </td>
                </tr>

                <tr height="100">
                   <td align="center">
                      Celda 4
                   </td>
                   <td align="center">
                      Celda 5
                   </td>
                   <td align="center">
                      Celda 6
                   </td>
                </tr>

                <tr height="100">
                   <td align="center">
                      Celda 7
                   </td>
                   <td align="center">
                      Celda 8
                   </td>
                   <td align="center">
                      Celda 9
                   </td>
                </tr>
             </table>

             <p>
             </p>
```

```
            <form>
               <input type="button" value="Leer borde"
onClick="leerBorde();">
            </form>
         </body>
      </html>
```

Como ve, cuando se carga la página aparece una tabla y un botón. Al pulsar el botón aparece un cuadro de aviso con el valor del atributo border de la tabla. Observe la parte resaltada del listado. Lo que hago es crear un objeto, al que he llamado **nodoTabla**, que representa a la tabla, mediante el método getElementById(). A continuación leo el valor del atributo border de la tabla mediante el uso de la propiedad border del nodo. Como decía hace un momento, podemos manejar el valor de los atributos como propiedades (en realidad es lo que son, según establece el estándar HTML 4 del W3C).

Ahora vamos a ir un paso más allá, permitiendo modificar el valor del borde. Para ello emplearemos el listado **modificarAtributos_1.htm**, que aparece a continuación:

```
      <html>
         <head>
            <title>
               P&aacute;gina con JavaScript.
            </title>
            <script language="javascript">
               <!--
                  function crearNodoTabla()
                  {
                     nodoTabla = document.getElementById
("tabla1");
                  }

                  function leerBorde()
                  {
                     alert ("El borde de la tabla es " +
nodoTabla.border);
                  }
                  function aumentarBorde()
                  {
                     if (parseInt(nodoTabla.border) < 10)
nodoTabla.border = parseInt(nodoTabla.border) + 1;
                  }

                  function reducirBorde()
                  {
```

```
                    if (nodoTabla.border > 1)
nodoTabla.border -= 1;
                 }
              //-->
           </script>
        </head>
        <body onLoad="crearNodoTabla();">
           <table width="300" align="left" id="tabla1"
border="2">
              <tr height="100">
                 <td width="100" align="center">
                    Celda 1
                 </td>
                 <td width="100" align="center">
                    Celda 2
                 </td>
                 <td width="100" align="center">
                    Celda 3
                 </td>
              </tr>

              <tr height="100">
                 <td align="center">
                    Celda 4
                 </td>
                 <td align="center">
                    Celda 5
                 </td>
                 <td align="center">
                    Celda 6
                 </td>
              </tr>

              <tr height="100">
                 <td align="center">
                    Celda 7
                 </td>
                 <td align="center">
                    Celda 8
                 </td>
                 <td align="center">
                    Celda 9
                 </td>
              </tr>
           </table>
           <form>
              <input type="button" value="Leer borde"
onClick="leerBorde();">
```

```
                <br>
                <input type="button" value="Aumentar borde"
onClick="aumentarBorde();">
                <input type="button" value="Reducir borde"
onClick="reducirBorde();">
            </form>
        </body>
    </html>
```

El código HTML prácticamente no ha cambiado. Lo único que he hecho ha sido añadir dos botones más, para aumentar y disminuir, respectivamente, el grosor del borde de la tabla. Donde sí quiero que preste especial atención es en la parte JavaScript del código. Como ve, está formada por cuatro funciones muy sencillitas.

Lo primero que notará es que esta vez la creación de **nodoTabla** la he aislado en una sola función que se ejecuta a la carga de la página. Realmente esto es lo más razonable ya que, una vez creado el nodo, éste permanece en memoria mientras la página esté cargada. En el ejercicio anterior no lo hice así por simplificar.

A continuación vemos que la función **leerBorde()** opera del mismo modo que anteriormente. Lee y muestra en un cuadro de aviso el valor de la propiedad border del nodo de la tabla.

La función **aumentarBorde()** lee el valor numérico del borde de la tabla (he usado parseInt() para evitar que se trate este valor como cadena alfanumérica) y, si es menor de 10, lo aumenta en uno. He elegido 10 como tope máximo porque algún límite debíamos poner.

La función **reducirBorde()** reduce en una unidad el grosor del borde de la tabla, siempre que éste no resulte ser menor que uno.

Al ejecutar esta página y pulsar los botones **[AUMENTAR BORDE]** y **[REDUCIR BORDE]**, verá que el grosor del borde de la tabla aumenta o disminuye. Además, al pulsar **[LEER BORDE]** verá, en cada momento, el valor real del borde de la tabla. Fíjese en que está modificando el contenido de HTML de una manera que no podría ni imaginar sin esta estructura de nodos. Y acabamos de empezar a sacarle partido.

12.2.10 Añadir y eliminar atributos

Se le puede añadir un atributo a una etiqueta en cualquier momento de la ejecución de la página. Por ejemplo, suponga que tiene una imagen sin el atributo alt (ya sabe: la etiqueta flotante que aparece al apoyar el ratón sobre la imagen) y que quiere que, en determinado momento, se añada este atributo. Para añadirle atributos a un nodo usamos el método ***setAttribute()***. Este método recibe dos parámetros, separados por una coma: el primero es el nombre del atributo y el segundo, el valor que recibe. Observe el siguiente código, al que he llamado **agregarAtributo_1.htm**.

```
<html>
   <head>
      <title>P&aacute;gina con JavaScript.</title>
      <script language="javascript">
         <!--
            function crearNodo(){
               nodoImagen =
document.getElementById("imagen");
            }
            function agregar() {
               nodoImagen.setAttribute("alt","Trozo de
hielo");
            }
         //-->
      </script>
   </head>
   <body onLoad="crearNodo();">
      <img id="imagen" src="imagenes/iceberg.jpg">
      <br>
      <form>
         <input type="button" value="Agregar 'alt' a la
imagen" onClick="agregar();">
      </form>
   </body>
</html>
```

Ejecute la página. Verá una imagen y debajo un botón, tal como se aprecia en la figura 12.2.

Observe que, si apoya el puntero sobre la imagen, no sucede nada. No tiene atributo alt y, por lo tanto, no se muestra la correspondiente etiqueta de texto. Ahora pulse el botón **[AGREGAR 'ALT' A LA IMAGEN]**, pase de nuevo el ratón sobre la imagen y verá la etiqueta Trozo de hielo. Este atributo se ha añadido como consecuencia de la ejecución de la función `agregar()` cuya única línea de código aparece resaltada en el listado y muestra el funcionamiento de setAttribute().

Recuerde que el atributo alt de las imágenes sólo funciona con Internet Explorer, no con Firefox, ni con Netscape si éste emula a Firefox.

Figura 12.2

Además, JavaScript nos proporciona el método ***removeAttribute()*** destinado a hacer la función contraria, es decir, eliminar un atributo de un tag HTML. Este método recibe, como argumento, el nombre del atributo que deseamos eliminar. Observe el código **agregarEliminarAtributo_1.htm**.

```
<html>
   <head>
      <title>
         P&aacute;gina con JavaScript.
      </title>
      <script language="javascript">
         <!--
            function crearNodo()
            {
               nodoImagen =
document.getElementById("imagen");
            }

            function agregar()
            {
               nodoImagen.setAttribute("alt","Trozo de
hielo");
            }

            function eliminar()
            {
               nodoImagen.removeAttribute("alt");
            }
```

```
            //-->
        </script>
    </head>

    <body onLoad="crearNodo();">
        <img id="imagen" src="imagenes/iceberg.jpg">
        <br>
        <form>
            <input type="button" value="Agregar 'alt' a la
imagen" onClick="agregar();">
            <br>
            <input type="button" value="Borrar 'alt' de la
imagen" onClick="eliminar();">
        </form>

    </body>
</html>
```

Cuando ejecute este código, verá una página parecida a la anterior, pero esta vez con dos botones. El funcionamiento del primero ya lo conoce. Una vez que haya creado el atributo alt, podrá eliminarlo con el segundo botón. Compruébelo. El comportamiento del método removeAttribute() aparece en la línea resaltada del listado.

Y ya puestos, voy a presentarle el método ***getAttribute()***. Este método se diseñó para obtener el valor de un atributo no estandarizado. Los atributos no estándar no crean propiedades en los nodos y para recuperar su valor es preciso recurrir a este método. Sin embargo, no le voy a poner ningún ejemplo por una razón: yo no soy partidario de los atributos no estándar. De hecho, el W3C nos proporciona suficiente potencia, tanto en HTML como en JavaScript, como para que no sea necesario en absoluto recurrir a algo no estandarizado. Y, en otro orden de cosas, estos atributos, a la larga, no dan más que problemas. Por todo esto, le desaconsejo firmemente estos recursos.

12.2.11 Actuar sobre nodos de texto

Una posibilidad muy interesante es cambiar el texto de una página, una vez que ésta se haya cargado, de forma dinámica, sin afectar al resto de los contenidos. Muchos sitios de Internet recurren a esta técnica, y yo suelo emplearla, con discreción, ya que es un efecto muy interesante. Para ello tendremos que considerar la propiedad ***nodeValue*** de los nodos de texto, que hemos mencionado anteriormente.

Observe el listado **cambiarTexto_1.htm**, que aparece a continuación:

```
<html>
   <head>
      <title>
         P&aacute;gina con JavaScript.
      </title>
      <script language="javascript">
         <!--
            function crearNodo()
            {
               nodoCabecera =
document.getElementById("cabecera");
            }

            function cambiar()
            {
               nodoCabecera.firstChild.nodeValue =
"Esta es la nueva cabecera.";
            }
         //-->
      </script>
   </head>
   <body onLoad="crearNodo();">
      <table align="center" width="300" border="2">
         <tr height="40">
            <th colspan="3" id="cabecera">
               Esto es la cabecera de la tabla.
            </th>
         </tr>
         <tr height="50">
            <td align="center" width="300">
               Celda 1
            </td>
            <td align="center" width="300">
               Celda 2
            </td>
            <td align="center" width="300">
               Celda 2
            </td>
         </tr>
         <tr height="50">
            <td align="center">
               Celda 4
            </td>
            <td align="center">
               Celda 5
            </td>
            <td align="center">
               Celda 6
```

```
                  </td>
               </tr>
               <tr height="50">
                  <td align="center">
                     Celda 7
                  </td>
                  <td align="center">
                     Celda 8
                  </td>
                  <td align="center">
                     Celda 9
                  </td>
               </tr>
            </table>

            <br>

            <form>
               <center>
                  <input type="button" value="Cambiar
cabecera" onClick="cambiar();">
               </center>
            </form>

         </body>
      </html>
```

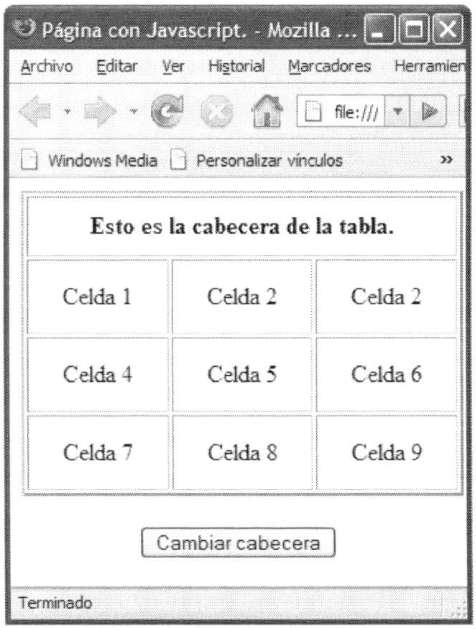

Figura 12.3

Ejecute este código y verá una página parecida a la de la figura 12.3. Observe la cabecera. Verá que cuando pulse el botón **[CAMBIAR CABECERA]** el texto de la cabecera de la tabla cambia. Quien se encarga de esto es la función `cambiar()`, cuyo código aparece resaltado en el listado. Observe que, en primer lugar, he creado un nodo que identifica la celda de cabecera de la tabla, mediante el uso de getElementById() en la función crearNodo. Después, lo que hago es trabajar con la propiedad nodeValue del primer nodo hijo (firstChild) de la cabecera, que es, precisamente, el nodo de texto que me interesa.

12.2.12 Creación y eliminación de nodos

Del mismo modo que podemos modificar nodos de texto mediante su propiedad nodeValue o modificar el comportamiento de nodos de elemento mediante sus respectivas propiedades, podemos también añadir nodos a nuestra página, de modo que aumenten los contenidos durante la ejecución.

Para añadir un nodo, debemos seguir dos pasos. En primer lugar, es necesario crear el nodo. Después, se incorpora a la página. Para crear un nodo de elemento usaremos el método ***createElement()***. Este método recibe, como argumento, el nombre del tag HTML correspondiente al elemento que queremos añadir en la página. Para crear un nodo de texto recurrimos al método ***createTextNode()*** y, como argumento, le pasamos el texto que queremos crear.

Una vez creado el nodo (existe en memoria, pero aún no está presente en la página) debemos incorporarlo al documento. Para ello recurrimos al método ***appendChild()***. Este método recibe, como argumento, el nombre del nodo que queremos incorporar a la página. Para eliminar un nodo usamos el método ***removeChild()***. Este método recibe, como argumento, el nombre del nodo que queremos eliminar.

Vamos a ver el funcionamiento de estos cuatro métodos mediante un ejemplo práctico. El código se llama **agregarEliminarNodo_1.htm**.

```
<html>
   <head>
      <title>
         P&aacute;gina con JavaScript.
      </title>
      <script language="javascript">
         <!--
            function iniciar()
            {
               totalFilas=0;
```

```
                        nodoTabla = document.getElementById
("tabla1");
                    }

                    function agregar()
                    {
                        if (totalFilas<10)
                        {
                            totalFilas += 1;
                            nodoFila = document.createElement
("tr");
                            nodoTabla.appendChild (nodoFila);
                            for (celdas=0; celdas<=2; celdas++)
                            {
                                nodoCelda = document.createElement
("td");
                                nodoFila.appendChild(nodoCelda);
                                valorTexto =
document.createTextNode ("Fila " + totalFilas + " Celda " +
celdas);
                                nodoCelda.appendChild
(valorTexto);
                            }
                        }
                    }

                    function eliminar()
                    {
                        if (totalFilas>0)
                        {

      nodoTabla.removeChild(nodoTabla.lastChild);
                            totalFilas -= 1;
                        }
                    }
                //-->
            </script>
        </head>
        <body onLoad="iniciar();">
            <table align="center" width="450" border="2">
                <tbody id="tabla1">
                </tbody>
            </table>

            <br>

            <form>
```

```
                <input type="button" value="Agregar fila"
onClick="agregar();">
                <input type="button" value="Eliminar fila"
onClick="eliminar();">
            </form>
        </body>
    </html>
```

Pruebe el código. Al iniciar la página sólo verá una línea y dos botones. Realmente hay una tabla sin ninguna fila. Por esta razón no se puede ver. Pulse **[AGREGAR FILA]** y verá que se añade una fila, con tres celdas, a la tabla. En cada celda hay un texto. Pulse el botón de nuevo y se añadirá otra fila. En este momento, con dos filas, su página tiene un aspecto similar al de la figura 12.4.

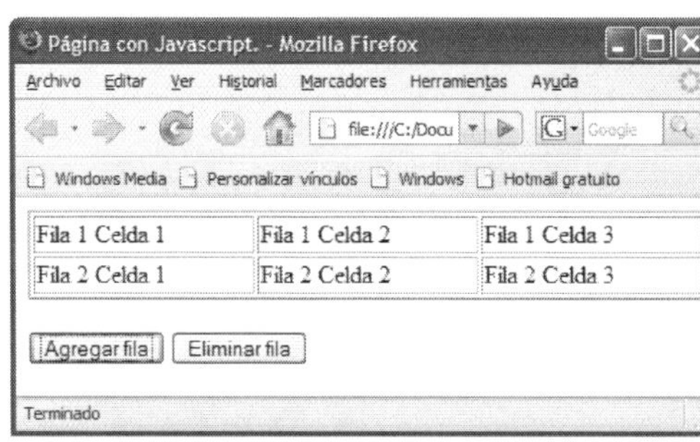

Figura 12.4

Si sigue pulsando el botón **[AGREGAR FILA]**, se van añadiendo filas a la tabla, hasta un máximo de 10 (he fijado esa limitación). Si ahora pulsa el botón **[ELIMINAR FILA]** verá cómo se van eliminando las filas de la tabla.

Veamos lo que hemos hecho. En primer lugar fíjese en la parte del código HTML que crea una tabla sin filas ni celdas:

```
<table align="center" width="450" border="2">
   <tbody id="tabla1">
   </tbody>
</table>
```

He querido usar una tabla para ilustrar estas técnicas para que usted viera algo. Fíjese en que, en la tabla, he usado el tag <tbody>. Éste no se suele usar en tablas ya que, para su uso normal con HTML, no es necesario, pero para este uso desde JavaScript es imprescindible. Si no lo emplea, no funciona el código. Esto es así porque el estándar HTML 4 define específicamente este tag, aunque, como he dicho, en la mayoría de los casos, puede omitirse. Fíjese, además, en que el identificativo **tabla1** lo he asociado al tag <tbody>, que constituye el nodo sobre el que luego trabajaré. Al cargarse la página se ejecuta la función **iniciar()**. Ésta, simplemente, inicializa una variable que llevará la cuenta de las filas y crea el nodo relativo al cuerpo de la tabla, así:

```
totalFilas=0;
nodoTabla = document.getElementById ("tabla1");
```

Cuando se pulsa el botón **[AGREGAR FILA]** se ejecuta la función **agregar()**. Ésta se encarga de crear una fila para la tabla, con tres celdas y los correspondientes textos dentro de ellas. Veamos cómo actúa.

En primer lugar, usamos la variable **totalFilas** para comprobar si el número de filas de la tabla ha alcanzado 10, que es el máximo que hemos decidido que tendrá la tabla. Cada vez que se añada una fila, se incrementará esta variable y, cada vez que se elimine una fila, se decrementará. Si todavía se pueden añadir filas vemos que se incrementa la variable que lleva la cuenta:

```
totalFilas += 1;
```

A continuación, creamos un nodo de elemento usando el tag <tr> para que sea una fila de tabla:

```
nodoFila = document.createElement ("tr");
```

Después añadimos ese nodo como hijo del nodo de la tabla:

```
nodoTabla.appendChild (nodoFila);
```

Con esto hemos creado una fila. Pero aún no hemos creado las celdas. Para ello es necesario crear un nodo de elemento para cada celda y añadirlo, como hijo, al nodo de la fila. Además, vamos a crear unos nodos de texto con los textos que deberán aparecer escritos en las celdas. Cada nodo de texto se añadirá, como hijo, al nodo de la celda correspondiente. Se ha decidido que cada fila deberá tener tres celdas. Por esta razón, este proceso se ha incorporado en un bucle que se repite tres veces. Así:

```
for (celdas=0; celdas<=2; celdas++) {
   nodoCelda = document.createElement ("td");
   nodoFila.appendChild(nodoCelda);
   valorTexto = document.createTextNode ("Fila " +
totalFilas + " Celda " + celdas);
   nodoCelda.appendChild (valorTexto);
}
```

La función de eliminación de las filas, que he llamado **`eliminar()`**, es mucho más simple. En primer lugar se comprueba, mediante el uso de la variable **`totalFilas`**, si hay filas que eliminar. Si es así, se emplea el método removeChild() para eliminar la última fila de la tabla y se reduce el valor de la variable de control.

```
nodoTabla.removeChild(nodoTabla.lastChild);
totalFilas -= 1;
```

Fíjese en una cosa. El uso de la variable totalFilas es innecesario, ya que podríamos usar, para determinar el número de filas de la tabla, la propiedad length de la matriz childNodes del nodo de la tabla. Sin embargo, he usado esta variable para que se viera más claro el proceso. Con este último recurso, el código quedaría como muestra el listado **agregarEliminarNodo_2.htm**.

```
<html>
   <head>
      <title>
         P&aacute;gina con JavaScript.
      </title>
      <script language="javascript">
         <!--
            function iniciar()
            {
               nodoTabla = document.getElementById
("tabla1");
            }

            function agregar()
            {
               if (nodoTabla.childNodes.length<10)
               {
                  nodoFila = document.createElement
("tr");
                  nodoTabla.appendChild (nodoFila);
                  for (celdas=0; celdas<=2; celdas++)
                  {
                     nodoCelda = document.createElement
("td");
                     nodoFila.appendChild(nodoCelda);
                     valorTexto =
document.createTextNode ("Fila " +
nodoTabla.childNodes.length + " Celda " + (celdas+1));
                     nodoCelda.appendChild
(valorTexto);
                  }
```

```
                    }
                }

                function eliminar()
                {
                    if (nodoTabla.childNodes.length>0)
                    {
nodoTabla.removeChild(nodoTabla.lastChild);
                    }
                }

            //-->
        </script>
    </head>
    <body onLoad="iniciar();">
        <table align="center" width="450" border="2">
            <tbody id="tabla1">
            </tbody>
        </table>

        <br>

        <form>
            <input type="button" value="Agregar fila"
onClick="agregar();">
            <input type="button" value="Eliminar fila"
onClick="eliminar();">
        </form>
    </body>
</html>
```

Como ve, he resaltado las líneas donde se han producido cambios. Además, he eliminado las líneas donde se definía la variable totalFilas, y aquellas donde se incrementaba y se decrementaba, ya que la propiedad length de la matriz childNodes implicada se actualiza de modo automático al crear o destruir las filas.

12.2.13 Sustitución, clonación e inserción de nodos

Cuando existe un nodo creado es posible sustituirlo por otro diferente mediante el método ***replaceChild()***. Este método recibe dos argumentos separados por una coma. El segundo es el nombre del nodo que existe actualmente en la página. El primero es el nodo por el que se va a sustituir. Para ver cómo funciona este método he creado el código **cambiarTexto_2.htm**, que es una variante de un ejercicio anterior. Esta vez, al pulsar el botón para cambiar la cabecera de la tabla, también se cambia el botón por otro. Lógicamente, como puede ver en el código, el botón es tratado como un nodo más.

```
      <html>
         <head>
            <title>
               P&aacute;gina con Javascript.
            </title>
            <script language="javascript">
               <!--
                  function crearNodos()
                  {
                     nodoCabecera =
document.getElementById("cabecera");
                     nodoBotonCambiar =
document.getElementById ("original");
                     nodoBotonRestaurar =
document.getElementById ("repuesto");

formulario.removeChild(nodoBotonRestaurar);
                  }
                  function cambiar()
                  {
                     nodoCabecera.firstChild.nodeValue =
"Esta es la nueva cabecera.";
formulario.replaceChild(nodoBotonRestaurar,nodoBotonCambiar);
                  }

                  function restaurar()
                  {
                     nodoCabecera.firstChild.nodeValue =
"Esto es la cabecera de la tabla.";
formulario.replaceChild(nodoBotonCambiar,nodoBotonRestaurar);
                  }
               //-->
            </script>
         </head>
         <body onLoad="crearNodos();">
            <table align="center" width="300" border="2">
               <tr height="40">
                  <th colspan="3" id="cabecera">
                     Esto es la cabecera de la tabla.
                  </th>
               </tr>
               <tr height="50">
                  <td align="center" width="300">
                     Celda 1
```

```
                    </td>
                    <td align="center" width="300">
                       Celda 2
                    </td>
                    <td align="center" width="300">
                       Celda 3
      //    ...
      // TABLA COMPLETA EN EL EJEMPLO EN EL CD ADJUNTO
      //    ...
                 </tr>
              </table>
              <br>
              <form id="formulario">
                 <input type="button" id="original"
value="Cambiar cabecera" onClick="cambiar();">
                 <input type="button" id="repuesto"
value="Restaurar cabecera" onClick="restaurar();">
              </form>
           </body>
        </html>
```

Observe las líneas resaltadas. En el código HTML he tenido que crear los dos botones que voy a emplear. En la función **`crearNodos()`** he necesitado crear unos nodos para representar a ambos botones. Por último, en las funciones **`cambiar()`** y **`restaurar()`** vemos cómo usar el método replaceChild().

A menudo comprobará que este método es, en muchas ocasiones, un engorro, y es más interesante crear un nodo y destruir otro, tal como aprendimos a hacerlo en el apartado anterior.

Se puede clonar un nodo, es decir, crear una copia exacta del mismo, mediante el método ***cloneNode()***. Este método recibe, como argumento, un valor lógico. Si es true, se clonan también los hijos del nodo con el que estamos trabajando. Si es false, sólo se clona el nodo, pero no sus hijos.

Por último, podemos añadir un nodo, no al final de la lista de nodos hijos existentes, sino en otra posición anterior, usando el método ***insertBefore()***. Este método recibe dos argumentos separados por una coma. El primero es el nombre del nuevo nodo que se va a insertar. Éste ha debido ser creado, previamente, con createElement() o createTextNode(). El segundo argumento es la referencia del nodo antes del cual queremos insertar el nuevo.

Capítulo 13

CONCEPTOS AVANZADOS (II)

En este Capítulo vamos a completar el estudio de aquellos conceptos de JavaScript que, siendo extremadamente útiles para el desarrollo de páginas profesionales, no son fáciles de encontrar en la mayoría de las obras. Veremos cómo trabajar de forma avanzada con las hojas de estilo (CSS) y algunos conceptos interesantes sobre el objeto document. Cerraremos el Capítulo dando algunas sugerencias importantes acerca de cómo corregir los posibles errores de nuestros scripts, o de otros autores.

13.1 EL TRABAJO CON ESTILOS

Siguiendo con los conceptos de nodos vistos en el Capítulo anterior, vamos a aprender a aplicarlos a aquéllas de nuestras páginas que incluyan CSS, de modo que podamos modificar los estilos que afectan a un nodo concreto.

Como usted sabe, durante la escritura del código HTML podemos aplicarle los estilos deseados a un elemento (por ejemplo, una capa o un párrafo de texto) mediante el atributo `sytle`. Este atributo incluye una serie de características, como son el color de texto, tamaño de la tipografía, color de fondo, etc. En el caso de las capas, podemos, además, establecer su anchura y altura, aparte de otras propiedades.

Por ejemplo, una forma de definir el estilo de una capa sería la siguiente:

```
<span id="Capa1" style="position:absolute; left:100px;
top:60px; width:230px; height:180px; z-index:1; visibility:
```

```
visible; background-color: #00CCFF; layer-background-color:
#00CCFF; border: 1px none #000000; overflow: auto;">
```

Esto es lo que se conoce como ***estilos integrados***, porque forman parte del propio tag. Otro modo de asignar estilos es creándolos aparte, bien en la propia página mediante el tag <style> o importándolos de un fichero externo de estilos. Luego se asocia cada estilo al tag deseado mediante el atributo **`class`**.

De cualquier modo, cuando se asocian estilos a un elemento se crea, desde el punto de vista de JavaScript, un objeto ***Style***, que es propiedad del elemento correspondiente. Cada uno de los estilos usados es propiedad de dicho objeto. Para referirse a las propiedades de **style** tenemos que tener en cuenta que los nombres de las propiedades que usamos desde HTML deben modificarse en JavaScript de la siguiente forma:

Si el nombre de una propiedad tiene una sola palabra, se escribirá dicha palabra, *empleando sólo minúsculas*. Por ejemplo, podremos referirnos a las propiedades **`overflow`** o **`border`**.

Cuando el nombre de una propiedad esté compuesto, en HTML, por dos o más palabras separadas por guiones, se suprimirán éstos y se escribirá en mayúscula la primera letra de la segunda palabra (y la tercera, si la hubiera). Así, por ejemplo, la propiedad **`z-index`** se referenciará como **`zIndex`** y **`border-left-width`** se referenciará como **`borderLeftWidth`** (como norma general, salvo excepciones muy concretas).

Para ver cómo funciona esto, vamos a crear un pequeño código que nos permita cambiar, por ejemplo, el tamaño de un texto, así como su color y tipografía. El código se llama **estilos_1.htm**.

```
<html>
   <head>
      <title>
         P&aacute;gina con JavaScript.
      </title>
      <script language="javascript">
         <!--
            function crearNodos()
            {
//Identificamos el nodo del párrafo de texto.
               nodoParrafo =
document.getElementById("texto1");

//Identificamos los nodos de los
```

```
        //campos del formulario.
                        nodoFuentes =
document.getElementById("listaDeFuentes");
                        nodoColores =
document.getElementById("listaDeColores");
                        nodoTamanos =
document.getElementById("listaDeTamanos");
                        nodoUnidades =
document.getElementById("listaDeUnidades");
                    }

                    function establecer()
                    {
                        //Establecemos los valores de las
propiedades
                        //del objeto style del párrafo.
                        with (nodoParrafo.style)
                        {
                            fontFamily =
nodoFuentes[nodoFuentes.selectedIndex].value;
                            color =
nodoColores[nodoColores.selectedIndex].value;
                            fontSize =
nodoTamanos[nodoTamanos.selectedIndex].value +
nodoUnidades[nodoUnidades.selectedIndex].value;
                        }
                    }
                //-->
            </script>
        </head>

        <body onLoad="crearNodos();">
            <p id="texto1" style="font-size:10px; font-
family:Times New Roman; font-color:#000000">
                Esto es un texto
            </p>

            <form>
                <table width="450" border="1" cellpadding="5">
                    <tr>
                        <th colspan="4">
                            Establezca las propiedades del texto
                        </th>
                    </tr>
                    <tr>
                        <td width="150">
                            Tipograf&iacute;a:
                        </td>
```

```
                        <td width="150">
                           Color:
                        </td>
                        <td colspan="2">
                           Tama&ntilde;o:
                        </td>
                     </tr>
                     <tr align="center" valign="top">

                        <td height="125">
                           <select size="6" id="listaDeFuentes"
onChange="establecer();">
                              <option value="Times New Roman"
selected>Times</option>
                              <option
value="Arial">Arial</option>
                              <option
value="Tahoma">Tahoma</option>
                              <option value="Comic sans
MS">Comic</option>
                              <option
value="Verdana">Verdana</option>
                              <option
value="Courier">Courier</option>
                           </select>
                        </td>

                        <td>
                           <select size="6" id="listaDeColores"
onChange="establecer();">
                              <option value="#000000"
selected>Negro</option>
                              <option
value="#FF0000">Rojo</option>
                              <option
value="#00FF00">Verde</option>
                              <option
value="#0000FF">Azul</option>
                              <option
value="#FFFF00">Amarillo</option>
                              <option
value="#FF00FF">Malva</option>
                           </select>
                        </td>

                        <td width="75">
                           <select size="6" id="listaDeTamanos"
onChange="establecer();">
```

```
                                   <option value="10"
selected>10</option>
                                   <option value="15">15</option>
                                   <option value="20">20</option>
                                   <option value="25">25</option>
                                   <option value="30">30</option>
                                   <option value="35">35</option>
                               </select>
                           </td>
                           <td width="75">
                               <select id="listaDeUnidades"
onChange="establecer();">
                                   <option value="pt"
selected>Puntos</option>
                                   <option
value="px">P&iacute;xeles</option>
                               </select>
                           </td>
                       </tr>
                   </table>
               </form>

           </body>
       </html>
```

Al ejecutar este código verá una página como la de la figura 13.1.

Figura 13.1

Como ve, tiene un párrafo de texto y un formulario en una tabla con tres listas y un menú. Fíjese en las líneas que he usado para definir el párrafo de texto:

```
    <p id="texto1" style="font-size:10px; font-family:Times
New Roman; font-color:#000000">
        Esto es un texto
    </p>
```

Por una parte le he asignado un identificativo mediante el atributo **id** y por otra le he asignado un estilo integrado mediante el atributo **style**, en el que he establecido las propiedades que quiero, por defecto, para el texto.

Cuando se carga la página, se ejecuta la función **crearNodos()**. Esta función crea un nodo para el párrafo y otro para cada uno de los elementos del formulario (las tres listas y el menú).

Fíjese en que cada una de las listas y el menú llevan asociado el evento onChange para invocar, cada vez que se cambia la opción seleccionada, a la función **establecer()**, cuyo código aparece reproducido a continuación:

```
    function establecer()
    {
    //Establecemos los valores de las propiedades
    //del objeto style del párrafo.
       with (nodoParrafo.style)
       {
          fontFamily =
nodoFuentes[nodoFuentes.selectedIndex].value;
          color =
nodoColores[nodoColores.selectedIndex].value;
          fontSize =
nodoTamanos[nodoTamanos.selectedIndex].value +
nodoUnidades[nodoUnidades.selectedIndex].value;
       }
    }
```

En el cuerpo de la función se actúa sobre las propiedades del objeto Style del nodo del párrafo para asignarles los valores establecidos por el usuario en el formulario. Observe que, para compactar código, he usado la función with(), cuya mecánica se describió en el Capítulo 4. El código hubiera sido similar, así:

```
    function establecer()
    {
    //Establecemos los valores de las propiedades
    //del objeto style del párrafo.
       nodoParrafo.style.fontFamily =
nodoFuentes[nodoFuentes.selectedIndex].value;
```

```
        nodoParrafo.style.color =
nodoColores[nodoColores.selectedIndex].value;
        nodoParrafo.style.fontSize =
nodoTamanos[nodoTamanos.selectedIndex].value +
nodoUnidades[nodoUnidades.selectedIndex].value;
      }
```

Ahora que ya sabemos actuar sobre los estilos de un nodo cualquiera, vamos a ver un ejemplo que nos ilustre el modo de sacarle un partido interesante a estas técnicas para nuestras páginas. Suponga que tiene una página principal en la que aparecen tres imágenes. Cada una de ellas podría ser, por ejemplo, un enlace a otra página de su sitio. Lo que vamos a hacer es que las imágenes aparezcan, inicialmente, muy pálidas y, al apoyar el mouse sobre ellas, se refuercen de un modo gradual, del mismo modo que se consigue, por ejemplo, con el uso de Flash. Al retirar el ratón de una imagen, ésta vuelve a su palidez inicial. Sin embargo, para simplificar el código, esta pérdida de tono no se produce de forma gradual. Si usted navega mucho por Internet verá que es muy habitual el uso avanzado de JavaScript para crear efectos similares a Flash, sin necesidad de recurrir a esta herramienta. El código que ilustra esto es **imagenesFlash_1.htm**.

```
      <html>
         <head>
            <title>
               P&aacute;gina con JavaScript.
            </title>
            <script language="javascript">
               <!--

                  function oscurecer(imagen)
                  {
                     nodoImagen =
document.getElementById(imagen);
                     entrada = 50;
                     aumento =
setInterval("aumentar(nodoImagen,entrada)",30);
                  }

                  function aclarar(imagen)
                  {
                     nodoImagen =
document.getElementById(imagen);
      nodoImagen.style.filter="alpha(opacity=50)";
                  }

                  function aumentar(elNodo,opacidad,factor)
                  {
```

```
                  if (opacidad < 100)
                  {
                     opacidad += 5;
                     entrada = opacidad;
                     elNodo.style.filter="alpha(opacity="
+ entrada + ")";
                  } else {
                     if (aumento) clearInterval(aumento);
                  }
               }

            //-->
         </script>
      </head>

      <body bgcolor="#FFFFFF">
         <p>
            Pulse en las im&aacute;genes para acceder a
otras p&aacute;ginas del sitio.
         </p>
         <table width="450" border="0" cellspacing="0"
cellpadding="0">

            <tr height="112">
               <td>
                  <img style="filter:alpha(opacity=50)"
id="imagen1" src="imagenes/enlace1.jpg"
onMouseOver="oscurecer(this.id);"
onMouseOut="aclarar(this.id);">
               </td>
               <td>
                  <img style="filter:alpha(opacity=50)"
id="imagen2" src="imagenes/enlace2.jpg"
onMouseOver="oscurecer(this.id);"
onMouseOut="aclarar(this.id);">
               </td>
               <td>
                  <img style="filter:alpha(opacity=50)"
id="imagen3" src="imagenes/enlace3.jpg"
onMouseOver="oscurecer(this.id);"
onMouseOut="aclarar(this.id);">
               </td>
            </tr>
         </table>

      </body>
   </html>
```

Ejecútelo y vea su funcionamiento. Observe, en las líneas resaltadas, cómo se actúa sobre el valor de la propiedad filter del objeto style del elemento que nos interesa. En el caso de un oscurecimiento de la imagen, éste se realiza mediante un intervalo, para lograr el efecto de gradualidad.

Otra posibilidad que nos ofrecen los nodos a la hora de trabajar con estilos es el uso de la propiedad ***className***. Ésta resulta sumamente interesante para cambiar, de forma global, el estilo de varios elementos. Observe, por ejemplo, el siguiente listado, al que he llamado **clases_1.htm**.

```
<html>
   <head>
      <title>
         P&aacute;gina con JavaScript.
      </title>

      <style type="text/css">
         .estilo1 {font-family:Times New Roman;
color:#000000; font_size:20px; background-color:#FF9999;
text-decoration:none}
         .estilo2 {font-family:Arial; color:#00FF00;
font_size:30px; background-color:#FF00FF; text-
decoration:none}
         .estilo3 {font-family:Comic sans MS;
color:#0000FF; font_size:20px; background-color:#FFFF00;
text-decoration:overline}
         .estilo4 {font-family:Tahoma; color:#FF0000;
font_size:25px; background-color:#00FF00; text-
decoration:underline}
      </style>

      <script language="javascript">
         <!--
            function crearNodo()
            {
               nodoCuerpo =
document.getElementById("principal");
            }

            function cambiar(estilo)
            {
               nodoCuerpo.className = estilo;
            }
         //-->
      </script>
   </head>
```

```
        <body id="principal" class="estilo1"
onLoad="crearNodo();">
            <p>
                Esto es un p&aacute;rrafo de texto.
            </p>
            <form>
                <p>
                    Seleccione su estilo favorito.
                </p>
                <p>
                    Estilo 1:
                    <input type="radio" name="elegir"
value="estilo1" checked onClick="cambiar(this.value);">
                </p>

                <p>
                    Estilo 2:
                    <input type="radio" name="elegir"
value="estilo2" onClick="cambiar(this.value);">
                </p>
                <p>
                    Estilo 3:
                    <input type="radio" name="elegir"
value="estilo3" onClick="cambiar(this.value);">
                </p>

                <p>
                    Estilo 4:
                    <input type="radio" name="elegir"
value="estilo4" onClick="cambiar(this.value);">
                </p>
        </body>
    </html>
```

Ejecute la página. Verá que, inicialmente, se carga un documento con unas determinadas características de color de fondo, y fuente, color y tamaño del texto. El aspecto inicial de la página es el de la figura 13.2.

Estas propiedades están, como se ve en el listado, definidas mediante CSS. En realidad he definido cuatro clases personalizadas diferentes, a las que he llamado **estilo1**, **estilo2**, **estilo3** y **estilo4**. Cuando se carga la página en el navegador se le aplica el primero de los estilos definidos, tal como se aprecia en la línea que abre el <body>:

```
    <body id="principal" class="estilo1"
onLoad="crearNodo();">
```

Fíjese en que le asignamos un identificativo (**principal**) para luego poder crear un nodo que represente al cuerpo del documento. Esto lo hacemos en la función **crearNodo()**:

```
function crearNodo(){
   nodoCuerpo = document.getElementById("principal");
}
```

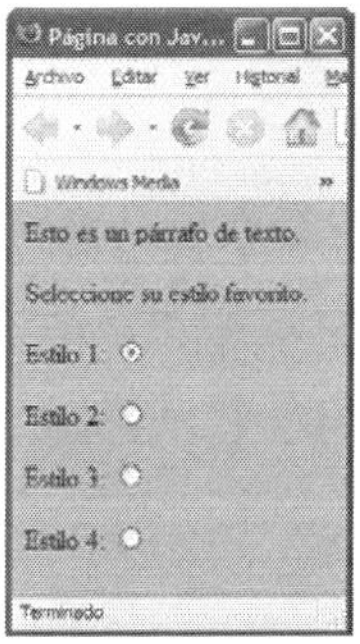

Figura 13.2

Dentro de la página encontramos un formulario con cuatro botones de radio que forman parte de un mismo grupo. Cada uno de esos botones tiene, como atributo value, el nombre de una de las cuatro clases personalizadas de CSS que hemos definido. Los botones tienen asociado el evento onClick, de modo que, al pulsarlos, se invoca a la función **cambiar()**, pasándole, como argumento, el valor de la propiedad value del botón que ha sido pulsado (**this.value**). La función **cambiar()** recibe este argumento y lo emplea para reasignar la propiedad **className** del nodo que representa al <body>, así:

```
function cambiar(estilo){
   nodoCuerpo.className = estilo;
}
```

Así pues, vemos que la propiedad className recibe el nombre de la clase que define el estilo que deseamos aplicar al nodo sobre el que estamos trabajando.

13.2 MÁS SOBRE EL OBJETO DOCUMENT

A lo largo de este libro hemos aprendido que el objeto document es el de más alto nivel del DOM (sin tener en cuenta el objeto window) y hemos ido descubriendo las posibilidades que nos ofrece a través de sus métodos, sus propiedades y las matrices que implementa. En este apartado quiero comentar algunos detalles acerca de este objeto que, por no ser de uso común, no suelen encontrarse en libros de esta naturaleza y que, sin embargo, pueden ser interesantes para darle cierto "toque" a una página en concreto.

Una propiedad bastante desconocida de document es ***title***, que permite cambiar el contenido de la barra de título. Por ejemplo, observe el listado **titulo_1.htm**, que aparece a continuación:

```
<html>
   <head>
      <title>
         P&aacute;gina con JavaScript.
      </title>

      <script language="javascript">
         <!--

            function crearNodo()
            {
               nodoTitulo =
document.getElementById("titulo");
            }

            function cambiar(){
               document.title = nodoTitulo.value;
            }
         //-->
      </script>
   </head>

   <body onLoad="crearNodo();">
      <form>
         Introduzca el t&iacute;tulo que quiere ver en
la p&aacute;gina y pulse el bot&oacute;n.
         <br>
         <input type="text" size=50 maxlength=50
id="titulo">
         <input type="button" value="Validar"
onClick="cambiar();">
      </form>
   </body>
</html>
```

Como verá cuando ejecute la página, tiene un campo de texto y un botón, tal como se aprecia en la figura 13.3.

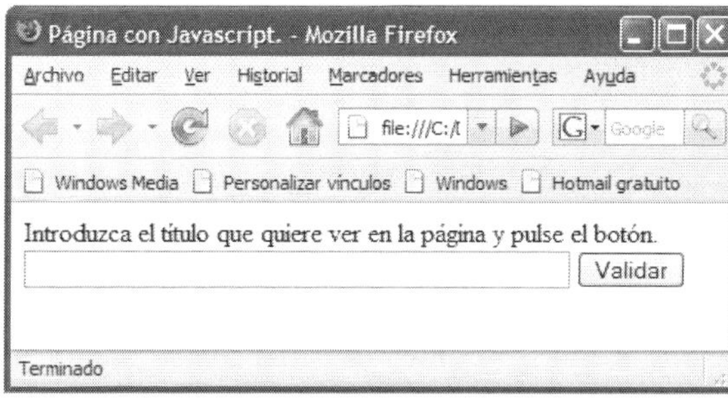

Figura 13.3

Escriba el título que desea en su página en el campo de texto y pulse el botón **[VALIDAR]**. Verá que se fija en la barra de título del navegador el texto que usted ha escrito. La responsabilidad de esto recae en la línea que aparece resaltada en el código, que es la que actúa sobre la propiedad title del objeto document. Observe que, previamente, he obtenido el nodo correspondiente al campo de texto. De este modo, al usar la normalización del W3C DOM, me aseguro de que mi página funcione adecuadamente en los dos navegadores principales, siempre que se trate de las últimas versiones, desde luego.

13.3 DEPURACIÓN DE ERRORES

En esta sección voy a hablar de los posibles errores que puedan aparecer durante el desarrollo de un script. Definiremos esos errores y le daré algunos consejos, basados en mi experiencia y la de otros webmasters. Tal como yo lo veo (y espero que usted comparta mi opinión) es una de las secciones más interesantes del libro, ya que, ¿de qué sirve desarrollar un magnífico script si no logramos que funcione sin errores?

En primer lugar, debemos distinguir entre tres posibles tipos de bugs (en la jerga de los informáticos se llaman así los errores).

Por una parte están los errores de sintaxis. Son aquéllos que se producen por una palabra clave mal escrita. Estos errores son detectados por el navegador durante la carga de la página. Por esta razón se les conoce también con el nombre de ***errores de carga*** o ***errores en tiempo de carga***. Cuando se produce un error de este tipo, se detiene el proceso y se muestra un mensaje que notifica el error.

En segundo lugar, aparecen los llamados ***errores en tiempo de ejecución***. Son aquéllos que se producen durante la ejecución del script, deteniéndola. Este tipo de errores puede darse por tratar de leer una variable no definida (undefined) o nula (null). También pueden ser ocasionados por la llamada a una función no existente. Normalmente este tipo de errores viene producido por variables o funciones cuyo nombre se ha escrito erróneamente en alguna parte del script. Se producen también cuando se intenta invocar una propiedad o un método que no existen en un objeto determinado. Si el error está en el cuerpo de una función, sólo será detectado cuando se invoque a la misma. Cuando se produce un error de este tipo, lo mismo que en el caso de los errores de carga, el navegador da un mensaje que nos indica la línea que ha producido el error y cuál es la probable causa.

Por último, debemos contar con los llamados ***errores lógicos***. Éstos se producen cuando el código en sí no presenta error alguno, no se detiene la ejecución ni se produce ningún mensaje específico, pero el script no funciona como se esperaba. Esta falta de mensajes convierte a estos errores en los más difíciles de detectar. En la mayoría de los casos se puede encontrar una variable o propiedad que no tiene el valor que se esperaba. Lo mejor es meter ***rastreadores*** en puntos clave del script, donde consideremos que una variable o propiedad debe tener un valor determinado. Un rastreador es un cuadro de aviso o un campo de texto que muestra el valor de la variable o propiedad que nos interesa. Si el valor no es el esperado, deberemos revisar el código, metiendo más rastreadores si fuera preciso, hasta descubrir en qué punto del script se produce el problema. También podemos mostrar los valores que nos interesen en la barra de estado o, incluso, en una ventana aparte.

Por supuesto, resulta obvio que la mayoría de los errores se evitan con una planificación minuciosa del script. La experiencia nos demuestra que cada hora que pasemos diseñando nuestro código sobre papel supone un ahorro de dos a tres horas de depuración. Evite la tendencia de muchos principiantes de lanzarse a codificar directamente en el ordenador. Es vital tener una idea muy clara de lo que esperamos de nuestro script, y sentar las líneas maestras de funcionamiento. Siga las siguientes pautas:

Anote todas las variables que vaya a emplear, indicando cuál es el uso que va a darles.

Si va a necesitar crear sus propios objetos, diséñelos también, previamente, sobre el papel, detallando sus propiedades y métodos.

Escriba lo que se llama un ***seudo-código***. Es una lista de las instrucciones que debe incluir el script y de los procesos que debe llevar a cabo, pero sin emplear palabras clave. Emplee su propia manera de expresarse, con palabras de su propio idioma. De este modo podrá "ver" la secuencia "a vista de pájaro". Por ejemplo, un seudo-código podría tener el siguiente aspecto:

```
        Mostrar al usuario un cuadro de entrada de datos para
pedirle la clave de acceso a la página. Guardar dicha clave
en la variable claveTecleada.

        Encriptar la clave utilizando la función
encriptarClave() que se define aparte, al principio del
script. Esta función deberá recibir, como argumento, la
variable claveTecleada y devolver, como resultado, la clave
encriptada. Ésta se almacenará en una variable llamada
claveCifrada.

        Utilizar un condicional para determinar si claveCifrada
es igual a una secuencia determinada. Si lo es, dar paso a la
página de información, llamada informacionTotal.htm. Si no lo
es, mostrar al usuario un cuadro de alerta que le informe de
que no está autorizado para ver la página solicitada.
```

Cuando, por fin, escriba su script, siga las siguientes pautas de prevención de bugs en sus scripts:

- Utilice sangrados para identificar claramente el cuerpo de los bucles, de las funciones y de los condicionales. En todos los códigos de este libro se han empleado dichos sangrados. Evite la tendencia, muy común entre los principiantes, de alinear todas las instrucciones a la izquierda.
- Fraccione las tareas complejas en pequeñas subtareas más simples. Escriba estas subtareas en funciones a las que llame cuando las necesite. No intente aglutinar funcionamientos complejos en bloques únicos de código.
- Fraccione también las expresiones complejas en otras más simples. Por ejemplo, si tiene una expresión como la siguiente:

```
        resultado = (((totalMeses * 1.75) + (impuestoBase *
0.15)) / factorReductor) + capitalBase;
```

puede, en su lugar, escribir lo siguiente:

```
        temporal1 = totalMeses * 1.75;
        temporal2 = impuestoBase * 0.15;
        temporal3 = temporal1 + temporal2;
        temporal4 = temporal3 / factorReductor;
        resultado = temporal4 + capitalBase;
```

De este modo, podrá incluir rastreadores para comprobar si el valor de las variables temporales se ajusta a la realidad en cada paso. Una vez que haya ajustado el código para un correcto funcionamiento, podrá volver a unir las sentencias en una sola expresión para lograr un código más compacto.

- Cuando una sentencia le dé problemas y no esté seguro acerca de si se generan en dicha sentencia o en otra parte del código, coméntela. Añada dos barras inclinadas al principio de la línea "sospechosa". De este modo el intérprete del navegador la tomará por un comentario y la ignorará.
- Documente adecuadamente su código para que pueda saber cómo rastrearlo. Una herramienta muy útil para la depuración de errores es la consola de error de Firefox, de la que ya hemos hablado en el Capítulo 1 de este libro.

13.3.1 Errores habituales

Existen una serie de errores que son muy comunes y que es fácil cometer. De hecho, la mayoría de los bugs que se encuentre usted en sus scripts aparecerán reflejados en esta lista.

- Escritura incorrecta de los nombres de variables y funciones. Lo hemos mencionado hace un momento. Se ahorrará muchos de estos errores si tiene una lista en papel de los nombres de variables y funciones que empleará. También se puede encontrar un desacuerdo en el empleo de mayúsculas y minúsculas. Recuerde que, en JavaScript, la variable **`Nombre`** y la variable **`nombre`** son diferentes.
- Tenga cuidado cuando escriba un condicional para comparar el valor de una variable con un valor predefinido. Recuerde que el operador de comparación de igualdad es == (dos signos de igualdad seguidos), a diferencia del de asignación, que es =.
- Uso de una palabra clave como nombre de variable. Éste es un error bastante habitual entre los angloparlantes, ya que las palabras clave de los lenguajes de programación derivan del inglés. Entre los que hablamos otros idiomas no es tan común.
- Un uso incorrecto de comillas. En ocasiones se inicia una cadena con comilla simple y se termina con comilla doble. Recuerde que, para acotar una cadena, puede usar el tipo de comillas que desee, pero las mismas al principio y al final de la cadena. Si, por ejemplo, inicia y finaliza la cadena con comillas dobles y desea incluir una comilla doble como parte de la cadena, escápela con la barra invertida (\).
- Omisión de los paréntesis de apertura o cierre en una expresión. Asegúrese siempre de que, en las expresiones, haya tantos paréntesis

abiertos como cerrados. El mismo problema se puede presentar con las llaves y los corchetes.

- También puede ocurrir que se le olvide poner los paréntesis en las llamadas a las funciones. Esto también da error.
- Otro error muy habitual es tratar de invocar un objeto antes de que se haya cargado en memoria. Cuando su script necesite usar un objeto de la página HTML, coloque el script al final de la sección <body>. De este modo estará toda la página cargada cuando llame a los objetos. La alternativa a esto es colocar el código en una función invocada por el evento onLoad de dicha sección <body>.
- Tenga cuidado con el ámbito de las variables. Recuerde que una variable que ha sido declarada o inicializada fuera de toda función es global. Si cambia su valor dentro de una función, tendrá el nuevo valor cuando la vaya a leer fuera de la función que la cambió, o dentro de otra.

Capítulo 14

PRÁCTICAS

A lo largo de los trece Capítulos anteriores le he desvelado todos los secretos más fundamentales de JavaScript (o casi todos: lamentablemente, algo se me habrá "quedado en el tintero"). Sin embargo, considero una fase fundamental del aprendizaje de cualquier lenguaje de programación, tanto de script como para aplicaciones, la parte práctica. Es fundamental ver códigos escritos para su uso profesional, "destriparlos" y estudiar las técnicas empleadas por los webmasters para solucionar determinados problemas.

Aunque son muchos los recursos prácticos que he incluido en los ejercicios de los Capítulos anteriores, en éste voy a incluir algunos ejemplos prácticos adicionales, detallados. Sígalos y analice el código. En aquellos puntos que pueda haber una cierta dificultad, añadiré los comentarios que entienda necesarios para aclararle dudas. Además, a través de estos ejemplos verá, no sólo cómo usar lo que hemos aprendido hasta ahora, sino, incluso, algunos conceptos nuevos.

Al final del Capítulo comentaré el funcionamiento del AAScripter, un programa muy interesante, de distribución gratuita, y que se encuentra incluido en el CD del libro.

14.1 ENCRIPTADO DE CADENAS

En muchas ocasiones es necesario encriptar una cadena de texto. Por ejemplo, cuando se quiere que una clave introducida por el usuario en un formulario para su posterior envío al servidor no sea legible por terceras personas si el envío es interceptado (situación muy habitual en las transmisiones por

Internet). A la hora de encriptar una cadena de texto (como, por ejemplo, el número de una tarjeta de crédito), debemos tener en cuenta una serie de pautas imprescindibles para que el encriptado sea eficiente:

- Cada carácter debe ser sometido a un proceso que lo transforme en otro diferente del original.
- El proceso debe ser reversible, de modo que se pueda recuperar la cadena original.
- Debe existir una clave privada que determine la encriptación y desencriptación.

Existe un operador JavaScript que resulta sumamente útil a la hora de encriptar caracteres. Se trata de Or Exclusivo (Xor). Este operador se aplica a dos valores lógicos. Devuelve true si ambos son diferentes y false si son iguales. Se representa con el acento circunflejo. Así pues, suponga que hacemos la operación siguiente:

```
resultado = true ^ true;
```

El valor de **`resultado`** será false, porque ambos valores son iguales. La tabla de la verdad del operador Xor es como sigue:

TABLA DE LA VERDAD DEL OPERADOR LÓGICO XOR		
Valor de A	**Valor de B**	**A ^ B**
0 (o false)	0 (o false)	0 (o false)
0 (o false)	1 (o true)	1 (o true)
1 (o true)	0 (o false)	1 (o true)
1 (o true)	1 (o true)	0 (o false)

En la tabla vemos claramente lo que acabamos de mencionar: si los dos valores a los que se aplica el operador son iguales, el resultado es 0 (o false). Si son diferentes el resultado es 1 (o true).

Para que vea de modo efectivo el comportamiento de este operador he creado el código **verXor_1.htm**, cuyo listado aparece a continuación:

```
<html>
   <head>
      <title>
         P&aacute;gina con JavaScript.
```

```
            </title>
            <script language="javascript">
               <!--
                  function crearNodos(){
                     nodosValores =
document.getElementsByTagName("input");
                     nodoResultado =
document.getElementById("resultado");
                  }

                  function comprobar()
                  {
                     if (nodosValores[0].checked)
                     {
                        valorDeA = 0;
                     } else {
                        valorDeA = 1;
                     }

                     if (nodosValores[2].checked)
                     {
                        valorDeB = 0;
                     } else {
                        valorDeB = 1;
                     }
                     nodoResultado.value = valorDeA ^
valorDeB;
                  }
               //-->
            </script>
         </head>
         <body onLoad="crearNodos();">
            <form id="f1">
               <table width=200 border=1 cellpadding=10>
                  <tr height=20>
                     <td width=100 rowspan=2>
                        Valor A:
                     </td>
                     <td width=100>
                        0
                        <input type="radio" name="valora"
value="a0" checked onClick="comprobar();">
                     </td>
                  </tr>
                  <tr height=20>
                     <td width=100>
                        1
```

```
                        <input type="radio" name="valora"
value="a1" onClick="comprobar();">
                     </td>
                  </tr>
                  <tr height=50>
                     <td width=100 rowspan=2>
                        Valor B:
                     </td>
                     <td width=100>
                        0
                        <input type="radio" name="valorb"
value="b0" checked onClick="comprobar();">
                     </td>
                  </tr>
                  <tr height=50>
                     <td width=100>
                        1
                        <input type="radio" name="valorb"
value="b1" onClick="comprobar();">
                     </td>
                  </tr>
                  <tr height=20>
                    <td colspan=2>
                       A xor B
                       <input type="text" id="resultado"
disabled value="0">
                    </td>
                  </tr>
               </table>
            </form>

         </body>
      </html>
```

Cuando lo ejecute verá una página como la de la figura 14.1.

Haga clic en los botones de opción. Verá cómo en el campo de texto aparece el resultado de la operación Xor que se realiza en la línea resaltada.

El operador Xor puede aplicarse a valores numéricos. Recuerde que, en definitiva, el ordenador únicamente maneja ceros y unos. Así pues, cualquier valor numérico será tratado en binario. Por ejemplo, el valor 154, en binario, es 10011010. Si hacemos Xor con otro número, lo que se hace, realmente, es un Xor bit a bit. Por ejemplo:

```
resultado = 154 ^ 26;
```

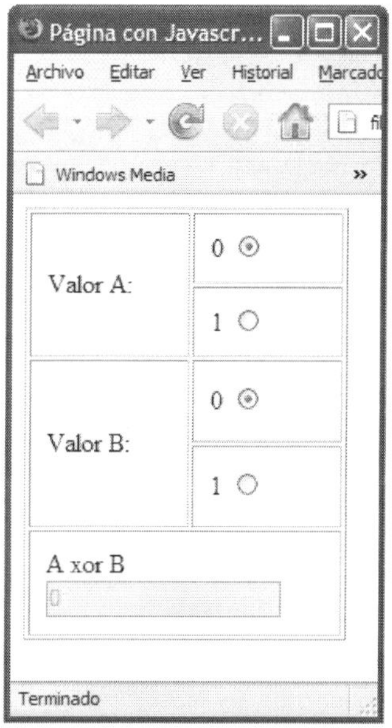

Figura 14.1

El número 26, en binario, es 00011010. Así, lo que se hace es un Xor entre el primer dígito binario por la izquierda de 154 (que es un 1) y el primer dígito binario por la izquierda de 26 (que es un 0). Como son diferentes, el primer dígito del resultado es un 1. El mismo proceso se emplea con el resto de los dígitos. Así pues, el resultado en binario es 10000000, lo que, traducido a decimal, nos da 128. Por lo tanto, 154 ^ 26 = 128.

Para ver cómo funciona esto, he creado el código **verXor_2.htm**, cuyo listado, muy simple, es el siguiente:

```
<html>
   <head>
      <title>
         P&aacute;gina con JavaScript.
      </title>
      <script language="javascript">
         <!--
            function calcular()
            {
               f1.resultado.value = f1.v1.value ^
f1.v2.value;
            }
         //-->
      </script>
```

```
        </head>
        <body>
            <form id="f1">
                Valor 1:
                <input type="text" id="v1">
                <br>
                Valor 2:
                <input type="text" id="v2">
                <br>
                <input type="button" value="Calcular Xor"
onClick="calcular();">
                <br>
                Valor 1 ^ Valor 2:
                <input type="text" id="resultado" disabled>
            </form>
        </body>
    </html>
```

Cuando lo ejecute verá la página de la figura 14.2.

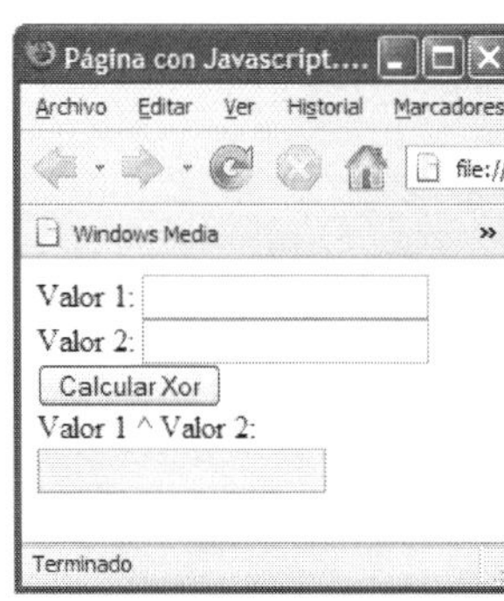

Figura 14.2

En el primer campo de texto introduzca el valor 154. En el segundo, introduzca 26. Pulse el botón **[CALCULAR XOR]**. En el campo de texto destinado al resultado verá 128.

Lo mejor de este sistema es que es reversible. Pruebe a teclear, en el primer campo de texto, el valor 128. En el segundo campo de texto deje el 26. Al pulsar el botón verá el resultado 154. En este ejemplo, el primer campo de texto sería el valor a codificar (154). En el segundo campo de texto metemos la clave privada de encriptado (26) y, al pulsar el botón, se obtiene el valor encriptado (128).

Este sistema no está mal. En el lado del cliente se codifican los datos mediante una clave y en el lado del servidor se instala una aplicación que los decodifique mediante la misma clave. Sin embargo, aquí aparece una limitación obvia: sólo se pueden tratar mediante este proceso los valores numéricos. ¿Qué ocurre si queremos codificar una cadena de texto? La respuesta a esto es muy fácil. Debemos recorrer la cadena original carácter a carácter. De cada uno de los caracteres extraeremos su valor unicode mediante el método ***charAt()***. Este valor se encriptará con la clave. Una vez encriptado, lo volveremos a convertir en carácter mediante ***fromCharCode()***, añadiendo dicho carácter a lo que será la cadena encriptada. El listado **verXor_3.htm** nos muestra esto. Por favor, si tiene dudas acerca de los métodos charAt() y fromCharCode(), repase la teoría del objeto String.

```
<html>
   <head>
      <title>
         P&aacute;gina con JavaScript.
      </title>
      <script language="javascript">
         <!--
            function calcular()
            {
               cadenaOriginal = f1.v1.value;
               clave = f1.v2.value;
               cadenaEncriptada = "";

               for (contador=0;
contador<cadenaOriginal.length; contador++)
               {
                  caracter =
cadenaOriginal.charCodeAt(contador);
                  cadenaEncriptada +=
String.fromCharCode (caracter ^ clave);
               }

               f1.resultado.value = cadenaEncriptada;
            }
         //-->
      </script>
   </head>
   <body>
      <form id="f1">
         Cadena a encriptar:
         <input type="text" id="v1">
         <br>
         Clave de encriptaci&oacute;n:
         <input type="text" id="v2">
         <br>
```

```
                <input type="button" value="Calcular Xor"
onClick="calcular();">
                <br>
                Cadena encriptada:
                <input type="text" id="resultado" disabled>
            </form>
        </body>
    </html>
```

Observe la página resultante en la figura 14.3. En mi ejemplo yo he puesto la palabra **`JavaScript`** y la clave **`5`**. Vea el resultado. Después escriba como cadena a encriptar la secuencia resultante: **`Odsdvfwluq`**, y deje la misma clave. Al pulsar el botón 

, verá cómo recupera la palabra original.

Naturalmente, este sistema de codificación exige, como hemos dicho antes, que la clave con la que se procese la cadena encriptada en el servidor sea la misma con la que se ha encriptado la cadena original en el lado del cliente. Si usted quiere usar este sistema en sus páginas deberá asignarle una clave a cada uno de sus clientes, lo que exige de éstos un proceso de registro. Esa clave debe ser privada. Sólo la conocerá usted y el respectivo cliente. De otro modo, el sistema es completamente inútil, por supuesto.

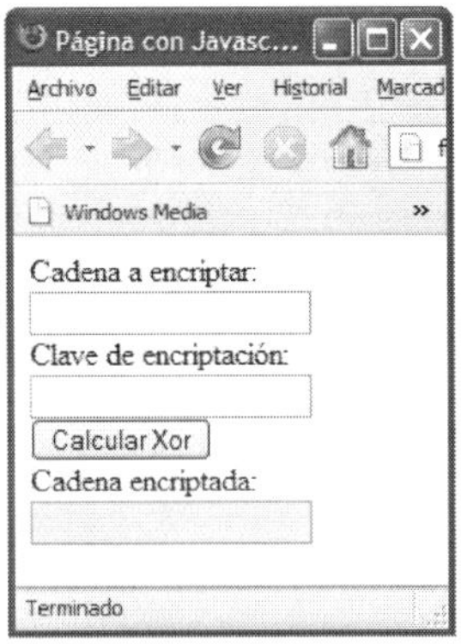

Figura 14.3

14.2 EL AASCRIPTER

Como complemento ideal a este Capítulo he querido ofrecerle el programa AAScripter. Este programa ha sido creado por mi colega de profesión Alí Almossawi (**http://www.cyberiapc.com**), quien ha tenido la gentileza de cederlo para su distribución gratuita en este libro. El programa incluye una interesante colección de códigos JavaScript que usted puede examinar, incluir en sus páginas, modificar para adaptarlos a sus necesidades, etc. Personalmente lo encuentro sumamente útil y yo he usado algunos de esos códigos en mis páginas. Además, algunos de esos códigos han inspirado parte del temario de este libro.

Este programa es muy sencillo de instalar y utilizar. Para su instalación emplee el fichero **aascripter20.exe**, que se encuentra incluido en la carpeta relativa a este Capítulo. Haga doble clic sobre el icono y se iniciará un sencillo proceso de instalación automatizada. En este proceso lo único sobre lo que se le preguntará es la carpeta en la que desea instalarlo. Una vez que el proceso haya concluido, deberá reiniciar su ordenador. Cuando un programa le pide que reinicie su ordenador después de la instalación es porque durante el proceso se ha hecho alguna anotación importante en el registro del sistema operativo y estas anotaciones no tienen efecto hasta que la máquina es reiniciada.

Para ejecutarlo puede acceder a través del botón **[INICIO]**, menú **[PROGRAMAS]**, sub-menú **[AASCRIPTER]**, y haciendo clic en la opción **[AASCRIPTER]**. En ese momento verá en su pantalla el cuadro de diálogo que aparece en la figura 14.4. También se puede usar un acceso directo que se coloca, de forma automática, en el escritorio.

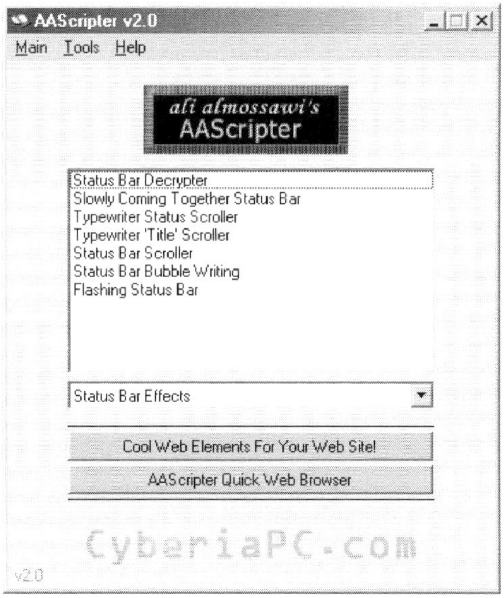

Figura 14.4

Los distintos recursos de JavaScript que nos ofrece este programa están clasificados en categorías, a las que se accede mediante la lista desplegable que aparece en la figura 14.5.

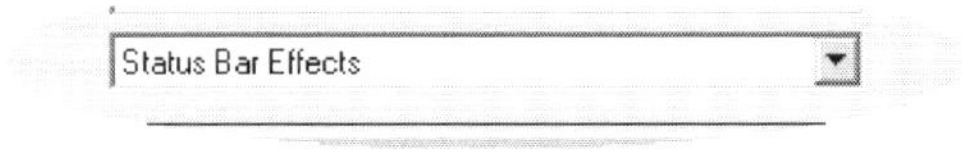

Figura 14.5

Estas categorías hacen referencia a la naturaleza de los distintos recursos que el programa nos ofrece. La lista está constituida por los siguiente elementos:

- **Status Bar Effects** (Efectos de la Barra de Estado)
- **Text Effects** (Efectos de Texto)
- **Image and Sound Effects** (Efectos de Sonido e Imagen)
- **Links Effects** (Efectos sobre Enlaces)
- **Mouse Cursors** (Punteros del Ratón)
- **Random Effects** (Efectos Aleatorios)
- **Forms and Form Related** (Relacionados con Formularios)
- **Math & Arithmetic Related** (Relacionados con Matemáticas y Aritmética)
- **Clocks and Dates** (Relojes y Fechas)
- **Security** (Seguridad)
- **Search Engines** (Dispositivos de Búsqueda)
- **Browser Window** (La Ventana del Navegador)
- **Menus & Navigation Systems** (Sistemas de Menús y Navegación)
- **Redirection** (Redirección)
- **Display User Information** (Mostrar Información del Usuario)
- **Other** (Otros)
- **My Scripts** (Mis Scripts)

Al seleccionar una de esas categorías verá una lista de scripts que manejan opciones relativas al elemento seleccionado. Por ejemplo, mire **Status Bar Effects**, que aparece seleccionada por defecto. Encima de la lista de categorías verá una relación de scripts relativos a la barra de estado, como ve en la figura 14.6.

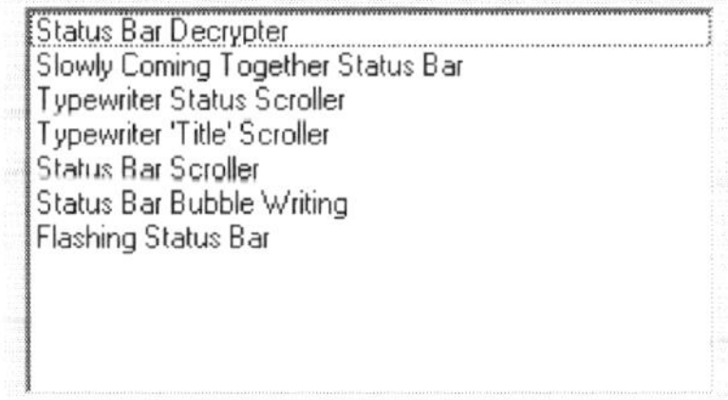

Figura 14.6

Elija uno cualquiera de estos recursos, haciendo doble clic sobre su nombre. Por ejemplo, hagamos doble clic sobre **Flashing Status Bar** (Barra de Estado Parpadeante). Se abrirá una ventana como la de la figura 14.7.

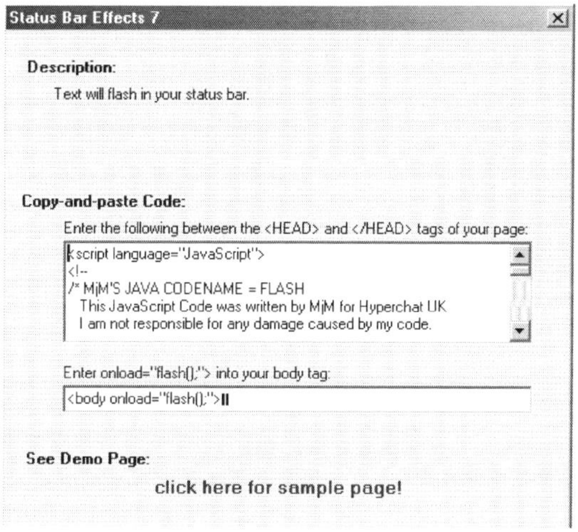

Figura 14.7

En la parte superior de la ventana puede leer una breve descripción del efecto que se obtiene con el recurso solicitado, tal como se ve, en detalle, en la figura 14.8.

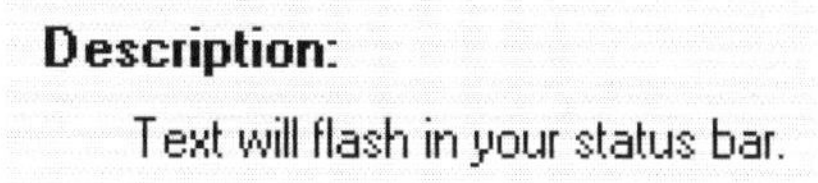

Figura 14.8

En la parte central existe una ventana, con una barra deslizante a la derecha, que muestra el código JavaScript necesario para obtener el efecto deseado, tal como se ve en la figura 14.9.

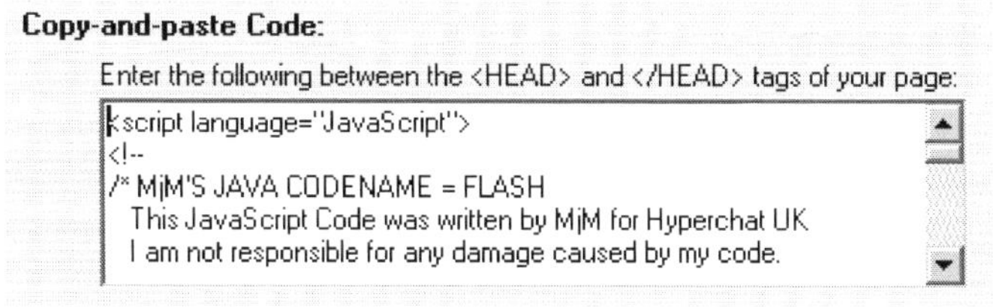

Figura 14.9

Este código puede ser seleccionado para copiarlo al portapapeles y pegarlo en su página. A partir de ahí es texto plano y usted lo podrá modificar para adaptarlo a sus necesidades o para estudiar su funcionamiento y aprender de él.

Si el código necesita de alguna instrucción complementaria para su buen funcionamiento, esto se indica a continuación, tal como muestra la figura 14.10.

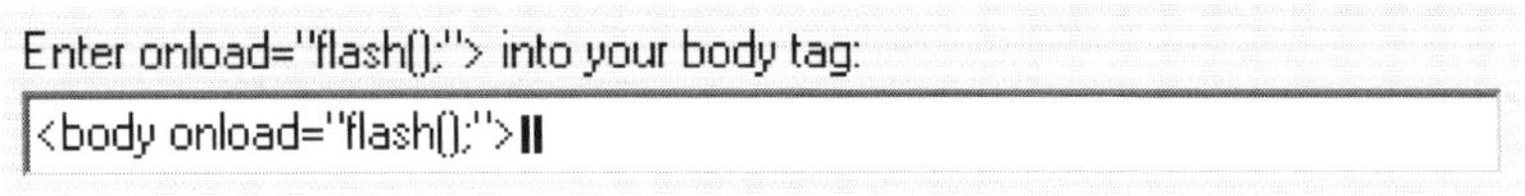

Figura 14.10

Por último, en la parte inferior de la página encontramos un enlace, tal como aparece detallado en la figura 14.11.

Figura 14.11

Si lo pulsa, el programa se conecta a Internet y descarga una página que implementa el código que estamos viendo, para que podamos comprobar su funcionamiento. Huelga decir que, para que este enlace funcione, usted necesita tener una conexión operativa a la Red de Redes. El programa, en su versión 2.0 (última que el autor ha puesto en circulación), ofrece más de doscientos códigos JavaScript clasificados en las diferentes categorías. Además, la categoría **My Scripts** (Mis Scripts) nos provee de un mecanismo para que podamos añadir nuestros propios códigos. La única dificultad podemos encontrarla en el hecho de que el programa esté en inglés, debido a que el autor es angloparlante. Sin embargo, como ve, es sumamente sencillo de usar y extremadamente interesante para los que nos dedicamos a esta profesión. Sin embargo, algunos de los códigos de JavaScript implementados no son precisamente actuales. Con esto quiero decir que son de los días oscuros antes del DOM. Por esta razón, antes de implementar estos códigos en sus páginas, revíselos, con los conocimientos que ha adquirido en los tres últimos Capítulos, y, si es necesario, adáptelos al W3C DOM, para que funcionen sin problemas en todos los navegadores.

14.3 TRES IDEAS INTERESANTES

Quiero añadir aquí tres ideas que muchos webmasters encuentran interesantes. De hecho, éstas constituyen muchas de las preguntas que he recibido, tanto de mis alumnos en directo como por correo electrónico de lectores y amigos. Sin embargo, estos tres códigos, que he incluido a título anecdótico, sólo funcionan con Explorer, no con otros navegadores.

14.3.1 Cerrar la ventana principal

En el Capítulo 7 aprendimos a utilizar el método window.close() para cerrar una ventana. Sin embargo, vimos que presenta una importante limitación: puede cerrar sin problemas ventanas secundarias pero, cuando se trata de cerrar la ventana principal, se presenta un cuadro con dos botones que nos pide confirmación antes de proceder al cierre. Me han llegado varios e-mails preguntándome si no habría forma de evitar ese cuadro, cerrando directamente. Pues la respuesta es sí: hay un pequeño truco que consiste en "engañar" al navegador haciéndole creer que existe otra ventana por encima de la principal, de modo que cierra la principal sin pedir confirmación. Para entender esto observe el listado **cierre_1.htm**.

```
<html>
   <head>
      <title>P&aacute;gina con JavaScript.</title>
      <script language="javascript">
         <!--
            function cierre(){
               var ventana = window.self;
               ventana.opener = window.self;
               ventana.close();
            }
         //-->
      </script>
   </head>
   <body>
      <input type="button" value="cerrar"
onClick="cierre();">
   </body>
</html>
```

Observe, en la parte resaltada, cómo recurrimos a un pequeño engaño para el navegador.

14.3.2 Agregar a favoritos

Usted habrá visto páginas que incluyen un botón o un enlace que permite que agregue la página a su lista de favoritos. Para ello tenemos que recurrir al objeto ***external***, que es, a su vez, propiedad de window. Este objeto sólo está disponible en Microsoft Internet Explorer, por lo que este recurso no funciona con Netscape Navigator. Este objeto incluye el método **AddFavorite()**, que recibe dos argumentos separados por una coma. El primero es obligatorio. Se trata de la URL de la página que queremos agregar. El segundo parámetro, opcional, es el nombre con el que queremos que la página aparezca en la lista de favoritos del usuario. Observe el código **favoritos_1.htm**, que ilustra el uso de este método.

```
<html>
   <head>
      <title>
         P&aacute;gina con JavaScript.
      </title>
      <script language="javascript">
         <!--
            function favoritos(){
               if (window.external)
               {
                  external.AddFavorite
("http://www.todoligues.com", "Portal de contactos");
               } else {
                  alert("Su navegador no soporta esta
característica");
               }
            }
         //-->
      </script>
   </head>
   <body>
      <input type="button" value="favoritos"
onClick="favoritos();">
   </body>
</html>
```

Observe la parte resaltada del código. Como ve, debemos comprobar la existencia de window.external, a fin de determinar si el navegador posee este objeto.

14.3.3 La página de inicio

En nuestra página podemos proporcionar al usuario un enlace que le permita convertirla en página de inicio de su navegador, tal como se muestra en **inicio_1.htm**.

```
<html>
   <head>
```

```
            <title>
               P&aacute;gina con JavaScript.
            </title>
            <script language="javascript">
               <!--
               //-->
            </script>
         </head>
         <body>
            <a href="#"
onclick="this.style.behavior='url(#default#homepage)';
this.setHomePage('http://www.todoligues.com')">
               Poner como p&aacute;gina de inicio
            </a>
         </body>
      </html>
```

Por supuesto, como enlace podemos poner un texto, una imagen, o lo que consideremos adecuado.

14.4 UN CALENDARIO EN SU PÁGINA

Una de las situaciones más habituales al usar un formulario es tener un campo donde el usuario deberá teclear una fecha en el formato típico dd/mm/aaaa. Puede ser una fecha de nacimiento, o de contratación de algún servicio, o cualquier otra efemérides. La cuestión es que los campos de texto de los formularios difícilmente pueden ejercer un control sobre lo que el usuario teclea en ellos. Podemos limitar el número de caracteres de la cadena, aplicarle algún estilo personalizado, como tipografía o color, y poco más.

Afortunadamente, JavaScript nos permite un recurso muy interesante, que muestra un campo de texto no escribible (el usuario no puede teclear nada en él), y un pequeño calendario en el que seleccionar directamente la fecha deseada.

Lo que hacemos es crear un formulario en el que es especialmente importante establecer el valor del atributo id. En el que usamos para este ejemplo sólo vamos a incluir un campo, para que se teclee la fecha. Este campo será, como hemos apuntado, de sólo lectura y debe tener establecido, también, su propio valor id. El código, al que llamaremos **uso_de_calendario.htm**, podría tener, inicialmente, el listado que aparece a continuación:

```
      <!DOCTYPE html PUBLIC "-//W3C//DTD XHTML 1.0
Transitional//EN" "http://www.w3.org/TR/xhtml1/DTD/xhtml1-
transitional.dtd">
```

```
<html xmlns="http://www.w3.org/1999/xhtml">
      <head>
            <meta http-equiv="Content-Type"
content="text/html; charset=iso-8859-1" />
            <title>Uso de calendario</title>
      </head>

      <body>
            <form action="destino en el servidor.php"
method="post" id="mi_formulario">
                  Fecha de ingreso en la empresa:
                  <input name="fecha_de_alta"
type="text" class="camposDeTexto" id="fecha_de_alta" value=""
size="16" readonly="readonly" />
            </form>
      </body>
</html>
```

Este es, simplemente, el formulario, con un campo de texto no escribible, como lo vemos en la figura 14.12.

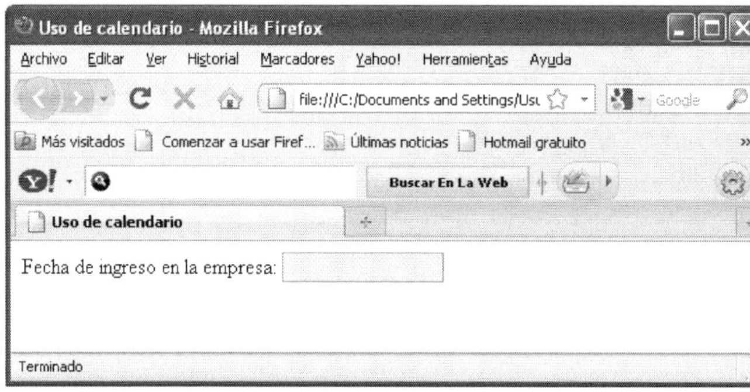

Figura 14.12

A continuación, en la cabecera de la página, incluimos un script y un archivo de estilos que se encuentran en la carpeta calendario, dentro de la correspondiente a este Capítulo, en el CD adjunto. Lo hacemos así:

```
<link rel="stylesheet" type="text/css" media="all"
href="calendario/calendar.css" />
<script type="text/javascript"
src="calendario/calendar.js"></script>
```

Después creamos, en el cuerpo de la página, a continuación del campo que usaremos para las fechas, un script muy sencillo, como el siguiente:

```
<script language="JavaScript" type="text/javascript">
      new tcal ({
// form name
      'formname': 'mi_formulario',
// input name
      'controlname': 'fecha_de_alta'
      });
</script>
```

En él se crea un objeto, cuya clase (**tcal**) está definida en el script que incluimos en la cabecera. Se establecen los parámetros formname (nombre de formulario) y controlname (nombre del campo de texto, con los valores dados a dichos elementos en el código HTML. El listado definitivo quedará así:

```
<!DOCTYPE html PUBLIC "-//W3C//DTD XHTML 1.0
Transitional//EN" "http://www.w3.org/TR/xhtml1/DTD/xhtml1-
transitional.dtd">
<html xmlns="http://www.w3.org/1999/xhtml">
      <head>
            <meta http-equiv="Content-Type"
content="text/html; charset=iso-8859-1" />
            <title>Uso de calendario</title>
            <link rel="stylesheet" type="text/css"
media="all" href="calendario/calendar.css" />
            <script type="text/javascript"
src="calendario/calendar.js"></script>
      </head>

      <body>
            <form action="destino en el servidor.php"
method="post" id="mi_formulario">
                  Fecha de ingreso en la empresa:
                  <input name="fecha_de_alta"
type="text" class="camposDeTexto" id="fecha_de_alta" value=""
size="16" readonly="readonly" />
                  <script language="JavaScript"
type="text/javascript">
                  new tcal ({
// form name
                  'formname': 'mi_formulario',
// input name
                  'controlname': 'fecha_de_alta'
                  });
                  </script>
            </form>
      </body>
</html>
```

El formulario ha cambiado ahora su aspecto. Junto al campo de texto aparece un pequeño botón que recuerda levemente a un calendario, como se aprecia en la figura 14.13.

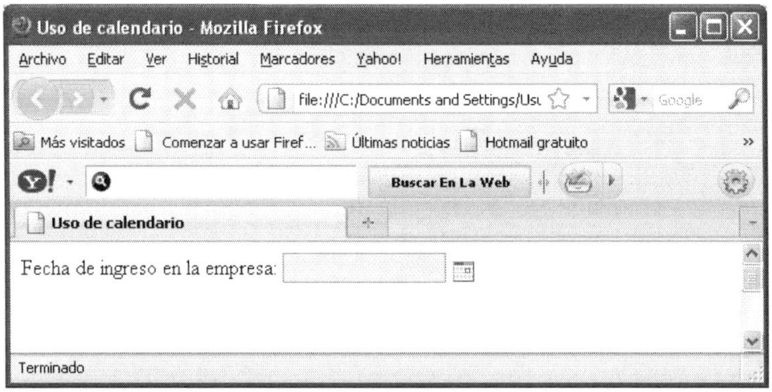

Figura 14.13.

Púlselo y verá un calendario cuyo detalle se ve en la figura 14.14.

Figura 14.14

Pulsando sobre las flechas laterales azules de la parte superior podrá desplazar los meses y los años (menuda máquina del tiempo; H.G. Wells no lo habría hecho mejor). Pulse sobre el día deseado y verá la fecha aparecer correctamente en el campo de texto.

Hay una cosa que debe saber acerca del script que genera el calendario. Si bien no vamos a entrar en descifrar todo el código, ya que ésta es una tarea improba y sin ningún objetivo práctico (ni siquiera a nivel didáctico), sí hay algo que debe saber. Observe las siguientes líneas, situadas casi al principio del listado de **calendar.js**.

```
        'months'   :   ['Enero',   'Febrero',   'Marzo',   'Abril',
'Mayo', 'Junio', 'Julio', 'Agosto', 'Septiembre', 'Octubre',
'Noviembre', 'Diciembre'],
        'weekdays'  :  ['Do',   'Lu',   'Ma',   'Mi',   'Ju',   'Vi',
'Sa'],
```

Si bien la versión pública de este script contiene los nombres de los meses y las iniciales de los días de la semana en inglés, en esta versión aparecen en español. Si usted los necesita en otro idioma, cambie aquí estos datos.

Un poco más adelante encontramos la siguiente línea:

```
        'imgpath'   :   'calendario/img/'   //   directory   with
calendar images
```

Aquí debe aparecer la ruta en la que está la carpeta de imágenes, con respecto al listado HTML donde se incluye el formulario. Si no lo hace así, no funcionará correctamente.

Capítulo 15

Y DESPUES...

En las dos ediciones anteriores de este libro, aquí empezaban los Apéndices. La materia puramente didáctica concluía en el Capítulo anterior. Y lo cierto es que, llegados a este punto, usted tiene unos conocimientos teórico-prácticos que no todos los webmasters poseen. Sin embargo, en esta ocasión no vamos a conformarnos con esto. Vamos a trabajar con JavaScript a otro nivel: vamos a entrar en las relaciones con el servidor a través de una gloriosa puerta que lleva el rótulo dorado de AJAX.

15.1 QUÉ ES AJAX

Poniéndonos nostálgicos, podríamos pensar en un detergente con esa marca que fue extremadamente popular en los años setenta y ochenta; si nos ponemos deportivos, podemos pensar en un equipo de fútbol. Bromas aparte, AJAX es al acrónimo de Asícrono, JavaScript y XML. Se refiere a comunicaciones asíncronas con el servidor. Y, ¿qué son comunicaciones asíncronas?

Para responder a esta pregunta a grandes rasgos (ya entraremos en detalles) suponga que el usuario tiene un formulario en el que hay, entre otros campos, una lista de países, donde seleccionar, digamos, el país donde quiere ir de vacaciones. Queremos que, cuando el usuario seleccione un país de la lista, la página se conecte al servidor, obtenga los datos en tiempo real de la climatología y los muestre en la página. En condiciones normales, esto exigiría que, tras cada cambio, se envíe el formulario completo al servidor, y se recargue la página entera con los datos climatológicos solicitados. Es la forma de comunicación y procesamiento, tal como se venía haciedo en los sitios web tradicionales.

Pero piense que su página tiene muchas imágenes, animaciones, contenidos interactivos, etc. Hacer que se recargue la página completa por un solo cambio en unos pocos datos no parece muy inteligente. Así lo que hacemos es llamar al servidor de otra manera, de modo que sólo le pasemos el nombre del país elegido en nuestro ejemplo, el servidor nos manda los datos de climatología, exclusivamente, y nosotros los actualizamos en la página a la vista inmediata del usuario, sin tener que recargar el resto de la página, que no ha cambiado: esto es, básicamente, y desde el punto de vista práctico, lo que pretendemos conseguir. Las técnicas que permiten este tipo de comunicación, englobadas bajo el nombre de AJAX, serán ahora nuestro caballo de batalla.

15.1.1 Comunicaciones síncronas y asíncronas

Antes de seguir adelante, a fin de ir sentando conceptos, vamos a definir el concepto de comunicaiones síncronas y asíncronas:

- Son comunicaciones síncronas aquéllas en las que, una vez hecha una solicitud al servidor, la ejecución de la página se detiene hasta que el servidor envía su respuesta y ésta es completamente recibida por el cliente, que deberá procesar la información recién llegada.
- Son comunicaciones asíncronas aquéllas en las que, una vez hecha la solicitud al servidor, la respuesta se espera "en segundo plano", mientras que la página sigue ejecutándose y todo sigue funcionando normalmente. Cuando llega la respuesta la tecnología AJAX se encarga de hacer con ella lo que proceda.

Aunque, en realidad, AJAX puede usar ambos tipos de comunicaciones, es la comunicación asíncrona la que constituye el punto fuerte de esta técnica.

15.2 LO QUE NECESITAMOS

Para usar AJAX no es necesario contar con ninguna herramienta específica de software. Todo lo que necesitemos programar, para ser ejecutado en el lado del cliente, forma ya parte del motor de JavaScript. Lo único que nos falta es aprender a usarlo, y eso es lo que haremos en éste y los siguientes capítulos. Sin embargo, dado que vamos a usar técnicas concebidas para comunicarse con el servidor web que, en su momento, alojará nuestras páginas, sí necesitamos, para las pruebas que efectuémos, disponer de un servidor. Si está usted pensando que no tiene a su disposición un servidor web y que, desde luego, no va a gastar dinero en contratar uno para probar los ejercicios del libro, estamos de acuerdo. Afortunadamente, podemos montar un servidor en su máquina personal, sin necesidad de que disponga, ni siquiera, de conexión a Internet. Para ello, en la carpeta correspondiente a este capítulo, encontrará el programa WampServer, fácil y rápido de instalar en plataformas Windows. La versión que le he incluido en el CD no es la última disponible (puede descargar ésta si lo desea de Internet) pero sí la que a mí me ha dado mejores resultados, por lo que es la que le recomiendo usar.

ATENCIÓN: En este libro sólo vamos a aprender lo necesario acerca de un servidor local (localhost) para poder trabajar con AJAX. No entraremos en detalles específicos respecto a la arquitectura cliente-servidor, ni a la programación de scripts en el lado del servidor. Si usted tiene interés en estos aspectos (y espero que sí), le recomiendo la lectura de mi libro *Domine PHP y MySQL – 2ª Edición*, publicado por esta misma editorial.

15.2.1 Instalando WampServer

El instalador de Wamp es un único fichero incluido, como le hemos comentado, en el CD, ya que se trata de un producto de libre distribución. Ejecute el fichero con un doble clic y verá la ventana de la figura 15.1.

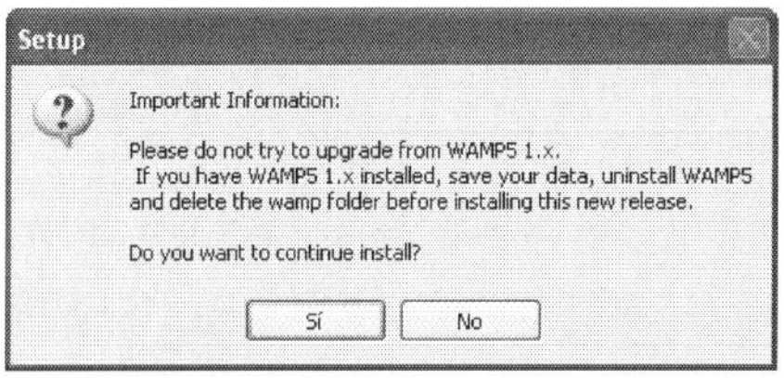

Figura 15.1

Se trata de un aviso para que no intentemos actualizar desde la versión 1.5 del programa. Si ésta se hallara instalada, deberíamos desinstalarla previamente. Como no es nuestro caso, pulse el botón Sí, y verá la ventana de la figura 15.2.

Figura 15.2

Pulse el botón **Next >** para pasar a la siguiente fase, tal como aparece reflejado en la figura 15.3.

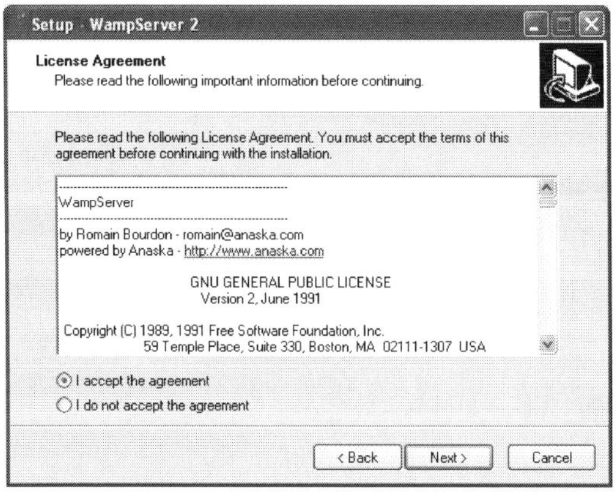

Figura 15.3

Como ve, se trata de los términos de la licencia de uso de la aplicación. Al tratarse de una licencia GNU – GPL, no nos impone, realmente, restricciones de uso, modificación y/o redistribución. Acepte los términos y pase a la siguiente fase, mostrada en la figura 15.4.

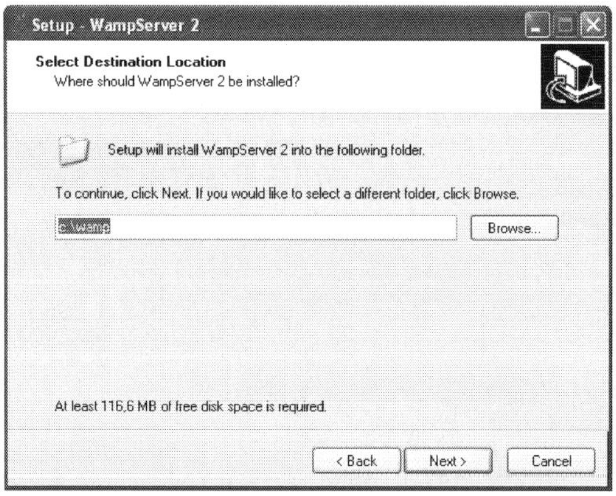

Figura 15.4.

Lo que aquí se le pide que indique es el directorio de su disco duro donde se instalará WampServer. Usted puede cambiarlo si lo desea, pero mi experiencia es que nos conviene dejar el que aparece por defecto. En caso contrario, la aplicación podría no funcionar adecuadamente. Evite, pues, la tentación de seleccionar otro directorio y pase a la siguiente fase, mostrada en la figura 15.5.

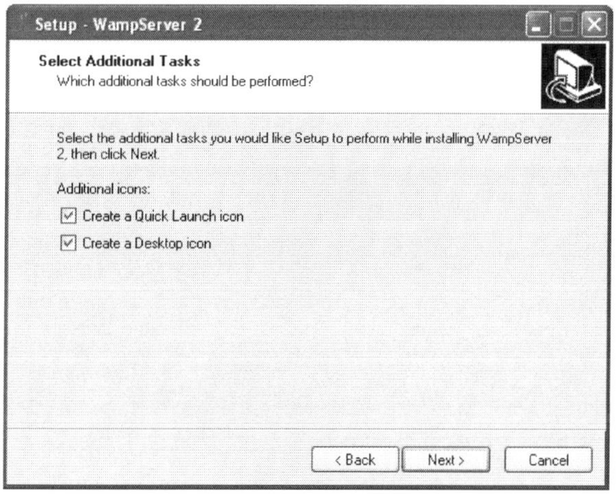

Figura 15.5

Acorde al criterio de comodidad (la "ley" del mínimo esfuerzo), marque las dos casillas, para crear un acceso directo en el escritorio, y un icono de inicio en la barra de tareas. Después, pase a la fase mostrada en la figura 15.6.

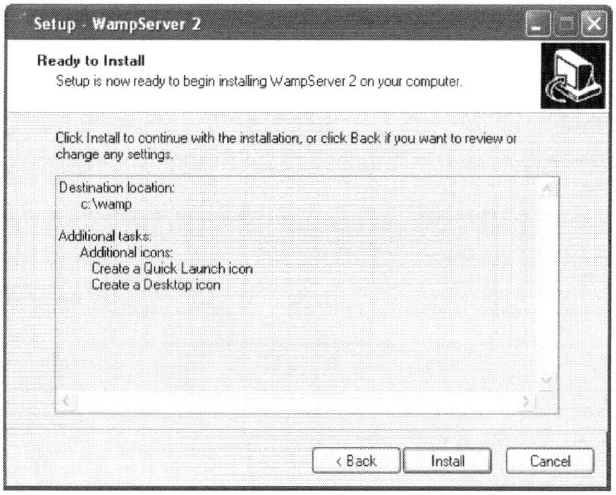

Figura 15.6

Aquí simplemente aparecen los datos de instalación que hemos elegido, en cuanto a directorio e iconos se refiere, en las fases anteriores. Si no estamos de acuerdo con alguno de estos datos, podemos usar el botón **< Back** para volver. En este caso, procedemos a la instalación mediante el botón **Install**, llegando a la ventana de la figura 15.7.

Figura 15.7

Mediante una barra de progreso, se aprecia cómo se va realizando la instalación. Esta es, en realidad, muy rápida, quedando lista en pocos segundos. Lo siguiente que nos pregunta el instalador es acerca de cuál será nuestro navegador de Internet predeterminado. Le recomiendo encarecidamente que use la última versión de Firefox. Lo encontrará en la página web **www.mozilla-europe.org/es/firefox/**. En la figura 15.8 puede ver esta elección.

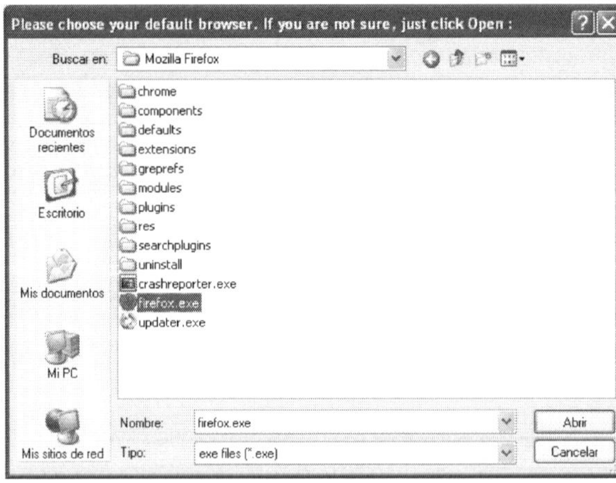

Figura 15.8

Durante unos segundos, verá de nuevo la barra de progreso anterior, mientras terminan de copiarse los ficheros. Después, se le piden los datos de correo a efectos de la función **mail()** de PHP. En la casilla SMTP deje el valor por defecto (localhost). En la casilla Email, ponga la dirección que desee emplear.

Como yo voy a trabajar en modo local, he tecleado pruebas@localhost.com. Deberé crear esa dirección en mi servidor de correo para poder usarla. Sin embargo, dado que aquí no vamos a aprender PHP, ni vamos a usar un servidor de correo, puede dejar lo que aparece por defecto, a su elección. En conjunto, esta fase quedaría como aparece en la figura 15.9.

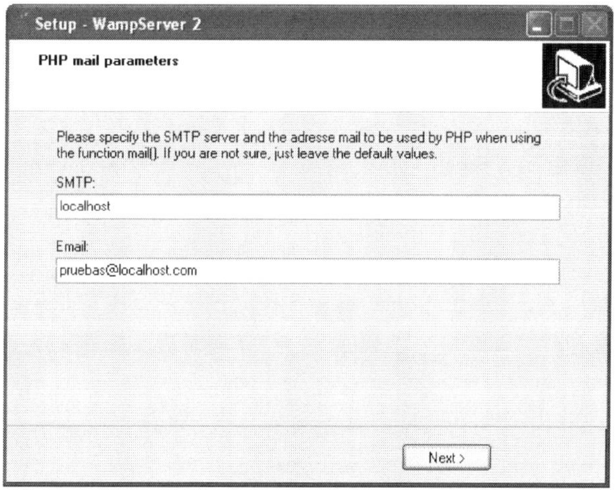

Figura 15.9

Prácticamente hemos terminado. En el escritorio de su ordenador ya tiene un icono de acceso directo al programa recién instalado. Pulse el botón **Next >** para acceder a la última ventana, mostrada en la figura 15.10.

Figura 15.10

Asegúrese de desmarcar la casilla Launch WampServer 2 now ya que, en caso contrario, se iniciará el servidor al terminar la instalación. Antes de iniciar el servidor, y esto es muy importante, debe detener otros servidores que pudieran influir en el funcionamiento de WampServer. Entre estos, se incluyen, sin limitarnos a ellos, servidores de correo electrónico y de FTP. Si necesita tener estas aplicaciones funcionando junto a su WampServer, inicie primero este último (haciendo, por ejemplo, doble clic sobre el icono del escritorio) y luego inicie el resto de los servidores, empezando por el de correo. No lo haga al revés o podría encontrarse con que no le funciona correctamente la aplicación.

Una vez desmarcada la casilla, pulse el botón Finish, con lo que se cerrará el programa de instalación. Detenga, como le he comentado, cualquier otro servidor, y arranque el WampServer.

En la barra de tareas verá un icono nuevo con el aspecto de un reloj semicircular, como se aprecia en el recorte reproducido en la figura 15.11.

Figura 15.11

Este icono pasa por tres fases. En la primera, se muestra con una zona en rojo; en la segunda, esta zona se amplía y aparece en amarillo; por último, queda completamente en blanco. Esto indica que todos los servicios (Apache, PHP y MySQL) se han iniciado correctamente. Si el icono permanece en rojo o amarillo, es señal de que alguno de los servicios no se ha iniciado. Esto ocurre cuando, por ejemplo, no hemos tenido en cuenta lo que le comentaba acerca de los servidores de correo y FTP.

15.2.2 Configurando WampServer

Lo primero que vamos a ver, una vez puesto en marcha el WampServer, es cómo establecer el idioma. No tiene sentido usar la aplicación en inglés, si nos ofrece la oportunidad de usarla en nuestra lengua vernácula. Para ello, hacemos clic con el botón secundario del ratón (normalmente, el derecho) sobre el icono de la barra de tareas reproducido en la figura 15.11. Esto nos abre un pequeño menú contextual, donde elegiremos la opción **Language** y, en la lista que se despliega, haremos clic con el botón principal sobre la opción **spanish**. Si ahora vuelve a abrir el menú contextual verá que este aparece en español. Éste será ahora el idioma para seguir trabajando con WampServer en lo sucesivo.

Tenemos que saber cuál será la carpeta de nuestro disco duro que emplearemos como localhost, o servidor local, para nuestro trabajo con PHP. Por defecto la aplicación crea la carpeta **`/www`** dentro de la propia carpeta de instalación del programa. En nuestro ejemplo, se ha creado **`c:/wamp/www`**. En esta ruta grabaremos los ejercicios de este capítulo y los siguientes, según iremos viendo en cada caso. Así, pues, crearemos ahora, dentro de la ruta indicada, una carpeta a la que llamaremos **`cap_15`**.

ATENCIÓN: Asegúrese de separar los términos de una ruta empleando SIEMPRE las barras convencionales de notación de directorios (/) en lugar de las barras invertidas que le ofrece Windows por defecto (\). Recuerde que Windows admite los dos sistemas, pero las plataformas *nix podrían tener problemas con las barras invertidas, y nosotros trabajamos para Internet, con lo que debemos buscar, siempre que sea posible, la universalización en todo lo que hacemos, como norma general.

Abra el menú de la figura 15.12, pulsando sobre el icono de la barra de tareas y seleccione la opción Reiniciar los Servicios. Esto es necesario, de forma cautelar, la primera vez que se inicia WampServer y, preceptivamente, cada vez que modifique alguna configuración del sistema (ello pese a que, en teoría, la reinicialización, en estos casos, es automática; no cuesta nada asegurarse de hacer las cosas bien).

Figura 15.12

Durante el reiniciado, veremos cómo el icono muestra el color amarillo y luego el rojo, según se van deteniendo los servicios. Tras unos segundos, pasa de nuevo al amarillo y, finalmente, al blanco, indicando que se han reiniciado correctamente los servicios del sistema.

15.2.3 Probando WampServer

Para probar el funcionamiento de WampServer, lo más fácil es cargar directamente una página en PHP con, por ejemplo, la función **`phpinfo()`** de este lenguaje. Grabe un archivo con esta función como único código, como el que aparece a continuación, con el nombre **`info.php`** en la carpeta **`c:/wamp/www/cap_15/`**, que hemos decidido usar como localhost para los ejercicios de este Capítulo.

```
<?php
     phpinfo();
?>
```

Cargue en su navegador la dirección **`http://localhost/cap_15/info.php`**. El resultado deberá ser el de la figura 15.13.

> **ATENCIÓN:** No se preocupe, si no sabe cómo operan las funciones de PHP, y no entiende lo que le aparece en la ventana del navegador. Si el resultado es el que le indico aquí, es satisfactorio. El conocimiento de PHP excede totalmente los propósitos de este libro. No se agobie ahora por eso. Recuerde que, poco a poco se llega antes, y más lejos.

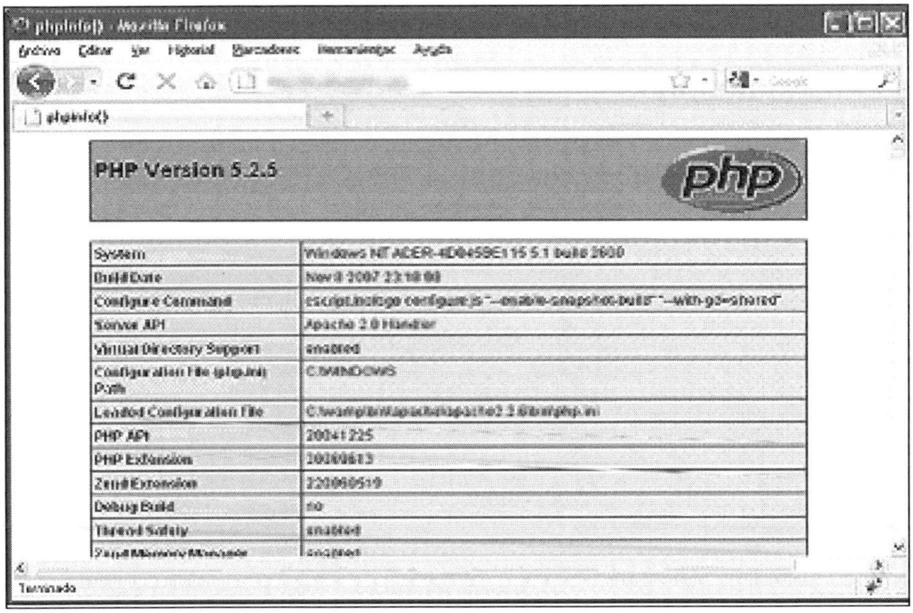

Figura 15.13

Aunque la tabla de datos que se genera no cabe completa en la pantalla, como se aprecia en la imagen, debiendo usar la barra de scroll, al menos vemos que el WampServer está funcionando correctamente.

MUCHA ATENCIÓN: A partir de ahora, ya no abrirá sus páginas haciendo doble clic en ellas. Estamos simulando el comportamiento de un servidor web y los documentos a los que nos refiramos deben ser llamados como auténticas páginas web, citando el protocolo **http://**. Sin embargo, en lugar de usar la notación habitual de Internet (**www**), usamos **localhost** (ya que nuestro servidor es local), seguido por la ruta donde se halle el documento a cargar, y el nombre del mismo (en el ejemplo, **/cap_15/info.php**). Recuerde esto, o los siguientes ejercicios no le funcionarán correctamente.

15.3 EMPEZANDO A USAR AJAX

Ha llegado el momento de empezar a ver qué es y cómo es "eso" de AJAX. Para ello debemos empezar por hablar del objeto **XMLHttpRequest** de JavaScript. En realidad, no se trata de un objeto, si no de una clase, que son, por no entrar en detalles, los "moldes" a partir de los cuáles se crean (técnicamente se dice que se instancian) los objetos. Sin embargo, dado que, popularmente, y en todos los círculos especializados, se habla de XMLHttpRequest como un objeto, nosotros aceptaremos esta denominación. Después de todo, esto no cambia el funcionamiento de las técnicas que vamos a emplear aquí.

Para poder empezar a usar comunicaciones asíncronas con el servidor (y, de paso, a estas alturas, empezar a comprender la verdadera naturaleza de este tipo de comunicaciones), lo primero que debemos hacer es crearnos un objeto propio (instanciar un objeto) a partir de XMLHttpRequest. Y aquí aparece el primer problema importante. Mientras que navegadores de la familia de Mozilla implementan XMLHttpRequest de modo nativo, los navegadores de Microsoft lo implementan como un control ActiveX, tecnología ésta propia del gigante de Redmond. Esto significa, en la práctica, que, cuando en nuestra página vayamos a crear un objeto de este tipo, deberemos incluir el código JavaScript necesario para que el script intente crear el objeto por distintos métodos, de modo que, sea el que sea el navegador del cliente, se cree el objeto necesario. El código para ello será siempre el mismo, y aparece reproducido a continuación. También está incluido en el CD, para copiar y pegar donde haga falta, bajo el nombre de **crear_objeto_ajax.js**. Veamos el listado:

```
    /* Se define la función que se usará para instanciar
objetos XMLHttpRequest */
    function crear_objeto_XMLHttpRequest() {
```

```
            try {
                  objeto = new XMLHttpRequest();
            } catch(err1) {
                  try {
                        objeto = new
ActiveXObject("Msxml2.XMLHTTP");
                  } catch (err2) {
                        try {
                              objeto = new
ActiveXObject("Microsoft.XMLHTTP");
                        } catch (err3) {
                              objeto = false;
                        }
                  }
            }
            return objeto;
      }
      /* Aquí acaba la definición de la función que se usará
para instanciar objetos XMLHttpRequest */

      /* Esta sentencia se usará para invocar a la función
que instancia objetos XMLHyypRequest. Cada vez que nuestros
scripts necesiten uno de estos objetos, se crearán invocando
a la función, asi: */
      var objeto_AJAX = crear_objeto_XMLHttpRequest();
```

El código que aparece a continuación será, pues, parte de cualquier script que necesite usar la técnica AJAX.

Y, ya que estamos en ello, aunque aún no sabemos qué hacer con estos objetos, es el momento de hacer un breve inciso para aclarar una cosa. El mismo nombre de estos objetos (XMLHttpRequest), nos dice tres cosas muy importantes acerca de los mismos:

- En primer lugar, el nombre incluye la partícula **XML**. Esto es así porque, en muchas ocasiones (aunque no siempre), los datos que se le pidan al servidor deberán pasar de unas aplicaciones a otras, por lo que deberán ir formateados en XML. El aprendizaje de este último lenguaje no está incluido en el presente volumen, ya que excede sus objetivos, aunque existe abundante literatura y documentación al respecto.
- La segunda parte del nombre se refiere al protocolo **HTTP** que se usa para las comunicaciones de datos entre el cliente y el servidor, cuando se emplean, por ejemplo, formularios HTML que, como sabe, se

pueden enviar mediante GET o POST, ambos métodos de envío del protocolo mencionado.

- Por último, la partícula **Request** del nombre nos indica que el objeto se usará para hacer una petición al servidor. Enseguida veremos cómo se hace dicha petición y cómo se recibe la respuesta del servidor.

Por lo tanto ya sabemos que un objeto XMLHttpRequest se usará para hacer una solicitud al servidor; que esta solicitud puede ser síncrona o asíncrona (aunque, en la mayoría de los casos, será asíncrona); que dicha solicitud se hará mediante el protocolo http, siendo, en la mayoría de los casos, mediante el método GET o POST, que son los más empleados (aunque, como saben mis lectores habituales, en la mayoría de los casos yo soy más partidario de POST); que la respuesta puede venir en formato XML, si es necesario, aunque también puede especificarse la aceptación de otros formatos, como veremos.

15.4 NUESTRO PRIMER EJEMPLO AJAX

Muy bien. Ya tenemos los fundamentos teóricos básicos (en realidad, ya hemos visto la parte más "espesa" de la teoría). Ahora vamos a crear nuestro primer ejemplo práctico. Como dijimos, será una página que permita al usuario seleccionar un país de una lista y recibir, del servidor, una respuesta en tiempo real acerca de la climatología, que se mostrará sin tener necesidad de recargar toda la página. Vamos a construir la página que contiene la interfaz del usuario, a la que llamaremos **index_turismo.php**, poco a poco. Veamos la primera fase a continuación:

```
	<!DOCTYPE html PUBLIC "-//W3C//DTD XHTML 1.0
Transitional//EN" "http://www.w3.org/TR/xhtml1/DTD/xhtml1-
transitional.dtd">
	<html xmlns="http://www.w3.org/1999/xhtml">
	<head>
	<meta http-equiv="Content-Type" content="text/html;
charset=iso-8859-1" />
	<title>Primera prueba de AJAX</title>
		<script language="javascript"
type="text/javascript">
	/* La siguente función se ecuta a la carga de la
página.
	En este ejemplo contine la llamada a la creación de un
objeto XMLHttpRequest. */
	/* Se define la función que se usará para instanciar
objetos XMLHttpRequest */
		function crear_objeto_XMLHttpRequest() {
			try {
```

```
                        objeto = new XMLHttpRequest();
                  } catch(err1) {
                        try {
                              objeto = new
ActiveXObject("Msxml2.XMLHTTP");
                        } catch (err2) {
                              try {
                                    objeto = new
ActiveXObject("Microsoft.XMLHTTP");
                              } catch (err3) {
                                    objeto = false;
                              }
                        }
                  }
                  return objeto;
            }
      /* Aquí acaba la definición de la función que se usará
para instanciar objetos XMLHttpRequest */

            var objeto_AJAX = crear_objeto_XMLHttpRequest();

            </script>
      </head>

      <body>
            <table width="300" border="0" cellspacing="0"
cellpadding="0">
                  <tr>
                        <td height="43" align="left"
valign="top">Elija un pa&iacute;s de la lista para ver su
climatolog&iacute;a:</td>
                  </tr>
                  <tr>
                        <td height="88" align="left"
valign="top"><select name="lista" size="4" id="lista"
onChange="javascript:pedirClima();">
                              <option
value="1">Espa&ntilde;a</option>
                              <option
value="2">Italia</option>
                              <option
value="3">Siberia</option>
                              <option
value="4">Sahara</option>
                        </select></td>
                  </tr>
                  <tr>
```

```
                    <td height="43" align="left"
valign="top"> </td>
                </tr>
                <tr>
                    <td height="150" align="left"
valign="top" id="celdaDeResultados"> </td>
                </tr>
            </table>
        </body>
        </html>
```

En la parte de JavaScript, en la cabecera, vemos cómo se define la función que ya conocemos para la creación del objeto XMLHttpRequest, y también cómo se invoca a la mencionada función para crear el susodicho objeto. En la parte HTML sólo tenemos un control que es una lista con los distintos países (para simplificar el listado sólo hemos puesto cuatro). También tenemos una celda con el atributo id establecido, donde se mostrará el resultado que nos devolverá el servidor en su caso. Observe que el control con la lista de países no está formando parte de ningún formulario (para este caso no nos hace falta) y que tiene asociado el evento onChange, que llama a una función JavaScript que aún no hemos incluido en esta primera fase, y que opera en conjunto con otra complementaria. El listado de ambas es el siguiente:

```
        /* La siguiente función se ejecuta cuando es invocada
por un cambio en el control de la lista de países. */
            function pedirClima(){
                var URL =
"obtener_clima.php?lista="+document.getElementById("lista").v
alue;
                objeto_AJAX.open("GET", URL, true);
                objeto_AJAX.onreadystatechange =
muestraResultado;
                objeto_AJAX.send(null);
            }

        /* La siguiente función se ejecuta cuando se recibe una
respuesta del servidor. */
            function muestraResultado(){
                if (objeto_AJAX.readyState == 4){
                    var texto_de_clima =
objeto_AJAX.responseText;

        document.getElementById("celdaDeResultados").innerHTML
= texto_de_clima;
                }
            }
```

Como ve, hay una serie de alusiones a propiedades y métodos del objeto XMLHttpRequest que hemos creado. En este momento, no sabemos qué son, ni qué hacen, ni nada sobre ellos. Eso es objeto de estudio en el siguiente Capítulo. También hay un script de servidor llamado **obtener_clima.php**. El listado de éste no lo voy a reproducir, por dos razones: por un lado, es un script muy tosco, que devuelve unos "resultados" (por llamarlos de algún modo) muy rígidos; en un trabajo real, estos resultados deberían proceder de una base de datos, o de algún servicio web remoto especializado aunque, para ver el funcionamiento, esto así ya nos vale. La otra razón para no listar aquí el script de servidor es que, después de todo, tampoco vamos a entrar en el estudio de PHP lo que, como hemos apuntado, excedería las pretensiones de este volumen.

Copie, pues, los archivos **index_turismo.php** y **obtener_clima.php** en la carpeta **cap_15**, dentro de la que hemos establecido como servidor local que, si ha seguido las instrucciones de este Capítulo, es **c:/wamp/**. Abra su navegador y escriba en la barra de direcciones la siguiente url: **http://localhost/cap_15/index_turismo.php**. Recuerde que debe tener el WamoServer funcionando, con el icono de la barra de tareas completamente en blanco, como aparece en la figura 15.11.

Verá que, como interfaz es bastante sosa, tal como muestra la figura 15.14. No importa. El objetivo didáctico se cumple. Aparece una lista con los cuatro países. Al pulsar sobre cada uno de ellos con el ratón, se hace una petición al servidor, este devuelve la climatología de ese país en concreto, y el script de cliente actualiza el contenido de una parte de la página sin recargar todo el contenido del documento, que es de lo que se trata.

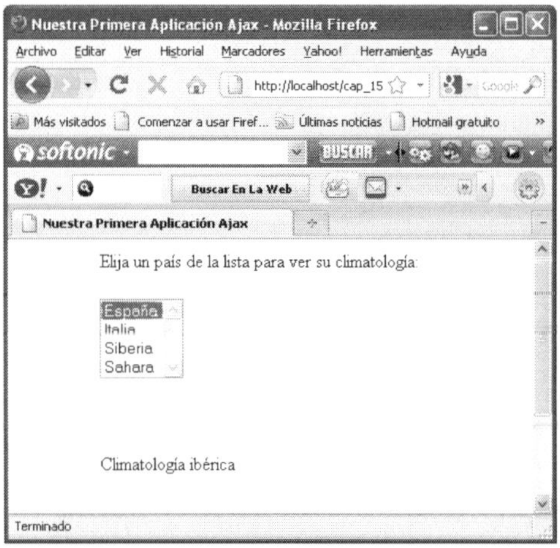

Figura 15.14

Por supuesto, para este viaje no hacían falta tantas alforjas. Un resultado tan simplón podríamos haberlo obtenido de modo mucho más simple, sin llamadas a servidores y tanta historia, pero se trataba de ilustrar el funcionamiento más básico de una aplicación AJAX, y eso lo hemos conseguido, aunque, desde luego, aún no tenemos ni idea de cómo lo hemos hecho.

En el próximo capítulo, entraremos a saber cómo operan estos objetos y cómo podemos usar AJAX en nuestras propias páginas.

Antes, no obstante, de terminar este capítulo, me voy a permitir reproducir el listado completo de **index_turismo_php**, con la totalidad de los fragmentos que ya hemos visto, montados ahora cada uno en su sitio, a fin de facilitarle el seguimiento del código completo.

```
	<html>
	<head>
	<title>Nuestra Primera Aplicación Ajax</title>
	<script language="JavaScript" type="text/javascript">
	/* Se define la función que se usará para instanciar
objetos XMLHttpRequest */
		function crear_objeto_XMLHttpRequest() {
			try {
				objeto = new XMLHttpRequest();
			} catch(err1) {
				try {
					objeto = new
ActiveXObject("Msxml2.XMLHTTP");
				} catch (err2) {
					try {
						objeto = new
ActiveXObject("Microsoft.XMLHTTP");
					} catch (err3) {
						objeto = false;
					}
				}
			}
			return objeto;
		}
	/* Aquí acaba la definición de la función que se usará
para instanciar objetos XMLHttpRequest */

		var objeto_AJAX = crear_objeto_XMLHttpRequest();

	/* La siguiente función se ejecuta cuando es invocada
por un cambio en el control de la lista de países. */
		function pedirClima(){
```

```
                  var URL =
"obtener_clima.php?lista="+document.getElementById("lista").v
alue;
                  objeto_AJAX.open("GET", URL, true);
                  objeto_AJAX.onreadystatechange =
muestraResultado;
                  objeto_AJAX.send(null);
            }

      /* La siguiente función se ejecuta cuando se recibe una
respuesta del servidor. */
            function muestraResultado(){
                  if (objeto_AJAX.readyState == 4){
                        var texto_de_clima =
objeto_AJAX.responseText;

      document.getElementById("celdaDeResultados").innerHTML
= texto_de_clima;
                  }
            }
      </script>
      <meta http-equiv="Content-Type" content="text/html;
charset=iso-8859-1"></head>
      <body>
      <center>
            <table width="300" border="0" cellspacing="0"
cellpadding="0">
                  <tr>
                        <td height="43" align="left"
valign="top">Elija un pa&iacute;s de la lista para ver su
climatolog&iacute;a:</td>
                  </tr>
                  <tr>
                        <td height="88" align="left"
valign="top"><select name="lista" size="4" id="lista"
onChange="javascript:pedirClima();">
                              <option
value="1">Espa&ntilde;a</option>
                              <option
value="2">Italia</option>
                              <option
value="3">Siberia</option>
                              <option
value="4">Sahara</option>
                        </select></td>
                  </tr>
                  <tr>
```

```
                        <td height="43" align="left"
valign="top"> </td>
                  </tr>
                  <tr>
                        <td height="150" align="left"
valign="top" id="celdaDeResultados"> </td>
                  </tr>
            </table>
      </center>
      </body>
      </html>
```

ATENCIÓN: Durante este Capítulo y los dos siguientes se menciona la "tecnología AJAX". Debo aclarar que en algunos textos encontrará una especial insistencia en que AJAX, por ser parte del motor de JavaScript, no es, en sí mismo, una tecnología en el sentido estricto de la palabra. En realidad, podríamos hablar de AJAX simplemente como "una técnica" o "un recurso". A efectos prácticos, entiendo que esta diquisición es una pérdida de tiempo. Acepte, por lo que a este texto respecta, el sentido más coloquial del término "tecnología" y no le dé más vueltas.

Capítulo 16

ANATOMÍA DE LOS OBJETOS AJAX

Muy bien. Ya hemos visto, a grandes rasgos, cómo usar un objeto XMLHttpRequest en un ejemplo concreto, pero aún no sabemos, exactamente, qué es lo que hemos hecho. En este Capítulo vamos a analizar los objetos de este tipo (coloquialmente los llamamos los objetos AJAX o, simplemente, los AJAX), para entender cómo funciona, qué es lo que hemos hecho y, sobre todo, qué es lo que podemos hacer.

Desde un punto de vista más amplio, este Capítulo nos servirá para ampliar la idea que tenemos actualmente sobre Programación Orientada a Objetos en JavaScript específicamente.

16.1 MIEMBROS DE LOS AJAX

Un objeto, tanto en JavaScript como en cualquier otro leguaje que admita la Programación Orientada a Objetos, está compuesto por **miembros**, que son, por simplificar el concepto, las prestaciones y características de los objetos. Con carácter general, estos miembros pueden ser de tres tipos fundamentales:

- **Propiedades.** Son variables del objeto, que permiten determinar su estado en un momento dado, o establecer parámetros para su funcionamiento. Las propiedades pueden ser **de lectura y escritura**, si están diseñadas para poder pasarle valores o parámetros al objeto, o **de sólo lectura**, si están concebidas para que el objeto "se límite" a informarnos de su estado en determinados aspectos. En el caso concreto de los objetos AJAX (que son los que aquí nos conciernen), sus propiedades son de sólo lectura (lo que, conceptualmente, las hace más fáciles de manejar).

- **Métodos.** Son funciones que el objeto tiene definidas y que le permiten ejecutar distinas misiones. Los métodos pueden recibir **parámentros obligatorios y/o opcionales**, según cómo hayan sido concebidos y creados.
- **Eventos.** Son el conjunto de las posibilidades del objeto de detectar determinados sucesos y, a nuestras indicaciones en los scripts, reaccionar en consecuencia. Por ejemplo, un objeto AJAX puede detectar cuándo recibe una respuesta del servidor y, si lo programamos, cuándo eso ocurra, disparará un método, o una función de usuario, o hará cualquier otra cosa que hayamos programado correctamente. Los objetos AJAX sólo detectan un evento, como veremos.

Algunos autores hablan de los eventos como formas alotrópicas de las propiedades, presumiblemente por la forma en que están definidas en la programación del motor de JavaScript. Personalmente no estoy de acuerdo con este punto de vista. Entiendo que las diferencias intrínsecas entre ambos tipos de miembros son suficientes para ser tenidas en cuenta.

Los obetos AJAX, a pesar de lo útiles que resultan, cuentan con una lista de miembros relativamente reducida, que vamos a detallar y conocer en este capitulo.

En resumen, la lista queda reflejada en la tabla siguiente:

PROPIEDADES DE LOS OBJETOS AJAX (SON DE SÓLO LECTURA)	
Propiedad	**Uso**
responseText	Contiene la respuesta del servidor, cuando es envíada en formato de texto plano o HTML.
responseXML	Contiene la respuesta del servidor, cuando es envíada en formato XML.
status	Contiene el código de estado de la respuesta del servidor, indicando si se ha podido obtener o no dicha respuesta.
statusText	Contiene el mensaje de estado de la respuesta del servidor, indicando el resultado.
readyState	Indica la fase en que se encuentra el proceso de solicitud.

MÉTODOS DE LOS OBJETOS AJAX	
Método	**Uso**
open()	Define una conexión con el servidor.
send()	Envía una soliitud al servidor.
abort()	Interrumpe la solicitud en curso, restaurando el objeto a su estado de reposo.
setRequestHeader()	Establece parámetros de la solicitud.
getAllResponseHeaders()	Obtiene todas las cabeceras de una respuesta.
getResponseHeader()	Obtiene una cabecera de una respuesta.

EVENTO DE LOS OBJETOS AJAX	
Evento	**Uso**
onreadystatechange	Se dispara cuando se produce un cambio en la fase en que se encuentra una solicitud.

La notación genérica cuando se trabaja con los miembros de un objeto (una vez creado éste, desde luego) es **objeto.miembro**. Así, para referirnos a una propiedad escribiremos **objeto.propiedad**, para invocar un método escribiremos **objeto.método()** y para programar una acción asociada a un evento escribiremos **objeto.evento = acción**. Lo veremos enseguida.

A continuación pasamos al estudio detallado de los miembros de los objetos AJAX, refiriéndonos, cuando sea oportuno, al ejemplo que hemos usado en el Capítulo anterior.

16.1.1 Las propiedades

Las propiedades son, como hemos apuntado, variables que almacenan datos obtenidos por el objeto, y que podemos recuperar para su uso en el script.

16.1.1.1 RESPONSETEXT

La propiedad responseText contiene la respuesta obtenida del servidor, cuando ésta llega en formato de texto plano, o como HTML. En el script index_turismo.php del Capítulo anterior existe una línea como la siguiente:

```
var texto_de_clima = objeto_AJAX.responseText;
```

Esta línea recupera el contenido (valor) de esta propiedad y la asigna a una variable, que luego se usa para mostrarla en pantalla.

16.1.1.2 RESPONSEXML

Esta propiedad es similar a la anterior, pero se usa cuando la respuesta obtenida del servidor viene en formato XML. En realidad, si usted tiene interés en sacarle partido a los objetos AJAX debería conocer este lenguaje. No obtante, en este libro le mostraré algún ejemplo detallado de uso de esta propiedad, para que se vaya familiarizando con ello.

16.1.1.3 STATUS

Cuando se hace una petición a un servidor se espera, lógicamente, una respuesta. Sin embargo, esta repuesta puede llegar, o puede no llegar, por diversas circunstancias. En cualquier caso, el servidor envía un código relativo a esta respuesta, en un formato de número de tres cifras. Un ejemplo, que a todos nos resulta familiar, es el famoso 404 que nos muestra el navegador cuando solicitamos una página o un recurso que no se encuentra en la dirección solicitada. Los códigos más habituales que puede enviar el servidor son los siguientes:

CÓDIGOS DE ESTADO MÁS HABITUALES	
Código	**Significado**
1xx	Informativos.
2xx	Éxito.
200	OK. Indica que la respuesta del servidor ha llegado correcta.
204	No content. Se ha recibido correctamente una respuesta, pero no contiene datos.
3xx	Redirección.
301	El resurso solicitado ha sido cambiado de alojamiento.
4xx	Error atribuible al cliente.
401	Not authorized. El cliente no tiene permiso para acceder al documento o recurso solicitado.
403	Forbidden. Similar al anterior, con un rechazo de acceso generado por el servidor.
404	Not found. El recurso solicitado no existe en el servidor.
408	Request timeout. Se ha sobrepasado el tiempo establecido para la petición.

CÓDIGOS DE ESTADO MÁS HABITUALES	
Código	**Significado**
5xx	Errores atribuibles al servidor.
500	Server error. Error producido por el servidor.

La lista completa está disponible en el RFC 2616, que puede encontrarse libremente en Internet. Una de las posibles direcciones de descarga para obtenerlo es **http://www.faqs.org/rfcs/rfc2616.html** (también lo tiene en el CD adjunto).

16.1.1.4 STATUSTEXT

Contiene el texto correpondiente al estado de la respuesta del servidor, según el valor numérico de la anterior propiedad. Por ejemplo, si **objeto.status** contiene el valor **404**, **objeto.statusText** contendrá **Not Found**.

16.1.1.5 READYSTATE

Esta propiedad es extremadamente útil. Contiene un número que indica la fase en la que se encuentra el proceso de petición – repuesta. El contenido de esta propiedad varía, por lo tanto, a lo largo de las distintas fases de este proceso. Los posibles valores son los siguientes:

FASES DE UN PROCESO PETICIÓN - RESPUESTA	
Valor	**Fase**
0	Estado inicial o de reposo de un objeto AJAX, cuando aún no se le ha hecho ninguna petición, o cuando, si se ha hecho alguna, ésta ya ha finalizado.
1	El método open(), destinado como veremos a definir una conexión, se ha ejecutado sin problemas.
2	Se ha enviado la solicitud al servidor. El objeto está, pues, a la espera de una respuesta.
3	Se han recibido las cabeceras de la respuesta, pero no el cuerpo. Es decir, el servidor ha iniciado el proceso de respuesta, pero el contenido de la misma, si lo hay, no ha llegado aún. El objeto sigue a la espera del cuerpo de la respuesta.
4	Se ha recibido el cuerpo de la respuesta, y puede procesarse.

En el ejemplo **index-turismo.php** del Capítulo anterior vemos el uso de esta propiedad en la línea siguiente:

```
if (objeto_AJAX.readyState == 4)
```

Con esto, lo que comprobamos es si la respuesta del servidor ha llegado, en cuyo caso la tenemos disponible en la propiedad objeto.responseText o bien en objeto.responseXML, según proceda. A partir de ahí se puede recuperar para lo que la necesitemos.

16.1.2 Los métodos

Los métodos son las funciones que empleamos para decirle al objeto lo que queremos que haga. Al igual que con las propiedades, vamos a detallarlos uno a uno, viendo, en lo posible, cómo funcionan.

16.1.2.1 EL MÉTODO OPEN()

El método open() de los objetos AJAX permite definir cómo será la conexión que se usará con el servidor para enviarle la petición. Recibe dos parámetros obligatorios y, opcionalmente, otros tres. La lista completa es la que aparece a continuación:

- **Método.** Una cadena de texto, o una variable que la contenga, indicando el método por el que se enviarán al servidor los datos de la petición. Normalmente será **"GET"** o **"POST"**, que son los dos métodos más habituales. En el ejemplo del Capítulo anterior hemos usado el método "GET"; en el próximo Capítulo entraremos más en detalles acerca de este parámetro, que es obligatorio.
- **URL.** Una cadena de texto, o una variable que la contenga, con la dirección URL del recurso del servidor que debe atender y procesar la petición. Normalmente, suele ser una dirección relativa ya que es lógico que se trate de un recurso propio, alojado en el mismo servidor que nuestras páginas (una URL típica sería **"server_scripts /procesos/obtener_datos.php"**, por ejemplo). Sin embargo, en algunos caso, puede tratarse de servicios web u otros recursos de terceros, en cuyo caso, la URL debería ser absoluta (**"http://www.servidor_externo.com/servicios_web/index.php"**, por ejemplo). Este parámetro es, también, obligatorio.
- **Tipo de comunicación.** Un valor booleano, o variable que lo contenga, indicando si la comunicación va a ser asíncrona (**true**) o síncrona (**false**). Repase, a este respecto, el punto 15.1.1 del Capítulo anterior. Este parámetro es opcional. Si no se establece, el valor por

defecto es true, ya que la verdadera potencia de los objetos AJAX radica, precisamente, en su capacidad de realizar comunicaciones asíncronas.

- **Nombre de usuario.** Una cadena de texto, o variable que la contenga, con el nombre de usuario, cuando la petición se realiza a un recurso de servidor que exige identificación. Este parámetro es opcional, pero si el recurso de servidor lo requiere y no existe en la definición de la conexión, no se obtendrá la respuesta esperada. Por lo tanto, cuando se va a usar un recurso de servidor es necesario, lógicamente, conocer si requiere autenticación.
- **Contraseña.** Una cadena de texto, o variable que la contenga, con la contraseña de acceso al recurso de servidor. Es un parámetro opcional, que suele ir en conjunto con el anterior dado que, cuando un recurso de servidor exige autenticación, solicita un nombre de usuario y una contraseña (sistema de clave pública y privada).

En el ejemplo del Capítulo anterior tenemos un uso del método open(), reproducido a continuación:

```
var URL =
"obtener_clima.php?lista="+document.getElementById("lista").v
alue;
objeto_AJAX.open("GET", URL, true);
```

Observe que el primer parámetro aparece como una cadena de texto; el segundo, como una variable que hemos definido con anterioridad; por último, el tercer parámetro podría haberse omitido, ya que true es el valor por defecto, pero yo soy partidario de incluirlo, por razones de claridad en el código.

16.1.2.2 EL MÉTODO SEND()

El método send() se emplea, una vez definida la conexión y la petición para, precisamente, enviar esa petición al servidor. Como argumento, puede recibir los datos que queramos enviarle al servidor, en el caso, principalmente, de que se emplee el método POST en el envío (suele usarse cuando hay que enviar varios datos, o un archivo adjunto, etc.). En el caso de que los datos necesarios vayan en la URL (típico en envíos por GET), el método send no recibe valores. En ese caso debe recibir, como parámetro, el valor null, como en el ejemplo del Capítulo 15.

```
objeto_AJAX.send(null);
```

En el próximo capítulo entraremos más en detalles acerca del envío al servidor, al usar el método POST.

16.1.2.3 EL MÉTODO ABORT()

Este método se usa si se desea que la comunicación con el servidor se interrumpa, volviendo el objeto AJAX empleado a su estado de reposo (valor 0 en la propiedad readyState), quedando cancelada la petición que se le hizo al servidor. Esto puede programarse, por ejemplo, como repuesta a un botón que el usuario pueda pulsar, si desea cancelar el proceso en curso. Evidentemente, esto sólo tiene sentido desde el momento en que se inicia la comunicación (propiedad readyState con el valor 1) y antes de que dicha comunicación haya finalizado con la respuesta del servidor (propiedad readyState con el valor 4).

Este método no recibe argumentos, ya que, si es ejecutado, cancela la petición que el objeto tenga en curso en ese momento, no afectando a peticiones de otros objetos AJAX que pudiera haber. Hablaremos sobre múltiples objetos AJAX en el próximo Capítulo.

16.1.2.4 EL MÉTODO SETREQUESTHEADER()

Este método se emplea si queremos añadir información adicional a la solicitud mediante las cabeceras de la misma. Recuerde que una comunicación entre un servidor y un cliente se envía, por simplificar un poco, en dos partes. Las cabeceras y el cuerpo. Este último alberga el contenido de la comunicación en sí (la petición del cliente, o la respuesta del servidor). Las cabeceras, por su parte, incluyen información acerca del propio cliente, o del propio servidor, y de determinados aspectos de la comunicación.

En el caso de las cabeceras de la solicitud, se pueden establecer parámetros como el tipo de contenido que se aceptará, si se va a anular la caché, etc. Por ejemplo, suponga que usted desea comunicarle al servidor que su petición espera una respuesta en formato XML. En ese caso, incluiríamos una línea como la siguiente:

```
objeto.setRequestHeader('Accept', 'text/xml');
```

La lista completa de posibles cabeceras y valores se encuentra definida en el RFC 2616, en su sección 14, disponible, por ejemplo, en **http://www.rfc-editor.org/rfc/rfc2616.txt**. Desafortunadamente, este documento se encuentra en inglés, aunque está, actualmente, en fase de traducción al español. Cuestión de tiempo, nada más.

Este método, si se emplea, debe ir colocado DESPUÉS de open() y ANTES de send(). De lo contrario, no funcionará correctamente y los resultados pueden no ser los esperados.

16.1.2.5 EL MÉTODO GETALLRESPONSEHEADERS()

Este método se usa para obtener las cabeceras de la respuesta del servidor, en las que aparece, entre otras cosas, información relativa al mismo, así como a la propia respuesta. Por supuesto, para poder recuperar las cabeceras de la respuesta, es necesario que dicha respuesta haya llegado al cliente, así que el uso de este método debe supeditarse a que el valor de la propiedad readyState sea 4 (respuesta recibida). Este método no recibe parámetros que acoten su funcionamieno, ya que recupera el contenido de todas las cabeceras enviadas por el servidor.

Una muestra típica de estas cabeceras sería la siguiente:

```
Date: Sun, 13 Jun 2010 13:51:11 GMT
Server: Apache/2.2.8 (Win32) PHP/5.2.6
X-Powered-By: PHP/5.2.6 Content-Length: 34
Keep-Alive: timeout=5, max=99
Connection: Keep-Alive
Content-Type: text/html
```

La primera línea nos informa de la fecha y hora del servidor. La siguiente nos dice el servidor web que estamos usando (en este caso, Apache), la plataforma sobre la que se está ejecutando, que en este caso es (¡Oh, vergonzosa situación!), una plataforma Windows de 32 bits. Además, nos dice que el script del sevidor se ha ejecutado en PHP, sobre un intérprete de la versión 5.2.6. También nos informa de que el cuerpo de la respuesta contiene un total de 34 bytes. Las dos líneas siguientes hacen relación al tiempo, en milisegundos, que se mantiene abierta la conexión, y que se considerará, si se supera, que hay un error de envío. La última línea nos dice que el cuerpo de la respuesta ha llegado en formato de texto html (que es el tipo de respuesta que hemos programado para esta prueba).

16.1.2.6 EL MÉTODO GETRESPONSEHEADER()

Este método es similar al anterior, aunque se usa sólo cuando queremos recuperar una o más cabeceras específicas, en lugar de todas las cabeceras. Para ello, le pasamos, como argumento, el nombre de la cabecera que queremos recuperar. Un ejemplo, sería el siguiente:

```
    var texto_de_cabeceras =
objeto_AJAX.getResponseHeader('Server');
```

Esto nos devolvería una información relativa al servidor que estamos empleando, así:

```
Apache/2.2.8 (Win32) PHP/5.2.6
```

16.1.3 El evento onreadystatechange

Realmente, esta es la piedra angular del funcionamiento de un objeto AJAX. El evento onreadystatechange detecta cuándo cambia la fase del proceso solicitud – respuesta (cuando cambia el estado de la propiedad readyState) y, en ese momento, ejecuta la función que le indiquemos.

En el ejemplo del Capítulo anterior, tenemos una línea como la siguiente:

```
objeto_AJAX.onreadystatechange = muestraResultado;
```

Esto le dice a nuestro script de JavaScript que, a partir de ese momento, cada vez que se produzca un cambio de fase en la comunicación con el servidor (un cambio en el valor de la propiedad readyState), se debe ejecutar la función de usuario **muestraResultado()** que, por supuesto, debemos definir en el script. Es en esta función donde se comprueba si la comunicación ha finalizado (valor 4 en la propiedad readyState) y, en ese caso, se muestra el resultado, como vemos a continuación:

```
function muestraResultado(){
      if (objeto_AJAX.readyState == 4){
            var texto_de_clima =
objeto_AJAX.responseText;
            document.getElementById
("celdaDeResultados").innerHTML = texto_de_clima;
      }
}
```

Tenga en cuenta que este evento se dispara TODAS las veces que se produce un cambio de fase en la comunicación del objeto. Es decir, cuando el objeto pasa de la fase 0 (reposo) a la fase 1 (comunicación iniciada) se dispara el evento; cuando pasa de la uno a la dos, de la dos a la tres, y de ésta a la cuatro, también se dispara el evento. Pero ahí no termina la cosa. El evento también se dispara cuando el objeto pasa, de nuevo, al estado de reposo, es decir, a la fase 0. Esto, en circunstancias normales, se produce desde la fase cuatro pero, si se ha ejecutado el método abort(), se produce desde la fase en la que se encontrara en ese momento. En todo caso, dado que se dispara en cada cambio, debemos comprobar, como hemos hecho, si estamos en la fase 4 para poder recuperar la respuesta del servidor ya que, en otras fases, no la tendremos disponible. Es por lo tanto, como hemos mencionado, este evento la espina dorsal del funcionamiento de los objetos AJAX.

Capítulo 17

MÁS SOBRE EL USO DE AJAX

En el capítulo anterior hemos analizado el funcionamiento de todos los componentes de un objeto AJAX. También tenemos, en el Capítulo 15, una muestra de cómo montarlos adecuadamente para que den el resultado esperado. Vamos a cerrar esta visión general del uso de esta tecnología ampliando las posibilidades que ya tenemos, con tres aspectos importantes: el envío mediante POST, el uso de múltiples objetos AJAX en un mismo script y el tratamiento de respuestas recibidas en formato XML.

17.1 ENVÍO MEDIANTE POST

Vamos a suponer que deseamos enviar los datos de nuestra petición al servidor mediante POST en lugar de GET. Las razones para esto pueden ser múltiples. Si, por ejemplo, con la solicitud tiene que ir algún archivo adjunto, sabemos que el método GET no lo permite. En todo caso, aunque no sea así, podemos elegir el método POST, simplemente, porque deseamos hacerlo, por una mera cuestión de criterio personal.

En ese caso, tanto la definición de la conexión (metodo **open()**) como el envío de la misma (método **send()**) deben configurarse adecuadamente. Además de alguna otra modificación que vamos a ir viendo.

En la carpeta correspondiente a este Capítulo verá la nueva versión del script index_turismo.php. En primer lugar ejecútelo en el navegador para ver que funciona como el anterior. Para ello crearemos una carpeta llamada cap_17 dentro de la que tenemos como servidor local y copiaremos en ella los dos archivos (index_turismo.php y obtener_clima.php) de la carpeta del CD. Después, abriremos el navegador y teclearemos, en la barra de direcciones, la URL correspondiente a nuestro script, que será **http://localhost/cap_17/index_turismo.php**. Observe que, efectivamente, el código funciona, en apariencia, igual que el del Capítulo 15.

En la parte HTML no hay cambios. Tampoco en la parte de JavaScript que genera el objeto AJAX. Sin embargo, en la forma de usar dicho objeto, es decir, en la función que se dispara cuando el usario elige un país de la lista, sí que hay algunos cambios que debemos conocer. La función queda así:

```
        function pedirClima(){
                var URL = "obtener_clima.php";
                objeto_AJAX.open("POST", URL, true);
                objeto_AJAX.onreadystatechange =
muestraResultado;
                objeto_AJAX.setRequestHeader('Content-Type',
'application/x-www-form-urlencoded');
                objeto_AJAX.send("lista="+document.getElementById
("lista").value);
        }
```

En primer lugar, vea la forma de crear la variable que contiene la URL con el nombre del recurso de servidor que vamos a emplear:

```
        var URL = "obtener_clima.php";
```

Observe que aquí ya sólo aparece el nombre del recurso, sin una query string con los datos que le pasamos, como hacíamos en el ejemplo del Capítulo 15. Recuerde que, cuando se pasan datos a un servidor mediante GET, éstos van en la URL, mientras que mediante POST se envían como un paquete aparte.

El uso del método open() sólo difiere en el primer parámetro, que ahora tiene el valor `"POST"`.

No hay cambios en la evaluación del evento onreadystatechange, que se sigue usando para activar una función de usuario que, como sabemos, muestra la respuesta del servidor en la página.

A continuación encontramos una definición de una cabecera de la solicitud, en la siguiente línea:

```
        objeto_AJAX.setRequestHeader('Content-Type',
'application/x-www-form-urlencoded');
```

Esta es imprescindible siempre que queramos enviar una solicitud AJAX mediante POST. Si no la incluimos, el script no funcionará adecuadamente.

El cambio más aparente se ve en el uso del método send(). Mientras que, en el ejemplo anterior recibía un valor null, aquí tiene un contenido específico, así:

```
objeto_AJAX.send("lista="+document.getElementById("list
a").value);
```

Antes le dábamos el valor null porque, como hemos visto, al usar el método GET para el envío, el dato a enviar (o los datos, si hubiera más de uno iba en la URL. Ahora tiene que enviarse el dato en un paquete aparte, usando el parámetro de send(). A este parámetro hay que pasarle un par nombre = valor por cada dato que se quiera enviar. Observe que ponemos entre comillas, como una cadena de texto, el nombre del dato (en este caso, **lista**), seguido del signo igual, y le concatenamos el valor del dato. Si hubiera que pasar más de un dato, deberíamos pasar los pares nombre = valor separados mediante el **&** (ampersand), así:

```
objeto_AJAX.send("nombre_1="+valor_1+"&nombre_2="+valor
_2);
```

Por lo demás, el resto del código podría seguir igual que antes. No obstante, hemos introducido una mejora en la función que se encarga de comprobar si ha llegado la respuesta del servidor, y mostrarla en la página. Ahora queda así:

```
function muestraResultado(){
        if (objeto_AJAX.readyState == 4 &&
objeto_AJAX.status == 200)
document.getElementById("celdaDeResultados").innerHTML =
objeto_AJAX.responseText;
}
```

Observe, en el condicional, que ahora, además de comprobar el valor de la propiedad readyState, para asegurarnos de que se haya recibido la respuesta del servidor, también comprobamos el estado, para asegurarnos de que la respuesta ha llegado correctamente.

17.2 MÚLTIPLES OBJETOS AJAX

En un script no tenemos por qué limitarnos a un solo sobjeto AJAX (aunque, en realidad, la mayoría de las veces, nos bastará con uno sólo). Si tenemos necesidad de usar más de uno, la técnica es similar a la empleada hasta ahora. La función que define la creación de un objeto XMLHttpRequest es la misma, y no hay que duplicarla. Simplemente, se integra una sola vez en el código, y en paz.

A la hora de crear los objetos AJAX, invocaremos a esta función tantas veces como objetos deseemos crear para nuestra página, asegurándonos, y esto es lo importante, de que cada uno tenga, como es lógico, su propio nombre individual, como se ve a continuación:

```
var objeto_AJAX_1 = crear_objeto_XMLHttpRequest();
var objeto_AJAX_2 = crear_objeto_XMLHttpRequest();
var objeto_AJAX_3 = crear_objeto_XMLHttpRequest();
```

Por supuesto, al invocar a los miemros de los objetos, habrá que citarlos por separado. Por ejemplo, podremos tener sentencias como las siguientes:

```
objeto_AJAX_1.open("POST", URL_1, true);
objeto_AJAX_2.open("GET", URL_2, true);
objeto_AJAX_3.open("POST", URL_3, true);
```

Evidentemente, la ejecución de los métodos de un objeto no interfiere con los demás.

17.3 LAS RESPUESTAS EN XML

El lenguaje XML se usa, entre otras cosas, como ya hemos apuntado, para transferir datos en un formato unificado entre distintos tipos de aplicaciones, para que puedan compartir información. El lenguaje XML es similar, en aspecto, al HTML, pero son muchas las diferencias que hay entre uno y otro. Aquí no vamos a entrar en detalles, puesto que aprender a usar XML correctamente requeriría un volumen entero específico. No obstante, sí vamos a aprender a recibir datos en XML mediante los objetos AJAX.

Un documento XML típico tiene un aspecto como el que aparece aquí:

```
<?xml version="1.0" encoding="utf-8" ?>
<libros>
      <libro id="1" autor="Miguel de Cervantes">El
Quijote</libro>
      <libro id="2" autor="H. G. Wells">La máquina del
tiempo</libro>
      <libro id="3" autor="Philip K. Dick">Ubik</libro>
      <libro id="4" autor="Tom Clancy">Las fauces del
tigre</libro>
```

```
            <libro id="5" autor="José L. Quijado">Domine
JavaScript</libro>
      </libros>
```

En realidad, esto es simplificar mucho las cosas. Un documento XML puede tener una estructura mucho más compleja pero, básicamente, es así a base de un nodo principal, que contiene otros nodos, que pueden contener, a su vez, datos y/o atributos u otros nodos a recuperar mediante la propiedad responseXML de los objetos AJAX.

Veamos el código de index_turismo_xml.php. En realidad, no vamos a reproducirlo entero, ya que la parte HTML, y el script de creación del objeto AJAX son iguales a los que ya conocemos. La función que se invoca cuando hay un cambio en el control de lista de países, y que se usa para que el objeto AJAX envíe la petición al servidor, también es como la del ejemplo del Capítulo 15; también vamos a omitirla. Lo que aquí reproducimos es la función que muestra la respuesta, en este caso a través de la propiedad responseXML del objeto AJAX, puesto que en XML la obtenemos del script de servidor:

```
      function mostrar_clima() {
            if (objeto_AJAX.readyState == 4 &&
objeto_AJAX.status == 200) {

      document.getElementById("celda_de_resultados").innerHTM
L =
objeto_AJAX.responseXML.getElementsByTagName("clima")[0].chil
dNodes[0].nodeValue;
            }
      }
```

En esta línea vemos cómo extraemos los nodos de la respuesta XML obtenida. Sin embargo, la cosa no es tan fácil. Para poder programar esto, es necesario conocer la estructura del documento XML y, desde luego, tener unas nociones, al menos básicas, de este lenguaje. Dada su importancia en el intercambio de datos entre distintas aplicaciones y tecnologías, yo le sugiero que se interese por la literatura técnica que hay al respecto, ya que crear aplicaciones AJAX, únicamente para recuperar respuestas en formato de texto (propiedad responseText) limita mucho su uso.

En realidad, una vez conocida la estructura del documento XML que nos va a devolver el servidor, extraer el contenido informativo de sus nodos no tiene mayor misterio: como ve, estamos empleando las técnicas propias del DOM de JavaScript que aprendimos en el Capítulo 12 del presente volumen.

17.4 EVITANDO LA CACHÉ

Este es un punto muy breve, pero que puede serle útil. Cuando un objeto AJAX hace sucesivas llamadas a un servidor, sobre todo si éstas se realizan mediante GET, puede aparecer un problema: debido a la caché del navegador del usuario, distintas llamadas al mismo recurso pueden obtener el mismo resultado, aunque éste haya cambiado en el servidor.

Esto se soluciona añadiendo a la llamada un número aleatorio, que le haga creer al navegador que estamos llamando a otro recurso distinto cada vez, y le fuerce, así, a obtener una nueva respuesta. Por ejemplo, considere la siguiente llamada al servidor:

```
      var URL = "obtener_clima_xml.php?lista_de_paises=";
      URL +=
document.getElementById("lista_de_paises").value;
      objeto_AJAX.open("GET", URL, true);
```

Esta es una petición típica de AJAX mediante GET, como ya las conocemos. Puede funcionar bien, pero puede aparecer el problema mencionado con la caché. Ahora considere la siguiente modificación:

```
      var URL = "obtener_clima_xml.php?lista_de_paises=";
      URL +=
document.getElementById("lista_de_paises").value;
      var aleatorio = parseInt(Math.random() *
9999999999999999);
      URL += "&aleatorio="+aleatorio;
      objeto_AJAX.open("GET", URL, true);
```

Esto modifica la URL a la que se llama, introduciendo una variable con un valor aleatorio en la Query String. Este valor no se usa en el servidor para nada y, de hecho, éste lo ignorará sin más. Sin embargo, nos vale para que la Query String sea diferente en cada llamada, logrando engañar al navegador respecto a la caché.

Apéndice A

CONFIGURANDO EL NAVEGADOR

Para que una página que incluye código JavaScript pueda ejecutarse en un navegador es necesario que éste se halle configurado de forma correcta. Normalmente los navegadores suelen estar correctamente configurados, pero, si en alguna ocasión debe trabajar sobre alguno que no lo esté, tiene que saber cómo hacerlo. Esta operación difiere, según usted emplee Microsoft Internet Explorer, Netscape Navigator o algún otro navegador. En este Apéndice vamos a detallar el modo de activar JavaScript en los dos navegadores principales.

De todos modos, tenga en cuenta que estas especificaciones pueden variar en otras versiones de los navegadores, o en plataformas específicas. Si tiene dudas, consulte la ayuda en línea en cada caso.

A.1 ACTIVAR JAVASCRIPT EN INTERNET EXPLORER

Necesitará acceder al panel de **Opciones de Internet**. Para ello, pulse el botón **[INICIO]** en la barra de tareas. Cuando se despliegue el menú de inicio, seleccione la opción **[PANEL DE CONTROL]**, con lo que se abrirá el panel de control de Windows (con independencia de la versión que utilice). Dentro de dicho panel, haga clic en **[CONEXIONES DE RED E INTERNET]**. Esto le abrirá otra ventana, en la que seleccionará **[OPCIONES DE INTERNET]** y accederá al cuadro de diálogo que nos interesa. Otro modo de hacer esto es, cuando se esté ejecutando el navegador, pulsar en el menú **[HERRAMIENTAS]** y seleccionar la opción **[OPCIONES DE INTERNET]**. De cualquiera de las dos maneras accederemos al cuadro de diálogo que necesitamos. Una vez que esté abierto, pulsaremos sobre la pestaña **[SEGURIDAD]**, que activa la ficha que nos interesa y que aparece reproducida en la figura A.1.

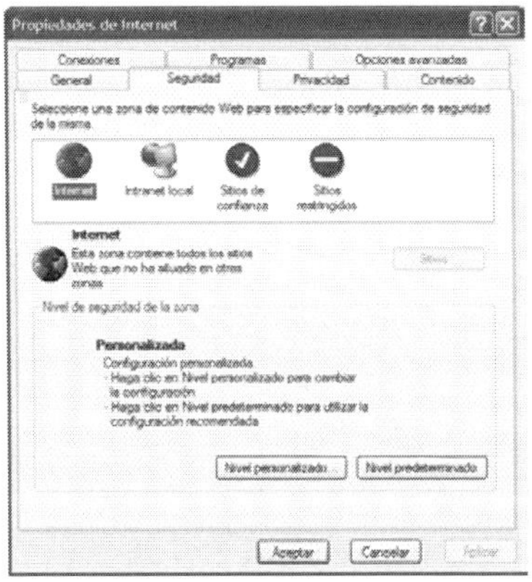

Figura A.1

Dependiendo de la versión que tenga usted de Internet Explorer, su cuadro de diálogo puede presentar algunas diferencias con el que aquí aparece. Yo empleo la versión 6 que, en el momento de escribir estas líneas, es la última versión estable que ha salido al mercado (la 7 presenta, según algunos expertos, alguna inestabilidad, todavía). No obstante, si su versión es anterior, no se preocupe, porque lo que vamos a ver aquí es también válido para las versiones 5 (la que incorporaban W98 y W98 SE) y la 5.5 (que viene de serie con Windows Me y XP). En primer lugar, asegúrese de que, en la ventana de la parte superior, aparece resaltado el icono **[INTERNET]**, tal como se muestra en la imagen. Ahora debe elegir un nivel de seguridad, pulsando uno de los dos botones de la parte inferior. Si pulsa **[NIVEL PREDETERMINADO]** verá un control deslizante en la parte izquierda, con cuatro posiciones, tal como muestra la figura A.2. En cualquier posición que sitúe dicho control, tendrá activado JavaScript. Éste suele ser el estado habitual de la mayoría de los navegadores. Yo le aconsejo que seleccione la opción *Media*.

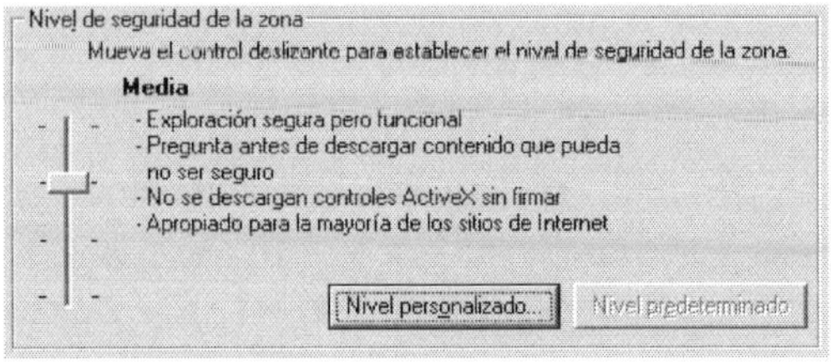

Figura A.2

Si, por el contrario, usted pulsa el botón **[NIVEL PERSONALIZADO]**, deberá asegurarse manualmente de activar JavaScript. Para ello utilice el nuevo cuadro de diálogo que se ha abierto al pulsar este botón, y que aparece en la figura A.3.

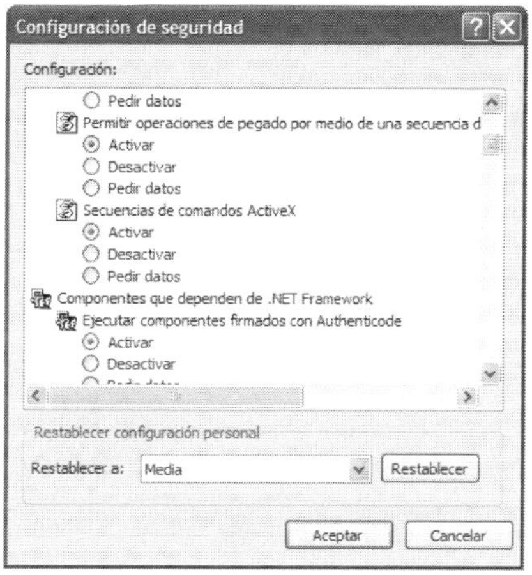

Figura A.3

Dentro de este cuadro, busque la sección **[SECUENCIAS DE COMANDOS ACTIVE X]** y pulse sobre la opción **[ACTIVAR]**. Después pulse el botón **[ACEPTAR]** para cerrar este cuadro de diálogo y el botón **[ACEPTAR]** del cuadro de diálogo *Opciones de Internet* para cerrarlo también. Debo puntualizar, sin embargo, que en la versión 6 de Internet Explorer algunos comandos JavaScript funcionan aunque no siga los pasos aquí indicados, pero otros no funcionan, o funcionan de forma incorrecta, y si su versión es anterior, no le funcionará ninguno si no hace lo que aquí le he dicho.

A.2 ACTIVAR JAVASCRIPT EN NETSCAPE

En Netscape Navigator 8 es un poco más rebuscado. Con el navegador abierto, active el menú **[HERRAMIENTAS]** de la barra de menús y seleccione **[OPCIONES]**. Se abrirá un cuadro de diálogo. Dentro de la sección **[SEGURIDAD Y PRIVACIDAD]** elija **[CONTROLES DEL SITIO]**. En la pestaña **[LISTA DE SITIOS]** acuda a la zona marcada como **[CONTROLES PRINCIPALES]**. Encontrará las siguientes cuatro categorías:

- Confío en este sitio.
- No estoy seguro.
- No confío en este sitio.
- Archivos locales.

La parte que nos interesa para este libro es la última, aquélla que se refiere a los archivos locales. Selecciónela con un clic. A la derecha verá una sección llamada **[PRESTACIONES DE LA WEB]**. En ella hay una casilla con el rótulo **[HABILITAR JAVASCRIPT]**. Selecciónela, si no lo está. A la derecha de esta casilla, encontrará un botón con el rótulo [Avanzadas...]. Púlselo y se le abrirá un pequeño cuadro de diálogo adicional con seis casillas, correspondientes a distintas prestaciones de JavaScript. Entre ellas, se encuentra, por ejemplo, la posibilidad de permitir que JavaScript maneje la barra de estado del navegador, tal como se menciona en el Capítulo 7. Actívelas todas, si está en la categoría de Archivos locales. Luego pulse **[ACEPTAR]** para cerrar este cuadro de diálogo y, de nuevo, **[ACEPTAR]** para cerrar el cuadro de diálogo de Opciones.

A.3 ACTIVAR JAVASCRIPT EN FIREFOX

La forma de activar JavaScript en Firefox 3 es muy similar a la de Netscape 9. Pulse el menú **[HERRAMIENTAS]** y, dentro de éste, elija **[OPCIONES]**. En el cuadro de diálogo que se abre, pulse la pestaña **[CONTENIDO]**. Seleccione, si no lo está, la casilla **[ACTIVAR JAVASCRIPT]**. Además, debe pulsar el botón que hay a la derecha de esta casilla, con el rótulo [Avanzado...]. Se le abrirá un cuadro de diálogo adicional, sólo que, a diferencia del de Netscape 8, éste presenta sólo cinco posibilidades de configuración de JavaScript. Márquelas todas y pulse **[ACEPTAR]**. De nuevo en el cuadro de Opciones, pulse **[ACEPTAR]** y su navegador ya estará listo para ejecutar sus scripts.

Apéndice B

PALABRAS RESERVADAS

En el Capítulo 2 del libro, cuando aprendimos a crear variables, dijimos, entre otras cosas, que no se les podía poner como nombre una palabra reservada de JavaScript (instrucción, función, nombre de objeto, etc.). Para facilitar la exclusión de las mismas, como norma general, podemos abstenernos de usar palabras del idioma inglés, ya que todas las palabras reservadas del lenguaje son de dicho idioma. No obstante, para afinar un poco más, aquí incluyo una relación completa de las palabras que, específicamente, no deben usarse como nombres para las variables, constantes o funciones de usuario.

`abs`	`abstract`	`acos`
`action`	`activeElement`	`alert`
`alinkColor`	`all`	`anchor`
`anchors`	`appCodeName`	`appMinorVersion`
`applets`	`apply`	`appName`
`appVersion`	`Array`	`arguments`
`arity`	`asin`	`atan`
`attributes`	`availHeight`	`availLeft`
`availTop`	`availWidth`	`back`
`bgColor`	`big`	`blink`
`blur`	`body`	`bold`
`boolean`	`border`	`bottom`
`break`	`byte`	`caller`
`captureEvents`	`case`	`catch`
`ceil`	`char`	`charAt`
`charCodeAt`	`charset`	`children`
`childNodes`	`class`	`classes`
`clear`	`clearTimeout`	`clientInformation`

clipboardData	close	closed
colorDepth	comment	compactMode
complete	concat	confirm
const	contextual	continue
cookie	cookieEnabled	cos
cpuClass	current	Date
date	debugger	default
defaultCharset	defaultStatus	delete
dependent	dir	do
doctype	document	documentElement
domain	double	E
elementFromPoint	elements	else
embeds	encoding	enum
escape	eval	event
exp	expand	export
extends	external	false
fgColor	fileCreatedDate	fileUpdatedDate
fileSize	final	finally
firstChild	fixed	float
floor	focus	fontcolor
fontsize	for	Form
forms	forward	frameElement
frames	fromCharCode	function
getDate	getDay	getFullYear
getHours	getMilliseconds	getMinutes
getMonth	getSeconds	getSelection
getTime	getTimesoneOffset	getUTCDate
getUTCDay	getUTCFullYear	getUTCHours
getUTCMilliseconds	getUTCMinutes	getUTCMonth
getUTCSeconds	getYear	go goto
hash	height	history
host	hostname	href
hspace	ids	if
Image	images	implementation
implements	import	in index
indexOf	input	instanceOf
int	interface	italics
isFinite	isNaN	javaEnabled
join	language	label
lastChild	lastIndexOf	lastModified
layers	left	length
link	linkColor	links
LN10	LN2	location
log	LOG10E	LOG2E
long	lowsrc	match
Math	max	MAX
media	method	mimeTypes
min	MIN	moveTo

name	nameProp	namespaces
NaN	native	Navigator
navigator	NEGATIVE	new
next	nextSibling	nodeName nodeType
nodeValue	null	Number
offscreenBuffering	onAbort	onActivate
onAfterPrint	onAfterUpdate	onBeforeActivate
onBeforeDeactivate	onBeforeEditFocus	onBeforePrint
onBeforeUnload	onBeforeUpdate	onBlur
onCellChange	onChange	onClick
onContextMenu	onControlSelect	onDataAvailable
onDataSetChanged	onDataSetComplete	onDeactivate
onDblClick	onDragDrop	onDragStart
onError	onErrorUpdate	onFocus
onFocusIn	onFocusOut	onHelp
onKeyDown	onKeyPress	onKeyUp
onLine	onLoad	onMouseDown
onMouseMove	onMouseOut	onMouseOver
onMouseUp	onMouseWheel	onPropertyChange
onReadyStateChange	onReset	onResize
onRowEnter	onRowExit	onRowInserted
onRowsDelete	onScroll	onSelect
onSelectionChange	onSelectStart	onStop onSubmit
onUnload	open	opener
opsProfile	Option	ownerDocument
package	parent	parentNode
parentWindow	parse	parseFloatparseInt
pathName	PI	pixelDepthplatform
plugins	pop	port
POSITIVE	pow	preference
previous	previousSibling	private
prompt	protected	protocol
prototype	public	push
random	readyState	referrer
releaseEvents	reload	replace
reset	resizeTo	return
reverse	right	round
routeEvents	savePreferences	screen
screenTop	screenLeft	scripts
search	security	selection
self	setDate	setFullYear
setHours	setMilliseconds	setMinutessetMonth
setSeconds	setTime	setTimeout
setUTCDate	setUTCFullYear	setUTCHours
setUTCMilliseconds	setUTCMonth	setUTCSeconds
setYear	shift	short
sin	slice	small
sort	splice	split

sqrt	**src**	**static**
status	**strike**	**String**
string	**styleSheets**	**sub**
submit	**substr**	**substring**
sup	**switch**	**synchronized**
systemLanguage	**tags**	**taint**
taintEnabled	**tan**	**target**
this	**throw**	**throws**
title	**toGMTString**	**toLocaleString**
toLowerCase	**top**	**toSource toString**
toUpperCase	**toUTCString**	**transient**
true	**try**	**typeof**
unescape	**unshift**	**untaint**
url	**URLEncoded**	**URLUnencoded**
userAgent	**userLanguage**	**userProfile**
UTC	**valueOf**	**var**
vlinkColor	**void**	**vspace**
while	**width**	**window**
with	**write**	**writeln**

No todas las palabras que aquí aparecen se usan actualmente en JavaScript. Algunas sólo están reservadas para futuras versiones del lenguaje. Sin embargo, nos abstendremos de emplearlas como nombres de variables. Observe que algunas palabras aparecen "por duplicado", una de ellas empezando con mayúscula y la otra con minúscula. En general, evitaremos poner estas palabras como nombres de variables, tanto con mayúsculas como con minúsculas, a fin de evitar errores. Tenga especial cuidado con algunas de estas palabras, que se escriben igual en inglés que en español, como son, por ejemplo, *media* y *contextual.*

A esta lista debe añadir todos los tags de HTML y sus atributos. A ese respecto le aconsejo que lea mi libro *Domine HTML y DHTML*, publicado por esta misma editorial.

Apéndice C

EL CÓDIGO ASCII

Este Apéndice muestra la tabla completa del código ASCII, a fin de que usted la tenga como referencia. Como sabe, este código es una relación de 256 caracteres (del 0 al 255) referenciados mediante un código numérico, ya que, en última instancia, el ordenador sólo reconoce números. Cada letra, signo de puntuación, etc. está representado mediante uno de los códigos numéricos de esta lista, reconocida universalmente. En la actualidad, el código ASCII forma parte de una lista mucho más amplia, llamada **Unicode**. Este código tiene 65.536 caracteres y ha sido diseñado para incluir también los signos de escritura de otros idiomas, como el árabe, el chino, el ruso, el griego, etc., aunque es poco factible que usted llegue a necesitar estos caracteres. No obstante, si está interesado, puede visitar **www.unicode.org**, donde encontrará más información. Dado que ésta es una obra eminentemente práctica, aquí sólo voy a reproducir el código ASCII, con el que usted tendrá todo lo que vaya a necesitar, a este nivel, en sus desarrollos.

CÓDIGO ASCII	CARÁCTER	CÓDIGO ASCII	CARÁCTER
0	Nulo	128	Ç
1	SOH	129	ü
2	STX	130	é
3	ETX	131	â
4	EOT	132	ä
5	ENQ	133	à
6	ACK	134	å
7	Beep	135	ç
8	Retroceso	136	ê
9	Tabulación	137	ë

CÓDIGO ASCII	CARÁCTER	CÓDIGO ASCII	CARÁCTER
10	Salto de línea	138	è
11	VT	139	ï
12	Salto de página	140	î
13	<ENTER>	141	ì
14	SO	142	Ä
15	SI	143	Å
16	DLE	144	É
17	DC1	145	æ
18	DC2	146	Æ
19	DC3	147	ô
20	DC4	148	ö
21	NAK	149	ò
22	SYN	150	û
23	ETB	151	ù
24	CAN	152	ÿ
25	EN	153	Ö
26	SUB	154	Ü
27	<ESC>	155	ø
28	FS	156	£
29	GS	157	Ø
30	RS	158	×
31	US	159	ƒ
32	Espacio en blanco	160	á
33	!	161	í
34	"	162	ó
35	#	163	ú
36	$	164	ñ
37	%	165	Ñ
38	&	166	ª
39	`	167	º
40	(	168	¿
41	)	169	®
42	*	170	¬
43	+	171	½
44	,	172	¼
45	-	173	¡
46	.	174	«
47	/	175	»
48	0	176	_
49	1	177	_
50	2	178	_
51	3	179	│

CÓDIGO ASCII	CARÁCTER	CÓDIGO ASCII	CARÁCTER
52	4	180	¦
53	5	181	Á
54	6	182	Â
55	7	183	À
56	8	184	©
57	9	185	¦
58	:	186	¦
59	;	187	+
60	<	188	+
61	=	189	¢
62	>	190	¥
63	?	191	+
64	@	192	+
65	A	193	-
66	B	194	-
67	C	195	+
68	D	196	-
69	E	197	+
70	F	198	ã
71	G	199	Ã
72	H	200	+
73	I	201	+
74	J	202	-
75	K	203	-
76	L	204	¦
77	M	205	-
78	N	206	+
79	O	207	¤
80	P	208	ð
81	Q	209	Ð
82	R	210	Ê
83	S	211	Ë
84	T	212	È
85	U	213	i
86	V	214	Í
87	W	215	Î
88	X	216	Ï
89	Y	217	+
90	Z	218	+
91	[	219	_
92	\	220	_
93	]	221	¦
94	^	222	Ì

CÓDIGO ASCII	CARÁCTER	CÓDIGO ASCII	CARÁCTER
95	_	223	_
96	`	224	Ó
97	a	225	ß
98	b	226	Ô
99	c	227	Ò
100	d	228	õ
101	e	229	Õ
102	f	230	µ
103	g	231	þ
104	h	232	Þ
105	i	233	Ú
106	j	234	Û
107	k	235	Ù
108	l	236	ý
109	m	237	Ý
110	n	238	¯
111	o	239	´
112	p	240	-
113	q	241	±
114	r	242	_
115	s	243	¾
116	t	244	¶
117	u	245	§
118	v	246	÷
119	w	247	¸
120	x	248	°
121	y	249	¨
122	z	250	·
123	{	251	¹
124	|	252	³
125	}	253	²
126	~	254	_
127	□	255	

Los códigos del 0 al 31 son los que se conocen como códigos de control. La mayor parte de éstos se emplean en programación de aplicaciones con lenguajes como Visual Basic, Java, C++, etc., por lo que el estudio de su significado queda fuera del propósito de este libro. Sin embargo, hay algunos, dentro de este grupo, que sí es interesante conocer:

- El código 7 representa un pitido del altavoz del ordenador.
- El código 8 representa la tecla de retroceso situada, normalmente, en la parte superior derecha del bloque principal del teclado.

- El código 9 representa la tecla de tabulación.
- El código 10 representa un salto de línea en los listados impresos.
- El código 12 también se usa para la impresora y representa un salto de página.
- El código 13 representa un retorno de carro (tecla <ENTER>).
- El código 27 representa la tecla <ESC> (escape).

Los demás códigos de este primer bloque (del 0 al 31) se suelen usar en programación de redes locales y protocolos de comunicación. Como he dicho, a nosotros no nos afectan para nada a efectos de JavaScript. No obstante, a modo de referencia-curiosidad, los resumo a continuación brevemente:

- NUL – Nulo
- SOH – Start of heading (Inicio de cabecera)
- STX – Start of text (Inicio de texto)
- ETX – End of text (Final de texto)
- EOT – End of transmission (Final de transmisión)
- ENQ – Enquiry (Requerimiento)
- ACK – Acknowledge (Reconocimiento)
- VT – Vertical tabulation (Tabulado vertical)
- SO – Shift out (Desactivación del modo de mayúsculas)
- SI – Shift in (Activación del modo de mayúsculas)
- DLE – Data link escape (Escape del enlace de datos)
- DC1 – Device control 1 (Control de dispositivo 1)
- DC2 – Device control 2 (Control de dispositivo 2)
- DC3 – Device control 3 (Control de dispositivo 3)
- DC4 – Device control 4 (Control de dispositivo 4)
- NAK – Negative Acknowledge (Reconocimiento negativo)
- SYN – Synchronous Idle (Sincronización)
- ETB – End of transmission block (Final de bloque de transmisión)
- CAN – Cancel (Cancelar)
- EM – End of medium (Final de soporte)
- SUB – Substitute (Reemplazar)
- FS – File separator (Separador de archivos)
- GS – Group separator (Separador de grupos)
- RS – Record separator (Separador de registros)
- US – Unit separator (Separador de unidades)

Apéndice D

COLORES EN LA WEB

A continuación, sigue una lista de colores de ejemplo que puede emplear en sus páginas. Empléela como referencia para localizar colores para fondos, textos, bordes, barra de scroll, etc.

CÓDIGO	NOMBRE	CÓDIGO	NOMBRE
#F0F8FF	aliceblue	#FFA07A	lightsalmon
#FAEBD7	antiquewhite	#20B2AA	lightseagreen
#00FFFF	aqua	#87CEFA	lightseablue
#7FFFD4	aquamarine	#778899	lightslategreen
#F0FFFF	azure	#B0C4DE	lightsteelblue
#F5F5DC	beige	#FFFFE0	lightyellow
#FFE4C4	bisque	#00FF00	lime
#000000	black	#32CD32	limegreen
#FFEBCD	blanched	#FAF0E6	linen
#0000FF	blue	#FF00FF	magenta
#8A2BE2	blueviolet	#800000	maroon
#A52A2A	brown	#66CDAA	mediumaqua
#DEB887	burlywood	#0000CD	mediumblue
#5F9EA0	cadetblue	#BA55D3	mediumorchid
#7FFF00	chartreuse	#9370DB	mediumpurple
#D2691E	chocolate	#3CB371	mediumseagreen
#FF7F50	coral	#7B68EE	mediumslateblue
#6495ED	cornflower	#00FA9A	mediumspring
#FFF8DC	cornsilk	#48D1CC	mediumturquoise

CÓDIGO	NOMBRE	CÓDIGO	NOMBRE
#DC143C	crimson	#C71585	mediumviolet
#00FFFF	cyan	#191970	midnightblue
#00008B	darkblue	#F5FFFA	mintcream
#008B8B	darkcyan	#FFE4E1	mistyrose
#B8860B	darkgoldener	#FFE4B5	moccasin
#A9A9A9	darkgrey	#FFDEAD	navajowhite
#006400	darkgreen	#000080	navy
#BDB76B	darkkhaki	#FDF5E6	oldlace
#8B008B	darkmagent	#808000	olive
#556B2F	darkolivegreen	#6B8E23	olivedrab
#9932CC	darkorchid	#FF4500	orangered
#8B0000	darkred	#DA70D6	orchid
#E9967A	darksalmon	#EEE8AA	palegoldenred
#8FBC8B	darkseagreen	#98FB98	palegreen
#483D8B	darkslateblue	#AFEEEE	paleturquoise
#2F4F4F	darkslategreen	#DB7093	palevioletred
#00CED1	darkturquoise	#FFEFD5	papayawhip
#9400D3	darkviolet	#FFDAB9	peachpuff
#FF1493	deeppink	#CD853F	peru
#00BFFF	deepskyblue	#FFC0CB	pink
#696969	dimgray	#DDA0DD	plum
#1E90FF	dodgerblue	#B0E0E6	powderblue
#B22222	firebrick	#800080	purple
#FFFAF0	floralwhite	#FF0000	red
#228B22	forestgreen	#BC8F8F	rosybrown
#FF00FF	fuchsia	#4169E1	royalblue
#DCDCDC	gainsboro	#8B4513	saddlebrown
#F8F8FF	ghostwhite	#FA8072	salmon
#FFD700	gold	#F4A460	sandybrown
#DAA520	goldenred	#2E8B57	seagreen
#808080	gray	#FFF5EE	seashell
#008000	green	#AO522D	sienna
#ADFF2F	greenyellow	#C0C0C0	silver
#F0FFF0	honeydew	#87CEEB	skyblue
#FF69B4	hotpink	#6A5ACD	slateblue
#CD5C5C	indianred	#708090	slategray
#4B00B2	indigo	#FFFAFA	snow
#FFFFF0	ivory	#00FF7F	springgreen
#F0E68C	khaki	#4682B4	steelblue

CÓDIGO	NOMBRE	CÓDIGO	NOMBRE
#E6E6FA	lavender	#D2B48C	tan
#FFF0F5	lavenderblue	#008080	teal
#7CFC00	lawngreen	#D8BFD8	thistle
#FFFACD	lemonchiffon	#FF6347	tomato
#ADD8E6	lightblue	#40E0D0	turquoise
#F08080	lightcoral	#EE82EE	Violet
#E0FFFF	lightcyan	#F5DEB3	Wheat
#FAFAD2	lightgolden	#FFFFFF	White
#90EE90	lightgreen	#F5F5F5	Whitesmoke
#D3D3D3	lightgray	#FFFF00	Yellow
#FFB6C1	lightpink	#9ACD32	Yellowgreen

Observará que algunos códigos de la lista aparecen repetidos. Esto es porque existen códigos que pueden reproducirse con más de un nombre.

Aquellos colores cuyo nombre y color aparecen con un sombreado más claro son de los que se llaman seguros para la web (aunque sólo son un botón de muestra: en realidad los colores seguros son una paleta de 216). En realidad todos los colores que aparecen en esta lista funcionan perfectamente con las últimas versiones de los navegadores, tanto si los llamamos por su nombre como si lo hacemos por su valor hexadecimal. Sin embargo, sólo aquéllos que aparecen marcados como "seguros para la web" se verán correctamente en cualquier plataforma, con independencia del software o hardware utilizados.

Apéndice E

ENTIDADES ESPECIALES

Este Apéndice contiene una lista de las secuencias especiales que se usan en HTML para incluir letras acentuadas o caracteres especiales en las páginas, y que también son usadas en JavaScript.

Entidad numérica	Entidad con nombre	Carácter	Nombre
			Tabulador
		Salto de línea
		Retorno de carro
			Espacio en blanco
!		!	Exclamación cerrada
"	"	“	Comillas dobles
#		#	Almohadilla
$		$	Dólar
%		%	Porcentaje
&	&	&	Ampersand
'		‘	Apóstrofe
(		(	Paréntesis abierto
)		)	Paréntesis cerrado
*		*	Asterisco
+		+	Signo más
,		,	Coma
-		-	Sigo menos (guión)

Entidad numérica	Entidad con nombre	Carácter	Nombre
.		.	Punto
/		/	Barra inclinada (Slash)
De 0 a 9		De 0 a 9	Dígitos del 0 al 9
&#058:		:	Dos puntos
;		;	Punto y coma
<	<	<	Signo menor que
=		=	Signo igual
>	>	>	Signo mayor que
?		?	Interrogación cerrada
@		@	Arroba
De A a Z		De A a Z	Letras de la A a la Z
[		[	Corchete abierto
\		\	Barra de camino (ContraSlash)
]		]	Corchete cerrado
^		^	Signo de exponenciación
_		_	Guión bajo
`		`	Acento grave
De a a z		De a a z	Letras de la a a la z
{		{	Llave abierta
			|	Barra vertical
}		}	Llave cerrada
~		~	Tilde
€	€	€	Símbolo del euro
ƒ		ƒ	Florín
†		†	Cruz
‡		‡	Doble cruz
ˆ		ˆ	Acento circunflejo
‰		‰	Tanto por mil
Š		Š	S con caron
Œ		Œ	Ligadura OE
Ž		Ž	Z con caron

Entidad numérica	Entidad con nombre	Carácter	Nombre
“		“	Comillas dobles abiertas
”		”	Comillas dobles cerradas
•		•	Boliche
–		–	Guión corto
—		—	Guión largo
™		™	Trade mark
š		š	s con caron
œ		œ	Ligadura oe
ž		ž	z con caron
Ÿ		Ÿ	Y con diéresis
			Espacio sin salto de línea
¡	¡	¡	Exclamación abierta
¢	¢	¢	Centavo
£	£	£	Libra esterlina
¤	¤	¤	Signo general de moneda
¥	¥	¥	Yen
¦	¦	¦	Barra vertical dividida
§	§	§	Sección
¨	¨	¨	Diéresis
©	©	©	Copyright
ª	ª	ª	Ordinal femenino
«	«	«	Comillas angulares abiertas
¬	¬	¬	Signo Not
		-	Guión corto
®	®	®	Marca registrada
¯	¯	¯	Acento macron
°	°	°	Signo de grados centígrados
±	±	±	Signo de más/menos
²	²	^{2}	Al cuadrado
³	³	^{3}	Al cubo

Entidad numérica	Entidad con nombre	Carácter	Nombre
´	´	´	Acento agudo
µ	µ	µ	Micro (mu)
¶	¶	¶	Párrafo
·	·	·	Punto medio
¸	¸	¸	Cedilla
¹	¹	^{1}	Primera potencia
º	º	º	Ordinal masculino
»	»	»	Comillas angulares cerradas
¼	¼	¼	Un cuarto
½	½	½	Un medio
¾	¾	¾	Tres cuartos
¿	¿	¿	Interrogación abierta
À	À	À	A con acento grave
Á	Á	Á	A con acento agudo
Â	Â	Â	A con circunflejo
Ã	&Atilde	Ã	A con tilde
Ä	Ä	Ä	A con diéresis
Å	Å	Å	A con acento anillo
Æ	Æ	Æ	Ligadura AE
Ç	Ç	Ç	C con cedilla
È	È	È	E con acento grave
É	É	É	E con acento agudo
Ê	Ê	Ê	E con circunflejo
Ë	Ë	Ë	E con diéresis
Ì	Ì	Ì	I con acento grave
Í	Í	Í	I con acento agudo
Î	Î	Î	I con circunflejo
Ï	Ï	Ï	I con diéresis
Ð	Ð	Đ	ETH islandesa
Ñ	Ñ	Ñ	Letra Ñ
Ò	Ò	Ò	O con acento grave
Ó	Ó	Ó	O con acento agudo
Ô	Ô	Ô	O con circunflejo
Õ	Õ	Õ	O con tilde
Ö	Ö	Ö	O con diéresis
×	×	×	Multiplicación

Entidad numérica	Entidad con nombre	Carácter	Nombre
Ø	Ø	Ø	Signo de vacío
Ù	Ù	Ù	U con acento grave
Ú	Ú	Ú	U con acento agudo
Û	Û	Û	U con circunflejo
Ü	Ü	Ü	U con diéresis
Ý	Ý	Ý	Y con acento agudo
Þ	Þ	Þ	Letra Thorn Islandesa
ß	ß	ß	Ligadura sz alemana
à	à	à	a con acento grave
á	á	á	a con acento agudo
â	â	â	a con circunflejo
ã	ã	ã	a con tilde
ä	ä	ä	a con diéresis
å	å	å	a con acento anillo
æ	æ	æ	Ligadura ae
ç	ç	ç	Letra ç
è	è	è	e con acento grave
é	é	é	e con acento agudo
ê	ê	ê	e con circunflejo
ë	ë	ë	e con diéresis
ì	ì	ì	i con acento grave
í	í	í	i con acento agudo
î	î	î	i con circunflejo
ï	ï	ï	i con diéresis
ð	ð	ð	Letra eth islandesa
ñ	ñ	ñ	Letra ñ
ò	ò	ò	o con acento grave
ó	ó	ó	o con acento agudo
ô	ô	ô	o con circunflejo
õ	õ	õ	o con tilde
ö	ö	ö	o con diéresis
÷	÷	÷	Signo de división
ø	ø	ø	Signo vacío
ù	ù	ù	u con acento grave
ú	ú	ú	u con acento agudo
û	û	û	u con circunflejo

Entidad numérica	Entidad con nombre	Carácter	Nombre
ü	ü	ü	u con diéresis
ý	ý	ý	y con acento agudo
þ	þ	þ	Letra thorn minúscula (islandesa)
ÿ	ÿ	ÿ	y con diéresis

Apéndice F

EVENTOS EN JAVASCRIPT

Este Apéndice muestra una relación de los eventos que reconoce la última versión de JavaScript. Ésta es breve por fuerza, ya que sólo son 34. Sin embargo, es muy interesante que la tenga a mano como referencia o consulta en un momento determinado. Por esta razón la he aislado en un Apéndice. La lista completa es la que aparece a continuación:

EVENTO	SE DISPARA CUANDO...
`onAbort`	Se cancela la carga de una imagen.
`onAfterPrint`	Inmediatamente después de que el objeto asociado se imprima.
`onAfterUpdate`	Después de una actualización.
`onBeforeCopy`	Antes de que el objeto seleccionado, asociado a este evento, sea copiado al portapapeles.
`onBeforeCut`	Antes de que el objeto seleccionado, asociado a este evento, sea cortado.

EVENTO	SE DISPARA CUANDO...
`onBeforePaste`	Antes de que en el objeto asociado a este evento, sea pegado el contenido del portapapeles.
`onBeforePrint`	Antes de que el objeto asociado se imprima.
`onBeforeUnload`	Antes de que se produzca la descarga de una página.
`onBeforeUpdate`	Antes de producirse una actualización.
`onBlur`	El foco se posiciona sobre otro objeto que no sea el que tiene el evento asociado.
`onBounce`	Este evento únicamente se asocia al objeto marquesina, por lo que sólo está disponible para Explorer. Cuando el comportamiento de una marquesina es *alternate*, este evento detecta cuando "rebota" en los extremos.
`onChange`	Se cambia el contenido de un campo en un formulario.
`onClick`	Se hace clic con el botón primario (normalmente el izquierdo) del ratón en un objeto.
`onContextMenu`	Se hace clic con el botón secundario (normalmente el derecho) del ratón.
`onCopy`	Cuando se realiza una operación de copiado de la selección al portapapeles.
`onCut`	Cuando se realiza una operación de cortado de la selección.
`onDblClick`	Se hace doble clic con el botón primario del ratón.
`onError`	Se produce un error durante la carga de un objeto.
`onFocus`	El foco se posiciona sobre el objeto correspondiente.

EVENTO	SE DISPARA CUANDO...
`onKeyDown`	Se pulsa una tecla (cuando el foco está sobre el objeto al que se le ha añadido el manejador de eventos).
`onKeyPress`	Se pulsa y libera una tecla (cuando el foco está sobre el objeto al que se le ha añadido el manejador de eventos).
`onKeyUp`	Se libera una tecla pulsada (cuando el foco está sobre el objeto al que se le ha añadido el manejador de eventos).
`onLoad`	Se termina la carga de una página o de una imagen.
`onMouseDown`	Se pulsa uno de los botones del ratón.
`onMouseOut`	Se desplaza el puntero del ratón fuera del objeto que tiene asociado el evento.
`onMouseOver`	Se posiciona el puntero del ratón sobre el objeto que tiene asociado el evento.
`onMouseUp`	Se libera un botón del ratón que estaba pulsado.
`onMove`	Se mueve la ventana.
`onPaste`	Cuando se pega el contenido del portapapeles.
`onReset`	Se hace clic en el botón de Reset de un formulario.
`onResize`	Se cambia el tamaño de la ventana.
`onSelect`	Se selecciona (resalta) un objeto de la página.
`onSubmit`	Se pulsa sobre el botón de Envío de un formulario.
`onUnload`	Se descarga la página actual, bien porque se solicita otra o porque se cierra el navegador.

Como ve, son sólo 34 eventos posibles los que componen la lista; con el tiempo, se la aprenderá de memoria, pero, hasta que eso suceda (y no tenga prisa), esta tabla le servirá de referencia. Existen otros eventos que no aparecen citados aquí. Esto es porque no son estándar, o bien pertenecen a versiones obsoletas del lenguaje. Cuente con los que tiene aquí.

Apéndice G

EXPLORER VS OTROS NAVEGADORES

Como ya sabe usted, no es lo mismo escribir código JavaScript para Explorer que para Netscape o Firefox. Aunque existen otros navegadores en el mercado, estos tres son los principales. Dado que la propiedad userAgent del objeto navigator le permite reconocer en qué navegador se encuentra (incluso la versión), lo ideal es escribir código lo más versátil posible, para que funcione en los tres navegadores principales. No obstante, si eso no le es posible en alguna circunstancia, procure que su página funcione correctamente en Explorer. Esta sugerencia no es gratuita: el porcentaje de usuarios de Netscape o Firefox frente a Explorer es, a día de hoy, sensiblemente reducido. Esto se debe, en parte, a que este navegador tiene versiones para PC y MAC y, en parte, a la política comercial de Microsoft. No obstante, Firefox sigue ganando terreno y su funcionamiento es conforme al W3C DOM. En realidad hoy es en un serio rival para el navegador mayoritario.

Este Apéndice pretende ser un compendio de las principales diferencias entre ambos navegadores, desde el punto de vista de JavaScript, de forma que le facilite su trabajo diario.

G.1 LOS FORMULARIOS

Una de las diferencias más llamativas entre los dos navegadores principales aparece a la hora de gestionar un formulario desde JavaScript. Como usted sabe, puede poner campos de formulario sin que formen parte de un formulario propiamente dicho, es decir, sin encerrarlos entre un par de tags `<form>` y `</form>`. Cada uno de dichos campos puede ser referenciado desde

JavaScript simplemente mediante su nombre, para interactuar con sus propiedades. Por ejemplo, imagine el siguiente código:

```
<html>
   <head>
      <title>
         P&aacute;gina con Javascript.
      </title>
      <script language="javascript">
         <!--
            function saludar()
            {
               saludo.value="HOLA";
            }
         //-->
      </script>
   </head>
   <body>
      <input type="text" name="saludo">
      <br>
      <input type="button" value="Pulse"
onClick="saludar();">
   </body>
</html>
```

Como ve, se trata de un código muy simple. Sólo muestra un campo de texto, inicialmente vacío, y un botón. Al pulsar el botón, en el campo de texto se muestra la palabra **HOLA**.

Sin embargo, esto, que funciona perfectamente en Microsoft Internet Explorer, no resulta igual en Netscape Navigator. Efectivamente, si prueba dicho código con este navegador verá que el campo de texto sigue en blanco. Esto es porque, en Netscape, los campos de formulario deben, obligatoriamente, ser parte de un formulario. Además, para referenciar un campo de un formulario en Netscape es necesario referirse a dicho formulario como lo que es en realidad: un objeto propiedad de un documento. El código necesario quedaría, pues, así:

```
<html>
   <head>
      <title>
         P&aacute;gina con Javascript.
      </title>
      <script language="javascript">
         <!--
            function saludar(){
               document.formulario.saludo.value="HOLA";
```

```
                    }
                //-->
            </script>
        </head>
        <body>
            <form name="formulario">
                <input type="text" name="saludo">
                <br>
                <input type="button" value="Pulse"
onClick="saludar();">
            </form>
        </body>
    </html>
```

Observe las diferencias (resaltadas) con respecto al código anterior. Dado que este último código funciona en los dos navegadores, cuando queramos escribir una página que emplee campos de formulario, aunque no vayamos a enviar el formulario a ninguna parte, seguiremos este modelo. En el texto empleo algunos códigos que siguen el primer modelo. Esto es porque me he basado en que usted cuenta con el navegador de Microsoft para realizar sus pruebas (se puede descargar de http://www.microsoft.com). Sin embargo, al escribir sus propias páginas, tenga en cuenta lo mencionado.

G.2 LOS NODOS

Aunque las últimas versiones de los dos navegadores principales siguen el W3C DOM (vea Capítulo 12 del libro), Netscape presenta una diferencia sustancial a la hora de tratar con nodos. El <body> de la página es considerado como el tercer nodo de <html>, mientras que, en Explorer, es el segundo. Así pues, para referirnos al <body> en Explorer, emplearemos lo siguiente:

```
document.childNodes[0].childNodes[1]
```

mientras que, en Netscape, deberemos referenciarlo como:

```
document.childNodes[0].childNodes[2]
```

Esto es una reminiscencia de la tendencia de Netscape al uso de un DOM propietario y deberemos tenerlo en cuenta a la hora de crear y depurar nuestras páginas y scripts.

Apéndice H

EXPRESIONES REGULARES

Las expresiones regulares son unos patrones, constituidos por caracteres, dígitos numéricos, signos de puntuación y/o comodines, que se emplean, entre otras cosas, para determinar si una cadena se ciñe a un determinado formato. Así pues, podemos, por ejemplo, comprobar si una cadena empieza por la letra A mayúscula, a continuación tiene seis dígitos numéricos, luego un guión y dos letras comprendidas entre la c y la s minúsculas. Por supuesto, lo más probable es que usted no necesite nunca verificar si una cadena se ciñe a un patrón tan estrafalario como el que acabo de describir, pero es sólo un ejemplo. Sin embargo, seguro que alguna vez necesitará comprobar si una cadena coincide con un código postal. Los códigos postales en España y en otros países están formados por cinco dígitos numéricos, de modo que necesitaremos un patrón que determine que nuestra cadena contiene cinco dígitos numéricos. Esto lo podremos usar también para, por ejemplo, validar de forma compacta, cómoda y profesional direcciones de correo electrónico.

Básicamente se trata de crear un patrón y luego comparar una cadena con él, para determinar si coincide o no, así que, lo primero que tenemos que hacer es aprender a crear estos patrones según nuestras necesidades. Una expresión regular se crea como una secuencia de caracteres o comodines entre dos barras inclinadas (slashes). Por ejemplo, una expresión regular válida sería `/A\d\d\d\d\d\d-[c-s]/` (por cierto, esta expresión regular sería la que he mencionado en el párrafo anterior).

Como he dicho anteriormente, en una expresión regular puedo incluir caracteres, dígitos, signos de puntuación y comodines. A continuación, aparece una tabla con los comodines que se emplean en JavaScript. Esta tabla es un compendio de dichos comodines. Échele un breve vistazo y, a continuación, paso a explicarle cómo se construyen y cómo funcionan las expresiones regulares que, en definitiva, son objetos (***RegExp***) y tienen sus propiedades y sus métodos, que aprenderemos en este Apéndice.

LISTADO DE COMODINES PARA CREAR LAS EXPRESIONES REGULARES

Comodín	**Coincidencias**
\d	Un dígito del 0 al 9.
\D	Cualquier carácter que no sea un dígito del 0 al 9.
\w	Una letra, un dígito o un guión bajo (_).
\W	Cualquier carácter que no sea una letra, un dígito o un guión bajo.
.	Cualquier carácter excepto el de nueva línea (\n).
\s	Un espacio en blanco, una tabulación (\t), una nueva línea (\n) o un retorno de carro (\r).
\S	Cualquier carácter que no sea un espacio en blanco, ni una tabulación, ni una nueva línea ni un retorno de carro.
[]	Cualquier carácter incluido dentro de los corchetes.
[x1-x2]	Cualquier carácter incluido en el rango de letras o números entre x1 y x2.
[^]	Cualquier carácter no incluido en los corchetes.
[^x1-x2]	Cualquier carácter no comprendido en el rango entre x1 y x2.
\b	Coincide cuando un carácter (o conjunto de caracteres) se encuentra al principio o al final de una palabra.
\B	Coincide cuando un carácter o conjunto de caracteres NO se encuentran al principio o al final de una palabra.
?	Si el carácter que le precede aparece una vez, o ninguna, en la cadena.
*****	Si el carácter precedente no aparece o si lo hace, al menos, una vez, pero no hay otro en su lugar.
+	Si el carácter precedente aparece una o más veces.
{n,}	Si el carácter precedente aparece n o más veces.
{n}	Si el carácter precedente aparece n veces.

LISTADO DE COMODINES PARA CREAR LAS EXPRESIONES REGULARES (Cont.)	
Comodín	**Coincidencias**
{n,m}	Si el carácter precedente aparece, al menos, n veces y, como mucho, m veces.
^	Si los caracteres siguientes aparecen al comienzo de la cadena.
$	Si los caracteres siguientes aparecen al final de la cadena.
|	Se usa para indicar coincidencia con cualquiera de dos patrones diferentes.

La tabla anterior se puede usar como resumen-recordatorio de los distintos comodines de las expresiones regulares. Vamos a explicar, mediante unos ejemplos, cómo debemos construir estas expresiones. Después, entraremos en detalles sobre cómo crear y usar una expresión regular.

H.1 COMPORTAMIENTO DE LOS COMODINES

Lo primero que vamos a aclarar es que, como hemos dicho al principio de este Apéndice, en una expresión regular no sólo se incluyen comodines, sino que se pueden incluir caracteres que deberán aparecer en la cadena que sometamos a la expresión regular para que se produzca una coincidencia. Por ejemplo, supongamos la siguiente expresión:

```
/A2-4/
```

Si ahora sometemos una cadena cualquiera a esta expresión, JavaScript comprobará si, en cualquier parte de la cadena, se encuentra la secuencia de caracteres de la expresión, es decir, una A mayúscula, el dígito 2, un guión y el dígito 4. Por ejemplo, las siguientes cadenas sí coinciden con la expresión:

```
"A2-4 "                         "A2-4sdf3"
"xszA2-4"                       "AsA2-4d6r"
```

Sin embargo, las cadenas que aparecen a continuación no coinciden (recuerde que JavaScript distingue entre mayúsculas y minúsculas):

```
"a2-4"                          "A2--4"
"A4-4"                          "X2-4"
```

Por supuesto, si el uso de expresiones regulares se limitara a buscar una secuencia de caracteres fija dentro de una cadena, no haría falta complicarse tanto la vida. El método indexOf() del objeto String cumple perfectamente este objetivo (vea el Capítulo 6 si tiene alguna duda al respecto). Y aquí es donde entran en juego los comodines, que representan la verdadera potencia y flexibilidad de las expresiones regulares.

H.1.1 El comodín \d

Este comodín representa la presencia en la cadena de un dígito numérico (cualquiera del 0 al 9). Por ejemplo, supongamos la siguiente expresión regular:

```
/A\d-\d/
```

La expresión buscará que la cadena tenga una secuencia que incluya la letra A mayúscula, un dígito cualquiera del 0 al 9, un guión y otro dígito cualquiera del 0 al 9. Esto ya nos da cierta flexibilidad, ya que no determinamos cuáles deberán ser los dígitos. Estas cadenas coinciden con la expresión regular planteada:

```
"A2-4"                                  "aldA6-7"
"A5-9dñf4"                              "bdlA0-5eee4"
```

En cambio, las siguientes cadenas no coinciden con la expresión:

```
"a24"                                   "A2--4"
"alfa4-4"                               "a2-4aa3"

/**************************************************/
```

H.1.2 El comodín \D

Este comodín busca caracteres que no sean dígitos numéricos. Vamos a crear una expresión regular de ejemplo:

```
/\D\D9\D/
```

Esta expresión buscará una secuencia compuesta por dos caracteres que no sean dígitos, el dígito 9 y otro carácter más que no sea un dígito. Las siguientes cadenas coinciden con la expresión:

```
"a.9V"                          "cadena con un 9 en medio"
"CADENA CON UN 9 EN MEDIO"      "453AS9_03"
```

Sin embargo, las cadenas que aparecen a continuación no coinciden:

```
"A99a"                              "a.67"
"asd6.94"                           "cadena con un 9"
/********************************************/
```

H.1.3 El comodín \w

Este comodín busca en la cadena un carácter que sea una letra, un dígito o un guión bajo (_).

Vamos a considerar una expresión regular como la que aparece a continuación:

```
/\d\d\w\w\D/
```

Esta expresión buscará en la cadena una secuencia formada por dos dígitos (\d\d), dos letras, dígitos o guiones bajos (\w\w) y algo que no sea un dígito (\D).

Como ve, en una expresión regular se pueden combinar diferentes comodines, para crearla de acuerdo a nuestras necesidades. Las siguientes cadenas coinciden con la expresión planteada (dado que estos ejemplos son un poco más complejos de seguir, he resaltado la parte de las cadenas que coincide con la expresión regular planteada):

```
"567aS"                    "record 45_A*"
"expresión 99_A_"          "Cadena con un 34_en medio"
```

En cambio, las siguientes cadenas no coinciden con la expresión:

```
"Alfa"                          "Esto es una cadena"
"Cadena con un 34 en madio"     "99xx8"
/*********************************************/
```

H.1.4 El comodín \W

Este comodín es contrario al anterior. Causa la coincidencia cuando el carácter que encuentra no es una letra, ni un dígito ni un guión bajo. Supongamos la siguiente expresión:

```
/\W\W1\W/
```

Esta expresión buscará una secuencia formada por, al menos, dos caracteres que no sean letras, dígitos o guiones bajos, el dígito 1 y otro carácter que no sea una letra, ni un dígito ni un guión bajo. Las siguientes cadenas coinciden con la expresión planteada:

```
"<-1<"                                  "++1+"
"clave: **1**!"                         "alkdf++1+432ª"
```

En cambio, las siguientes cadenas no coinciden:

```
"número 3"                      "cadena -1a"
"Manuel"                        "Tlf (91) 000.00.00"
/*********************************************/
```

H.1.5 El comodín . (punto)

Cuando se encuentra un punto en una expresión, coincide con cualquier carácter que no sea nueva línea (\n).

Suponga una expresión regular como la siguiente:

```
/...../
```

Esta expresión coincidirá cuando encuentre una secuencia de, al menos, cinco caracteres que no sean salto de línea. Las siguientes cadenas coinciden:

```
"alfabeto"                              "Teruel"
"Tlf (91) 000.00.00"                    "Extraño"
```

En cambio, las siguientes no coinciden:

```
"1212"                                  "raro"
"debo"                                  "!!!"
/***********************************************/
```

H.1.6 El comodín \s

Este comodín provoca la coincidencia con cualquier carácter de espaciado. Puede ser un espacio en blanco, una tabulación (\t), un salto de línea (\n) o un retorno de carro (\r). Supongamos una expresión como la siguiente:

```
/\d\d\w\s\d/
```

Esta expresión coincidirá cuando encuentre dos dígitos seguidos, un carácter que puede ser un dígito, letra o guión bajo, un carácter de espaciado y otro dígito más. Las siguientes cadenas causarán coincidencia:

```
"alfa233 7"                         "clave: 45A 3"
"dos 22a 3"                         "929 3"
```

En cambio, las siguientes cadenas no coinciden:

```
"123454"                            "edre"
"alfa"                              "domingo"
/*********************************************/
```

H.1.7 El comodín \S

Este comodín busca un carácter que no sea de espaciado, es decir, ni espacio en blanco, ni tabulación, ni nueva línea ni retorno de carro. Veamos un ejemplo:

```
/\S\S\S\S\S\S/
```

Esta expresión busca una secuencia de, al menos, seis caracteres que no sean de espaciado. Esto no quiere decir que, en toda la cadena, no deba existir ningún carácter de espaciado para causar una coincidencia, sino que debe haber, al menos, seis caracteres seguido que no sean de espaciado. Parece una diferencia sutil, pero es muy importante. Las siguientes cadenas causarán coincidencia:

```
"123456"                            "alfabeto"
"desterrado"                        "123456 er"
```

En cambio, las siguientes no causarán coincidencia:

```
"12345 6er"                         "buen día"
"algo nuevo"                        "alfa 2"
/*********************************************/
```

H.1.8 El comodín [] (rango)

Cuando se emplean corchetes en una expresión regular significa que, para causar coincidencia, donde están los corchetes debe haber un carácter que coincida con alguno de los que hay encerrados dentro. Dicho así quizás suene un poco críptico, pero lo aclararemos con unos ejemplos. Suponga la siguiente expresión regular:

```
/[+-]\d\d\d/
```

Esta expresión causará coincidencia cuando encuentre una secuencia de cuatro caracteres, de los cuales, el primero deberá ser un signo más (+) o menos (-), es decir, alguno de los que aparecen encerrados entre los corchetes. Los otros tres caracteres deberán ser dígitos del 0 al 9. Las siguientes cadenas causarán la coincidencia:

```
"+156"                      "-861"
"Este valor es -1598"       "El horno está a +2000
grados"
```

En cambio, las siguientes cadenas no causarán coincidencia:

```
"+15"                        "-20"
"30 * 10"                    "El horno está a 2000
grados"
```

Así pues, como acabamos de ver, se busca en la cadena un carácter que esté entre los corchetes. Pero si la lista de posibles caracteres es muy larga y éstos son consecutivos, podemos especificar un rango. Por ejemplo, suponga la expresión:

```
/[a-n]\d\d\d/
```

Esta expresión causará la coincidencia cuando encuentre una secuencia formada por cuatro caracteres de los que el primero debe ser una letra comprendida entre la a y la n **(minúsculas)**. Los otros tres caracteres deben ser dígitos numéricos. Las siguientes cadenas causarán coincidencia:

```
"b562"                            "Zona g3456"
"alfil23039sjd"                   "dalkld232424sdd"
```

En cambio, las siguientes no coincidirán:

```
"B562"                            "Zona z3456"
"El momento 3452"                 "AR35"
```

Además, para un mismo carácter de una cadena, podemos incluir en la expresión regular más de un rango. Por ejemplo, suponga que quiere buscar la coincidencia cuando se encuentre una letra, entre la a y la z, tanto si es mayúscula como minúscula.

Vamos a crear una expresión regular que busque una secuencia de tres letras seguidas, con indiferencia de que sean mayúsculas o minúsculas, y dos dígitos. La expresión sería la siguiente:

```
/[A-Za-z][A-Za-z]\d\d/
```

Esta expresión causaría coincidencia con, por ejemplo, las siguientes cadenas:

```
"Bx86"              "bX23"
"bx223wq"           "Esto es BX1123"
```

En cambio, las siguientes cadenas no causarán coincidencia:

```
"D871"              "R-234"
"fs 3"              "Domingo 31"
```

El rango encerrado entre los corchetes puede ser de dígitos numéricos, como en la siguiente expresión:

```
/[1-4]Z/
```

Esta expresión buscará, en la cadena a examinar, una secuencia formada por un dígito del 1 al 4 y la letra Z mayúscula. Las siguientes cadenas coincidirán:

```
"2Z"                "A34ZQ"
"1Z"                "23Zwer23"
```

En cambio, las siguientes no coincidirán:

```
"5Z"                "Z2"
"3z"                "12345-Z"
```

Por último, debo comentar que en un conjunto de corchetes se pueden incluir un rango y un valor. Suponga una expresión como la siguiente:

```
/[a-dr]\d\d/
```

Esta expresión buscará una secuencia formada por tres caracteres. El primero deberá ser una letra minúscula entre la a y la d o bien la r. Los otros dos son dígitos numéricos. Las siguientes cadenas provocarán la coincidencia:

```
"b34"               "r263"
"alfa345"           "vivir1203"
```

En cambio, las siguientes cadenas no coincidirán:

```
"n23"                                   "A89"
"alfa3"                                 "Decid 33"
/*********************************************/
```

H.1.9 El comodín [^] (fuera de rango)

Este comodín es complementario del anterior. Se emplea para buscar un carácter que **no** esté en el rango especificado. Suponga la siguiente expresión:

```
/[^A-Z]\W/
```

Se buscará en las cadenas examinadas una secuencia de dos caracteres de los cuales el primero no debe ser una letra mayúscula, aunque sí podrá ser una minúscula, un dígito o cualquier otro. El segundo carácter no deberá ser una letra, un dígito ni un guión bajo. Las siguientes cadenas causan coincidencia:

```
"a*"                                    "4-"
"9-A"                                   "Lobo gris"
```

Sin embargo, las siguientes no coincidirán:

```
"A9"                                    "a9"
"4b"                                    "Lobo"
/*********************************************/
```

H.1.10 El comodín \b

Este comodín busca en la cadena una palabra que comience o acabe con la secuencia de caracteres indicados, dependiendo de dónde se sitúe el propio comodín. Por ejemplo, vamos a suponer que tenemos una expresión regular como la que aparece a continuación:

```
/\bado/
```

En esta expresión vemos que se buscarán palabras que comiencen por *ado*.

Las siguientes cadenas provocarán la coincidencia:

```
"Esto es un adorno"          "Yo adoro JavaScript"
"Lomo adobado"               "Estoy adormecido"
```

Sin embargo, las siguientes cadenas no coinciden:

```
"Esto es bonito"            "Pollo asado"
"Alfa 345"                  "Domingo soleado"
```

Si el comodín \b se sitúa detrás de la secuencia de caracteres, la expresión buscará en la cadena una palabra que acabe en dicha secuencia.

Vamos a suponer que tenemos una expresión regular como la que aparece reflejada a continuación:

```
/ido\b/
```

Se buscará en la cadena alguna palabra que finalice con la secuencia *ido*. Las siguientes cadenas provocarán la coincidencia:

```
"Estoy dormido"             "No ha venido Juan"
"He cosido la ropa"         "Lo he conseguido"
```

Mientras que las siguientes no coincidirán:

```
"Estás idolatrado"          "Sean bienvenidos"
"Ésta no está"              "Cualquier otra"
```

Por último, permítame puntualizar que este comodín se puede poner al principio y al final de una secuencia de caracteres. Suponga una expresión regular como la siguiente:

```
/\bado\b/
```

Esta expresión buscará en la cadena una palabra que empiece y acabe con la misma secuencia. Por ejemplo, si en la cadena aparece la palabra **"adobado"**, se producirá una coincidencia, pero no así con **"adobo"** o **"idolatrado"**.

H.1.11 El comodín \B

Este comodín es complementario del anterior. Busca que no exista en la cadena ninguna palabra que empiece o acabe con la secuencia de caracteres especificada. Supongamos la siguiente expresión:

```
/\Bado/
```

Se buscará que no haya en la cadena ninguna palabra que empiece por *ado*. Las siguientes cadenas provocarán la coincidencia:

```
"Esto es bonito"                "Pollo asado"
"Alfa 345"                      "Domingo soleado"
```

En cambio, las siguientes no coincidirán:

```
"Esto es un adorno"             "Yo adoro JavaScript"
"Lomo adobado"                  "Estoy adormecido"
```

Al igual que el comodín anterior, éste admite también identificar el final de las palabras, o ambos extremos, el principio y el final. Es decir, podemos construir una expresión regular para que se busquen cadenas en las que, por ejemplo, no haya ninguna palabra que acabe con la secuencia de caracteres especificada. Un ejemplo sería la expresión `/ado\B/`. Por último, hay que indicar que podemos dejar que en la cadena no haya palabras que empiecen ni acaben con la secuencia especificada. Esta expresión podría ser, por ejemplo, `/\Bado\B/`. Por supuesto, la secuencia no tiene, necesariamente, que estar constituida, como en nuestros ejemplos, por tres letras. Puede estar formada por cualquier conjunto de caracteres, aunque, al ser éste y el anterior comodines que se fijan en las palabras, lo normal es que esos caracteres sean letras. Sin embargo, podría tratarse de números u otros caracteres.

H.1.12 El comodín ?

Este comodín provoca la coincidencia si el carácter que le precede no aparece en la cadena o si aparece una sola vez. Supongamos la siguiente expresión:

```
/\d\d\d-?\d\d/
```

Esta expresión buscará una secuencia de cinco caracteres que deberán ser dígitos. Además, podrá aparecer o no aparecer un guión. Si aparece, sólo podrá haber uno y deberá estar situado entre el tercer dígito y el cuarto. Como ve, cada vez se va sofisticando más el uso de expresiones regulares: las siguientes cadenas coincidirán con el patrón:

```
"12345"                         "123-45"
"123423-323-23"                 "al-fa234-65qv
```

En cambio, las siguientes no coincidirán:

```
"23-345"                        "alfa-234"
"123--45"                       "123 45"
/*********************************************/
```

H.1.13 El comodín *

Este comodín busca que en la cadena no aparezca el carácter que le precede, o que aparezca cualquier número de veces, pero que no haya ningún otro en su lugar. Por ejemplo, supongamos la siguiente expresión:

```
/e-*mail/
```

Se buscará en la cadena la secuencia *e-mail*. Opcionalmente, entre la e y la m podrá haber uno o varios guiones, pero ningún otro signo.

Las siguientes cadenas causarán coincidencia:

```
"Dime tu e-mail"                    "Dime tu email"
"Dime tu e--mail"                   "Dime tu e---mail"
```

Sin embargo, no coincidirían las siguientes:

```
"Dime tu e.mail"                    "Dime tu e:mail"
"Dime tu e mail"                    "Dime tu e -mail"
```

/***/

H.1.14 El comodín +

Este comodín provoca la coincidencia si el carácter que le precede aparece una o más veces, pero no coincide si no aparece dicho carácter en la secuencia. Por ejemplo, supongamos la siguiente expresión:

```
/\d\d\d-+\d\d/
```

Esta expresión busca una secuencia constituida por cinco dígitos. Entre el tercero y el cuarto deberá haber, al menos, un guión, aunque podrá haber varios. Las siguientes cadenas provocarán la coincidencia:

```
"Esto es 123-34"                    "675---34"
"Aquí hay dos guiones 84398--345"   "2409-98238dsj"
```

En cambio, las siguientes no coincidirán:

```
"123456"                            "1223-  32"
"123 45"                            "1222-a12"
```

/***/

H.1.15 El comodín {n}

Este comodín provoca la coincidencia si el carácter que le precede aparece, exactamente, tantas veces seguidas como indica el número entre las llaves. Suponga la siguiente expresión regular:

```
/co{2}r/
```

Esto indica que se buscará una secuencia formada por la letra c, dos letras o y la r (minúsculas, todas ellas). Es, por lo tanto, una forma de simplificación cuando se buscan muchos caracteres iguales seguidos. Sería equivalente a la expresión:

```
/coor/
```

Por supuesto, no tiene mucho interés usar este sistema cuando se trata, como en este ejemplo, de sustituir sólo dos letras.

H.1.16 El comodín {n,}

Este comodín es una variante un poco más sofisticada del anterior. Provoca la coincidencia si el carácter que le precede se repite tantas veces seguidas como indica el número que aparece entre las llaves o más.

Por ejemplo, suponga la siguiente expresión:

```
/co{2,}r/
```

Esta expresión coincidiría con cadenas como "**coordinar**" o "**cooordinar**", pero no con "**cordinar**".

/**/

H.1.17 El comodín {n.m}

Este comodín provoca la coincidencia cuando el carácter que le precede aparece un número de veces comprendido entre n y m. Vea la siguiente expresión:

```
/\d{3,6}/
```

Se busca una secuencia constituida por entre tres y seis dígitos. Coincidirán:

```
"123"                                    "Secuencia 12345"
"Límite: 1300 metros."                   "123456789"
```

En cambio, no coincidirán las siguientes:

```
"12"                                          "12-03-76"
"Límite: 13 metros."                          "1-23+as"
/**********************************************/
```

H.1.18 El comodín ^

Este comodín provoca la coincidencia si el carácter o conjunto de caracteres que le siguen aparecen al principio de la cadena. Por ejemplo, suponga la siguiente expresión regular:

```
/^Hoy/
```

Esta expresión coincidirá con cualquier cadena que empiece por la secuencia *Hoy*, independientemente de lo que haya después en la misma cadena (incluso otra secuencia *Hoy*).

H.1.19 El comodín $

Este comodín provocará la coincidencia siempre que la cadena termine con el carácter o secuencia de caracteres que le preceden. Por ejemplo, imagine la siguiente expresión regular:

```
/hoy$/
```

Esta expresión coincidirá con cualquier cadena que termine con la secuencia hoy, sea lo que sea que tenga delante, o aunque no tenga nada.

H.1.20 Coincidencias múltiples (|)

Es muy posible que usted necesite una expresión regular en la que se puedan mezclar criterios ambiguos de coincidencia de las cadenas.

Suponga, por ejemplo, que tiene que crear una expresión para validar los números de serie de los artículos de un fabricante concreto. Estos números siguen un patrón tal que están constituidos por dos letras, un guión y seis dígitos. Las letras pueden ser *sn* o bien *ns*. En todo caso, siempre será una de estas dos combinaciones. La expresión regular que usted creará debe admitir cualquiera de las combinaciones especificadas, pero no debe admitir ninguna otra letra. Por ejemplo, unos números de serie válidos serían así: *sn-283932*, o *ns-728393*, pero no podría ser, por ejemplo, *za-324987*.

Para crear la expresión regular, lo del guión y los seis dígitos no tiene mayor problema. Podríamos hacer algo como lo siguiente:

```
/-\d{6}/
```

Además, podemos mejorarlo, añadiendo el signo $ para indicarle a JavaScript que la cadena debe terminar ahí:

```
/-\d{6}$/
```

El problema son las letras. Podemos poner algo así:

```
/^((sn)|(ns))-\d{6}$/
```

Veamos qué es lo que hemos hecho con las letras. En primer lugar hemos agrupado las dos secuencias válidas mediante paréntesis, para indicar que no es que sea válida cualquier combinación de la *s* y la *n*. Por ejemplo, las combinaciones *ss* o *nn* no son válidas. Después hemos usado el signo | para indicarle a JavaScript que puede valernos cualquiera de las combinaciones indicadas, es decir, *sn* o bien *ns*. La expresión regular, por lo tanto, espera encontrar en la cadena una de estas secuencias, luego el signo | indica que es válida cualquiera de las dos secuencias: la que aparece a la izquierda del signo o la que aparece a la derecha, pero alguna de las dos tiene que estar en la cadena para que se produzca la coincidencia. No confunda este signo con el operador lógico || (or) de los condicionales.

Además, hemos encerrado toda esa parte de la expresión regular en otro par de paréntesis, para que, sea cual sea la secuencia que se halle en la cadena, deba cumplirse también el resto de la expresión. También hemos añadido el comodín ^ para indicarle a JavaScript que la cadena debe empezar, forzosamente, con una de las secuencias especificadas. La expresión no espera encontrar los paréntesis en la cadena, si no que "sabe" que tiene la misión de agrupar y "jerarquizar" los distintos elementos. El concepto es similar a la precedencia de operadores que vimos en el Capítulo 2 del libro. No se preocupe demasiado si no entiende ahora completamente la mecánica de este último ejemplo. Lo cierto es que es más complejo de lo que parece. Enseguida aprenderemos a crear y usar las expresiones regulares y entonces lo verá todo claro.

H.1.21 Caracteres especiales

Anteriormente hemos visto, en algunos ejemplos, que se puede incluir un carácter concreto en una expresión regular, si queremos que las cadenas que coincidan incluyan ese carácter. Por ejemplo, podemos crear una expresión como la siguiente:

```
/A\d\d\d/
```

Veamos cómo funciona: lo que hace esta expresión es que, para que una cadena coincida, sea necesario que contenga, al menos, una secuencia de cuatro caracteres, de los cuales el primero debe ser una A mayúscula y los otros tres deben ser dígitos.

Así pues, la cadena "**ALFA1546**" coincidirá, pero la cadena "**ALFA 1546**" no coincidirá, porque entre la A mayúscula y el primer dígito hay un espacio que no se encuentra en la expresión regular.

Hasta aquí, todo perfecto. Pero la pregunta es la siguiente: ¿qué ocurre si queremos crear una expresión que detecte coincidencia con, por ejemplo, un punto? Es decir, yo quiero una expresión regular que me detecte coincidencia cuando en la cadena se encuentren, por ejemplo, tres dígitos, un punto y otros dos dígitos. Suponga que creo una expresión como la siguiente:

```
/\d\d\d.\d\d/
```

Esta expresión coincidiría con la cadena "`123.45`"... y también con, por ejemplo, "`123R45`". Esto se debe a que el carácter punto es uno de los comodines de expresiones regulares, que detecta, como dijimos antes, coincidencia con cualquier carácter que no sea el salto de línea.

Si lo que yo quiero es que la expresión regular busque, específicamente, coincidencia con el carácter punto, deberé usar una secuencia de escape, que funciona, exactamente, igual que las que vimos en el Capítulo 2 del libro. Es lo que se llama ***escapar un carácter*** (recuerde esta expresión, porque es muy habitual). La expresión regular correcta quedaría, por lo tanto, así:

```
/\d\d\d\.\d\d/
```

Esta expresión detectaría la coincidencia con "`123.45`", pero no con "`123R45`". Siempre que queramos incluir en una expresión regular un carácter que coincida con un comodín, deberemos escaparlo, para que se comporte como tal.

H.2 CREAR Y USAR LAS EXPRESIONES REGULARES

Una expresión regular es un objeto RegExp, del mismo modo que, por ejemplo, una cadena de texto es un objeto String. Podemos crear una expresión regular como una variable, o bien mediante el constructor ***RegExp()***. El resultado es el mismo. Por ejemplo, si vamos a crear una expresión regular para buscar en una cadena una secuencia de tres dígitos, podemos hacerlo así:

```
var expresion_1 = /\d\d\d/;
```

o bien del siguiente modo:

```
var expresion_1 = new RegExp (/\d\d\d/);
```

De cualquiera de los dos modos queda creado un objeto RegExp, de nombre expresión_1, que contiene una expresión regular.

Ahora nos falta usarla para comprobar cadenas, es decir, verificar si coinciden o no con el patrón establecido en la expresión. Para ello, los objetos RegExp cuentan con un método llamado ***test()***. Este método recibe como argumento la cadena que queremos comprobar (o la variable que la contiene) y devuelve un valor booleano: true si hay coincidencia o false, en caso contrario.

Para entender cómo funciona, veamos el código **expresiones_1.htm**. El listado es el siguiente:

```
<html>
   <head>
      <title>
         P&aacute;gina con JavaScript.
      </title>
      <script language="javascript">
         <!--
            //Se crea una expresión regular
//mediante el correspondiente constructor.
            var expresion_1 = new RegExp (/\d\d\d/);

            //Entramos en un bucle que nos
//pedirá una cadena.
            do
            {
               cadena = prompt ("Cadena","");

               //Comprobamos si la cadena coincide.
               if (expresion_1.test(cadena))
```

```
                    {
                       alert("Coincide");
                    } else {
                       alert ("NO coincide");
                    }
                 //Se sale del bucle al pulsar
//cancelar en el prompt.

                 } while (cadena != null);
              //-->
           </script>
        </head>
        <body>
        </body>
</html>
```

Este código crea una expresión regular con la plantilla \d\d\d, es decir, que buscará en la cadena una secuencia de tres dígitos seguidos (observe la sintaxis de la primera línea resaltada). A continuación se le pide al usuario que teclee una cadena. Después se verifica, mediante el método test(), si la cadena coincide o no con la expresión (la segunda línea resaltada). Cuando el usuario pulsa el botón **[CANCELAR]** se sale del bucle y se termina la ejecución del script.

Este código funciona bastante bien, pero es poco flexible, ya que, si queremos cambiar la expresión regular tenemos que modificar el código. A continuación tenemos otra muestra de código que le permite al usuario teclear una expresión regular y una cadena para verificar con dicha expresión. Se llama **expresiones_2.htm**.

```
<html>
   <head>
      <title>
         P&aacute;gina con JavaScript.
      </title>
      <script language="javascript">
         <!--

            //Entramos en un bucle que nos
//pedirá una expresión y una cadena.

            do
            {
               expresion_2 = new RegExp
(prompt("Introduzca una expresión",""));

               cadena = prompt ("Cadena","");
```

```
                    //Comprobamos si la cadena coincide.
                    if (expresion_2.test(cadena))
                    {
                       alert("Coincide");
                    } else {
                       alert ("NO coincide");
                    }

                 //Se sale del bucle al pulsar
      //cancelar en el prompt.

                 } while (cadena != null);
              //-->

           </script>
        </head>
        <body>
        </body>
      </html>
```

Fíjese en la sintaxis de la instrucción que pide la expresión. Es importante que, al igual que cuando teclea una cadena como respuesta a un prompt no introduce las comillas, cuando teclee una cadena que va a ser una expresión regular no introduzca los slashes delimitadores. Es decir, si va a introducir una cadena que busque una secuencia de tres dígitos, introdúzcala, exactamente, como aparece en la figura H.1. Si no, no le funcionará.

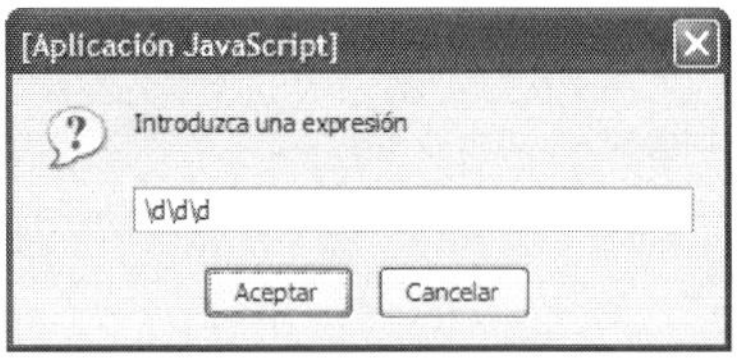

Figura H.1

H.3 INDICADORES

Como complemento final, a las expresiones regulares se les puede añadir, opcionalmente, un ***indicador***. Un indicador actúa modificando ligeramente el comportamiento de la expresión regular. Los dos indicadores que existen son ***i*** y ***g***. A una expresión se le puede añadir un indicador, o los dos, o ninguno.

Los indicadores se incluyen detrás del slash de cierre cuando la expresión se crea como una variable y como segundo argumento si se emplea el constructor.

Por ejemplo, si vamos a crear la expresión regular **/A\d\d\d/** y queremos añadirle los dos indicadores, lo podremos hacer así:

```
var expresion = /A\d\d\d7ig;
```

o así:

```
var indicadores = "ig";
var expresion = new RegExp (/A\d\d\d/,indicadores);
```

El indicador i hace que la expresión ignore las mayúsculas y las minúsculas a la hora de determinar si una cadena coincide o no. Por ejemplo, suponga una expresión regular como la siguiente:

```
/A\d\d\d/i
```

Esta expresión coincidirá con la cadena "**A123**" y también con "**a123**".

El indicador ***g*** se usa para hacer lo que se llama una comprobación global. Su funcionamiento se estudia en el Capítulo 6 del libro, con los métodos match() y replace() del objeto String.

H.4 COMPROBANDO EXPRESIONES REGULARES

En este apartado incluyo un código para la comprobación de las expresiones regulares, que también se encuentra, naturalmente, en el CD que acompaña al libro. Si usted todavía no conoce las posibilidades que ofrece JavaScript para la gestión de formularios, no podrá entender el funcionamiento hasta que haya leído el texto del correspondiente Capítulo. No obstante, puede usarlo para comprobar cualquier expresión regular. El código se llama **comprobar_expresiones.htm**.

```
<html>
   <head>
      <title>
         Página con JavaScript
      </title>

      <script language="JavaScript">
         <!--
            function comprobar(formulario)
            {

               var expresion = formulario.patron.value
```

```
                    var indicadores =
formulario.banderas.options[formulario.banderas.selectedIndex
].value

                    var expresion_1 = new RegExp(expresion,
indicadores)

if(expresion_1.test(formulario.test_string.value))
                    {
                       alert("Hay coincidencia.")
                    } else {
                       alert("NO hay coincidencia.")
                    }
                 }
              //-->
           </script>
        </head>
        <body>
           <form>
              <b>
                 Introduzca la expresi¬oacute;n y los
indicadores:
              </b>
              <br>
              <input type="text" name="patron">
              <select name="banderas">
                 <option value="" selected>Ninguno</option>
                 <option value="i">i</option>
                 <option value="g">g</option>
                 <option value="ig">ig</option>
              </select>
              <br>
              <b>
                 Introduzca la cadena a comprobar:
              </b>
              <br>
              <input type="text" name="test_string">
              <input type="button" value="Comprobar cadena"
onClick="comprobar(this.form)">
           </form>
        </body>
     </html>
```

Ejecútelo y compruebe su funcionamiento con diversas expresiones regulares, incluyendo la que le propuse en el ejemplo del apartado H.1.20.

Apéndice I

USO DE COOKIES

En este Apéndice voy a indicarle el método para permitir o denegar a las páginas por las que navegue el uso de cookies. Le explicaré cómo hacerlo en las últimas versiones de los navegadores más extendidos. En versiones anteriores, el proceso es similar, aunque, quizás, deba recurrir a la información del fabricante.

Como ya se menciona en el texto del libro, las cookies sólo sirven para que la página guarde memoria de sus visitas, preferencias, etc. No son códigos maliciosos, en principio. Eso no evita que alguien con conocimientos avanzados de programación pueda acceder a cookies de su ordenador y robarle información. En el Capítulo 11 del libro se explica cómo evitar esto. Sea confiado, pero no ingenuo. Admita las cookies pero, por si acaso, instale en su sistema un buen cortafuegos.

I.1 EN MICROSOFT INTERNET EXPLORER

Para activar o desactivar las cookies en este navegador, deberá ir al panel de control. Pulse el botón **[INICIO]** en la barra de tareas y elija la opción **[PANEL DE CONTROL]**. Una vez dentro del panel de control, busque el icono con la leyenda **[CONEXIONES DE RED E INTERNET]**. Haga clic en este enlace y, en el siguiente cuadro de diálogo que se abra, seleccione **[OPCIONES DE INTERNET]**. Haga doble clic en dicho icono y se le abrirá un cuadro de diálogo con siete pestañas en la parte superior. Pulse la pestaña **[PRIVACIDAD]** y verá que el aspecto del cuadro de diálogo es similar al de la figura I.1. Este aspecto puede variar algo, dependiendo de la configuración que usted tenga, a priori, en su navegador.

El cuadro de diálogo de “Opciones de Internet” le permite, como ya sabe, configurar muchos aspectos del comportamiento de su navegador. Si experimenta con él, no olvide tomar buena nota de aquello que cambia, por si luego tiene que volver a poner “las cosas en su sitio”.

Vamos a ver cómo debemos configurar la admisión de cookies.

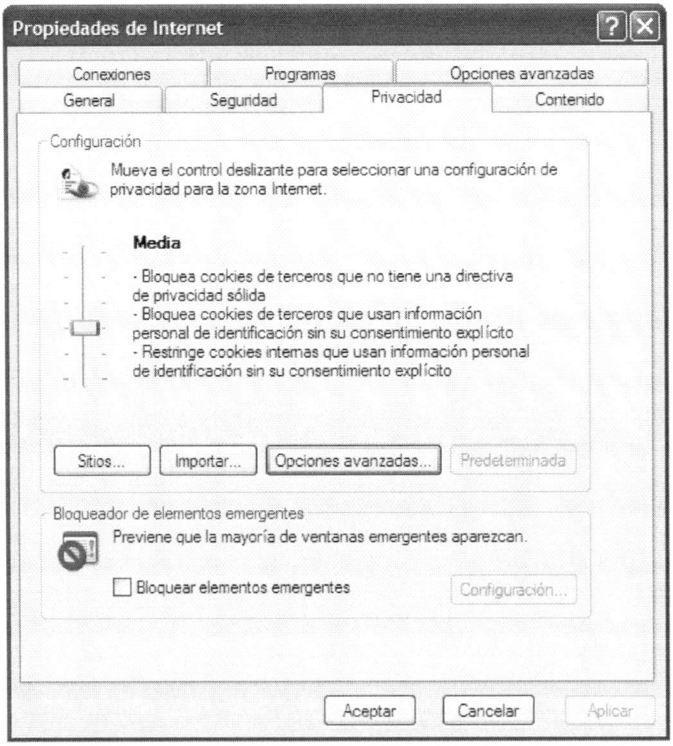

Figura I.1

Pulse el botón **[OPCIONES AVANZADAS...]** que tiene a la vista y verá un cuadro similar al que aparece en la figura I.2.

En primer lugar, asegúrese de que está activada la casilla de verificación de la parte superior etiquetada como **[SOBRESCRIBIR LA ADMINISTRACIÓN AUTOMÁTICA DE COOKIES]**. Después, seleccione la opción **[ACEPTAR]** para los dos grupos **[COOKIES DE ORIGEN]** y **[COOKIES DE TERCEROS]**. Por último, active, si no lo está, la casilla **[ACEPTAR SIEMPRE LAS COOKIES DE SESIÓN]**. Ahora pulse el botón **[ACEPTAR]** de este cuadro de diálogo, y también el cuadro de la figura I.1, con lo que ambos se cerrarán y su navegador aceptará cualquier cookie en adelante.

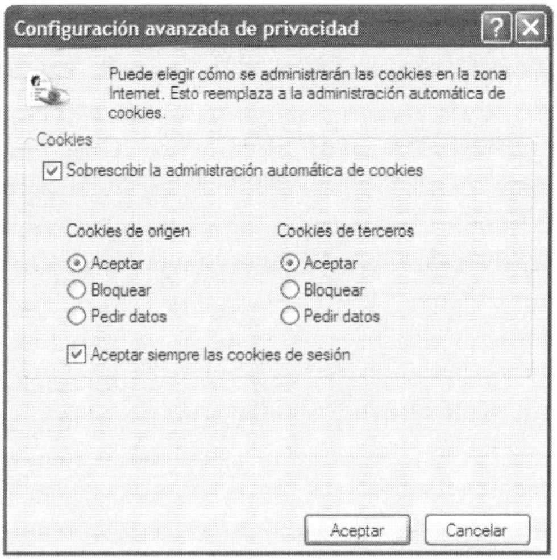

Figura I.2

Si desea bloquear el uso de cookies, vuelva a abrir el cuadro de la figura I.2, tal como le he detallado, y seleccione la opción **[BLOQUEAR]** para los grupos **[COOKIES DE ORIGEN]** y **[COOKIES DE TERCEROS]**. Después, desactive la casilla de verificación **[ACEPTAR SIEMPRE LAS COOKIES DE SESIÓN]**. Acepte la nueva configuración y su navegador ya no aceptará cookies.

I.2 EN NETSCAPE NAVIGATOR

Para habilitar las cookies en Netscape Navigator recurriremos al menú **[HERRAMIENTAS]**, dentro del cual seleccionaremos **[OPCIONES]**. Una vez más, dentro del apartado **[SEGURIDAD Y PRIVACIDAD]** haremos clic en el icono **[CONTROLES DEL SITIO]**. Dentro del recuadro **[AJUSTES PRINCIPALES]** tenemos, como ya sabe, cuatro posibles categorías de sitios, en base a la confianza que éstos puedan inspirar. Podemos activar o desactivar las cookies en cada una de estas categorías independientemente. Para ello, primero hacemos clic en la categoría deseada. En la zona derecha del cuadro de diálogo, en la sección **[PRESTACIONES DE LA WEB]**, active o desactive, según desee, la casilla **[ADMITIR COOKIES]**. Para terminar, haga clic en el botón **[ACEPTAR]**.

I.3 EN FIREFOX

En este navegador, la activación de cookies es muy similar a la de Netscape. Pulse el menú **[HERRAMIENTAS]** y, dentro de éste, elija **[OPCIONES]**. En el cuadro de diálogo que se abre, haga clic en la pestaña **[PRIVACIDAD]**.

Seleccione, si no lo está, la casilla **[ACEPTAR COOKIES DE LAS WEBS]** y, en el menú desplegable rotulado como **[MANTENER HASTA QUE:]**, elija la opción **Caduquen**. Pulse el botón **[ACEPTAR]**, en la parte inferior del cuadro de diálogo y estará hecho.

Apéndice J

CLAVES DE IDIOMAS

En este Apéndice he recopilado las distintas claves con las que la propiedad ***lenguage*** del objeto ***navigator*** identifica a los distintos idiomas en que puede estar configurado el navegador del usuario.

RESUMEN DE LAS CLAVES DE LOS POSIBLES IDIOMAS			
CLAVE	**IDIOMA**	**CLAVE**	**IDIOMA**
af	Afrikaans	he	Hebreo
sq	Albanés	hi	Hindú
ar-sa	Árabe (Arabia Saudí)	hu	Húngaro
ar-iq	Árabe (Iraq)	is	Islandés
ar-eg	Árabe (Egipto)	in	Indonesio
ar-ly	Árabe (Libia)	it	Italiano (Italia)
ar-dz	Árabe (Algeria)	it-ch	Italiano (Suiza)
ar-ma	Árabe (Marruecos)	ja	Japonés
ar-tn	Árabe (Túnez)	ko	Coreano
ar-om	Árabe (Omán)	lv	Latvio

RESUMEN DE LAS CLAVES DE LOS POSIBLES IDIOMAS			
CLAVE	**IDIOMA**	**CLAVE**	**IDIOMA**
ar-ye	Árabe (Yemen)	lt	Lituano
ar-sy	Árabe (Siria)	mk	Macedonio
ar-jo	Árabe (Jordania)	ms	Malasio
ar-lb	Árabe (Líbano)	mt	Maltés
ar-kw	Árabe (Kuwait)	no	Noruego
ar-ae	Árabe (Emiratos Árabes)	pl	Polaco
ar-bh	Árabe (Bahrain)	pt-br	Portugués (Brasil)
ar-qa	Árabe (Qatar)	pt	Portugués (Portugal)
eu	Vasco	ro	Rumano
bg	Búlgaro	ro-mo	Rumano (Moldavia)
be	Bielorruso	ru	Ruso
ca	Catalán	ru-mo	Ruso (Moldavia)
zh-tw	Chino (Taiwán)	sz	Saami (Lapón)
zh-cn	Chino (Rep. Pop. China)	sr	Serbio
zh-nk	Chino (Hong Kong)	sk	Eslovaco
zh-sg	Chino (Singapur)	sl	Esloveno
hr	Croata	sb	Serbio
cs	Checo	es	Español (España)
da	Danés	es-mx	Español (Méjico)
nl	Holandés (estándar)	es-gt	Español (Guatemala)
nl-be	Holandes (Bélgica)	es-cr	Español (Costa Rica)
en	Inglés	es-pa	Español (Panamá)

RESUMEN DE LAS CLAVES DE LOS POSIBLES IDIOMAS

CLAVE	IDIOMA	CLAVE	IDIOMA
en-us	Inglés (Estados Unidos)	es-do	Español (R. Dominicana)
en-gb	Inglés (Gran Bretaña)	es-ve	Español (Venezuela)
en-au	Inglés (Australia)	es-co	Español (Colombia)
en-ca	Inglés (Canadá)	es-pe	Español (Perú)
en-nz	Inglés (Nueva Zelanda)	es-ar	Español (Argentina)
en-ie	Inglés (Irlanda)	es-ec	Español (Ecuador)
en-za	Inglés (Sudáfrica)	es-cl	Español (Chile)
en-jm	Inglés (Jamaica)	es-uy	Español (Uruguay)
en-bz	Inglés (Belice)	es-py	Español (Paraguay)
en-tt	Inglés (Trinidad)	es-bo	Español (Bolivia)
et	Estonio	es-sv	Español (El Salvador)
fo	Faroés	es-hn	Español (Honduras)
fa	Farsi	es-ni	Español (Nicaragua)
fi	Finlandés	es-pr	Español (Puerto Rico)
fr	Francés (Francia)	sv	Sueco
fr-be	Francés (Bélgica)	sv-fi	Sueco (Finlandia)
fr-ca	Francés (Canadá)	th	Thai
fr-ch	Francés (Suiza)	ts	Tsonga
fr-lu	Francés (Luxemburgo)	tn	Tswana
gd	Gaélico (Escocia)	tr	Turco
gd-ie	Gaélico (Irlanda)	uk	Ucraniano
de	Alemán (Alemania)	ur	Urdu
de-ch	Alemán (Suiza)	ve	Venda
de-at	Alemán (Austria)	vi	Vietnamita

RESUMEN DE LAS CLAVES DE LOS POSIBLES IDIOMAS			
CLAVE	**IDIOMA**	**CLAVE**	**IDIOMA**
de-lu	Alemán (Luxemburgo)	ji	Yiddish
de-li	Alemán (Liechtenstein)	zu	Zulú
el	Griego		

ÍNDICE ALFABÉTICO

SÍMBOLOS

A

B

C

D

E

F

G

H

I

L

M

N

O

P

R

S

T

U

V

W